Dr. Annelore Koch-Hanßen, Waltraud Lassek, Frank Meyer-Faustmann

Spezielle Wirtschaftslehre

Bürokaufmann/Bürokauffrau

10. Auflage

Bestellnummer 03157

Haben Sie Anregungen oder Kritikpunkte zu diesem Produkt?
Dann senden Sie eine E-Mail an 03157_010@bv-1.de.
Autoren und Verlag freuen sich auf Ihre Rückmeldung.

Bildquellenverzeichnis

Atlanta, Nettetal, 151; Bergmosert Höller, Aachen, 201, 224, 229, 235; Deutsches Mikrofilminstitut, München, 139; ELO Digital Office GmbH, Stuttgart, 118; Globus Infografik, Hamburg, 17, 31, 33, 48, 204, 222, 226, 249, 273, 276, 277, 394, 396, 397, 428, 429, 434, 436, 437, 439, 440, 441, 443, 448, 451, 453; imu Infografik, Essen, 405; Institut der deutschen Wirtschaft Köln Medien GmbH, Köln, 442; Louis Leitz, Stuttgart, 113, 115, 116, 121, 122, 135, 136, 137; Memoform, München, 153, 345, 346, 411; Nadine Dilly/BV1, Oberhausen, 28; Olympus, Hamburg, 369; Organisation Reiger-Boos, Frankfurt, 147, 148, 152; Pohlschröder, Dortmund, 23, 26, 30; Stielow, Norderstedt, 96, 97, 98, 105, 106; Stollfuß, Bonn, 270; Ultradex, Bad Säckingen, 182, 296, 297; Voko Franz Vogt, Gießen, 20; Jupp Wolter, Lohmar, 14; Zweckform, Holzkirchen, 345, 346, 357, 358, 413.

www.bildungsverlag1.de

Bildungsverlag EINS GmbH
Sieglarer Straße 2, 53842 Troisdorf

ISBN 978-3-441-**03157**-4

Vorwort

Das vorliegende Buch enthält die elf Themenbereiche des Rahmenlehrplans der Speziellen Wirtschaftslehre für den Ausbildungsberuf „Bürokaufmann/Bürokauffrau", der am 1. August 1991 in Kraft getreten ist. Es kann in allen Bundesländern, die sich weitestgehend am Bundesrahmenplan orientieren, eingesetzt werden.

Der Beruf des Bürokaufmanns / der Bürokauffrau ist im Gegensatz zu den Branchenberufen (z. B. Industriekaufmann, Großhandelskaufmann oder Bankkaufmann) ein Querschnittsberuf, d. h., er kann in allen Bereichen ansässig sein. Vom Mitarbeiter werden daher kaufmännische, verwaltende und organisatorische Fähigkeiten verlangt.

Leitziel dieses Buches ist es, den veränderten Leistungsanforderungen zum einen durch die Einbeziehung neuer Kommunikationstechniken gerecht zu werden, zum anderen steht der Erwerb von Schlüsselqualifikationen im Vordergrund, d. h., es soll eine über den unmittelbaren Verwertungszusammenhang hinausgehende Vermittlung von Kenntnissen, Fähigkeiten und Fertigkeiten erfolgen, die den Menschen zum Ausfüllen einer Vielzahl von Positionen und Funktionen befähigen und ihm ermöglichen, auch unvorhergesehene Veränderungen in seinem Leben zu bewältigen.

Das Buch soll dabei helfen, die Fähigkeiten der Auszubildenden zur weitestgehend selbstständigen Lösung von Aufgaben zu entwickeln. Dabei steht insbesondere die Ausbildung zur computergestützten Sachbearbeitung im Vordergrund.

Methodisch wird jeder Abschnitt mit einer Situationsschilderung eingeleitet, die bei den Schülern ein Problembewusstsein schaffen soll. Abgeschlossen wird jeder Abschnitt mit einer Vielzahl von Aufgaben, die zum einen der Wiederholung und Vertiefung des Gelernten dienen, zum anderen aber auch die Schüler zu weiter gehenden Überlegungen anregen sollen.

Mit der Bezeichnung „Chef" ist selbstverständlich auch die weibliche Vorgesetzte gemeint.

Wir hoffen, dass das Konzept des Buches sowohl Lehrende als auch Lernende anspricht, sodass sein Einsatz sowohl im Unterricht als auch zur häuslichen Vor- und Nachbereitung wertvolle Dienste leistet.

Hinweis zur 10. Auflage

Neben der Aktualisierung der Inhalte, Daten und Schaubilder wurden in der vorliegenden Auflage insbesondere die Kapitel „Arbeitsabläufe", „Kommunikationssysteme" und „Personalwirtschaft" stark überarbeitet.

Für Anregungen und Verbesserungsvorschläge sind wir jederzeit dankbar.

Die Verfasser

Inhaltsverzeichnis

1 Gestaltung von Arbeitsraum, Arbeitsplatz und Arbeitszeit

Situation

Die Mitarbeiter der Sodis GmbH klagen häufig über unbequeme Stühle, unzureichende Beleuchtung und schlechte Luft. Dies führt zu einem hohen Krankenstand, da sich Augenentzündungen, Erkältungen und ähnliche Krankheiten häufen. Auch die eintönigen Büroräume tragen nicht zu einer Steigerung der Arbeitsfreude der Mitarbeiter bei. Die Geschäftsleitung überlegt sich nun Maßnahmen, um diese Faktoren zu verbessern.

Schlechte Arbeitsplatzbedingungen machen sich nicht bezahlt. Unbequeme Stühle, bedrückende Farben oder unzureichende Beleuchtung sorgen für frühzeitige Ermüdung und senken die Arbeitsproduktivität. Daher ist eine perfekte Gestaltung von Arbeitsraum, Arbeitsplatz und Arbeitszeit eine wichtige Voraussetzung für einen reibungslosen Arbeitsablauf.

Dabei muss der Mensch im Mittelpunkt aller Überlegungen stehen. Nicht der Mensch soll sich der Arbeitsumgebung anpassen, sondern die Arbeitsumgebung muss nach den menschlichen Bedürfnissen gestaltet werden. In diesem Zusammenhang spricht man von „Ergonomie“.[1] Sie ist die Lehre von der menschlichen Arbeit als Voraussetzung für die Anpassung der Arbeit an den Menschen. Ziel ist es, festzustellen, wie sich Arbeitsplatzgestaltung sowie Umweltfaktoren körperlich und seelisch auf die menschliche Arbeit auswirken.

Eine Reihe von Faktoren beeinflussen den Menschen bei der Büroarbeit:

- Arbeitsplatzgestaltung,
- Arbeitsmittelgestaltung,
- Arbeitszeit,
- Farbgestaltung,
- Klima,
- Lärm,
- Licht.

Bei der Neugestaltung von Büroräumen sollten daher, soweit dies zeitlich und finanziell möglich ist, Fachleute aus Bereichen wie Arbeitsmedizin, Architektur, Soziologie und Organisation einbezogen werden, um eine möglichst humane und leistungsfähige Einrichtung des Arbeitsplatzes zu erreichen. Ferner sind zahlreiche Vorschriften, Richtlinien und Verordnungen zur Gestaltung von Büroarbeitsplätzen zu beachten.

Eine genaue Analyse der Kommunikationsströme zwischen den Mitarbeitern sollte ebenso der Gestaltung der Arbeitsplätze zugrunde liegen, wie die Möglichkeit einer flexiblen Umgestaltung gegebener Arbeitsplätze berücksichtigt werden sollte, um sich veränderten Aufgabenstellungen schneller und besser anpassen zu können. Diesem Anspruch würde ein Großraumbüro zunächst am ehesten gerecht, allerdings steht man der Einrichtung von Großraumbüros heute längst nicht mehr so positiv gegenüber wie früher, da zahlreiche Störgrößen und Ablenkungen die Effizienz, d.h. das wirtschaftliche Ergebnis, der immer umfangreicher werdenden Aufgaben stark einschränken können. Eine genaue Planung erscheint hier noch bedeutsamer als beim klassischen Ein- oder Mehrpersonenzimmer.

[1] Das Wort „Ergonomie“ stammt aus dem Griechischen. „Ergon“ bedeutet dabei so viel wie Arbeit, „nomos“ bedeutet Gesetz. Ergonomie bedeutet also wörtlich so viel wie „Gesetz der Arbeit“. Etwas ergonomisch zu gestalten, bedeutet also, eine Anpassung zwischen dem Menschen und seinen Arbeitsbedingungen herzustellen, wobei der Mensch immer im Vordergrund stehen soll.

1.1 Die Bedeutung von Umwelt- und Gesundheitsfaktoren

Situation

Walter Huber ist unzufrieden. An seinem Schreibtisch wird er von der Sonne geblendet, außerdem ist es sehr heiß und das Fenster seines Büros kann nicht geöffnet werden, da der hereindringende Straßenlärm zu laut ist. Wie oft hat er seinem Chef schon gesagt, dass sein Arbeitsplatz unzumutbar sei, doch nichts ist bisher geschehen.

Etwa 20 Millionen Menschen sind heute ganz oder überwiegend mit Verwaltungsaufgaben beschäftigt. Um die damit verbundenen hohen Personalkosten möglichst ertragreich zu nutzen, wird versucht, die Produktivität, d. h. die Ausbringung der Arbeit in diesem Bereich, zu erhöhen.

Neben einer Vielzahl von technischen Ansätzen wird auch versucht, die wirtschaftliche Leistung durch eine Verbesserung des körperlichen und seelischen Wohlbefindens der Mitarbeiter am Arbeitsplatz zu steigern. Studien haben gezeigt, dass bei richtiger Gestaltung der Umweltfaktoren Leistungssteigerungen von weit über 10 % möglich sind.

Neben dieser Leistungssteigerung trägt die Förderung des Wohlbefindens der Mitarbeiter auch noch zur Humanisierung bei, d. h. zur menschengerechteren Gestaltung der Arbeitswelt.

Folgende Faktoren sollten zur Erreichung dieser Ziele beachtet werden:

- **richtiges Raumklima**, d. h. Raumtemperatur, Luftfeuchtigkeit und Sauerstoffgehalt der Luft,
- **gute Lichtverhältnisse**,
- **angenehme Akustik**, d. h. Schutz vor störendem Lärm,
- **freundliche Farb- und Raumgestaltung**,
- **ergonomische und funktionsgerechte Arbeitsplatzgestaltung.**

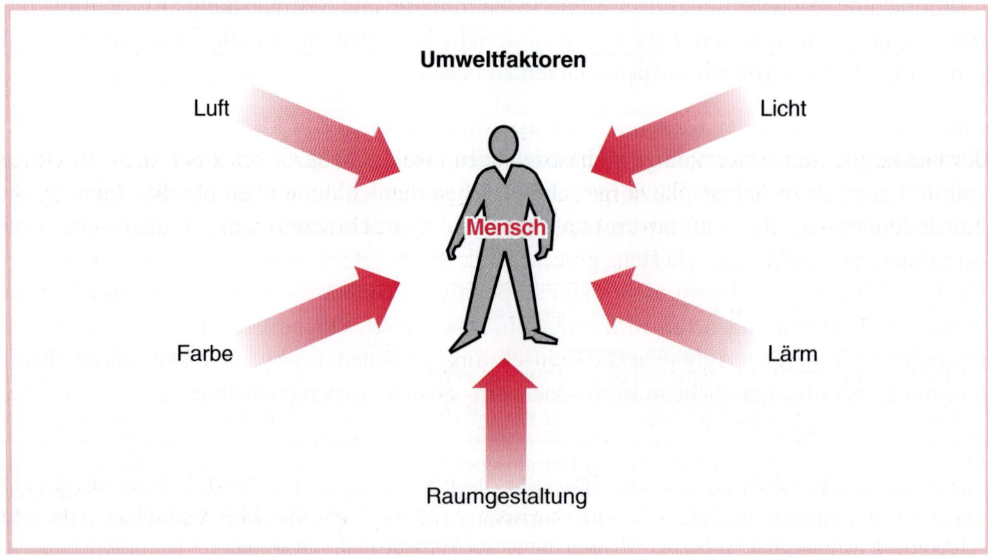

1.1.1 Luft

Für das Wohlbefinden der Mitarbeiter ist das Klima von entscheidender Bedeutung. Es setzt sich aus der **Lufttemperatur**, der **Luftfeuchtigkeit**, der **Luftbewegung**, dem **Sauerstoffanteil** und der **Strahlungswärme** zusammen. Die Strahlungswärme wird dabei von den Körpern der dort arbeitenden Menschen sowie von den Maschinen und Lampen erzeugt. Der menschliche Körper kann dabei Klimaschwankungen in gewissem Maße selbstständig ausgleichen. Werden jedoch bestimmte Grenzwerte, die von Mensch zu Mensch unterschiedlich sein können, überschritten, so sinkt die Leistungsfähigkeit. Im Extremfall können starke Klimaschwankungen sogar zu Krankheiten führen (z. B. Erkältungen).

Ideale Werte für die Ausführung von Büroarbeiten sind:

Lufttemperatur	20 bis 22 °C
Luftfeuchtigkeit	40 bis 60 %
Sauerstoffanteil	21 %

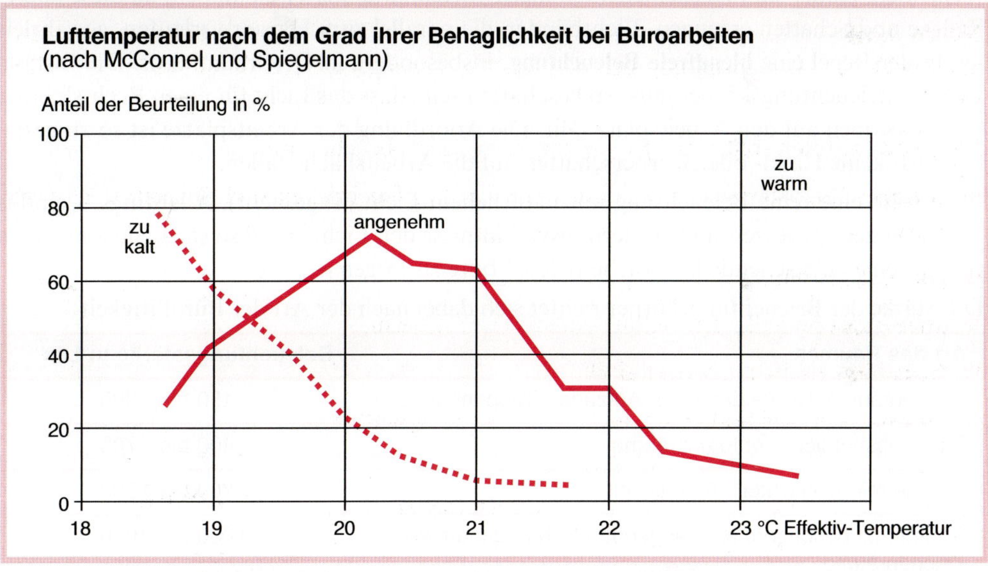

Klimaanlagen tragen heutzutage insbesondere in Großraumbüros dazu bei, diese Faktoren relativ konstant zu halten. Sie sorgen dabei neben der Kühlung auch für die Heizung, die Luftbefeuchtung, die Luftentstaubung und die Geruchsbeseitigung. Ferner wird dem Arbeitsraum ständig zugfreie Frischluft zugeführt.

Die Mindestzufuhr von Frischluft beträgt dabei:

bei Räumen mit Rauchverbot	20 m³/Std./Person
bei Räumen ohne Rauchverbot	30 m³/Std./Person

Hauptschwierigkeiten bei der künstlichen Klimatisierung sind die erhöhte Anfälligkeit für Infektionen, das Auftreten von Ermüdungserscheinungen sowie Lüftungsströme, die nur Teile des Körpers treffen.

Allerdings ist festzustellen, dass der Trend heute wieder zur Be- und Entlüftung durch Fenster geht, soweit dies überhaupt möglich ist. Die Belüftung erfolgt dabei je nach persönlichen Wünschen durch Öffnen und Schließen der Fenster, zum Schutz vor direkter Sonneneinstrahlung werden verstärkt individuell einstellbare, außen liegende Sonnenjalousien angebracht. Ferner kann durch bauphysikalische Fassadengestaltung der Büroraum im Sommer ausreichend gekühlt und für die Wintermonate hinreichend geheizt werden.

1.1.2 Licht

Der Mitarbeiter im Büro nimmt fast 90 % aller Informationen über das Auge auf. Das Auge wird also in besonders hohem Maße belastet, sodass auf die Beleuchtungsverhältnisse innerhalb des Büros besonders zu achten ist. Schlechte Beleuchtung führt zu schnellerer Ermüdung und zur Überanstrengung der Augen. Die Raumgröße ist dabei für die Wahl der **Beleuchtungsart** (**Tages- oder Kunstlicht**) ausschlaggebend. Die DIN 5034 enthält wichtige Vorschriften für die „Innenbeleuchtung mit Tageslicht", die DIN 5035 regelt die „Innenbeleuchtung mit künstlichem Licht".

Der Raum sollte möglichst gleichmäßig beleuchtet werden, jede Form der Blendung ist zu vermeiden. Daher sind Deckenleuchten meist vorteilhafter als Tischlampen, da diese häufig Reflexe und Schatten erzeugen. Lichtbänder, die parallel zum Fenster verlaufen, gewährleisten in der Regel eine **blendfreie Beleuchtung**, insbesondere in Großraumbüros. Die Installation der Beleuchtungskörper muss so beschaffen sein, dass das Licht für einen Rechtshänder von links oben auf den Arbeitsplatz fällt. Die Anordnung der Arbeitsplätze ist so zu gestalten, dass keine Hand- oder Körperschatten auf die Arbeitsfläche fallen.

Ideal wäre eine reine Beleuchtung mit natürlichem Licht (Tageslicht). Allerdings beeinflussen Jahreszeit, Tageszeit und Witterungsverhältnisse den Lichteinfall so stark, dass in jedem Fall für eine ausreichende künstliche Beleuchtung zu sorgen ist.

Die Stärke der Beleuchtungskörper richtet sich dabei nach der Art der Bürotätigkeit:

Art des Raumes	Beleuchtungsstärke in Lux[1]
Pausenräume, Umkleideräume, Aufzüge, Treppenhäuser	150 bis 300
Empfangsbereich, Konferenzräume	400 bis 700
Räume mit gemischter Bürotätigkeit	700 bis 1000
Räume mit besonders anstrengenden Sehaufgaben, z.B. Zeichenräume	1000 bis 2000

1.1.3 Lärm

Auch der arbeitende Mensch ist in seiner Umwelt ständig von Geräuschen umgeben. Sofern diese Geräusche störend wirken, werden sie als Lärm empfunden.

Menschen reagieren je nach dem Grad der Konzentration und der individuellen Empfindlichkeit unterschiedlich nervös und gereizt. Da dadurch die Aufmerksamkeit sinkt, schleichen sich vermehrt Fehler ein. Je nach Stärke des Lärms kann er zu Gesundheitsschäden führen.

Alle wahrnehmbaren Geräusche werden als **Geräuschpegel** bezeichnet, der in der Maßeinheit Dezibel A [dB(A)] gemessen wird.

[1] Lux = Maßeinheit für die Beleuchtungsstärke

Je nach Art der auszuführenden Tätigkeiten gelten folgende Richtwerte für die Büroarbeit:

Art der Tätigkeit	Geräuschpegel in dB(A)
Konzentrierte Denkarbeit	höchstens 50
Diktat, Telefon, Besprechungen	höchstens 60
Einfache Bürotätigkeiten, die überwiegend mechanisiert sind	höchstens 70
bei sonstigen Tätigkeiten	höchstens 85

Diese Werte werden in aller Regel jedoch überschritten, denn ein Gespräch in normaler Lautstärke verursacht etwa ein Geräusch zwischen 50 und 60 dB(A), eine normale Schreibmaschine entwickelt in zwei Metern Abstand bereits 70 dB(A), das Läuten eines Telefons verursacht 75 dB(A).

Auch moderne Büromaschinen, wie PCs, verursachen Lärm durch das Rauschen des Lüfters oder das Rattern des Nadeldruckers. Sogar Laser- und Tintenstrahldrucker verursachen zusammen mit anderen Bürogeräten einen deutlich vernehmbaren Geräuschpegel. Nicht das einzelne Geräusch muss also gesundheitsschädigend sein, sondern die Summe der Geräusche, die als Lärm wahrgenommen wird, ist entscheidend.

Daher ist es erforderlich, den Lärmpegel durch **bauliche Maßnahmen** so weit wie möglich zu senken. Hierbei kommen u. a. in Betracht:

- **Doppelverglasungen** bei störendem Lärm von außen (z. B. durch Autos an Hauptstraßen, in der Nähe von Eisenbahnlinien oder Flughäfen),
- **schallschluckende Wände und Deckenverkleidungen** sowie Teppichböden zum Schutz vor Eigenlärm innerhalb des Büros,
- Pflanzengruppen,
- Fenstervorhänge,
- **Isolierung starken Lärm erzeugender Maschinen** (z. B. Drucker),
- **Abdeckhauben** bei Druckern.

1.1.4 Farbe und Raumgestaltung

Wissenschaftliche Untersuchungen haben gezeigt, dass **Farben** das körperliche und seelische Wohlbefinden eines Menschen beeinflussen können.

Dabei unterscheidet man zwischen warmen und kalten Farben. **Warme Farben** sind z. B. Gelb, Rot und Orange, **kalte Farben** sind z. B. Grün und Blau. Die Einteilung in warme und kalte Farben geht auf das subjektive Empfinden des Menschen zurück.

Warme Farben werden überwiegend in Räumen verwendet, in denen Routinearbeit erledigt wird. Durch die warmen Farben wird ein Kontrast zur teilweise monotonen Arbeit hergestellt. Insbesondere Gelb eignet sich ausgezeichnet für Arbeitsräume.

Kalte Farben haben eine beruhigende Wirkung. Sie haben sich insbesondere für Konferenzräume als vorteilhaft erwiesen. Grüne Farben in Räumen mit starkem Publikumsverkehr wirken ausgesprochen beruhigend.

Wirkungsweisen von Farben:

Farbe	Temperaturwirkung	psychische Wirkung
Gelb	sehr warm	lebhaft, anregend
Grün	sehr kalt	natürlich, sehr beruhigend
Rot	warm	sehr aufreizend, antreibend
Blau	kalt	beruhigend, mäßigend
Orange	sehr warm	anregend, leistungsfördernd
Braun	neutral	anregend

In kleineren Räumen sind eher hellere Farben vorteilhaft, da sie die Räume größer erscheinen lassen. Wichtig ist ferner, dass eine Abstimmung zwischen den Farben von Wänden, Fußböden, Möbeln, Vorhängen usw. angestrebt wird, da dies die Raumwirkung günstig beeinflusst. Starke Farbkontraste wirken i. d. R. eher störend.

Auch die **Raumgestaltung** durch Wandschmuck oder Pflanzen trägt zum Wohlbefinden des arbeitenden Menschen bei. Der Wandschmuck sollte sich in Größe, Farbe und Form der übrigen Raumgestaltung harmonisch anpassen. Allerdings ist möglichst auf die persönlichen Wünsche einzugehen, und die Mitarbeiter sollen eigene gestalterische Ideen, z. B. durch Pflanzen, Bilder, Pinnwände usw., einbringen können.

„Hier haben Sie ein Blümchen – und dann aber Schluss mit dem Humanisierungsquatsch!“

Insbesondere in Großraumbüros bietet sich eine „landschaftliche" Gestaltung des Büroraumes an. Durch scheinbar willkürlich zueinander geordnete Sitzreihen und durch Blumenbänke aufgelockerte Bereiche schaffen einen Eindruck, als ob eine regelrechte Landschaft aus einzelnen Mehrpersonenbüros entsteht. Bewegliche Trennwände aus Holz oder Glas können Räume für Besprechungen mit Besuchern oder Mitarbeitern schaffen und tragen gleichzeitig der Forderung nach Flexibilität bei der Gestaltung des Büros Rechnung. Durch diese Flexibilität werden sowohl Kommunikation, Konzentration als auch Gruppenarbeit ermöglicht (vgl. dazu auch Abschnitt 1.3.2.3 Das Großraumbüro).

Blumen und Pflanzen tragen dabei nicht nur zur Auflockerung der **Bürolandschaft** bei, sondern sorgen durch ihren Beitrag zum Luftaustausch auch für eine Verbesserung der Luftfeuchtigkeit. Empfehlenswert sind insbesondere Hydrokulturpflanzen, da diese nicht so pflegebedürftig wie Erdpflanzen sind.

Kernwissen

- Umweltbedingungen beeinflussen sowohl das Wohlbefinden des Mitarbeiters als auch seine Leistung. Wichtige Einflussfaktoren sind:
  - Luft,
  - Licht,
  - Akustik,
  - Farbe und Raumgestaltung.

Zur Vertiefung

1 Welche Umweltfaktoren beeinflussen die Büroarbeit?

2 Halten Sie Klimaanlagen für sinnvoll? Begründen Sie Ihre Entscheidung!

3 Warum sind Deckenleuchten in der Regel vorteilhafter als Tischleuchten?

4 Nennen Sie Maßnahmen zur Beseitigung von Lärm innerhalb eines Büros.

5 Welche Möglichkeiten bieten sich, um störenden Lärm von außerhalb des Büroraumes zu isolieren?

6 Gestalten Sie einen Büroraum nach Ihrem Geschmack!

7 Was versteht man im Zusammenhang mit Büroarbeit unter „Humanisierung der Arbeitswelt"?

1.2 Leistungsfähigkeit und Leistungsbereitschaft am Arbeitsplatz

Situation

Herr Gerres arbeitet gerne in der Handels-Union. Die Bezahlung ist gut, das Verhältnis zu seinen Mitarbeitern und seinen Vorgesetzten ist freundlich, die Arbeitsbedingungen sind angenehm und seine Tätigkeit ist abwechslungsreich. Nur ein Punkt stört ihn: Er ist seit 15 Jahren nicht mehr befördert worden, immer wurden ihm andere Mitarbeiter vorgezogen. Auf Nachfrage bei seinem Vorgesetzten wurde ihm versichert, dass er bei nächster Gelegenheit auch befördert werde.

Die Gestaltung des Arbeitsraumes und des Arbeitsplatzes sowie eine möglichst leistungsfähige Unterstützung durch Büromaschinen schaffen zunächst einmal die notwendigen Voraussetzungen für ein optimales Zusammenwirken von Menschen und Maschinen, um die gestellten betrieblichen Aufgaben zu erfüllen.

Neben der bestmöglichen Gestaltung des Arbeitsplatzes und des Arbeitsablaufs hängt die menschliche Leistung aber auch noch von folgenden Faktoren ab:

- **Leistungsfähigkeit**, d. h. dem tatsächlichen Leistungsvermögen des Arbeitnehmers (= Eignung für die Tätigkeit), und
- **Leistungsbereitschaft**, d. h. der persönlichen Einstellung des Arbeitnehmers zu seiner Arbeit.

1.2.1 Leistungsfähigkeit

Die persönliche Leistungsfähigkeit ist abhängig von den **ererbten Anlagen** (z. B. gesundheitliche Faktoren) und **Fähigkeiten** (Begabung), den **erworbenen Kenntnissen** (Ausbildung) und den **Erfahrungen.**

Die **ererbten Anlagen und Fähigkeiten** sind keine festen Größen, sie entwickeln sich vielmehr in der Kindheit und können im Reifungsprozess fortwährend weiterentwickelt werden. Die tatsächliche Leistungshöhe dieser Anlagen wird beeinflusst durch einen altersbedingten Fähigkeitswandel, d. h. durch ein Ersetzen der sinkenden körperlichen Leistungskraft durch eine wirtschaftlichere Arbeitsweise, durch Training und den Gesundheitszustand.

Die **erworbenen Kenntnisse und Erfahrungen** bezeichnet man als Fertigkeiten. Sie werden erworben durch Ausbildung, vertieft durch die Anwendung im praktischen Einsatz, und auf dem Wege des Übens werden sie zur Routine.

Die individuelle Leistungsfähigkeit spielt insbesondere eine Rolle bei der Auswahl des ausgeübten Berufes sowie bei der Stellenbesetzung innerhalb eines Unternehmens. Die ausgeübte Tätigkeit muss den Fähigkeiten des jeweiligen Mitarbeiters entsprechen, sowohl Überforderung als auch Unterforderung haben negative Folgen für die Leistung.

1.2.2 Leistungsbereitschaft

Nur in Ausnahmefällen und Extremsituationen ist der Mensch in der Lage, seine tatsächliche Leistungsfähigkeit voll auszuschöpfen. In der Regel wird nur ein weit geringerer Teil tatsächlich genutzt. Wie hoch dieser Teil ist, hängt von der **individuellen Leistungsbereitschaft** ab. Sie kann sowohl von körperlichen als auch von seelischen Faktoren beeinflusst sein.

Körperliche Faktoren können z. B. hormonelle Schwankungen, tages- oder jahreszeitliche Veränderungen, z. B. Frühjahrsmüdigkeit, oder Witterungseinflüsse sein.

Seelische Faktoren sind z. B. die generelle Einstellung zur Arbeit, die jeweilige Stimmungslage oder die Arbeitsmotivation.

Die Arbeitsmotivation lässt sich durch verschiedene Einflüsse steigern. Dabei unterscheidet man zwischen äußeren Bestimmungsgrößen, d. h., die Motivation ergibt sich nicht aus der Arbeit selber, sondern durch von außen gesteuerte Bedingungen, und inneren Bestimmungsgrößen, d. h. Motivationen, die durch die Arbeit selbst hervorgebracht werden.

Äußere Bestimmungsgrößen sind u. a. Bezahlung, Arbeitsbedingungen, Arbeitsplatzsicherheit und zwischenmenschliche Beziehungen am Arbeitsplatz.

Innere Bestimmungsgrößen sind z. B. Lob, Verantwortung, Aufstiegsmöglichkeiten oder Erfolgserlebnisse.

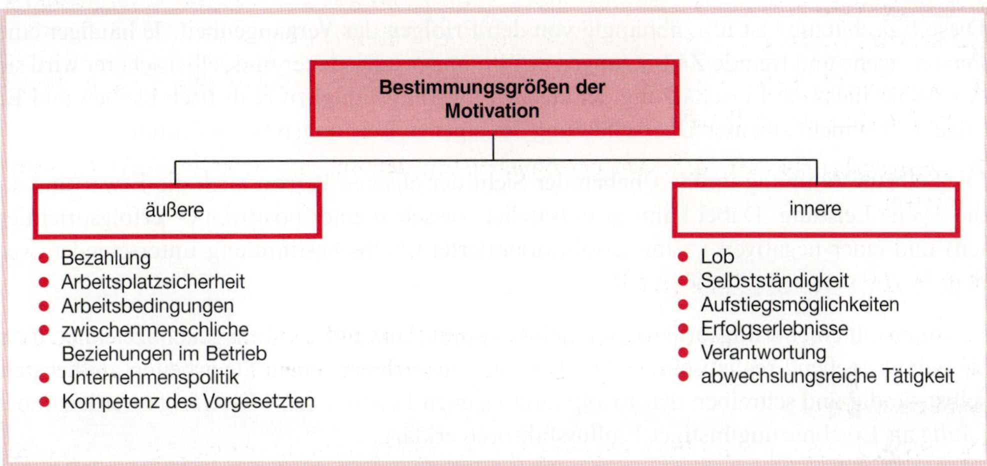

Untersuchungen haben ergeben, wie die einzelnen Faktoren die Leistungsbereitschaft fördern.

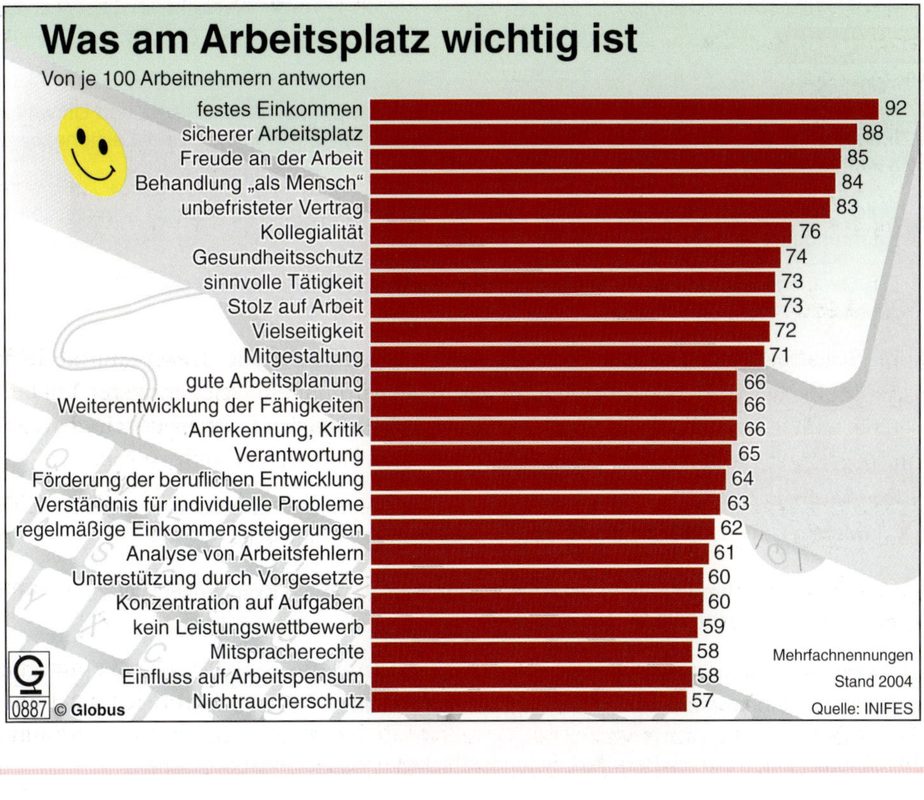

Was am Arbeitsplatz wichtig ist

Von je 100 Arbeitnehmern antworten

festes Einkommen	92
sicherer Arbeitsplatz	88
Freude an der Arbeit	85
Behandlung „als Mensch“	84
unbefristeter Vertrag	83
Kollegialität	76
Gesundheitsschutz	74
sinnvolle Tätigkeit	73
Stolz auf Arbeit	73
Vielseitigkeit	72
Mitgestaltung	71
gute Arbeitsplanung	66
Weiterentwicklung der Fähigkeiten	66
Anerkennung, Kritik	66
Verantwortung	65
Förderung der beruflichen Entwicklung	64
Verständnis für individuelle Probleme	63
regelmäßige Einkommenssteigerungen	62
Analyse von Arbeitsfehlern	61
Unterstützung durch Vorgesetzte	60
Konzentration auf Aufgaben	60
kein Leistungswettbewerb	59
Mitspracherechte	58
Einfluss auf Arbeitspensum	58
Nichtraucherschutz	57

Mehrfachnennungen
Stand 2004
Quelle: INIFES

0887 © Globus

1.2.3 Die Selbstbestimmung

Das tatsächliche Leistungsniveau ist neben der objektiven Leistungsfähigkeit und der individuellen Leistungsbereitschaft auch abhängig von der sogenannten Selbstbestimmung, d. h. der persönlichen Einschätzung der eigenen Leistungsfähigkeit.

Diese Einschätzung ist u. a. abhängig von den Erfolgen der Vergangenheit. Je häufiger eine Person eigene und fremde Zielsetzungen erfüllt, umso zufriedener und selbstsicherer wird sie. Allerdings muss die Einschätzung der eigenen Leistungsfähigkeit realistisch bleiben und Erfolge dürfen nicht zu einer Überschätzung des eigenen Leistungsniveaus führen.

Die Selbstbestimmung umfasst neben der Sicht der eigenen Person auch die Erwartung an die eigene Leistung. Dabei kann grundsätzlich zwischen einer positiven (= erfolgsorientierten) und einer negativen (= misserfolgsorientierten) Selbstbestimmung unterschieden werden.

Personen mit einer erfolgsorientierten Selbstbestimmung sind dadurch gekennzeichnet, dass sie sich weitgehend realistische Ziele setzen, die sie auch erreichen. Sie arbeiten am liebsten selbstständig und schreiben den Erfolg ihrer eigenen Leistung zu. Misserfolge werden dabei häufig als Ergebnis ungünstiger Einflussfaktoren erklärt.

Personen mit negativer Selbstbestimmung setzen sich dagegen häufig unrealistische Ziele und neigen dazu, sich selbst zu überfordern. Sie bevorzugen daher eher fremdgesteuerte Arbeit. Misserfolge sehen sie als Bestätigung der eigenen Unfähigkeit; Erfolge hingegen versuchen sie damit zu erklären, dass auch jeder andere diese Aufgabe gelöst hätte.

Kernwissen

- Neben den äußeren Bedingungen (Arbeitsplatzgestaltung, Maschineneinsatz und Umwelteinflüsse) wird die menschliche Arbeitsleistung durch Leistungsfähigkeit und Leistungsbereitschaft bestimmt.
- Unter Leistungsfähigkeit versteht man die ererbten Anlagen, die erworbenen Kenntnisse und Erfahrungen.
- Die Leistungsbereitschaft ist abhängig von der körperlichen und seelischen Einstellung zur Arbeit.
- Die Selbstbestimmung beeinflusst die tatsächliche Leistung häufig durch die Erwartung an die eigene Person.

Zur Vertiefung

1 Inwiefern kann das Alter Einfluss auf die persönliche Lernfähigkeit haben?

2 Welche Maßnahmen könnte ein Betrieb ergreifen, wenn die Krankenstatistik der Mitarbeiter häufige Fehlzeiten von nur einem Tag ausweist?

3 Wie wirkt sich eine wöchentliche Information der Mitarbeiter über die von der Geschäftsleitung geplanten Maßnahmen auf die Leistungsbereitschaft aus?

4 Unterscheiden Sie die Begriffe Leistungsfähigkeit und Leistungsbereitschaft!

1.3 Arbeitsplatz- und Arbeitsraumgestaltung

Situation

> Der Sachbearbeiter Huber beschwert sich bei seinem Vorgesetzten über die Ausstattung seines Arbeitsplatzes. Der Schreibtisch sei viel zu klein, er stoße sich dauernd die Knie und durch den unbequemen Stuhl bekäme er Rückenschmerzen.

Bis vor wenigen Jahren bestimmten Kosten- und Raumgesichtspunkte den Aufbau eines Arbeitsplatzes. Heute soll der Arbeitsplatz hingegen menschengerecht sein und damit allen ergonomischen, organisatorischen und technischen Anforderungen entsprechen. Die allgemeinen Anforderungen an einen Arbeitsplatz richten sich dabei nach staatlichen Vorschriften, wie der Arbeitsstättenverordnung, oder nach Regeln und Vorschriften der Berufsgenossenschaften, wie den Sicherheitsregeln für Büroarbeitsplätze.

Allgemeine **Anforderungen** an alle Büromöbel sind:

- Wandelbarkeit und Anpassungsfähigkeit,
- beliebige Kombinationsmöglichkeiten,
- Erfüllen aller Sicherheitsvorschriften,
- Erfüllen aller ergonomischen Anforderungen,
- Unterstützung eines flüssigen Arbeitsablaufs durch funktionsgerechte Gestaltung.

1.3.1 Die Einrichtung eines Büroarbeitsplatzes

Die meiste Zeit des Arbeitstages wird sitzend am Schreibtisch verbracht, deshalb gehören ein **Bürodrehstuhl** und ein **Büroschreibtisch** zu den wichtigsten Einrichtungsgegenständen. Daneben stellt der **Bildschirmarbeitsplatz** eine Sonderform des Büroarbeitsplatzes dar.

1.3.1.1 Der Bürostuhl

Da das Sitzen nicht der natürlichen Veranlagung des Menschen entspricht, ist darauf zu achten, dass ein Bürostuhl sich den körperlichen Gegebenheiten eines jeden Menschen individuell anpassen lässt, um Gesundheitsschäden, wie etwa Rückenschmerzen, Bandscheibenschäden oder Durchblutungsstörungen durch abgeknicktes Sitzen, zu vermeiden.

Jeder Büroarbeitsplatz sollte daher mit einem Bürodrehstuhl, der der **DIN-Norm 4551** entspricht, ausgestattet sein. Diese Norm stellt allerdings nur eine **Mindestforderung** dar, die von den meisten Herstellern übertroffen wird. Aus ergonomischen Gründen und damit zur Vermeidung von Gesundheitsschäden sollten Bürostühle jedoch noch weitere Anforderungen als die in der DIN-Norm geforderten erfüllen.

Wichtige **Anforderungen** an einen solchen Bürostuhl lauten:

- Die Ausladung des Untergestells von Drehstühlen muss ausreichend gegen Kippen und Stolpern gesichert sein.
- Der Stuhl muss im Sitzen höhenverstellbar sein (42 bis 50 cm).

- Die Rückenlehne muss horizontal verstellbar sein (38 bis 42 cm von der Sitzkante).
- Das Stuhloberteil darf sich bei der Höhenverstellung nicht unbeabsichtigt vom Untergestell lösen.
- Die Sitzfederung muss in die Stuhlsäule eingebaut sein.
- Der Stuhl muss so konstruiert sein, dass der Stoß beim Hinsetzen auch in der untersten Sitzhöhe gedämpft wird.
- Sitzfläche und Rückenlehne müssen so geformt oder einstellbar sein, dass für den Rücken in jeder Sitzhaltung die notwendige Abstützung gewährleistet ist.
- Das Stuhloberteil muss drehbar sein.
- Die Sitzfläche muss gepolstert und im vorderen Teil abgerundet sein, damit kein unnötiger Druck auf die Oberschenkelbeugeseiten ausgeübt wird.
- Polsterung- und Sitzflächenbezug müssen in Material und Ausführung genügend wasserdampf- und luftdurchlässig bzw. klimafreundlich sein.
- Ist der Drehstuhl mit Rollen ausgerüstet, sind mindestens fünf Rollen erforderlich.
- Die Rollen müssen so schwergängig oder gebremst sein, dass ein unbeabsichtigtes Wegrollen verhindert wird.
- Sofern Armlehnen vorhanden sind, müssen sie so gestaltet sein, dass die Arme angenehm abgestützt werden und nicht mit Metall in Berührung kommen.

1.3.1.2 Der Büroschreibtisch

Bei Schreibtischen unterscheidet man zwischen den traditionellen Büroschreibtischen, die meist links und rechts mit Rollläden oder Türen und einer Mittelkonsole versehen sind, und modernen Organisationsschreibtischen, die aufgrund ihrer zahlreichen Vorteile heute fast nur noch eingesetzt werden.

Sie zeichnen sich durch eine große innere und äußere Wandelbarkeit aus. **Innere Wandelbarkeit** bedeutet, dass innere Einrichtungsteile, wie Schubladen, Hängeregistraturen und -karteien oder Aktenauszüge, beliebig ausgetauscht werden können. **Äußere Wandelbarkeit** besagt, dass z. B. Tischplatten oder Unterschränke komplett ausgetauscht werden können.

Durch diese Austauschbarkeit sind Organisationsschreibtische sehr flexibel in den Möglichkeiten ihrer Ausstattung und können damit den jeweiligen individuellen Ansprüchen angepasst werden. Die jeweilige Inneneinrichtung wird sich dabei an den Bedürfnissen des Benutzers ausrichten. So können Fächer mit Materialeinsätzen, Organisationsschubladen, Stempelhalter, Kohlepapiereinsätze, Diktiergeräteeinrichtungen und vieles andere mehr dort untergebracht werden.

Neben dem eigentlichen Schreibtisch gibt es häufig noch zusätzliche Büromaschinen- oder Funktionstische, die in Winkel- oder L-Form mit dem eigentlichen Schreibtisch verbunden werden. Dies ist insbesondere dann sinnvoll, wenn häufiger zwischen Schreibarbeiten und sonstigen Büroarbeiten gewechselt werden muss.

Tischarten (Auswahl)	innere Wandelbarkeit	äußere Wandelbarkeit
Schreibtisch	nein	nein
Standardschreibtisch	nein	nein
Funktionsschreibtisch	ja	nein
Organisationsschreibtisch	ja	ja
Büromaschinentisch	nein	nein
Standardbüromaschinentisch	nein	nein
Funktionsbüromaschinentisch	ja	nein
Organisationsbüromaschinentisch	ja	ja
Bildschirmarbeitstisch	nein	nein

Neben der Wandelbarkeit werden noch die folgenden **Anforderungen** an Organisationsschreibtische gestellt:

- ausreichende Arbeitsfläche im Griffbereich,
- Ablagemöglichkeit aller Arbeitsmittel und Arbeitsgegenstände im physiologischen Greifraum (der Griffbereich, der ohne Körperbewegungen genutzt werden kann),
- Auszüge, Hängerahmen und Teleskopführungen, sodass der gesamte Unterbau nutzbar ist,
- Höhenverstellbarkeit, um sich den individuellen Körpermaßen anpassen zu können (66 bis 75 cm),
- ausreichende Beinraumhöhe und -breite,
- Möglichkeit des aufgabenbezogenen Einsatzes von Bürocontainern.

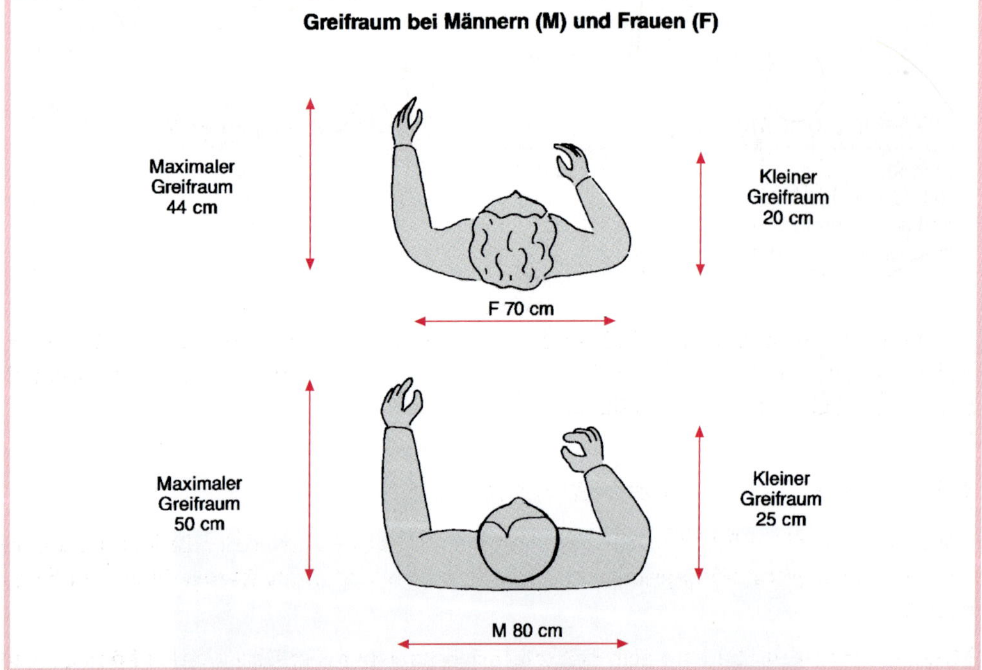

Die **Maße für Schreibtische** sind nach **DIN 4549** genormt. Dabei wird unterschieden nach:

- Tischen ohne Unterschrank Form A,
- Tischen mit einem Unterschrank Form B,
- Tischen mit zwei Unterschränken Form C.

Form	Plattengröße Breite mm	Tiefe mm	Höhe bis Oberkante Tischplatte mm
Schreibtische (S)			
A, B, C	1600	800	720
A, B	1200	800	720
Büromaschinentische (M)			
A, B, C	1600	600	650
A, B	1200	600	650

Schreibtische in Form B und C:

Die Bezeichnung eines Schreibtisches mit zwei Unterschränken von Plattengröße 1 600 mm × 800 mm und nicht verstellbarer Tischplattenhöhe von 720 mm lautet also: Schreibtisch DIN 4549 – SC 1 600 × 800 × 720.

1.3.1.3 Der Bildschirmarbeitsplatz

Die Gestaltung eines Bildschirmarbeitsplatzes ist heute von besonderer Bedeutung, da die Zahl von Datenverarbeitungsanlagen, Textautomaten und Bildschirmgeräten ständig zunimmt.

Mögliche **Aufgaben**, die an einem Bildschirmarbeitsplatz ausgeführt werden können, sind z. B.:

- Erstellen eines Textes mit Bildschirmkontrolle durch eine Schreibkraft,
- Eingabe von Daten durch eine Fachkraft,
- Bearbeitung eines Verkaufs an einen Kunden durch einen Sachbearbeiter am Bildschirm,
- Bestellung neuer Waren durch den Einkäufer über Bildschirm,
- Kontrolle der Absatzentwicklung durch den Geschäftsführer mithilfe eines Geschäftsgrafikprogramms am Bildschirm.

Der Aufbau eines Bildschirmarbeitsplatzes unterliegt ebenfalls bestimmten Vorschriften. So sind zum einen die „Sicherheitsregeln für Bildschirmarbeitsplätze im Bürobereich“ des Fachausschusses „Verwaltung“ der Verwaltungsberufsgenossenschaften zu berücksichtigen, zum anderen sind Bildschirmarbeitsplätze nach DIN 66 233 und DIN 66 234 genormt.

Bildschirmarbeitstische (B)	Breite	Tiefe	Höhe
A, B	1600	800[1] 900 1000[1]	720
A	1200	800[1] 900 1000[1]	720

Die **Grundanforderungen** an Bildschirmarbeitsplätze lauten:

- Die Bildschirmanzeige soll flimmerfrei, Blenden und Spiegeln müssen ausgeschlossen sein. Sie können insbesondere durch Fenster, Lampen oder helle Wandflächen erzeugt werden. Daher ist es i. d. R. sinnvoll, den Tisch rechtwinklig zum Fenster aufzustellen, sodass der Mitarbeiter zum einen nicht mit Blickrichtung zum Fenster sitzt, zum anderen aber auch nicht durch das einfallende Tageslicht am Bildschirm geblendet wird.

- Der Bildschirm muss einen guten Kontrast gewährleisten, d. h., die Schriftzeichen müssen sich klar vom Bildschirmhintergrund abzeichnen. Moderne Bildschirme weisen heute entsprechende Regler auf, mit denen Helligkeit und Kontrast eingestellt werden können.

- Vorlage und Bildschirm sollen im gleichen Schriftbild erscheinen. In der Regel wird von hellen Vorlagen abgeschrieben. Die Bildschirme wiesen traditionell aber dunkle Hintergründe auf, sodass sich das Auge ständig auf den Wechsel von Hell und Dunkel einstellen musste (sog. Tunnel-Effekt). Heute wird nun gefordert, dass bei Einsatz von Bildschirmgeräten dunkle Zeichen auf hellem Hintergrund ausgegeben werden, um damit eine geringere Ermüdung der Augen zu verursachen.

- Die Bildschirmgröße hat sich an der jeweiligen Tätigkeit zu orientieren. Kleinere Bildschirme sind i. d. R. nicht empfehlenswert, da sie zu erhöhter Belastung der Augen führen.

- Die Trennung von Bildschirm, Tastatur und Arbeitsvorlage führt zu größerer Flexibilität, da der Benutzer sich die einzelnen Elemente auf einem ausreichend großen Schreibtisch nach eigenen Bedürfnissen anpassen kann. Tastaturen müssen dabei die Möglichkeit der Höhenverstellbarkeit aufweisen. Bildschirme sollten sich ebenfalls sowohl seitlich als auch in der Höhe verstellen lassen.

- Die Bildschirmoberkante sollte sich in Augenhöhe befinden. Der Abstand zwischen Auge und Bildschirm, Auge und Tastatur sowie Auge und Vorlage sollte in etwa gleich groß (50 bis 75 cm) sein.

Die Folgen eines Nichtbeachtens der Vorgaben für Bildschirmarbeitsplätze können zu zahlreichen Erkrankungen und Beschwerden, wie Rückenschmerzen, Augenbeschwerden, Kopfschmerzen usw., führen.

[1] Bei der Wahl der Tischtiefe ist die Sehentfernung zum Bildschirm (450 bis 600 mm, vorzugsweise 500 mm) und die Tiefe des Bildschirmgerätes so zu berücksichtigen, dass ein Überstehen von Teilen des Bildschirmgerätes über den hinteren Tischrand vermieden wird.

Die wichtigsten ergonomischen Anforderungen an einen Computerarbeitsplatz (bei 15-Zoll-Monitor)

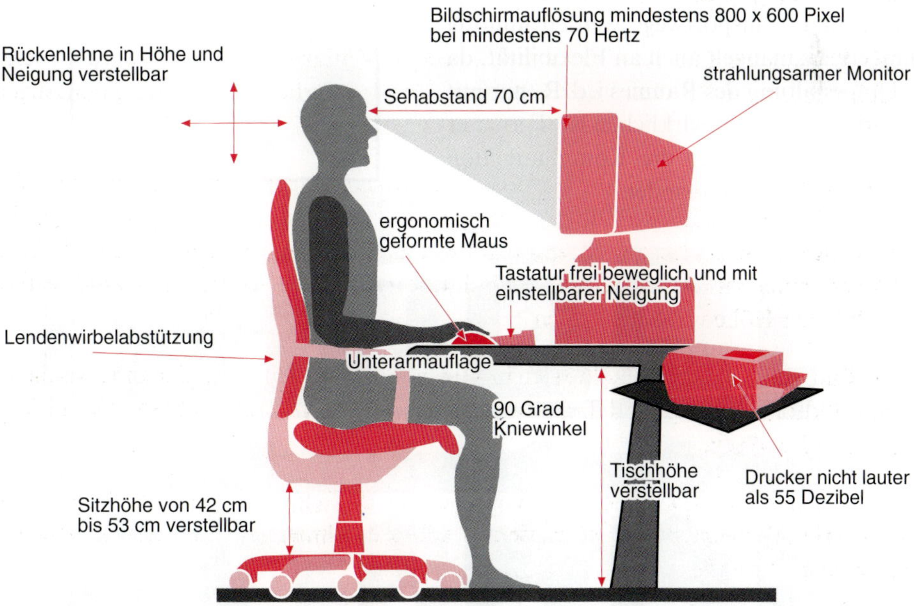

Bildschirmauflösung mindestens 800 x 600 Pixel
bei mindestens 70 Hertz

Rückenlehne in Höhe und
Neigung verstellbar

strahlungsarmer Monitor

Sehabstand 70 cm

ergonomisch
geformte Maus

Tastatur frei beweglich und mit
einstellbarer Neigung

Lendenwirbelabstützung

Unterarmauflage

90 Grad
Kniewinkel

Tischhöhe
verstellbar

Drucker nicht lauter
als 55 Dezibel

Sitzhöhe von 42 cm
bis 53 cm verstellbar

1.3.2 Die Raumarten

Für die Einrichtung des Arbeitsraumes sind die **Größe des Zimmers** und die **Zahl der Personen**, die in diesem Raum arbeiten sollen, entscheidend. Bei bereits bestehenden Bürogebäuden sind die räumlichen Gegebenheiten nur sehr bedingt zu verändern, da fest gemauerte Wände nicht beliebig versetzt werden können. Bei neu zu konzipierenden Büroräumen sollte hingegen mit verschiebbaren Wänden gearbeitet werden, da dies die **Flexibilität** bei der Bürogestaltung enorm erhöht.

Typische Arten von Bürozimmern sind das Einpersonenzimmer, das Mehrpersonenzimmer und das Großraumbüro.

1.3.2.1 Das Einpersonenzimmer

Einzelzimmer sind in der Regel den Führungskräften sowie solchen Mitarbeitern, die Aufgaben mit großen Konzentrationsleistungen, z. B. Planung, Forschung, oder Aufgaben, die der Vertraulichkeit bedürfen, z. B. Personalbüro, zu erledigen haben, vorbehalten.

Der **Vorteil** des Einpersonenzimmers besteht im störungsfreien Arbeiten. Unter Umständen wird an die Vergabe eines Einzelzimmers auch ein gewisses Prestige (= Ansehen) geknüpft, d. h., es trägt dem Aufstiegsstreben insbesondere leitender Angestellter Rechnung.

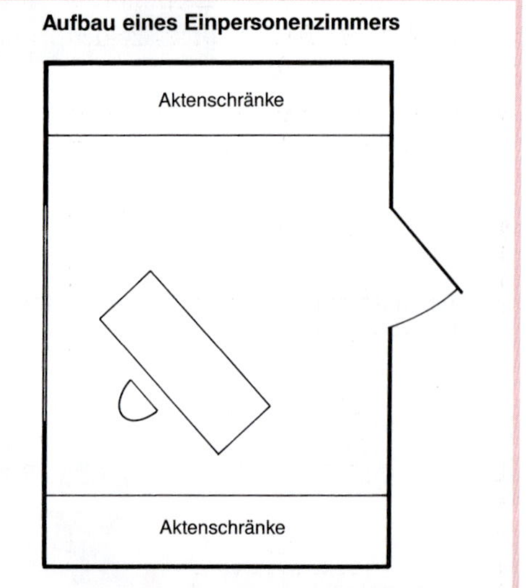

Nachteilig sind jedoch die hohen Kosten aufgrund der unwirtschaftlichen Raumausnutzung. Etwa 40 % des Raumangebotes gehen durch Wände oder Gänge verloren. Die Informations- und Transportwege werden unnötig verlängert. Es mangelt auch an Flexibilität, da eine Umgestaltung des Raumes i. d. R. nur mit Schwierigkeiten zu verwirklichen ist. Ferner erschweren Einzelzimmer die Kommunikation der Mitarbeiter untereinander.

1.3.2.2 Das Mehrpersonenzimmer (Gruppenbüro)

Hier arbeiten mehrere Mitarbeiter einer Abteilung oder einer Gruppe, die gleichartige Teilaufgaben erledigen, in einem gemeinsamen Raum zusammen. Die Anordnung der Arbeitsplätze ist zum einen von der Größe des Raumes, zum anderen von der Intensität des Zusammenarbeitens abhängig.

Arbeiten die Mitarbeiter weitgehend unabhängig voneinander, empfiehlt sich eine **Reihenform**, da dann der Lichteinfall am besten genutzt werden kann. Ferner ist diese Form günstig, wenn häufig Kunden bedient werden müssen, da hier jeder Sachbearbeiter getrennt mit seinem Kunden sprechen kann.

Sind die Mitarbeiter auf häufige Kommunikation untereinander angewiesen, wäre eine **Blockform** angebrachter. Informationen können von Arbeitsplatz zu Arbeitsplatz weitergereicht werden, der Arbeitsablauf wird beschleunigt.

Wichtig ist hierbei jedoch, dass für alle Mitarbeiter etwa gleiche Arbeitsbedingungen herrschen. Unterschiedlicher Lichteinfall bei Tageslichtbeleuchtung oder Blendung könnten sonst die Arbeitsleistung des einzelnen Mitarbeiters negativ beeinflussen.

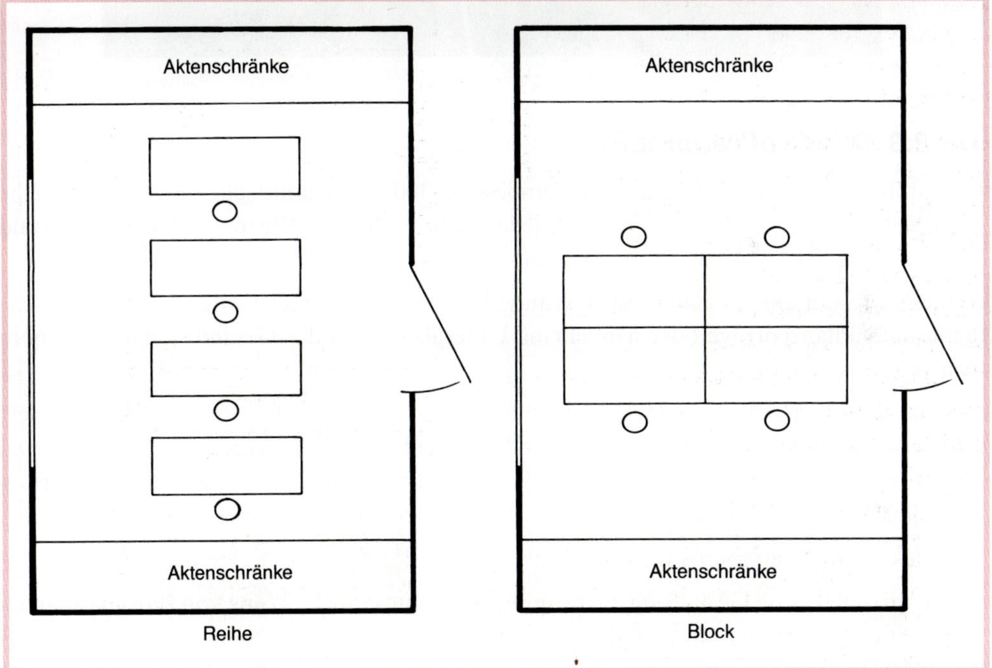

Vorteile des Mehrpersonenzimmers liegen in

- der erhöhten Wirtschaftlichkeit, z. B. durch die gemeinsame Nutzung von Sachmitteln, wie Telefon, Registraturschränken u. Ä.,
- den verbesserten Kommunikationsmöglichkeiten,
- der Teamarbeit und
- der Möglichkeit der Veränderung der Zahl der Mitarbeiter.

Nachteilig wirken sich die Störungen durch Maschinen, Telefongespräche oder Besucher aus. Ferner sind die Möglichkeiten des individuellen Arbeitens und der Vertraulichkeit eingeschränkt.

Das Gruppenbüro ist heutzutage die häufigste in der Praxis vorfindbare Bürostruktur.

1.3.2.3 Das Großraumbüro

Ein Großraumbüro ist ein Raum mit mindestens 300 m^2 Grundfläche, in dem zahlreiche Mitarbeiter (20 oder mehr) arbeiten. Für jeden Arbeitnehmer sollte in der Regel eine Grundfläche von mindestens 10 m^2 vorhanden sein.

In diesem Raum gibt es keine festen Wände oder Türen, vielmehr wird durch bewegliche Stellwände, Pflanzentröge oder Möbel eine Untergliederung des Gesamtraumes vorgenommen.

Die Gestaltung des Großraumbüros sollte nach ergonomischen Gesichtspunkten realisiert werden. Dazu liegen zahlreiche Gesetze und Empfehlungen vor (Arbeitsstättenverordnung, Betriebsverfassungsgesetz, Normen für Büromobiliar, Beleuchtung und Klimatisierung, Sicherheitsregeln für Büroarbeitsplätze, Merkblätter zur Arbeitsplatzgestaltung usw.).

Vorteile des Großraumbüros sind

- die wirtschaftliche Gestaltung, z. B. durch die gemeinsame Nutzung von Büromaschinen,
- die Erleichterung der Kommunikation,
- die Förderung der Teamarbeit,
- die hohe Flexibilität bei der Raumnutzung,
- die Beschleunigung des Arbeitsflusses durch das Fehlen von Wänden und Türen sowie
- die häufig günstige Beeinflussung des Verhältnisses zwischen Vorgesetzten und Mitarbeitern in der gemeinsamen Arbeit.

Nachteilig sind

- die starken optischen und akustischen Störungen,
- die fehlende Individualität, z. B. bei der Gestaltung des Arbeitsplatzes, sowie
- die Notwendigkeit der künstlichen Beleuchtung und Klimatisierung.

Eine starre Gliederung in Reihen- oder Blockform, wie beim Mehrpersonenzimmer dargestellt, hat in der Vergangenheit oft zu Widerständen der Mitarbeiter in Großraumbüros geführt. Zum einen fühlten sich die Mitarbeiter häufig beobachtet, zum anderen störte sie der monotone Raumeindruck durch die langen Reihen von Arbeitsplätzen. Daher wurde versucht, durch sogenannte **Bürolandschaften** eine Auflockerung zu erreichen.

Bei dieser Form scheinen die Arbeitsplätze fast willkürlich zueinander aufgestellt. In Wahrheit ist jedoch vorher genau geplant worden, welche Arbeitsplätze funktional zusammengehören, sodass diese Mitarbeiter, die schnell einmal zur Lösung bestimmter Aufgaben miteinander in Kontakt treten müssen, in unmittelbarer räumlicher Nähe zueinander untergebracht werden. Des Weiteren ist der Platzierung von gemeinsam zu nutzenden Büromaschinen und dem Arbeitsfluss, d. h. der Weitergabe der bearbeiteten Belege, Rechnung zu tragen.

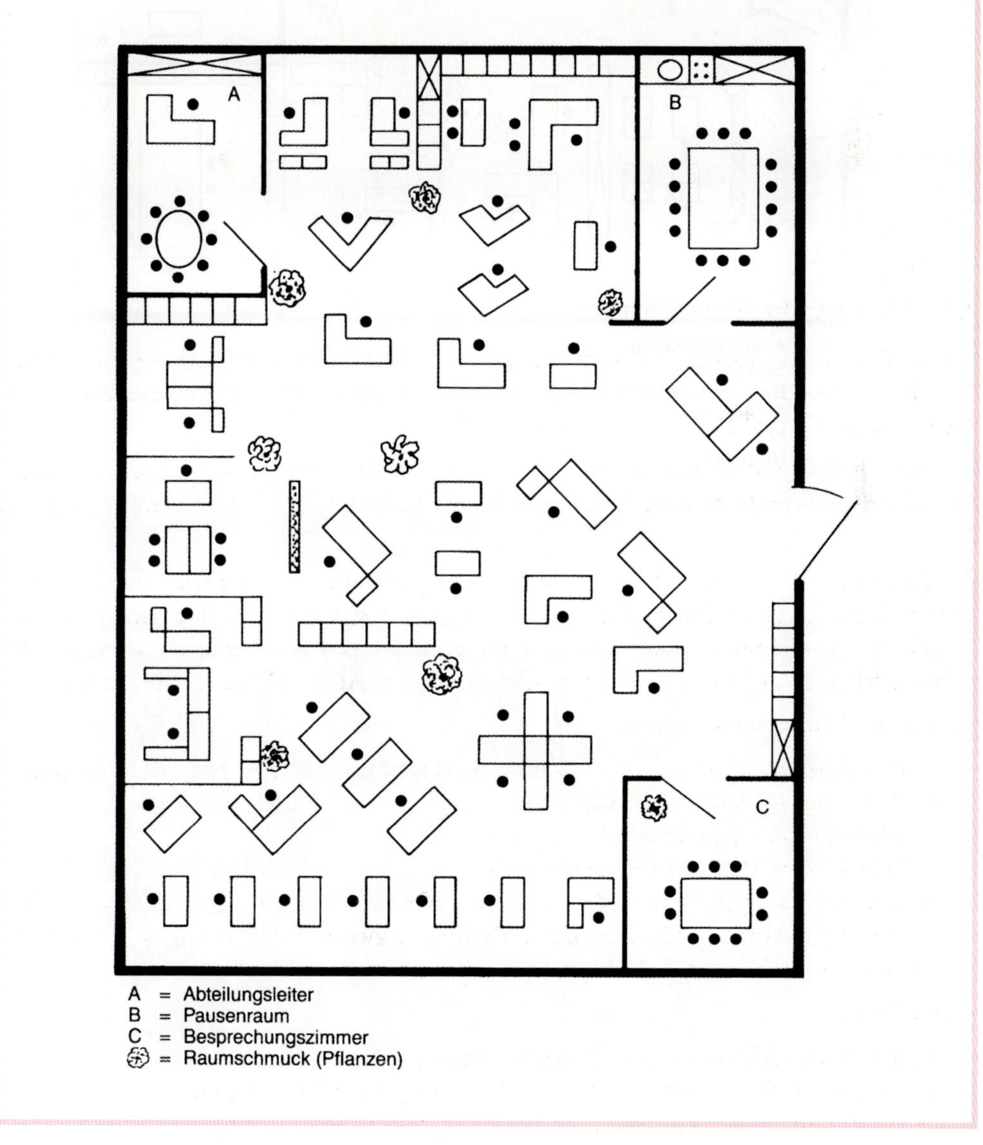

Pflanzen, Stell- und Regalwände als Sichtschutz sowie integrierte Aufenthalts-, Pausen- und Besucherräume führen zu einer weiteren Auflockerung.

In einer Weiterentwicklung der Bürolandschaft entstand das sogenannte **„Raum-in-Raum-System"**. Dabei entstehen innerhalb des Großraumbüros wieder kleinere Räume, indem die

Raum in Raum

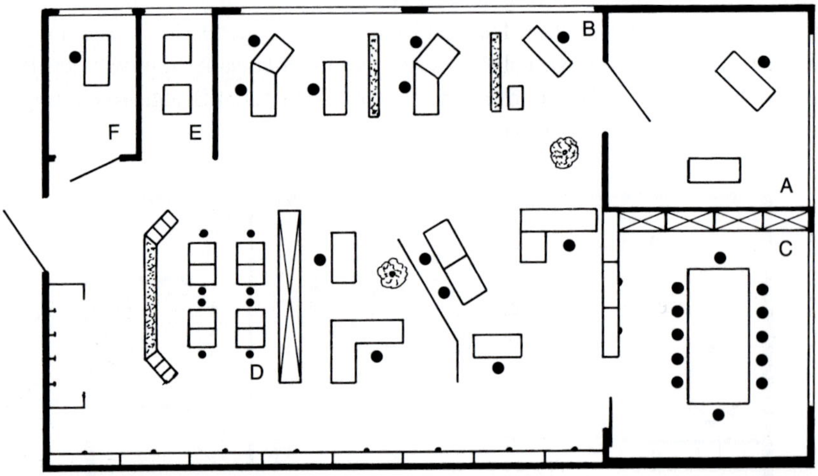

A = Abteilungsleitung
B = Sekretärin
C = Besprechungszimmer und Aufenthaltsraum
D = Schreibsaal
E = Kopieren
F = Bürodienst

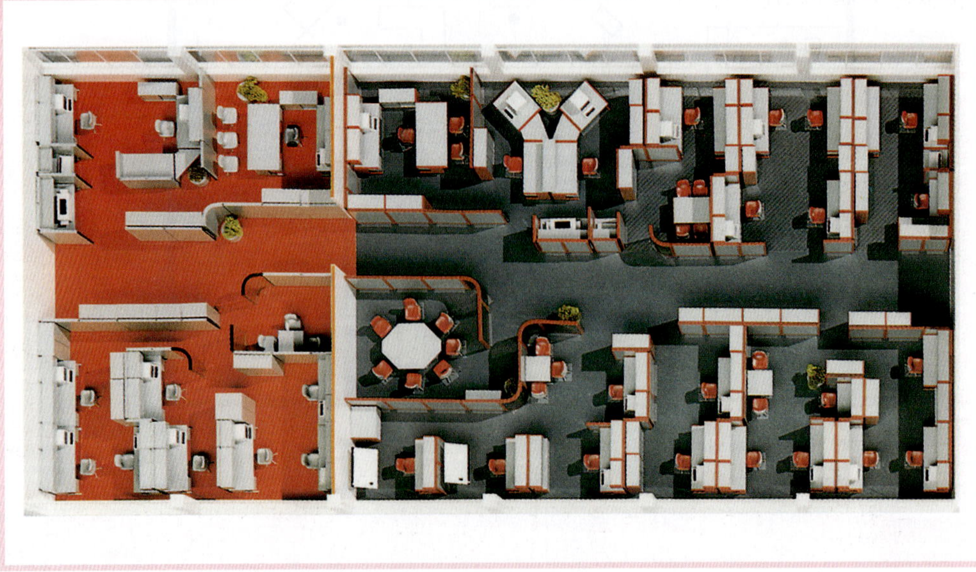

Abschirmungen zu den Laufwegen nicht mehr durch einzelne Elemente, sondern durch miteinander verkettete Wand- oder Schrankelemente hergestellt werden. Dadurch entsteht zum einen die Möglichkeit, wieder konzentriert und störungsfrei zu arbeiten, zum anderen geht der Kontakt zu den übrigen Mitarbeitern nicht verloren.

1.3.3 Unfallverhütungsvorschriften

Die Berufsgenossenschaften legen nach § 708 Reichsversicherungsordnung (RVO) die Unfallverhütungsvorschriften fest. Darin sind die Pflichten von Arbeitgebern, beauftragten Sicherheitskräften und Arbeitnehmern zur Vermeidung von Arbeitsunfällen festgelegt.

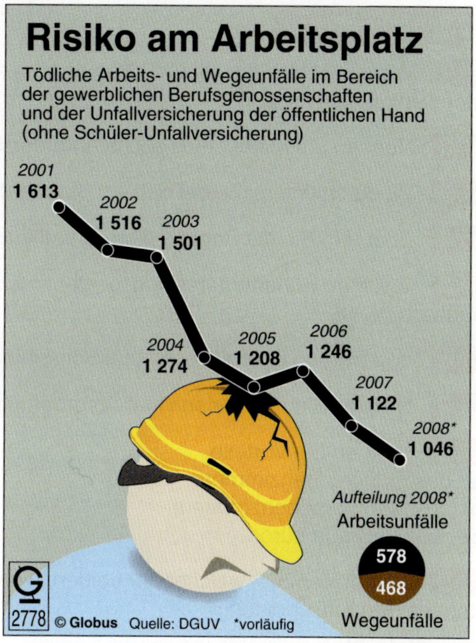

Der Arbeitgeber ist verpflichtet, die Unfallverhütungsvorschriften an allgemein zugänglicher Stelle deutlich sichtbar auszuhängen. Des Weiteren muss er geeignete Maßnahmen treffen, um die Mitwirkung der Versicherten an der Unfallverhütung zu fördern. Möglichkeiten sind z. B. die Bestellung von Sicherheitsbeauftragten und die Durchführung von Sicherheitslehrgängen. Die Zahl der Sicherheitsbeauftragten ist abhängig von der Zahl der Beschäftigten.

Die Versicherten sind verpflichtet, alle Maßnahmen zur Vermeidung von Arbeitsunfällen zu unterstützen und den Anweisungen der Vorgesetzten zur Unfallverhütung Folge zu leisten. Ferner sind sie verpflichtet, Mängel, die zu Unfällen führen können, sofort zu beseitigen oder zu melden.

Kernwissen

- Büroeinrichtungen:
  - Bürodrehstühle sind nach DIN 4551 genormt und müssen Mindestanforderungen in Bezug auf Sicherheit, Bequemlichkeit und Funktionalität genügen.
  - Organisationsschreibtische sind nach DIN 4549 genormt. Sie zeichnen sich durch eine große Wandelbarkeit aus. Durch variable Innenausstattungen lassen sie sich den Bedürfnissen des jeweiligen Benutzers individuell anpassen.
  - Für Bildschirmarbeitsplätze gelten besondere Sicherheitsvorschriften. Insbesondere ist eine Beeinträchtigung der Gesundheit von Mitarbeitern an Bildschirmarbeitsplätzen zu vermeiden.
- Arbeitsräume:
  - Einpersonenräume werden in der Regel nur für Vorgesetzte oder Mitarbeiter mit besonders schwierigen oder vertrauensbedürftigen Tätigkeiten eingerichtet.
  - In Mehrpersonenräumen werden Mitarbeiter mit gleichartigen Teilaufgaben zusammengefasst.

- Großraumbüros erleichtern das Umstellen von Arbeitsplätzen, verbessern die Kommunikation, bringen aber auch optische und akustische Störungen mit sich.
- Bürolandschaften oder Raum-in-Raum-Systeme gleichen die Nachteile traditioneller Großraumbüros aus.

■ Arbeitnehmer und Arbeitgeber sind gehalten, die Unfallverhütungsvorschriften der Berufsgenossenschaften einzuhalten.

Zur Vertiefung

1 Warum ist es sinnvoll, für Büromöbel bestimmte Mindestanforderungen in Form von DIN-Normen festzulegen?

2 Nennen Sie mindestens sechs Anforderungen, die an einen Bürodrehstuhl zu stellen sind!

3 Wodurch unterscheidet sich ein Standardschreibtisch von einem Organisationsschreibtisch?

4 Erläutern Sie die Begriffe „innere und äußere Wandelbarkeit"!

5 Welcher Höhenunterschied besteht zwischen einem Schreibtisch und einem Büromaschinentisch?

6 Wie werden Schreibtische und Schreibmaschinentische kombiniert?

7 Nennen Sie mindestens fünf Anforderungen an einen Bildschirmarbeitsplatz!

8 Nennen Sie Vorteile
a) des Einpersonenzimmers,
b) des Mehrpersonenzimmers,
c) des Großraumbüros!

9 Überprüfen Sie, welcher der beiden folgenden Büroräume richtig eingerichtet ist, und begründen Sie Ihre Entscheidung!

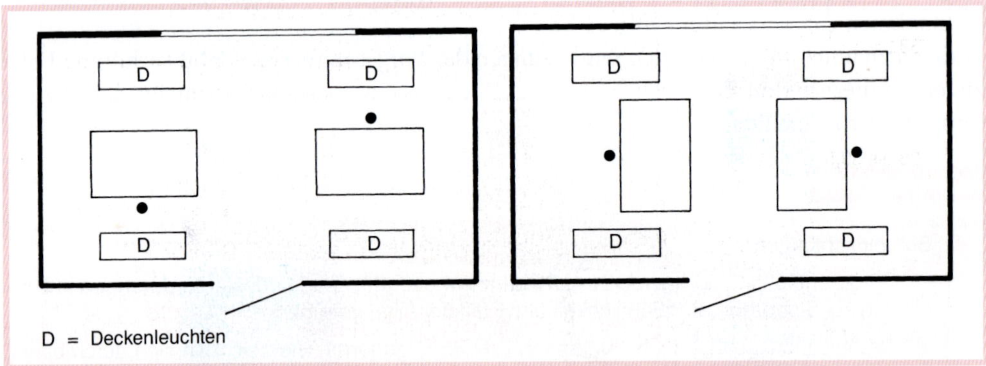

10 Stellen Sie Vor- und Nachteile eines Großraumbüros gegenüber und diskutieren Sie diese!

11 Warum sollten Mitarbeiter bei der Planung eines Großraumbüros beteiligt werden?

12 Was versteht man unter einer „Bürolandschaft"?

13 Wodurch unterscheidet sich ein Raum-in-Raum-System von einer Bürolandschaft?

14 Entwerfen Sie auf kariertem Papier oder Millimeterpapier eine Büroanordnung für drei Mitarbeiter. Der Raum ist 30 m² groß (5 × 6 m). Die Schreibtische sind jeweils 1,6 m × 0,8 m groß. Ferner ist ein Aktenschrank mit den Maßen 3 m × 0,3 m einzuplanen. Ein Fenster befindet sich genau gegenüber der Eingangstür (jeweils auf der längeren Seite).

15 Stellen Sie auf kariertem Papier oder Millimeterpapier ein Großraumbüro im Maßstab 1 : 50 für folgende Gegebenheiten auf:
Raumgröße: 300 m² (15 × 20 m)
Anzahl der Mitarbeiter: a) 15 Mitarbeiter, b) 20 Mitarbeiter
Der Raum ist ringsum mit Fenstern versehen.

1.4 Arbeitszeit- und Pausenregelungen

Situation

Herr Huber erscheint 15 Minuten zu spät am Arbeitsplatz. Sein Vorgesetzter macht ihm deswegen Vorhaltungen, da dies schon einige Male vorgekommen ist. Herr Huber entschuldigt sich damit, dass er auf dem Weg zur Arbeit wieder einmal besonders lange im Stau gestanden habe. Er regt gegenüber seinem Vorgesetzten daher an, einmal zu überlegen, ob nicht generell gleitende Arbeitszeiten eingeführt werden könnten, da auch andere Mitarbeiter unter den schwierigen Verkehrsverhältnissen leiden.

Die Arbeitszeit der Arbeitnehmer ist durch das **Arbeitszeitgesetz** (ArbZG) geregelt. Die regelmäßige werktätige Arbeitszeit darf die Dauer von acht Stunden nicht überschreiten. Sie kann auf bis zu zehn Stunden verlängert werden, wenn ein Ausgleich innerhalb von sechs Kalendermonaten erfolgt. Bei mehr als sechsstündiger Arbeit ist mindestens eine Pause von 30 Minuten, bei neun Stunden von mindestens 45 Minuten zu gewähren.

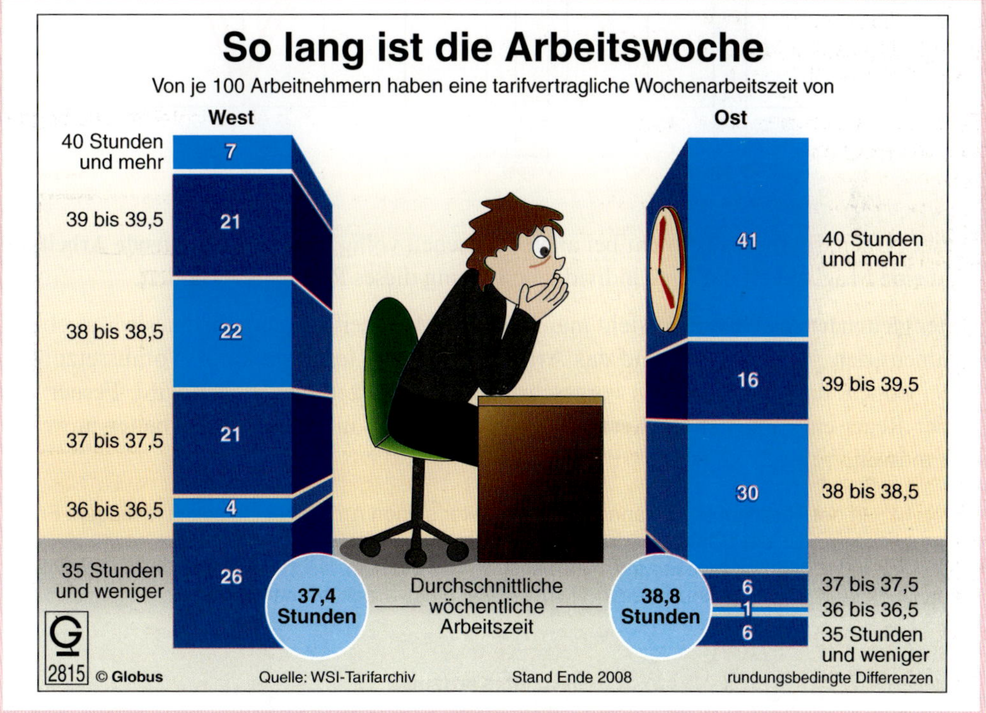

Das Arbeitszeitgesetz stellt lediglich eine Mindestvorschrift dar. Des Weiteren werden durch andere gesetzliche Vorschriften, wie etwa Betriebsverfassungsgesetz, Jugend- und Mutterschutzgesetz, die Arbeitszeitvorschriften verschärft. Häufig haben Gewerkschaften mit den Arbeitgebern weitergehende Vereinbarungen getroffen.

Da den Wünschen der Arbeitnehmer nach immer kürzeren Arbeitszeiten und stärkerer Flexibilisierung, z. B. durch Gleitzeiten, die Wünsche der Arbeitgeber nach einer möglichst günstigen Auslastung der Kapazitäten von menschlicher Arbeitskraft und nach flexiblerer Verfügbarkeit der Arbeitnehmer gegenüberstehen, versucht man, durch Flexibilisierung der Arbeitszeitregelungen beiden Seiten Rechnung zu tragen.

Die Leistungsbereitschaft des Mitarbeiters kann durch eine günstige **Arbeitszeitregelung** positiv beeinflusst werden. Dabei ist insbesondere der körperliche **Tagesrhythmus** des Menschen zu beachten:

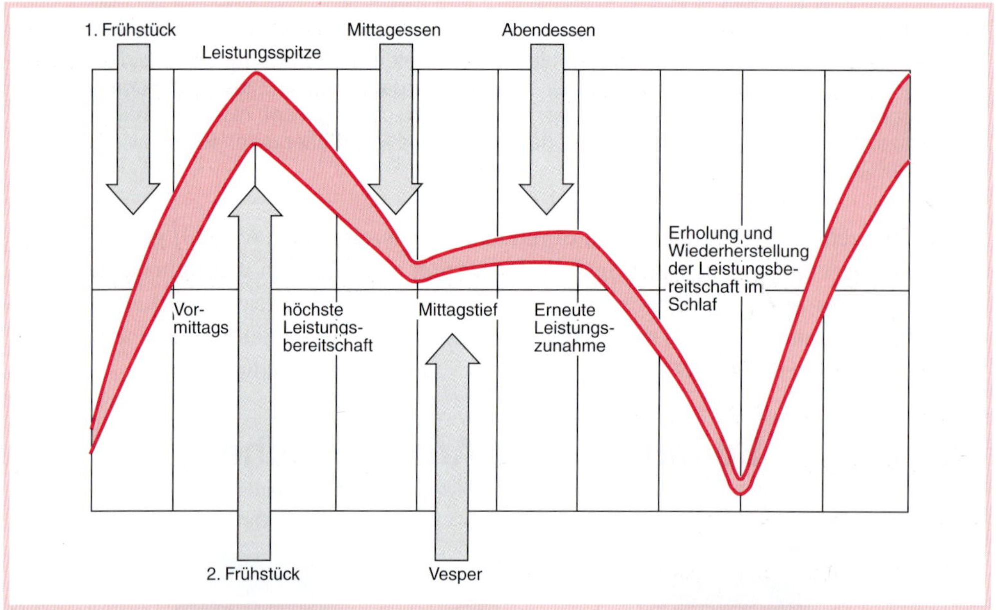

Dieser Arbeitsrhythmus ist nicht bei allen Menschen völlig gleich. Die **gleitende Arbeitszeit** stellt eine Möglichkeit dar, eine individuelle Lösung dieses Problems zu finden.

Unter **gleitender Arbeitszeit** versteht man, dass ein Mitarbeiter innerhalb eines vorgegebenen Rahmens den Arbeitsbeginn und das Arbeitsende selbst festlegen kann. Voraussetzung ist dabei jedoch, dass die insgesamt vorgeschriebene Arbeitszeit eingehalten wird. Ferner wird in der Regel eine sogenannte **Kernarbeitszeit** festgelegt, in der alle Mitarbeiter anwesend sein müssen.

Beispiel: In der Thomanus-AG kann jeder Mitarbeiter seinen Arbeitsbeginn selbst festlegen. Frühester Arbeitsbeginn ist um 07:00 Uhr. In der Zeit zwischen 09:00 Uhr und 12:00 Uhr sowie zwischen 13:15 Uhr und 15:45 Uhr müssen alle Mitarbeiter anwesend sein. Nach 8 Arbeitsstunden zuzüglich einer einzuhaltenden Mittagspause von 45 Minuten kann der Arbeitnehmer seinen Arbeitstag zwischen 15:45 Uhr und 17:45 Uhr beenden.

Gleitzeit/Kernzeit

07:00 h – 09:00 h	09:00 h – 12:00 h	12:00 h – 13:15 h	13:15 h – 15:45 h	15:45 h – 17:45 h
Gleitzeit	Kernzeit	Gleitzeit	Kernzeit	Gleitzeit

Vorteile der Gleitzeit sind:

- bessere Anpassung an den individuellen Lebensrhythmus,
- Ausnutzung verkehrsschwacher Zeiten u. U. möglich (z. B. Vermeidung von Staus),
- flexiblere Reaktion auf unvorhergesehene Tatbestände (z. B. Auto springt nicht an),
- ein höherer Leistungsanreiz durch größere individuelle Freiheit,
- das Entfallen des „Zuspätkommens".

Im Rahmen der Arbeitszeitplanung spielen auch die **Arbeitspausen** eine Rolle. Sie dienen in erster Linie der Erholung und sollten deshalb möglichst in den Zeiten verminderter Leistung liegen. In der Regel liegen die Mittagspausen allerdings zwischen 12:00 und 13:00 Uhr, also in einer Phase, in der das Leistungstief eigentlich noch nicht erreicht ist. Daher sollten schwierige Aufgaben möglichst nicht in die Zeit nach der Mittagspause verlegt werden, sondern in den Leistungshöhepunkt am Morgen.

Für den einzelnen Mitarbeiter empfiehlt es sich, nach seinem individuellen Arbeitsrhythmus eine persönliche **Zeitplanungstechnik** für den Arbeitstag zu entwickeln. Dabei könnte er sich an folgender Checkliste orientieren:

1. Habe ich eine Tagesplanung?
2. Welche Termine sind vereinbart und müssen eingehalten werden?
3. Fange ich mit dem Wichtigsten an und bleibe dabei, auch wenn ich unterbrochen werde?
4. Kann ich heute begonnene Aufgaben zu Ende führen?
5. Nutze ich meine leistungsstarken Arbeitsstunden aus?
6. Teile ich den Arbeitstag in Blöcke für Telefonieren, Besprechungen mit Mitarbeitern und Routinearbeiten?
7. Lege ich – wenn notwendig – meine Routinearbeiten in die „müde" Mittagszeit?
8. Schließe ich den Arbeitstag mit einem kurzen Tagesrückblick:
   - Was wurde geschafft?
   - Was ist noch nicht erledigt?
   - Was ist neu hinzugekommen?
9. Habe ich meinen Arbeitsplan für den nächsten Tag in groben Zügen erstellt?

Kernwissen

- Das Arbeitszeitgesetz ist die gesetzliche Regelung der Arbeitszeit.
- Die Leistung des Mitarbeiters schwankt aufgrund des körperlichen Tagesrhythmus.
- Die Gleitzeit bietet den Arbeitnehmern die Möglichkeit, die Arbeitszeit in einem vorgegebenen Rahmen selbst zu planen.
- Persönliche Arbeitstechniken steigern die Effizienz der Arbeit.

Zur Vertiefung

1 Was versteht man unter einem körperlichen Tagesrhythmus und wie kommt er zustande?

2 Warum ist es in der Regel nicht möglich, nur die körperlichen Leistungsspitzen des Menschen für die betriebliche Arbeit zu nutzen?

3 Erläutern Sie, welche Auswirkungen Pausen auf die Arbeitsleistung haben!

4 Nennen Sie Gründe, die für die Einführung der Gleitzeit sprechen!

5 Warum sollte man seine Arbeit nach persönlichen Arbeitszeittechniken ausrichten?

6 Warum konkurrieren die Interessen von Arbeitnehmern und Arbeitgebern im Hinblick auf die Arbeitszeitgestaltung miteinander?

1.5 Die Arbeitsplatzbeschreibung

Situation

„Muss ich das eigentlich machen", fragt sich Herr Huber, nachdem ihm der Abteilungsleiter Personal wieder einmal einen Sonderauftrag verpasst hat. Herr Huber ist Sachbearbeiter im Verkauf und soll jetzt schon wieder die Lohn- und Gehaltsabrechnung überprüfen. Walter Huber blättert daraufhin erst einmal in seiner Arbeitsplatzbeschreibung. *„Na also"*, denkt er sich, *„wusste ich's doch, der hat mir gar nichts zu sagen."*

Die Überlegungen zur Arbeitsraum-, Arbeitsplatz- und Arbeitszeitgestaltung führen zusammen mit den am Arbeitsplatz zu erledigenden Aufgaben zum Begriff der **Arbeitsplatzbeschreibung**.

Der Begriff der **Arbeitsplatzbeschreibung** ist definitorisch nicht eindeutig abgegrenzt. Häufig wird er synonym zu Begriffen wie **„Stellenbeschreibung"**, **„Tätigkeitsbeschreibung"** oder **„Positionsbeschreibung"** verwandt.

Unter dem Begriff **„Arbeitsplatz"** versteht man zunächst einmal nur den Ort, an dem ein Arbeitnehmer seine Aufgaben erledigt. Dabei kann es sich um einen festen Arbeitsplatz, wie z. B. das Büro eines Sachbearbeiters, handeln, es besteht jedoch auch die Möglichkeit, dass sich der Ort jeweils ändert, wie es z. B. bei einem Handlungsreisenden der Fall ist.

Im Gegensatz zum Arbeitsplatz fasst die **Stelle** die Aufgaben, Befugnisse und Verantwortungsbereiche des Stelleninhabers zusammen. Es wird also dargestellt, welche Aufgaben ein Mitarbeiter zu erledigen hat, die Art und Weise der Aufgabenstellung wird dabei jedoch nicht betrachtet.

Aufgrund dieser Unterscheidung wird manchmal auch zwischen Stellenbeschreibungen und Arbeitsplatzbeschreibungen unterschieden. Hier sollen die Begriffe jedoch einheitlich benutzt werden.

Die **Arbeitsplatzbeschreibung** dient in erster Linie der Bewertung des Arbeitsplatzes. In ihr werden nicht nur die zu erledigenden Tätigkeiten aufgeführt, sondern sie nimmt auch noch eine Einordnung in die Hierarchie vor und listet die Anforderungen und Schwierigkeiten der Stelle auf (vgl. dazu auch Abschnitt 1.6.2 und 4.1.5).

Manchmal enthält sie auch eine Aufführung der Ausstattungsgegenstände des Arbeitsplatzes, oder die Bedingungen, unter denen die Tätigkeiten zu verrichten sind, werden näher beschrieben. Dazu wäre es dann erforderlich, eine Liste aller Arbeitsmittel zu erstellen, die an einem ganz bestimmten Arbeitsplatz benötigt werden.

Kernwissen

- Der Arbeitsplatz ist der Ort der Leistungserstellung.
- Die Stelle umfasst die Aufgaben, Befugnisse und Verantwortungsbereiche eines Stelleninhabers.
- Die Arbeitsplatzbeschreibung dient dazu, die Stelle zu bewerten.

Zur Vertiefung

1 Grenzen Sie die Begriffe „Stelle" und „Arbeitsplatz" gegeneinander ab!

2 Warum ist die Arbeitsplatzbeschreibung eine Grundlage für die Entlohnung des Stelleninhabers?

3 Welche Voraussetzungen müssen erfüllt sein, damit Stellenbeschreibungen überhaupt erstellt werden können?

4 a) Nennen Sie vier Inhalte einer Stellenbeschreibung!
b) Erklären Sie zwei Aufgaben der Stellenbeschreibung!

1.6 Planung eines Arbeitsplatzes

Situation

In der Handels-Union wird die Stelle einer Sekretärin für den Leiter der kaufmännischen Verwaltung neu eingerichtet. Im Rahmen einer Abteilungsleiterbesprechung erhält die Organisationsabteilung den Auftrag, eine exakte Arbeitsplatzanalyse für diese Stelle zu erstellen und einen Vorschlag für die Aufgaben- und Kompetenzverteilung zu entwickeln.

Die Schaffung neuer Arbeitsplätze wie auch die Neugestaltung bestehender Arbeitsplätze ist eine zeit- und arbeitsintensive Aufgabe. Neben zahllosen rechtlichen Aspekten, wie Vorschriften, Richtlinien und Verordnungen, den Umgebungsbedingungen und den Ausstattungsempfehlungen, spielt die zu erledigende Aufgabe eine zentrale Rolle. Durch die Festlegung der Stellenaufgaben werden viele der vorgenannten Punkte mitbestimmt.

Im Folgenden soll beispielhaft der Arbeitsplatz einer Sekretärin in vereinfachter Form nach diesen Richtlinien geplant werden. Dazu wird in folgenden Schritten vorgegangen:

1. Vorgaben der Stelle,
2. Festlegung der Aufgaben (Arbeitsplatzbeschreibung),
3. Berücksichtigung von Umgebungsbedingungen,
4. Planung des Arbeitsplatzes und seiner Ausstattung,
5. Planung der Arbeitszeit.

1.6.1 Vorgaben der Stelle

Der zu planende Arbeitsplatz soll die Stelle einer Sekretärin des Leiters der kaufmännischen Verwaltung eines mittleren Unternehmens im Handelsbereich sein. Die Sekretärin (Frau Kuhlmay) ist dem Leiter der kaufmännischen Abteilung direkt unterstellt und erledigt zusammen mit einer Kollegin (Frau Hellmann) die Schreibarbeiten der Abteilung „Allgemeine Verwaltung", die aus etwa zehn Mitarbeitern besteht.

Die beiden Sekretärinnen benutzen gemeinsam ein Arbeitszimmer, das gleichzeitig auch Vorzimmer des Abteilungsleiters ist. An der Stirnseite des Arbeitszimmers befinden sich zwei Fenster, die für ausreichenden Lichteinfall sorgen und zusätzlich der Belüftung dienen können.

Die Büroräume des Unternehmens befinden sich in einer ruhigen Seitenstraße, abgetrennt von den Lagerräumen.

Die tägliche Arbeitszeit beträgt 7 1/2 Stunden.

1.6.2 Arbeitsplatzbeschreibung

In einer Arbeitsplatzbeschreibung wird festgelegt, was von wem, wie, wann und wo zu erledigen ist. Die Arbeitsplatz- oder Stellenbeschreibung gibt insofern Auskunft über folgende Merkmale:

- **Stellenbeschreibung.** Hier wird Auskunft gegeben über die Bezeichnung der Stelle, den Inhaber der Stelle und die jeweilige Abteilung, der diese Stelle angehört. Diese Angaben finden ihren Niederschlag auch im Organigramm des Unternehmens (vgl. S. 41 f.).
- **Hierarchische Einordnung.** Jede Stelle wird in die betriebliche Rangfolge, die sog. Betriebshierarchie (vgl. S. 179) eingeordnet, d. h., die jeweils über- und untergeordneten Stellen werden aufgeführt, Befugnisse werden aufgezeigt und Stellvertretungsregelungen werden getroffen. Dies soll dazu dienen, klare Weisungskompetenzen herzustellen und im Falle der Abwesenheit der Stelleninhaberin dafür zu sorgen, dass ihre Aufgaben von der in der Stellenbeschreibung benannten Vertretung erledigt werden.
- **Aufgabenbeschreibung.** Neben einer umfassenden und allgemeinen Beschreibung der Stelle, die die Gesamtaufgabe dieser Stelle abbilden soll, werden detaillierte Einzelaufgaben benannt. Die führt dazu, dass alle anfallenden Aufgaben eindeutig einer bestimmten Stelle zugeordnet sind und ihre Erledigung sichergestellt wird.
- **Kompetenzregelung.** Die Befugnisse, die mit der einzelnen Stelle einhergehen, werden detailliert aufgeführt, um dem Stelleninhaber seinen genauen Kompetenzbereich vor Augen zu führen. Je detaillierter die Kompetenzen festgelegt sind, desto weniger können Kompetenzstreitigkeiten mit ähnlich gelagerten Stellen auftreten. Hier sind insbesondere Querverbindungen zu diesen Stellen zu beachten. Zum anderen kann mit der exakten Festlegung der Kompetenzen, z. B. durch Angabe eines Grenzwertes, auch der Entscheidungsbereich des Stelleninhabers exakt begrenzt werden.
- **Anforderungen der Stelle.** In diesem Bereich werden die Anforderungen an den jeweiligen Stelleninhaber z. B. bezüglich Vorbildung, Begabungen, Kenntnissen, Erfahrungen, charakterlichen Eigenschaften oder Führungsverhalten aufgeführt. Diese Angaben sind insbesondere bei der Neubesetzung von Stellen und der Stellenausschreibung von Bedeutung.

Für die auf S. 37 unten angesprochene Situation erstellt die Organisationsabteilung daher die im Folgenden verkürzt dargestellte Arbeitsplatzbeschreibung:

Stellenbeschreibung für Angestellte in der Verwaltung

1. Inhaber der Stelle:	Frau Kuhlmay
2. Bezeichnung der Stelle:	Sekretärin des Leiters der kaufmännischen Verwaltung und Schreibkraft für die Abteilung Verwaltung
3. Dienstrang:	Mitarbeiterin in der ausführenden Ebene
4. Abteilung:	Kaufmännische Verwaltung
5. unmittelbarer Vorgesetzter:	der Leiter der kaufmännischen Verwaltung
6. unmittelbar untergeordnete Stelle:	keine
7. wird vertreten von:	der zweiten Sekretärin und Schreibkraft in der Abteilung Verwaltung (Frau Hellmann)
8. vertritt:	die zweite Sekretärin und Schreibkraft in der Abteilung Verwaltung (Frau Hellmann)

9. Kurzbeschreibung der Aufgabe:

Nimmt Stenogramme auf und schreibt mit Maschine vom Stenogramm und Diktiergerät, erstellt regelmäßig und auf Anweisungen Statistiken, überwacht die Wiedervorlagetermine und erledigt eine Reihe von Kontrollaufgaben.

10. Einzelaufgaben und Arbeitsabläufe:

(1) Diktate im Stenogramm aufnehmen
(2) Briefe von Stenogramm und Diktiergerät auf PC schreiben
(3) Statistiken, Aufstellungen usw. erstellen und auf PC schreiben
(4) Zahlenaufstellungen mit Tischrechner errechnen und auf PC schreiben
(5) Überwachen der Terminwiedervorlagen
(6) Ablage des Schriftverkehrs
(7) Entwicklung der Außenstände schreiben
(8) Rechnungskontrolle Telefon
(9) Fotokopieren, Bewirtung, Telefonate, Botengänge und Sonstiges
(10) Telefonverzeichnis prüfen und schreiben
(11) Überwachen der PC-Listen

11. Befugnisse und Verantwortung:

Im Rahmen der laufenden Arbeiten werden die anfallenden Tätigkeiten selbstständig durchgeführt. Sonstige Arbeiten werden nach Anweisung seitens des Leiters der kaufmännischen Verwaltung und des Einkaufsleiters erledigt.

12. Anforderungen an den Stelleninhaber:

Die Stelleninhaberin sollte in der Lage sein, Korrespondenz nach Stenogramm und vom Diktiergerät weitgehend selbstständig zu schreiben und zu erledigen. Sie sollte Grundkenntnisse im kaufmännischen Rechnungswesen besitzen.

Sie sollte solide Grundkenntnisse im Umgang mit dem PC haben.

1.6.3 Umgebungseinflüsse

Das Büro, in dem die Sekretärinnen arbeiten, ist mit einem Fenster an der Stirnseite versehen, durch das ausreichend Licht einfällt. Zusätzlich sollten Deckenleuchten vorhanden sein, um bei schlechter Witterung oder im Winter ausreichende Beleuchtung zur Verfügung zu haben. Da das Fenster sich öffnen lässt, ist eine zusätzliche Belüftung für ein Zwei-Personen-Büro nicht notwendig.

Da die Büroräume sich in einer ruhigen Seitenstraße befinden, ist ein zusätzlicher Lärmschutz gegen von außen eindringenden Lärm weitestgehend nicht erforderlich. Allerdings sollte innerhalb des Büros für eine gute Schallisolation der verwendeten Büromaschinen gesorgt werden, da zwei Schreibkräfte gleichzeitig mit Schreibarbeiten versehen sind, sodass sonst durchaus ein Lärmpegel von über 80 dB(A) überschritten werden kann.

Zur Farbgestaltung der Räume bieten sich Gelb aufgrund seiner lebhaften Wirkung oder Braun als anregende Farbe an. Die Arbeit in Sekretariaten ist aufgrund des hohen Anteils von Schreibarbeiten in der Regel nicht ganz so abwechslungsreich, sodass anregendere Farben angeraten wären. Ferner könnten Bilder und Blumen zur Auflockerung des Büros beitragen, zumal das Zimmer ja auch als Vorzimmer des Leiters der „Allgemeinen Verwaltung" einen gewissen repräsentativen Charakter im Hinblick auf mögliche Besucher haben sollte.

1.6.4 Planung des Arbeitsplatzes und seiner Ausstattung

Da die Beleuchtung überwiegend durch Tageslicht erfolgt, ist bei der Einrichtung des Arbeitsplatzes auf eine richtige Position des Schreibtisches zum einfallenden Licht zu achten.

Ferner sollten die Sekretärinnen sowohl die Eingangstür als auch die Tür zum Zimmer des Vorgesetzten jederzeit im Blick haben.

Als Einrichtungsgegenstände sind jeweils ein Bürodrehstuhl mit Rollen sowie ein Organisationsschreibtisch und Büroschränke für die Ablage notwendig.

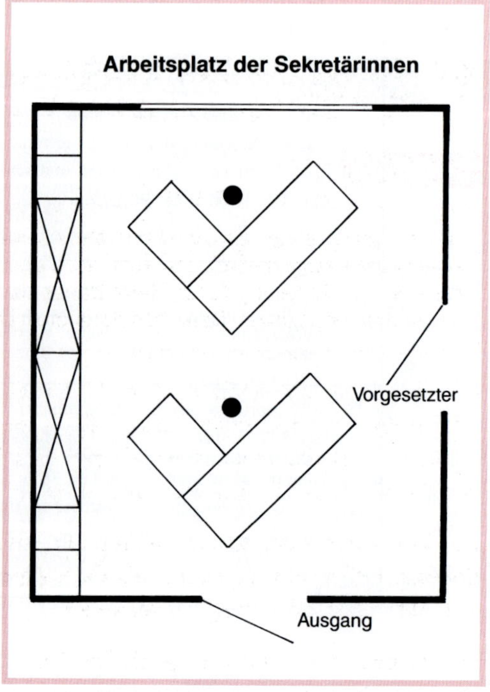

Da Schreibarbeiten und normale Büroarbeiten sich häufig abwechseln, ist als Arbeitstisch eine Winkelkombination aus Organisationsschreibtisch der Type SB 1600 × 800 × 720 und Büromaschinentisch der Type MB 1200 × 600 × 50 zu wählen. Beide Tische sollten nur mit jeweils einem Unterschrank versehen sein, um die Gefahr des Anstoßens mit den Knien beim Wechsel zwischen den beiden Tischen zu vermeiden.

Bei der Einrichtung des Organisationsschreibtisches sind u.a. Fächer mit Materialeinsatz, Diktiergeräteeinrichtungen und Hängeregistraturen für die Arbeitsplatzablage zu berücksichtigen. Ein Fotokopierer und ein Aktenschrank ergänzen die Einrichtung.

1.6.5 Festlegung der Arbeitszeit

Die tägliche Arbeitszeit der Sekretärin beträgt 7 1/2 Stunden. Ferner hat sie Anspruch auf eine Viertelstunde Kaffeepause und eine Dreiviertelstunde Mittagspause. Da das Sekretariat auch als Vorzimmer des Abteilungsleiters dient, ist eine andauernde Anwesenheit während des Tages erforderlich. Die Kernarbeitszeit liegt zwischen 08:00 Uhr und 16:00 Uhr, wobei ihr eine Pause von 09:30 bis 09:45 Uhr sowie von 12:15 bis 13:00 Uhr zusteht. Die restliche Arbeitszeit kann sie beliebig in den Gleitzeiten von 07:00 bis 08:00 Uhr und von 16:00 bis 17:00 Uhr nehmen, um mögliche Vorarbeiten zu erledigen oder das Büro aufzuräumen.

Kernwissen

- Bei der Planung eines Arbeitsplatzes sind folgende Faktoren zu berücksichtigen:
  - Arbeitsplatzbeschreibung,
  - Umwelteinflüsse,
  - Arbeitsraumvorgaben,
  - Arbeitsmittel,
  - Arbeitszeiten.

Zur Vertiefung

1 Stellen Sie für Ihren eigenen Arbeitsplatz alle Angaben, die zur Arbeitsplatzplanung benötigt werden, zusammen, und überlegen Sie, welche Verbesserungen vorgenommen werden können.

1.7 Einordnung des Arbeitsplatzes in den betrieblichen Funktionszusammenhang

Situation

Herr Huber überlegt, wie das Unternehmen, in dem er arbeitet, überhaupt aufgebaut ist. Er kennt zwar seinen Vorgesetzten und auch noch dessen Vorgesetzten, aber sonst weiß er recht wenig. Als er seinen Abteilungsleiter, Herrn Bauer, danach fragt, zeigt dieser ihm ein Schaubild, auf dem der Aufbau des ganzen Betriebes dargestellt ist.

Die einzelnen Arbeitsplätze eines Unternehmens stehen nicht isoliert, sondern sind direkt oder indirekt miteinander verknüpft. Insbesondere der hierarchische Aufbau eines Unternehmens lässt sich aus den Arbeitsplatzbeschreibungen nur sehr bedingt erkennen, da lediglich die direkt übergeordneten und unterstellten Stellen aufgeführt werden.

Zur Darstellung des gesamten Aufbaus eines Unternehmens verwendet man das **Organisationsdiagramm,** das abgekürzt als **Organigramm** bezeichnet wird. Häufig wird auch der Begriff Betriebsgliederungsplan verwendet.

Das Organigramm ist eine grafische Darstellung der Organisationsstruktur eines Unternehmens. Es stellt die hierarchische Einordnung der einzelnen Stellen dar.

Die Stellen eines Unternehmens werden dabei je nach Funktion durch unterschiedliche Symbole dargestellt. Stellen mit Weisungsbefugnis (= **Instanzen**) werden üblicherweise durch Rechtecke symbolisiert, Stellen mit Beratungsfunktionen, d. h. ohne Weisungsbefugnis (sog. **Stabstellen**), als Kreise und ausführende Stellen (häufig auch als **Dienstleistungsstellen** bezeichnet) als Dreiecke.

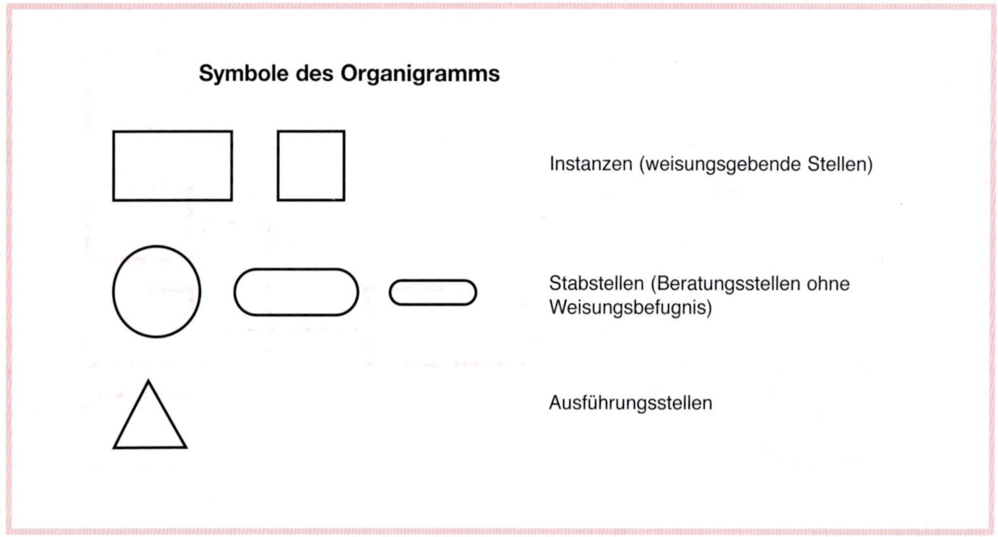

Durchgezogene Linien kennzeichnen die Weisungswege, **gestrichelte Linien** zeigen Beratungswege an. Die Organisationsstruktur wird in der Regel vertikal (= senkrecht) dargestellt, d. h., höherwertige Stellen stehen oben, untergeordnete Stellen darunter. Gleichrangige Stellen werden in der gleichen Höhe eingezeichnet. Es ist allerdings auch eine horizontale (= waagerechte) Darstellung möglich, dann stehen die übergeordneten Stellen immer links von den untergeordneten.

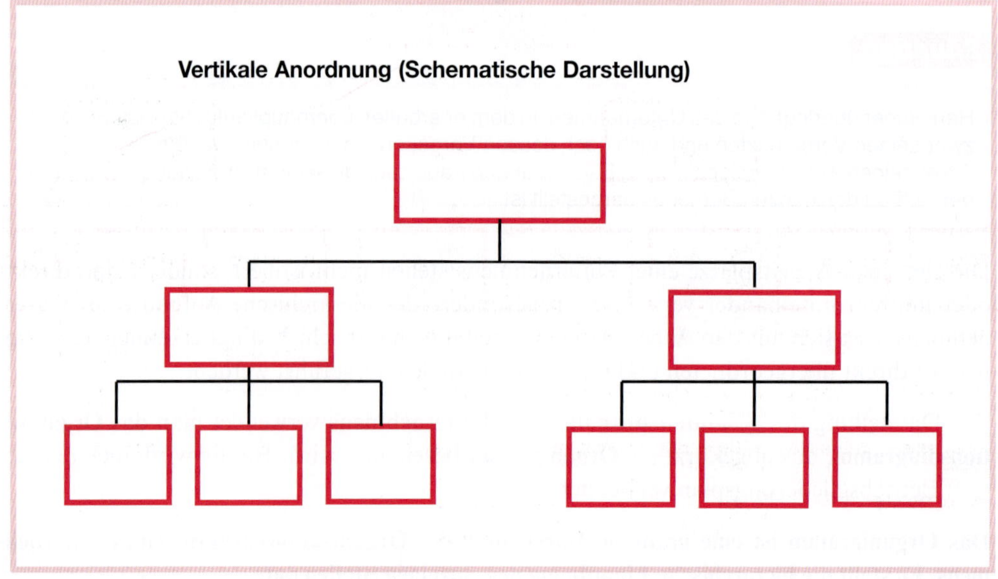

Horizontale Anordnung (Schematische Darstellung)

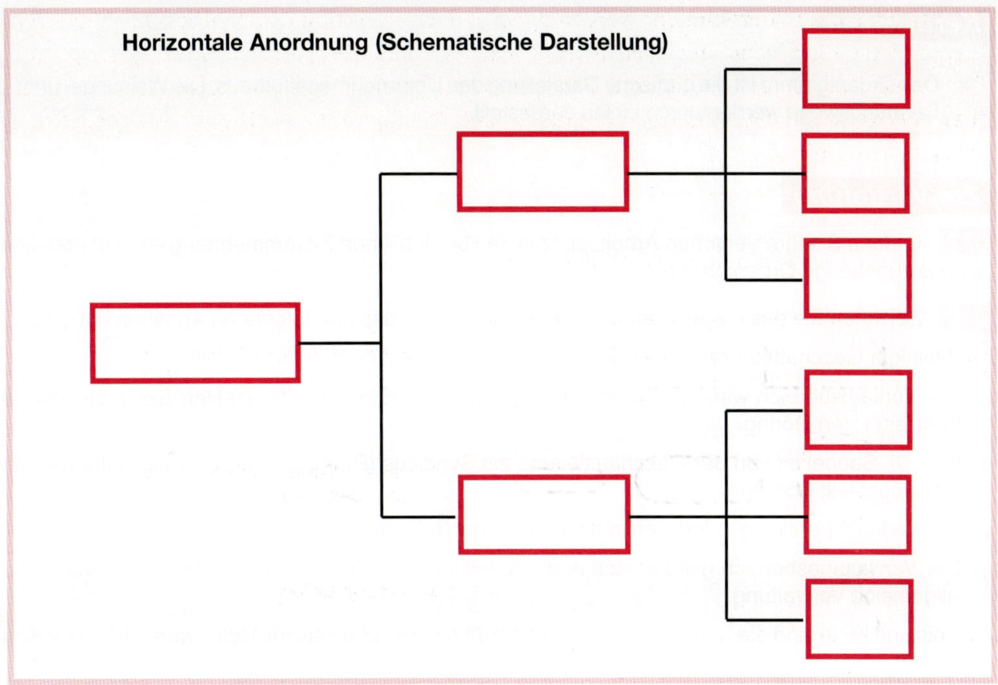

Ein Organigramm dient also der Darstellung

- des hierarchischen Aufbaus innerhalb des gesamten Unternehmens,
- der Weisungswege zwischen den Stellen,
- der Kennzeichnung der Funktion der Stellen (Instanz, Stab, Ausführungsstelle).

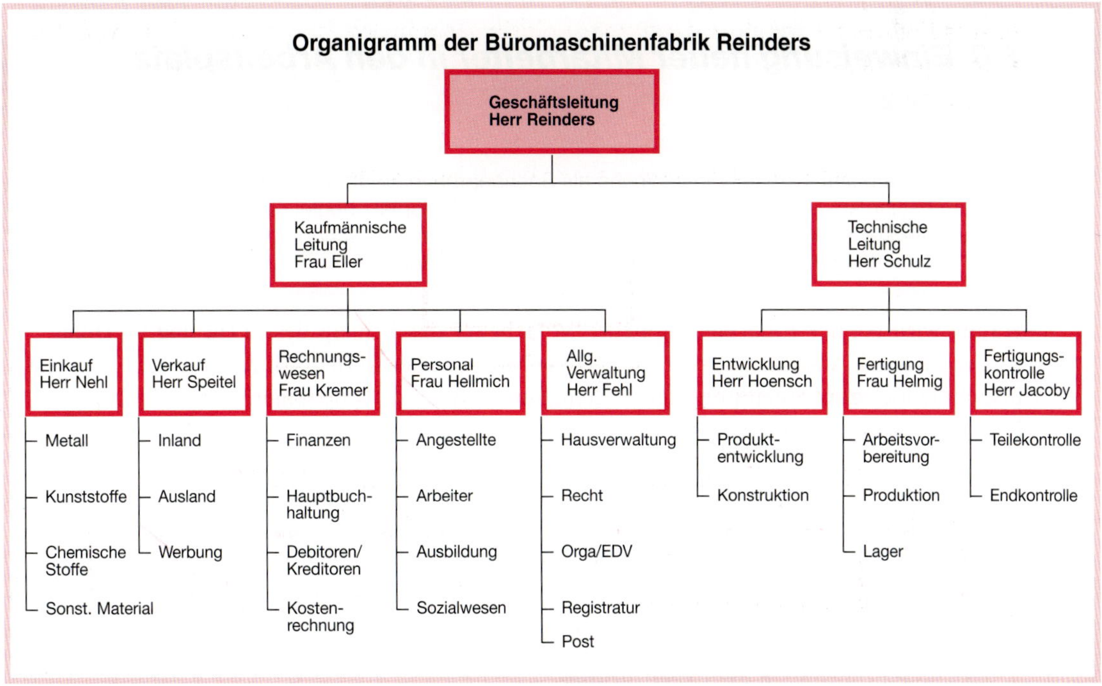

Organigramm der Büromaschinenfabrik Reinders
Geschäftsleitung Herr Reinders
Kaufmännische Leitung Frau Eller
Technische Leitung Herr Schulz
Einkauf Herr Nehl
Metall
Kunststoffe
Chemische Stoffe
Sonst. Material
Verkauf Herr Speitel
Inland
Ausland
Werbung
Rechnungswesen Frau Kremer
Finanzen
Hauptbuchhaltung
Debitoren/ Kreditoren
Kostenrechnung
Personal Frau Hellmich
Angestellte
Arbeiter
Ausbildung
Sozialwesen
Allg. Verwaltung Herr Fehl
Hausverwaltung
Recht
Orga/EDV
Registratur
Post
Entwicklung Herr Hoensch
Produktentwicklung
Konstruktion
Fertigung Frau Helmig
Arbeitsvorbereitung
Produktion
Lager
Fertigungskontrolle Herr Jacoby
Teilekontrolle
Endkontrolle

Kernwissen

- Das Organigramm ist die grafische Darstellung des Unternehmensaufbaus. Die Weisungs- und Beratungswege werden durch Linien dargestellt.

Zur Vertiefung

1 Ordnen Sie Ihren eigenen Arbeitsplatz in den betrieblichen Zusammenhang ein und erstellen Sie das zugehörige Organigramm!

2 Zeichnen Sie das Organigramm der Fashion GmbH, das den folgenden Angaben entspricht:

a) Alleiniger Geschäftsführer ist Herr Bauer.

b) Der Verkaufsbereich wird von Herrn Adam geleitet, der Einkaufsleiter ist Herr Beier, die Verwaltung leitet Herr Döring.

c) Herr Dr. Saupel ist von der Geschäftsleitung als Syndicus (Rechtsanwalt im Angestelltenverhältnis) eingestellt worden.

d) Der Verkaufsbereich gliedert sich in die Abteilungen Inland und Ausland.

e) Der Verwaltungsbereich gliedert sich in die Abteilungen Rechnungswesen, Personalwesen und Allgemeine Verwaltung.

f) Preis und Klein sind die beiden Gruppenleiter im Textileinkauf (Preis für Meterwaren, Klein für Konfektion).

g) Das Sortiment beinhaltet außer Textilien noch Modezubehör (Gürtel, Knöpfe usw.).

h) Am 1. Januar des nächsten Jahres tritt Herr Franzen ein. Er soll als Berater der Geschäftsleitung eine Organisationsabteilung aufbauen.

i) Die Modezubehörabteilung wird von Herrn Gehring geleitet, der Herrn Beier unterstellt ist.

j) Herr Ebert verwaltet das Lager, er untersteht dem Einkaufsleiter.

1.8 Einweisung neuer Mitarbeiter in den Arbeitsplatz

Situation

Peter Kröll arbeitet jetzt seit einer Woche als Sachbearbeiter in der Handels-Union. Sein Vorgesetzter hat ihn am ersten Tag begrüßt, ihn an seinen Arbeitsplatz begleitet und ihm die anderen Mitarbeiter seiner Abteilung vorgestellt. Jetzt sucht er allerdings schon wieder eine Akte, da er sich in dem Ablagesystem der Firma noch nicht zurechtfindet.

Häufig wird bei der Einarbeitung neuer Mitarbeiter das Prinzip des **„Learning by Doing"** (= **Lernen durch Ausführen**) praktiziert. Diese Methode des Lernens durch eigene Fehler verursacht jedoch zum einen unnötige Kosten, zum anderen ist eine fehlerhafte Aufgabenerfüllung fast vorprogrammiert.

Neue Mitarbeiter bedürfen bei Aufnahme der Tätigkeit einer exakten Einführung in ihren neuen Arbeitsplatz. **Gründe** dafür sind:

- hohe Einarbeitungskosten, die je nach Qualifikation bis zu mehreren zehntausend EUR betragen können,
- Kennenlernen der Aufgaben und der Arbeitsplatzumgebung,
- soziale Einführung in die Arbeitsgruppe.

Wer die Einführung in den neuen Arbeitsplatz vornimmt, hängt von der künftigen Position ab. Auszubildende werden vom zuständigen Ausbilder in ihren Arbeitsplatz eingeführt. Mitarbeiter, die überwiegend ausführende Arbeiten erledigen sollen, werden meist von ihrem jeweiligen direkten Vorgesetzten eingearbeitet. Bei Vorgesetzten übernimmt je nach hierarchischer Stellung der Leiter der Personalabteilung oder der Geschäftsführer selbst die Einführung.
Neuen Mitarbeitern wird manchmal ein **„Pate"** zugewiesen, an den er sich bei auftretenden Einarbeitungsproblemen wenden kann.

Zur Einarbeitung in einen neuen Arbeitsplatz gehört auch eine umfangreiche Information über die neue Stellung. Dies geschieht häufig in Form eines **Einführungsgespräches** mit dem Personalchef, bei dem u. a. folgende Punkte geklärt werden können:

- Art und Umfang der Tätigkeit,
- Verhalten bei Unfällen, Krankheit oder Abwesenheit,
- betriebliche Einrichtungen, z. B. Sozialeinrichtungen der Belegschaft wie etwa Kantinen,
- Ausstattung des Arbeitsplatzes und Bedienung der Geräte,
- Aushändigung und Besprechung der Betriebsordnung,
- Vorstellung von Vorgesetzten und anderen Mitarbeitern.

Nach dieser Einführung geschieht die eigentliche **Einweisung am Arbeitsplatz**. Wie diese Einführung abläuft, hängt ebenfalls von der Position des neuen Mitarbeiters ab. So werden z. B. Auszubildende häufig nach der sogenannten **„Vier-Stufen-Methode"** (Vorbereitung, Vormachen, Nachmachen, Üben) ausgebildet, gelernte Fachkräfte erhalten z. B. schriftliche **Arbeitsanweisungen**, nach denen sie vorzugehen haben, und von Führungskräften wird in der Regel eine eigenständige Einarbeitung in das Aufgabengebiet erwartet. Im Übrigen sollten die Mitarbeiter mit der Anwendung von Problemlösungsstrategien (siehe Abschnitt 1.11) insbesondere bei der Einarbeitung in eine neue Tätigkeit vertraut gemacht werden.

Kernwissen

- Neue Mitarbeiter müssen in ihren Arbeitsplatz eingeführt werden und alle notwendigen Informationen über ihren Arbeitsplatz, ihre Vorgesetzten und Mitarbeiter erhalten.

Zur Vertiefung

1 Warum ist eine planmäßige Einführung neuer Mitarbeiter an ihren Arbeitsplätzen unerlässlich?

2 Über welche Punkte sollte ein neuer Mitarbeiter in einem Einführungsgespräch informiert werden?

3 Welche Aufgaben übernimmt ein vom Vorgesetzten zugewiesener „Pate" bei der Einarbeitung neuer Mitarbeiter?

1.9 Veränderungen der Arbeitswelt

Situation

Walter Huber erkennt seinen Arbeitsplatz nach dem Urlaub kaum wieder: Ein neuer großer Organisationsschreibtisch mit angeschlossenem Büromaschinentisch, ein Bildschirmterminal mit Drucker statt seiner alten elektronischen Schreibmaschine und ein neues Kopiergerät. Seine Kollegen teilen ihm mit, dass nächste Woche erst einmal eine einwöchige Schulung für ihre Abteilung an den neuen Geräten beginnt.

Die **Gestaltung des Arbeitsplatzes** ist kein einmaliger Vorgang, der nach der Durchführung abgeschlossen ist, sondern es handelt sich um einen dynamischen Prozess, bei dem der Arbeitsplatz permanent neu durchdacht und gestaltet werden muss.

Gründe für die Veränderung des Arbeitsplatzes können z. B. der Einsatz neuer Geräte und Organisationshilfsmittel oder allgemeine organisatorische Veränderungen sein.
Die häufigste Form der Veränderung des Arbeitsablaufs wird durch den Einsatz neuartiger Bürogeräte verursacht. Der Einsatz eines Computers zur Textverarbeitung führt z. B. zu einer Veränderung, da statt der Schreibmaschine nun ein Bildschirm, eine Tastatur und ein Drucker am Arbeitsplatz untergebracht werden müssen.

Der steigende Platzbedarf führt nun u. a. zu einer grundlegenden **Umgestaltung des Arbeitsplatzes**, indem z. B. ein anderer Schreibtisch oder auch ein zusätzlicher Büromaschinentisch erforderlich wird.

Weitere neue Geräte, die Einfluss auf die Gestaltung des Arbeitsplatzes haben können, sind z. B. Telefax (Fernkopierer) oder ein Scanner.

Zu Veränderungen des Arbeitsplatzes kann es aber auch kommen, wenn der Organisator feststellt, dass die Belastung von Mitarbeitern falsch eingeschätzt worden ist bzw. sich verändert hat.

So ist es möglich, dass ein Mitarbeiter, der bisher in normalem Umfang beschäftigt war, durch steigende Nachfrage überbelastet wird, sodass er die Arbeit nicht mehr in der üblichen Zeit schaffen kann. Dann ist eine Umgestaltung des Arbeitsplatzes in der Form nötig, dass bestimmte Aufgaben oder Teile dieser Aufgaben auf andere oder neu einzustellende Mitarbeiter zu verlagern sind.

Auf der anderen Seite kann die Belastung des Mitarbeiters aber auch z. B. durch eine effizientere Arbeit mit neuen Bürogeräten gesunken sein, sodass der Organisator neue Aufgaben für diesen Mitarbeiter zuweisen muss.

Generell lässt sich sagen, dass jede organisatorische Veränderung auch Auswirkungen auf Ausgestaltung und Aufgaben eines Arbeitsplatzes haben kann. Jeder Arbeitsplatz ist dynamisch, d. h., er unterliegt der permanenten Veränderung.

In den letzten Jahren ist häufig die Monotonie (= Eintönigkeit) am Arbeitsplatz zum Problem geworden. Mitarbeiter beschweren sich, weil durch die zunehmende Automatisierung nur noch einfache und immer gleichartige Tätigkeiten zu vollziehen sind. Im Zuge der Bestrebungen nach einer Humanisierung der Arbeitswelt werden dabei auch verschiedene Modelle zur abwechslungsreicheren Gestaltung der Arbeitswelt diskutiert. Mögliche Modelle sind:

- Jobrotation,
- Jobenlargement,
- Jobenrichment,
- teilautonome Gruppen.

Unter **„Jobrotation"** wird der regelmäßige Wechsel zwischen den verschiedenen Arbeitsplätzen innerhalb einer Abteilung verstanden. Das Problem bei dieser Methode ist, dass trotz allem eine häufige Wiederholung derselben Arbeiten bestehen bleibt, da ja nur die Art der Tätigkeit gewechselt wird. Die eigentliche Arbeitsteilung bleibt bestehen.

Beim **„Jobenlargement"** wird der Arbeitsumfang erweitert, d. h., mehrere gleichartige zusammenhängende Verrichtungen werden auf eine Person vereinigt. Dies führt zu einer Verringerung der Arbeitsteilung, aber die Mitarbeiter bekommen keinerlei Entscheidungs- oder Kontrollbefugnisse. Daher ist bei diesem Verfahren eine gewisse Monotonie nicht zu vermeiden.

Das **„Jobenrichment"** sorgt für eine qualitative Erweiterung der Aufgaben, d. h., zu den reinen Ausführungsaufgaben kommen Planungs-, Entscheidungs- und Kontrollarbeiten hinzu. Dadurch erhält der Mitarbeiter mehr Einblick in die betrieblichen Zusammenhänge. Dies führt zu größerer Arbeitszufriedenheit und Motivation.

Bei der **teilautonomen Gruppenarbeit** bekommen die Arbeitsgruppen eine bestimmte Arbeitsmenge vorgegeben, die sie zu erfüllen haben. Die Verteilung der Aufgaben innerhalb der Gruppe wird von den Mitarbeitern selbst vorgenommen. Diese starke Selbstständigkeit führt zu Eigeninitiative und Kreativität. Dieses Konzept wird seit Jahren mit Erfolg z. B. bei der Automobilfabrik VOLVO in Schweden praktiziert.

Mit der Veränderung der Arbeitswelt geht auch eine Veränderung der Anforderungen, die an die Qualifikationen der Arbeitnehmer gestellt werden, einher. Für die Arbeitnehmer werden Qualifikationen/Fähigkeiten wie Flexibilität, Kooperations- und Kommunikationsfähigkeit, Problemlösungs- und Entscheidungskompetenz immer wichtiger. Daneben sind EDV-Kenntnisse, Fremdsprachenkenntnisse und betriebswirtschaftliche Kenntnisse unverzichtbare Elemente kaufmännischer Tätigkeiten.

Kernwissen

- Die Gestaltung des Arbeitsplatzes ist der Veränderung
  - durch den Einsatz neuer Geräte und Organisationsmittel,
  - durch Verschiebungen von Belastungen,
  - durch organisatorische Veränderungen,
  - durch Maßnahmen zur Arbeitserweiterung und -bereicherung

  ausgesetzt.
- Maßnahmen zur Arbeitserweiterung und -bereicherung sind
  - Jobrotation,
  - Jobenlargement,
  - Jobenrichment,
  - teilautonome Gruppen.

Zur Vertiefung

1 Der Arbeitsplatz einer Sekretärin, der bisher nur mit einer elektronischen Schreibmaschine ausgestattet war, wird in einen modernen Bildschirmarbeitsplatz umgewandelt. Zeigen Sie mögliche Auswirkungen auf die Gestaltung des Arbeitsplatzes auf!

2 Erläutern Sie, warum durch die starke Technisierung des Arbeitsplatzes das Problem „Humanisierung der Arbeitswelt" wieder stärker in den Vordergrund gerückt wird!

3 Zeigen Sie für die folgenden Beispiele jeweils auf, welche Möglichkeit zur abwechslungsreicheren Gestaltung des Arbeitsplatzes gewählt wurde!

a) Der Sachbearbeiter in der Verkaufsabteilung bearbeitet die eingehenden Bestellungen, prüft das vorgegebene Kreditlimit und stellt die Lieferpapiere und die Rechnungen aus.

b) Der Sachbearbeiter in der Verkaufsabteilung darf bei Überschreitung des Kreditlimits um bis zu 10 % selbstständig entscheiden, ob der Kunde trotzdem beliefert wird.

c) Im zentralen Schreibbüro arbeiten die einzelnen Schreibkräfte abwechselnd an Bildschirmarbeitsplätzen und an Schreibmaschinen.

d) Die Werbeabteilung erhält von der Unternehmensleitung den Auftrag, für ein neues Produkt eine Werbekampagne zu entwickeln. Die Aufgabenverteilung wird von den fünf Mitarbeitern selbstständig vorgenommen.

1.10 Einflussmöglichkeiten der Mitarbeiter auf die Gestaltung der Arbeit

Situation

Walter Huber hat eine Idee. Seit einiger Zeit ärgert er sich schon über ein Bestellformular, da es von den Bestellern aufgrund seiner unverständlichen Formulierung immer wieder falsch ausgefüllt wird, sodass es häufig zu Reklamationen kommt. Er hat ein neues Formular entworfen, das jetzt eindeutig ist. Als er es seinem Vorgesetzten zeigt, ist dieser begeistert und rät Herrn Huber, das neue Formular dem Geschäftsführer als Verbesserungsvorschlag einzureichen. Nach drei Monaten erhält Walter Huber von der Firma eine Gratifikation für das neu entwickelte Formular.

Die Gestaltung des Arbeitsplatzes ist nicht nur eine Aufgabe des Organisators, sondern auch der Arbeitnehmer. Zum einen bieten Gesetze den Arbeitnehmern **Mitspracherechte**, zum anderen werden **Verbesserungsvorschläge** in vielen Unternehmen im Rahmen des betrieblichen Vorschlagswesens sogar mit Geld- oder Sachprämien belohnt.

So regelt z. B. das Betriebsverfassungsgesetz, dass der Betriebsrat als Arbeitnehmervertretung ein Mitspracherecht bei der Gestaltung der Arbeitszeiten und Pausen (§ 87 BetrVG) oder auch ein Informations- und Beratungsrecht bei der Gestaltung der Arbeitsplätze (§ 90 BetrVG) hat.

Der einzelne Arbeitnehmer ist ferner berechtigt, zu Maßnahmen der Arbeitgeber, die ihn betreffen, Stellung zu nehmen und eigene Vorschläge zur Gestaltung des Arbeitsplatzes und des Arbeitsablaufs zu machen (§ 82 BetrVG).

Eine wichtige Methode zur Einflussnahme auf die Gestaltung von Arbeitsplätzen durch die Arbeitnehmer stellt dabei auch das **betriebliche Vorschlagswesen** dar.

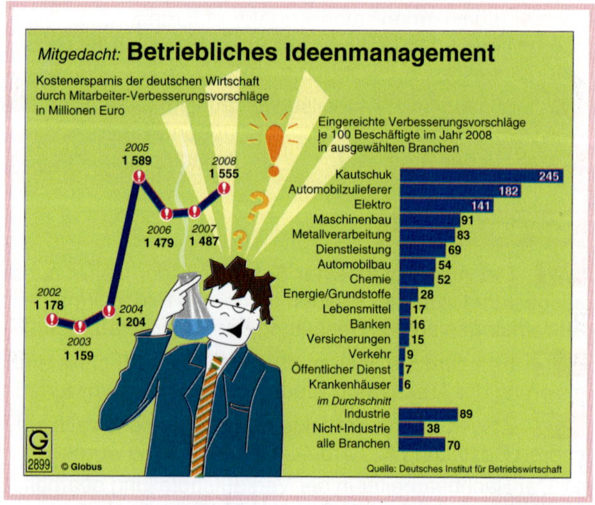

Ziel ist es, die Mitarbeiter zu einer aktiven Mitarbeit am Betriebsgeschehen, über ihre eigentlichen Aufgaben hinaus, zu motivieren. Die Mitarbeiter werden angeregt, sich mit den Problemen des Unternehmens durch eigene Ideen zu identifizieren und gestalterisch an der Veränderung ihres Arbeitsplatzes teilzuhaben. Gleichzeitig wird dieses Engagement als Sonderleistung honoriert. Das betriebliche Vorschlagswesen wirkt sich also sowohl für das Unternehmen, durch die Verbesserung des Arbeitsablaufs, der verwendeten Geräte oder Methoden, als auch für die Mitarbeiter, durch die zusätzliche Entlohnung, positiv aus. Dies führt zu höherer Motivation und größerer Akzeptanz.

Der Umfang der Vorschläge kann dabei sehr unterschiedlich sein. So kann wie im obigen Beispiel schon die Neugestaltung eines Arbeitsformulars ein Verbesserungsvorschlag sein, zum anderen können aber auch komplette Arbeitsabläufe durch einen solchen Vorschlag umstrukturiert werden, um dadurch eine wirtschaftlichere Aufgabenbewältigung zu erreichen. Dementsprechend kann die Entlohnung dieser Vorschläge auch zwischen einigen EUR und Beträgen von bis zu 50 000,00 EUR reichen.

Der übliche Ablauf bei der Einreichung von Verbesserungsvorschlägen sieht dabei folgendermaßen aus:

1. Vorschlagseinreichung,
2. erste Kontrolle und Beurteilung des Vorschlags durch Fachabteilungen,
3. Annahme und Einführung des Vorschlags durch eine entsprechende Kommission,
4. endgültige Entscheidung über den Vorschlag und die zu zahlende Prämie,
5. Benachrichtigung des Einsenders,
6. Aktenabschluss und Aufhebepflicht.

Kernwissen

- Arbeitnehmer haben das Recht, an der Gestaltung des Arbeitsplatzes mitzuwirken
  - in Form von Information und Beratung nach dem Betriebsverfassungsgesetz,
  - in Form von Verbesserungsvorschlägen.

Zur Vertiefung

1 Warum wirkt sich die Beteiligung der betroffenen Arbeitnehmer bei der Gestaltung des Arbeitsplatzes sowohl für das Unternehmen als auch für die Mitarbeiter selber positiv aus?

2 Welchen Sinn hat das betriebliche Vorschlagswesen?

1.11 Systematische Problembearbeitung am Arbeitsplatz

Situation

Die Abteilungsleiterin Weber gibt den Sachbearbeiterinnen Wiesner, Jung und Hoffmann den Auftrag, eine Bezugsquellenkartei für die benötigten Büromaterialien zu erstellen.

Probleme sollten am Arbeitsplatz nicht unstrukturiert nach der Methode „Versuch und Irrtum“, sondern möglichst systematisch bearbeitet werden.

Dabei hat sich folgende **Vorgehensweise** in der Praxis als besonders sinnvoll erwiesen:

1. Definition des Problems,
2. genaue Formulierung des anzustrebenden Ziels,
3. Beratung über mögliche Lösungen,
4. Entscheidung,
5. Durchführung der Entscheidung,
6. Kontrolle der Ergebnisse.

Die richtige Vorgehensweise soll am obigen Beispiel der Erstellung einer Bezugsquellenkartei für benötigte Büromaterialien dargestellt werden.

1.11.1 Problemdefinition

Das Problem, das sich den Sachbearbeiterinnen stellt, kann wie folgt formuliert werden:

Es soll eine Kartei aller Lieferanten erstellt werden, die Büromaterial liefern. Dabei ist festzulegen, welche Büromaterialien benötigt werden, wer als Lieferant in Frage kommt und wie die Kartei aufgebaut werden soll (vgl. dazu auch Abschnitt 2.2.3).

1.11.2 Zielformulierung

Die Aufgabe der Sachbearbeiterinnen besteht also darin, zum einen alle möglichen Lieferanten zu erfassen, um Angebotsvergleiche anstellen zu können, und zum anderen den genauen Aufbau der Kartei festzulegen. Dabei ist zum einen der Ordnungsbegriff zu ermitteln, des Weiteren ist festzulegen, welche weiteren Informationen diese Kartei zu enthalten hat.

Erstes Ziel ist es, die **Informationsgewinnung zu rationalisieren**, indem die Kartei als Hilfsmittel für die Bestellung von Büromaterial aufgebaut wird. Aus dieser Kartei kann dann entnommen werden, wer welche Artikel zu welchen Bedingungen liefern kann, sodass ständiges Suchen nach Preislisten, Angeboten usw. entfällt.

Das zweite Ziel besteht darin, die **Kartei so nutzbringend aufzubauen**, dass bei Bedarf die Informationen schnell verarbeitet werden können. Dies kann erreicht werden, indem durch eine sinnvolle Wahl des Ordnungsbegriffes ein schnelles Wiederfinden der gesuchten Informationen gewährleistet ist. Des Weiteren müssen alle notwendigen Informationen aus der Kartei ablesbar sein.

1.11.3 Lösungsmöglichkeiten

Der nächste Schritt der Sachbearbeiterinnen wäre nun, verschiedene Lösungsmöglichkeiten zu suchen. Dazu können sie sich entweder untereinander oder mit anderen Mitarbeitern beraten, oder sie versuchen, durch **Kreativitätstechniken** zu alternativen Lösungen zu kommen.

Unter Kreativitätstechniken versteht man Methoden, mit deren Hilfe es gelingen soll, verschiedene Lösungsmöglichkeiten zu finden.

Eine sehr bekannte Methode ist das **„Brainstorming“**, was wörtlich übersetzt so viel bedeutet wie „Gedankensturm“. Bei dieser Methode sollen mehrere Mitglieder einer Gruppe zunächst einmal innerhalb einer vorgegebenen Zeit alle möglichen Lösungen, die ihnen einfallen, darstellen, ohne dass diese Vorschläge von den anderen kritisiert werden dürfen. Ziel ist es, möglichst viele, durchaus auch unsinnige, Lösungen zu finden. Daher werden auch alle Vorschläge zunächst protokolliert. Erst nach Ablauf der vorgegebenen Zeit analysiert man die gefundenen Lösungen genauer. Dann werden sie in brauchbare, unbrauchbare und nur bedingt brauchbare Ideen eingeteilt.

Aus den brauchbaren Ideen versucht man, eine optimale Lösung zu finden. Die unbrauchbaren Ideen werden abgelegt, die bedingt brauchbaren Ideen werden zunächst noch aufbewahrt, um auf sie später vielleicht noch einmal zurückgreifen zu können.

Situation

Die Beratung der Sachbearbeiterinnen hat Folgendes ergeben:

Die Bezugsquellenkartei soll folgende Informationen enthalten:

- Lieferant,
- Anschrift,
- Artikelbezeichnung,
- Artikelnummer,
- EK-Preis,
- Rabatt,
- Skonto,
- Lieferzeit,
- unsere Kundennummer.

Als Ordnungsbegriffe kommen infrage:

- Lieferant,
- Artikelbezeichnung,
- Artikelnummer.

1.11.4 Entscheidung

Die Analyse der möglichen Ordnungsbegriffe ergibt, dass die Artikelbezeichnung das beste Kriterium ist, da man bei der Informationssuche vom jeweils fehlenden Artikel ausgehen kann. Der Lieferant ist als Ordnungsbegriff nicht so gut geeignet, da nicht jeder Lieferant alle Artikel führt. Die Artikelnummer kommt nicht infrage, da sie bei allen Lieferanten unterschiedlich ist.

Die aufgeführten Informationen sollen alle in die Kartei übernommen werden, da sie der Verbesserung der Information dienen.

1.11.5 Anlegen der Kartei

Nachdem der Ordnungsbegriff und alle Felder der Kartei festgelegt sind, entwickeln die drei Sachbearbeiterinnen die folgende Karteikarte:

Bezugsquellenkartei

Artikel: Büromaterial

Lieferant	Anschrift	Art.-Nr.	EK-Preis	Rabatt	Skonto	Lieferzeit	Kd.-Nr.
Giesen & Co.	Leverkusen	310290	3,95	15 %	7 Tage	7 Tage	5610
Computec	Hamburg	310294	39,00	10 %	14 Tage	2 Tage	4922
Bürodesign	Köln	310301	15,95	20 %	14 Tage	4 Tage	1734

Die Karteikarte nimmt am oberen Rand die Bezeichnung des Artikels auf, anhand dessen die Kartei geordnet werden kann. Alle folgenden Informationen können für eine entsprechende Anzahl von Lieferanten direkt vergleichbar untereinander eingetragen werden.

1.11.6 Kontrolle

Beim praktischen Einsatz erweist sich die Kartei für die Sachbearbeiterinnen als nützliches Hilfsmittel. Allerdings ergibt sich das Problem, dass sich die Daten der verschiedenen Lieferanten (Preis, Artikelnummer, Rabatt) häufiger ändern. Hier wäre es vorteilhafter, wenn die Daten statt auf einer Kartei in einer Datenbank des Computers gespeichert wären, sodass die Änderungen schnell und problemlos zu berücksichtigen wären. Der Vorgesetzte regt daher an, die Kartei in ein Datenbankprogramm zu übernehmen.

Kernwissen

- Problemlösungen sollten systematisch gesucht werden. Dabei bietet sich folgende Vorgehensweise an:
  - Problemdefinition,
  - Zielformulierung,
  - Lösungsmöglichkeiten entwickeln,
  - Entscheidung,
  - Durchführung,
  - Kontrolle.

Zur Vertiefung

1 Welche Vorteile bietet eine systematische Problembearbeitung am Arbeitsplatz?

2 Skonto wird häufig nicht ausgenutzt, weil die Einhaltung des Skontozeitraums nicht beachtet worden ist. Entwickeln Sie durch systematische Problembearbeitung eine Methode, wie die Einhaltung des Skontozeitraums überwacht werden kann!

3 Erstellen Sie eine DV-Lösung zum obigen Beispiel „Bezugsquellenkartei"! Voraussetzung ist, dass Ihnen ein Computer mit einem Datenbankprogramm zur Verfügung steht.

2 Arbeitsabläufe

Situation

Dort, wo Familien und Menschen leben und arbeiten,
soll es schön sein.

Wir sind ein expandierendes, traditionsreiches Einzelhandelsunternehmen für Teppiche und Betten mit Häusern in Münster, Krefeld, Gelsenkirchen und Osnabrück.

Zum 1. August .. suchen wir für unsere Verwaltung in Münster

Auszubildende
Bürokaufmann/Bürokauffrau

Wir suchen motivierte junge Menschen, mit mittlerer Reife oder Abitur, die bereit sind, sich in einem Team echter Könner zu engagieren.

Wir bieten Ihnen eine umfassende, abwechslungsreiche Ausbildung, Schulung und Umgang mit sämtlichen modernen Kommunikationsgeräten. Jeden, der sich für unsere Idee, unseren Kunden Wünsche und Träume zu erfüllen, erfolgreich einsetzt, fördern wir in jeder Beziehung.

Interessiert? Dann schicken Sie uns Ihre Bewerbungsunterlagen mit den letzten Schulzeugnissen und einem Lichtbild. Wir freuen uns auf Ihre Bewerbung.

Die Industriegesellschaft der letzten Jahrzehnte hat sich zur **Informationsgesellschaft** entwickelt. Die Mikroelektronik prägt unser Leben und unsere Arbeit. Das betrifft vor allem den Büro- und Datenverarbeitungs- sowie Kommunikationsbereich.

Diese Entwicklung beeinflusst auch den **Arbeitsplatz** im Büro, d. h., die Berufsbilder werden durch den Einzug der neuen Technologien geprägt und verändert.

Das Berufsbild der Bürokauffrau/des Bürokaufmanns ist, wie das Stellenangebot zeigt, ein Ergebnis dieses Anpassungsprozesses an geänderte Arbeitsbedingungen.

Die Anpassung der Arbeitsbedingungen an neue Technologien ist ein Prozess, der sich über einen längeren Zeitraum erstrecken muss und nur durch die Beteiligung und das Engagement der Mitarbeiter gelingen kann.

Eine echte Beteiligung der Mitarbeiter, also die Bereitschaft zum Mitdenken, kann nur dann vorausgesetzt werden, wenn der Mitarbeiter **ausreichend** und **regelmäßig** informiert wird. Er muss den Aufbau des Betriebes und dessen Funktionszusammenhänge kennen und ständig über Entwicklungen und Änderungen auf dem Laufenden sein. Erst dann ist er befähigt, Arbeitsabläufe und Kommunikationsvorgänge selbstständig zu planen, durchzuführen und zu kontrollieren, sie zu analysieren und zu beurteilen.

2.1 Postbearbeitung

Situation

> Die Sachbearbeiter der Firma COMPUTEACH, Coesfeld, empfangen und versenden täglich viele Informationen. Sie verfügen über moderne Telekommunikationsgeräte, müssen aber dennoch einen großen Bereich des Informationsaustauschs auf herkömmlichem Wege, also per Briefpost, erledigen, weil viele ihrer Geschäftspartner und Kunden technisch noch nicht so gut ausgestattet sind. Zu den Kunden der COMPUTEACH gehören auch Privatpersonen, mit denen der Informationsaustausch nur telefonisch oder brieflich abgewickelt werden kann.

Im Mittelpunkt der täglichen kaufmännischen Arbeit steht der **Informationsaustausch** in den verschiedensten Formen. Voraussetzung hierfür sind funktionierende nationale und internationale Nachrichtenverbindungen.

Der Konzern **Deutsche Post DHL** zählt zu den größten Logistikunternehmen der Welt. Der Konzern bietet Gesamtlösungen für nationale und internationale Kunden. Um effizienter arbeiten zu können, wurde die Unternehmensstruktur des bis Mai 2009 unter dem Namen Deutsche Post World Net auftretenden Konzerns in Deutsche Post DHL geändert. Das Unternehmen steht künftig auf zwei Säulen: dem Briefgeschäft (Post) und dem Logistikgeschäft (DHL). Unter dem DHL-Dach werden mehrere Sparten gebündelt und sollen besser miteinander verzahnt werden. „Wir müssen den Konzern nicht neu erfinden, sondern mehr aus dem machen, was wir haben“, sagte der Vorstandschef bei der Ankündigung der neuen Struktur. Die Deutsche Post AG ist an der Frankfurter Börse notiert und im Deutschen Aktien Index, kurz DAX 30, vertreten.

Deutsche Post DHL			
Leistungsmarken	**Deutsche Post**	**DHL**	**Übergreifende Services**
Leistungsfelder	**Brief Kommunikation** • Einzelversand • Mengenversand **Frankierlösungen** Press Distribution • National • International **Elektronischer Briefservice** • ePOST Classic • Online-Brief (Pilotversuch)	**DHL Paket und DHL-Päckchen** • DHL 24h Services **DHL Päckchen** • DHL-Pluspäckchen • DHL Päckchen Services **DHL Paket** • DHL Paket • DHL Paketmarke • DHL Paketservice **DHL Express** • National – Express Brief – Express Paket – Express Services • International – Express Services	POSTCARD Anschriftenprüfung Signtrust Inhouse Service Center HIN + WEG Branchenlösungen

Unter „Post“ versteht man im Allgemeinen schriftliche Nachrichten, die auf dem herkömmlichen Wege übermittelt werden, die sogenannte „Gelbe Post“. Immer häufiger wird jedoch der Begriff „Elektronische Post“ verwendet. Damit ist die Übertragungsart für Nachrichten gemeint, die ihren Empfänger schnell und **schriftlich** auf elektronischem Wege erreichen.

Eine aktuelle Studie, für die das Unternehmen Stielow und das französische Partnerunternehmen Neopost mehr als 800 Unternehmen in Deutschland, Großbritannien, Frankreich und den USA befragten, ergab, dass eine deutliche Mehrheit der Entscheider in europäischen

Unternehmen der Briefpost den Vorzug gibt gegenüber E-Mail und Fax. Die wichtigsten Gründe: Sicherheit, Vertraulichkeit und die repräsentative Qualität von Briefen. Mehr als 75 Prozent erhalten danach finanzielle Informationen vorzugsweise per Post. Deutsche Entscheider heben die Glaubwürdigkeit und Vertraulichkeit der Briefpost hervor.

Die Entscheidung, welche Übermittlungsform zu wählen ist, sollte **nicht** ausschließlich dem einzelnen Mitarbeiter überlassen bleiben; denn die Wahl eines bestimmten Dienstes hängt von vielen **Einflussfaktoren** ab, die bereits in der **Organisation der Arbeitsabläufe** berücksichtigt werden sollten.

Mögliche **Einflussfaktoren**:

- Welche Empfangsmöglichkeiten hat der Adressat?
- Aus welchen Teilen setzt sich die zu übermittelnde Information zusammen (Texte, Bilder, Anlagen)?
- Unterliegt die Information der Geheimhaltung?
- Ist sie eilbedürftig?
- Welche Übermittlungskosten entstehen durch den jeweiligen Dienst?

Kernwissen

- Die **angemessene** Übermittlung von Informationen wird für Unternehmen und Behörden immer wichtiger.
- Technische und organisatorische Einflussfaktoren spielen dabei eine Rolle. Die entstehenden Kosten müssen sorgfältig überprüft und verglichen werden.

Zur Vertiefung

1 Der Sachbearbeiter A einer Behörde in Münster tauscht regelmäßig mit dem Sachbearbeiter B einer Behörde in Arnsberg Informationen aus, die schriftlich fixiert sein müssen.
Die Übermittlungsmöglichkeiten sind in beiden Behörden die gleichen:

- Telefaxgerät (**zentraler** Einsatz),
- Briefdienst.

Durch den **zentralen** Einsatz des Telefaxgerätes sind beide Sachbearbeiter an die sich notwendigerweise ergebenden Transport- und Liegezeiten gebunden, sodass die beeindruckende Übertragungszeit per Telefax (30 bis 40 Sekunden pro DIN-A4-Seite) in der Praxis kaum einen Erfolg bringt. Beide Sachbearbeiter bevorzugen daher in der Regel den Briefdienst.

Nehmen Sie kritisch Stellung!

2 Die ABC-Werke wünschen ein Angebot über ein Fotokopiergerät. Ihre telefonische Anfrage richten sie

1.an die Firma PRONTO und
2.an die Firma FIX.

Die Firma PRONTO verspricht, in Kürze entsprechende Angebote zu schicken. Die Firma FIX reagiert umgehend und schickt ihr Angebot mit den Qualitätsmerkmalen und Preisen verschiedener Geräte per Fax an die ABC-Werke.

Was verbinden Sie mit dem Begriff Informationsvorsprung?

3 Suchen Sie ein Beispiel aus Ihrem beruflichen Umfeld, das verdeutlicht, dass jeder Informationsvorsprung Mitbewerbern gegenüber auch einen Wettbewerbsvorsprung bedeutet!

2.1.1 Postzustellung, Empfangsvollmachten

Situation

Die Schmuckwarengroßhandlung Argent und Söhne, Köln, schickt fast täglich Ansichtssendungen an ihre Kunden. Die Folge ist, dass sich in der Eingangspost häufig als **Eigenhändig** an Herrn Argent deklarierte Sendungen befinden. Da Herr Argent häufig auf Reisen ist, wird der Arbeitsablauf in der Großhandlung dadurch stark beeinträchtigt. Herr Argent bittet seine Sekretärin, für Abhilfe zu sorgen.

Die **Auslieferung der Sendungen** ist an bestimmte Voraussetzungen gebunden:

Sie erfolgt im Wege der Zustellung oder Abholung.

Die Sendungen werden dem in der Anschrift bezeichneten Empfänger, seinem Ehegatten oder Postbevollmächtigten nach den Zustellangaben zugestellt.

Als Empfänger können natürliche Personen, Behörden, juristische Personen, Gesellschaften oder Gemeinschaften bezeichnet werden. Die Auslieferung von Sendungen (ausgenommen sind gewöhnliche Briefsendungen) an Behörden, juristische Personen, Gesellschaften und Gemeinschaften wird von der Erteilung einer **Postvollmacht** abhängig gemacht.

Sendungen mit dem Vermerk „Eigenhändig" werden nur dem Empfänger oder einem besonders **Bevollmächtigten** übergeben.

Gewöhnliche Briefsendungen und Einwurf-Einschreibsendungen werden durch Einlegen in den Hausbriefkasten zugestellt.

Ist es nicht möglich, Sendungen dem Empfänger, seinem Ehegatten oder Postbevollmächtigten zu übermitteln, können die Sendungen einem **Ersatzempfänger** zugestellt werden.

Sendungsart	Ersatzempfänger
Einwurf- und Übergabe-Einschreibsendungen sowie Nachnahmesendungen	Angehörige eines Empfängers, seines Ehepartners oder des Postbevollmächtigten, Angestellte des Empfängers, Inhaber oder Vermieter der Wohnung oder des Geschäftsraumes des Empfängers
gewöhnliche Sendungen	wie beim Einschreiben, ferner Hausbewohner oder Hausnachbarn

Die **Zustellung der Post** ist möglich

- durch den Zusteller,
- durch Anmietung eines abschließbaren Postfaches,
- postlagernd.

Zusteller

Zusteller müssen die Sendungen für ihren Zustellbezirk immer in der gleichen Reihenfolge austragen. Es lässt sich daher nicht vermeiden, dass ein Teil der Kunden die Sendungen erst am späten Vormittag erhält.

Postfach

Vorteile:

- Unabhängigkeit von der regulären Postzustellung. Verteilschluss der Post für Postfächer spätestens um 08:30 Uhr. Das bedeutet einen Kapital- und Zeitvorsprung gegenüber der üblichen Zustellung.

Beispiel: Schecks, die die Banken noch am gleichen Tage gutschreiben, wenn die Kunden sie bis 10:00 Uhr einreichen, können nach der Postfachleerung sofort weitergeleitet werden.

- Das Postfach ist auch außerhalb der Schalterstunden zugänglich; die Post kann also mehrmals am Tage abgeholt werden.
- Müssen für Sendungen Empfangsbescheinigungen abgegeben oder Geldbeträge entrichtet werden, wird dem Abholer eine Information in das Postfach gelegt. Das Gleiche gilt für Sendungen, die wegen ihrer Größe nicht in das Postfach gelegt werden können. Der Abholer kann die Sendung am Postschalter in Empfang nehmen.

Mietbedingungen:

- Um Missbrauch vorzubeugen, muss sich der Antragsteller zur täglichen Leerung verpflichten und eine zustellfähige Anschrift besitzen. Die Belegung erfolgt dann mietfrei. Bei der Einrichtung und Bereitstellung des Postfachs zahlt der Kunde ein einmaliges Entgelt von 15 EUR.
- Im Schriftverkehr müssen in der Anschrift anstelle von Straße und Hausnummer der Begriff **Postfach** und die **Postfachnummer** angegeben werden.
- Bei Groß- oder Gruppenempfängern sieht die Anschrift so aus:
  - Empfängername
  - Groß- oder Gruppen-Postempfänger-Postleitzahl und Ortsname

Tipp: Für ausgehende Sendungen stets die Postfach-Anschrift des Adressaten verwenden. Diese Sendungen erreichen den Empfänger häufig schneller, weil viele große Postfach-Nutzer ihre hauseigene Postverteilung speziell auf die Postfach-Abholung abgestimmt haben.

Postlagernd

Die Sendungen werden beim Zustellstützpunkt (Zustellpostamt) zur Abholung bereitgehalten, und zwar nach dem Eingang

- Briefsendungen mit der Abholangabe „Postlagernd" 14 Werktage,
- Nachnahmesendungen 7 Werktage.
- Gewöhnliche Briefsendungen werden demjenigen ausgehändigt, der sich zur Abholung meldet.
- Wertbriefe und Übergabe-Einschreibsendungen sowie Nachnahmesendungen werden nur dem Empfänger oder einem hierzu besonders Bevollmächtigten (Postvollmacht) ausgeliefert.

Empfangsvollmachten

Die Erteilung einer Postvollmacht an einen oder mehrere Mitarbeiter erleichtert in gewissen Fällen die Postbearbeitung. Wird mehreren Personen eine Postvollmacht erteilt, so ist jeder Bevollmächtigte allein empfangsberechtigt. In größeren Betrieben ist eine solche Regelung vorteilhaft, damit die Post ungehindert durch Ferien, Krankheit oder Abwesenheit eines Mitarbeiters in Empfang genommen und bearbeitet werden kann.

Eine Empfangsvollmacht gilt bis zu ihrem Widerruf oder bis zum festgesetzten Datum. Der Vollmachtgeber kann die Vollmacht auch durch Einzug der Karte bzw. des Schriftstückes beenden. Sie gilt auch über den Tod hinaus bis zum Widerruf durch die Erben.

Es gibt zwei Formen:

- die Innenvollmacht,
- die Generalvollmacht.

► Innenvollmacht

Voraussetzung zur Erteilung ist eine entsprechende schriftliche Erklärung, wie sie im Geschäftsleben üblich ist und den Erfordernissen des BGB entspricht. Für **eigenhändig auszu-**

händigende Sendungen kann diese Vollmacht nur anerkannt werden, wenn dies ausdrücklich vermerkt ist. Vorgefertigte Vollmachtserklärungen in Scheckkartengröße sind kostenlos bei allen Brief- und Paketzustellern sowie in jeder Postfiliale unter der Bezeichnung **„Innenvollmacht“** erhältlich. Ausnahme: der **POSTIDENT SERVICE**. Für diesen Service ist keine Bevollmächtigung möglich; er wird nur beim Empfänger durchgeführt.

Möglichkeiten der Legitimation bei Abholung der Post in der Filiale: Kann der Zusteller eine Sendung nicht aushändigen, hinterlässt er einen Benachrichtigungsschein im Briefkasten. Soll eine Person mit der Abholung beauftragt werden, gibt es zwei Möglichkeiten:

1. Den Namen des Abholers auf der Rückseite des Benachrichtigungsscheins eintragen.
2. Der Abholer erhält die Karte „Innenvollmacht“ sowie den unausgefüllten Benachrichtigungsschein.

Postfachausgabe: Alle Sendungen werden der Person ausgehändigt, die

- den Postfachschlüssel besitzt,
- das Postfach leert und dementsprechend bei Sendungen gegen Empfangsbestätigung den Auslieferungsschein vorlegen kann.

Allerdings gilt das nicht bei Geldbeträgen zu Post- und Zahlungsanweisungen. Hier kann die Auszahlung nur an den Postfachinhaber bzw. eine durch ihn bevollmächtigte Person erfolgen.

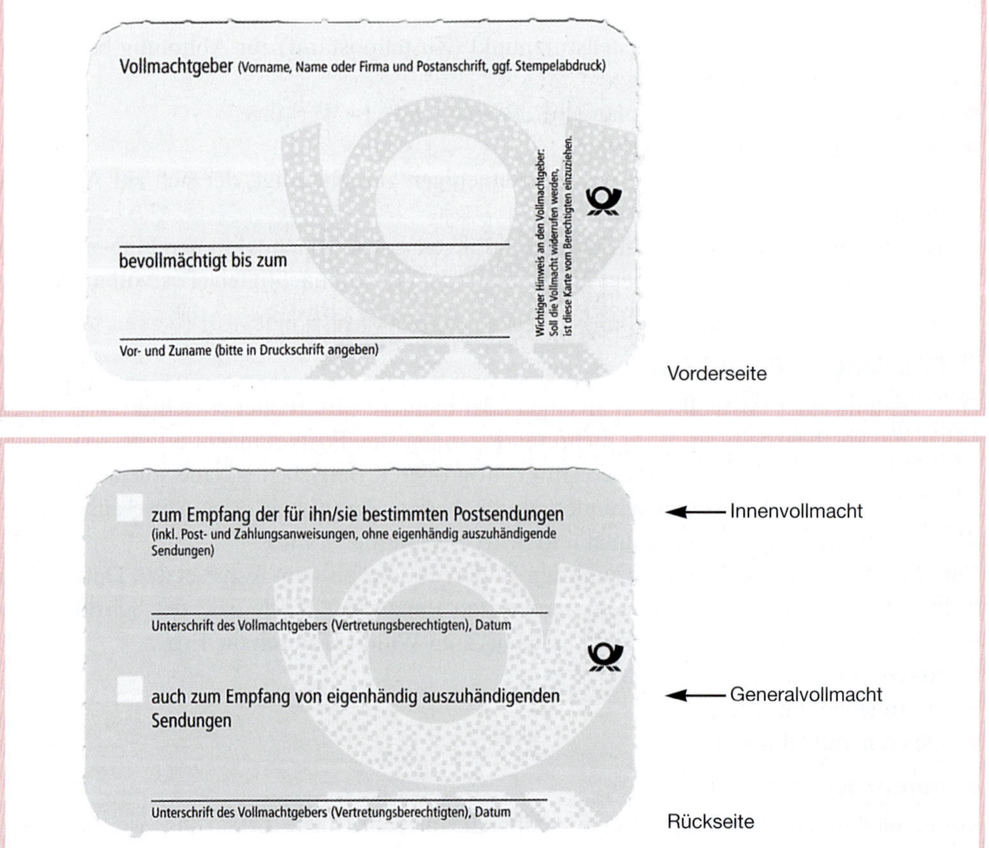
Vollmachtgeber (Vorname, Name oder Firma und Postanschrift, ggf. Stempelabdruck)

bevollmächtigt bis zum

Vor- und Zuname (bitte in Druckschrift angeben)

Wichtiger Hinweis an den Vollmachtgeber: Soll die Vollmacht widerrufen werden, ist diese Karte vom Berechtigten einzuziehen.

zum Empfang der für ihn/sie bestimmten Postsendungen (inkl. Post- und Zahlungsanweisungen, ohne eigenhändig auszuhändigende Sendungen)

Unterschrift des Vollmachtgebers (Vertretungsberechtigten), Datum

auch zum Empfang von eigenhändig auszuhändigenden Sendungen

Unterschrift des Vollmachtgebers (Vertretungsberechtigten), Datum

▶ Generalvollmacht

Eine notariell beglaubigte „Generalvollmacht“ berechtigt zum Empfang aller an den Empfänger gerichteten Sendungen, einschließlich eigenhändiger Sendungen sowie Post- und Zahlungsanweisungen.

Alles Wissenswerte auf einen Blick:

- Jede rechtswirksame Vollmacht ist gültig.
- Antragsverfahren sind nicht mehr vorgesehen.
- Vollmachten können individuell durch den Vollmachtgeber verfasst und erteilt werden.
- Vorgefertigte Vordrucke sind bei den Zustellern und in den Postfilialen erhältlich.
- Bei der Abholung von Sendungen am Postschalter nach vergeblichem Zustellversuch reicht die ausgefüllte Rückseite des Benachrichtigungsscheins oder der Benachrichtigungsschein plus „Innenvollmacht“.
- Bei der Postfachausgabe ist nur der Postfachschlüssel vorzulegen.

Briefgeheimnis, Postgeheimnis

Briefsendungen unterliegen sowohl dem Briefgeheimnis als auch dem Postgeheimnis (Artikel 10 des Grundgesetzes).

Das Briefgeheimnis schützt die Unverletzlichkeit **verschlossener** Nachrichten und Urkunden **außerhalb** der Post.

Das Postgeheimnis schützt **alle** Sendungen, solange sie **bei** der Post sind. Alle bei der Post Beschäftigten werden auf das Postgeheimnis ausdrücklich hingewiesen und förmlich verpflichtet.

Gesetzliche Ausnahmen vom Postgeheimnis:

- die Beschlagnahme von Postsendungen im Rahmen eines Strafverfahrens,
- die Verpflichtung der Post, Auskunft über den Postverkehr bestimmter Personen zu erteilen und Sendungen, die ihr zur Übermittlung anvertraut sind, auszuhändigen, wenn dies einer berechtigten Stelle zur Abwehr drohender Gefahren für die freiheitlich-demokratische Grundordnung gefordert wird.

▶ Bewertung von Vertraulichkeit und Weitergabe ein- und ausgehender Post

Dienstvorgesetzte dürfen Briefe, die an ihre Mitarbeiter gerichtet sind, öffnen, wenn aus der Anschrift hervorgeht, dass es sich um eine dienstliche Angelegenheit handelt. Die genaue Bezeichnung des Empfängers schützt sowohl im privaten als auch im geschäftlichen Schriftverkehr vor Missverständnissen. Wer sicherstellen will, dass der Brief nur von einer bestimmten Person geöffnet wird, sollte in jedem Falle den Zusatz „persönlich“ auf dem Umschlag vermerken.

Wird **zuerst** die Firmenbezeichnung genannt, dann der Personenname, **darf** der Brief **geöffnet** werden.

Schmuckwarengroßhandlung
Argent und Söhne GmbH
Frau Marion Dor
Rheinstr. 12
50996 Köln

Wird **zuerst** der Personenname, dann die Firmenbezeichnung genannt, darf der Brief **nicht** geöffnet werden.

Frau Marion Dor
Schmuckwarengroßhandlung
Argent und Söhne GmbH
Rheinstr. 12
50996 Köln

Wohnt der Adressat zur Untermiete, sollte die Adressierung lauten: „An A., wohnhaft bei B." oder „An A. unter der Adresse von B.".

Ähnlich korrekte Regeln gelten auch für das Ausland. Die Aufschriften „A. aux soins de B.", „A. c/o (care of) B." oder auch „An A. a/c (account) B." weisen eindeutig A. als Empfänger aus.

So werden Briefe unmissverständlich adressiert:

In der Firma:	„Herrn B. in der Firma Z." „persönlich"
Privat:	„An A., wohnhaft bei B." „An A. unter der Adresse von B."
Im Ausland:	„A. aux soins de B." „A. c/o (care of) B." „A. a/c (account) B."

Kernwissen

- Die Mitarbeiter der Poststelle und der Abteilungssekretariate müssen mit dem organisatorischen Aufbau des Betriebes vertraut sein (Ablauforganisation, Organigramm).
- Die Mitarbeiter der Poststelle und der Sekretariate müssen darüber informiert sein, wer im Besitz einer Postvollmacht ist.
- Damit die Post schnell und von der richtigen Person bearbeitet wird, muss geklärt werden,
  - wo die Kompetenzen der Mitarbeiter bei der Anwesenheit und bei der Abwesenheit des/der Chefs liegen,
  - wer bei Abwesenheit des/der Chefs für diesen Aufgaben- und Verantwortungsbereich zuständig ist.
- Alle Mitarbeiter müssen die Bedeutung des Brief- und Postgeheimnisses kennen. Wird versehentlich ein Privatbrief geöffnet, muss dieser sofort wieder verschlossen, mit dem Vermerk „Irrtümlich geöffnet" versehen und dem Empfänger möglichst persönlich übergeben werden.

Zur Vertiefung

1 Zur Situation: Welche Lösung wird die Sekretärin Herrn Argent vorschlagen?

2 Sie haben bei der Firma Argent, Köln, ein wertvolles Goldarmband (Wert: 450,00 EUR) zur Ansicht bestellt. Der Briefträger trifft Sie leider nicht an. Wem darf er diese Sendung, die die Bezeichnung „Eigenhändig" trägt, aushändigen?

3 Das Goldarmband hat Ihnen so gut gefallen, dass Sie einen weiteren Auftrag erteilen. Diesmal trägt die Sendung die Bezeichnung „Übergabe-Einschreiben". Der Briefträger trifft Sie wiederum nicht an. Wem händigt er die Sendung aus?

4 Ihre Freundin liest die an Sie adressierten Postkarten. Darf sie das? Es gibt doch ein Briefgeheimnis.

2.1.2 Dienstleistungen der Deutschen Post DHL in den Sparten „Briefkommunikation“ und „DHL Paket/Express“

Situation

Özlem Güler hat ihre Ausbildung zur Bürokauffrau in der Poststelle eines Unternehmens mit intensiven Auslandskontakten begonnen. Sie muss täglich eine Fülle von ein- und ausgehenden Postsendungen bearbeiten und vor allem prüfen, ob die Sendungsarten und besonderen Versendungsformen in den Aufschriften beachtet wurden. In den ersten Tagen ist sie überfordert. Nachdem sie sich mit den unterschiedlichen Dienstleistungen in den Bereichen Briefkommunikation und DHL vertraut gemacht hat, fühlt sie sich der Aufgabe gewachsen. Ihre Hilfsmittel:

- Service-Informationen: Leistungen und Preise
- Allgemeine Geschäftsbedingungen (AGBs) für den Bereich BRIEF NATIONAL u. BRIEF INTERNATIONAL, AGBs für den Bereich PAKET/Express NATIONAL u. INTERNATIONAL
- PC-Programme auf CD-ROM für die verschiedensten Bereiche
- Informationen zur Auslandspost: kostenlose Auskunft über ZAK, Zentrale Auskunftsstelle für Auslandspost, Frankfurt am Main
- Informationen für Geschäftskunden (kostenlos): POST PLUS Bestellanschrift: Postamt 1 POST PLUS-Versandstelle, Postfach 10 00 01, 93041 Regensburg
- POST PRESS, Deutsche Post AG, Pressestelle, 53105 Bonn

In Zweifelsfällen – wenn auch ihre Kollegen ihr nicht weiterhelfen können – informiert sie sich bei der Kundenberatung der zuständigen Postfiliale und der Telekom.
Geschäftskunden-Service Tel. 01805 5555, Fax 01802 5555

Durch das am 1. Januar 1998 in Kraft getretene neue Postgesetz ist ein wichtiges Reformvorhaben der deutschen Wirtschaftsgeschichte abgeschlossen worden: die Privatisierung und Liberalisierung des Post- und Telekommunikationssektors. Das neue Postgesetz bildet den Ordnungsrahmen für die Einführung von Wettbewerb auf dem deutschen Postmarkt und stellt die im Grundgesetz geregelte flächendeckende Versorgung mit Postdienstleistungen sicher.

Die Deutsche Post DHL bietet Dienstleistungen für nationale und internationale Kunden an. Bei ihrem Bestreben, Weltmarktführer zu werden, muss sie ihre Leistungen ständig überprüfen und aktualisieren. Es kann daher vorkommen, dass kurzfristig Änderungen in der Bezeichnung von Produkten und Leistungen auftreten. Die folgenden Ausführungen sind sorgfältig recherchiert worden, sollten aber dennoch bei Bedarf überprüft werden. Zur Erläuterung der unterschiedlichen Dienstleistungen stellt die Deutsche Post DHL etliche Hilfsmittel zur Verfügung.

Mit der Novellierung des Postgesetzes setzt der deutsche Gesetzgeber die Richtlinien der Europäischen Union zu einem einheitlich liberalisierten europäischen Postmarkt um.

Zum 1. Januar 2008 wurde das Briefmonopol der damaligen Deutschen Post World Net für Briefe unter 50 Gramm abgeschafft.

Von 2011 an – so stimmte das Europaparlament in Straßburg im Juli 2007 mit großer Mehrheit ab – wird das Briefmonopol in der **Europäischen Union** endgültig abgeschafft. Das bedeutet, dass private Postdienste **EU-weit** auch Briefe unter 50 Gramm befördern dürfen. Damit Postkarten und Briefe auch in entlegenen Regionen der EU zuverlässig ausgeliefert werden, soll eine Grundversorgung zu einem erschwinglichen Preis garantiert werden. Diese Garantie ist wichtig, da private Postdienste sich auf lukrative Massensendungen konzentrieren und einfache Briefe vernachlassigen könnten. (Hintergundwissen: Nach Zahlen der EU-

Kommission werden europaweit jährlich 135 Milliarden Sendungen verschickt, was einem Umsatz von 88 Mrd. EUR entspricht.)

Die Dienstleistungen der Deutschen Post AG sind in den Allgemeinen Geschäftsbedingungen (AGBs) definiert. Diese können bei den Kundenberatern der DP eingesehen oder am Schalter erworben werden.

Folgende Dienstleistungen sind von besonderem Interesse:

- **Briefkommunikation National und International**
- **Paket-, Express-, Logistikdienste National und International**
- **netzbasierte Medien (ePOST CLASSIC, Pilotprojekt Onlinebrief)**

Unter dem Begriff **Briefkommunikation** werden verschiedene Sendungsarten, Postaufträge und zusätzliche Leistungen sowie die Bearbeitung und der Transport im In- und Ausland angeboten (Kapitel 2.1.3).
DHL ist zuständig für die Paket-, Express-, Logistikdienste im In- und Ausland. Die Marke DHL erhielt ihren Namen von den Anfangsbuchstaben der Nachnamen ihrer Gründer Adrian **D**alsey, Larry **H**illblom und Robert **L**ynn, die 1969 in San Francisco mit dem Unternehmen starteten. DHL Express gewährleistet die schnellstmögliche Zustellung von Sendungen (Kapitel 2.1.4). Für spezielle Fragen stehen Service-Informationen der Deutschen Post DHL zur Verfügung. **ePOST Classic,** ein 1994 eingeführter elektronisch gesteuerter und von einer Posttochter betriebener Briefservice, kombiniert die elektronische Einlieferung und den elektronischen Transport von Nachrichten mit dem empfängernahen Ausdruck und der Auslieferung durch den traditionellen Briefdienst. Der Kunde kann schriftliche Nachrichten aller Art auf elektronischem Wege mit Datenfernübertragung oder Datenträgern an die ihm nächstgelegene ePOST-Station übermitteln. Von dort werden sie zu einer Station am Zielgebiet des Empfängers weitergeleitet, ausgedruckt, kuvertiert und an den Empfänger ausgeliefert (Kapitel 2.1.5).

2.1.3 Briefdienst National und International

Im Bereich der Briefkommunikation gibt es vier **Basisprodukte:** Standard, Kompakt, Groß, Maxi. Diese Basisprodukte werden bestimmt durch Form, Dicke und Gewicht.

Die Produkte auf einen Blick: (gültig ab 01.01.2010)

Briefkommunikation		Deutschland	Europa	Welt
Postkarte	Höchstmaße: 235 × 125 mm; Flächengewicht 150–500 g/m²	×	×	×
Standardbrief	Höchstmaße: 235 × 125 × 5 mm; Gewicht bis 20 g	×	×	×
Kompaktbrief	Höchstmaße: 235 × 125 × 10 mm; Gewicht bis 50 g	×	×	×

Briefkommunikation		Deutschland	Europa	Welt
Großbrief	Höchstmaße: 353 × 250 × 20 mm; Gewicht bis 500 g	×	×[1)]	×[1)]
Maxibrief	Höchstmaße: 353 × 250 × 50 mm; Gewicht bis 1 000 g	×	×[1)]	×[1)]
	Höchstmaße: L + B + H = 900 mm Gewicht bis 2 000 g (keine Seite länger als 600 mm)	×	×	×
Zusatzleistungen	Einschreiben	×	×	×
	Einschreiben Einwurf	×	—	—
	Eigenhändig[2)]	×	×[3)]	×[3)]
	Rückschein[2)]	×	×	×
	Nachnahme[4)]	×	×[2) 3)]	×[2) 3)]
	Eil International[3)]/Wert International (nur bei Briefen)[3)]		×[5)]	×[5)]

Die Produktpalette des Briefdienstes umfasst im Detail:

▶ Brief Einzelversand

Standardbrief
Kompaktbrief
Großbrief
Maxibrief
Plusbrief Deutschland und Europa
Postkarte
Blindensendung
Warensendung
Büchersendung

Zusatzleistungen
Einschreiben
Einschreiben Einwurf
Eigenhändig
Rückschein
Eil International
Wert International
Nachnahme

▶ Brief Mengenversand

Brief International zum Kilotarif
Plusbrief/Pluskarte
Infopost
Infobrief
Werbeantwort
Mailingfactory
Presse

[1] Höchstmaße wie Maxibrief bis 2 000 g
[2] nur in Verbindung mit Einschreiben oder Wert Internatonal
[3] nicht in alle Länder zugelassen
[4] Plus Übermittlungsentgelt
[5] zzgl. 1,50 EUR je angefangene 100,00 EUR Warenwert

Zusatzleistungen

Gegen ein zusätzliches Entgelt kann der Postkunde eine besondere Behandlung seiner Sendung erreichen. Die besondere Behandlung kann sich auf

- eine größere Sicherheit,
- eine größere Schnelligkeit,
- eine besondere Auslieferung

beziehen. Dabei sind unterschiedliche Kombinationen möglich; bei bestimmten Sendungsarten können sogar alle drei Effekte gleichzeitig erreicht werden.

Erläuterungen zu einigen Sendungsarten und Zusatzleistungen

BRIEF EINZELVERSAND

▶ Brief

Neben den bereits genannten Unterscheidungsmerkmalen Format und Gewicht wird im Auslandsverkehr unterschieden zwischen **Europabrief** und **Weltbrief**. Europabriefe und Weltbriefe werden auf dem schnellsten Weg weitergeleitet.

Es empfiehlt sich, alle Sendungen mit dem Vermerk oder Aufkleber „Luftpost – Par avion – Prioritaire" zu versehen.

Ländergruppe Europa	Ländergruppe Welt
● Nord-, Ost-, Süd- und Westeuropa (einschl. derbaltischen Republiken Estland, Lettland, Litauen sowie der Länder Armenien, Aserbaidschan, Belarus, Georgien, Kasachstan, Moldau, Russ. Föderation, Ukraine) ● asiatische Gebietsteile der Russischen Föderation ● Türkei ● Färöer ● Kanarische Inseln ● Grönland ● Azoren ● Madeira ● französische Übersee-Departements Guadeloupe, Französisch-Guayana, Martinique, Réunion und ● Gebietskörperschaften St. Pierre und Miquelon	alle außereuropäischen Länder und Gebiete, sofern sie nicht der Ländergruppe „Europa" zugeordnet sind

▶ Blindensendung

Blindensendungen sind

- Schriftstücke in Blindenschrift (Braille-Schrift),
- für Blinde bestimmte Tonaufzeichnungen oder sonstige Magnetträger, deren Absender oder Empfänger eine amtlich anerkannte Blindenanstalt ist oder in deren Auftrag der Versand erfolgt,

- Papiere für die Aufnahme von Blindenschrift, wenn sie von einer anerkannten Blindenanstalt an Blinde versandt werden.

Blindensendungen können von jedem versandt werden. Sie dürfen nicht verschlossen sein und müssen oberhalb der Anschrift (oben rechts) die Bezeichnung „Blindensendung/Cécogramme“ tragen.

Höchstgewicht in Deutschland 1 000 g, international 7 000 g; Blindensendungen sind entgeltfrei, aber Zusatzleistungen (z. B. Einschreiben) werden berechnet.

▶ *Büchersendung*

Bücher, Broschüren, Notenblätter und Landkarten, die mittels Zwischenträger gedruckt sind, können als Büchersendung verschickt werden. Erlaubte Beilagen sind: die Rechnung, ein entsprechender Zahlungsverkehrvordruck, ein Antwortumschlag, eine Leih- und/oder Buchlaufkarte. Die Sendung darf nicht geschäftlichen Zwecken dienen. Offener Versand sowie die Bezeichnung „Büchersendung“ oberhalb der Anschrift sind erforderlich. Der Versand ins Ausland erfolgt als BUCH INTERNATIONAL.

▶ *Warensendung*

Proben, Muster oder Gegenstände, die ihrer Natur nach als Ware anzusehen sind, können als Warensendung verschickt werden. Erlaubte Beilagen sind: Lieferscheine, Rechnungen, Zahlungsverkehrvordrucke, kurze, den Inhalt betreffende Angaben. Briefliche Mitteilungen sind nicht zugelassen. Offener Versand sowie die Bezeichnung „Warensendung“ oberhalb der Anschrift sind erforderlich.

BRIEF MENGENVERSAND

▶ *Briefe International zum Kilotarif*

Voraussetzungen:

- Mindestmenge 500 internationale Briefe pro Monat
- Vereinbarung mit der Deutschen Post
- Höchstgewicht einer Sendung 2 000 g

In alle Länder Europas schnellster Beförderungsweg. Mögliche Zusatzleistungen (ausgenommen WERT INTERNATIONAL): Einschreiben, Einschreiben + Rückschein, Einschreiben + Eigenhändig, Einschreiben + Nachnahme, Eil International.

Für eine schnellere internationale Beförderung sollte die Sendung immer mit dem Vermerk „Luftpost/Par avion/Prioritaire“ oder dem Luftpostaufkleber versehen werden.

▶ *Infobrief National und International*

Preiswerter Versand kleiner Mengen inhaltsgleicher Sendungen.

Voraussetzungen:

- Mindestmenge 50 Sendungen in beliebig viele Länder
- Alle Sendungen sind inhalts-, format- und gewichtsgleich.

Für eine schnellere internationale Beförderung sollte die Sendung immer mit dem Vermerk „Luftpost/Par avion/Prioritaire" oder dem Luftpostaufkleber versehen werden.

▶ *Infopost*

Preiswerter Versand kleiner und großer Mengen inhalts-, format- und gewichtsgleicher Sendungen (auch Kataloge). Weitere Informationen enthält die Broschüre „Adressierte Werbesendungen: Infopost, Infobrief und Kataloge national". Bei entsprechenden Systemvoraussetzungen lässt sich das Adressmanagement, die Versandvorbereitung bis zur Postauslieferung über den **Infopost Manager** abwickeln.

▶ *Werbeantwort*

WERBEANTWORT und WERBEANTWORT INTERNATIONAL sind Briefe oder Postkarten, bei denen der Empfänger zur Zahlung verpflichtet ist. Dieser zahlt also nur für die Antworten, die er tatsächlich zurückerhält und die nicht frankiert bzw. teilfrankiert sind.

▶ *Mailingfactory*

Möglichkeit zur Selbstgestaltung von Werbe- und Informationsschreiben unter www.mailingfactory.de

▶ *Presse*

Für den gewerbsmäßigen Versand von Presseerzeugnissen im In- und Ausland gibt es spezielle Logistiklösungen in Form von Postvertriebsstück, Pressesendung, Streifbandzeitung (auch zu Kilotarifen).

Für eine schnellere internationale Beförderung sollte die Sendung immer mit dem Vermerk „Luftpost/Par avion/Prioritaire" oder dem Luftpostaufkleber versehen werden.

ZUSATZLEISTUNGEN

■ *Einschreiben*

- Übergabe-Einschreiben
- Einwurf-Einschreiben

Das Einschreiben bietet dem Kunden vor allem die Möglichkeit des nachweisbaren Versandes, da die Einlieferung bescheinigt und die Auslieferung nachgewiesen wird. Als Beweis für die Zustellung eines Briefes reicht ein Einwurf-Einschreiben nicht, sondern nur ein Übergabe-Einschreiben (OLG Koblenz, AZ 11 WF 1013/904).

	Inland	Ausland
Sendungsart	Briefe, Postkarten, Blindensendungen	Alle Briefsendungen, ausgenommen Sendungen zu ermäßigtem Entgelt in besonderem Beutel in bestimmte Länder, Infopost, internationale Werbeantwort.
Bezeichnung	mit Barcode-Label	Einschreiben – Recommandé

	Inland	Ausland
Einlieferung/ Auslieferung	Übergabe-Einschreiben: Der Empfänger bestätigt den Erhalt der Sendung mit seiner Unterschrift auf dem Auslieferungsbeleg. Einwurf-Einschreiben: Der Zusteller legt die Sendung in den Hausbriefkasten oder das Postfach des Empfängers und notiert dies auf dem Auslieferungsbeleg.	Sie wird bescheinigt. Sie erfolgt gegen Empfangsbestätigung.
Haftung	Übergabe-Einschreiben: 25,00 EUR Einwurf-Einschreiben: 20,00 EUR	Bei Verlust Ersatzbetrag von 30,00 Sonderziehungsrechten (SZR) für jede Einzelsendung. Für eingeschriebene „M"-Beutel an denselben Empfänger 150,00 SZR.

► *Eigenhändig*

	Inland	Ausland
Sendungsart	Übergabe-Einschreiben, Nachnahmen	mögliche Kombination: Eigenhändig – Einschreiben Eigenhändig – Wert Einschreiben – Eigenhändig – Rückschein Wert – Eigenhändig – Rückschein
Bezeichnung	„Eigenhändig"; Barcode-Label ankreuzen	„Eigenhändig"/À remettre en main propre
Haftung	Begrenzt auf den Betrag des entsprechenden Zusatzentgeltes.	
Auslieferung	Die Sendung wird nur dem Empfänger persönlich oder einer besonders bevollmächtigten Person ausgehändigt.	

► *Rückschein*

	Inland	Ausland
Sendungsart	Kombination mit • Übergabe-Einschreiben • Nachnahmen	Kombination mit • Wert • Einschreiben
Bezeichnung	Barcode-Label (Rückschein ankreuzen)	Vermerk: „Rückschein/Avis de réception" oder Stempelaufdruck „A. R."
Haftung	Die Haftung für zusätzliche Leistung „Rückschein" ist beschränkt auf den Betrag des entsprechenden Zusatzentgeltes.	
Vollzug des Rückscheins	Die empfangsberechtigte Person unterschreibt auf einem extra an der Sendung angebrachten Rückschein den Erhalt der Sendung. Der Rückschein wird dann postwendend an den Absender zurückgeschickt.	Der Rückschein wird vom Empfänger unterzeichnet.

▶ Ausfüllen eines Rückscheins

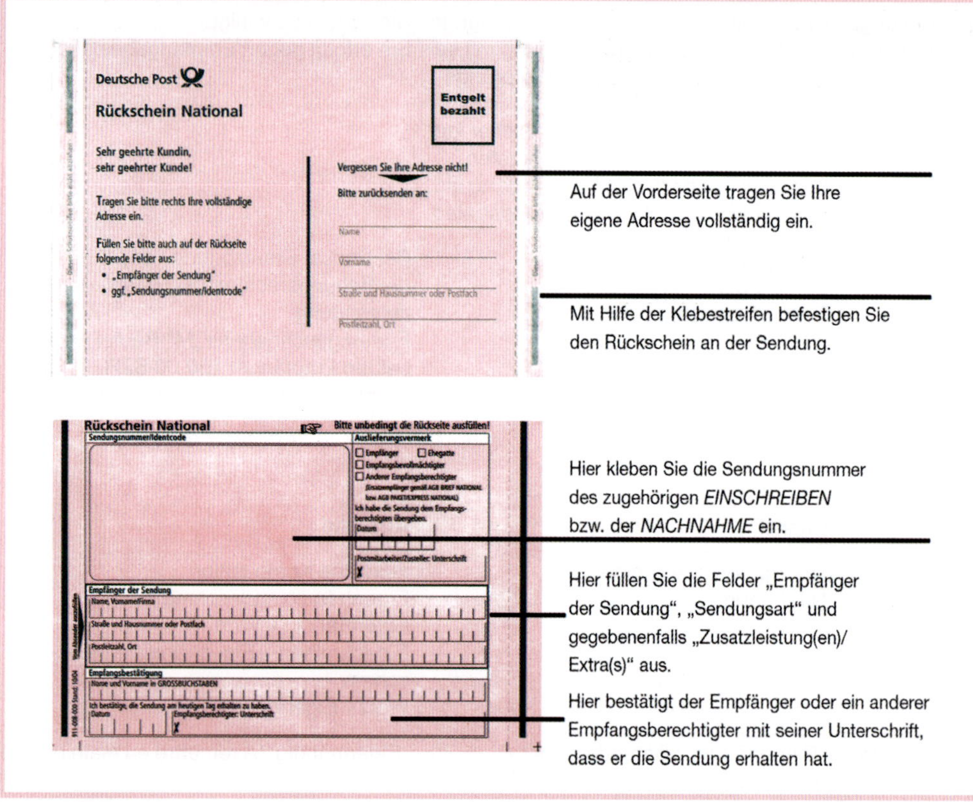

■ Nachnahme

	Inland	Ausland
Sendungsart	Sichere Lösung für den Versand kleiner Warensendungen oder Dokumente, die der Empfänger bei Lieferung bezahlen muss. (Kombination mit „Eigenhändig“ und/oder „Rückschein“ möglich)	Eingeschriebene Briefsendungen und Wertbriefe.
Einlieferung	• Als Schaltersendung gegen Einlieferungsbeleg. • Als Briefkastensendung; eine Einlieferungsbestätigung ist nicht möglich.	
Auslieferung	Erst nach Einziehung eines Nachnahmebetrages (bis zu 1 600,00 EUR); der um das Zahlscheinentgelt gekürzte Nachnahmebetrag wird nach Einzug durch die Post dem Girokonto des Auftraggebers gutgeschrieben.	Gegen Zahlung des auf der Sendung angegebenen Nachnahmebetrages oder des Gegenwertes in der Währung des Bestimmungslandes; der eingezogene Betrag wird auf einem Girokonto der Deutschen Postbank AG oder auf einem Postbank Girokonto im Bestimmungsland der Nachnahmesendung gutgeschrieben.

	Inland	Ausland
Bezeichnung	Die Sendung soll mit einem Barcode-Label gekennzeichnet werden, auf dem das für die zusätzliche Leistung vorgesehene Feld anzukreuzen ist. Der Nachnahmebetrag muss in der Aufschrift in arabischen Ziffern so eingetragen sein, dass er nachträglich nicht geändert werden kann.	Oberhalb der Empfängeraufschrift ist zu vermerken: • „Nachnahme/Remboursement" • Nachnahmebetrag in Ziffern und die abgekürzte Währungsbezeichnung • Nachnahmebetrag ohne Centbetrag in Buchstaben und die ausgeschriebene Währungsbezeichnung Ferner: • Name und Anschrift des Absenders der Nachnahmesendung • Der Vermerk „Zur Gutschrift auf Postbank Girokonto Nr. .... Postbank .... Kontoinhaber .... A porter au crédit du compte courant postal No. ...., de M. ....à .... tenu par le bureau de chèques de ...."

Beispiel: (Aufschrift gilt nicht für Nachnahme-Karten)

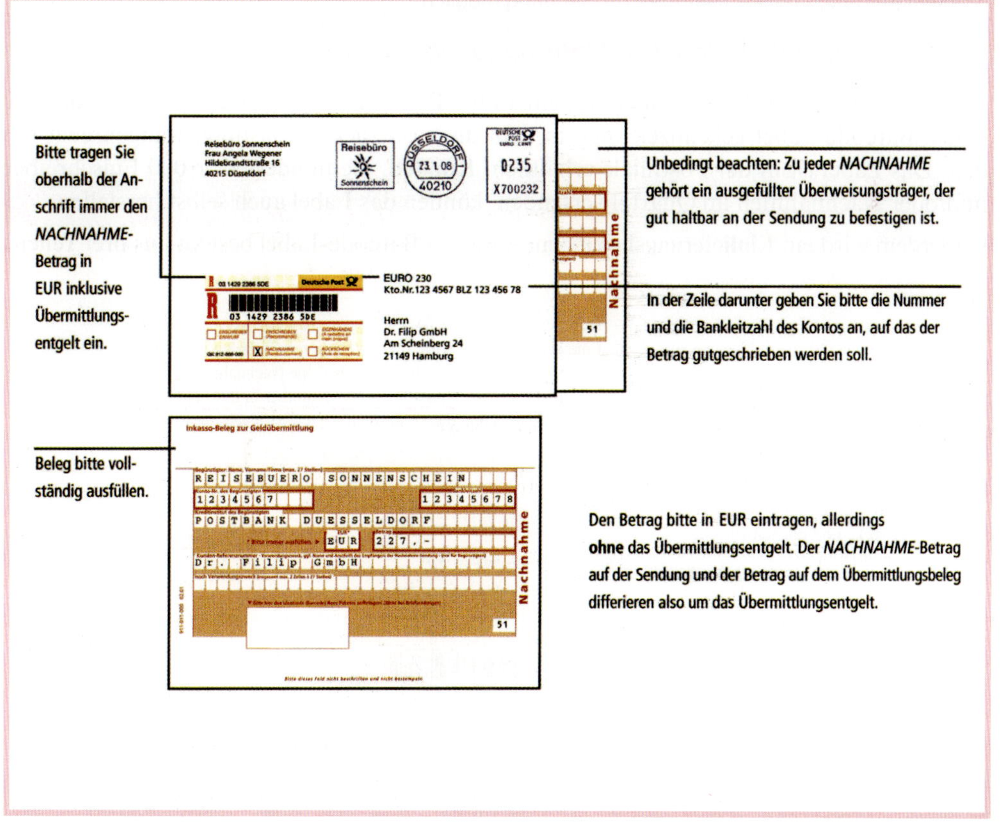

Beispiel: Inkasso-Beleg zur Geldübermittlung

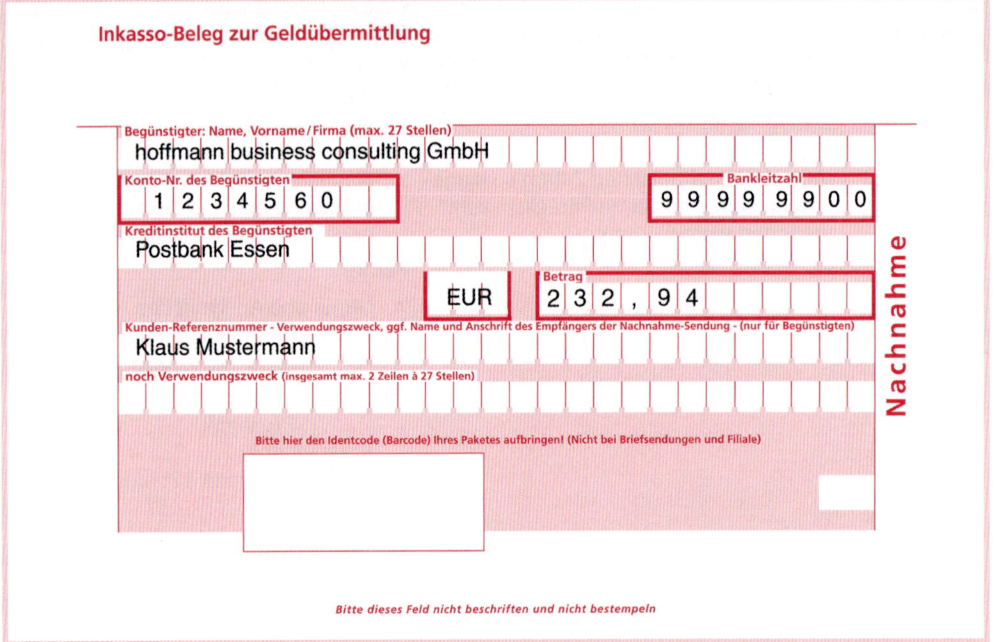
Inkasso-Beleg zur Geldübermittlung

Begünstigter: Name, Vorname/Firma (max. 27 Stellen)
hoffmann business consulting GmbH

Konto-Nr. des Begünstigten
1234560

Bankleitzahl
99999900

Kreditinstitut des Begünstigten
Postbank Essen

EUR

Betrag
232,94

Kunden-Referenznummer - Verwendungszweck, ggf. Name und Anschrift des Empfängers der Nachnahme-Sendung - (nur für Begünstigten)
Klaus Mustermann

noch Verwendungszweck (insgesamt max. 2 Zeilen à 27 Stellen)

Nachnahme

Bitte hier den Identcode (Barcode) Ihres Paketes aufbringen! (Nicht bei Briefsendungen und Filiale)

Bitte dieses Feld nicht beschriften und nicht bestempeln

Durch die Angabe des Identcodes auf dem Inkasso-Beleg ist eine eindeutigere und schnellere Zuordnung des Nachnahme-Betrages zur Sendung möglich.

► *Barcode-Label (National und International)*

Die Zusatzleistungen Einschreiben, Eigenhändig, Rückschein und Nachnahme werden mit einem Barcode-Label gekennzeichnet, in dem die zusätzlichen Leistungen angekreuzt werden. Das Label ist in der Postfiliale erhältlich. Kunden, die mindestens 6 000 Einschreiben und/oder Nachnahmen im Quartal versenden, können das Label auch selbst herstellen.

Außerdem wird ein **Einlieferungsbeleg** benötigt. Das Barcode-Label besteht aus drei Teilen:

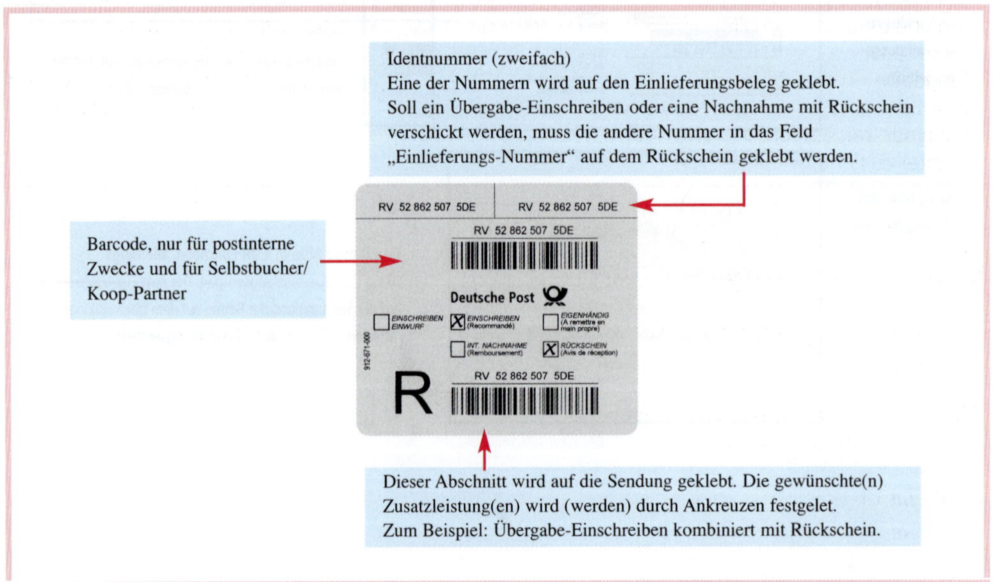

Auf dem Einlieferungsbeleg trägt der Einlieferer die Empfängerangaben ein und kreuzt dieselbe(n) Briefzusatzleistung(en) an wie auf dem/den Barcode-Label(s).

Um in Zweifelsfällen nachweisen zu können, wann und wie die betreffende Sendung zugestellt worden ist, kann der Versender bereits drei Tage nach Absendung des Briefes unter Angabe der Ident-Nummer einen Zustell-Check durchführen:

- Telefonische Auskunft: Call-Center Mannheim, Telefon 01805 290690
- Schriftlich: Nachforschungsauftrag (Formblätter sind in den Postfilialen erhältlich)

▶ *Eil International*

Diese Zusatzleistung sichert eine bevorzugte Behandlung im Zielgebiet; die Zustellung erfolgt auf schnellstem Wege. Innerhalb Europas ist die Sendung in der Regel zwei Werktage nach Einlieferung beim Empfänger. Die elektronische Sendungsverfolgung ist für bestimmte Länder möglich (siehe Kundeninformation: Leistungen und Preise).

▶ *Wert International*

Diese Zusatzleistung bietet für den internationalen Versand die Möglichkeit, für besonders wertvolle Gegenstände je nach Wert und abhängig vom Zielland eine höhere Haftung zu vereinbaren einschließlich einer exakten Dokumentation der Ein- und Auslieferung gegen Empfangsbestätigung.

Die maximale Wertangabe beträgt 25 000 EUR (für Valoren der Klasse I) bzw. 500 EUR (für Valoren der Klasse II), soweit für das Zielland keine anderen Wertgrenzen gelten. Der Versand ist nicht in alle Länder möglich. Je nach Zielland muss der Brief ggf. versiegelt werden. Informationen im Internet: www.deutschepost.de/global/mail/wert

■ *Anschriftenprüfung*

Inland	Ausland
Die Post kann auf Antrag die Richtigkeit von Anschriften prüfen und dem Antragsteller die Richtigkeit bestätigen, ggf. die zutreffende Anschrift mitteilen oder mitteilen, dass der Empfänger unbekannt ist bzw. nicht zu ermitteln ist. Der Antrag ist an den Zustell-/Ausgabestützpunkt am Bestimmungsort mit einer freigemachten Karte nach einem vorgegebenen Muster zu richten.	Für bestimmte Länder möglich, und zwar unter Verwendung eines Formblattes und bei gleichzeitiger Einreichung eines entsprechenden Internationalen Antwortscheins.

■ *Vorausverfügungen*

Es gibt vier Formulierungen für alle Sendungen und dazu eine Sonderregelung für Briefe und Postkarten.

Wird die Rücksendung der Sendungen an den Absender gewünscht, stehen unentgeltlich zwei Formulierungen zur Wahl:

- **Wenn Empfänger verzogen, zurück!**
- **Wenn unzustellbar, zurück!**

Soll die aktuelle Adresse des Empfängers mitgeteilt oder der Absender über die Unzustellbarkeit informiert werden, gibt es gegen Entgelt ebenfalls zwei Möglichkeiten:

- **Bei Umzug Anschriftenberichtigungskarte!**
- **Bei Unzustellbarkeit oder Mängeln in der Anschrift Anschriftenberichtigungskarte!**

Sonderregelung für Briefe und Postkarten: Hier kann zwischen zwei unentgeltlichen Vorausverfügungen gewählt werden:

- **Nicht nachsenden!**
- **Bei Umzug mit neuer Anschrift zurück!**

Wenn es sinnvoll ist, können die verschiedenen Vorausverfügungen auch kombiniert werden.

Beispiel: Ein Info-Brief trägt den Vermerk „Wenn unzustellbar, zurück! Bei Umzug Anschriftenberichtigungskarte!" Hat der Empfänger einen Nachsendeauftrag erteilt, so wird die Sendung an die neue Adresse weitergeleitet. Der Absender erhält jedoch gleichzeitig per Anschriftenberichtigungskarte eine Mitteilung über die neue Adresse.

Bei **internationalen Sendungen** müssen Vorausverfügungen in einer im Bestimmungsland bekannten Sprache vermerkt sein, z. B. in Französisch: „En cas de non-remise renvoyer à l'expéditeur", in Englisch: „If undeliverable return so sender." Unzustellbare Sendungen ohne einen solchen Rücksendevermerk werden von der Postgesellschaft des Bestimmungslandes nicht zurückgesandt.
Mieter sollen nach einem Umzug auch bei **privaten Postdiensten**, die im bisherigen Wohnumfeld etabliert sind, Nachsendeanträge stellen. Etliche Unternehmen oder Personen bedienen sich dieser Dienste, deren Sendungen oft rechtwirksame Inhalte haben können.

Bearbeitung und Transport von Briefsendungen

Automatische Briefverteilanlagen/Aufschrift

Die Bearbeitung der Briefsendungen seitens der Deutschen Post AG geschieht überwiegend mit automatischen Briefverteilungsanlagen. Damit diese Arbeit kostengünstig erfolgen kann, darf der Absender nur solche Sendungen einliefern, die sich zur Beförderung und Bearbeitung in dem vorhandenen Betriebssystem der Briefdienste der Post eignen. Wenn die Sendungen nicht den Vorschriften entsprechen, kann es zu einem Stillstand der Hochleistungstechnik kommen, der teure Handverteilung verursacht.

Die **Aufschrift** der Briefsendungen muss bestimmten Anforderungen entsprechen. Zur Aufschrift gehören die Anschrift und, soweit vorgeschrieben oder zulässig, die Bezeichnung der Sendungsart und die Angaben über zusätzliche Leistungen. Sie darf keine Zusätze enthalten, die die Bearbeitung der Sendung erschweren oder unmöglich machen.

Die **Anschrift** muss, von oben nach unten geordnet, linksbündig die Empfängerbezeichnung, die Zustellangaben (Straße und Hausnummer sowie eine ordnungsgemäße Zustellung erleichternde Angaben wie Stockwerk oder Wohnungsnummer) oder Abholangaben (Postfach mit Nummer, Postlagernd) und den Bestimmungsort mit vorangestellter Postleitzahl enthalten. Eine Ortsteilbezeichnung kann, wenn vorhanden/gewünscht, zwischen dem Ortsnamen und der Straßenbezeichnung angegeben werden.

Beispiele:

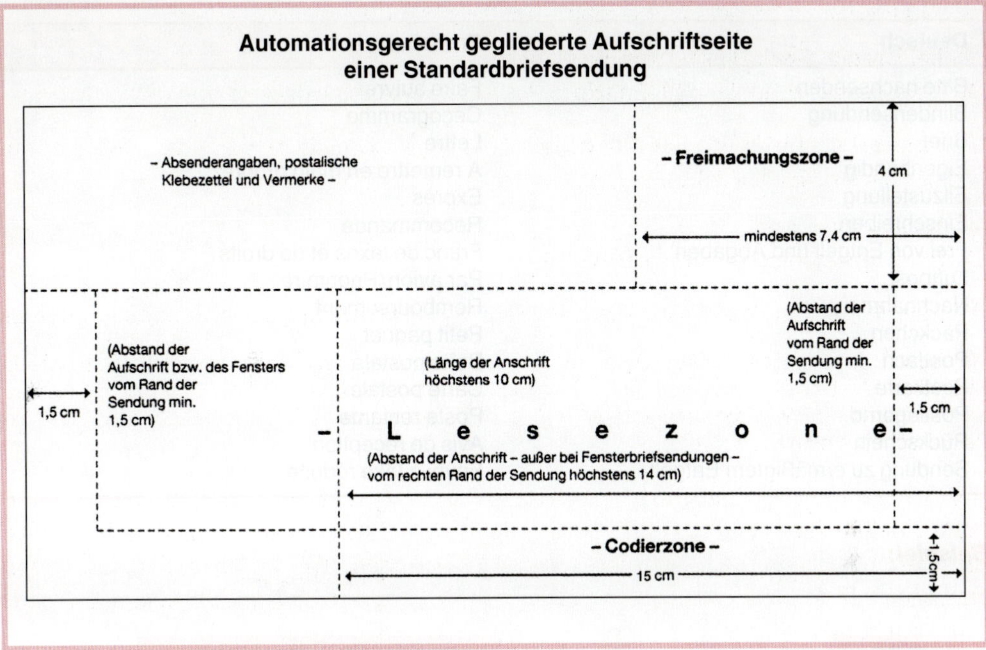

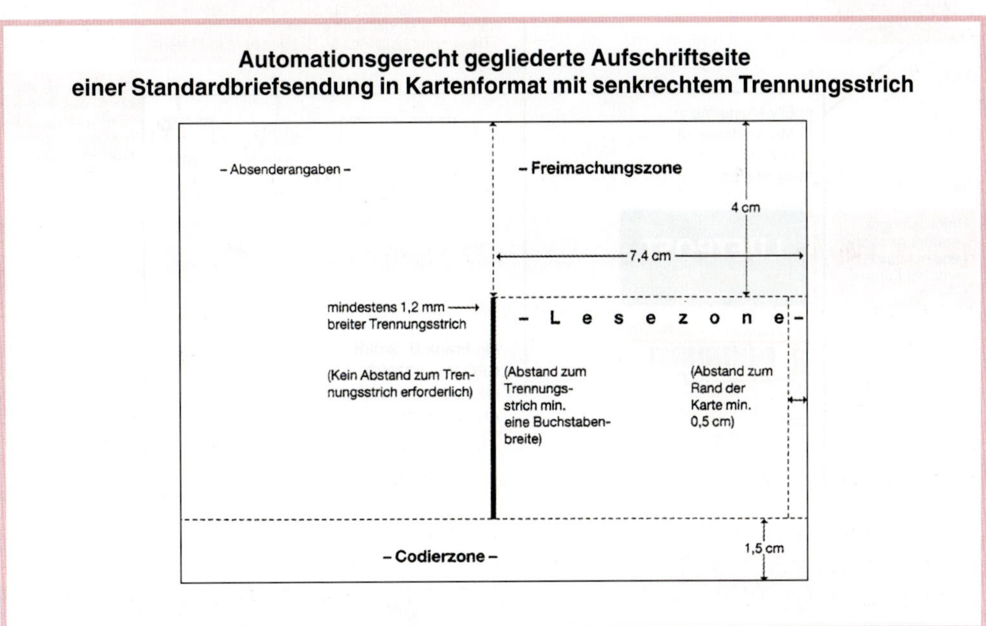

► *Aufschrift bei Sendungen ins Ausland*

Auf der Aufschriftseite sollte stets die Bezeichnung der Sendungsart und des gewünschten Sonderdienstes zweisprachig in deutscher und französischer oder einer anderen im Bestimmungsland bekannten Sprache angegeben werden (Französisch ist die internationale Postsprache).

Auswahl der üblichen Begriffe

Deutsch	Französisch
Bitte nachsenden	Faire suivre
Blindensendung	Cécogramme
Brief	Lettre
Eigenhändig	A remettre en main propre
Eilzustellung	Exprès
Einschreiben	Recommandé
Frei von Entgelt und Abgaben	Franc de taxes et de droits
Luftpost	Par avion/Prioritaire
Nachnahme	Remboursement
Päckchen	Petit paquet
Postfach	Boîte postale
Postkarte	Carte postale
Postlagernd	Poste restante
Rückschein	Avis de réception
Sendung zu ermäßigtem Entgelt	Envoi à taxe réduite

Beispiel:

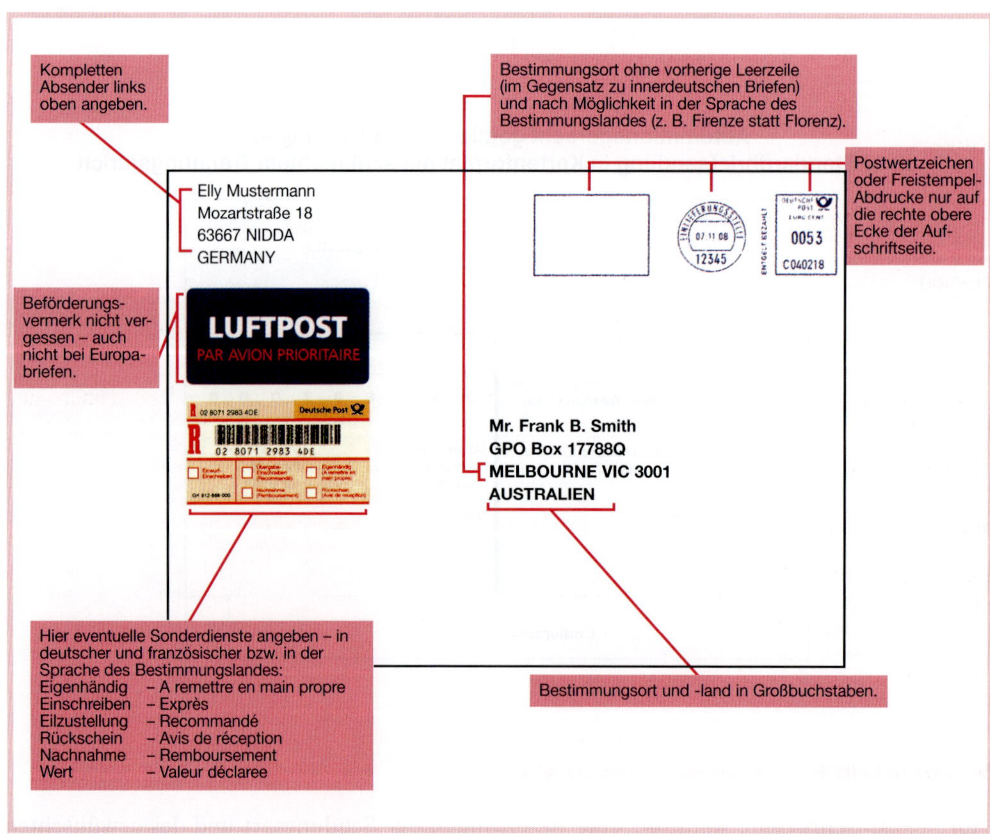

▶ Länderkürzel

In der Vergangenheit hatten sich 24 europäische Länder auf die Verwendung von Länderkürzeln verständigt. Da es kein international einheitliches System von Länderkürzeln gibt, kommt es nach Mitteilung der Post häufig zu Sortierfehlern. Einige Länder verwenden eine Kombination von Zahlen und Buchstaben als nationale Postleitzahl. Länderkürzel führen dann bei automatisierten Anschriften-Lesegeräten zu Problemen.

Die Deutsche Post empfiehlt daher, bei der Verwendung von Briefen und Postkarten ins Ausland auf das Länderkürzel zu verzichten und stattdessen das Bestimmungsland in Großbuchstaben auf Deutsch oder Französisch in der letzten Zeile der Anschrift anzugeben.

Beispiel:

falsch	richtig
B-1000 BRÜSSEL	1000 BRÜSSEL BELGIEN

▶ Postleitzahlen

Es gibt insgesamt 26 400 Postleitzahlen. Davon entfallen 8 200 auf die Zustellung, 16 500 auf Kunden mit Postfächern und rund 1 700 auf Großkunden, die durchschnittlich mehr als 2 000 Sendungen täglich bekommen.

Die Postleitzahl besteht aus fünf Ziffern und ermöglicht eine direkte Zuordnung über die Städte und Gemeinden hinaus bis zur Zustellung, zum Postfachschrank oder einem Großkunden.

Beispiel:

1.–2. Stelle	**3.–5. Stelle**
Region	Städte/Gemeinden und dort • Postfachschränke • Großkunden • Zustellung

Die Postleitzahlen beziehen sich u.a. auf Zustellbezirke. In größeren Städten ziehen sich lange Straßen meist durch mehrere Bezirke, sodass es zu verschiedenen Postleitzahlen kommen kann.

Beispiel: München

Dachauer Straße 145 PLZ 80335
Dachauer Straße 146 PLZ 80637
Dachauer Straße 148 PLZ 80992
Dachauer Straße 149 PLZ 80636

Unternehmen oder Privatpersonen mit Postfach haben zwei oder auch drei verschiedene Postleitzahlen, die sich bis auf die beiden Anfangsziffern unterscheiden können (Verwechslungsgefahren!).

Beispiel: SPIEGEL-Verlag Hamburg

Hausadresse:	PLZ 20457
Postfachadresse:	PLZ 20404
Großkunde:	PLZ 20454

Die Deutsche Post AG hat die Postleitzahlen für ihre Kunden „sprechend" gemacht.

Beispiel: PLZ 53125

Leitzone	5	
Leitregion	5 3	
Postleitzahl	5 3 1 2 5	

Versorgungsbereich
- eines Depots
- eines Briefzentrums
- einer Gruppe von Zustellbezirken

Drei Ziele sind möglich:

- Die erste Ziffer der Postleitzahl gibt die Leitzone an, die den Versorgungsbereich jeweils eines von insgesamt zehn Depots bezeichnet.
- Die ersten beiden Ziffern der Postleitzahl zusammen stehen für die Leitregion, den Versorgungsbereich jeweils eines von 83 Briefzentren.
- Die Postleitzahl insgesamt identifiziert jeweils den Versorgungsbereich einer Gruppe von Zustellbezirken.

Die 83 Briefregionen mit ihren Leitregionen (Stand: 1998)

BZ-Nr.	Niederlassung	Leit-region	BZ-Nr.	Niederlassung	Leit-region
01	Dresden	01	40	Düsseldorf	40
02	Bautzen	02	41	Mönchengladbach	41
03	Cottbus	03	42	Wuppertal	42
04	Leipzig	04	44	Dortmund	44
06	Halle	06	45	Essen	45
07	Gera	07	46	Duisburg	46/47
08	Zwickau	08	48	Münster	48
09	Chemnitz	09	49	Osnabrück	49
10	Berlin Zentrum	10	50	Köln West	50
12	Berlin Südost	12/15	51	Köln Ost	51
13	Berlin Nord	13/16	52	Aachen	52
14	Berlin Südwest	14	53	Bonn	53
17	Neubrandenburg	17	54	Trier	54
18	Rostock	18	55	Mainz	55
19	Schwerin	19	56	Koblenz	56
20	Hamburg Zentrum	20/22	57	Siegen	57
21	Hamburg Süd	21	58	Hagen	58
23	Lübeck	23	59	Hamm	59
24	Kiel	24	60	Frankfurt a. M.	60/61
25	Elmshorn	25	63	Offenbach	63
26	Oldenburg	26	64	Darmstadt	64
28	Bremen	27/28	65	Wiesbaden	65
29	Celle	29	66	Saarbrücken	66
30	Hannover	30/31	67	Ludwigshafen	67
32	Herford	32/33	68	Mannheim	68/69
34	Kassel	34	70	Stuttgart	70/71
35	Gießen	35	72	Reutlingen	72
36	Fulda	36	73	Göppingen	73
37	Göttingen	37	74	Heilbronn	74
38	Braunschweig	38	75	Pforzheim	75
39	Magdeburg	39	76	Karlsruhe	76

BZ-Nr.	Niederlassung	Leit-region
77	Offenburg	67
78	Villingen-Schwenningen	78
79	Freiburg	79
80	München	80/81
82	Starnberg	82
83	Rosenheim	83
84	Landshut	84
85	Freising	85
86	Augsburg	86
87	Kempten	87
88	Ravensburg	88

BZ-Nr.	Niederlassung	Leit-region
89	Ulm	89
90	Nürnberg	90
92	Amberg	92
93	Regensburg	93
94	Straubing	94
95	Bayreuth	95
96	Bamberg	96
97	Würzburg	97
98	Suhl	98
99	Erfurt	99

Kernwissen

- Jedes Unternehmen muss die Dienste der Deutschen Post DHL in Anspruch nehmen. Voraussetzung für einen wirtschaftlichen und reibungslosen Arbeitsablauf ist die Kenntnis der wichtigsten Arten der Briefsendungen und der besonderen Versendungsformen/zusätzlichen Leistungen.
- Durch Beachtung der **zusätzlichen Leistungen** kann mehr **Sicherheit** und größere **Schnelligkeit** bei der Übermittlung erreicht werden.

- **Sicherheit**
  - Übergabe-Einschreiben
  - kombiniert mit
    - Eigenhändig
    - Rückschein
- **Schnelligkeit**
  - Expresszustellung
  - Luftpost

Zur Vertiefung

1 Für die Aufschrift eines Briefes gibt es bestimmte Regeln zum Inhalt und zur Anordnung. Nennen Sie diese!

2 Die Versendungsform „Einschreiben" signalisiert, dass es sich um eine wichtige oder eilig zu behandelnde Sendung handelt. Wird die Sendung wirklich bevorzugt behandelt? Nehmen Sie kritisch Stellung!

3 Wichtige Erklärungen (z. B. Kündigungen, Rücktritte von Verträgen, Anmeldung von Ansprüchen, Nennung von Fristen usw.) werden in der Regel erst wirksam, wenn sie eingegangen sind. Welche Versendungsform wählen Sie für solche Schriftstücke?

4 Was ist eine Vorausverfügung?

5 Grundlage für das Berechnen der Entgelte ist das Service-Informationsheft „Leistungen und Preise". Folgende Entgelte müssen Ihnen vertraut sein: Entgelte für Briefsendungen, für besondere Versendungsformen und sonstige Entgelte. Berechnen Sie auf der Basis der aktuellen Entgelte die Kosten für folgende Sendungen:

a) Brief, 800 g, Übergabe-Einschreiben
b) Großbrief 200 g, Übergabe-Einschreiben, Eigenhändig
c) Blindensendung, 1 kg, Übergabe-Einschreiben
d) Standardbrief, Rückschein
e) Kompaktbrief, Nachnahme

6 Ihr Chef möchte 60 ausgewählten Kunden ein neues Produkt präsentieren. Die Einladungen hierzu sind inhalts-, formats- und gewichtsgleich. Welche Versendungsform wählen Sie?

2.1.4 Paket-, Express- und Logistikdienste – National und International

Es gibt die Dienste
- der deutschen Post DHL und
- der privaten Anbieter.

Die Deutsche Bahn ist nur noch für Wagenladungen zuständig.

2.1.4.1 Deutsche Post DHL

Im März 2009 wurde der Konzernname von Deutsche Post World Net in Deutsche Post DHL geändert und unter der Marke DHL das gesamte Express- und Logistikgeschäft gebündelt. Grundlage der vertraglichen Rechtbeziehungen zwischen der Deutschen Post AG und ihren Kunden sind die Allgemeinen Geschäftsbedingungen (AGB Paket/Express National und International). Im internationalen Verkehr ist der Weltpostvertrag zu beachten.

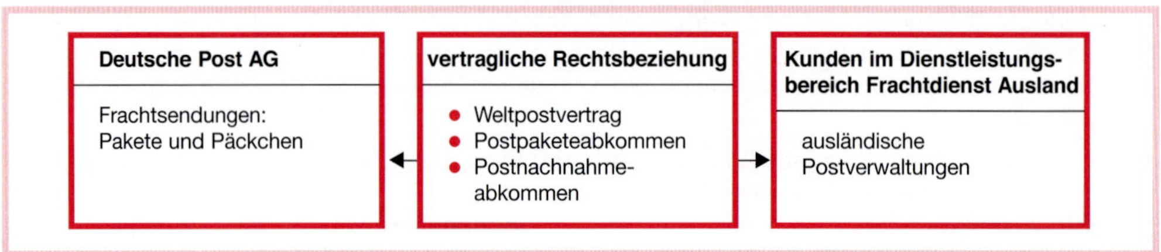

Während DHL weltweit hauptsächlich Geschäftskunden hat, also die internationale Reichweite eine große Rolle spielt, stehen in Deutschland sowohl Geschäfts- als auch Privatkunden im Mittelpunkt. Für Privatkunden geht es in erster Linie um die Paketzustellung nach Hause.

Die Produkte auf einen Blick (gültig ab 01.01.2010):

DHL PAKET			Deutschland	EU[1)]	Rest Europa[2)]	Welt 1[3)]	Welt 2[4)]
DHL PÄCKCHEN	Höchstmaße National: 60 × 30 × 15 cm Internat.: L + B + H = 90 cm (keine Seite länger als 60 cm)	Gewicht bis 2 kg	×	×	×	×	×
Services	Premium*		–	×	×	×	×
DHL PAKET**	Höchstmaße: 120 × 60 × 60 cm	Gewicht bis 5 kg	×	×	×	×	×
		bis 10 kg	×	×	×	×	×
		bis 20 kg	×	×	×	×	×
		bis 31,5 kg	×	×***	–	–	–
Services	Nachnahme[5)]		×[6)]	×[6)]	×[6)]	×[6)]	×[6)]
	Unfrei (inkl. Beförderungsentgelt pauschal bis 20 kg)		×	–	–	–	–
	Sperrgut[7)]		×	×	×	×	×
	Premium*	Gewicht bis 5 kg	–	×	×	×	×
		bis 10 kg	–	×	×	×	×
		bis 20 kg	–	×	×	×	×
		bis 31,5 kg	–	×***	–	–	–

DHL EXPRESS			Zustellung am folgenden Werktag	Mo–Fr	vor 12.00 Uhr	vor 10.00 Uhr	vor 9.00 Uhr
DHL EXPRESS BRIEF NATIONAL	Höchstmaße: 353 × 250 × 50 mm	Gewicht bis 50 g	×	×	×	×	×
		bis 1 000 g	×	×	×	×	×
		bis 2 000 g	×	×	×	×	×
DHL EXPRESS PAKET NATIONAL	Höchstmaße: 120 × 60 × 60 cm	Gewicht bis 10 kg	×	×	×	×	×
		bis 20 kg	×	×	×	×	×
Services	Samstagszustellung/Sonn- und Feiertagszustellung				+10,00 EUR/+49,50 EUR		
	Geld-zurück-Garantie****				0,00 EUR		

			EU[1]	Rest Europa[2)8)] Kanada, Mexiko, USA[8)]	Welt[3)8)]
DHL EXPRESS INTERNATIONAL	Höchstmaße: Länge max. 150 cm, Gurtmaß max. 300 cm (Gurtmaß = Länge + 2 × Breite + 2 × Höhe)	Gewicht bis 200 g	×	×	×
		bis 750 g	×	×	×
		bis 4 kg	×	×	×
		bis 8 kg	×	×	×
		bis 12 kg	×	×	×
		bis 20 kg	×	×	×
Services	Transportversicherung bis 2 500 EUR/bis 25 000 EUR			+3,50 EUR/+15,00 EUR	

* Der Service Premium umfasst eine schnellere Beförderung der Päckchen und Pakete ins Ausland; DHL PAKETE mit dem Service Premium sind zusätzlich bis zu 500 EUR je Paket versichert

** Bei jedem DHL PAKET, das über www.dhl.de/onlinefrankierung, an der DHL PACKSTATION, über *STAMPIT* oder *INTERNETMARKE* frankiert wird, sparen Sie 1,00 EUR gegenüber den aufgeführten Filialpreisen

*** Inkl. gesetzlicher Mehrwertsteuer

**** Mit Geld-zurück-Garantie gemäß aktuell gültigen „Bedingungen für die Geld-zurück-Garantie bei nationalen Express-Sendungen" erstatten wir Ihnen bei Verspätung ohne Nachweis eines Schadens auf Antrag die Transportkosten (Basispreis und ggf. Zuschlag für Zeitoption

1) EU: Belgien, Bulgarien, Dänemark (außer Färöer, Grönland), Estland, Finnland (außer Ålandinseln), Frankreich (inkl. Monaco; außer überseeische Gebiete und Departements), Griechenland (außer Berg Athos), Großbritannien (außer Kanalinseln), Irland, Italien (außer Livigno und Campione d'Italia), Lettland, Litauen, Luxemburg, Malta, Niederlande (außer außereuropäische Gebiete), Österreich, Polen, Portugal, Rumänien, Schweden, Slowakei, Slowenien, Spanien (außer Kanarische Inseln, Ceuta und Melilla), Tschechische Republik, Ungarn, Zypern (Rep., außer Nordteil); für DHL EXPRESS gelten teilweise abweichende Zonen

2) Rest Europa: Albanien, Andorra, Armenien, Aserbaidschan, Belarus (Weißrussland), Bosnien und Herzegowina, Färöer (DK), Georgien, Gibraltar, Grönland, Island, Kanalinseln (UK), Kanarische Inseln, Kasachstan, Kosovo, Kroatien, Liechtenstein, Mazedonien, Montenegro, Norwegen, Republik Moldau, Russische Föderation, San Marino, Schweiz, Serbien, Türkei, Ukraine, Vatikanstadt, Zypern (Rep., Nordteil); für DHL EXPRESS gelten teilweise abweichende Zonen

3) Welt 1 für DHL PAKETE: Nordamerika, Nordafrika, Naher Osten; Welt für DHL EXPRESS: Für den Express-Versand gelten teilweise abweichende Zonen

4) Welt 2 für DHL PAKET: Lateinamerika, Asien, Mittel- und Südafrika, Australien, Ozeanien

5) Plus Übermittlungsentgelt, welches bei der Überweisung des Nachnahmebetrags einbehalten wird. Nicht in alle Länder zugelassen.

6) Bei Paketen über 20 kg ist der Service Nachnahme mehrwertsteuerpflichtig

7) Im nationalen Versand gelten besondere Auslieferungsbestimmungen. Nicht in alle Länder zugelassen.

8) Nur für den Dokumentenversand

Auf Wunsch darüber hinaus erhältliche Services (nicht bei allen Produkten und Ländern möglich); z. B. Rolle, Rückschein, Transportversicherung, Wert International, Eigenhändig, Zustellung gegen Unterschrift, Vorausverfügung

Weitere Informationen erfragen Sie bitte am Schalter oder entnehmen Sie bitte unserem Produkt- und Preisverzeichnis „Leistungen und Preise", das Ihnen auch zum kostenlosen Download unter www.deutschepost.de/preise zur Verfügung steht.

Es gelten die Allgemeinen Geschäftsbedingungen der Deutschen Post für den Bereich BRIEF sowie die Allgemeinen Geschäftsbedingungen von DHL für die Bereiche PAKET und EXPRESS. Der Versand bestimmter hochwertiger Güter (z. B. leicht übertragbare Wertpapiere, Bargeld, Edelmetalle) von mehr als 500,00 EUR Wert pro Packstück in Paketen und Express-Sendungen ist ausgeschlossen. In Briefen ist dies ohne Rücksicht auf eine Wertgrenze unzulässig. Die Deutsche Post schließt keinen Beförderungsvertrag über solche Sendungen; Mitarbeiter sind angehalten, derartige Sendungen ausnahmslos zurückzuweisen. Haftung und Versicherung sind ausgeschlossen, sollten Sie Sendungen unter Verstoß gegen diese Bestimmungen einliefern. Näheres regeln die Allgemeinen Geschäftsbedingungen sowie eine Übersicht, die in den Filialen und Agenturen eingesehen werden können. Für DHL Express National gelten die AGB Paket/Express National in ihrer jeweils aktuellen Fassung. Für DHL Express International – ein Produkt der DHL Express Germany GmbH – gelten die Allgemeinen Transportbedingungen DHL Worldwide Express in ihrer jeweils aktuellen Fassung.

Bei **DHL Paket** entscheidet der Kunde, auf welchem Weg er seine Sendungen auf die Reise schicken will. In den Filialen, im Internet und an den DHL-Packstationen bietet der Logistiker dafür verschiedene Serviceleistungen für den nationalen und internationalen Versand an. In den Filialen können alle nationalen Sendungen und Sendungen in die EU-Länder bis 31,5 Kilogramm und internationale Sendungen bis 20 Kilogramm eingeliefert werden.

PC-Anwender mit Internetzugang können die komplette Versandvorbereitung zu Hause erledigen. Die Internetseite www.dhl.de/onlinefrankierung führt mit wenigen Mausklicks zum fertigen Paketschein. Online frankierte Sendungen können in den Postfilialen, über eine DHL-Paketbox oder eine DHL-Packstation abgegeben werden. Die DHL-Packstation ist der Selbstbedienungspaketschalter mit 24-Stunden-Service. Die Paket- und Päckchenmarken können bargeldlos (EC- oder Geldkarte) an der Packstation gekauft werden und sind wie bei der Onlinefrankierung einen Euro günstiger als in den Filialen. Registrierte Packstation-Kunden können sich für sie bestimmte Sendungen an eine der Packstationen liefern lassen. Die Benachrichtigung des Empfängers erfolgt per SMS oder E-Mail.

DHL Express gewährleistet die schnellstmögliche Zustellung von Sendungen.

- Die Produktpalette **DHL Paket** umfasst
  - DHL Päckchen mit den Services Premium, Nachsendeservice, Vorausverfügung;
  - DHL Paket mit den Services Nachnahme, Unfrei, Sperrgut, Premium, Wert International, Transportversicherung (National) Rückschein, Nachsendeservice, Vorausverfügung.

  DHL Päckchen: Höchstgewicht 2 kg. Das DHL Päckchen Premium wird stets auf dem schnellsten Weg ohne Haftung und Versicherung ins Ausland befördert.

  DHL Pakete sind verpackte und adressierte Güter bis 31,5 kg. Haftung beim nationalen Versand bis 500,00 EUR, im internationalen Versand richtet sich die Haftung nach dem Weltpostvertrag.

  Der Service Premium ist nur im internationalen Versand möglich. Beim häufigen Versand von Paketen lassen sich die Kosten durch die Verwendung von Paketmarken reduzieren.

  Der Versand von Paketen und Päckchen ins Ausland unterliegt den Ausfuhr- bzw. Einfuhrbestimmungen und Zollvorschriften sowie den gesetzlichen und betrieblichen Regelungen der beteiligten Länder.

- Die Produktpalette **DHL Express** umfasst

  – **DHL Express National** – Express Brief – Express Paket
  mit den Services Samstags-, Sonn- und Feiertagszustellung, Eigenhändig, Rückschein, Zustellung gegen Unterschrift, Transportversicherung.

  – **DHL Express International**
  mit den Services Transportversicherung, DHL Ship Now. Mit DHL Ship Now kann der internationale Express-Versand über das Internet abgewickelt werden.

  Innerhalb Deutschlands und in die EU-Länder brauchen Kunden jetzt nur noch einen einheitlichen Versandschein für Päckchen und Pakete. Die Freimachung erfolgt mit Briefmarken (für Päckchen) oder mit DHL-Paket- und –Servicemarken. Weitere Formulare müssen nicht mehr ausgefüllt werden. Über www.dhl.de/onlinefrankierung freigemachte Auslandspakete sind einen Euro preiswerter als die Freimachung in einer Postfiliale.

DHL Paket und Päckchen Deutschland + EU

DHL

Absender / Expéditeur

Postleitzahl | Ort

Deutschland / Allemagne

Empfänger / Destinataire

Tel. (nur bei EU-Versand oder Sperrgut)

Straße und Hausnummer (deutschlandweit kein Postfach)

Postleitzahl | Ort

Bestimmungsland / Pays de destination

(96)993017

912-685-000 01/10

Bitte hier frankieren mit:
Paketmarken (für Pakete)
Briefmarken (für Päckchen)

Zulässige Maße und Gewichte: siehe Rückseite.

Die DHL PAKETMARKE EU ist für den Versand in folgende Länder gültig: Belgien, Bulgarien, Dänemark (außer Färöer, Grönland), Estland, Finnland (außer Ålandinseln), Frankreich inkl. Monaco (außer überseeische Gebiete und Departements), Griechenland (außer Berg Athos), Großbritannien (außer Kanalinseln), Irland, Italien (außer Livigno und Campione d'Italia), Lettland, Litauen, Luxemburg, Malta, Niederlande (außer außereuropäische Gebiete), Österreich, Polen, Portugal, Rumänien, Schweden, Slowakei, Slowenien, Spanien (außer Kanarische Inseln, Ceuta, Melilla), Tschechische Republik, Ungarn, Zypern (außer Nordteil)

Wünschen Sie zusätzliche Services? Bitte hier Servicemarken aufkleben.

Weitere Informationen: siehe Rückseite.

Auftragnehmer (Frachtführer) ist die Deutsche Post AG. Es gelten für Päckchen die AGB BRIEF NATIONAL bzw. INTERNATIONAL und für Pakete die AGB DHL PAKET / EXPRESS NATIONAL bzw. PAKET INTERNATIONAL in der jeweils zum Zeitpunkt der Einlieferung gültigen Fassung. Der Absender versichert, dass keine danach ausgeschlossenen Güter in der von ihm eingelieferten Sendung enthalten sind.

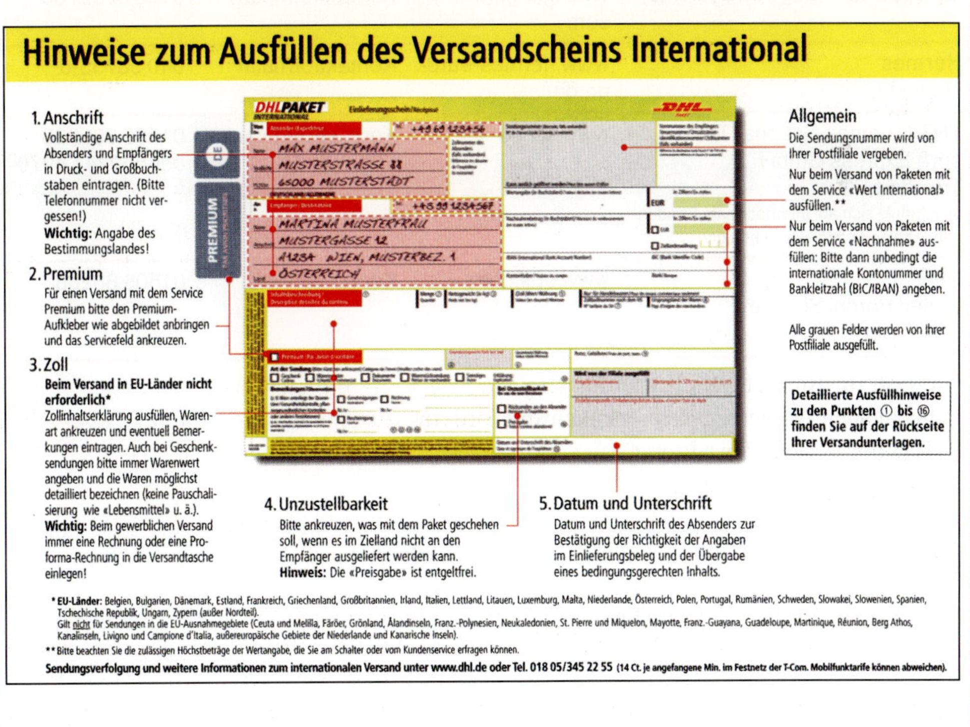

Hinweise zum Ausfüllen des Versandscheins International

1. Anschrift

Vollständige Anschrift des Absenders und Empfängers in Druck- und Großbuchstaben eintragen. (Bitte Telefonnummer nicht vergessen!)
Wichtig: Angabe des Bestimmungslandes!

2. Premium

Für einen Versand mit dem Service Premium bitte den Premium-Aufkleber wie abgebildet anbringen und das Servicefeld ankreuzen.

3. Zoll

Beim Versand in EU-Länder nicht erforderlich*
Zollinhaltserklärung ausfüllen, Warenart ankreuzen und eventuell Bemerkungen eintragen. Auch bei Geschenksendungen bitte immer Warenwert angeben und die Waren möglichst detailliert bezeichnen (keine Pauschalisierung wie «Lebensmittel» u. ä.).
Wichtig: Beim gewerblichen Versand immer eine Rechnung oder eine Pro-forma-Rechnung in die Versandtasche einlegen!

4. Unzustellbarkeit

Bitte ankreuzen, was mit dem Paket geschehen soll, wenn es im Zielland nicht an den Empfänger ausgeliefert werden kann.
Hinweis: Die «Preisgabe» ist entgeltfrei.

5. Datum und Unterschrift

Datum und Unterschrift des Absenders zur Bestätigung der Richtigkeit der Angaben im Einlieferungsbeleg und der Übergabe eines bedingungsgerechten Inhalts.

Allgemein

Die Sendungsnummer wird von Ihrer Postfiliale vergeben.

Nur beim Versand von Paketen mit dem Service «Wert International» ausfüllen.**

Nur beim Versand von Paketen mit dem Service «Nachnahme» ausfüllen: Bitte dann unbedingt die internationale Kontonummer und Bankleitzahl (BIC/IBAN) angeben.

Alle grauen Felder werden von Ihrer Postfiliale ausgefüllt.

Detaillierte Ausfüllhinweise zu den Punkten ① bis ⑯ finden Sie auf der Rückseite Ihrer Versandunterlagen.

* **EU-Länder:** Belgien, Bulgarien, Dänemark, Estland, Frankreich, Griechenland, Großbritannien, Irland, Italien, Lettland, Litauen, Luxemburg, Malta, Niederlande, Österreich, Polen, Portugal, Rumänien, Schweden, Slowakei, Slowenien, Spanien, Tschechische Republik, Ungarn, Zypern (außer Nordteil).
Gilt nicht für Sendungen in die EU-Ausnahmegebiete (Ceuta und Melilla, Färöer, Grönland, Ålandinseln, Franz.-Polynesien, Neukaledonien, St. Pierre und Miquelon, Mayotte, Franz.-Guayana, Guadeloupe, Martinique, Réunion, Berg Athos, Kanalinseln, Livigno und Campione d'Italia, außereuropäische Gebiete der Niederlande und Kanarische Inseln).

** Bitte beachten Sie die zulässigen Höchstbeträge der Wertangabe, die Sie am Schalter oder vom Kundenservice erfragen können.

Sendungsverfolgung und weitere Informationen zum internationalen Versand unter www.dhl.de oder Tel. 018 05/345 22 55 (14 Ct. je angefangene Min. im Festnetz der T-Com. Mobilfunktarife können abweichen).

2.1.4.2 Weitere Logistik- und Frachtdienste (Auswahl)

Tempo, Internet und hohe Preise prägen die moderne Paketzustellulng durch die großen Express-Dienstleister. Um einen Überblick in dem Preis- und Dienstleistungsdschungel zu bekommen, helfen die Internet-Rechner der Anbieter und Tarifrechner, z. B. www.monetenfuchs.de oder der „Preise-Zeiten-Rechner" unter www.dhl.de.

Die größten Kurierdienst-Anbieter im Überblick

Anbieter	Internet	E-Mail	Telefon
DSV Solutions Road GmbH Willich	www.dsv.com	Kontaktformular auf der Homepage	02154 95440
DHL/Post Worldwide Express Frankfurt	www.deutsche-post.de www.dhl.de	Kontaktformular auf der Homepage	01805 3452255
DPD (Dynamic Parcel Distribution) Aschaffenburg	www.dpd.com/de	com@dpd.com oder Kontaktformular	06021 843-0
FedEx Federal Express Europe Kelsterbach	www.fedex.com/de	Kontaktformular	0800 1230800
GLS (General Logistic Systems)	www.gls-germany.com	Kontaktformular	0180 5252700
Hermes Hamburg	www.hermes-europe.de	Kontaktformular	040 53755-0
TNT (Thomas National Transport) Express GmbH Troisdorf beschränkt sich auf internationale Sendungen, ist binnenländisch nicht aktiv	www.tnt.de	Kontaktformular	01805 900900 oder 02241 4970
UPS United Parcel Service Oberursel	www.ups.com	Kontaktformular	01805 882663

Hinweise zur Auswahl des Kurierdienstes:

- bei kleinen Anbietern Referenznachweis fordern
- Telefonauskunft über Preise
- Door-to-Door-Transport
- Mengenrabatte
- Haftung bei Nichteinhalten der garantierten Lieferzeit
- Haftung bei Verlust

Die Fragestellungen/Punkte sollten vor der Auftragserteilung an einen Kurierdienst geklärt sein.

Kernwissen

- Es gibt den Frachtdienst
  - der DHL
  - anderer Anbieter
- Die Marke DHL umfasst seit dem 1. April 2003 das gesamte Express- und Logistikgeschäft im Konzern Deutsche Post DHL. Dazu zählt das Kurier- und Expressgeschäft (bisher DHL), das Paketgeschäft (bisher Euro Express) sowie die Logistik (bisher Danzas). Durch die Zusammenführung können Kunden eine größere Auswahl an Produkten und Dienstleistungen aus einer Hand nutzen und von einheitlichen Qualitätsstandards profitieren.

  Besonderheiten:
  - Die Tarifierung für den nationalen Paketversand ist entferungsunabhängig.
  - Großversender können mit günstigen Kilo-Tarifen sparen; Vorleistungen (Vorsortieren, Einsatz von computerlesbaren Etiketten) werden honoriert.
- **Frachtdienst anderer Privatanbieter**
  - Veränderungen im Umfeld der Post durch nationale und internationale Marktliberalisierung beobachten!
  - Vor der Auftragserteilung Leistungen der Anbieter vergleichen!

2.1.5 Netzbasierte Medien (ePost Classic, Projekt Onlinebrief)

ePOST Classic

Mit der seit dem 1. Februar 1994 eingerichteten Dienstleistung ePOST ist die Deutsche Post AG in den Markt der computerunterstützten Dienste eingestiegen. ePOST kombiniert die elektronische Einlieferung und den elektronischen Transport von Nachrichten mit dem empfängernahen Ausdruck und der Auslieferung durch den traditionellen Briefdienst.

Das Prinzip: Der Kunde kann schriftliche Nachrichten aller Art auf elektronischem Wege mit Datenfernübertragung oder Datenträgern an die ihm nächstgelegene ePOST-Station übermitteln. Von dort werden sie zu einer Station weitergeleitet, ausgedruckt, kuvertiert und an den Empfänger ausgeliefert.

Beispiel:

1. Die Firma COMPUTEACH COESFELD will einem größeren Kundenkreis regelmäßig über ePOST ihre Serviceleistungen vorstellen.
2. COMPUTEACH schließt mit der Deutschen Post AG einen Vertrag, in dem die Menge der Nachrichten und der Zeitpunkt ihrer Übermittlung festgelegt werden.
3. COMPUTEACH erfasst die Informationen auf dem eigenen Computer, schickt diesen Text online (Telefon/Modem, ISDN, Datex-P) oder offline (Diskette/Magnetband) an eine ePOST-Station des Postdienstes.
4. Diese (noch codierten) Informationen werden über Fernmeldeleitungen an die **empfänger**nahen ePOST-Stationen weitervermittelt und dort erst ausgedruckt. Die Informationen können auf beliebigen Formblättern des Kunden, die vorher einmalig elektronisch gespeichert worden sind, mit Firmenlogo oder Unterschriftsfaksimile versehen wiedergegeben werden.

5. Anschließend werden die Sendungen auf kürzestem Weg als Briefe oder als Infopost weiterbefördert und per Briefdienst an die Empfänger ausgeliefert.

Vorteile für den Kunden: Der ePOST-Kunde verringert die Personalkosten im eigenen Unternehmen und kann sich überwiegend auf das Kerngeschäft konzentrieren, denn er hat folgende Vorteile:

- Fast die gesamte Geschäftskorrespondenz – Druck, Kuvertierung, Freimachung, Transport und Zustellung – kann ausgelagert werden.
- Wegfall von Investitionskosten für eigene Druck- und Kuvertierungstechnik
- Durch die elektronische Speicherung der unternehmensüblichen Formblätter kann die Lagerhaltung drastisch reduziert werden.
- Der Kunde kann eigene Briefköpfe, Logos und Grafiken bei ePOST speichern lassen. Sie werden bei einer Einlieferung des Kunden DV-gesteuert den Daten hinzugefügt und mit ihnen ausgedruckt.
- Optimierte Nutzung der Informationsverarbeitung und Telekommunikation. Dadurch Zeitersparnis, weil ePOST die Vorbereitungsarbeiten für den Postversand erspart. Der Weg zum Postamt entfällt.

► *Sendungsarten*

Die Sendungen werden in neutralen Fensterbriefhüllen (234 × 114 mm) kuvertiert. Die Briefhüllen tragen unterschiedliche Freimachungsvermerke.

- Briefdienst Inland und Ausland
  Brief
  - Standardbrief (1 – 3 Blatt)
  - Kompaktbrief (4 – 6 Blatt)
- Infopost (nur Inland)
  - Infopost-Standard (1 – 3 Blatt)

Freimachung ePOST
PORT PAYE
DBP POSTDIENST

Freimachung ePOST
Entgelt bezahlt
PORT PAYÉ

► *Einlieferung*

Die Einlieferung von Nachrichten kann per Datenfernübertragung rund um die Uhr erfolgen; bei der Einlieferung mittels Datenträger wird dem Kunden eine bestimmte Dienststelle genannt, die grundsätzlich von frühmorgens bis spätabends geöffnet ist.

► *Sendungen in das Ausland*

Der mit ePOST produzierte Brief kann auch an Empfänger im Ausland gerichtet sein, die Infopostsendung hingegen kann nur im Inland versandt werden.

Die Sendungen werden auf dem schnellsten Beförderungsweg, im Allgemeinen mit Luftpost, über den Briefdienst weitergeleitet.

► *Abrechnung*

Die Abrechnung im ePOST-Dienst über Leistungen und Entgelte erfolgt für alle Kunden einmal monatlich durch das Regionale Buchungszentrum (RBZ).

► *Nutzer des ePOST-Dienstes*

Der ePOST-Dienst wird besonders von Branchen genutzt, die wiederkehrende Sendungen wie Rechnungen, Kontoauszüge, Mahnungen oder Rundschreiben in großen Mengen verschicken oder die Sendungsproduktion künftig außer Haus planen. Hauptnutzer sind zurzeit Industriefirmen, Versicherungen, Energieversorger und Banken. Im Vordergrund des Interesses dieser Kunden steht nicht so sehr die Zeitersparnis, sondern die Kostenseite.

Onlinebrief (elektronischer Brief)

Es handelt sich um ein netzbasiertes Medium, das sich zurzeit noch in der Erprobungsphase befindet. Zielsetzung ist es, einen zuverlässigen und sicheren Weg der Informationsübermittlung für Daten im Internet zu ermöglichen, die für eine übliche E-Mail aus Sicherheitsgründen nicht geeignet sind (z. B. Verträge, Rechnungen, vertrauliche Informationen). Der Dienst soll für jeden, der Zugang zum Internet hat, also sowohl für Geschäftskunden als auch für Privatkunden, geöffnet sein. Voraussetzung ist, dass sich der Kunde bei der Post registrieren lässt (z. B. per PostIdent). Falls der Adressat keinen Zugang zum Internet hat, können die Daten durch die Post ausgedruckt, kuvertiert und auf dem Wege der normalen Briefbeförderung zugestellt werden. Der Dienst soll ab Juli 2010 angeboten werden.

Kernwissen

- **„Gelbe Post“:** Schriftliche Nachrichten (Einzel- und Mengenversand), die auf dem herkömmlichen Wege übermittelt werden.
- **ePost Classic:** Elektronischer Briefservice (einer Post-Tochter) für Kunden mit großem Versandvolumen. Die Mitteilungen werden auf elektronischem Wege übermittelt, der Empfänger erhält sie in der herkömmlichen Form. Der Service erstreckt sich von der Datenannahme und -aufbereitung über das Drucken, Kuvertierten, Freimachen sowie die Übergabe von Sendungen an die Brieflogistik der Deutschen Post bis hin zu Mehrwertleistungen, die individuelle Kundenbedürfnisse berücksichtigen. ePost-Classic-Entgelte bzw. -Konditionen werden individuell vereinbart.
- **Onlinebrief** für jedermann: Das Projekt ist noch in der Erprobungsphase.
- Wichtig ist die Entscheidung, wann und für welchen Zweck der eine oder andere Übermittlungsweg gewählt wird.

Zur Vertiefung

1 Was ist die Voraussetzung für die Nutzung des ePost-Dienstes?

2 In welcher Form erreichen ePost-Sendungen ihren Empfänger?

3 Werden ePost-Sendungen auch ins Ausland weitergeleitet?

2.1.6 Die Behandlung der eingehenden Post

Situation

Kristjan Bulić, Auszubildender in der Poststelle der Firma COMPUTEACH, hat die Aufgabe, die Tagespost zu öffnen und zu verteilen. Welche Briefe muss er ungeöffnet weiterleiten?

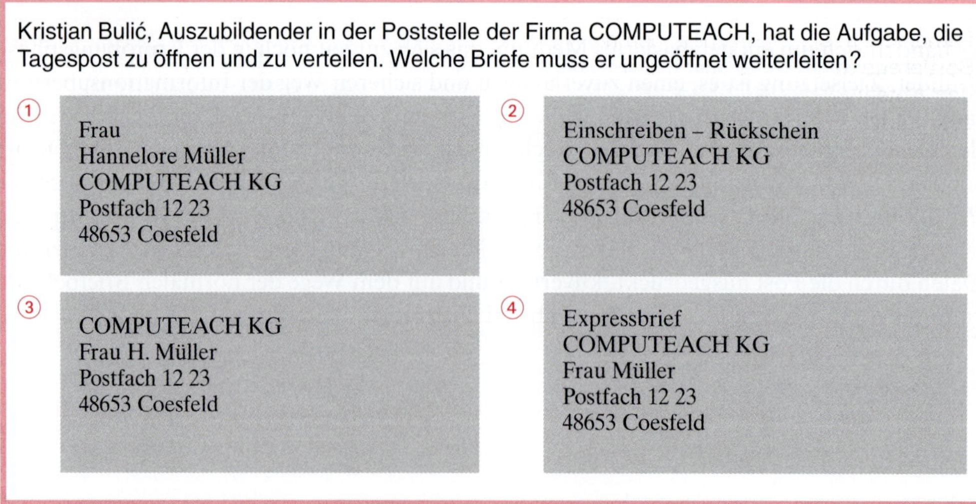

Die tägliche Eingangspost liefert wichtige aktuelle Arbeitsgrundlagen und muss daher zügig und mit Sachkenntnis bearbeitet werden.

Checkliste[1]: Posteingang

Arbeiten des Posteingangs	Hilfsmittel	Zu beachten!
Grobsortierung		Die ungeöffnete Post wird kontrolliert auf • Sendungen ohne Wert • Irrläufer • Privatbriefe • Briefe mit dem Vermerk „Persönlich“, „Eigenhändig“, „Vertraulich“
Öffnen	Handbrieföffner automatische Brieföffnungsmaschine	
Entnahme des Inhalts		• Kontrolle der Anlagen des Absenders • ggf. Umschlag anheften (Einschreiben, Eilsendungen, Kündigungen, Rechtsangelegenheiten)
Leerkontrolle	Leuchtplatten	empfehlenswert in Firmen oder Behörden, die durch terroristische Anschläge gefährdet sind (z. B. durch Briefbomben oder Pakete mit explosivem Inhalt)
Eingangs-stempel	• Handstempel • elektrisch betriebene Eingangsstempel • Organisationsstempel	• Urkunden, Verträge u. ä. Dokumente **nicht** stempeln • Stempel nur auf Begleitbrief • Zeitungen, Zeitschriften **nicht** stempeln • Eingangsstempel auf Hüllen aller nicht zu öffnenden Sendungen
Postverteilung	• Sortiergestelle • Verteilmappen • Schriftguttransportanlagen	Das Verteilen der Post sollte von einer erfahrenen Kraft vorgenommen werden.
Feinarbeit des Sortierens in den Abteilungs-sekretariaten	• Postmappen nach Prioritäten anlegen, z. B. – Wichtig! – Sehr eilig! – Hat Zeit!	• den Eingangsschreiben entsprechende Vorgänge beifügen • Terminhinweiszettel an Briefe heften • ggf. Termine in Kalender mit Bleistift vermerken und „Notiert-Zeichen“ anbringen • je nach Kompetenz Verteilervorschläge anheften • mit Markierungsstift wesentliche Aussagen hervorheben

[1] Der Begriff Checkliste wurde aus dem Englischen übernommen und bedeutet Prüfliste, Kontrollliste. Die in diesem Buch entwickelten Checklisten erheben keinen Anspruch auf Vollständigkeit; sie müssen je nach Anlass und Zielsetzung erweitert oder eingeschränkt werden.

Grobsortierung

Die ungeöffnete Post wird kontrolliert auf

- Sendungen ohne Wert (z. B. unwichtige Reklamesendungen),
- Irrläufer,
- Privatbriefe,
- Briefe mit dem Vermerk „Persönlich“, „Vertraulich“, „Eigenhändig“.

Die Irrläufer gehen zurück in die Ausgangspost, die Privatbriefe werden den Adressaten übergeben. Dürfen Sendungen mit dem Vermerk „Eigenhändig“ entgegengenommen werden (Postvollmacht), müssen diese ebenfalls ungeöffnet dem Adressaten übergeben werden.

Öffnen der Post

Die morgendliche Postverteilung an die Fachabteilungen wird durch automatische Brieföffner beschleunigt.

Bewährt hat sich das Schlitzverfahren (300 Briefe/Min.): Der in Format bis B5 unsortiert angelegte Poststapel wird schnell und sicher vereinzelt und zugeführt, durch Schlitzen geöffnet und wieder in unveränderter Reihenfolge gestapelt abgelegt.

Vorteile:

- keine beschädigten Inhalte
- kein Schnittabfall
- keine scharfen Papierkanten

Entnahme des Inhalts – Leerkontrolle

Der Inhalt der Briefsendung muss auf seine Vollständigkeit kontrolliert werden. Anlagevermerke und tatsächlich mitgeschickte Anlagen sind genau zu vergleichen. Fehlen Anlagen, ist das auf dem Schriftstück zu vermerken.

Bei großem Posteingang ist der Einsatz einer Leuchtplatte oder Durchleuchtungsmaschine angebracht.

Eingangs-(Verteiler-)Stempel

Der Eingangsstempel wird bei Geschäftsbriefen in das freie Feld neben die Anschrift gedruckt. Er ist wichtig:

- zum Vergleich des Eingangs- und Ausgangsdatums des Schriftstücks,
- zum Vergleich des Eingangs-, Ausgangs- und Poststempeldatums bei Terminsachen,
- zur Kontrolle des Bearbeitungsablaufs, z. B. wenn Schriftstücke von mehreren Mitarbeitern bearbeitet werden.

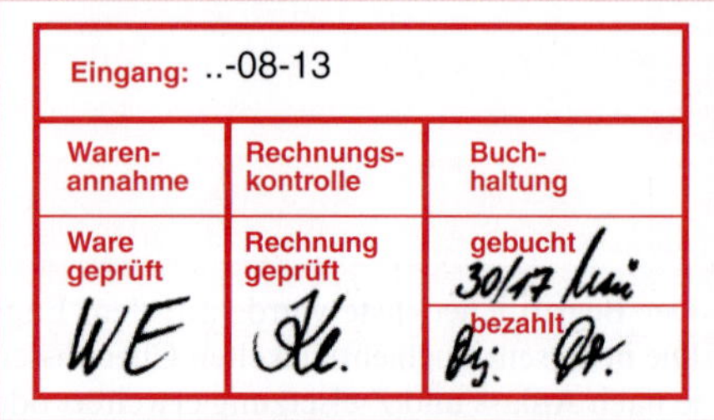

Ein sinnvoll aufgebauter Eingangsstempel kann die Zusammenarbeit von Chef und Mitarbeitern rationalisieren. Für häufig vorkommende Bearbeitungsvermerke werden Abkürzungen verwendet, die bei Bedarf eingekreist werden. Termine können in der entsprechenden Spalte gleich fixiert werden, Namenslisten bei Umläufen beigefügt werden.

Verwendete Abkürzungen: RS = Rücksprache, UM = Umlauf, WV = Wiedervorlage, Termin, RG = Rückgabe.

Beispiele:

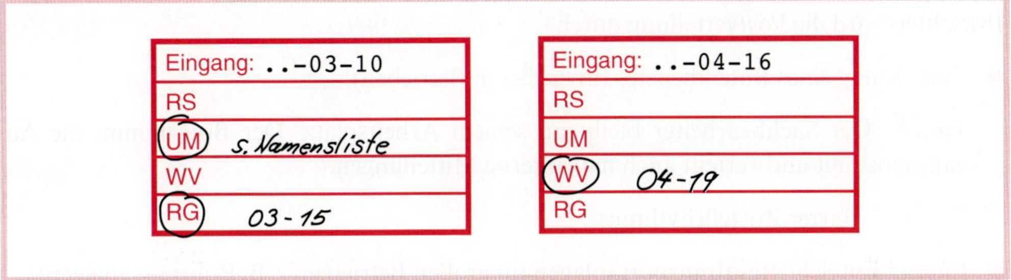

Bei Schriftstücken von großer Bedeutung ist die Briefhülle an den Brief zu heften, denn sie allein hat dokumentarischen Wert (z. B. Umschläge mit gerichtlichen Zustellvermerken).

Organisationsstempel (Verteilerstempel) erleichtern das Bearbeiten der Post. Ein solcher Stempel ist mit Weiterleitungs- und Bearbeitungsfeldern versehen.

Das **Verteilen** der Post kann nur von einer erfahrenen Kraft vorgenommen werden, die mit dem organisatorischen Aufbau des Unternehmens (Organigramm) und den Zuständigkeiten der Abteilungen und Personen vertraut ist. Irrtümer in der Postverteilung können zu folgenschweren Verzögerungen, u. U. auch zu Fehlentscheidungen führen.

Beispiel: Briefausschnitt

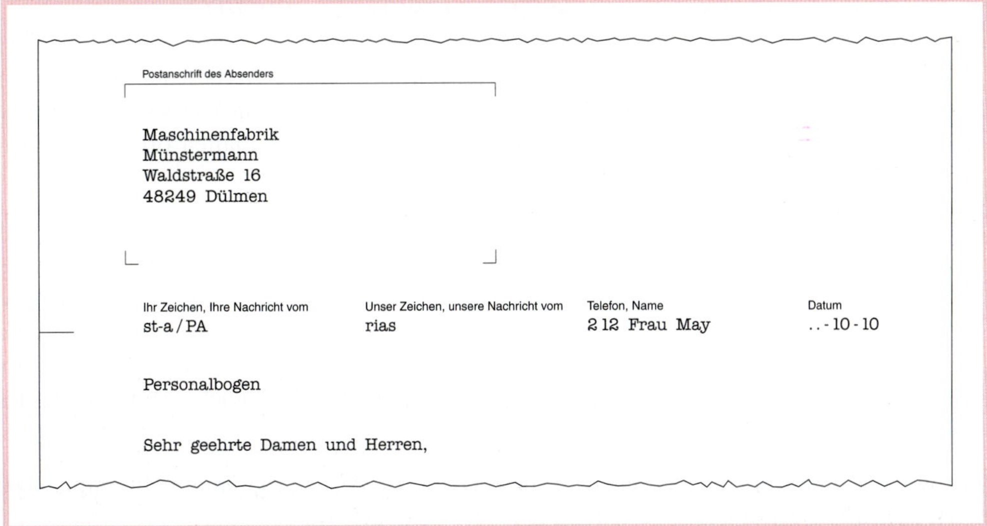

Postanschrift des Absenders

Maschinenfabrik
Münstermann
Waldstraße 16
48249 Dülmen

Ihr Zeichen, Ihre Nachricht vom	Unser Zeichen, unsere Nachricht vom	Telefon, Name	Datum
st-a/PA	rias	2 12 Frau May	..-10-10

Personalbogen

Sehr geehrte Damen und Herren,

Die Postverteilung wird erleichtert durch

- das Diktatzeichen,
- den Betreff,
- die Anrede.

Die Fachkraft in der Postverteilung erkennt an dem Diktatzeichen, dass der Brief für die Sachbearbeiterin (= Frau Stolz) in der Personalabteilung bestimmt ist. Der Betreff weist **zusätzlich** darauf hin, dass das Schreiben von der Personalabteilung bearbeitet wird.

Erleichtert wird die Postverteilung durch

- Einrichtung eines Botendienstes (in größeren Betrieben).

  Vorteil: Der Sachbearbeiter bleibt an seinem Arbeitsplatz. Der Bote nimmt die Ausgangspost mit und verteilt auch hausinterne Mitteilungen.

  Nachteil: starrer Zustellrhythmus
- Einsatz von Schriftguttransportanlagen (in großen Betrieben, z. B. Rohrpostanlagen).
- eine innerbetriebliche Postfachanlage. Die Mitarbeiter entnehmen die Eingangspost ihren „Fächern“ und legen in ein bestimmtes Fach die Ausgangspost.

  Empfehlenswert in Großraumbüros; Platzierung an zentraler Stelle.

In Sekretariaten müssen genaue Arbeitsanweisungen bestehen, die folgende Fragen klären:

- Soll dem Chef die **gesamte** Eingangspost vorgelegt werden?
- Soll dem Chef nur die **wichtige** Post vorgelegt werden?
- Sollen mit dem Chef nur wichtige Angelegenheiten **besprochen** werden, die Post von den Mitarbeitern jedoch selbstständig bearbeitet werden?

▶ *Soll dem Chef die gesamte Eingangspost vorgelegt werden?*

Der Chef bekommt die gesamte Post, auch Zeitungen. Unwichtige Werbesendungen können vorher aussortiert werden; jedoch auch dazu gehört Erfahrung, denn Werbesendungen der Konkurrenz könnten von Interesse sein, und Werbesendungen enthalten oft Anregungen für Neuanschaffungen.

Dass der Chef die gesamte Post als Erster liest, ist in Kleinbetrieben durchaus üblich und angebracht, denn er ist dadurch über alle Eingänge informiert. In einigen Betrieben ist es üblich, täglich zu einer festgesetzten Zeit eine Postbesprechung durchzuführen, in der die Mitarbeiter Anweisungen über die Bearbeitung der Eingänge erhalten. Bearbeiten mehrere Mitarbeiter ein Schriftstück, können bei dieser Gelegenheit alle gleichzeitig informiert werden. Fragen können sofort geklärt werden. Nachteilig ist, dass die tägliche Anwesenheit des Chefs erforderlich ist.

In mittleren und größeren Betrieben ist diese Form der Postbearbeitung nicht empfehlenswert, da die Bearbeitung und Verteilung erheblich verzögert werden kann.

▶ Soll dem Chef nur die wichtige Post vorgelegt werden?

Routinepost wird aussortiert, nur wichtige Eingänge werden dem Chef zugestellt.

Vorteil:
Die Posteingänge können schneller bearbeitet werden.

Nachteil:
Die Unternehmensleitung wird über Routinepost nicht unterrichtet.

▶ Sollen mit dem Chef nur wichtige Angelegenheiten besprochen werden, die Post von den Mitarbeitern jedoch selbstständig bearbeitet werden?

Die Unternehmensleitung bevorzugt den kooperativen Führungsstil, d. h., die Eigeninitiative und Verantwortungsbereitschaft der Mitarbeiter werden gesteigert. Das Problem liegt darin, dass die Mitarbeiter wichtige von unwichtigen Angelegenheiten unterscheiden müssen; Fehlentscheidungen sind also nicht auszuschließen. Die Unternehmensleitung wird u. U. zu spät informiert.

Als Mitarbeiterinnen der Leitungsebene sollten Sekretärinnen selbstständig arbeiten und mitdenken. Das gilt in besonderem Maße für die inhaltliche Vorbereitung der Eingangspost.

Sie müssen unterscheiden können, zu welchen Eingängen Vorgänge beigefügt oder weitere Informationen von Sachbearbeitern gebraucht werden. Rückfragen erübrigen sich, wertvolle Arbeitszeit wird gespart.

Alle Termine sollten mehrmals hervorgehoben werden, auf mögliche Terminüberschneidungen sollten sie hinweisen.

Handschriftliche Anweisungen in Form von Abkürzungen erleichtern die Bearbeitung der Post, z. B.

- R = Rücksprache,
- T = Termin,
- WV = Wiedervorlage,
- UM = Umlauf,
- RG = Rückgabe.

Die Eingangspost sollte nach Dringlichkeit geordnet und z. B. in verschiedenfarbige Mappen gelegt werden.

- rote Mappe: wichtig, eilig
- blaue Mappe: beantworten
- gelbe Mappe: zur Information

Zeitungen, Fachzeitschriften

Textstellen, die für den Chef von Interesse sind, können durch Unterstreichen oder Leuchtstift hervorgehoben werden.

Falls Zeitungen/Zeitschriften nicht gesammelt und nicht anderen Mitarbeitern zugänglich gemacht werden, können Artikel ausgeschnitten und aufgeklebt werden (Datum, Titel der Zeitschrift angeben).

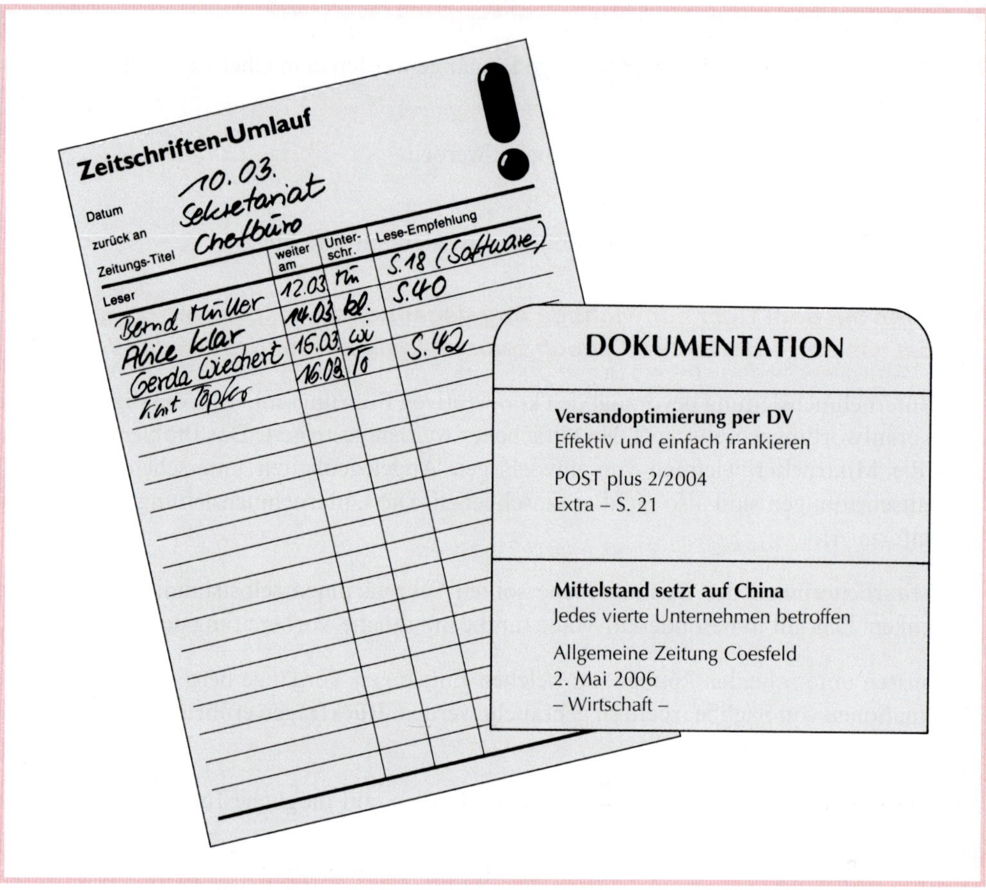

Sollen die Zeitschriften aufbewahrt, aber auch anderen Mitarbeitern zugänglich gemacht werden, kann eine Kopie des Artikels angefertigt werden.

Der Umlauf wichtiger Fachzeitschriften, die gesammelt und ggf. gebunden oder in Loseblattform gesammelt werden, muss kontrolliert werden (Umlaufzettel, Kartei).

Einige Verlage erleichtern die Dokumentation der in ihren Fachzeitschriften erscheinenden Beiträge dadurch, dass diese am Schluss des Heftes im Format DIN A7 aufgelistet werden. Die wichtigsten Hinweise brauchen nur ausgeschnitten, ggf. aufgeklebt und in einer Kartei entsprechend eingeordnet zu werden.

Kernwissen

- Wegen der Fülle der täglich eingehenden Informationen müssen allgemeine Bearbeitungsregeln und rationelle Bearbeitungsverfahren beachtet werden.
- Die Eingangspost muss
  - kontrolliert,
  - sortiert,
  - verteilt

  werden. Voraussetzung für den reibungslosen Ablauf dieser Arbeitsgänge ist das Vertrautsein mit dem organisatorischen Aufbau des Betriebes.

- Bei der Kontrolle der Eingangspost müssen rechtliche Auswirkungen berücksichtigt werden. U. U. ist das Aufbewahren von Briefumschlägen wichtig.
- Es muss bekannt sein, in welcher Weise auf elektronischem Wege eingehende Post registriert, kontrolliert und dokumentiert werden soll. Die Zugriffsbeschränkungen und Zugriffsberechtigungen müssen deutlich geregelt sein.
- Die Chefarbeit kann durch sinnvolles Ordnen und Ergänzen der Eingangspost erleichtert werden (Sekretariatsarbeit).

Zur Vertiefung

1 Was versteht man unter dem Begriff „Grobsortierung der Eingangspost"?

2 Welche Sendungen sollten stets vorrangig behandelt werden?

3 Welche Sendungen dürfen nur mit einer „Generalvollmacht" entgegengenommen werden?

4 Erklären Sie die Begriffe

- Persönlich,
- Vertraulich,
- Eigenhändig!

5 Die Sekretärin soll die Posteingänge aufbereiten. Zu welchen Posteingängen werden Vorgänge oder weitere Informationen gebraucht?

6 Nennen Sie zwei Beispiele für solche Vorgänge, und geben Sie zu jedem Beispiel an, welche Vorgänge oder weitere Informationen gebraucht werden!

7 Warum müssen die Brief-, Poststempel- und Eingangsdaten verglichen werden?

a) Frau Ganella, Sekretärin in der Firma Domino & Faro, bekommt die für ihren Chef und dessen Bereich bestimmte Post verschlossen auf ihren Schreibtisch. Welche Kontrollen hat sie beim Öffnen der Post durchzuführen?

b) Die für den Chef bestimmte Post ist geöffnet und gestempelt. Sie besteht aus Briefen, Rechnungen, innerbetrieblichen Mitteilungen, Statistiken und Fachliteratur. Was kann Frau Ganella zur Entlastung des Chefs tun, bevor sie ihm die Post vorlegt?

8 Frau Schön ist Sekretärin des Gesellschafters Dr. Belcanto in der Firma Kopf & Schnabel OHG. Zwischen Frau Schön und Herrn Dr. Belcanto besteht ein langjähriges und gutes Vertrauensverhältnis. Sämtliche Posteingänge laufen über Frau Schöns Schreibtisch. Nennen Sie sechs Beispiele für Posteingänge, die Frau Schön in der Regel ungeöffnet weiterleiten soll!

2.1.7 Die Behandlung der ausgehenden Post

Situation

Lisa Tüchtig, Auszubildende in der Firma COMPUTEACH, arbeitet im Sekretariat des Abteilungsleiters Dr. Höflich. Sie soll dessen Sekretärin, Frau Kluge, bei ihrer Arbeit unterstützen und einen Einblick in die Arbeit dieser Abteilung erhalten. Zu ihrem Aufgabenbereich gehört auch die Kontrolle der ausgehenden Post und alle damit zusammenhängenden Arbeiten.

Arbeiten des Postausgangs in den Abteilungen/Sekretariaten	Hilfsmittel	Zu beachten!
Unterschriftsvorbereitung	• Unterschriftsmappen	• Kontrolle aller Briefe auf Rechtschreibung, Zeichensetzung, Form • Vergleich von Namen, Anschrift, entsprechender Anrede • Wahl des richtigen Briefbogens • Kontrolle, ob Sachbearbeiter unterschrieben oder abgezeichnet hat • Kontrolle der Anlagen
Verteilen der Durchschriften	• Mappen, • Regale	
Notieren der Termine	• Terminkalender/ Terminkartei	
Verschließen und ggf. Frankieren der Sendung	• Briefwaage	• Aufpassen: Maße beachten!
Abheften der Durchschriften	• Registratursysteme	

Soll ein Schreiben Rechtswirkung auslösen, ist zu beachten, dass der Absender beweispflichtig ist. Wenn allerdings im Abstand von jeweils einigen Wochen vier Briefe abgesandt werden, die angeblich nicht angekommen sein sollen, so gilt der Zugang mindestens eines Schreibens als erwiesen (Urteil des AG Grevenbroich vom 16. Oktober 1989 – II C 198/89). Das Gericht begründete: Eine andere Betrachtensweise sei lebensfremd, da die Verlustrate bei der Deutschen Post AG unter einem Promille liege.

Da es des Öfteren vorkommt, dass Sekretariatspost nicht von der zentralen Postabfertigung bearbeitet wird, sollte sich im Sekretariat stets ein Vorrat an Briefmarken befinden.

Ferner ist es selbstverständlich, dass die Mitarbeiter des Sekretariats im Wesentlichen mit den Sendungsarten und besonderen Versendungsformen der Post vertraut sind.

Auch Besonderheiten für Sendungen **ins Ausland** oder **aus dem Ausland** in die Bundesrepublik Deutschland sollten bekannt sein.

Die Mitarbeiter der Sekretariate müssen selbstverständlich in der Lage sein, mithilfe der Postgebührenordnung die Postgebühren zu bestimmen (Briefwaage). Darüber hinaus sollten sie aber auch Anregungen zum Einsparen von Postgebühren geben können.

Kernwissen

- Wesentliche Arbeitsgänge und Kenntnisse zur rationellen Erledigung der ausgehenden Sekretariatspost:
  - Kontrolle,
  - Terminkalender,
  - sinnvolle Ablage,
  - Kenntnis der wichtigsten Postvorschriften und der Gebührenordnung.

Zur Vertiefung

Lisa Tüchtig hat folgende Sendungen postfertig zu machen. Wie lauten die korrekt geschriebenen Anschriften?

a) Frau Richter ist Sachbearbeiterin in der Firma Lehmann & Krause KG, Brüsseler Str. 3, 50674 Köln. Der Brief an sie soll per Einschreiben mit Rückschein geschickt werden.
b) Frau Petra Kunde wohnt im Kettenhofweg 1, 60325 Frankfurt. Sie erhält ein Päckchen.
c) An Herrn Ferdinand Becker, geb. am 12. 05. 1934, wird postlagernd eine Sendung im Werte von 1 000,00 EUR geschickt. Der Bestimmungsort ist 70372 Stuttgart.
d) Frau Dr. Eva Vogel ist Studienrätin. Sie bekommt einen Expressbrief. In einem Hochhaus in der Goethestraße 10 in 64285 Darmstadt bewohnt sie die Wohnung 26.

2.1.8 Organisationshilfsmittel, Postbearbeitungsmaschinen, Postbearbeitungssysteme

Situation

Frau Gerling leitet die zentrale Poststelle der Firma COMPUTEACH. Der Postein- und -ausgang ist umfangreich. So werden u. a. häufig vervielfältigte Sendungen an die gleichen Adressaten geschickt. Kataloge und Werbeschriften müssen zusammengestellt werden. Frau Gerling fährt zur DMS EXPO in Köln – Europas führende Fachmesse und -konferenz für elektronisches Informations-, Content- und Dokumentationsmanagement. Ziel der DMS EXPO ist es, sich optimal ergänzende Soft- und Hardwarelösungen im Zusammenhang zu zeigen, um so eine möglichst effiziente Informationsplattform zu bieten. Außerdem besucht sie die Net Evolutions Expo, Kölns Messe für Netzwerklösungen. Sie will sich auf den Fachmessen über die besten Lösungen für ihre Abteilung informieren.

Die moderne Postbearbeitung ist durch den Einfluss der Informationstechnologie geprägt. Innovative, kundenorientierte Produkte sind das Ergebnis dieser Entwicklung im Spannungsfeld zwischen Informationstechnologie, Automatisierung und Kundenanforderungen. Neuartige Lösungsansätze sind durch die Kombination von Systemen unterschiedlicher Geschäftsbereiche möglich. So verschmelzen etwa Posteingangsbearbeitung und digitales Dokumentenmanagement in einem Arbeitsgang.

Arbeitsgänge	Hilfsmittel/Verfahren/Maschinen
Adressieren	Fensterbriefhüllen, Adressiermaschinen, EDV-Anlage
Zusammentragen	Zusammentragmaschine
Falzen	Falzmaschinen[1]
Kuvertieren	Kuvertiermaschinen[1]
Verschließen	Briefschließmaschinen[1]
Wiegen	Briefwaage
Frankieren	Freistempelung • durch die Post • durch den Absender mithilfe von Freistempelmaschinen • mit EDV-Anlagen

Informationsquelle: **Normen**[2] der **Postbearbeitungsmaschinen**; Begriffe und Einteilung:

- DIN 9776 Brieffalzmaschinen,
- DIN 9777 Brieföffnungsmaschinen,

[1] meistens Bestandteil einer Poststraße

[2] Bezug der Normen und Normungsliteratur, Beuth Verlag GmbH, Burggrafenstraße 16, Berlin; Telefon 030 2601-260

- DIN 9778 Adressiermaschinen,
- DIN 9779 Frankiermaschinen/Freistempelmaschinen,
- DIN 32 759 Postbearbeitungsmaschinen; Kuvertiermaschinen.

Poststraße

Sendungen, die keinen vertraulichen Charakter haben, sollten in einer zentralen Poststelle bearbeitet werden. Anhand der Anzahl der Postausgänge ist zu prüfen, ob die eine oder andere der oben genannten Maschinen den Arbeitsablauf erleichtern oder verbilligen kann. Fasst man mehrere dieser Maschinen zu einem Fließband zusammen, so spricht man von einer Poststraße.

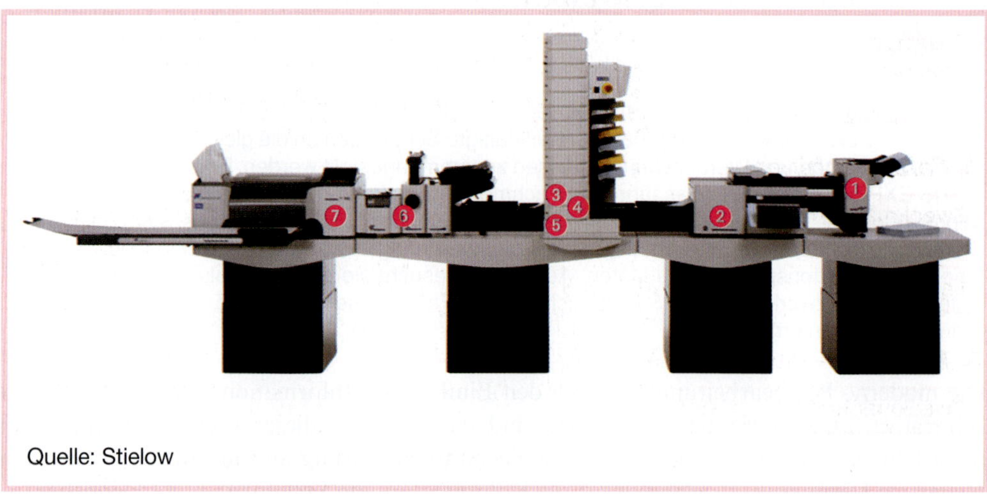

Quelle: Stielow

① **Zuführstation** für lasergedruckte Einzelblätter vom Stapel. Erweiterbar für Endlosformulare. Beide Formulararten können wahlweise mit oder ohne OMR-Lesung verarbeitet werden.

② **OMR-Station** mit optischer Lesung, Sammelstation und zwei Aussteuerflächen zur Sortierung von Rechnungen nach Empfängern.

③ ④ ⑤ **Erste, zweite und dritte Zuführstation:** Damit lässt sich gleichzeitig je nach Bedarf verschiedenes Material verarbeiten, entweder vorgefalztes, noch zu falzendes oder nicht zu falzendes. Auch die Tagespost wird hier zugeführt.

⑥ Die **Falzstation** falzt das aus einer, zwei oder drei Stationen zugeführte Material. Möglich sind Einfach-, Wickel-, Zickzack- oder Doppelparallelfalz.

⑦ Die **Kuvertierstation mit Schließeinrichtung** verarbeitet Umschläge von C6 über C6-lang, C5 bis C4.

Zusammentragmaschinen

Zweckmäßig für	Routinepost, Zusammenstellen von Katalogen, Werbeschriften, Preislisten u. Ä.
Leistung	Je nach Art der Maschine bis zu 54000 Blatt/Stunde.

Adressdrucker/Direkt-Marketing-Systeme

Zweckmäßig für	Organisation von Adressdaten (Adressverwaltung und -bearbeitung) • Massenmailings • Listen • Briefumschläge • Karteikarten • Paketetiketten • Logos • Presseversand
Kriterien der Systemsoftware	• Einfache Bedienung • Genaue Abstimmung auf Adressdrucker • Automatische Dublettenerkennung • Suchen und Selektieren nach allen Feldern, Begriffen und Merkmalen; freie Wahl von Kriterien, Bedingungen und Kombinationen • Druckausgabemasken für alle Druckertypen, die mit dem System kompatibel sind
Zusatzprogramme	• Versandlogistik • Multiselektion • Infopost (Infopost – Schwer) • Formulartextprogramme • Pressepostprogramme • Grafikdruckprogramme

Falzmaschinen

Zweckmäßig für	Routinepost. Da bei der Portoberechnung auch die Größe der Sendungen eine Rolle spielt, sollte man die Maße der Standardsendungen einhalten.
Leistung	Bis zu 14 000 Blatt DIN A4/Stunde.

Kuvertier- und Schließmaschinen

Zweckmäßig für	Routinepost

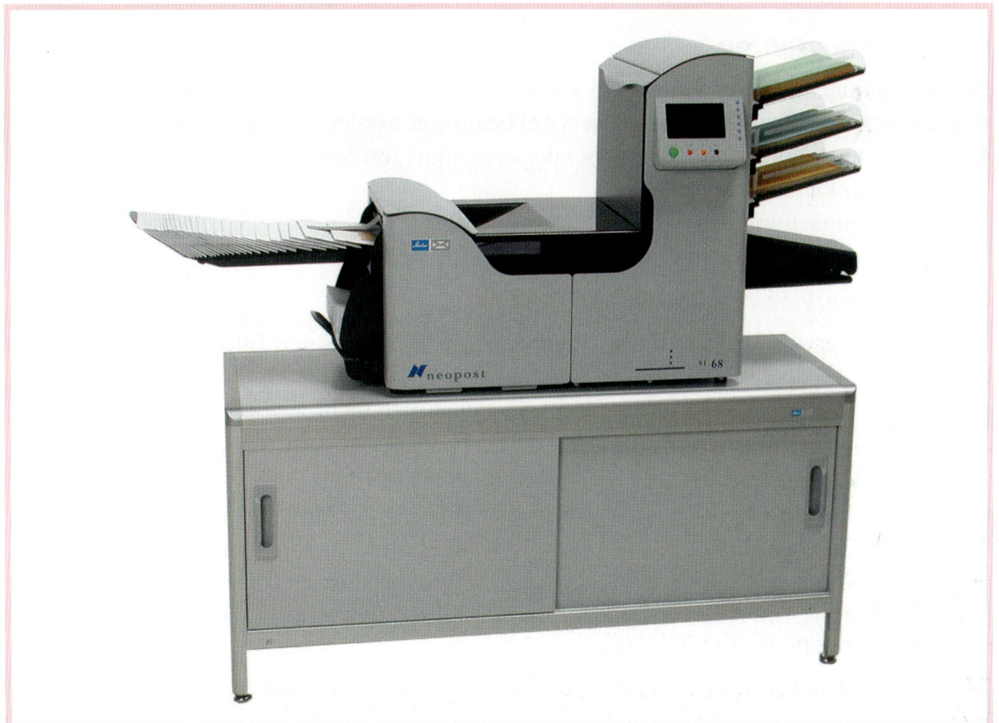

Wiegen

Voraussetzung ist eine gute Briefwaage, Sparmöglichkeiten beachten:

- Standardmaße einhalten,
- kleinere Umschläge verwenden, da diese weniger wiegen,
- Sammeln von Sendungen für denselben Empfänger,
- falls das Standardgewicht noch nicht erreicht ist, Werbematerial beifügen.

Mit **automatischen Wiegesystemen** ist die Bearbeitung der täglichen Briefpost sehr einfach. Auf einer Display-Anzeige wird deutlich lesbar die Versandart angezeigt, der Brief wird auf die Waage gelegt, cent- und grammgenau wird das richtige Porto angezeigt und auf die Frankiermaschine übertragen. Sämtliche Sortierarbeiten entfallen. Der Zeitgewinn beträgt bis zu 60 %.

Frankierverfahren

Für die Freimachung von Sendungen kann

- die Postfreistempelung (Frankierservice) beantragt werden,
- die Freistempelung durch den Absender vereinbart werden.
  - PC-Frankiersoftware,
  - DV-Freimachung und
  - das Handy oder der Internetzugang eingesetzt werden.

▶ Frankierservice der Deutschen Post AG

Der Frankierservice übernimmt das Freimachen von Briefen und Infopostsendungen. Für den Service

eignen sich:

- Briefe und Postkarten
- Büchersendungen
- Warensendungen
- Infopost/Kataloge
- Infobrief/Kataloge
- Zusatzleistungen BRIEF National (außer Nachnahme)

eignen sich nicht:

- Postzustellungsaufträge
- POSTIDENT
- Infopost-Kreativ und Vario-Mailing
- Briefe International im Maxiformat
- Zusatzleistungen BRIEF International

Einlieferung: Die Sendungen müssen getrennt sein nach Produkten (z. B. Briefe, Büchersendungen), Basisprodukten (Standard, Kompakt, Groß und Maxi), Aufträgen (Infopost, Infobrief), Art der Briefzusatzleistungen (z. B. Einschreiben). Die Einlieferung erfolgt mit einem Auftragsvordruck (siehe Muster unten) in der Filiale oder im Briefzentrum. Die Einlieferung kann nicht über Briefkästen erfolgen.

Hin-Weg-Service: Zusammen mit der Postcard kann der Bring- und Abholservice der Deutschen Post genutzt werden. Morgens wird die Briefpost zu einer fest vereinbarten Zeit direkt zum Kunden gebracht, nachmittags werden die Postsendungen abgeholt und direkt an den Frankierservice weitergeleitet.

Auftrag *FRANKIERSERVICE* — Deutsche Post

Angaben zum Absender / Einlieferer

Absender (Auftraggeber) Kunden-/Kartennummer: 1 2 3 4 5 6 7 8 9 0 2 5 0 1 0 1 1	[X] Zahlung durch Absender	Name und Anschrift: Max Mustermann, Musterstraße 99, 43561 Musterstadt — Telefon: (0222)12345
Einlieferer Kunden-/Kartennummer:	[ ] Zahlung durch Einlieferer	Name und Anschrift: — Telefon:
Kontonummer des Zahlungspflichtigen: 9 8 7 6 5 4 3 2 1 0	Kreditinstitut: Sparkasse Musterstadt	Bankleitzahl: 4 2 8 6 1 3 8 7

Bezahlverfahren (Kreuzen Sie bitte hier an, welches Verfahren Sie nutzen möchten!)

[ ] **Wir möchten das vereinfachte Bezahlverfahren nutzen!** Bei Einlieferung der **sortierten** Sendungen wird ein Abschlag von 150,00 € berechnet (bitte im Feld GESAMTENTGELT [Z2] eintragen). Weitere Angaben zum Produkt und zur Abrechnung (Stückzahl, Porto-Summen) sind nicht erforderlich. Im Rahmen dieses Verfahrens muss eine Kontoverbindung angegeben werden! Die endgültige Abrechnung erfolgt postseitig auf Basis der tatsächlich eingelieferten Produkte und Mengen. Daraus folgende Guthaben oder Nachforderungen werden auf das angegebene Konto überwiesen bzw. per Lastschrift von dem angegebenen Konto abgebucht.**

[X] **Wir ermitteln das GESAMTENTGELT [Z2] selbst!*/**** (Weitere Informationen und eine Ausfüllhilfe finden Sie auf der Rückseite des Auftrags.)

Angaben zum Produkt und zur Abrechnung | Feld für interne Postvermerke

STANDARD- UND KOMPAKTPRODUKTE	Porto € Einzelpreis	Stückzahl inkl. Zusatzleistungen	Porto-Summe € Stück x Einzelpreis	Stückzahl Ist
Briefe, Standard, National	0,55	115	63,25	
Briefe, Kompakt, National	0,90	25	22,50	
Briefe, Standard, EU	0,70			
Briefe, Kompakt, EU	1,25			
Briefe, Standard, Welt	1,70			
Briefe, Kompakt, Welt	2,20			
Postkarten, National	0,45			
Postkarten, EU	0.65			
Postkarten, Welt	1,00			
Büchersendungen, Standard, National	0,45			
Büchersendungen, Kompakt, National	0,60			
Warensendungen, Standard, National	0,45			
Warensendungen, Kompakt, National	0,70			
Summen Stückzahl und Porto		140	85,75	
Summe Preis *FRANKIERSERVICE* (siehe Tabelle 1 rechts)			9,00	

GROSS- UND MAXIPRODUKTE	Porto € Einzelpreis	Stückzahl inkl. Zusatzleistungen	Porto-Summe € Stück x Einzelpreis	Stückzahl Ist
Briefe, Groß, National	1,45	20	29,00	
Briefe, Maxi, National	2,20	7	15,40	
Briefe, Groß, EU	3,40			
Briefe, Maxi, EU (über 500 - 1.000 g)	6,00			
Briefe, Maxi, EU (über 1.000 - 2.000 g)	14,00			
Briefe, Groß, Welt	6,00			
Briefe, Maxi, Welt (über 500 - 1.000 g)	12,00			
Briefe, Maxi, Welt (über 1.000 - 2.000 g)	24,00			
Büchersendungen, Groß, National	0,85			
Büchersendungen, Maxi, National	1,40			
Warensendungen, Maxi, National	1,65			
Summen Stückzahl und Porto		27	44,40	
Summe Preis *FRANKIERSERVICE* (siehe Tabelle 2 rechts)			7,00	

ZUSATZLEISTUNGEN, ZUSÄTZLICHES ENTGELT, NATIONAL***	Porto € Einzelpreis	Stückzahl	Porto-Summe € Stück x Einzelpreis	Stückzahl Ist
Einschreiben	2,05	5	10,25	
Einschreiben, Eigenhändig	3,85			
Einschreiben, Rückschein	3,85	5	10,25	
Einschreiben, Eigenhändig, Rückschein	5,65			
Einschreiben, Einwurf	1,60			
Zusatzentgelt Briefe, Maxi, National	2,20		29,50	
Summe Preis Zusatzleistungen			175,65	
GESAMTENTGELT [Z2] (Addition der Summen A, B, C, D, E)				

AM-Label

Tabelle 1
Preise *FRANKIERSERVICE* für STANDARD- UND KOMPAKTPRODUKTE
(Wählen Sie je nach Stückzahl den Preis aus der Tabelle und tragen ihn in das Feld „Summe B" ein.)

Stück	Preis
1 - 250	9,00 €
251 - 500	12,00 €
501 - 750	15,00 €
751 - 1.000	18,00 €
ab 1.001	15,00 € zzgl. 0,6 Cent pro Stück (Cent-Beträge ggf. kaufmännisch runden)

Summe A (Porto für STANDARD-/KOMPAKTPRODUKTE hier addieren!)

Summe B (Preis *FRANKIERSERVICE* für STANDARD-/KOMPAKTPRODUKTE hier eintragen – siehe Tabelle 1!)

Tabelle 2
Preise *FRANKIERSERVICE* für GROSS- UND MAXIPRODUKTE
(Wählen Sie je nach Stückzahl den Preis aus der Tabelle und tragen ihn in das Feld „Summe D" ein.)

Stück	Preis
1 - 50	7,00 €
ab 51	3,00 € zzgl. 8,0 Cent pro Stück

Summe C (Porto für GROSS-/MAXIPRODUKTE hier addieren!)

Summe D (Preis *FRANKIERSERVICE* für GROSS-/MAXIPRODUKTE hier eintragen – siehe Tabelle 2!)

Einlieferungsangaben (Stück, Produkt, Zusatzleistungen) geprüft/ergänzt!

Unterschrift Mitarbeiter *FRANKIERSERVICE*, Datum

Summe E (Porto für ZUSATZLEISTUNGEN hier addieren!)

* Weicht die angegebene von der tatsächlichen Stückzahl ab, erstattet die Deutsche Post AG zuviel gezahlte Entgelte durch Überweisung auf das angegebene Konto. Ist die tatsächlich eingelieferte Stückzahl größer als die angegebene, wird die Nachforderung der Deutschen Post AG im Lastschriftverfahren eingezogen.

** Für diesen Fall ermächtigt der Kontoinhaber die Deutsche Post AG, die Entgelte vom o.g. Konto einzuziehen. Weicht der Kontoinhaber vom Absender ab, wird die Deutsche Post AG bei mangelnder Deckung des angegebenen Kontos ermächtigt, nicht gedeckte Beträge dem Absender in Rechnung zu stellen.

*** Die Stückzahl(en) unter ZUSATZLEISTUNGEN ist/sind auch in der Stückzahl der jeweiligen Sendungsart(en) zu berücksichtigen.

**** Für den *FRANKIERSERVICE* gelten die Allgemeinen Geschäftsbedingungen der Deutschen Post AG für den *FRANKIERSERVICE*. Der Einlieferer ist zum Abschluss des Beförderungsvertrages im Namen des Absenders bevollmächtigt. Erfolgt im Falle der unbaren Bezahlung mit *POSTCARD* die Zahlung vom Konto des Absenders, so versichert der Einlieferer, zur unbaren Zahlung durch den Absender beauftragt zu sein.

Angaben zur Bezahlung

[ ] Bar / electronic-cash / Geldkarte
[ ] Verrechnungsscheck
[X] Abbuchung vom Konto → Nur mit *POSTCARD* möglich!

Mustermann 01.02.2010
Unterschrift des Absenders / Einlieferers****, Datum

02.10 911-004-500

Annahmevermerk

Anzahl Behälter [Z1]:

Unterschrift MaV / MaG, Datum

Preise: Neben dem Porto fällt ein mengenabhängiges Service-Entgelt an. Bezahlt werden kann bar, mit eCash oder mit der Postcard (Geschäftskundenkarte der Deutschen Post). Auch bei Barzahlung sollte immer die Bankverbindung angegeben werden, damit ggf. zu viel gezahlte Entgelte erstattet werden können. Ist die tatsächlich eingelieferte Stückzahl größer als die angegebene, wird der Differenzbetrag nachgefordert.

Informationen: Telefon: 01805 805555 national
Fax: 01801 805555 international
E-Mail: frankierservice@deutschepost.de
Internet: www.deutschepost.de/frankierservice

► *Freistempelung durch den Absender mit Freistempelmaschinen*

Grundlage sind die Allgemeinen Geschäftsbedingungen der Deutschen Post BRIEF NATIONAL (AGB BRIEF NATIONAL) in ihrer jeweils gültigen Fassung. Voraussetzung zur Benutzung von Freistempelmaschinen ist eine Vereinbarung mit der Deutschen Post (siehe S. 101), die vom Kunden über den Hersteller beim Servicemanagement Absenderfreistempelmaschinen der Deutschen Post AG in Bielefeld einzureichen ist.

Zugelassen sind Freistempelmaschinen folgender Hersteller:
Frama GmbH, Postfach 10 12 25, 40832 Ratingen
Francotyp-Postalia GmbH, Postfach 51 02 41, 13362 Berlin
Heinrich Hilsenberg GmbH, Fritz-Haber-Str. 15, 46485 Wesel
Pitney Bowes Deutschland GmbH, Postfach 18 18, 64636 Heppenheim
Neopost GmbH & Co. KG, Landsberger Str. 154, 80339 München
TeleFrank Vertriebs-GmbH, Werner-von-Siemens-Str. 5, 63150 Heusenstamm

Das Entgelt ist je nach Art des Freistempelverfahrens im **Wertvorgabe-/Fernwertvorgabe-** oder **Wertkartenverfahren** im Voraus entrichten.

Beim **Wertvorgabeverfahren** hat der Kunde die Freistempelmaschine bei der in der Vereinbarung genannten Stelle einstellen zu lassen und den dem Vordruck gemäß ausgefüllten Nachweis der Wertvorgabe vorzulegen.

Beim **Fernwertvorgabeverfahren** wird die Freistempelmaschine mittels Datentelefon oder Modem gesteuert. Der gewünschte Vorgabebetrag kann nach einem Datenabgleich mit dem jeweils hierfür eingerichteten Datenzentrum und nach Mitteilung eines Einstellcodes vom Kunden selbst über die Tastatur der Freistempelmaschine eingestellt und freigegeben werden.

Beim **Wertkartenverfahren** hat der Kunde bei der in der Vereinbarung genannten Stelle Wertkarten zu beziehen. Es können mehrere Wertkarten auf Vorrat bezogen werden. Verbrauchte Karten sind zurückzugeben.

Durch Freistempelung können alle Briefsendungen – ausgenommen Postwurfsendungen – und Päckchen freigemacht werden.

Moderne Freistempelmaschinen werden durch Mikroprozessoren gesteuert, die alle Funktionen überprüfen und die Bedienung unterstützen. Zur Standardausstattung gehören im Allgemeinen:

- vierstellige Portowerte,
- Wahldruckeinrichtung für das gleichzeitige Mitdrucken der Sendungsart,
- Tages-, Kostenstellenzähler,

- Datumeinstellung,
- Frühwarnung bei niedrigerem Portovorrat,
- elektronische Rückfrage beim Frankieren mit hohen Werten,
- Werbeklischee,
- Briefschließeinrichtung.

Deutsche Post

Vereinbarung über die Absenderfreistempelung von Sendungen

☐ im Wertvorgabeverfahren ☐ im Fernwertvorgabeverfahren
☐ im Wertkartenverfahren (nur bei Umfirmierungen) zu ___ Euro

Kunden-Nr. 150422143 0

Die Deutsche Post AG, vertreten durch das Servicemanagement Absenderfreistempelmaschinen in Bielefeld, vereinbart mit

1. Kundendaten

Computeach KG, Bahnhofstraße 33, 48653 Coesfeld
(Name, Vorname/Name der Firma – **laut Registereintrag** –, Straße, Hausnummer, PLZ und Ort)

vertreten durch Herrn G. Gerling
(Postfach, PLZ, Ort bzw. Großempfängeranschrift) (Land)

(Handelsregister-(A/B)-Nummer) (Kennziffer der Rechtsform) (Kennziffer der Branche) 02541-6660 (Telefon-Nr.)

(Fax-Nr.) (E-Mail)

die Freistempelung von Sendungen mit nachfolgender Freistempelmaschine (inkl. Stempel bzw. Stempelteilen):

(Hersteller) 28/11-2 (Modell) 2331181 (Fabrik-Nr.) (Maschinenkennung)

Die Freistempelmaschine wird an nachfolgendem ggf. abweichenden (nicht oben angegebenen) Standort eingesetzt:

☒ Die Angabe des ggf. abweichenden Standortes (evtl. Kundennummer bei der Deutschen Post AG, Name, Vorname/Name der Firma – **laut Registereintrag** –, Straße, Hausnummer, PLZ, Ort) ist auf einem formlosen Beiblatt dieser Vereinbarung angefügt.

Die Freistempelmaschine wird von einem/r weiteren Unternehmen/Organisation mitbenutzt:

☐ Die Angabe des Mitbenutzers (evtl. Kundennummer bei der Deutschen Post AG, Name, Vorname / Name der Firma – **laut Registereintrag** –, Straße, Hausnummer, PLZ, Ort und jeweils einem Stempelabdruck in Nullstellung) ist auf einem formlosen Beiblatt dieser Vereinbarung angefügt.

2. Zahlungsform/Kontoverbindung

Entrichtung der Entgelte beim Wertvorgabe- bzw. Wertkartenverfahren: Die Entgelte sind am **Schalter der Filiale:**

Postamt 1, 48651 Coesfeld (Annahmestelle, Straße, Hausnummer, PLZ, Ort)

bei Einstellung der Wertvorgabe im Voraus zu entrichten, ggf. über die *Postcard* (Infos unter www.deutschepost.de/postcard) abzurechnen.

Entrichtung der Entgelte beim Fernwertvorgabeverfahren:

☐ **im Vorauszahlerverfahren** Für die Anforderung einer Wertvorgabe muss der Betrag zuvor dem Konto der Deutschen Post AG gutgeschrieben sein.

☐ **im Lastschriftverfahren** Die Entrichtung der Entgelte durch Abbuchung vom unten genannten Konto ist:

☐ bis zu einem Betrag von 10.800 Euro (innerhalb von 5 Arbeitstagen möglich);

☐ Betrag ______ Euro (abweichender Betrag auf Wunsch des Kunden).

Hinweis: Bei einem Betrag von mehr als 10.800 Euro kann die Deutsche Post AG eine Bankbürgschaft zugunsten des vertragschließenden Servicemanagement Absenderfreistempelmaschinen verlagen.

Die Abbuchung der Entgelte soll von folgendem Konto erfolgen

(Kontoinhaber)

(Name und Sitz des Kreditinstituts) (Bankleitzahl) (Kontonummer)

(Buchungstext, max. 27 Zeichen)

3. Einlieferungsstelle

Zur Einlieferung der freigestempelten Sendungen wird die nachfolgende Einlieferungsstelle bis zur jeweils festgesetzten Einlieferungsschlusszeit festgelegt:

48651 Coesfeld
(1. Einlieferungsstelle, Straße, Hausnummer, PLZ, Ort) (ggf. 2. Einlieferungsstelle, Straße, Hausnummer, PLZ, Ort)

(ggf. Briefkasten, Straße, Hausnummer, PLZ, Ort)

Kunde
Ort, Datum

Coesfeld, ..-02-28

G. Gerling
(Unterschrift)

Deutsche Post AG
Servicemanagement Absenderfreistempelmaschinen, Datum

33602 Bielefeld, ..-03-10

i.A. Schulze (Unterschrift) i.A. (Unterschrift)

13801.04 911-059-000

► *PC-Frankiersoftware; DV-Freimachung der Deutschen Bundespost*

Je nach Sendungsvolumen des Kunden gibt es verschiedene Möglichkeiten.

STAMPIT HOME (PC-Frankierung) ist die Basissoftware für das Frankieren über PC und Internet für den Kunden mit einem geringen Sendungsvolumen. Der Kunde installiert die Zugangssoftware auf seinem PC, meldet sich online bei der Deutschen Post als STAMPIT-Nutzer an, kauft das Porto über das Internet, zahlt per Lastschrift und STAMPIT managt die komplette Portoabwicklung und -verwaltung.
Information:
Telefon: 0185 5555
Fax: 01802 5555
E-Mail: stampit@deutschepost.de
Internet: www.stampit.de/home

STAMPIT WEB (Onlinefrankierung) ist die „Online-Briefmarke" direkt aus dem Internet. Ohne Installation einer Frankiersoftware am PC kann der Kunde über Internet „schnell mal eine Briefmarke ausdrucken". Voraussetzungen: Internetbrowser und der kostenlose „Adobe Acrobat Reader" ab Version 6.02, Registrierung unter www.stampit.de, dann Porto in die Portokasse im Internet laden (Zahlung per Lastschrift).
Information:
Telefon: 0185 5555
Fax: 01802 5555
E-Mail: stampit@deutschepost.de
Internet: www.stampit.de/web

STAMPIT BUSINESS (PC-Frankierung) ist die Komplettlösung für professionelles Frankieren über PC und Internet. Wie bei STAMPIT HOME wird das Porto vorher über das Internet gekauft und per Lastschrift bezahlt. Leistungen: Netzwerkinstallation, Einbindung von Werbeaufdrucken/Logos in die Frankierung, Online-Portorückerstattung, Schnittstelle zu Standardsoftwareprodukten (Adressenmanagement), Möglichkeiten zum Anschluss einer elektronischen Briefwaage.
Information:
Telefon: 0185 5555
Fax: 01802 5555
E-Mail: stampit@deutschepost.de
Internet: www.stampit.de/business

DV-Freimachung ist eine effiziente Frankierlösung für Unternehmen, die täglich mehrere Hundert Briefsendungen verschicken. Vorteile des Systems sind nicht nur eine rationelle und einfache Sendungsbearbeitung, sondern auch unterschiedliche Möglichkeiten der Kostenersparnis. Unternehmen können die DV-Freimachung rationell über ihre vorhandenen EDV-Anlagen (PC, Client/Server, Großrechner) abwickeln. Die einzige Prozessanpassung, die vorgenommen werden muss, ist die Installation einer speziellen Software, die der Kunde auch selbst entwickeln kann, die jedoch vor Inbetriebnahme von der Deutschen Post geprüft werden muss. Danach kann der Kunde seine Sendungen sofort DV-freimachen, sodass diese bereits nach dem Kuvertieren versandfertig sind. Das manuelle Sortieren und das Umstellen von einer Portostufe zur nächsten entfallen.

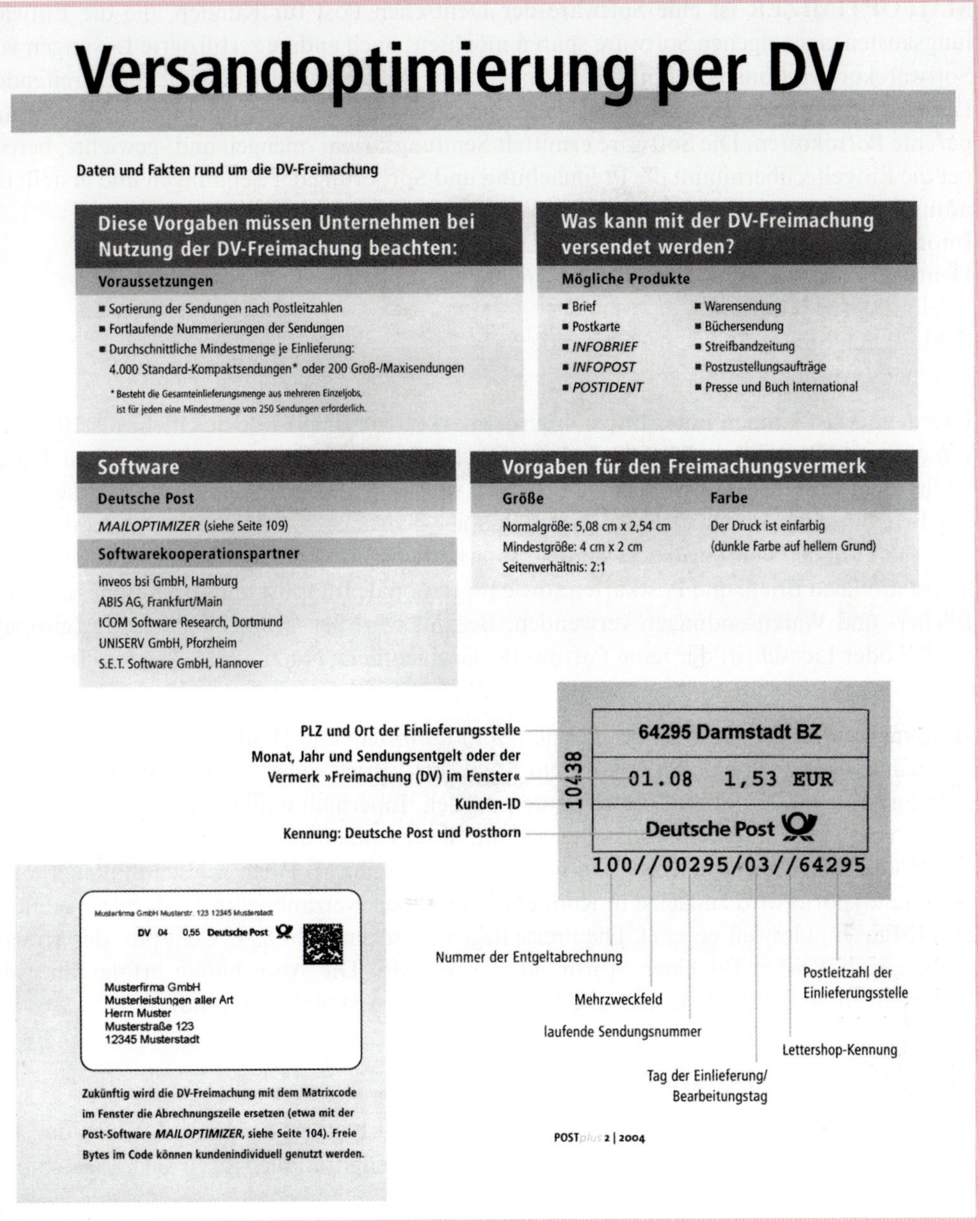

Versandoptimierung per DV

Daten und Fakten rund um die DV-Freimachung

Diese Vorgaben müssen Unternehmen bei Nutzung der DV-Freimachung beachten:

Voraussetzungen

- Sortierung der Sendungen nach Postleitzahlen
- Fortlaufende Nummerierungen der Sendungen
- Durchschnittliche Mindestmenge je Einlieferung: 4.000 Standard-Kompaktsendungen* oder 200 Groß-/Maxisendungen

* Besteht die Gesamteinlieferungsmenge aus mehreren Einzeljobs, ist für jeden eine Mindestmenge von 250 Sendungen erforderlich.

Was kann mit der DV-Freimachung versendet werden?

Mögliche Produkte

- Brief
- Postkarte
- *INFOBRIEF*
- *INFOPOST*
- *POSTIDENT*
- Warensendung
- Büchersendung
- Streifbandzeitung
- Postzustellungsaufträge
- Presse und Buch International

Software

Deutsche Post

MAILOPTIMIZER (siehe Seite 109)

Softwarekooperationspartner

inveos bsi GmbH, Hamburg
ABIS AG, Frankfurt/Main
ICOM Software Research, Dortmund
UNISERV GmbH, Pforzheim
S.E.T. Software GmbH, Hannover

Vorgaben für den Freimachungsvermerk

Größe	Farbe
Normalgröße: 5,08 cm x 2,54 cm	Der Druck ist einfarbig
Mindestgröße: 4 cm x 2 cm	(dunkle Farbe auf hellem Grund)
Seitenverhältnis: 2:1	

Zukünftig wird die DV-Freimachung mit dem Matrixcode im Fenster die Abrechnungszeile ersetzen (etwa mit der Post-Software *MAILOPTIMIZER*, siehe Seite 104). Freie Bytes im Code können kundenindividuell genutzt werden.

POSTplus 2 | 2004

Information:
Deutsche Post Geschäftskunden-Service
Telefon: 01805 5555
Internet: www.deutschepost.de/dv-freimachung

MAILOPTIMIZER ist eine Software der Deutschen Post für Kunden, die die Entwicklungskosten einer eigenen Software sparen möchten; auch andere zertifizierte Lösungen von Softwarekooperationspartnern werden angeboten. Die Vorteile der branchenübergreifenden Lösung: vereinfachte Bearbeitungsabläufe, größtmögliche Entgeltermäßigungen und transparente Portokosten. Die Software ermittelt Sendungsarten, -mengen und -gewichte, berechnet die Entgelte, übernimmt die Freimachung und Sortierung der Sendungen und erstellt die nötigen Einlieferungsdaten.
Information:
Deutsche Post AG Service Brief IT, 64276 Darmstadt
Telefon: 06151 908-7001
E-Mail: mailoptimizer@deutschepost.de
Internet: www.mailoptimizer.de

Internetmarken können unter https://internetmarke.deutschepost.de aus mehr als 100 Motiven ausgewählt und bestellt werden. Der Druck erfolgt über jeden handelsüblichen Tintenstrahl- oder Laserdrucker. Sind keine Etiketten vorhanden, können die Internetmarken auch auf Briefumschläge oder DIN-A4-Normalpapier gedruckt, ausgeschnitten und mit einem Klebestift auf der Sendung fixiert werden. Internetmarken lassen sich für alle nationalen und internationalen Briefe und Postkarten sowie für nationale Infopost und -briefe, aber auch für Bücher- und Warensendungen verwenden. Bezahlt wird per Onlineüberweisung (giropay), PayPal oder Lastschrift der reine Portowert, die eigentliche Nutzung des Services ist kostenfrei.

Handyporto: Mit diesem Angebot können Standardbriefe und Postkarten frankiert werden. Dafür muss lediglich eine SMS mit dem Stichwort „Brief“ oder „Karte“ an die Nummer 22122 geschickt oder direkt dort angerufen werden. Innerhalb weniger Sekunden erhält der Kunde eine SMS mit einer zwölfstelligen Zahl, die er einfach auf seine Sendung schreibt. In den Briefzentren der Deutschen Post wird die Zahlenreihe als Porto gelesen und anerkannt. Das Handyporto wird zunächst in Kooperation mit den Netzanbietern T-Mobile, Vodafone und E-Plus bundesweit getestet. Die Preise liegen zwischen 85 bzw. 95 Cent plus der providerabhängigen Kosten für einen Anruf oder eine SMS. Die Abrechnung erfolgt über die Handy-Rechnung. Eine Registrierung für diesen Service ist nicht notwendig.

■ Postbearbeitungssysteme

Moderne Postsysteme verbinden die automatische Bearbeitung der Eingangspost, der Ausgangspost und der Hauspost in unterschiedlichen Konfigurationen zu in sich abgeschlossenen Arbeitsgängen.

In Großpoststellen sollten die drei Bereiche – eingehende Post, interne Post, ausgehende Post – voneinander getrennt und in kleinen überschaubaren Räumen mit in sich abgeschlossenen Funktionen für überschneidungs- und störungsfreie Arbeitsabläufe untergebracht werden.

► Posteingang

Die innerbetriebliche Kommunikation hängt davon ab, wie schnell die Post morgens verteilt wird. Die Anordnung der Arbeitstische für die Arbeitsabläufe Grobsortieren, Öffnen, Entnehmen, Stempeln, Lesen, Sortieren richtet sich nach dem jeweiligen organisatorischen Ablauf.

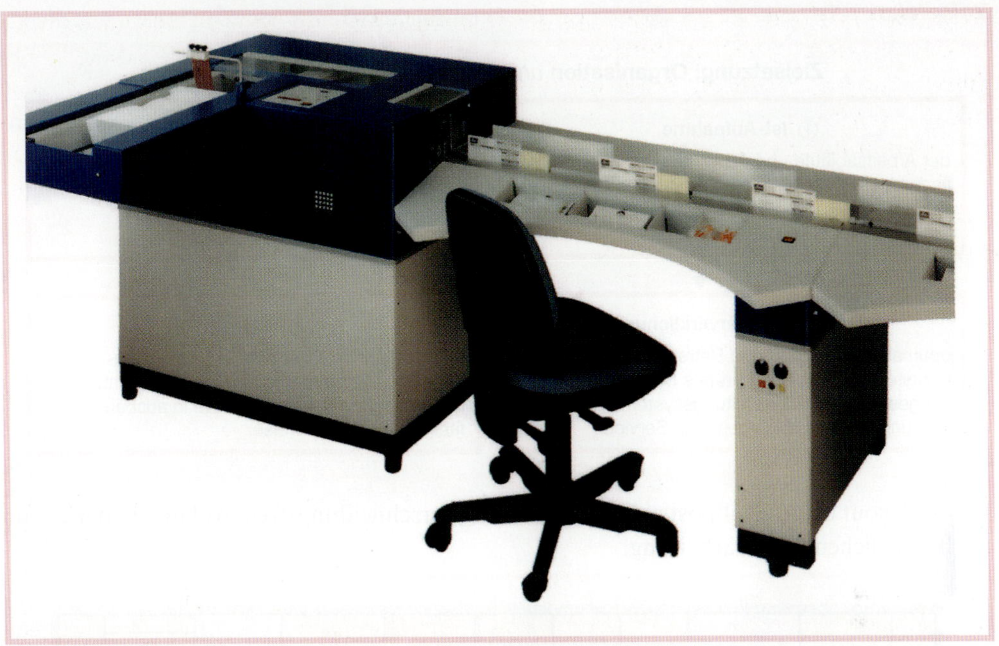

Dieses System entnimmt vollautomatisch Briefinhalte den Umschlägen und übergibt sie einem oder mehreren angeschlossenen Arbeitsplätzen zur weiteren Bearbeitung (6 000 Sendungen/Stunde). Der Arbeitsablauf wird von einer integrierten Inhaltskontrolle überwacht, sodass Bearbeitungsfehler ausgeschlossen sind.

▶ *Digitale Eingangspostbearbeitung*

Zuführung, Vereinzelung, Öffnung und Entnahme der Eingangspost geschieht kombiniert und vollautomatisch. Anschließend erfolgt die Weiterleitung der Inhalte per Sortierband an einen Scannerarbeitsplatz, wo die Informationen digitalisiert und archiviert werden. Die abgespeicherten Informationen sind allen Fachabteilungen gleichzeitig zugänglich. Das bedeutet Sofortarchivierung am Arbeitsplatz und eine schnelle, DV-gestützte Informationsverteilung aus der Poststelle.

▶ *Interne Post*

Die Verteilung der Hauspost erfolgt über eine Sortieranlage. Deren Fächerzahl richtet sich nach der Anzahl der Sachabteilungen und/oder nach den verschiedenen Personenkreisen, für die die eingehende Post und/oder die interne Post bestimmt ist.

Weitere Kriterien: internes Postvolumen, Infrastruktur des Betriebes, Postzustellung oder Postabholung, Anzahl der Boten, Verteilungstechnik (Förderanlagen, Transportwagen u. a.).

▶ *Postausgang*

Sortieren nach den Kriterien Individualpost-/Sammelpostempfänger, Inland/Ausland, Größe, Gewicht und Versandart. **Postfertigmachen:** Falzen, Kuvertieren, Schließen, Wiegen, Portoklassentrennen und Frankieren.

▶ *Wirtschaftliche Postbearbeitung*

Sie beginnt mit der Planung einer leistungsfähigen **Poststelle** (Vier-Stufen-Methode).

Beispiel:

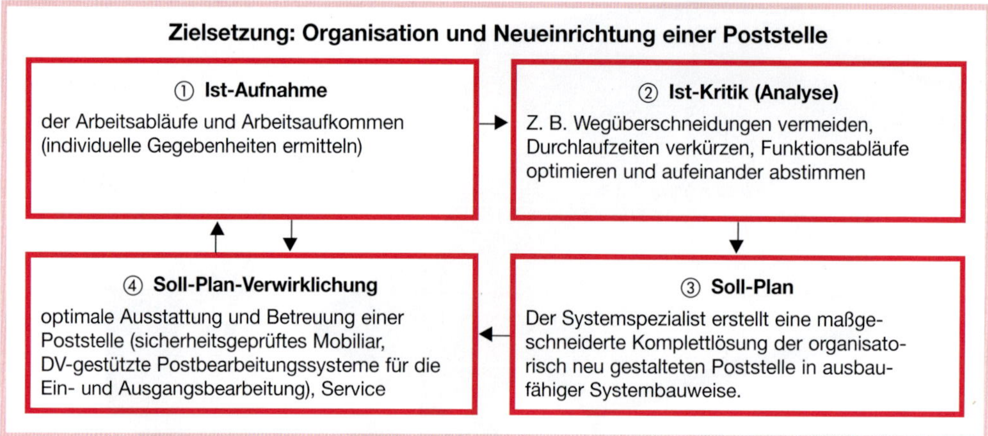

Beispiellayout einer Großpoststelle, für optimal überschneidungsfreie Abläufe in der gesamten betrieblichen Postbearbeitung.

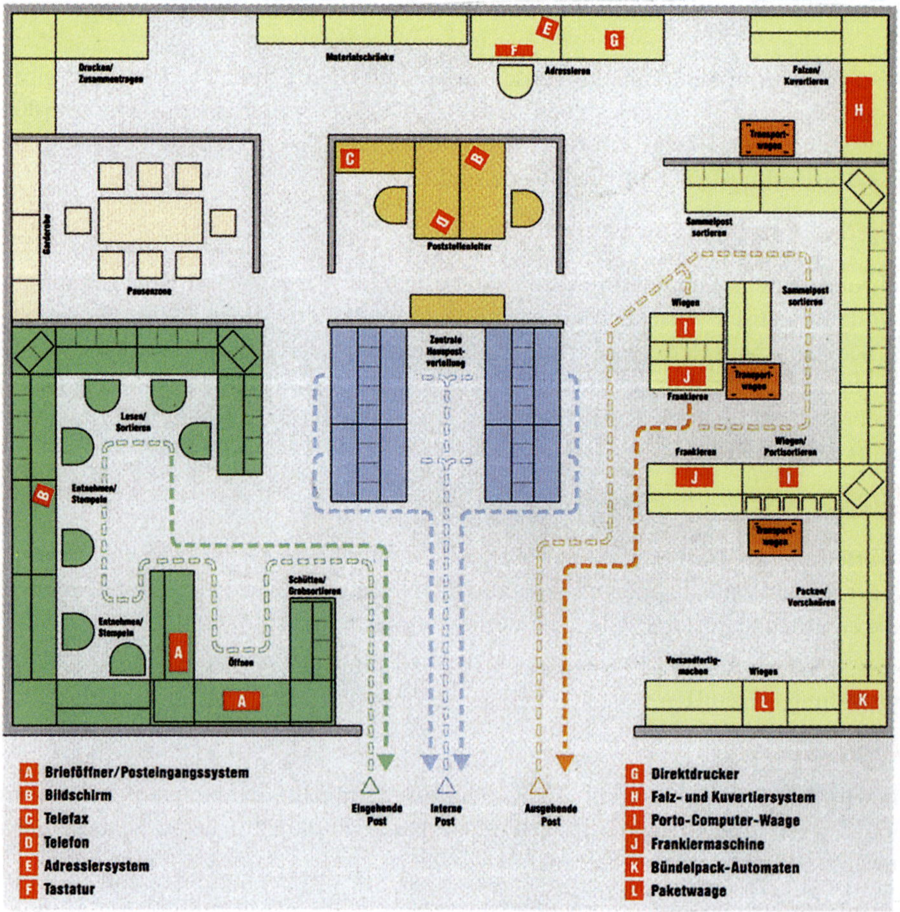

A Brieföffner/Posteingangssystem
B Bildschirm
C Telefax
D Telefon
E Adressiersystem
F Tastatur
G Direktdrucker
H Falz- und Kuvertiersystem
I Porto-Computer-Waage
J Frankiermaschine
K Bündelpack-Automaten
L Paketwaage

Andere Formen der Freimachung

▶ Antwortsendungen

Umhüllungen (ohne Fensterbriefumschläge), Karten, Aufschriftzettel und Paketkarten dürfen innerhalb des Bereichs der Deutschen Post AG freigestempelt werden. Die Anschrift des Absenders muss durch Druck, Anschriftenplatten, Vervielfältigungen oder Schreibmaschine angebracht sein. Oberhalb der Anschrift muss der Vermerk „Antwort", bei Paketkarten der Vermerk „Rücksendung" angebracht werden.

▶ Aufdrucken von Postwertzeichen

Die Post druckt auf Antrag Postwertzeichen auf die Firmenbriefumschläge oder Karten (Auskunft: Versandstelle für Postwertzeichen, 10623 Berlin).

▶ Gebührenzettel

Sie sind nur im Auslandsverkehr zugelassen. Der Absender kann im Verkehr mit verschiedenen Ländern auch solche Gebühren und Abgaben übernehmen, die sonst bei der Auslieferung der Sendung vom Empfänger eingezogen werden (Postgebühren, z. B. Gestellungsgebühr, Zustellgebühr; Eingangsabgaben, z. B. Zollbeträge, Einfuhrumsatzsteuer). Zweck: Die Sendungen werden dem Empfänger gebühren- und abgabenfrei ausgeliefert. Vorteilhaft für Geschenksendungen und Kundenwerbung (Warenmuster).

Anzubringender Vermerk auf der Aufschriftseite und ggf. auf der Paketkarte: „Franc de taxes et de droites – Frei von Gebühren und Abgaben".

▶ Internationaler Antwortschein

Zweck: Der Absender eines Briefes ins Ausland will die Gebühr für die Antwortsendung im Voraus entrichten. Er fügt seinem Schreiben internationale Antwortscheine bei, die bei den Postanstalten im Ausland gegen Postwertzeichen im Wert der Mindestgebühr für einen gewöhnlichen, mit Vorrang beförderten Auslandsbrief umgetauscht werden. Der Antwortschein und die Sendung, zu deren Freimachung der Antwortschein umgetauscht werden soll, sind gleichzeitig vorzulegen. Ein internationaler Antwortschein ist nur noch in der eFiliale erhältlich (www.deutschepost.de/efiliale).

Kernwissen

- Größere Postmengen lassen sich maschinell rationell bearbeiten.
- In größeren Betrieben ist der Einsatz einer Poststraße zweckmäßig.
- Zum Adressieren und Frankieren lassen sich auch DV-Anlagen einsetzen.
- Jede Rationalisierungsmaßnahme muss gründlich überlegt werden. Eine Ansammlung von Maschinen bedeutet durchaus keine Arbeitsvereinfachung, sondern kann häufig das Gegenteil bewirken. Hightechorientierte Postbearbeitungssysteme optimieren den Arbeitsablauf und beschleunigen den Informationsfluss.
- In Zukunft werden sicher weite Bereiche der heute noch konventionell betriebenen Nachrichtenübermittlung (sogenannte „Gelbe Post") durch elektronische Systeme (Telekommunikation) abgelöst.
  Beispiel: Die eFiliale ist die Postfiliale im Internet. Unter www.efiliale.de können Posteinkäufe rund um die Uhr erledigt werden.
- Bei der Anschaffung von Postbearbeitungsmaschinen sollte dieser Aspekt bedacht werden.

Zur Vertiefung

1 Welche Sendungen eignen sich zur Freistempelung durch die Post?

2 Was geschieht, wenn bei der Freistempelung eine vom Anmeldeschein abweichende Sendungszahl festgestellt wird?

3 Wer beantragt die Genehmigung zur Benutzung einer Freistempelungsmaschine, und wo wird diese Genehmigung beantragt?

4 Welche Arten der Gebührenentrichtung für Freistempelungsmaschinen gibt es?

5 Bisher hat Frau Ganella, die Sekretärin des Firmeninhabers, die Postabfertigung für den gesamten Betrieb erledigt. Im letzten Jahr hat diese Arbeit einen solchen Umfang angenommen, dass die übrige Sekretariatsarbeit dadurch beeinträchtigt wird.

a) Nennen Sie drei Argumente, mit denen Frau Ganella ihren Chef überzeugen kann, dass die Einrichtung einer zentralen Poststelle sinnvoll und notwendig ist.

b) Machen Sie einen Vorschlag, wie das Problem gelöst werden kann.

6

a) Berechnen Sie den Gesamtportoaufwand für das Freimachen von 110 Standardbriefen mit einem Einzelgewicht von 18 g und 70 Briefen mit einem Einzelgewicht von 25 g.
Bevor Sie diese 180 Briefe frankieren, zeigt der Portozähler Ihrer Frankiermaschine den Stand 29 751,36 EUR. Das Vorgabe-Zählwerk steht auf 29 910,58 EUR.

b) Wie viele Briefe mit einem Einzelgewicht von 45 g können Sie nach Freimachung der 180 Briefe mit dem Portorest noch frankieren?

7 Werden Sie zu Rationalisierungsmaßnahmen im Bereich der Postbearbeitung hinzugezogen, prüfen Sie folgende Fragen:

a) Wie hoch sind die Personal- und Materialkosten der derzeitigen Verfahren? Wie groß ist der Arbeitsanfall (Ist-Aufnahme)?

b) Wo liegen die Schwachstellen der derzeitigen Verfahren (Ist-Kritik)?

c) Verbesserungsmöglichkeiten suchen. Welche Lösung ist sowohl aus organisatorischer als auch finanzieller Sicht die beste (Soll-Vorschlag)?

d) Einen Plan zur Verwirklichung des Soll-Vorschlags entwickeln!
Diese Aufgabe soll anregen zu:
- gezielten eigenen Untersuchungen im Ausbildungsbetrieb,
- einer folgenden Auswertung in einem handlungsorientierten Unterrichtsgespräch und
- einer Themenstellung im Bereich Projektarbeit.

2.2 Speichern von Informationen, Schriftgutverwaltung (Registratur), Karteien, Dateien

Situation

Eva Winkler leitet die Zentralregistratur in der Firma COMPUTEACH. Je nach Art der Registratur kostet es zwischen 0,17 EUR und 0,20 EUR, ein einziges Blatt Papier abzulegen. Eva Winkler weiß, dass die klassischen Organisationsmittel nach wie vor unentbehrlich sind. Während einer Mitarbeiterschulung hört sie einen Fachvortrag über den zukunftsträchtigen Markt der optischen Archivierung und Bildverarbeitung. Sie liest Fachliteratur und besucht Messen und Hersteller, um sich die notwendigen Informationen für eine mögliche Reorganisation der Zentralregistratur zu beschaffen (s. auch Situation S. 95).

Aufgabe der Schriftgutverwaltung ist es, das Schriftgut eines Betriebes geordnet aufzubewahren. Die Schriftgutverwaltung und Karteiführung gehören zu den arbeits- und zeitaufwendigen Büroarbeiten. Zurzeit entfallen etwa 80 % der Bürokosten auf Personalkosten. Die Prognose „Das Büro der Zukunft, ein Büro ohne Papier“ wird sich in absehbarer Zeit nicht verwirklichen lassen.

Wirtschaftliche Schriftgutverwaltung heißt:

- Nur wirklich notwendiges Schriftgut aufbewahren,
- es in kurzer Zeit verfügbar haben,
- Hilfsmittel sinnvoll einsetzen.

Daraus ergeben sich die Fragen:

- **Warum** muss Schriftgut aufbewahrt werden? Grund
- **Welches** Schriftgut muss aufbewahrt werden? Wert
- **Wo** wird das Schriftgut aufbewahrt? Standort
- **Welche** Schriftgutbehälter werden eingesetzt? Ablagetechniken
- **Welche** Ordnungssysteme werden eingesetzt?

Karteien sind ein praktisches und einfaches Rationalisierungs- und Ordnungsmittel überall da, wo eine Vielfalt von **Merkmalen** und **Daten** gespeichert werden, die rasch wiedergefunden werden müssen. Es muss jedoch geprüft werden, ob die gewünschten Daten nicht möglicherweise aus anderen Quellen bezogen werden können, z. B. als Abfallprodukt aus der EDV.

Die Archivierung von Papierdokumenten beansprucht sehr viel Raum und eine aufwendige Organisation. Eine schnelle, elektronische Kommunikation ist mit Papierinformationen nicht möglich. Immer mehr Unternehmen entscheiden sich deshalb für den Einsatz **elektronischer Dokumenten-Management-Systeme (DMS)**. Diese Systeme dienen der Speicherung, der Verwaltung, dem Zugriff und der Darstellung von Dokumenten. Der Einsatz eines DMS muss genügend vorbereitet werden. Der Aufwand für die organisatorische Vorbereitung ist groß; es empfiehlt sich der Einsatz eines Projektteams, das alle späteren Anwender in die Planung und Umsetzung einbezieht. Internet und Intranet werden die Nachfrage nach Dokumenten-Management-Produkten beschleunigen.

2.2.1 Organisation der Schriftgutverwaltung (Registratur)

Situation

Der Auszubildende Christian Hoff wird damit beauftragt, die Schriftstücke, die täglich in seiner Abteilung anfallen, zur Ablage vorzubereiten, d. h., er muss diese zunächst sortieren. Dabei sind die Rechtsvorschriften zu beachten, aber auch die in der Abteilung üblichen Ablagekriterien zu berücksichtigen.

2.2.1.1 Notwendigkeit der Schriftgutverwaltung

Durch die Informationsspeicherung und Informationsverwaltung entstehen hohe Kosten. Um die wirtschaftlichste Lösung zu finden, müssen die verschiedenen Möglichkeiten bekannt sein. Bei Reorganisationsmaßnahmen ist der Einsatz der bereits bekannten Vier-Stufen-Methode sinnvoll, mit folgender Zielsetzung:

- optimale Gestaltung der Informationsverwaltung (Ablage)
- optimaler und auch für andere Abteilungen verbindlicher Einsatz eines Ordnungssystems
- Reduzierung des Platzaufwandes
- Reduzierung des Zeitaufwandes

Es gibt folgende Möglichkeiten:

- Aufbewahrung von Schriftgut in der Registratur
- Aufzeichnung von Informationen in einem Buch, einer Kartei oder Datei
- Verfilmung von Schriftgut mithilfe der Mikrografie
- Speichern von Daten auf einem Datenträger (Diskette, Festplatte, CD-ROM, Magnetband)
- Einsatz von Dokumenten-Management-Systemen (DMS)

■ Warum muss Schriftgut aufbewahrt werden?

► Betriebliche Gründe

Schriftgut – als Ergebnis der Büroarbeit – liefert Daten und Informationen, die oft für die weitere Arbeit von Bedeutung sind.

► Rechtsvorschriften

Die gesetzlichen Bestimmungen sind festgelegt im

- Handelsrecht:
  vorrangig: § 238 Buchführungspflicht
  § 239 Führung der Handelsbücher
  § 257 Aufbewahrung von Unterlagen, Aufbewahrungsfristen
  § 261 Vorlegung von Unterlagen auf Bild- und Datenträgern;
- GDPdU-Verordnung:
  Seit dem 1. Januar 2002 führt die Finanzverwaltung Steuerprüfungen durch, bei denen steuerrelevante Unterlagen in elektronischer Form angefordert und digital geprüft werden.
- Steuerrecht:
  vorrangig gelten folgende Paragrafen der Abgabenordnung:
  § 145 Allgemeine Anforderungen an Buchführung und Aufzeichnungspflicht
  § 146 Ordnungsvorschriften für die Buchführung und für Aufzeichnungen
  § 147 Ordnungsvorschriften für die Aufbewahrung von Unterlagen.

Nach dem Steueränderungsgesetz 1998 vom 19. Dezember 1998 (Bundesgesetzblatt Teil 1 vom 23. Dezember 1998, Seite 3816f.) sind Paragraf 257 Absatz 4 des Handelsgesetzbuches und Paragraf 147 Absatz 3 der Abgabenordnung geändert worden. Diese Änderungen sind mit Wirkung vom 24. Dezember 1998 in Kraft getreten.

Danach ist jeder Kaufmann verpflichtet, die folgenden Unterlagen geordnet aufzubewahren:

- Handelsbücher, Inventare, Eröffnungsbilanzen, Jahresabschlüsse, Lageberichte, Konzernabschlüsse, Konzernlageberichte sowie die zu ihrem Verständnis erforderlichen Arbeitsanweisungen und sonstigen Organisationsunterlagen,
  Aufbewahrungsfrist: zehn Jahre;

- alle empfangenen Handelsbriefe, Wiedergaben der abgesandten Handelsbriefe (Handelsbriefe sind nur Schriftstücke, die ein Handelsgeschäft betreffen),
  Aufbewahrungfrist: sechs Jahre;

- Belege für Buchungen in den von ihm nach § 238, Abs. 1 zu führenden Büchern (Buchungsbelege),
  Aufbewahrungfrist: zehn Jahre.

AO § 147 Ordnungsvorschriften für die Aufbewahrung von Unterlagen: „Die Aufbewahrungsfrist beginnt mit dem Schluss des Kalenderjahres, in dem die letzte Eintragung in das Buch gemacht, das Inventar, die Eröffnungsbilanz, der Jahresabschluss oder der Lagebericht aufgestellt, der Handels- oder Geschäftsbrief empfangen oder abgesandt worden oder der Buchungsbeleg entstanden ist, ferner die Aufzeichnung vorgenommen worden ist oder die sonstigen Unterlagen entstanden sind.“

► Rechtliche Vorschriften zur Archivierung unter Einsatz konventioneller Methoden und neuer Medien

I. Handels- und Steuerrecht
   § 257 HGB regelt die Aufbewahrung von Unterlagen über Geschäftsvorfälle

II. Zivil- und Prozessrecht
   § 126 BGB
   §§ 415–444 ZPO beweisen Sachverhalte

   - Vorlage von Urkunden sicherste Beweisform
   - digitale Dokumente sind nur „Objekte des Augenscheins“

Zur Beachtung und gegebenenfalls Klärung der Forderungen anderer Finanzdirektionen:

Forderung der Finanzdirektion Stuttgart:

- Dokumente, die das Finanzamt betreffen, müssen für eine ordnungsgemäße optische Archivierung auf eine CD-R und CD-RW archiviert werden.

- Elektronisch gespeicherte Dokumente sind ordnungsgemäß abzulegen.

- Digital gespeicherte Dokumente müssen nach den Grundsätzen der ordnungsgemäßen Buchführung wieder ausdruckbar sein.

Empfohlene Vorgehensweise:

- Dem Finanzamt ist die elektronische Archivierung anzuzeigen.

- Eine Abstimmung mit dem zuständigen Steuerberater und Wirtschaftsprüfer ist vorzunehmen.

► *Aufbewahrungsformen*

Welche Aufbewahrungsformen zulässig sind, ergibt sich aus § 257 (3) HGB und § 147 (2) AO. Das nachfolgende Schaubild gibt hierüber einen Überblick.

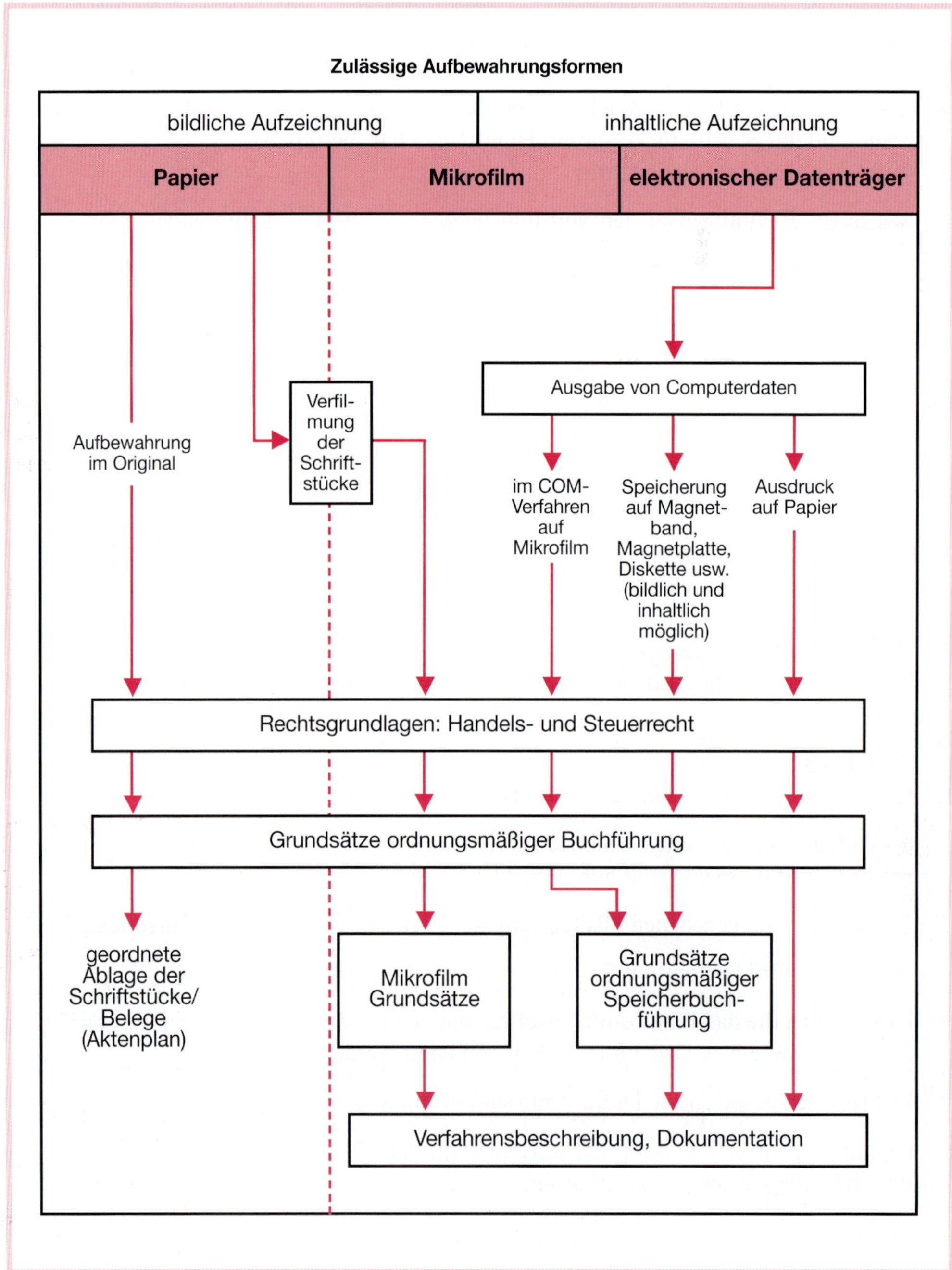

(Quelle: Rechtsgrundlagen der Mikroverfilmung, AWV, Arbeitsgemeinschaft für wirtschaftliche Verwaltung, Eschborn, 1987)

Welches Schriftgut muss aufbewahrt werden?

Es wird viel zu viel abgelegt. Die verantwortlichen Sachbearbeiter sollten kritisch prüfen, welche Schriftstücke tatsächlich in die Ablage gehören; sie sollten den Mut haben, sich von Ballast zu befreien. Auch die Ablageorganisation sollte überprüft werden. Wichtig ist es, den Ablageaufwand so gering wie möglich zu halten.

Beispiel:

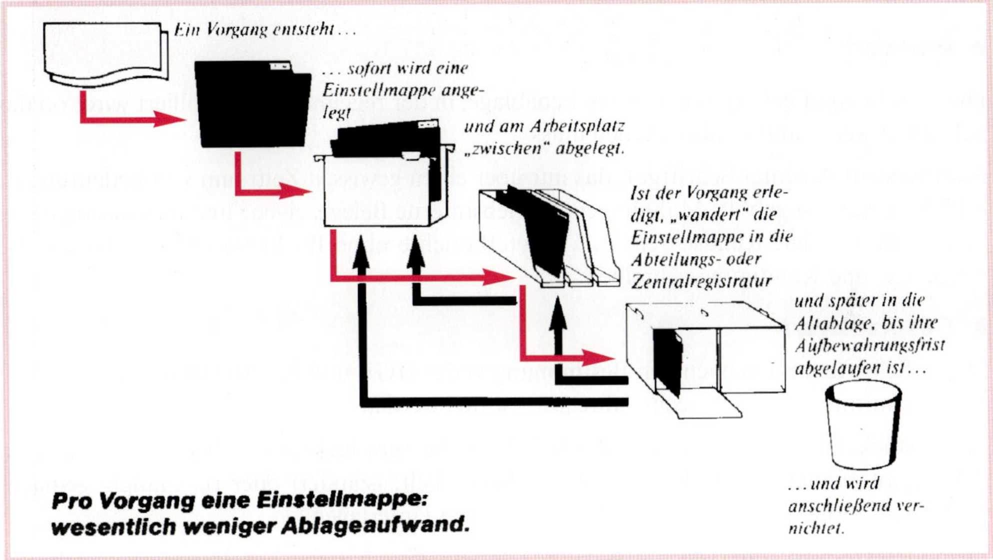

Vorgänge durchlaufen im Allgemeinen **drei Aktualitätsstufen**.

Aktualitäts-stufe	Schriftgut	Verweildauer	Ort der Ablage	Art der Möbel
Entstehung des Vorgangs				
I	Arbeitsunterlagen („Werkzeuge") Vorgänge in Bearbeitung („Werkstücke")	Ständiger Verbleib Verbleib während der Bearbeitung	Arbeitsplatzablage	Hängeauszug im Schreibtisch, Hängewagen, Beistelltheke in Schreibtischnähe
II	Vorgänge in langfristiger Überwachung	Verbleib, solange gelegentlicher Rückgriff notwendig	Abteilungs-, Gruppen-, Zentralregistratur	Gut zugängliche Theken, Schränke, Regale
III	Abgeschlossene Vorgänge	Verbleib, solange gesetzlich oder verwaltungsintern vorgeschrieben	Altablage	Platzsparende, stationäre oder verschiebbare Regale/Schränke
Vernichtung des Vorgangs				

(Quelle: Louis Leitz, Stuttgart)

Das Schriftgut lässt sich in **vier Wertigkeitsstufen** gliedern:

- Tageswert,
- Prüfwert,
- Gesetzeswert,
- Dauerwert.

▶ ***Tageswert***

Dieses Schriftgut gehört nach Kenntnisnahme in den Papierkorb! Man versteht darunter Schriftgut, das nur eine einmalige Information vermittelt, z. B. Einladungen, Werbeschreiben, unverlangte Angebote, Wurfsendungen, häufig auch Glückwunsch- und Kondolenzschreiben.

▶ ***Prüfwert***

Dieses Schriftgut gehört in eine Zwischenablage, in der regelmäßig kontrolliert wird, ob das Schriftgut weiter aufbewahrt werden muss.

Man versteht darunter Schriftgut, das nur über einen gewissen Zeitraum von Bedeutung ist, z. B. Anfragen, Angebote, Mahnungen, betriebsinterne Belege, eigene und fremde Angebote ohne Auftragsfolge, Rundschreiben, Vertreterberichte ohne Buchungswert, Statistiken, Bewerbungs- und Kündigungsschreiben.

▶ ***Gesetzeswert***

Dieses Schriftgut muss nach den Bestimmungen des HGB und der Abgabenordnung der Finanzverwaltung zehn bzw. sechs Jahre aufbewahrt werden.

Schriftstücke mit Gesetzeswert sind alle Belege, die zum lückenlosen Nachweis eines Handelsvorganges dienen, gleichgültig, ob er abgewickelt, geändert oder rückgängig gemacht worden ist, ferner alle steuerrechtlich bedeutsamen Unterlagen.

Dem Gesetzeswert unterliegen z. B. Handelsbriefe, Geschäftsbücher, Inventarverzeichnisse, Bilanzen.

▶ ***Dauerwert***

In jedem Betrieb gibt es Schriftgut von so großer Bedeutung, dass es langfristig oder dauernd aufbewahrt werden muss.

Dem Dauerwert unterliegen Unterlagen über Inhaber- und Rechtsverhältnisse des Unternehmens, über die Firmenentwicklung; Verträge, Patente, Testamente u. Ä.

Wo wird das Schriftgut aufbewahrt?

Das Schriftgut muss schnell und richtig abgelegt werden und schnell und leicht zu entnehmen sein. Der Standort der Ablage ist abhängig von der Wertigkeit des Schriftgutes, der Zugriffshäufigkeit und der Abgrenzung der Arbeitsbereiche der Sachbearbeiter.

Folgende Ablageformen sind üblich:

- die Arbeitsplatzablage,
- die Bereichs- und Abteilungsablage,
- die Zentralablage,
- die elektronische Verwaltung von Akten (DMS),
- die Altablage (Archiv).

Diese Möglichkeiten können kombiniert werden.

▶ Arbeitsplatzablage

Hier werden alle aktuellen Unterlagen, die von **einem** Sachbearbeiter bearbeitet werden, untergebracht. Bewährt haben sich die Hängeregistratur im Schreibtisch und fahrbare Registraturwagen.

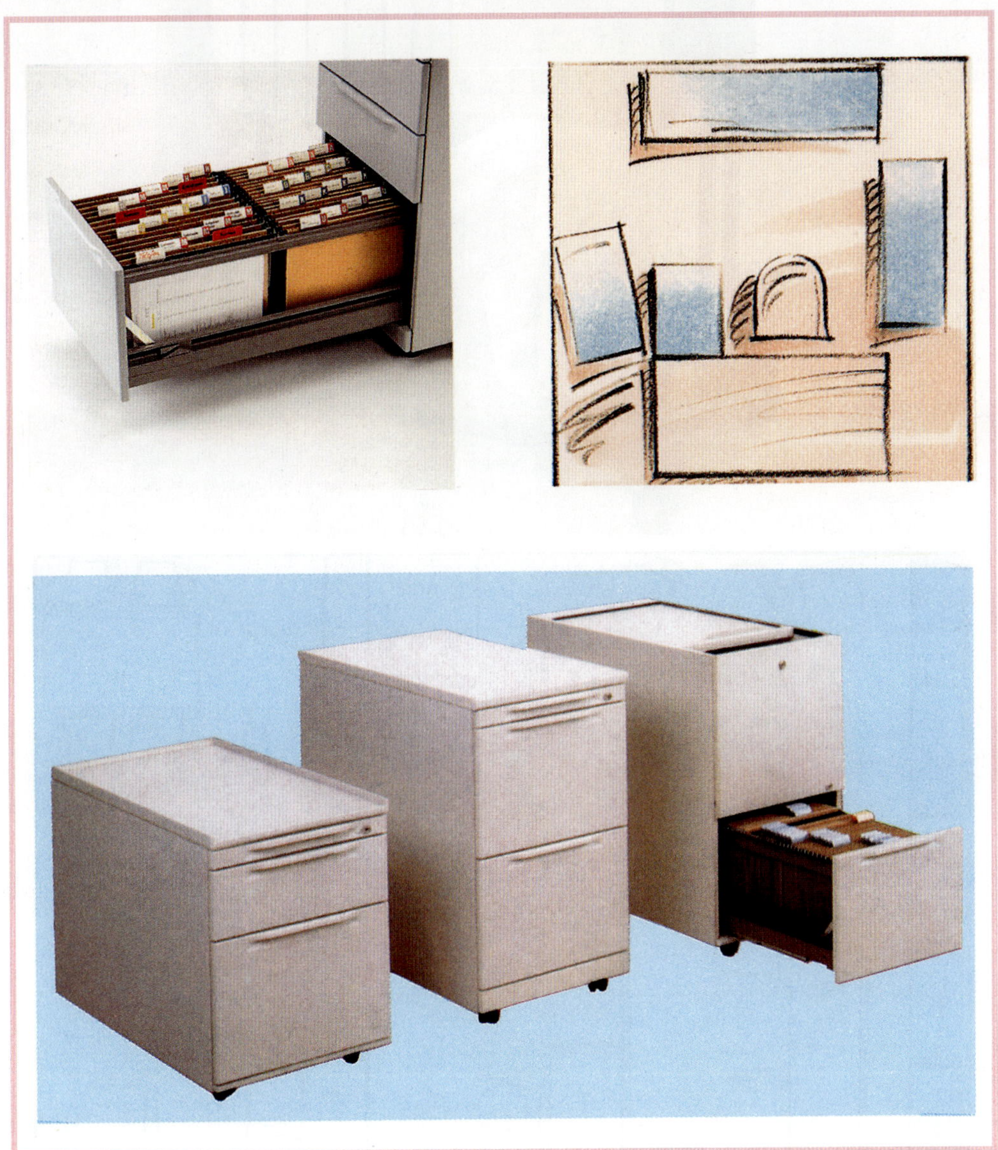

▶ Bereichs- und Abteilungsablage

Hier wird das aktuelle Schriftgut untergebracht, das von **mehreren** Mitarbeitern gleichzeitig benötigt wird. Unter aktuellem Schriftgut versteht man den laufenden Schriftwechsel, meistens der letzten zwei Jahre.

▶ Zentralablage

Sie bietet vor allem in größeren Betrieben, wo der Informationsanfall und -austausch erheblich ist, viele Vorteile:

- Es gibt **einen** Datenbestand.
- Es gibt **eine** Stelle für Änderungen.
- Es gibt **eine** Stelle zur Auswertung der Daten (z. B. Mikrofilm).
- Es gibt die Zugriffsmöglichkeit für **viele** Benutzer, denn in einem Betrieb braucht **jeder** Informationen. Voraussetzungen:
  - eine zentrale Lage der Registratur, um Laufwege und damit Zugriffszeiten so kurz wie möglich zu halten,
  - eine einwandfreie Raumausstattung,
  - möglichst Schalterbedienung.

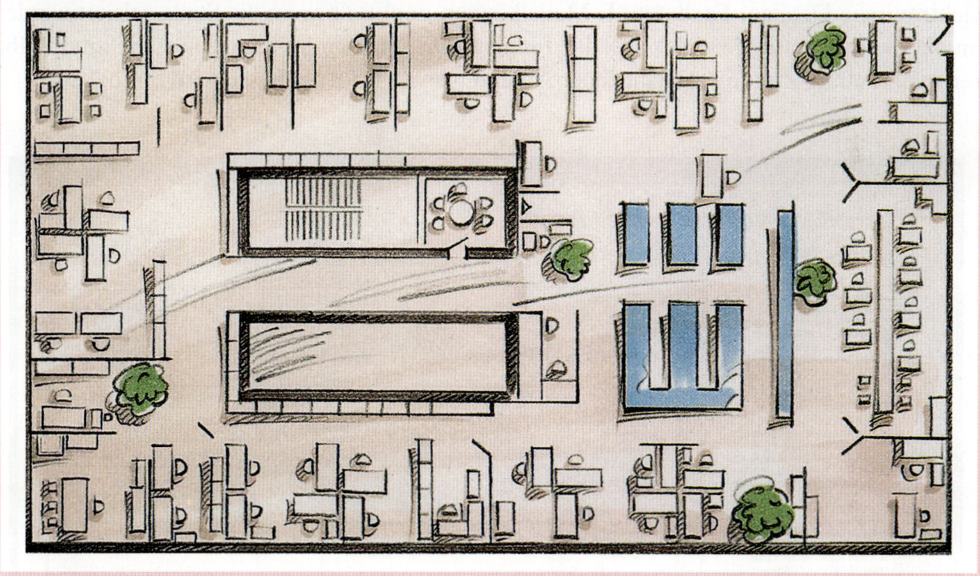

Die Zentralablage kann konventionell betrieben werden, d. h., der Sachbearbeiter holt die ihn interessierende Akte gegen Quittung selbst ab oder lässt sie sich durch Boten oder Rohrpostanlage zustellen.

▶ Elektronische Verwaltung von Akten (DMS)

Angesichts der zunehmenden Bedeutung der Information als Wirtschaftsfaktor ist in Zukunft eine integrierte Informationsverwaltung erforderlich. Darunter versteht man den Nachweis **aller** Informationen zu **einem Sachverhalt**, und zwar unabhängig vom jeweiligen Datenträger. EDV-unterstützte Aktenverwaltung ist ein erster Schritt in diese Richtung.

Die Archivierung von Papierdokumeten beansprucht sehr viel Raum; die Organisation ist aufwendig. Immer mehr Unternehmen entscheiden sich deshalb für den Einsatz **elektronischer Dokumenten-Management-Systeme (DMS)**. Diese Systeme dienen der Speicherung, der Verwaltung, dem Zugriff und der Darstellung von Dokumenten. Heute werden bereits 70 % aller Informationen elektronisch gespeichert, wobei leistungsfähige DMS für deren Verwaltung unentbehrlich sind. Untersuchungen des auf diesem Gebiet führenden Unternehmens ELO Digital Office GmbH, Stuttgart (1998 hervorgegangen aus der Unternehmensgruppe Louis Leitz), führten bei einem Vergleich zwischen herkömmlichen Archiven und DMS-Archiven zu folgendem Ergebnis: DMS ermöglicht eine vierfache Zeiteinsparung und ein 140-faches Archivfassungsvermögen bei einem Drittel der Kosten.

Mithilfe elektronischer Scanner werden Papierinformationen in elektronische Dokumente umgewandelt und gespeichert. Imaging Clients sorgen für die Darstellung am Bildschirm. Das Ergebnis ist die „elektronische Akte“. Die Anwendungsgebiete umfassen die reine Archivierung von Dokumenten bis zur Koordinierung von Arbeitsprozessen.

Häufig ist der Ansatzpunkt einer Umstellung auf das neue Medium die **Schriftgutverwaltung**. Die tägliche Eingangspost wird gescannt und über die hauseigenen Computer an die entsprechenden Empfänger weitergeleitet. Die Post in „Papierform“ kann nach einer Sicherheitsfrist (siehe „Rechtliche Vorschriften“) vernichtet werden. Ein weiterer Vorteil: Papierdokumente, elektronische Dateien, Faxdaten, E-Mails können unmittelbar an die Stelle geleitet werden, an der die Bearbeitung erfolgt. Der PC fungiert als umfassendes Steuerpult; ein unmittelbarer gemeinsamer Zugang verschiedener Abteilungen zu Informationen wird ermöglicht.

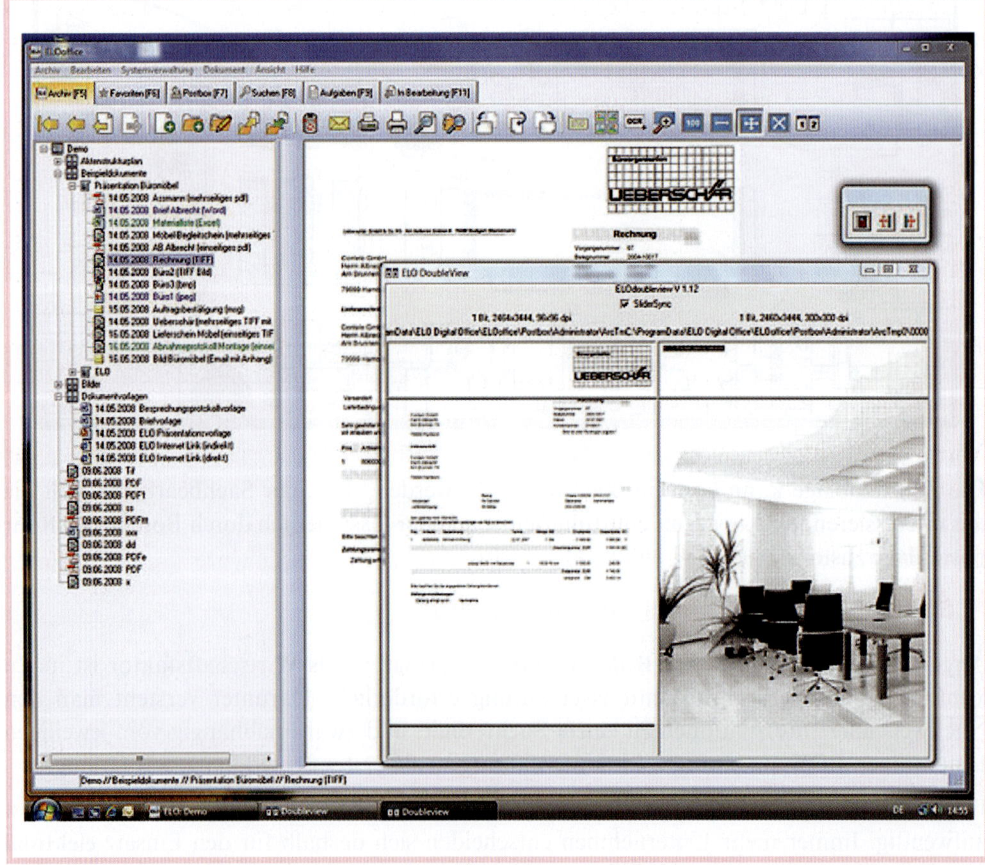

ELO entwickelt und vertreibt Software für die Bereiche digitale Archivierung, elektronisches Dokumentenmanagement und Workflow.

Einige Vorteile im Einzelnen:

- **Sicheres Archivieren** unter Einhaltung gesetzlicher Vorgaben: Durch vorher angelegte Strukturen im Archiv und „intelligente Suchmechanismen" können die Dokumente schnell wiedergefunden werden.
- **Vertrautes Arbeiten.** Die Ordnungsmechanismen Archiv, Aktenschrank, Ordner und Register wurden auf die Software übertragen; das Arbeiten ist ohne großen Lernaufwand möglich. Der Anwender navigiert in der Aktenstruktur, öffnet Ordner und blättert in Dokumenten.
- **Scanfunktionen** übernehmen die Dokumente digital in das Archiv.

  Unterschiedliche **Such- und Filterfunktionen** ermöglichen schnelles Wiederfinden der Dokumente. Hilfreich ist die Möglichkeit zur automatischen Verschlagwortung von Ablageinformationen.
- Eine spezielle **E-Mail-Integration** ermöglicht die projektbezogene Ablage von E-Mails.
- **Teamarbeit** lässt sich einfach gestalten, d. h., mehrere Nutzer können gleichzeitig mit ein und demselben Archiv arbeiten. Hat ein Anwender ein bestimmtes Dokument ausgecheckt, so ist das für andere Kollegen ersichtlich. Sie können das Dokument zwar einsehen, es ist aber vor konkurrierender Bearbeitung geschützt, bis es wieder eingecheckt wird. Die Check-in-/Check-out-Funktion stellt sicher, dass es beim gemeinsamen Bearbeiten von Dokumenten zu keinen Änderungskonflikten kommt.
- **Betriebsprüfung.** Auf Basis der GDPdU-Verordnung führt die Finanzverwaltung seit dem 1. Januar 2002 Steuerprüfungen durch, bei denen steuerrelevante Unterlagen in elektronischer Form angefordert und digital geprüft werden. Entsprechende Archive oder Teile davon können ausgelagert werden, um diese auf eine CD oder DVD zu brennen.

Der DMS-Markt befindet sich noch in einer frühen Phase. Es gibt viele kleine Anbieter, aber keine klaren Standards. Der Einsatz eines DMS muss genügend vorbereitet werden. Der Aufwand für die organisatorische Vorbereitung ist groß; es empfiehlt sich der Einsatz eines Projektteams, das alle späteren Anwender in die Planung und Umsetzung einbezieht. Internet und Intranet werden die Nachfrage nach Dokumenten-Management-Produkten beschleunigen.

Voraussetzung einer optimalen Informationsspeicherung, Informationsverwaltung und Informationsbereitstellung ist ein ganzheitliches Organisationskonzept, das konventionelle Registraturen mit optoelektronischen Speichersystemen verbindet, sonst entsteht aus einem Papierchaos ein DV-Chaos. Technik alleine löst keine Organisationsdefizite!

▶ *Altablage (Archiv)*

Hier ist der Standort für Schriftgut, das selten benötigt oder lediglich noch aus gesetzlichen Gründen aufbewahrt wird. Schriftgut und sonstige Unterlagen von **bleibendem** Wert, die auch nach Ablauf gesetzlicher und/oder verwaltungsinterner Fristen dauernd aufbewahrt werden (z. B. aus historischen Gründen), werden in einem **Archiv** (Altablage) untergebracht.

▶ *Registraturmöbel*

Für alle Registraturen ist die Wahl der geeigneten Möbel von großer Bedeutung. Möbel sollten den DIN-Normen entsprechen (DIN 4545 Kartei- und Registraturschränke auf Sockel, DIN 4549 Schreibtische, Büromaschinentische und Bildschirmarbeitstische).

Schreibtische sollten einen Hängeauszug enthalten. Schränke mit Rollladen sind praktisch und platzsparend.

Welche Schriftgutbehälter werden eingesetzt?

Die Wirtschaftlichkeit einer Registratur wird entscheidend bestimmt von der Lösung folgender Fragen:

- Einzel- oder Sammelakten?
- Loseblattablage oder geheftete Ablage?
- Welche Registraturart ist die richtige?

▶ Einzelakte

Besteht ein Geschäftsvorgang nur aus wenigen Schriftstücken, wird er am sinnvollsten in **einem** Behälter aufbewahrt.

▶ Sammelakte

Verschiedene Vorgänge werden in **einem** Behälter gesammelt.

▶ Loseblattablage

„Zeit ist Geld!" Der Hauptvorteil der Loseblattablage liegt im Zeitgewinn; das bedeutet Verringerung der Personalkosten. Bei einer gehefteten Ablage kostet ein Blatt etwa 0,16 bis 0,18 EUR, bei einer Loseblattablage etwa 0,11 EUR. Die Registraturarbeit ist bequemer, denn das Lochen der Schriftstücke und das Öffnen und Schließen der Schriftgutbehälter entfällt.

Wenn eine Loseblattablage einwandfrei funktionieren soll, darf sie nicht improvisiert werden, sondern muss organisiert werden. Der Umstellung von einer gehefteten auf eine Loseblatt-Ablage muss eine vollständige Istaufnahme vorausgehen.

▶ Geheftete Ablage

Sie kostet Zeit! Darum muss der verantwortliche Sachbearbeiter entscheiden, ob die Schriftstücke einen hohen Zeit- und Kostenaufwand rechtfertigen. „Schnellhefter" – besser „Langsamhefter" – haben keine Daseinsberechtigung.

▶ Welche Registraturart ist die richtige?

Zweckmäßiger und betriebswirtschaftlich richtiger als eine Loseblattsammlung ist die Heftregistratur für folgende Fälle:

- Langzeitakten mit Dokumenten und vertraulichen Unterlagen,
- Akten mit häufigem Umlauf,
- Akten, die extern verwendet werden.

Ablagearten (Registraturarten) (DIN 821)

Man unterscheidet zwischen folgenden Ablagearten:

- **Liegende Ablage:** Die Schriftgutbehälter liegen übereinander.

  ① liegende Ablage

- **Stehende Ablage:** Die Schriftgutbehälter stehen seitlich nebeneinander (lateral) oder hintereinander (vertikal).
  ② Ordnerregistratur
  ③ laterale Sammlerregistratur
  ④ vertikale Sammlerregistratur
- **Hängende Ablage:** Die Schriftgutbehälter sind seitlich nebeneinander (lateral) oder hintereinander (vertikal) abgehängt.
  ⑤ laterale Hängeablage
  ⑥ vertikale Hängeablage

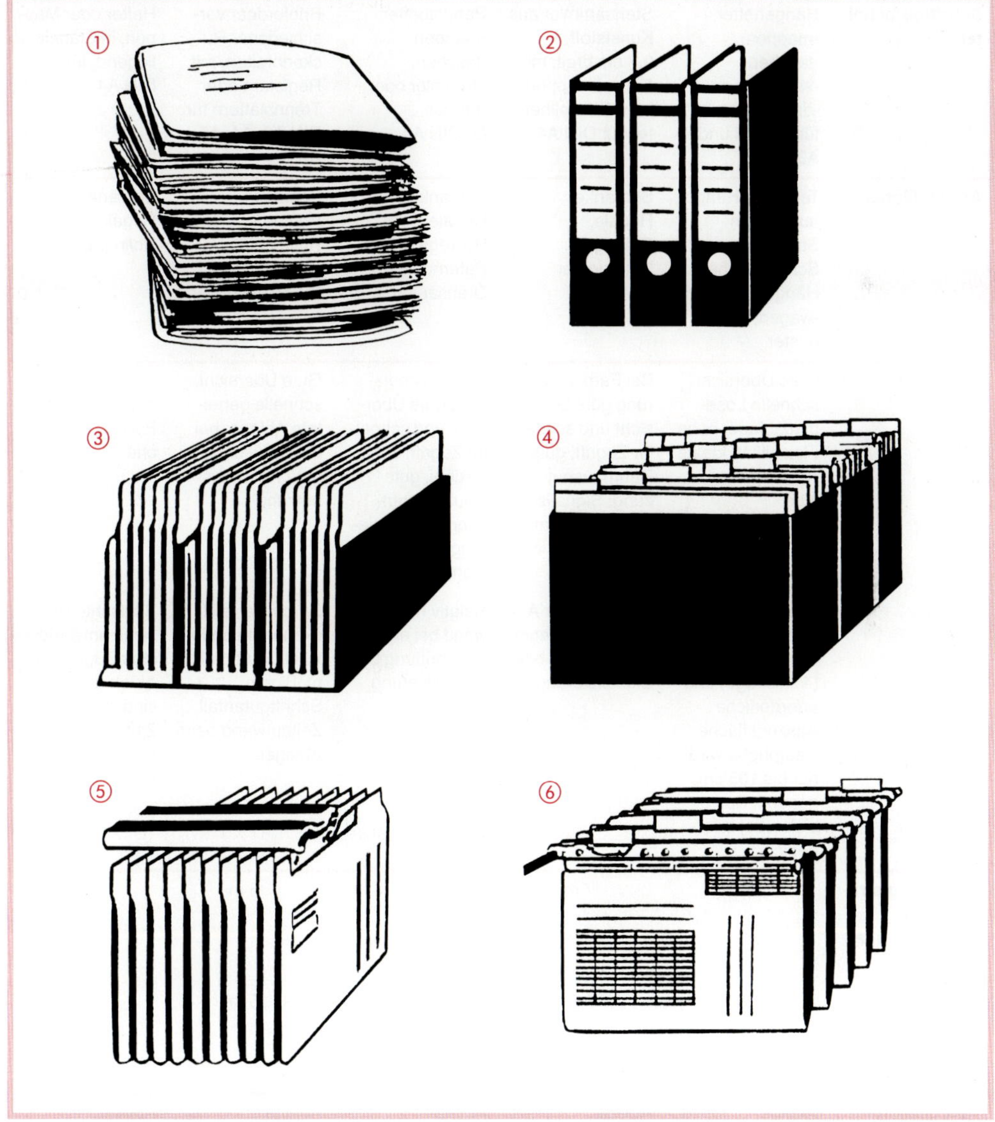

Anmerkung zu den Begriffen **lateral** und **vertikal**:

Bei lateralen Ablagen werden die Schriftgutbehälter von vorn eingebracht; bei vertikalen Ablagen werden die Schriftgutbehälter von oben eingebracht.

Tabelle Registraturarten

Die Registraturen im Überblick

Organisationsfaktoren		Hängeregistratur (vertikal)	Stehsammlerregistratur	Pendelregistratur (lateral)	Ordnerregistratur	Liegende Ablage
Schriftgutbehälter		Hängehefter, -mappen, -taschen, -sammler, -ordner für DIN A4 und A3	Stehsammler aus Kunststoff, 9,7 cm breit, mit Einstellmappen bzw. Einstellheften für DIN A4	Pendelhefter, -mappen, -taschen, -sammler oder -ordner für DIN A4	Briefordner verschiedener Rückenbreiten, mit Registern oder Trennblättern für DIN A3, A4, A5, A6	Hefter oder Mappen, in Stapeln liegend, für DIN A4
Art der Möbel		Teleskop-Hängeauszüge in Schränken oder Schreibtischen, Hängekörbe und -wagen, Paternoster	Schränke, Regale, Rollregale, Paternoster	Schränke, Regale, Rollregale, Paternoster, Drehsäulen	Schränke, Regale, Rollregale, Paternoster, Drehsäulen	Schränke, Regale, Rollregale,
Merkmale	+	Gute Übersicht, schnelle Loseblattablage, hohe Flexibilität, ideale Arbeitsplatzablage	Bei Farbcodierung gute Übersicht und schneller Zugriff, gute Raumausnutzung; Signalisierung und Terminierung möglich	Bei Farbcodierung gute Übersicht und schneller Zugriff, sehr flexibel, gute Raumausnutzung; Signalisierung und Terminierung möglich	Gute Übersicht, schnelle geheftete Ablage, bei voller Füllung gute Raumausnutzung	Gute Raumausnutzung bei voller Füllung der Gefache
	–	Größerer Raumbedarf durch Bedienung von oben (4 Auszüge) und erforderliche Auszugsfläche; Raumhöhe wird nur bis 135 cm genutzt; Spezialmöbel erforderlich	Relativ hoher Aufwand bei eigener Beschriftung bzw. Signalisierung	Relativ hoher Aufwand bei eigener Beschriftung bzw. Signalisierung	Durch starre Rückenbreite unflexibel bei ungleichmäßigem Schriftgutanfall, Zeitaufwand beim Ablegen	Schlechte Übersicht, umständlicher Zugriff, da Akten gestapelt sind, inflexibel, Zeitaufwand für Heftung, Aktenverschleiß
Lfd. m Registratur … je 1 m Wandfläche		5,5 m	7 m	7 m	6 m	6 m
je 1 m² Stellfläche netto (ohne Bedien- und Gangfläche)		11,5 m	17,5 m	17,5 m	15 m	15 m
Ablegeleistung* bei Einzelblatt-Ablage/Tag		Ablage: lose 700 Blatt geheftet 400 Blatt	Ablage: lose 700 Blatt geheftet 400 Blatt	Ablage: geheftet 400 Blatt	Ablage: geheftet 500 Blatt	Ablage: geheftet 400 Blatt

* Ablegeleistung bei alphabetischer Ablage

Checkliste zur Überprüfung der Registraturorganisation (nach Elba)

① Ist Ihre Registratur klar und übersichtlich gegliedert, sodass jeder Mitarbeiter weiß, wo ein gesuchter Vorgang zu finden ist?

② Ist die Beschriftung der Akten gut sichtbar und deutlich zu lesen?

③ Sind Ordner, Hefter und Mappen höchstens normal gefüllt und nicht überfüllt?

④ Bestehen Anweisungen, bestimmte (festgelegte) Unterlagen nicht abzulegen und sie sofort oder nach kurzer Behelfsaufbewahrung zu vernichten?

⑤ Ist dafür eine Kurzfrist-Ablage vorhanden, in die alle vorübergehend aufzubewahrenden Unterlagen eingeordnet werden?

⑥ Werden regelmäßig jährlich überalterte Schriftgut-Jahrgänge ausgesondert, um den Umfang der Registratur möglichst klein zu halten?

⑦ Ist die Ablage so organisiert, dass jeweils ein Vorgang zusammengefasst an einer Stelle zu finden ist?

⑧ Wird die Vorablage täglich in sich sortiert, falls die Schriftstücke nicht täglich in die eigentliche Akte abgelegt werden können?

⑨ Sind alle Vorgänge, die von allgemeinem Interesse sind und die im ganzen Haus gebraucht werden können, zentral abgelegt?

⑩ Sind alle Schriftstücke, die zur Ablage kommen – mit Ausnahme der Kopien – ablage-„reif" gekennzeichnet, damit keine unerledigten Vorgänge irrtümlich in der Registratur verschwinden?

⑪ Werden Ordnerregister und -trennblätter, Leitkarten und Farbkennzeichnungen (diese zur Verhinderung von Falschabhängen oder -abstellen von Heftern und Mappen) benutzt?

⑫ Besteht eine Anweisung, dass nur das Registraturpersonal Schriftstücke einordnen darf?

⑬ Wird nach den Deutschen Einheits-ABC-Regeln geordnet oder bestehen andere einheitliche Richtlinien für die alphabetische Ablage?

⑭ Zusammengesetzte Firmennamen sind häufig Grund für unterschiedliche Ablage von Schriftstücken der gleichen Firma. Werden Hinweiszettel an den möglichen Ablagestellen geführt?

⑮ Ist für die schwierig nach „Stichwort" zu ordnenden Sachakten ein Rahmenplan, eine Stoffgliederung oder gar ein Aktenplan vorhanden?

⑯ Ist der Plan noch aktuell und funktionsfähig und haben die Gruppen „Allgemeines", „Verschiedenes" und „Diverses" nicht mehr als 1 % des Bestandes dieser Sachregistratur erreicht?

⑰ Sind gültige, bindende schriftliche Ablageregeln vorhanden, oder besteht sogar ein gültiger Ablegeplan?

⑱ Sind die Ablegeregeln oder der Ablegeplan jedem Mitarbeiter bekannt, werden sie eingehalten und wird die Beachtung überprüft?

⑲ Sind die Registraturmöbel, besonders die Hängezüge in Vertikal-Hängeschränken, in einwandfreiem Zustand?

⑳ Sind die Registraturräume in angemessenem Zustand und ist die Beleuchtung gut, sodass ungestört und bequem gearbeitet werden kann?

㉑ Wird die Registratur in regelmäßigen Abständen oder zumindest durch häufige Stichproben von einem höheren, initiativen Vorgesetzten überprüft?

㉒ Ist ein Mitarbeiter der mittleren Führung für den Zustand der gesamten Registraturen des Unternehmens der Geschäftsführung verantwortlich?

㉓ Ist die Registratur in Bezug auf Verfahren und Organisation schon einmal von einem neutralen Berater beurteilt worden?

2.2.1.2 Ordnungssysteme

Die Wahl der richtigen Ordnungssysteme wird von folgenden Wünschen bestimmt:

- Das schnelle Wiederfinden von Unterlagen ist wichtig.
- Das Ordnungssystem soll einfach sein. Auch Hilfskräfte müssen leicht damit zurechtkommen.
- Terminkennzeichnungen müssen einfach angebracht werden können.
- Die Registraturarbeit soll einfach sein.
- Die Ordnungssysteme müssen logisch, einprägsam und flexibel sein.

Ordnungsmerkmale können sein

- Namen,
- Orte,
- Nummern,
- Daten,
- Stichworte,
- Piktogramme.

Es ist möglich und richtig, in einer Schriftgutablage nach unterschiedlichen Ordnungsmerkmalen abzulegen.

Verbreitete Ordnungssysteme:

- Ordnen von Schriftzeichenfolgen (ABC-Regeln)
- Numerische Ordnung
- Alphanumerische Ordnung
- Geografische Ordnung
- Ordnung nach Stichworten
- Zeitliche (chronologische Ordnung)
- Ordnung nach Farbcodierung
- Ordnung nach Informationsstrukturplan (ISP)

Auch andere Ordnungssysteme werden praktiziert.

Beispiele:

- Farben können eingesetzt werden,
- mnemotechnische[1] Abkürzungen,
- Piktogramme usw.

Ordnen von Schriftzeichenfolgen Teil 1: ABC-Regeln, DIN 5007-1 (April 1991)

Gegenstand dieser Norm sind allgemeine Regeln für das Ordnen von Schriftzeichen und Schriftzeichenfolgen (Wörtern, Wortgruppen und sonstigen Zeichen) für alle Bereiche, in denen alphabetisch geordnet werden soll, z.B. in Registraturen, Katalogen, Fernsprechbüchern.

[1] mnemo = griech. Gedächtniskunst

Auch die Arbeit mit Computerprogrammen (Textverarbeitungsprogrammen, Dokumentenverwaltungsprogrammen, Suchprogrammen usw.) wird durch eine einheitliche Festlegung des Ordnungswertes der einzelnen Schriftzeichenfolgen erleichtert.

Das Bilden von Ordnungswörtern, Ordnungsgruppen usw. ist **nicht** Gegenstand dieser Norm (s. DIN 5007-2). Die Regeln beziehen sich immer auf die **aufbereitete** Form der zu ordnenden Schriftzeichen.

Was bedeutet das?

- **Aufbereitung.** Die Aufbereitung ist eine vorbereitende Bearbeitung der zu ordnenden Schriftzeichenfolgen. Sie geht dem Ordnungsvorgang voraus und kann, unter anderem, vom jeweiligen Anwendungszweck abhängig sein.
- **Einteilung der Schriftzeichen**

1 Schriftgrundzeichen

1.1 Buchstaben

1.1.1 Grundbuchstaben des lateinischen Alphabets

a b c d e f g h i j k l m
n o p q r s t u v w x y z
A B C D E F G H I J K L M
N O P Q R S T U V W X Y Z

1.1.2 Das lateinische Alphabet ergänzende Buchstaben:

- Ligaturen, z. B. æ, œ
- ß (scharfes s)
- sonstige, das lateinische Alphabet ergänzende Buchstaben, z. B. isl. Thorn

1.1.3 Buchstaben des lateinischen Alphabets mit diakritischen Zeichen, einschl. Umlaute

z. B. (Auswahl) á, à, â, ç, ä …
Á, À, Â, Ç, Ä …

1.1.4 Buchstaben aus nicht lateinischen Alphabeten

1.2 Ziffern und Zahlzeichen

1.2.1 Römischen Zahlzeichen I V X L C D M

1.2.2 Arabische Ziffern 0 1 2 3 4 5 6 7 8 9

2 Schriftsonderzeichen

2.1 Leerzeichen

2.2 Gesprochene Zeichen

Zu diesen Schriftzeichen, deren Benennungen beim Lesen eines Textes im Allgemeinen gesprochen werden und die weder Buchstaben noch Ziffern bzw. Zahlzeichen sind, gehören z. B. % (vom Hundert)

& (und, et)
§ (Paragraf)
* (Stern, geboren)
† (Kreuz, gestorben)
+ (plus, und)
− (minus, weniger, bis)
= (ist, gleich)
: (zu, dividiert durch)
/ (je, gebrochen durch, beziehungsweise)

2.3 Nicht gesprochene Zeichen

Zu diesen Zeichen gehören zum Beispiel:
Satzzeichen:
. , ; : ? ! " ( ) – (Gedankenstrich)
Lesezeichen anderer Art:
… (Auslassungspunkte)
- (Bindestrich)
' (Apostroph)
/ (Schrägstrich)

Die Norm legt nur für einen Teil der Schriftzeichen (z. B. Grundbuchstaben) eigene Ordnungswerte fest. Darum müssen Schriftzeichen ohne eigenen Ordnungswert zum Zwecke des Ordnens Schriftzeichen mit Ordnungswert gleichgesetzt werden (Aufbereitung).

Ordnungswert und Regeln für die Aufbereitung (vereinfachte und verkürzte Darstellung)

1. Großbuchstaben werden den entsprechenden Kleinbuchstaben gleichgestellt.

2. Der Ordnungswert der Grundbuchstaben des lateinischen Alphabets entspricht der unter 1.1.1 angegebenen Reihenfolge von a bis z.

3. *Ziffern bzw. Zahlzeichen und Zahlen*
Sie werden den Buchstaben nachgeordnet. Der Ordnungswert der arabischen Ziffern entspricht ihrem Zahlenwert. Aus arabischen Ziffern bestehende Zahlen werden ihrem Zahlenwert entsprechend in aufsteigender Reihenfolge geordnet.

4. *Römische Zahlzeichen und Zahlen*
Ihr Ordnungswert entspricht ihrem Zahlenwert.

Zahlzeichen:	Zahlenwert:
I	1
V	5
X	10
L	50
C	100
D	500
M	1 000

Aus römischen Zahlzeichen bestehende Zahlen werden ihrem Zahlenwert entsprechend in aufsteigender Reihenfolge geordnet. Sie werden arabischen Ziffern und Zahlen vorgeordnet.

Beispiele:

	Schreibweise	Aufbereitungs-form	Ordnungswert
Großbuchstaben	Q	q	q
Ligaturen	æ œ sch st	ae oe sch st	ae oe sch st
ß	ß	ss	ss
Das lateinische Alphabet ergänzende Buchstaben	δ ι κ η ϱ	d i k n th	d i k n th
Buchstaben mit diakritischen Zeichen	é ô ä	e o a	e o a
Umlaute (in Namens-verzeichnissen)	ä ö ü	ae oe ue	ae oe ue

- **Einordnung von gleichgesetzten Schriftzeichenfolgen.** Die Gleichsetzung von bestimmten Schriftzeichen mit Grundbuchstaben ist vorgeschrieben. Dadurch kann eine Gleichheit der Aufbereitungsformen von Schriftzeichenfolgen mit anderen Schriftzeichenfolgen entstehen, an denen keine Gleichsetzung vorzunehmen war. Solche unbeeinflussten Schriftzeichenfolgen werden den durch die Aufbereitung entstandenen (gleichgesetzten) Schriftzeichenfolgen vorgeordnet.

Beispiel:

Richtig	Falsch
laufen	Laufen
Laufen	laufen

	Richtig	Falsch
Ligaturen	coeur cœur	cœur coeur
ß	Masse Maße	Maße Masse
Diakritische Zeichen	Cote (frz. Quote) Côte (frz. Rippe)	Côte Cote
Umlaute	fallen fällen	fällen fallen
Umlaute (in Namens-verzeichnissen)	Hoepfner Höpfner	Höpfner Hoepfner

Treffen durch Aufbereitung entstandene gleiche Schriftzeichenfolgen zusammen, die nur durch **Gleichsetzung** entstanden sind, gelten die folgenden Vorrangsregeln:

- **Ligaturen:** Sie werden vor Buchstaben mit diakritischen Zeichen geordnet.

  Beispiel:

Richtig	Falsch
Wœrth (französische Schreibweise)	Wörth
Wörth (deutsche Schreibweise)	Wœrth

- **Umlaute:** Sie werden vor allen anderen Buchstaben mit diakritischen Zeichen geordnet.

  Beispiel:

Richtig	Falsch
Rote	Rote
Röte	Rôte
Rôte	Röte
Røte	Røte

- Großbuchstaben werden ihren entsprechenden Kleinbuchstaben nachgeordnet, wenn bei Anwendung der besprochenen Vorrangsregeln immer noch gleiche Schriftzeichenfolgen vorliegen oder wenn nur eine Differenzierung nach Klein- und Großbuchstaben notwendig ist.

  Beispiel (in Namenverzeichnissen):

Richtig	Falsch
dampfen	dampfen
Dampfen	Dampfschifffahren
Dampfschiff	Dampfen
Dampfschifffahren	Dampfschiff

■ *Ordnen von Schriftzeichenfolgen*
Teil 2: Ansetzungsregeln für die alphabetische Ordnung von Namen DIN 5007-2 (Mai 1996)

Diese Norm gilt in Zusammenhang mit DIN 5007-1 „Ordnen von Schriftzeichenfolgen (ABC-Regeln)". Sie enthält Festlegungen für die Ansetzung und Ordnung von Namen. Sie sollen einen allgemeinen Orientierungsrahmen bilden, der jedoch nicht alle möglichen Sonderfälle abdeckt. Weitere Festlegungen, z. B. für Benennungen, sollen in weiteren Normen behandelt werden.

Definitionen

Name	Sprachliche Kennzeichnung für natürliche oder juristische Personen, Institutionen, Tiere, Gegenstände, Produkte oder geografische Einheiten. Ein Name kann aus mehreren Namensbestandteilen bestehen.
Namensbestandteil	Abgetrennter Teil eines (eventuell mehrgliedrigen) Namens. ***Beispiele:*** Vorname, Familienname
Namensvorsatz	***Beispiele:*** von, de, d', Le, La, Ben, Mc, Mac
Zusatz zum Namen	***Beispiele:*** Adelsprädikate, Titel, Beinamen, Berufsbezeichnungen, Geburtsnamen, Lebensdaten
Produktname	Name, der vom Hersteller festgelegt worden ist (kann als eingetragenes Warenzeichen rechtlich geschützt sein)
Ansetzung	Auswahl der Ordnungswörter, die Festsetzung ihrer Schreibweise (Aufbereitung), die Festsetzung der nicht zum Ordnen herangezogenen Namensvorsätze und Zusätze zum Namen sowie die Festsetzung der Reihenfolge der Ordnungswörter (Ordnungsfolge)
Ordnungswort	Namensbestandteil oder Zusatz zum Namen, der für das alphabetische Ordnen verwendet wird
Ordnungsfolge	Reihenfolge, die den Ordnungswörtern bei der Ansetzung zugewiesen wird

► *Namen natürlicher Personen*

● Regeln für die Ansetzung

Die wesentlichen Bestandteile eines Namens sind Familienname, Vorname, Namensvorsätze. Bei Personennamen werden die Bestandteile des Familiennamens zuerst, anschließend die Vornamen als weitere Ordnungswörter angesetzt. Bei größeren Namensverzeichnissen können weitere Ordnungsmöglichkeiten erforderlich werden, z. B. Zusätze zum Namen, der Name des Ortes, der Name der Straße und die Hausnummer, Lebensdaten usw.

Namen mit Familiennamen und Vornamen: Bei vorangestelltem Familiennamen wird zwischen Familiennamen und Vornamen bzw. Zusätzen zum Namen ein Komma gesetzt.

Beispiele:

Arntze, Albert
Berger, Jutta
Borghoff, Franz
Geuking, Martin

Ein Namensvorsatz wird im Allgemeinen nicht als Ordnungswort angesetzt, sondern nach den Vornamen angegeben. Ist er jedoch mit dem Familiennamen verschmolzen oder steht er innerhalb eines mehrteiligen Familiennamens, wird er mit diesem zusammen angesetzt.

Beispiele:

Vorlage	Ansetzung
Lisa Fiss-Kühn	Fiss-Kühn, Lisa
Pit MacArthur	MacArthur, Pit
Joan O'Connor	O'Connor, Joan
Gisèle du Banc	Banc, Gisèle du
Enrico da Cosa	Cosa, Enrico da
Pierre Duvet	Duvet, Pierre
Gisa von Le Fruit	Fruit, Gisa von Le
Kurt Lafontaine	Lafontaine, Kurt
Pia Müller von Zahn	Müller von Zahn, Pia
Manfred von Sturz	Sturz, Manfred von
Gregor Zumnorde	Zumnorde, Gregor

Ein mehrteiliger Familienname oder mehrere Vornamen werden mit oder ohne Bindestrich entsprechend der von der Person selbst gebrauchten Form angesetzt.

Beispiele:

Vorlage	Ansetzung
Kerstin Meyer-Krahn	Meyer-Krahn, Kerstin
Eva-Maria Papen	Papen, Eva-Maria
Rolfraffael Schroer	Schroer, Rolfraffael
Hans Peter Tietze	Tietze, Hans Peter

Namen ohne leicht erkennbare Familiennamen: Die Namensbestandteile werden in der Form der Vorlage angesetzt.

Beispiele:

Vorlage	Ansetzung
Amirtahmaseb Massoud	Amirtahmaseb Massoud
Kuhzarani Akbar	Kuhzarani Akbar

Ordnungshilfe: Besteht Bedarf für eine nähere Identifizierung der Person oder die Unterscheidung gleichnamiger Personen, werden Zusätze zum Namen nach allen Namensbestandteilen angesetzt. Als weitere Ordnungswörter können je nach Verwendungszweck Postleitzahl, Ort, Straße, Hausnummer verwendet werden.

Beispiele:

Birgel, Wilhelm, 1891–1973
Müller, Albert, Lehrer
Müller, Albert, Malermeister, Frankfurt
Müller, Albert, Malermeister, Köln
Müller, Albert, Radiologe

- **Regeln für die Ordnung**

Die Namen werden in der bei der Ansetzung festgelegten Reihenfolge der Namensbestandteile nach DIN 5007 geordnet. Namensvorsätze, die nach dem Familiennamen anzugeben sind, bleiben bei der Ordnung unberücksichtigt.

Beispiele:

Anhalt
Anhalt, Bernd
Anhalt, Gerd
Budde, Alma
Cordes, Christoph
Cosa, Enrico da
Lassek, U.
Lassek, Ulrike Marion
Lassek, Waltraud
Müller, Albert, Lehrer
Müller, Albert, Malermeister
Müller von Zahn, Pia

► *Namen juristischer Personen und Institutionen*

- **Regeln für die Ansetzung**

Diese werden im Allgemeinen unter ihrem vollständigen, offiziellen Namen angesetzt, es sei denn, ein anderer als der offizielle Name ist der gebräuchlichste.

Beispiel: Berufsgenossenschaft für den Außenhandel
Auf den für die Ansetzung nicht verwendeten Namen wird verwiesen.

Vorlage	Deutsches Institut für Normung
Ansetzung	DIN Deutsches Institut für Normung e. V.
Verweisung	Deutsches Institut für Normung e. V. siehe: DIN Deutsches Institut für Normung e. V.

Vorlage	Alexanderhausklinik Davos
offizielle Form	Deutsche Klinik für Dermatologie und Allergie Davos
Ansetzung	Alexanderhausklinik Davos
Verweisung	Deutsche Klinik für Dermatologie und Allergie Davos siehe: Alexanderhausklinik Davos

Bei offiziellen Namen in mehreren Sprachen sollte die deutsche Form verwendet werden. Ersatzweise verwendet man die englische Form oder die in einer weiteren bekannten Sprache.

Beispiel:

Vorlage	Council of Europe Europarat Conseil de l'Europe
Ansetzung	Europarat

Zur Unterscheidung gleichlautender Namen von juristischen Personen oder Institutionen werden Ortsitz, Region oder Land hinzugefügt und die einzelnen Zusätze durch Kommata abgegrenzt.

Beispiel:

Vorlage	Oberfinanzdirektion (Köln)
Ansetzung	Oberfinanzdirektion, Köln

Bei Ortsnamen ist die offizielle Namensform zu übernehmen.

Beispiel:

Vorlage	Ansetzung
Frankfurt a. M. Frankfurt am Main Frankfurt/Main Frankfurt (Main)	Frankfurt, Main

Gleichnamige Orte sind durch Zusätze zu unterscheiden.

Beispiele: Bernau, Baden
Bernau, Brandenburg
Bernau, Chiemsee

Bei Staaten und Städten wird die in Deutschland übliche Namensform verwendet.

Beispiele:

Vorlage	Ansetzung
République Française	Frankreich
France	Frankreich
Firenze	Florenz
Milano	Mailand

- **Regeln für die Ordnung**

Die Namen werden in der bei der Ansetzung festgelegten Reihenfolge der Namensbestandteile nach DIN 5007 geordnet.

Ein bestimmter oder unbestimmter Artikel am Anfang bleibt bei der Ordnung unberücksichtigt.

▶ Namen von Tieren und Produkten

● Regeln für die Ansetzung

Tiernamen können aus einem oder mehreren Namensbestandteilen bestehen.

Beispiele:

Vorlage	Ansetzung
Faro of Sunninghill	Sunninghill, Faro of
Domino of Waterston	Waterston, Domino of
Hannah vom Osthellenweg	Osthellenweg, Hannah vom

Bei Produktnamen ist zu prüfen, ob der Charakter des Warenzeichens oder der Charakter der Sachbenennung überwiegt. Ein rechtlich geschützter Produktname wird in der dem offiziellen Waren- oder Markenzeichen entsprechenden Form angesetzt. Ein nicht rechtlich geschützter Produktname wird in der Form der Vorlage angesetzt. Alle spezifizierenden Kennzeichnungen, Typenbezeichnungen und -nummern der Produkte eines Warenzeichens werden als Zusätze zum Namen behandelt.

Beispiel: 3M Micro diskettes 3.5 DS, HD, 2.0 MB

● Regeln für die Ordnung

Tiernamen werden in der bei der Ansetzung festgelegten Reihenfolge der Namensbestandteile nach DIN 5007 geordnet. Die Namen werden wie Namen natürlicher Personen geordnet.

Produktnamen werden in der bei der Ansetzung festgelegten Reihenfolge der Namensbestandteile nach DIN 5007 geordnet. Ein bestimmter oder unbestimmter Artikel am Anfang bleibt unberücksichtigt.

■ Die numerische Ordnung[1]

Vorteile:

- Eindeutigkeit,
- einfaches und schnelles Sortieren,
- Arbeitserleichterung durch Einsatzmöglichkeit der EDV,
- Raum sparende Aktenbeschriftung.

Nachteile:

- Bei großem Schriftgutanfall muss ein Suchindex, der stets auf dem Laufenden sein muss, geführt werden.

4501 – Zacharias	Abele – 4504
4502 – Berger	Abt – 3412
4503 – Hallwachs	Acker – 511
4504 – Abele	Ackermann – 1614
4505 – Kiesel	Adolph – 445

[1] (in Anlehnung an: Leitz, Louis [Hrsg.]: Die Organisation der Schriftgutverwaltung, Stuttgart 1992, S. 36 ff.)

Die Nachteile kann man vermeiden durch:

- eine fortlaufende Nummerierung hinter Vorziffern,
- eine halbdekadische Gliederung,
- eine volldekadische Gliederung.

Fortlaufend numerisch hinter Vorziffern (Gruppen)

14 BEHÖRDEN

14.1 – Finanzamt
14.2 – Städt. Bauamt
14.3 – Liegenschaftsamt
14.4 – Grundbuchamt
14.5 – …

(Hinter dem Punkt kann beliebig weit, theoretisch bis ins Unendliche, nummeriert werden.)

15 BANKEN

15.1 – Städt. Sparkasse
15.2 – Spar- und Kreditbank
15.3 – Bausparkasse
15.4 – …

16 VERSICHERUNGEN

16.1 – Kfz-Versicherungen
16.2 – Haftpflichtversicherungen
16.3 – Feuerversicherungen
16.4 – …

Ordnungs-Nr.	**1**	**2**	**3**	**4**
Klasse	1			
Hauptgruppe	1	2		
Gruppe	1	2	2	
Untergruppe	1	2	2	4

- **Dekadische Gliederung** (Beispiel Aktenplan S. 136). Dekade = Zeitraum von 10 Tagen, Wochen, Monaten usw.

  Das Schriftgut wird in verschiedene Gruppen und Untergruppen eingeteilt und jeweils mit den Ziffern 0 bis höchstens 9 versehen.

- **Halbdekadische Gliederung.** Wenn die Nummerierung der letzten Gruppen über 9 hinausgeht, spricht man von einer halbdekadischen Gliederung.

Die alphanumerische Ordnung

Dieses Ordnungssystem ist im Allgemeinen nicht zweckmäßig. Die Voraussetzung für das Funktionieren ist ein Leitregister.

Beispiele für Anwendungsmöglichkeiten:

Kraftfahrzeugkennzeichen

S – CL 4814
CL 4815
CL 4816 usw.

Kombination von Postleitzahlen und Namen

70372 Arndt
70372 Beck usw.

Die geografische Ordnung

Verfahren: Der erste Suchbegriff ist ein geografisches Merkmal, z. B. Orte, Länder und andere politische Gliederungen.

Geografisch (ortsalphabetisch)	
Hagen –	Bergemann, Cornelia
	Berger, Arnold
	Bergmann, Elke
Hamburg –	Bergamer, Hans
	Bergemann, Uwe
	Berger, Knut
	Bergmann, Klaus
Hannover –	Berger, Karl
	Bergmann, Dieter
	Bergmann, Viktor

Die Ordnung nach Stichworten

Voraussetzung: Aktenübersicht oder Aktenplan. Sie wird häufig für Einzelakten verwendet, die unter **einem** Stichwort gesammelt werden, z. B. Prospekte, Preislisten, Fachmessen.

Nachteile:

- Dieses Ordnungssystem verursacht oft zeitraubendes Suchen, vor allem, wenn Schriftgut unter verschiedenen Stichworten abgelegt werden kann.
- Dieses System ist nur für kleine Registraturen oder Arbeitsplatzablagen empfehlenswert.

Die zeitliche (chronologische) Ordnung

Die Schriftstücke werden nach dem Datum geordnet, wobei das Schriftstück mit dem neuesten Datum oben liegt (bei Behördenregistraturen unten). Diese Ordnungsform ist wichtig und notwendig für die Terminkontrolle.

Die Ordnung nach Farbcodierung

Die richtige Kennzeichnung von Akten ist die Voraussetzung für einen schnellen Zugriff und hilft, Zeit und Kosten zu sparen. Die Firma Leitz sorgt mit ihrem System Orgacolor – eine Kombination von farbigen Buchstaben- und Ziffernsignalen – für eine klare, überschaubare Ordnung. Selbstklebende farbige Signale auf den Tabs der entsprechenden Registraturbehälter setzen deutlich sichtbare Zeichen, die schon von Weitem eine augenfällige Ordnung aus farbigen Bändern bilden. Jeder Ziffer und jedem Buchstaben wird eine Farbe zugeordnet (nach IFOSA-Farbschlüssel). Ergebnis: Gesuchte Akten können schon von Weitem erkannt werden, falsch eingeordnete Akten fallen aufgrund der durchbrochenen Farbkette sofort auf.

Das System ermöglicht es, die herkömmliche Registratur mit dem digitalen Datenmanagement zu verknüpfen. Per Scanner werden die mit Barcode ausgestatteten Aktenbeschriftungsschildchen erfasst und garantieren so eine zeitgemäße Form der Dokumentenarchivierung.

2.2.1.3 Informationsstrukturplan (ISP) (synonym für Ablageplan, Aktenplan, Schriftgutkatalog)

Der Informationsanfall ist in einem Betrieb so groß, dass die Informationen mit System verwaltet werden müssen. Je größer ein Betrieb ist, desto schwieriger wird es sein, einen allgemeinen Ablageplan aufzustellen. Es sollte jedoch auf jeden Fall ein „Rahmenplan“ aufgestellt werden, der knapp, klar und eindeutig ist und der allen Mitarbeitern zugänglich gemacht wird.

Ein solcher Strukturplan ist für alle größeren sachbezogenen Ablagen zu empfehlen. Er definiert einen einheitlichen Rahmen für die systematische und logische Ordnung des gesamten sachbezogenen Schriftguts und ist zumeist dekadisch aufgebaut: nach Hauptgruppen, Gruppen, Untergruppen und Sachgruppen.

Ein **ISP** wird normalerweise in drei Schritten erarbeitet:

- Erfassung der vorhandenen Ordnungskriterien,
- Bildung von Hauptgruppen und Unterteilung in Gruppen (Matrix) – siehe S. 136,
- Feineinteilung in Untergruppen und, wenn erforderlich, in Sachgruppen.

Es ist wichtig, für die Einzelregistratur einen verantwortlichen Mitarbeiter zu bestimmen. Ablagepläne sollten für alle Mitarbeiter verbindliche Arbeitsanweisungen sein.

Der **Informationsstrukturplan** ist notwendig, um

- das für die Bearbeitung benötigte Schriftgut rechtzeitig bereitzustellen,
- die gesetzlichen und betrieblichen Aufbewahrungsfristen zu erfüllen,
- ein rechtzeitiges Aussondern zu gewährleisten.

Beispiel: Aufbau eines Informationsstrukturplanes

ISP

Gliederung

A) Zuständigkeiten

1. Der ISP regelt die Schriftgutablage des gesamten Unternehmens, dezentralisiert nach Registraturgruppen und, wo notwendig, nach Schriftgutsorten. Er gilt als Organisationsanweisung.
2. Er umfasst alle Ablagestufen von der Vorablage bis zur Altablage und ist in jedem Punkt verbindlich für jeden Betriebsangehörigen.
3. Änderungswünsche oder -vorschläge sind schriftlich über den verantwortlichen Aufsichtsführenden an die Organisationsabteilung zu leiten.
4. Verantwortlich für die Einhaltung der Ablegevorschriften und für die Ordnung ihrer Registraturgruppe(n) sind die in jedem Teilablageplan bestimmten Aufsichtsführenden.
5. Die rechtzeitige Vernichtung des Altschriftgutes sichert die Organisationsabteilung nach Prüfung mit den Aufsichtsführenden.
6. Die Organisationsabteilung ist beauftragt, unregelmäßige Stichproben in allen Registraturgruppen vorzunehmen und der kaufmännischen Direktion vierteljährlich in Stichworten über den Zustand zu berichten.
7. Entstehen in einer Registratur Rückstände, die älter als drei Tage sind, ist die Organisationsabteilung davon zu unterrichten.

B) Allgemeine Ablageregeln

1. Schriftgut darf nur in ordentlichem Zustand in die Behälter eingeordnet werden. Wenn notwendig, Klebehilfsmittel und Lochverstärker verwenden.
2. Sämtliche Eingänge, die zur Ablage kommen, müssen in der rechten oberen Ecke vom zuständigen Sachbearbeiter durch Handzeichen oder Stempel zum Ablegen freigegeben sein. Belege ohne Freigabezeichen zurück an den Sachbearbeiter. Durchschläge von ausgegangenen Schriftstücken brauchen kein Freigabezeichen.
3. Sämtliche „Anlagen" müssen einen eindeutigen Zugehörigkeitsvermerk tragen. Notfalls vom Sachbearbeiter klären lassen.
4. Für alphabetische Ablagen gelten grundsätzlich die Einheits-ABC-Regeln, die in jedem Registraturraum aushängen. Ausnahmen sind in den zuständigen Ablageplänen verbindlich festgelegt.
5. Sämtliche numerisch abzulegenden Belege müssen die Ablegenummer tragen. Belege ohne Nummer sind an die zuständige Abteilung zurückzugeben.
6. Wenn Schriftstücke aus einer Akte länger als einen Tag entnommen oder vorübergehend in eine Rücklage oder Vorgangsakte gebracht werden, sind Hinweiszettel an den Platz des entnommenen Schriftstückes einzuordnen.

C) Verzeichnis aller Registraturgruppen des Unternehmens mit Aufsichtsführenden

D) Dezentralisierte Ablagepläne für jede Abteilung/jeden Bereich

E) Vordrucksammlung (z. B. Hinweiszettel)

Für die Erarbeitung der Gliederung in Hauptgruppen und Gruppen ist eine Matrix zweckmäßig.

0	1	2	3	4	5	6	7	8	9
00	10	20	30	40	50	60	70	80	90
01	11	21	31	41	51	61	71	81	91
02	12	22	32	42	52	62	72	82	92
03	13	23	33	43	53	63	73	83	93
04	14	24	34	44	54	64	74	84	94
05	15	25	35	45	55	65	75	85	95
06	16	26	36	46	56	66	76	86	96
07	17	27	37	47	57	67	77	87	97
08	18	28	38	48	58	68	78	88	98
09	19	29	39	49	59	69	79	89	99

Beispiel für eine ausgefüllte Matrix:

0	1	2	3	4	5	6	7	8	9
Geschäftsführung	Anlagen	Finanzen und Buchhaltung	Personal- und Sozialwesen	Einkauf	Fertigung	Vertrieb	Verwaltungsorganisation		Privat-Sekretariat
00 Gründung und Entwicklung	10 Grundbesitz	20 Bilanzen Abschlussunterlagen	30 Arbeitsrecht, Tarife	40 Disposition	50 Planung	60 Absatzpolitik	70 Aufgabengliederungsplan	80	90 Mitgliedschaften
01 Besitzverhältnisse	11 Gebäude	21 Finanzierung	31 Gesetzl. soziale Aufwend.	41 Lieferanten	51 Fertigungsprogramm	61 Verkaufsprogramm u. Planung	71 EDV	81	91 Kraftfahrzeug
02 Führung	12 Betriebsgebäude	22 Banken, Postscheck, Kasse	32 Freiwillige soziale Einricht.	42 Material-Prüfung	52 Fertigungsstellen	62 Preisgestaltung	72 Hausverwaltung allgemein	82	92
03 Zweigbetr. Tochtergesellschaften	13 Gesamtinstallationen	23 Steuern	33 Personalbeschaffung, Einstellung	43 Einfuhr	53 Investitionen Fertigung	63 Verkaufs-Organisation	73 Vermietung Verpachtung	83	93
04 Beteiligungen	14 Großanlagen	24 Buchhaltung	34 Personal-Akten	44	54 Zeitwirtschaft	64 Kunden	74 Fuhrpark	84	94
05 Geschäftsberichte	15	25 Betriebswirtschaft	35 Lohn-Gehalt Abrechnung, Steuern	45	55 Lagerverwaltung	65 Versand	75 Versicherungen	85	95
06 Mitgliedschaften	16	26 Stiftungen	36 Personalvertretung	46	56 Qualitätswesen	66 Werbung, Verkaufsförderung	76 Rechtsangelegenheiten	86	96
07 Firmengeschichte	17	27	37 Ausbildung	47	57 Unfallverhütung	67 Marktbeobachtung	77 Fachzeitschriften	87	97
08	18	28	38	48	58	68 Export	78	88	98
09	19	29 Statistik Finanzwesen	39	49 Statistik	59 Fertigungs-Statistik	69 Verkaufs-Statistik	79	89	99

Eine Auflistung aller in einer Verwaltungs- oder Organisationseinheit anfallenden Belegarten mit Hinweisen zu deren Aufbewahrung und Fristen (Hinweis auf gesetzliche Vorschriften und Wertigkeitsstufen, damit Doppel- und Mehrfachablagen vermieden werden) ist von Vorteil.

Bezeichnung	Aufbewahrungsdauer							Bemerkungen
	Gesetzlich			Betrieblich				
	keine Aufbewahrung	in Jahren 6	10	2	5	Sonderregelung (in Jahren)	nach Neufassung ausscheiden	
Sachkonto-Grundbücher			×					
Sachkonto-Saldenlisten			×					
Saldenbestätigungen		×						
Saldenlisten			×					
Sammellisten, -nachweise • s. entsprechenden Sachbegriff								
Schadenakten zu Prozessfällen		×						
Schadenunterlagen		×						
Schriftwechsel – eingehend • außerbetriebl., Handelsbriefe • außerbetriebl., keine Handelsbriefe } • innerbetrieblich }		×						Aufbewahrung je nach Bedeutung 0 bis 2 Jahre
Schriftwechsel – ausgehend • außerbetriebl., Handelsbriefe • außerbetriebl., keine Handelsbriefe } • innerbetrieblich }		×						Aufbewahrung je nach Bedeutung 0 bis 5 Jahre
Schutzrechtunterlagen		×						
Sitzungsberichte und -protokolle • s. Berichte								
Sozialversicherungsunterlagen					×			
Stammkarten für Arbeiter und Angestellte • s. Personalakten								
Statistiken, extern • bei der für die Auswertung/Weiterbearbeitung zuständigen Stelle • sonst	 ×			× 				
Statistiken, intern • bei der für die Auswertung/Weiterbearbeitung zuständigen Stelle bzw. bei der für die Erstellung zuständigen Stelle • sonst	 ×		– 	 ×				danach je nach Bedeutung
Stellenbesetzungspläne • s. Gliederungspläne								

Vorteile eines ISPs:

- Logischer Aufbau, dadurch leichtes Zuordnen und Finden
- Hohe Flexibilität, neue Ordnungsbegriffe lassen sich jederzeit eingliedern
- Einfache Übernahme in die EDV-Struktur

Nachteile eines ISPs:

- Zeitaufwendige Erarbeitung
- Ständige Pflege erforderlich

Wie wird mit dem ISP gearbeitet?

- **Mitarbeiter informieren**
  Handhabung gründlich erklären.
- **Aktenzeichen festlegen**
  Einheitliche Schreibweise festlegen. Üblicherweise werden Hauptgruppe, Gruppe, Untergruppe und Sachgruppe durch einen Bindestrich getrennt, z. B. 6-32-0.
- **Aktenführende Stelle festlegen**
  Siehe Seiten 123 und 135.
- **Ändern und ergänzen**
  Änderungen im Informationsstrukturplan darf nur eine zentrale Stelle vornehmen. Siehe Seiten 123 und 135.
- **Zweifelsfälle**
  Wenn ein Begriff zu mehreren Aktennummern passt, wird **eine** Möglichkeit gewählt und eventuell unter den anderen Nummern ein Querverweis angebracht. Hier ist es besonders hilfreich, wenn der ISP über die EDV gepflegt wird. Dann lassen sich auch zusätzliche Stichwörter oder Querverweise abspeichern.
- **Rechtzeitig ausdünnen**
  Sachbezogene Registraturen sollten regelmäßig – z. B. jährlich – ausgedünnt werden. Es ist auch möglich, nur die eigentliche „Hauptakte" ständig zu führen und „Nebenakten" unter dem gleichen Aktenzeichen zeitlich begrenzt hinter der Hauptakte einzuordnen. Die Nebenakten können dann von Zeit zu Zeit ausgesondert werden.
- **Nur ein einziges Stichwort pro Notiz**
  Zu jedem Betreff eine gesonderte Notiz schreiben oder ein neues Blatt verwenden!
- **Alphabetische „Hilfen" geben**
  Der ISP ist logisch aufgebaut, aber das ist nicht unbedingt auch praktisch, wenn ein bestimmter Begriff gesucht wird. Deshalb sollten die Mitarbeiter „Suchhilfen" in Form einer alphabetischen Auflistung der Ordnungsbegriffe oder über die EDV erhalten – siehe Seite 137.

2.2.2 Mikrografie, Bildverarbeitungssysteme

Mikrografie

Der Einsatz des Mikrofilms empfiehlt sich nur noch in Sonderfällen vor allem dann, wenn Raum gespart werden soll und große Mengen an speziellen Unterlagen ständig zur Verfügung stehen sollen.

Vorteile:

- Raumgewinn bis zu 95 %;
- vorteilhafte Ablauforganisation;
- schneller Zugriff am Arbeitsplatz;
- leichte und preiswerte Duplizierbarkeit;
- saubere Aufbewahrung.

Nachteile:

- Geräteausstattung erforderlich;
- erschwerter Vergleich von Belegen;
- es entstehen Kosten für Kopien;
- Diebstahl wird erleichtert;
- Belege (z. B. in Form von Notizen) sind nicht ergänzbar;
- Vorgänge sind nur bei Jackets ergänzbar.

▶ Gesetzliche Bestimmungen (§ 257 [3] HGB, § 147 [2] AO)

Aufzubewahrende Unterlagen können statt in Urschrift in der Form einer verkleinerten Wiedergabe auf einem Bildträger aufbewahrt werden, wenn das Verfahren bei der Herstellung der Wiedergabe ordnungsmäßigen Grundsätzen entspricht und dabei gesichert ist, dass die Wiedergabe mit der Urschrift übereinstimmt (s. Abschnitt 2.2.1, S. 112).

▶ Notwendige Geräte (§ 261 HGB, § 147 [5] AO)

Wer aufzubewahrende Unterlagen nur in Form einer verkleinerten Wiedergabe auf einem Bildträger oder auf anderen Datenträgern vorlegen kann, ist verpflichtet, neben der Wiedergabe die erforderliche Anzahl ohne Hilfsmittel lesbarer Reproduktionen auf seine Kosten beizubringen.

Um dieser Vorschrift und betrieblichen Erfordernissen zu entsprechen, empfiehlt sich die Anschaffung

- eines Lesegerätes (Reader),
- eines Leserückvergrößerungsgerätes (Reader-Printer),
- eines Dupliziergerätes (zum Duplizieren von Jackets, Rollfilmen, Fiches).

① **Rollfilmkassette:** Sie speichert eine Fülle von Daten (z. B. etwa 3 000 Aufnahmen mit EDV-erfassten Patientendaten), sichert schnelles, programmiertes Wiederauffinden der Informationen.

Der Zugriff zu Informationen erfolgt sequenziell (= fortlaufend, nacheinander zu verarbeiten). Der Suchvorgang wird durch Such- und Ordnungssysteme erleichtert.

② **Reader-Printer:** Das Gerät ermöglicht eine kombinierte Rückvergrößerung für Mikrofilm-Jackets und COM-Fiches.

Für den dezentralen Einsatz empfehlen sich kleine Lesekopiergeräte, für den zentralen Einsatz Hochleistungsgeräte.

③ **Jacket:** Ein Jacket kann den Inhalt einer ganzen Akte speichern. Während der Arbeit kann auf jede einzelne Aufnahme direkt zugegriffen werden. Ein Jacket ermöglicht ein schnelles, programmiertes Wiederauffinden, Lesen, Duplizieren und Rückvergrößern der Informationen.

▶ *Aufbewahrungsformen*

Rollfilm, Rollfilm in Kassetten	Für abgeschlossene Vorgänge, da eine nachträgliche Ergänzung nicht möglich ist
Jacket	Folientasche zur Aufnahme einzelner Bilder
Mikrofiche-Arten	Für „lebende" Vorgänge, Kopie eines Jackets, Planfilm, meistens A6, COM-Fiche, Einsatz in der DV (COM = computer-output microfilm)

▶ *Einsatzmöglichkeiten*

Sicherheitsverfilmung	Wichtige Unterlagen werden verfilmt und entweder die Originalunterlagen oder die Filme ausgelagert.
Arbeitsverfilmung	Sie ist dann angebracht, wenn ständig viele Unterlagen benötigt werden. ***Beispiele:*** ● Ersatzteilkataloge ● Kataloge in Universitätsbibliotheken ● großformatige Zeichnungen, z. B. Messtischblätter (Katasterämter)
Ersatzverfilmung	Verfilmte Schriftgutablage: Aufbewahrung des Films anstelle des Originalschriftgutes

■ *Bildverarbeitungssysteme*

▶ Optische Archivierung im DV-Bereich

(siehe elektronische Dokumenten-Management-Systeme „DMS" – Seiten 109 und 117 f.)

Zielsetzung	Rationalisierung und Reduzierung der Papierdokumentation, Verringerung der Arbeitsschritte, Weitergabe, Kommunikation, Ablage und Recherche von Informationen auf elektronischem Wege, Reduzierung der Kosten pro Arbeitsgang
Wirtschaftlicher Einsatz in	Großunternehmen und Behörden mit großem Datenaufkommen

Einsatzbereiche	Mit Formulareinsatz, mehrstufigen Arbeitsabläufen, mit Archivierungs- und Suchaufwand, mit Schnelligkeit der Auskunftsbereitschaft und rechtzeitiger Entscheidung
Realisierung durch	Systeme für reine Archivierung; Systeme mit klar definierten Einsatzbereichen für spezielle Branchenaufgaben und allgemeine Lösungen im administrativen Bereich
Grundanforderungen an ein System	• Bedienungsfreundlichkeit, z. B. Verwendung von vertrauten Symbolen aus dem bisherigen Arbeitsumfeld • Abbildung von Arbeitsabläufen, z. B. Erstellen von Formularen durch den Bearbeiter aus seiner Kenntnis des Arbeitsganges (Formulare sind die Grundlage der automatischen Übernahme von Kenndaten), freie Gestaltungsmöglichkeit durch den Anwender • Problemlose Einpassung in bestehende EDV-Umgebungen, d. h. Zugriff auf erforderliche EDV-Daten und Nutzung des elektronischen Archivs zur Ablage und Abfrage durch die Benutzer der bestehenden EDV-Systeme
Anwendungsbeispiele:	1.Frau Kluge wählt mit einem einfachen Mausklick z. B. einen Aktenordner aus, wählt aus diesem wiederum ein Dokument und kann dieses am Bildschirm – z. B. zur Unterschriftsprüfung – ausschnittsweise vergrößern. Zur weiteren Bearbeitung kann sie Daten aus dem Großrechner heranziehen. 2.Durch eine von ihr erstellte Formulareingabe leitet sie einen automatischen Arbeitsablauf ein. Sie liest z. B. ihre Eingangspost, bearbeitet sie und bringt sie in den „Ausgangskorb". 3.Während der Bearbeitung von „elektronischen Papieren" kann sie jederzeit auf EDV-Daten zugreifen und das elektronische Archiv zur Ablage und Abfrage nutzen.

Kernwissen

- Die Aufbewahrung von Schriftgut ist gesetzlich vorgeschrieben (HGB, Abgabenordnung der Finanzverwaltung).
- Schriftgut lässt sich in Wertigkeitsstufen gliedern.
- Ablagemöglichkeiten:
  - Arbeitsplatzablage,
  - Abteilungsablage,
  - Zentralablage, elektronisch verwaltete Ablage.
- Die Wirtschaftlichkeit einer Ablage wird bestimmt von der Entscheidung, ob die Loseblattablage oder die geheftete Ablageform gewählt wird. Empfehlenswert ist die Mischform.
- Ordnungssysteme erleichtern die Arbeit.
- Die Mikrografie erspart bei großem Schriftgutanfall vor allem Platz und Zeit.
- Das Schriftgut in Sekretariaten hat häufig vertraulichen Charakter; es sollte in verschließbaren und feuergeschützten Schränken untergebracht werden.
- In jedem Betrieb sollte es einen „Rahmen-Aktenplan" geben; Ablagepläne sind verbindliche Arbeitsanweisungen.

- Eine Schriftgutablage ist teuer, weil sie personalaufwendig ist. In der Regel ist hier ein guter Ansatzpunkt für Rationalisierungsmaßnahmen. Vor einer Reorganisation ist aber gerade in diesem Bereich eine gründliche Ist-Aufnahme und Analyse der bisherigen Arbeitsabläufe notwendig.

Beispiel:

Organisationskonzept „Schriftgutablage" nach der Vier-Stufen-Methode

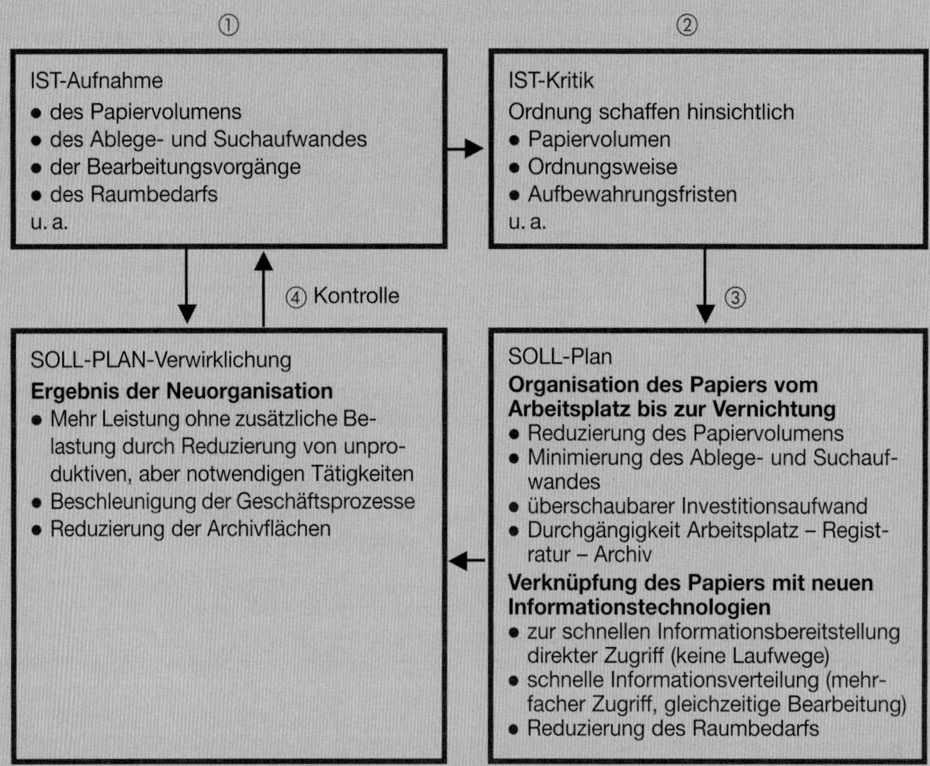

- Den Trend der Zukunft beachten!

  Im Bereich der Informationsspeicherung zeichnet sich eine Verknüpfung von konventionellen Papierregistraturen und elektronischen Speichersystemen (DMS) ab. Je häufiger die Zugriffsnotwendigkeit ist, desto eher lohnt sich ein elektronisches Dokumenten-Management-System. Elektronische Speichermedien gewährleisten

  - vielseitige Informationsbe- und -verarbeitung,
  - rasche Informationsverteilung,
  - schnelle Informationsbereitstellung,
  - zeitgleichen Zugriff,
  - geringen Raumbedarf.

  Die Sicherheit der gespeicherten Daten wird geregelt durch diverse Gesetze und Vorschriften, wie GDPdU, HGB, AO, sowie die Grundsätze ordnungsgemäßer DV-gestützter Buchführungssysteme, die Vorgaben einer dauerhaften und nachweisbaren Aufbewahrung und Vernichtung von elektronischen Dokumenten und Informationen. Darum sollten bei der Auswahl eines Dokumenten-Management-Systems die automatischen Sicherungsmechanismen besonders beachtet werden.

  Dem Anwender stehen „intelligente" Software-Werkzeuge zur Verfügung, die sich um ein Vielfaches besser dazu eignen, Informationen zu verwalten, als dies ursprünglich mit Papier, Aktenordnern und Regalen möglich war.

  Geschäftsdokumente können elektronisch schneller und effizienter verwaltet werden.

Zur Vertiefung

1 Welche Unterlagen muss ein Kaufmann **geordnet** aufbewahren? Nennen Sie die Fundstellen!

2 Aus welchem Jahr stammen die aufbewahrungspflichtigen Belege, die nach Ablauf des Jahres 2010 vernichtet werden können?

3 Ordnen Sie nach den Ihnen bekannten Wertigkeitsstufen folgendes Schriftgut ein:

a) „Zur-Kenntnisnahme-Durchschläge",
b) Terminmahnungen,
c) Aufträge,
d) Angebote ohne Auftragsfolge,
e) Rechnungen,
f) Prozessunterlagen.

4 Welche Vorteile bietet die Zentralablage?

5 Führen Sie eine Personalakte als Loseblattakte oder als geheftete Akte?

6 Ordnen Sie folgende Namen alphabetisch:

Beier, Adolf Erwin Ludger
Beier, A.
Beier, Adolf Erwin
Beier, A. Erwin
Beier, A. W.
Beier, Ad.
Beier, Adolf

7 Welche Einsatzmöglichkeiten gibt es für den Mikrofilm?

8 Welche gesetzlichen Bestimmungen gibt es?

9 Nennen Sie je zwei Vor- und Nachteile für
a) Ordnerregistratur,
b) Pendelregistratur,
c) Hängeregistratur.
d) Nennen Sie je einen Verwendungsbereich in der Praxis!

10 Nennen Sie fünf Faktoren, die bei der Ablage unnötige Kosten verursachen!

11 Ihre Ablage ist überfüllt. Was können Sie dagegen tun oder vorsorglich überlegen, damit es in Zukunft nicht dazu kommt?

12 Nennen Sie die Ablagewerte, und geben Sie je ein praktisches Beispiel!

13 Von den nachstehend angegebenen Schriftstücken sollen insgesamt vier Briefe in den abgebildeten Ordnern abgelegt werden, also je ein Brief in je einen Ordner. Welche Briefe kommen in diese Ordner? **Ordnen Sie die Ziffern vor den Namen** zu einer vierstelligen Zahl **in der Reihenfolge A – D**!

1. Paarmann
2. Paulsen
3. Sergius
4. Stenzel
5. Robertson
6. Saderer
7. Pagel
8. Raher

a) 2 – 5 – 8 – 6
b) 7 – 2 – 5 – 3
c) 1 – 8 – 5 – 3
d) 2 – 5 – 8 – 4
e) 1 – 8 – 5 – 6
f) 2 – 8 – 5 – 6

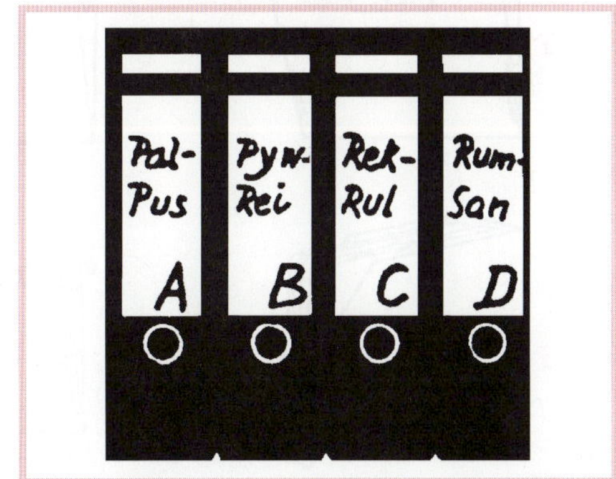

14 Die Abbildungen zeigen die bekanntesten Formen der Schriftgutablage, z. B. B = Mappenablage („Mappen"), D = Hängeregistratur („Hängetaschen").
Welche Formen eignen sich:
1. für Unterlagen und Dokumente, die nicht gelocht werden dürfen,
2. für gelochten Kundenschriftwechsel, der praktisch nicht im Geschäftsumlauf ist?
Im Fall 1 eignen sich: a) nur D, b) B und D, c) A und D?
Im Fall 2 eignen sich: d) A und D, e) nur C, f) C und D?

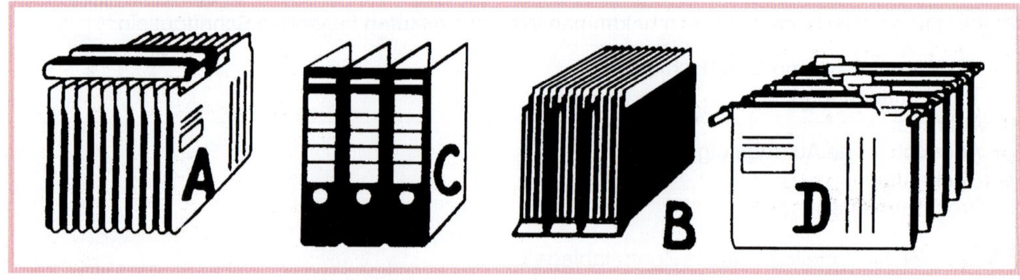

15 Zwei mit Schriftgut gefüllte Ordner haben insgesamt 4,8 cm „Totraum". Wie viel Meter Stelllänge gehen dadurch im Regal verloren, wenn wir unter gleichen Bedingungen 360 Ordner abzustellen haben?
a) 0,48 m b) 0,86 m c) 1,20 m d) 4,80 m e) 8,64 m f) kein Ergebnis ist richtig.

16 Sie finden nachstehend neun Arten von Schriftgutbehältern abgebildet. Bestimmen Sie die Behälter, indem Sie die richtigen Ziffern ① bis ⑨ der Abbildungen den folgenden Begriffen zuordnen!

a) Hängetaschen
b) Pendelhefter
c) Aktendeckel
d) Hängemappen
e) Jurismappen
f) Stehordner
g) Pendeltaschen
h) Schnellhefter
i) Sammler, Sammelkästen

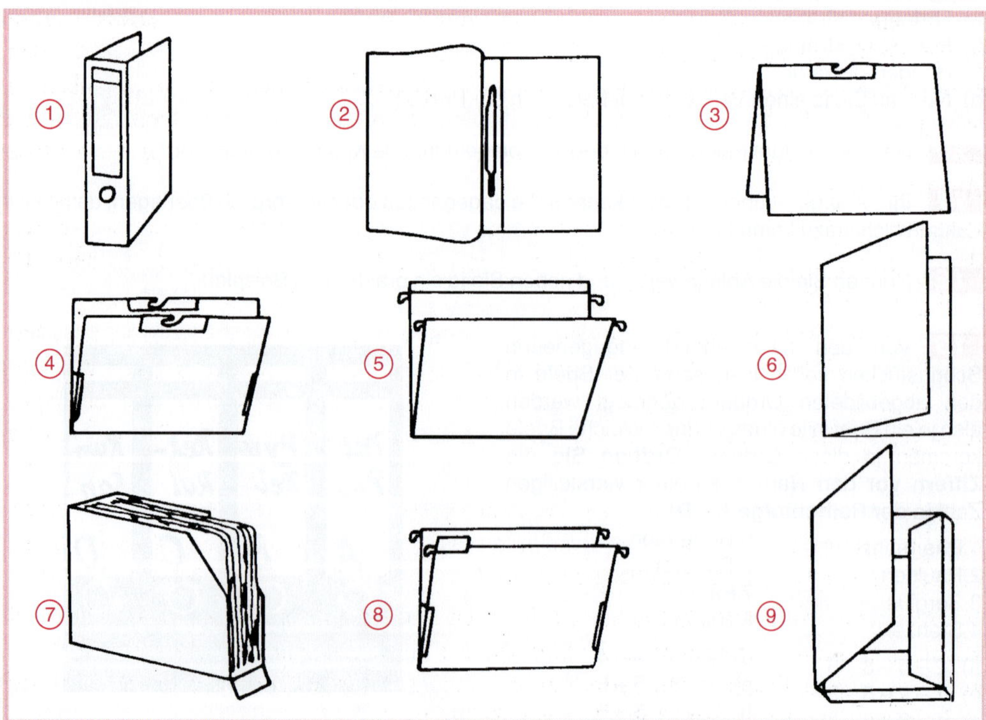

17 Nennen Sie fünf Beispiele für den Einsatz von Farben als Organisationshilfe!

18 Sie sind in der Firma Domino & Faro als Bürokauffrau beschäftigt. Zu Ihren Aufgaben gehört die Terminüberwachung. Ihre Firma beabsichtigt, einen neuen Artikel in das Produktionsprogramm aufzunehmen. Zu diesem Vorgang hat sich bereits eine etwa 100 Blatt starke Akte angesammelt. Der nächste Wiedervorlagetermin ist der 20. November. Zu diesem Termin sind auch Stellungnahmen und Berichte verschiedener Mitarbeiter und aller Gebietsvertreter angefordert worden, die zusammen mit dieser Akte vorgelegt werden sollen.

a) Wo und unter welchen Ordnungsgesichtspunkten bewahren Sie diesen Vorgang auf?
b) Wie verfolgen Sie den Termin 20. November?

2.2.3 Karteien, Dateien

Situation

Frau Anna A. und Frau Sonja B. haben vor etwa 20 Jahren damit begonnen, Namen und Adressen von Kunden, Interessenten und anderen für das Unternehmen wichtigen Persönlichkeiten zusammen mit zusätzlichen Informationen und Bemerkungen auf Karteikarten aufzunehmen und diese in einer Steilkartei zu verwalten.

Frau Anna A. arbeitet nach wie vor mit ihrer Steilkartei, während Frau Sonja B. – als das Unternehmen sich auf Datenverarbeitung durch Computer umstellte – alle Daten ihrer Kartei in einen Computer eingegeben hat.

Ohne den sachgerechten Einsatz von Computern ist in einem modernen Unternehmen kein Informationsmanagement möglich.

Beispiele:

- Entwicklungs- und Produktionsbereiche
- Verkaufsabteilungen

In einigen Verkaufsabteilungen wird noch mit traditionellen Karteikästen gearbeitet. Zwar geben die Karteien Aufschluss über die geschäftlichen Kontakte zu den einzelnen Kunden; es ist aber nicht möglich, alle Detailinformationen so zu speichern, dass sie jederzeit abrufbar sind und in die Tagesarbeit integriert werden können. Aktuelle Informationen veralten sehr schnell; Karteien daher ebenfalls. Nur moderne Informationstechniken werden den heutigen Ansprüchen gerecht.

Computer speichern und verwalten nahezu alle Daten, z. B. umfangreiche Adresslisten, Kundenkarteien, Lagerbestände, Briefe, Textbausteine usw. Die Möglichkeiten, die moderne Personalcomputer bieten, sind vielfältig.

Personalcomputer arbeiten mit speziellen Programmen, die auch dem computerungeübten Menschen erlauben, alltägliche Aufgaben zu lösen. Der Mensch arbeitet direkt von seinem Schreibtisch aus „persönlich" mit diesem Computer. Das englische Wort „personal" bedeutet also „persönlich" und nicht, wie häufig angenommen wird, Personal im Sinne von Mitarbeiter.

Zurzeit werden noch häufig die herkömmlichen Karteisysteme eingesetzt; daher werden diese besprochen. Jedoch wird ausdrücklich darauf hingewiesen, dass in Zukunft Karteiarbeiten mit Sicherheit in allen Bereichen von Computern übernommen werden.

Voraussetzung einer wirtschaftlichen Karteiarbeit ist die Wahl der richtigen Karteiform. Die Kartei muss immer auf dem neuesten Stand sein. Für die Karteiarbeit ist ein Karteiplan aufzustellen, in dem die benutzten Ordnungsmerkmale und ihre Bedeutung festgehalten werden (z. B. Bedeutung der Farben, Tabe, Kerben, Reiter usw.).

Eine Kartei hat viele *Vorteile*:

- Ist eine Karte vollgeschrieben, kann eine neue Karte eingeschaltet werden. Bei Büchern wären Hinweise und Register erforderlich.
- Nicht mehr benötigte Karten können herausgenommen werden.
- Mehrere Personen können gleichzeitig an einer Kartei arbeiten.
- Die Kartei ist nach mehreren Gesichtspunkten sortierbar.

Bestandteile einer Kartei

Karteikarte (meistens aus Karton): Informationsträger

▶ Aufbau der Karteikarte

Ordnungsmerkmale	Kartenleiste
Stammdaten = Dauermerkmale	Kartenkopf
Bewegungsdaten = laufende Eintragungen	Kartenrumpf
Angaben des Kartenherstellers	Kartenfuß

Ordnungsmittel	verschiedenfarbige Kartenreiter, Einkerbungen, Randleisten, Lochungen
Leitkarten	Sie bilden den Ordnungsrahmen (aus stärkerem Material; Kunststoff/Karton)
Kartenbehälter	Kästen, Tröge, Schränke, ausziehbare Büromöbelzüge, Karteilift, Großkarteigeräte (Paternoster)
Formate	abhängig vom Inhalt und Zweck; sollen den DIN-Formaten entsprechen

Der **Art** nach unterscheidet man Steilkarteien und Flachkarteien.

- Steilkarteien (Blockkarteien): Die Karten werden senkrecht hintereinandergesteckt.
- Flachkarteien: Die Karten werden flach übereinandergelegt, wobei ein schmaler Sichtstreifen einer Karte schuppenförmig hervorsteht.

Mischformen sind möglich.

▶ Steilkartei (Blockkartei)

Vorteile:

- Sie ist preiswert,
- sie ist einfach zu bedienen,
- durch beinahe senkrechtes Hintereinanderstellen der Karteien wird ein Minimum an Raum beansprucht,
- die Karteikarte kann mit der Hand und/oder der Maschine beschriftet werden,
- die Kartei ist erweiterungsfähig: An jeder Stelle können neue Karten zwischen-, ein- und aussortiert werden.

Nachteile:

- erschwerte Übersicht und Handhabung durch das enge Hintereinanderstehen der Karten; dadurch kann erheblicher Zeitaufwand entstehen,
- beim Entnehmen von Informationen bzw. bei Eintragungen muss die einzelne Karte herausgenommen werden.

▶ *Flachkartei*

Vorteile:

- schnelle, leichte Bearbeitung; weniger Arbeitsgriffe als bei den Steilkarteien,
- vorteilhaft, wenn Aussagefähigkeit auf einen Blick verlangt wird; Direkteinsicht,
- vorteilhaft, wenn Karten regelmäßig bearbeitet werden, ohne sie dabei häufig umsortieren zu müssen.

Nachteile:

- höhere Anschaffungskosten, größerer Raumbedarf,
- begrenztes Aufnahmevermögen,
- umständliches Einordnen neuer Karten; die Karten werden in einer Führung festgehalten und haben innerhalb der Kartei ihren festen Platz.

▶ *Breitstaffelkartei*

Das System besteht aus einem besonders breiten Karteikasten, auf dessen Bodenteil Rundeisen aufgesetzt sind. Diese fassen in Ausstanzungen von Karteikarten, sodass ein gestaffeltes Einordnen möglich ist. Durch diese Stapelung ergeben sich Sichtränder, auf die die wichtigsten Informationen notiert werden können. Der Kopfteil der Karteikarte ist, der Ablesbarkeit wegen, abgeschrägt.

Die Kartenbezeichnungen stehen im diagonalen Sichtrand. Hierdurch sind etwa 30 Karten gleichzeitig einzusehen.

Im rechten senkrechten Sichtrand stehen ergänzende wichtige Angaben.

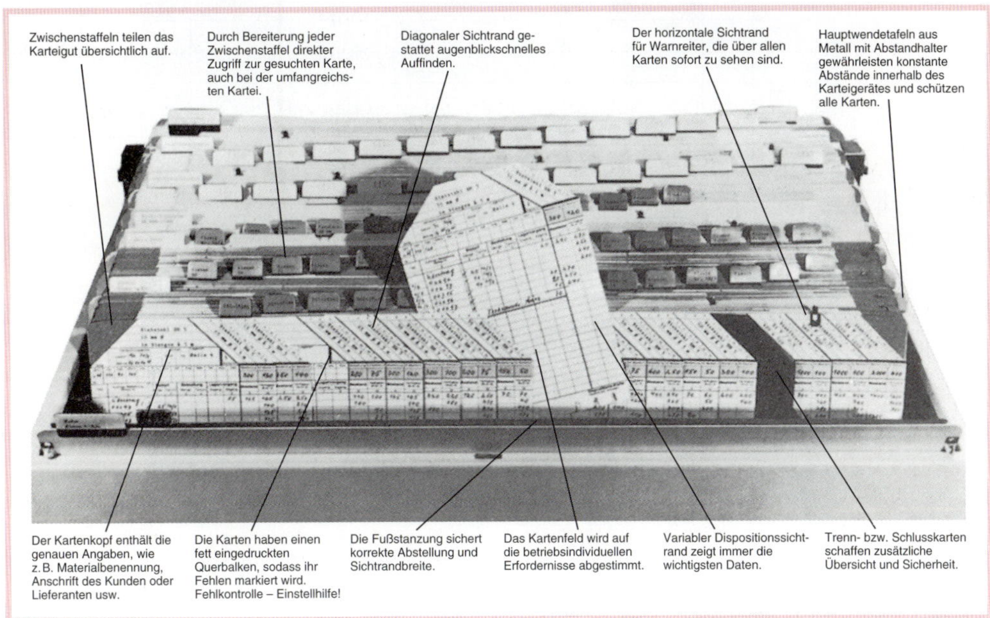

Will man mehr wissen als das Wichtigste, so gibt der verdeckte Teil der Karte ausführliche Auskunft.

Beispiel: Verkauf – Interessentenüberwachung

Zielsetzung: Die Überwachung und Bearbeitung der Anfragen hat das Ziel, diese in Aufträge umzuwandeln.

Der rechte Sichtrand zeigt:

- den Namen des Interessenten,
- für welche Artikel Interesse besteht,
- um welchen Auftrag es sich handelt,
- wie weit die Verhandlungen gediehen sind,
- was weiter getan werden muss,
- wann etwas getan werden muss.

Die Arbeit mit der Karte erfolgt mittels Kurzzeichen, die auf der Karte aufgedruckt sind.

Beispiel: Af = Anfrage, Ag = Angebot, Na = Nachfassen, WB = Wiederbesuch usw.

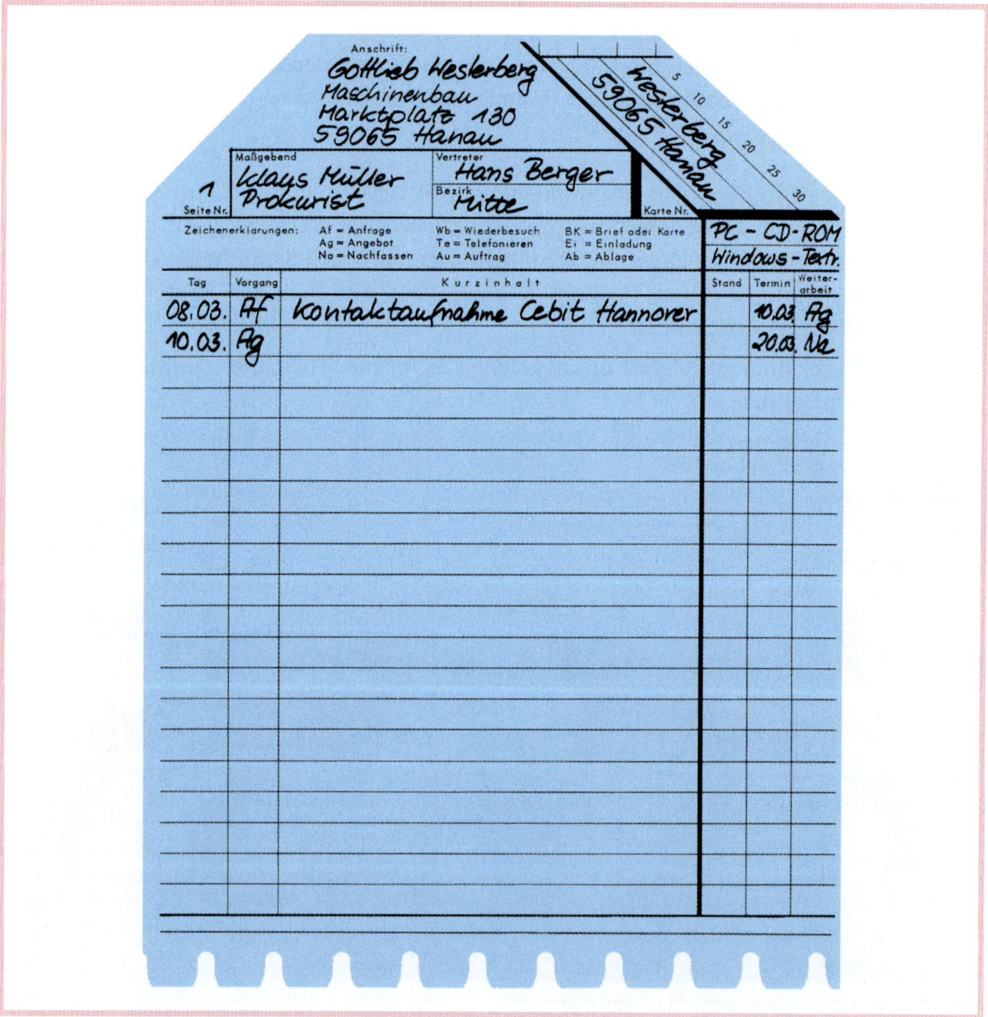

Anschrift: Gottlieb Westerberg Maschinenbau Marktplatz 130 59065 Hanau

Westerberg 59065 Hanau

5 10 15 20 25 30

Seite Nr. 1 | Maßgebend: Klaus Müller Prokurist | Vertreter: Hans Berger | Bezirk: Mitte | Karte Nr.

Zeichenerklärungen: Af = Anfrage, Ag = Angebot, Na = Nachfassen, Wb = Wiederbesuch, Te = Telefonieren, Au = Auftrag, BK = Brief oder Karte, Ei = Einladung, Ab = Ablage

PC - CD-ROM Windows-Textr.

Tag	Vorgang	Kurzinhalt	Stand	Termin	Weiterarbeit
08.03.	Af	Kontaktaufnahme Cebit Hannover		10.03.	Ag
10.03.	Ag			20.03.	Na

Diese Art der Interessentenüberwachung verhindert, dass Verkaufschancen nicht ausgewertet werden.

Das System ist für viele Belange geeignet:

- im Lager (Bestandsnachweis),
- in der Materialdisposition,
- im Einkauf,
- im Verkauf.

Karteien im Sekretariat

- **Sachkarteien**, z. B.
  - Bücherkartei,
  - Zeitschriftenkartei,
  - Ideenkartei,
  - Planungskartei.
- **Personenkarteien**, z. B.
  - Anschriftenkartei,
  - Kundenkartei,
  - Kontaktkartei,
  - Besucherkartei.
- **Terminkarteien**, z. B.
  - Terminüberwachung von Geburtstagen und Jubiläen,
  - Erledigungskontrollkartei.

Häufig findet man in einem Sekretariat eine kleine **Handbücherei**, die entweder nach Autoren und/oder Sachgebieten geordnet wird. Für jedes Buch wird eine Karteikarte angelegt, die Angaben zum Verfasser, Titel, Verlag, Erscheinungsjahr, Anschaffungsdatum und Preis aufnimmt. Soll diese Kartei lediglich eine Information über den Buchbestand und dessen Standort geben, genügt eine kleinformatige Karteikarte (DIN A6 oder kleiner). Werden Bücher oder Zeitschriften ausgeliehen, wird der Kartenrumpf für Ausleihvermerke benutzt.

Lfd. Nr. 720
Autor: Waltraud Lassek
Titel: Informations- u. Büromanagement
Verlag: Bildungsverlag EINS
Inventar Nr. 18/02

entliehen am	Name	Rückgabe am	Quittung
10.01. ..	Flink	11.02. ..	Flink
14.02. ..	Kluge	18.02. ..	Kluge
20.02. ..	Höflich	10.03. ..	Höflich
15.03. ..	Fromm		Fromm

Bei der Anlage einer Bücherkartei, eines Literaturverzeichnisses oder bei Quellenangaben in Fußnoten ist folgendes Grundschema für Reihenfolge und Zeichensetzung zu beachten: Vorname und Name des Autors: Titel, Untertitel, Band, Auflage, Verlagsort: Verlag und Erscheinungsjahr. Seitenangabe. In einem alphabetisch geordneten Quellenverzeichnis wird der Vorname des Autors nachgestellt.

Sehr hilfreich ist eine **Ideenkartei**. Ideen tauchen spontan auf, während der Arbeit in Form von Verbesserungsmöglichkeiten, beim Besuch von Messen, beim Lesen von Fachliteratur, als Ergebnis von Gesprächen. Gute Ideen sollten systematisch festgehalten werden. Am besten notiert man jede Idee einzeln, denn nur so können die Einfälle nach bestimmten Merkmalen geordnet werden. Eine Ideenkartei muss in bestimmten Abständen auf die Durchführbarkeit und Aktualität der Anregungen überprüft werden.

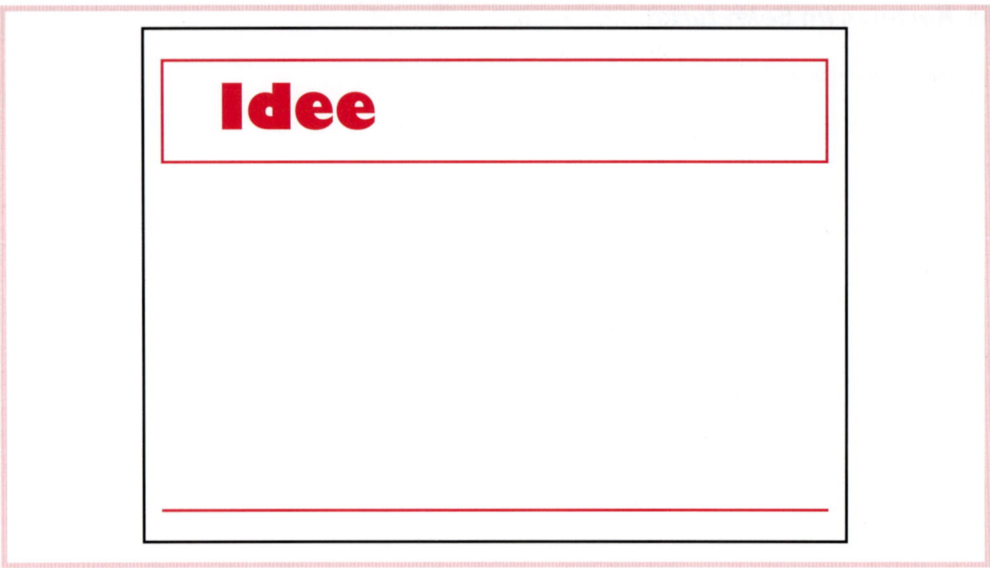

Die Ideenkartei kann auch zur Fixierung von betrieblichen Problemen und Lösungsvorschlägen benutzt werden.

Beispiel: Frau Kluge benutzt einen Bereich ihrer Ideenkartei für „Betriebliche Verbesserungen", gliedert nach den verschiedenen Abteilungen des Unternehmens, notiert Datum, Ist-Situation, Problem, Randprobleme, Soll-Situation mit möglichen Kosten, Durchführung, Kontrolle (s. Vier-Stufen-Methode). Lösungsvorschläge legt sie regelmäßig ihrem Chef vor.

Vorteil:
Negativkritik wird konstruktiv zugunsten des Unternehmens genutzt.

Anwendung:

IDEENKARTEI	**„Betriebliche Verbesserungen"**	**Abteilung: Postbearbeitung**
Problem:	Tages- und Fachzeitschriften werden entweder gar nicht oder viel zu spät zugestellt.	
Beanstander:	11.03... 3 Mitarbeiter der Abteilung A: Herr X, ..., 15.03... 2 Mitarbeiter der Abteilung B: Herr Y, ..., 17.03... Frau Kern, Personalabteilung	
Teil- bzw. Randproblem:	Die Mitarbeiter sind fachlich nicht auf dem neuesten Informationsstand.	
Aktionsvorschläge:	a) Die Tages- und Fachzeitungen werden in Namensfächer am/im Eingang des Unternehmens einsortiert, sodass die Mitarbeiter diese beim Betreten des Gebäudes mitnehmen können. b) Die Zeitungen liegen beim Pförtner zur Mitnahme bereit.	
Durchführung:	...	
Kontrolle:	...	

In einer **Planungskartei** können die Gedanken zu einzelnen Themen systematisch festgehalten werden.

Hat Ihre Abteilung viel mit Öffentlichkeitsarbeit zu tun, empfiehlt sich die Anlage einer **Kontaktkartei**. Sie sammeln hier die Anschriften von wichtigen Personen und deren Sekretärinnen, leitenden Bürochefs, Organisationen, Pressevertretern, Banken usw. Diese Kartei wird eine wertvolle Hilfe sein, wenn Sie Einladungen versenden, Empfänge, Sitzungen, Tagungen vorbereiten, Werbegeschenke versenden sollen. Wie aussagefähig Sie eine solche Kartei gestalten, hängt von den Repräsentationspflichten Ihrer Firma ab.

Geburtstage, Familien- und Firmenfeste, Jubiläen usw. halten Sie am besten in einer **Dauerterminkartei** fest. Sie legen für jeden Tag des Jahres eine Karte an, auf der Sie die stets wiederkehrenden Termine vermerken. Erledigte Karten ordnen Sie chronologisch am Schluss der Kartei ein. Ihre Kartei ist so immer auf dem aktuellen Stand.

Karteien sind besonders arbeitserleichternd, wenn sich **innerbetriebliche** Bereiche berühren.

Beispiel: Ein Kunde erteilt einen Auftrag für einen späteren Zeitpunkt. Zum Zeitpunkt der Lieferung möchte er eine Rechnung haben.

In diesem Falle werden die Bereiche Disposition, Terminkontrolle, Planung, Registratur berührt.

Disposition	Name, Adresse des Kunden werden notiert.
Terminkontrolle	Das Datum der Auftragserledigung wird festgehalten.
Planung	Die Auftragsfertigung muss im Ablauf geplant werden.
Registratur	Rechnungsduplikat und Vermerk über Geldeingang müssen griffbereit aufbewahrt werden.

Solche und ähnliche Aufgaben lassen sich rationell mit einer Breitstaffelkartei, einer Terminkartei mit Terminkontrolltaschen, mit Planungstafeln und Registratursystemen lösen. Dass auch in kleineren Unternehmen diese Aufgaben in Zukunft von Computern übernommen werden, ist selbstverständlich. Dennoch werden die manuellen Organisationshilfen weiterhin ergänzende Aufgaben erfüllen.

► *Handkarteisysteme*

Einsatz: Aufzeichnung von Daten, die auf Reisen oder an wechselnden Stellen innerhalb eines Betriebes laufend benötigt werden; Außendienst- und Stichwortkartei.

Bewährt hat sich vor allem die Sichtbuchhandkartei. Der Karteibehälter ist ein Buch mit Spezialringmechanik, das mehrere Lagen gestaffelter Karteiblätter aufnimmt. In einer aufgeschlagenen Lage sind nur die Kopfzeilen der Blätter direkt einsehbar, die den Suchbegriff tragen. Der Schreibraum wird durch Aufblättern zugänglich. Es stehen mehrere Größen und Vordrucke zur individuellen Gestaltung der Kartei zur Verfügung. Die Karten können vor dem Einheften maschinell beschriftet werden. Zur Beschriftung durch EDV-Schreibwerke werden Endlossätze mit Remalinerrand geliefert. Vollgeschriebene Karten werden entnommen und in üblichen Behältern abgelegt.

Beispiel: Anwendung am Beispiel einer Reisekartei. In der Sichtzeile werden Name und Anschrift des Kunden festgehalten. Weitere feste Daten (Besuchszeit, Konditionen usw.) stehen auf dem verdeckten Feld. Darauf oder auf der Rückseite des Blattes kann das Besuchsergebnis festgehalten werden. Ein Ordnungsprinzip nach geografischen Gesichtspunkten (Postleitzahlen, Landkreisen, Regierungsbezirken, Orten) ermöglicht eine einfache und vollständige Tourenplanung. Mit Signalreitern können bestimmte Daten (z.B. fest vereinbarte Besuche) gekennzeichnet werden.

▶ *Terminkartei*

Auch die Kombinationen von Breitstaffelvollsichtkartei und Terminkontrolleinrichtungen lassen sich realisieren.

Eine weitere praktische Möglichkeit zur Terminkontrolle bietet ein System, das mit Vorgangstaschen arbeitet, die mit einer transparenten Kopfleiste zur Aufnahme aller konstanten und variablen Daten versehen sind. Die Kartei ist mit Terminschiebern ausgestattet, die klar aussagen, was wann wo geschehen soll: ein Datumlot, auf „heute" gestellt, markiert jeweils den aktuellen Stand des Geschehens. Sobald das Datumlot ein Signal erreicht, heißt das, dass mit diesem Vorgang etwas unternommen werden muss. Die Kartei kann so ausgestattet werden, dass auch ordnerdickes Schriftgut aufgenommen werden kann (siehe Abbildung).

Die **Erledigungskontrollkartei** ist hilfreich bei der Überwachung von erteilten Aufträgen. Das Original „Auftrag" erhält der verantwortliche Mitarbeiter, die Kopie wird unter dem Erledigungstermin abgelegt.

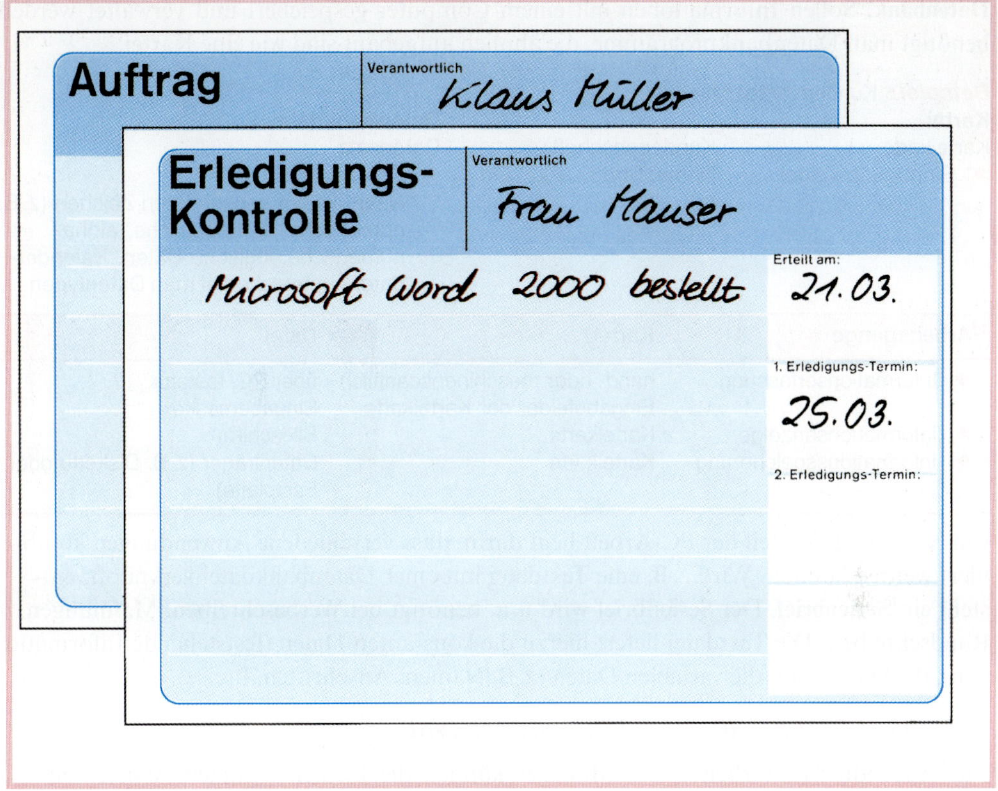

Dateien

Die elektronische Erfassung, Speicherung und Verarbeitung von Informationen mit einem Arbeitsplatzcomputer ist meistens rationeller als die mit der herkömmlichen Kartei. Voraussetzung ist geschultes Personal (siehe auch Kapitel 11).

Die Erfassungsarbeit, also die Speicherung der Stammdaten, ist in beiden Fällen zeitaufwendig, denn allgemeine Ordnungsgrundsätze sowie die Eingabe von Daten in die Eingabefelder einer Karteikarte bzw. Eingabemasken einer Datei sind zu beachten.

Die Dateiverwaltung erfolgt bei einem Arbeitsplatzcomputer über Dateiverwaltungsprogramme, die z. B. selbstständig folgende arbeitserleichternde Vorgänge übernehmen:

- Sortieren (z. B. in alphabetischer Reihenfolge),
- Selektieren (z. B. Auswahl bestimmter Lieferer),
- Exportieren (z. B. Erstellen von Serienbriefen: Verbindung von Anschriften und Texten).

Jede mit einem Programm erstellte Datei benötigt einen Dateinamen. Unter diesem Namen werden die Daten auf einer Diskette oder auf der Festplatte gespeichert.

Bevor Dateien auf einer Diskette gespeichert werden können, muss diese formatiert werden (Aufteilung in Spuren und Sektoren). Von Disketten, auf denen wichtige Daten gespeichert sind, sollten Sicherungskopien angelegt werden.

Die Speicherkapazität von Festplatten ist groß. Es ist daher sinnvoll, von dem Inhaltsverzeichnis Unterverzeichnisse anzulegen. Diese können weiter untergliedert werden.

Datenbank. Sollen Informationen mit einem Computer gespeichert und verwaltet werden, benötigt man Datenbankprogramme, die ähnlich aufgebaut sind wie eine Kartei.

Beispiel: Kundenverzeichnis

Kartei		**Datenbankdatei**
Karteikarte	Kundenanschrift:	Datensatz
• Eintragungsfelder	Name, Straße, PLZ, Ort	• Datenfelder Nach Art der verwendeten Zeichen (z. B. numerische, alphabetische, alphanumerische, logische Daten, Kalenderdaten) unterscheidet man Datentypen.

Arbeitsgänge	Kartei	Datei
• Informationserfassung	hand- oder maschinenschriftlich Eingabefelder der Karteikarte	über PC-Tastatur Eingabemaske
• Informationsanzeige	Karteikarte	Bildschirm
• Informationsspeicherung	Karteikarte	Datenträger (z. B. Diskette oder Festplatte)

Ein besonderer Vorteil der PC-Arbeit liegt darin, dass verschiedene Anwendungen kombiniert werden können. Wird z. B. eine Textdatei mit einer Datenbankdatei verknüpft, entsteht ein **Serienbrief**. Der Serienbrief wird u. a. benötigt bei Werbeschreiben, Mahnungen, Rundschreiben. Die Textdatei liefert hierzu die konstanten Daten (feststehende Informationen), die Datenbank die variablen Daten (z. B. Namen, Anschriften, Preise).

► *Mobile Lösungen (Personal Digital Assistant)*

Für Außendienstmitarbeiter und Manager können die kleinen digitalen Assistenten wie Smartphone, PDA, Handheld usw. eine Hilfe sein. Termin- und Adressverwaltung, Empfangen und Senden von E-Mails, Textverarbeitung und Tabellenkalkulation sind in einer abgespeckten Version gegenüber dem Desktop möglich. Probleme: Es fehlen einheitliche Standards. Alle Geräte arbeiten softwaretechnisch unterschiedlich. Ein Unternehmen, das seinen Mitarbeitern mobile Lösungen anbieten will, sollte sich schon im Vorfeld um die entsprechende Infrastruktur kümmern. Auch der Sicherheitsaspekt spielt gerade im mobilen Bereich eine besondere Rolle.

Kernwissen

■ **Manuelle Datenverarbeitung**

- Es gibt:
  - Steilkarteien,
  - Flachkarteien,
  - Mischformen.
- Aufbau der Karteikarte:
  - Kartenleiste,
  - Kartenkopf,
  - Kartenrumpf,
  - Kartenfuß.
- Bestandteile einer Kartei:
  - Karteikarten,
  - Leitkarten,
  - Ordnungsmittel,
  - Kartenbehälter.
- Sekretariatskarteien:
  - Sachkarteien,
  - Personenkarteien,
  - Terminkarteien.

■ **Elektronische Datenverarbeitung**

Dateien werden in externen Speichern (z. B. Diskette, Magnetband) einer Datenverarbeitungsanlage zusammengefasst.

Beispiele:

- Kundendatei,
- Artikeldatei,
- Personaldatei usw.

Aufbau einer Datei:

- Datenfeld – Platz für eine bestimmte Information,
- Datensatz – logische Einheit der zu einem vollständigen Sachverhalt gehörenden Felder.

Zur Vertiefung

1 Erläutern Sie den Aufbau einer Kartei!

2 Worin besteht der Unterschied zwischen Steil- und Flachkartei?

3 Nennen Sie fünf Punkte, die grundsätzlich vor dem Einrichten einer Kartei geklärt werden müssen!

4 Zu Ihrem Aufgabenbereich gehört die Auswertung von Besprechungen, Sitzungen, Tagungen und Kongressen. Entwerfen Sie auf einem karierten Papier (DIN A5) eine Karteikarte über Fremdleistungen!

5 Nennen Sie fünf mögliche Vorgänge, die Sie besser in einer Terminkartei als im Terminkalender festhalten!

6 Nach welchem Ordnungsprinzip werden Sie zweckmäßig eine Personalkartei anlegen?

a) Nach den ABC-Regeln der Registratur,
b) nach Kostenstellen,
c) nach laufenden Nummern;

weil:

d) sich die Personalkosten je Kostenstelle am schnellsten ermitteln lassen,
e) sich durch einen Blick auf die letzte Karteikarte sogleich die Gesamtzahl der Arbeitnehmer feststellen lässt,
f) eine solche Kartei bei Zu- und Abgängen keiner Umstellung bedarf.

7 Ihr Betrieb führt eine Kundenkartei, in der zu Beginn des Jahres für jeden der 320 Kunden eine Karteikarte eingerichtet wurde. Im Laufe des Jahres steigt die Zahl der Kunden um 35 %. Wie viele Karteikarten müssen zusätzlich eingerichtet werden?

8 Nennen Sie sechs Vorteile, die Frau Sonja B. (s. Situation S. 145) seit der Umstellung vor einem Jahr – Datensicherung immer vorausgesetzt – in ihrer Büroorganisation gegenüber ihrer Kollegin nutzen kann!

3 Grundlagen der Betriebsorganisation

Situation

Die „Autarkis" waren ein Stamm in der Steinzeit. Sie versorgten sich selbst. Sie bauten sich ihre Hütten, sie jagten Tiere, sie machten sich ihre Kleidung selbst, sie sammelten Beeren oder pflanzten sich ihre Nahrung an. Sie waren Selbstversorger und völlig unabhängig von anderen Stämmen.

Dennoch waren sie alle aufeinander angewiesen. Einige der Männer waren zur Jagd bzw. zur Verteidigung des Lagers gegen wilde Tiere eingeteilt, andere waren für das Sammeln von Früchten oder das Anpflanzen zuständig. Die Frauen kochten das Essen und versorgten die Kinder. Nur durch diese Arbeitsteilung war es ihnen möglich, zu überleben.

Das menschliche Zusammenleben ist seit den Anfängen durch **Arbeitsteilung** gekennzeichnet. Nur so war es den Menschen möglich, zu überleben und sich bis zum heutigen Zivilisationsstand zu entwickeln.

In den letzten Jahrhunderten hat sich durch die zunehmende Industrialisierung der Trend zu immer mehr Arbeitsteilung verstärkt. Insbesondere für betriebliche Aufgaben und Abläufe sind organisatorische, d. h. regelnde, Maßnahmen immer wichtiger geworden.

In den einzelnen Betrieben wurden und werden die Aufgaben immer stärker spezialisiert. Dies ist zum einen auf die unterschiedlichen Berufe, die die Mitarbeiter erlernt haben, zurückzuführen. Zum anderen ist aber auch selbst innerhalb eines Berufes die Spezialisierung immer weiter ausgebaut worden, d. h., die Aufgaben von Mitarbeitern mit gleicher Ausbildung unterscheiden sich von Betrieb zu Betrieb sehr stark.

Die Arbeitsteilung bietet dennoch verschiedene **Vorteile**. So wird durch die zunehmende Spezialisierung der Mitarbeiter der wirtschaftliche Ertrag der Leistungserbringung gesteigert, da der Mitarbeiter durch die Ausführung ständig gleichartiger Aufgaben immer schneller seine Arbeit erledigen kann. Des Weiteren wird der Einsatz teurer Maschinen sinnvoll, da durch die sich ständig wiederholenden Arbeitsgänge die Auslastung der Hilfsmittel verbessert wird.

Allerdings stellt die Arbeitsteilung ein Unternehmen auch vor **Probleme**. Gesamtaufgaben werden in Teilaufgaben zerrissen, der Überblick über die Gesamtheit der Aufgaben geht verloren. Es muss festgelegt werden, wer die einzelnen Teilaufgaben zu erledigen hat. Ferner muss die Aufgabenerfüllung von geeigneten Personen überwacht werden und diese Personen müssen mit den entsprechenden Weisungsbefugnissen ausgestattet werden. Die sinnvolle Reihenfolge von Tätigkeiten ist ebenso zu planen wie die räumliche Anordnung der Arbeitsplätze, um Transport- und Informationswege zu verkürzen.

Alle diese Gesichtspunkte ergeben unter Berücksichtigung der betrieblichen Zielsetzungen die Notwendigkeit, die Aufgabenerfüllung zu planen, zu organisieren, zu leiten und zu kontrollieren, um die Vorteile der Arbeitsteilung nicht wieder aufzuheben.

3.1 Begriff, Aufgaben und Voraussetzungen betrieblicher Organisation

3.1.1 Die betrieblichen Produktionsfaktoren

Situation

Werner Roth und Michaela Endres wollen eine eigene kleine Firma gründen, die sich mit dem Verkauf von Computern und der Erbringung von Dienstleistungen im Bereich der EDV-Beschaffung und -Betreuung befassen soll. Die beiden überlegen nun, was alles erforderlich ist, um das Unternehmen zu betreiben.

Um betriebliche Leistungen zu erstellen, benötigt man zunächst die **elementaren betrieblichen Produktionsfaktoren**:

- **Betriebsmittel** (z. B. Computer, Kopierer, Bürogebäude),
- **Werkstoffe** (z. B. Papier, Kugelschreiber, Bleistifte),
- **ausführende Arbeit** (z. B. die Arbeitskraft der Bürokräfte, die lediglich vorgegebene Aufgaben erfüllen).

Zu diesen elementaren Produktionsfaktoren tritt aber immer noch der **dispositive Faktor**, d. h. die **Leitung, Planung** und **Organisation** der Arbeit.

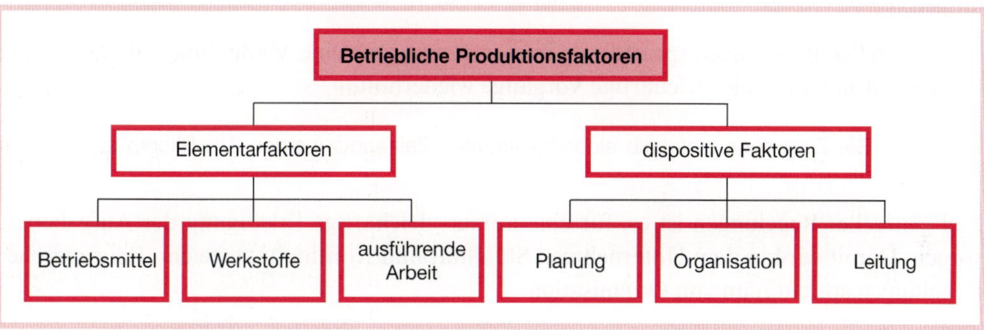

Unter **Planung** versteht man die Vorüberlegungen zur Lösung anstehender Aufgaben.

Die **Organisation** hat die Aufgabe, Regelungen für das betriebliche Geschehen, d. h. für den Einsatz der Produktionsfaktoren, zu entwickeln. Wie diese Regelungen im Einzelnen auszusehen haben, richtet sich dabei nach den jeweils angestrebten **Zielsetzungen**.

Die Aufgabe der **Leitung** ist die Steuerung und die Überwachung der Einhaltung von Regelungen.

3.1.2 Der Organisationsbegriff

Der Organisationsbegriff wurde bisher allgemein als Schaffen von Regeln erklärt. Es bedarf aber einer genaueren Definition dieses Begriffes. Man kann allgemein drei Bedeutungen des Wortes „Organisation“ unterscheiden:

1. **Organisation als Bezeichnung für eine Einrichtung**, z. B. die UNO, Parteien, Gewerkschaften oder Arbeitgeberverbände (Die Einrichtung **ist** eine Organisation);

2. **Organisation als Beschreibung der Tätigkeit**, d. h., der Prozess des Schaffens von Regeln für die in einer Unternehmung arbeitenden Menschen und die dort benutzten Maschinen wird mit diesem Begriff belegt (Das Unternehmen **wird** organisiert);
3. **Organisation als Beschreibung des Zustands** eines Unternehmens, nachdem organisatorische Regeln getroffen worden sind (Das Unternehmen **hat** eine Organisation).

Für die folgenden Überlegungen sind nur die letzten beiden Erklärungen bedeutsam.

Jeder Betrieb stellt sich als ein System von Menschen und Sachmitteln, z. B. Maschinen, dar, das vorgegebene Aufgaben erfüllen soll. Dabei ist es die Aufgabe des Organisators, diese Elemente sinnvoll miteinander zu verbinden.

Daher soll der Organisationsbegriff hier wie folgt definiert werden:

Als Organisation bezeichnet man sowohl das Schaffen von dauerhaften Regeln für Menschen und Maschinen zur Erreichung der betrieblichen Zielsetzungen als auch das Ergebnis dieser Tätigkeit.

3.1.3 Organisation – Disposition – Improvisation

Nicht bei jeder regelnden Maßnahme spricht man von Organisation. Man unterscheidet vielmehr zwischen generellen Regelungen, fallweisen Regelungen und nicht geplanten Regelungen.

Von **generellen** Regelungen spricht man immer dann, wenn eine Maßnahme auf Dauer angelegt ist und sich für viele gleichartige Vorgänge wiederholt.

Beispiel: Bei Zahlungen innerhalb eines bestimmten Zeitraums werden 2 % Skonto auf den Endpreis gewährt.

Ziel genereller Regelungen ist es, für eine immer gleichartige Erledigung der Aufgaben zu sorgen. Damit wird in dem Unternehmen Stabilität und Kontinuität erreicht. Bei generellen Regelungen spricht man von **Organisation**.

Vorteile genereller Regelungen sind:

- ständige Neuregelung immer gleicher Vorgänge entfällt,
- gleichartige Aufgabenerledigung,
- übersichtlicher Betriebsaufbau,
- optimaler Arbeitsablauf,
- schnelle und effiziente Einarbeitung neuer Mitarbeiter.

Fallweise Regelungen beziehen sich immer nur auf eine oder wenige vorhersehbare Situationen. Für diese Sonderfälle werden im Voraus bestimmte Regelungen getroffen.

Beispiel: Bei Bestellungen bis zu einem Wert von 1 000,00 EUR darf der Sachbearbeiter 2 % Rabatt gewähren, bis zu 5 000,00 EUR 3 %, bei größeren Aufträgen 5 %.

Ziel der fallweisen Regelungen ist es, dem Unternehmen eine gewisse Flexibilität zu ermöglichen. Das Unternehmen kann sich in jedem Einzelfall einer veränderten Situation anpassen. Da es sich hier nicht mehr um allgemeingültige generelle Regelungen handelt, spricht man in diesem Fall statt von Organisation von **Disposition**.

Vorteile fallweiser Regelungen sind:

- größerer Handlungsspielraum,
- Anpassung an sich verändernde Verhältnisse.

Von **nicht geplanten** Maßnahmen spricht man immer dann, wenn eine nicht vorhergesehene Situation eintritt, sodass keine Maßnahme vorab geplant worden ist. Es muss spontan eine Regelung gefunden werden.

Beispiel: Durch einen Kurzschluss ist die EDV-Anlage beschädigt worden. Es muss kurzfristig eine Ersatzanlage beschafft werden.

Es ist nicht sinnvoll, für jede nur denkbare Situation generelle oder fallweise Regelungen zu treffen. Vielmehr sollten aus Wirtschaftlichkeitsgründen nur solche Situationen geplant werden, mit deren Eintreten mit einiger Wahrscheinlichkeit gerechnet werden kann. Tritt dann eine nicht geplante Situation ein, muss kurzfristig eine angemessene Entscheidung getroffen werden. In diesem Falle spricht man von **Improvisation**.

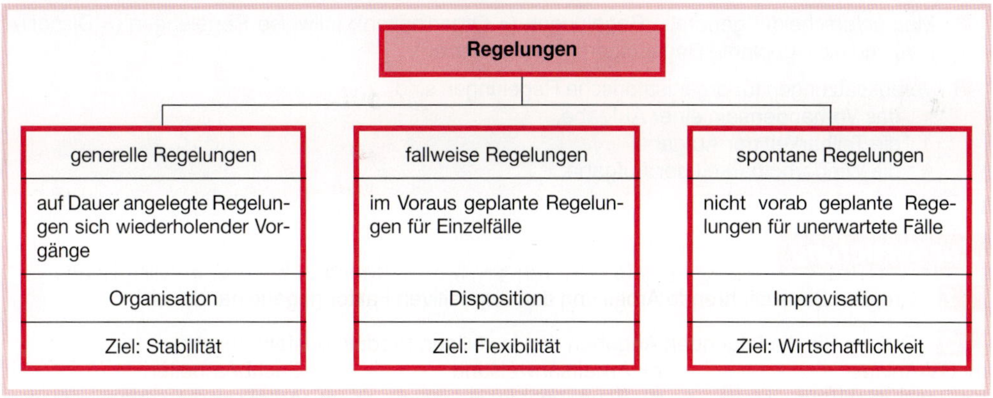

Im Laufe der Zeit werden in einem Unternehmen aufgrund der gemachten Erfahrungen und mit zunehmendem Wachstum des Betriebes immer mehr Vorgänge generell geregelt. Die Anzahl der fallweisen und erst recht der nicht geplanten Regelungen wird mehr und mehr abnehmen. Man spricht hier auch vom **Substitutionsprinzip der Organisation**, d. h., je länger eine Unternehmung existiert, umso mehr werden fallweise Regelungen durch generelle Regelungen ersetzt.

Dabei ist allerdings darauf zu achten, dass ein Unternehmen aufgrund zu vieler genereller Regelungen nicht völlig seine Flexibilität verliert und in seiner eigenen Organisation erstarrt. In diesem Fall spricht man von **Überorganisation**.

Andererseits tritt gerade in den ersten Jahren nach der Unternehmensgründung häufig der Fall ein, dass für bestimmte Vorgänge noch keine Regelungen getroffen sind. Dann müssen kurzfristig Lösungen gefunden werden, die aufgrund des Zeitdrucks manchmal nicht gut durchdacht sind. Fehlen ausreichende Regelungen, nennt man dies **Unterorganisation**.

3.1.4 Voraussetzungen für organisatorische Regelungen

Die Schaffung organisatorischer Regeln ist an drei Voraussetzungen gebunden:

1. Zunächst muss einmal eine klar definierte **Gesamtaufgabe** vorhanden sein, z. B. Beratung bei der Anschaffung von EDV-Anlagen und Wartung.

2. Eine Gesamtaufgabe muss überhaupt **teilbar** sein, d.h., eine Aufgabe muss sich überhaupt erst einmal auf verschiedene Aufgabenträger (Menschen oder Maschinen) übertragen lassen, da sich organisatorische Probleme erst durch die Arbeitsteilung ergeben.

3. Die Aufgabe muss **wiederholbar** sein, d.h., die Aufgabe muss den organisatorischen Aufwand auch lohnen. Bei einmaligen Aufgaben ist die Entwicklung allgemeingültiger Regeln nicht wirtschaftlich vertretbar.

Kernwissen

- Die betrieblichen Produktionsfaktoren gliedern sich in die Elementarfaktoren (Betriebsmittel, Werkstoffe, ausführende Arbeit) und die dispositiven Faktoren (Planung, Organisation, Leitung).
- Als Organisation bezeichnet man sowohl das Schaffen von Regeln als auch das Ergebnis dieser Tätigkeit.
- Organisation hat den Zweck, durch sinnvolle Regelungen zur Zielerreichung beizutragen.
- Man unterscheidet generelle Regelungen (= Organisation), fallweise Regelungen (= Disposition) und nicht geplante Regelungen (= Improvisation).
- Voraussetzungen für organisatorische Regelungen sind
  - das Vorhandensein einer Aufgabe,
  - die Teilbarkeit der Aufgabe,
  - die Wiederholbarkeit der Aufgabe.

Zur Vertiefung

1 Grenzen Sie ausführende Arbeit und den dispositiven Faktor gegeneinander ab!

2 Ordnen Sie die folgenden Angaben den jeweiligen Produktionsfaktoren zu:

a) DV-Anlage
b) Geschäftsführer
c) Arbeitsanweisung
d) Schreibpapier
e) Sachbearbeiter
f) Arbeitsvorbereitung

3 Welche der folgenden Aussagen über den Begriff „Organisation“ sind richtig?
Organisation ...

a) ist die Gesamtheit aller Regelungen eines Unternehmens.
b) besteht aus den generellen Regelungen eines Unternehmens.
c) besteht aus fallweisen und generellen Regelungen.
d) dient zur Kontrolle der Zielerreichung.
e) soll die geplante Zielerreichung verwirklichen.

4 Unterscheiden Sie

- generelle Regelungen,
- fallweise Regelungen,
- nicht geplante Regelungen!

5 Was versteht man unter dem Substitutionsprinzip der Organisation?

6 Kennzeichnen Sie die folgenden Aussagen mit 1, wenn Überorganisation, und mit 9, wenn Unterorganisation vorliegt:

a) Es gibt häufig Zuständigkeitsprobleme.
b) Jeder Mitarbeiter erledigt die gleichen Aufgaben anders.
c) Das Unternehmen verliert einen Großauftrag, da die Rabattgewährung strikt festgelegt ist.
d) Notwendige Arbeiten bleiben lange unerledigt, da sich niemand zuständig fühlt.
e) Regelungen werden nicht mehr beachtet, da sie sich als zu umständlich erwiesen haben.
f) Einige Mitarbeiter sind nicht ausgelastet.

7 Welche Voraussetzungen gibt es für organisatorische Regeln?

3.2 Bestimmungsgründe der Organisationsstruktur

Situation

Die Handels-Union hat sich in den letzten Jahren sehr vorteilhaft entwickelt. Ursprünglich entstand sie aus dem Einzelhandelsgeschäft des Kaufmanns Alfred Höfgen. Dieser hatte das Unternehmen in den 1950er-Jahren aufgebaut. Im Zuge des wirtschaftlichen Aufschwungs in den folgenden Jahren vergrößerte sich sein Geschäft so sehr, dass er 1964 zusätzlich seinen Schwiegersohn Egbert Backes in das Unternehmen aufnahm. Dieser brachte sein Vermögen mit in die Firma ein, und die Rechtsform des Unternehmens wurde in eine Offene Handelsgesellschaft umgewandelt.

Nach weiteren zehn Jahren sahen sich die beiden Inhaber genötigt, zusätzliches Kapital für ihr Unternehmen zu beschaffen, um mit dem zunehmenden Konzentrationsprozess im Handel Schritt halten zu können. Daher beschloss man, das Unternehmen in eine Gesellschaft mit beschränkter Haftung umzuwandeln und zusätzlich vier weitere Personen als Gesellschafter aufzunehmen. Der Firmenname wurde auf Handels-Union GmbH geändert.

Nach dem Erreichen des Pensionsalters schied der Gründer Alfred Höfgen 1989 aus der Firma aus. Da gleichzeitig das Kapital des Unternehmens in starkem Maße erhöht werden sollte, entschlossen sich die verbleibenden Gesellschafter, das Unternehmen in eine Aktiengesellschaft umzuwandeln.

Jedes Unternehmen durchläuft ebenso wie Lebewesen mit zunehmendem Alter unterschiedliche Entwicklungsphasen (Pionier- oder Gründungsphase, Differenzierungsphase, Integrationsphase), die zu immer neuen organisatorischen Problemen führen und den Organisator zwingen, eine neue Organisationsstruktur zu entwickeln. Eine Organisation ist also kein statisches System, das einmal geschaffen wird und dann auf Dauer so erhalten bleibt, sondern sie hat dynamischen Charakter und muss sich ständig weiterentwickeln.

Bestimmungsgründe für die tatsächliche Organisation sind in jeder der dargestellten Phasen z. B.

- die Größe des Unternehmens,
- der Gegenstand des Unternehmens (= Produktpalette),
- der Gegenstand der Organisation und
- die Führungsgrundsätze.

In der **Pionierphase** wird die Organisationsstruktur meist ganz wesentlich durch die Persönlichkeit des Gründers bestimmt. Auf ihn ist die Organisation im Wesentlichen zugeschnitten, er hält die Fäden in der Hand und prägt durch seinen Führungsstil das Unternehmen. Die Produktpalette ist in aller Regel noch sehr begrenzt, sodass unterschiedliche organisatorische Regelungen für die verschiedenen Produkte durch die Organisation meist nicht in größerem Umfang erforderlich sind. Improvisation kennzeichnet häufig noch das organisatorische Geschehen (siehe Abschnitt 3.1).

Mit zunehmendem Wachstum des Unternehmens gerät der Inhaber jedoch in die Gefahr der eigenen Überforderung. Eine stärkere Gliederung der Aufgaben nach den betrieblichen Funktionen wird in der **Differenzierungsphase** erforderlich. Dies führt in der Regel zu einer stärkeren Verteilung von Aufgaben, was auch eine Veränderung der Führungsgrundsätze nach sich ziehen muss, da ein verbesserter Informationsaustausch zwischen Unternehmensleitung und Mitarbeitern nun dringend erforderlich wird. Die Produktpalette wird stärker ausgeweitet.

In der **Integrationsphase** schließlich kommt es zu einer stärkeren Berücksichtigung der Mitarbeiterbeziehungen. Teambildungen und stärkere Autonomie der leitenden Mitarbeiter kennzeichnen diese Phase. Des Weiteren wird in der Regel eine konsequente Orientierung am Absatzmarkt angestrebt, sodass sich auch von dieser Seite Auswirkungen auf die Organisation ergeben können. Flexibilität, Entscheidungs- und Verantwortungsdelegation sind typische Kennzeichen dieses Entwicklungsstadiums.

Kernwissen

- Organisationsstrukturen sind dynamisch angelegt und orientieren sich am Entwicklungsstadium eines Unternehmens. Bestimmungsgründe für tatsächlich vorfindbare Organisationen sind
  - die Größe des Unternehmens,
  - der Gegenstand des Unternehmens,
  - der Gegenstand der Organisation,
  - die Führungsgrundsätze.

Zur Vertiefung

1 Erläutern Sie, inwieweit die Größe des Unternehmens eine Rolle für die vorfindbare Organisationsstruktur spielt.

2 Erläutern Sie den idealtypischen Verlauf einer Unternehmensentwicklung von der Gründung an, und zeigen Sie die Auswirkungen auf die Organisationsstruktur!

3 Warum ist es wichtig, dass in der Differenzierungsphase die Mitarbeiter stärker in den Entscheidungsprozess mit eingebunden werden?

3.3 Die betrieblichen Ziele und die Grundsätze der Organisation

Situation

Die Handels-Union hat in letzter Zeit starke Gewinneinbußen zu verzeichnen. Diese sind auf verschlechterte Absatzbedingungen aufgrund starker Marktveränderungen, die vom Unternehmen zu spät erkannt wurden, zurückzuführen. Daher beschließt die Unternehmensleitung, dass die Produktpalette im Hinblick auf die neue Situation überprüft und verändert werden soll. Des Weiteren soll das Image der Produkte verbessert werden. Als Ergebnis dieser Maßnahmen möchte die Unternehmensleitung eine Umsatzsteigerung im laufenden Jahr von 10 % erreichen.

Unternehmen verfolgen je nach Branche und Aufgabe des Unternehmens unterschiedliche **Ziele**. Dabei ist zwischen den **Sachzielen** und den **Formalzielen** zu unterscheiden.

Das **Sachziel** gibt an, was der eigentliche Unternehmenszweck ist, d. h., was eigentlich produziert oder geleistet werden soll. Das Sachziel eines Unternehmens, das sich mit der Beratung in Fragen der EDV befasst, ist es, Dienstleistungen für andere Unternehmen zu erbringen. Das Sachziel eines Großhandelsunternehmens hingegen ist z. B. der An- und Verkauf von Produkten, das Sachziel eines Automobilunternehmens ist die Herstellung von Fahrzeugen.

Formalziele kennzeichnen die Absicht, mit der die Sachziele verfolgt werden. Die meisten Wirtschaftsunternehmen haben in marktwirtschaftlichen Systemen das Ziel der Gewinnerzielung. Allerdings wird in der Regel nicht nur ein Ziel angestrebt, sondern meist ein ganzes **Bündel von Zielen**, wie Umsatzsteigerung, Steigerung des Firmenansehens, Erhaltung von Arbeitsplätzen, Steigerung des Marktanteils oder auch Umweltschutz.

Insbesondere staatliche oder halbstaatliche Unternehmen verfolgen häufig gemeinwirtschaftliche Ziele, wie Bedarfsdeckung oder Kostendeckung. Sie zielen also nicht in erster Linie darauf ab, Gewinn zu erwirtschaften, sondern sie haben die Aufgabe, für die Versorgung der Bevölkerung zu sorgen. Typische Beispiele sind die Betriebe des öffentlichen Nahverkehrs, aber auch (noch) die Energieerzeuger oder kommunale Einrichtungen, wie Schwimmbäder usw.

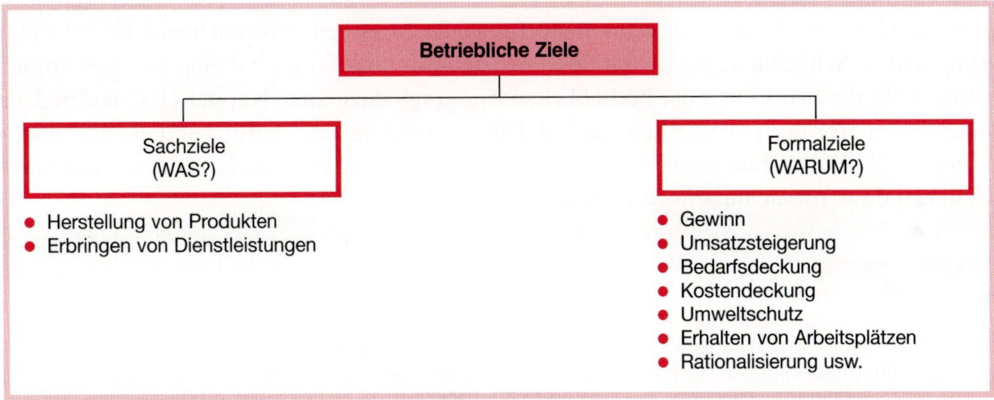

Bei der Auswahl der anzustrebenden Ziele ergibt sich das Problem, dass einige Ziele sich nicht miteinander verbinden lassen, während andere Ziele sich sehr gut ergänzen.

Ziele, die sich nicht zusammen erreichen lassen, nennt man **konkurrierende Ziele**. Hier kann immer nur eines der Ziele verwirklicht werden.

Beispiel: Gewinnmaximierung und Erhaltung der bestehenden Arbeitsplätze

Lassen sich Ziele miteinander verbinden, so bezeichnet man diese als **komplementäre** (= miteinander verbundene, sich ergänzende) **Ziele**. Hier stimmen die Ziele im Ergebnis überein und sorgen gemeinsam für die Erreichung des Gesamtzieles.

Beispiel: Gewinnerzielung und Rationalisierung

Aufgabe der Organisation ist es, die Regelungen für das Unternehmen mit den angestrebten Zielen abzustimmen. Dazu muss die Organisation jedoch einige Grundsätze beachten.

Zunächst einmal müssen organisatorische Regelungen dem Wirtschaftlichkeitsprinzip Rechnung tragen. Dieses Prinzip besagt, dass entweder mit gegebenen Mitteln ein Maximum an Erfolg (= Maximumprinzip) oder ein vorgegebener Erfolg mit möglichst geringem Mitteleinsatz (= Minimumprinzip) zu erreichen ist. Diese Steigerung der Wirtschaftlichkeit kann z. B. durch Verringerung der Personalkosten, Einsparung von Material oder bessere Auslastung vorhandener Kapazitäten erreicht werden.

Des Weiteren müssen sich organisatorische Regelungen am angestrebten Ziel ausrichten und ihm angemessen sein (= Zweckmäßigkeit der Regelungen).

Besonders wichtig für eine wirksame Zielerreichung ist auch die eindeutige Regelung von Zuständigkeiten innerhalb des Unternehmens. Das reibungslose Zusammenarbeiten der Mitarbeiter kann nur gelingen, wenn die Aufgabenverteilung, die Zuständigkeiten und die Einordnung in die betriebliche Hierarchie genau geklärt sind (= Klarheit).

Generelle Regelungen sorgen innerhalb eines Unternehmens für Stabilität, fallweise Regelungen sorgen für ausreichende Flexibilität (siehe Abschnitt 3.1). Allerdings ist zu beachten, dass zu viele generelle Regelungen zur Überorganisation, zu wenig Regelungen zur Unterorganisation führen. Aufgabe der Organisation ist es also auch, das richtige Verhältnis zwischen Organisation und Disposition zu finden (= organisatorisches Gleichgewicht), um einerseits dem Unternehmen ausreichend Stabilität zu geben, andererseits aber auch einer Erstarrung durch ausreichende Flexibilität zu begegnen.

Besonders wichtig ist auch, dass die Bedürfnisse der Mitarbeiter ausreichende Berücksichtigung finden. Schließlich sind sie mit ihrer Arbeitskraft und Kreativität eine wichtige Voraussetzung für die Erreichung der betrieblichen Ziele (vgl. dazu auch Kapitel 1). Unzufriedene Mitarbeiter erbringen in aller Regel jedoch keine besonders wirtschaftlichen Leistungen und erhöhen die Fluktuationsrate (= Zahl der Arbeitsplatzwechsel), was ebenfalls die Leistungsfähigkeit des Unternehmens vermindert.

Kernwissen

- Jede betriebliche Tätigkeit ist an Zielen orientiert. Das Sachziel einer Unternehmung kennzeichnet die Aufgabe des Betriebes, die Formalziele nennen die Absicht des Unternehmens, die es mit der Verwirklichung der Sachziele anstrebt.
- Grundsätze der Organisation sind:
  - Wirtschaftlichkeit,
  - Zweckmäßigkeit,
  - Klarheit,
  - Stabilität,
  - Flexibilität,
  - Berücksichtigung der Mitarbeiterbedürfnisse.

Zur Vertiefung

1 Nennen Sie die Sachziele der folgenden Unternehmen:
a) Lederwarenfabrik
b) Bank
c) Kaufhaus

2 Grenzen Sie Sachziele und Formalziele voneinander ab!

3 Unterscheiden Sie komplementäre und konkurrierende Ziele!

4 Erläutern Sie den Begriff organisatorisches Gleichgewicht!

5 Nennen und erläutern Sie mindestens drei Grundsätze der Organisation.

6 Warum spielen Mitarbeiterbedürfnisse für die Zielerreichung des Unternehmens eine so große Rolle?

3.4 Grundzüge eines Organisationsprojektes

Situation

In der Handels-Union gehen Eilbestellungen schriftlich, telefonisch und per Telefax direkt bei der Verkaufsabteilung ein. Dabei kommt es immer wieder vor, dass einzelne Bestellungen zwar bestätigt werden, das Lager im Nachhinein aber feststellt, dass die Lagerbestände für eine sofortige Lieferung nicht mehr ausreichen. Die daraus resultierenden Verzögerungen bei der Auslieferung führen zur Verärgerung von Kunden. Die Unternehmensleitung beschließt daher, ein Projektteam zu bilden, das für eine reibungslosere Abwicklung der Bestellungsabwicklung sorgen soll.

3.4.1 Die Phasen eines Organisationsprojektes

Manche Aufgaben innerhalb des betrieblichen Prozesses sind zeitlich befristet und dienen der Lösung spezifischer betrieblicher Probleme. Für solche Aufgaben, die als Projekte bezeichnet werden, hat sich die Bildung von Projektteams in der Praxis bewährt. Dabei werden für einen bestimmten Zeitraum mehrere Mitarbeiter, meist aus unterschiedlichen Bereichen, in einem Team zusammengefasst, um ein aufgetretenes Problem gemeinsam zu lösen. Wichtige Zwischenergebnisse der Beratungen werden der Unternehmensleitung regelmäßig zur Information und Abstimmung vorgelegt. Zum Abschluss legt das Projektteam dem Entscheidungsgremium eine Beschlussvorlage zur endgültigen Entscheidung vor. Nach Erledigung der Aufgabe kehren alle Mitarbeiter an ihren ursprünglichen Arbeitsplatz zurück.

Das Organisationsprojekt vollzieht sich dabei in folgenden Teilschritten:

- Definition des Problems
- Planung
- Entscheidung
- Durchführung
- Kontrolle

Zunächst müssen in einer vorgeschalteten Phase die Ziele, die mit dem Projekt verwirklicht werden sollen, klar sein. Dazu bedarf es einer exakten Definition des Problems und der zu erreichenden Ziele. Für das Beispiel lautet die Problemdefinition Vermeidung von Lieferschwierigkeiten mit den Zielsetzungen Sicherstellung der Lieferbereitschaft, Verringerung der Personalkosten und minimale Kapitalbindung.

Für die eigentliche Reorganisation von Arbeitsabläufen hat sich die sogenannte **Vier-Phasen-Methode** bewährt. Zunächst wird in einer **IST-Aufnahme** der bisherige Arbeitsablauf festgestellt (I. Phase). Dieser wird dann **analysiert** und einer kritischen Auswertung unterzogen (II. Phase). Durch den Vergleich des bisherigen Ist mit dem geplanten Soll (= der Zielvorgabe) wird der Grad der Abweichung vom Idealziel bestimmt (Soll-Ist-Abweichung). Unter Berücksichtigung der Ergebnisse von Phase I und II wird eine neue Organisation erarbeitet (**SOLL-Vorschlag** = III. Phase). Dieser Vorschlag wird dem Entscheidungsgremium, z. B. der Unternehmensleitung, zur Entscheidung vorgelegt.

Nach der Entscheidung für eine Einführung und nach erfolgter Durchführung muss dann die Abweichung zwischen geplanten Soll-Werten und der tatsächlichen Situation (Ist-Werte) ermittelt und die Problemlösung hinsichtlich ihrer Tauglichkeit **überprüft** (IV. Phase) werden. Diese Rückkoppelung zwischen Plandaten (Soll) und tatsächlich erreichten Werten (Ist) wird als Feedback bezeichnet. Sollte sich die neue Organisation als sinnvoll erweisen, wird sie auf Dauer eingerichtet.

Die IST-Aufnahme soll grundsätzlich Aufschluss geben über die folgenden Fragen:

a) Ist der Arbeitsablauf einschließlich der räumlichen Zuordnung erkennbar?

b) Wie groß ist die anfallende Arbeitsmenge und wie viel Zeit wird dafür benötigt?

c) Welche Kosten fallen im Einzelnen und insgesamt an?

d) Kann durch den Einsatz von technischen Hilfsmitteln die Arbeit beschleunigt oder erleichtert werden?

Je lückenloser und exakter die Erfassung des IST-Zustandes gelingt, desto größer ist die Wahrscheinlichkeit, dass ein geeigneter Soll-Vorschlag gefunden wird.

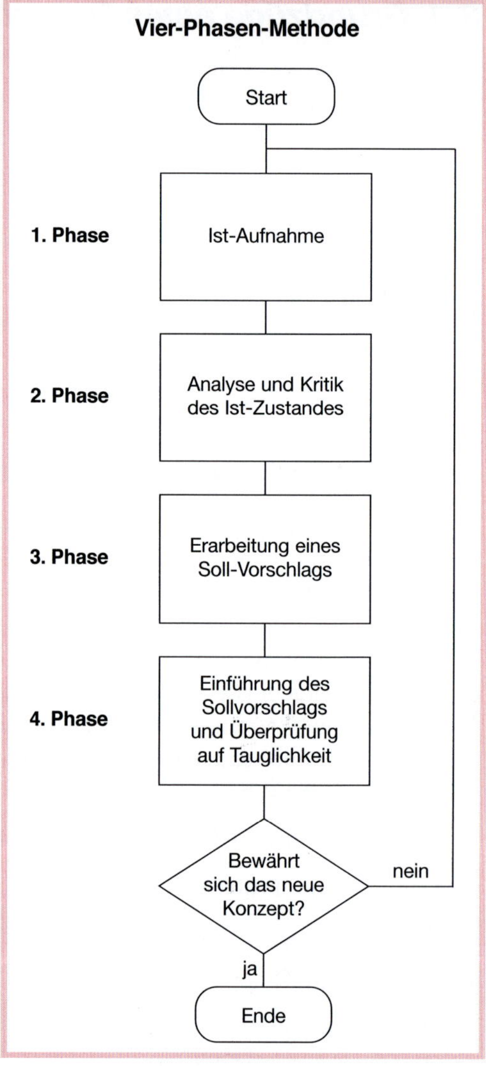

3.4.2 Der Regelkreis

Aus der dargestellten Vorgehensweise lässt sich erkennen, dass der gesamte Problemlösungsprozess sich als ein immer wiederkehrender Kreislauf von Planung, Entscheidung, Ausführung und Kontrolle darstellt.

Innerbetriebliche oder von außen hervorgerufene Störungen können den Prozess beeinflussen und führen zu Abweichungen zwischen Ist- und Soll-Werten. Durch einen dauernden Vergleich zwischen Ist und Soll (= Feedback) können Störungen festgestellt und Maßnahmen zur Beseitigung ergriffen werden. Auf diese Weise entsteht ein geschlossener Regelkreis.

Das Regelkreismodell hat seinen Ursprung im technischen Bereich. So werden beispielsweise Heizungsanlagen oder Kühlschränke mithilfe von Thermostaten gesteuert, die bei Über- oder Unterschreitung einer gegebenen Temperatur bestimmte Funktionen (z. B. Anspringen des Brenners oder Aktivierung des Kühlaggregats) auslösen.

Elemente eines Regelkreises sind

a) die Regelgröße (= diejenige Größe, die geregelt werden soll),

b) die Soll-Größe (= der Wert, den die Regelgröße einnehmen soll),

c) die Ist-Größe (= der augenblicklich gemessene Wert der Regelgröße),

d) der Regler (= die Person oder die Funktionseinheit, die aufgrund der mitgeteilten Information eine Reaktion auslöst, d. h. die Planungsinstanz),

e) die Stellgröße (= die Maßnahme, die den Ist-Wert wieder auf den Soll-Wert stellt),

f) die Störgröße (= diejenige Größe, die unter Umständen die Verwirklichung des Soll-Wertes verhindert) und

g) die Regelstrecke (= die konkrete Ausführung der Aktion).

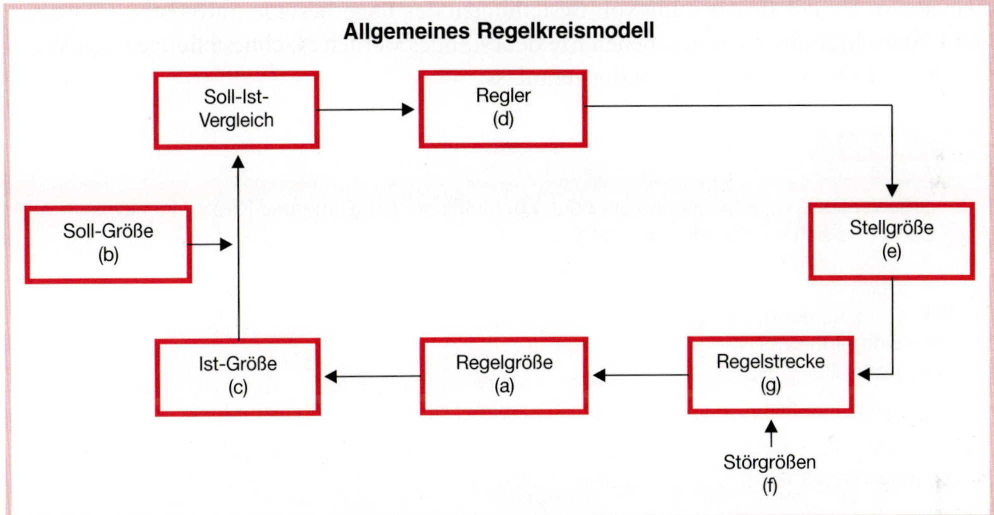

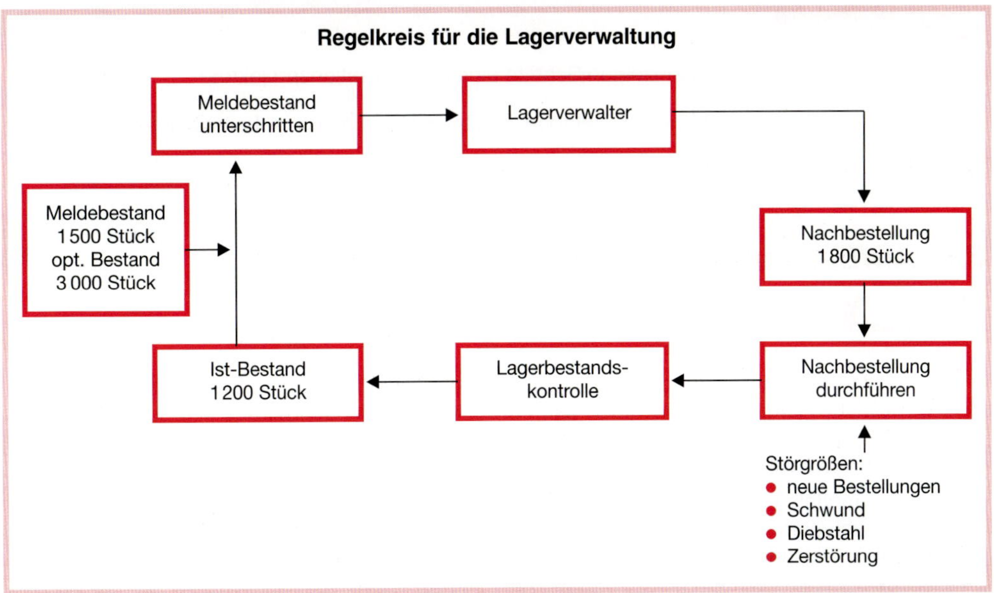

Bezogen auf das Beispiel Lagerverwaltung funktioniert das Regelkreismodell in folgender Weise:

Die Regelgröße ist der Lagerbestand. Ein Meldebestand von 1500 Stück und ein optimaler Lagerbestand von 3000 Stück werden als Soll-Größe festgelegt. Der tatsächliche Lagerbestand beträgt 1200 Stück (= Ist-Größe). Im Rahmen eines Soll-Ist-Vergleiches wird die Soll-Größe mit der Ist-Größe verglichen. Stellt der Regler eine Abweichung fest (hier: Unterschreitung des Meldebestandes), tritt er in Aktion. Es wird eine Nachbestellung von 1800 Stück (= Stellgröße) veranlasst. Die Regelstrecke ist die Abwicklung der Nachbestellung durch die Einkaufsabteilung. Auf die Regelstrecke wirken u.U. Störgrößen ein, wie z.B. Schwund im Lager, Diebstahl oder Zerstörung. Aber auch neue Bestellungen, die nach der Aktion eingehen, sorgen für erneute Abweichungen, somit beginnt der Prozess von Neuem.

Ein solches Regelkreissystem für die Lagerverwaltung funktioniert auch computergestützt. Dabei wird bei der Bearbeitung von Bestellungen der Lagerbestand automatisch korrigiert. Bei Unterschreitung eines gegebenen Meldebestandes werden Nachbestellungen von Waren durch das EDV-System selbstständig veranlasst.

Kernwissen

- Organisationsprojekte dienen zur Lösung betrieblicher Probleme und Krisen. Idealtypisch vollziehen sie sich in folgenden Schritten:
  - Problemdefinition,
  - Planung,
  - Entscheidung,
  - Durchführung,
  - Kontrolle.
- Für die Reorganisation von Arbeitsabläufen bietet sich die Vier-Phasen-Methode an.
- Das Regelkreismodell ist die modellhafte Darstellung eines sich selbst steuernden organisatorischen Systems.

Zur Vertiefung

1 Skizzieren Sie kurz die einzelnen Schritte eines Organisationsprojektes!

2 Erläutern Sie die Vier-Phasen-Methode zur Reorganisation von Arbeitsabläufen!

3 Erklären Sie das Unternehmen als Regelkreismodell!

3.5 Aufbau- und Ablauforganisation

Situation

① Die Mitarbeiter in der Handels-Union haben feste Aufgabengebiete. Es ist exakt festgelegt, wer welche Aufgaben zu erledigen hat. Ferner sind die Weisungswege klar definiert. Jeder Mitarbeiter hat einen Vorgesetzten, an den er sich bei Problemen zu wenden hat bzw. von dem er Anweisungen erhält.

② In der Handels-Union gehen täglich Bestellungen ein. Danach ist eine bestimmte Folge von Arbeitsschritten zu erledigen. Die einzelnen Schritte sind den Mitarbeitern in Form von Arbeitsanweisungen vorgegeben.

Die Organisation eines Betriebes lässt sich unterscheiden nach den Regelungen für den

- **Aufbau eines Betriebes (= Aufbauorganisation).** In der Aufbauorganisation werden Aufgaben und Kompetenzen auf einzelne Mitarbeiter verteilt. Die Mitarbeiter werden dabei in ein Beziehungsgefüge von Stellen und Abteilungen eingeordnet.
- **Ablauf innerhalb des Betriebes (= Ablauforganisation).** Innerhalb der Betriebsbereiche werden Arbeitsabläufe in zeitlicher, funktioneller und örtlicher Hinsicht geregelt.

Aufgabe der Aufbauorganisation ist also die Gliederung des Betriebes in funktionsfähige Teilbereiche und die daraus resultierende Koordination der Aufgabenerledigung, während sich die Ablauforganisation mit der Strukturierung von Arbeitsabläufen befasst.

Für die Aufgabe „Lagerverwaltung“ aus dem vorigen Abschnitt muss also im Rahmen der Aufbauorganisation z. B. geklärt sein, wer für die Nachbestellung von Waren zuständig ist. Im Rahmen der Ablauforganisation ist z. B. zu klären, wie die Überwachung des Lagerbestandes durchzuführen ist. Dabei kann der Lagerbestand z. B. täglich überprüft werden, es kann eine Lagerkartei geführt werden, oder Warenzu- und -abgänge werden automatisch durch die EDV erfasst.

Kernwissen

- Die betriebliche Organisation gliedert sich in die Aufbauorganisation, d. h. die Festlegung von Aufgaben, Befugnissen und Veranwortlichkeiten, und in die Ablauforganisation, die sich mit der Strukturierung betrieblicher Abläufe befasst.

Zur Vertiefung

1 Stellen Sie fest, ob es sich bei den folgenden Regelungen um Aufbau- oder Ablauforganisation handelt!

a) Herr Schmidt ist der Leiter der Abteilung Einkauf
b) Festlegung, wie bei Reklamationen zu verfahren ist
c) Einem Kunden wird ein Liefertermin zugesagt
d) Die Befugnisse des Werkmeisters werden festgelegt
e) Ein neuer Mitarbeiter wird eingestellt und erhält seine Aufgaben zugeteilt
f) Gleitende Arbeitszeit wird eingeführt

2 Erklären Sie den Unterschied zwischen Aufbau- und Ablauforganisation am Beispiel „Postbearbeitung“!

4 Aufbauorganisation

Situation

Die Gründungsphase der Roth OHG ist abgeschlossen. Das Unternehmen beschäftigt sich mit dem Handel mit Computern und erbringt darüber hinaus Dienstleistungen im Bereich der EDV-Beschaffung und -Betreuung. Bisher haben die beiden Inhaber alle anfallenden Arbeiten noch allein erledigt. Da der Geschäftsumfang jedoch ständig zunimmt, entscheiden sie sich, neue Mitarbeiter einzustellen.

Betriebliche Aufgaben sind in der Regel so umfangreich, dass sie nicht von einer einzelnen Person erledigt werden können. Daher ist zu überlegen, welche Aufgaben innerhalb der Unternehmung überhaupt anfallen (= **Aufgabenanalyse**), wie sie auf die Mitarbeiter verteilt werden können (= **Aufgabensynthese**) und welche Befugnisse die Mitarbeiter haben müssen, um diese Aufgaben erledigen zu können.

Die Zusammenfassung von Stellen zu Abteilungen und die Besetzung der Stellen mit geeigneten Personen gehören ebenfalls in diesen Aufgabenbereich.

Des Weiteren bedarf es klarer Kompetenzabgrenzungen hinsichtlich Entscheidungs-, Weisungs-, Unterschrifts- und Vertretungsbefugnis und damit der Festlegung eines betrieblichen Leitungssystems. Es ist eindeutig abzugrenzen, welcher leitende Mitarbeiter welchen anderen Arbeitnehmern Anweisungen geben darf, wie die Informationswege laufen und welche Befugnisse die einzelnen Mitarbeiter haben. Das betriebliche Führungssystem ist ebenso zu klären, wie die Mitwirkungsrechte der Mitarbeiter bei betrieblichen Entscheidungen zu berücksichtigen sind.

Alle diese Regelungen sind Bestandteile der Aufbauorganisation.

4.1 Elemente und Methoden der Aufbauorganisation

4.1.1 Aufgabenanalyse

Situation

Um den Bedarf an Personal genau festzustellen, machen sich Werner Roth und Michaela Endres Gedanken über den zukünftigen Aufbau ihres Unternehmens. Dazu überlegen sie zunächst, welche Aufgaben überhaupt anfallen und wie sie auf ihre zukünftigen Mitarbeiter verteilt werden sollen.

In einem ersten Schritt wird die **Gesamtaufgabe** des Unternehmens (= Sachziel) in mehrere **Hauptaufgaben** zerlegt. Die Hauptaufgaben werden wiederum in **Teilaufgaben** und diese schließlich in **Einzelaufgaben** zerlegt. Einzelaufgaben sind solche Tätigkeiten, die sich nicht mehr sinnvoll weiter zerlegen lassen. Diesen Prozess nennt man **Aufgabenanalyse**.

Unter Aufgabenanalyse versteht man die gedankliche Zerlegung der betrieblichen Gesamtaufgabe in Haupt-, Teil- und Einzelaufgaben, um sie auf die vorhandenen Mitarbeiter und Sachmittel übertragen zu können.

Das Ziel dieser Zerlegung ist also die vollständige Erfassung aller anfallenden Arbeiten.

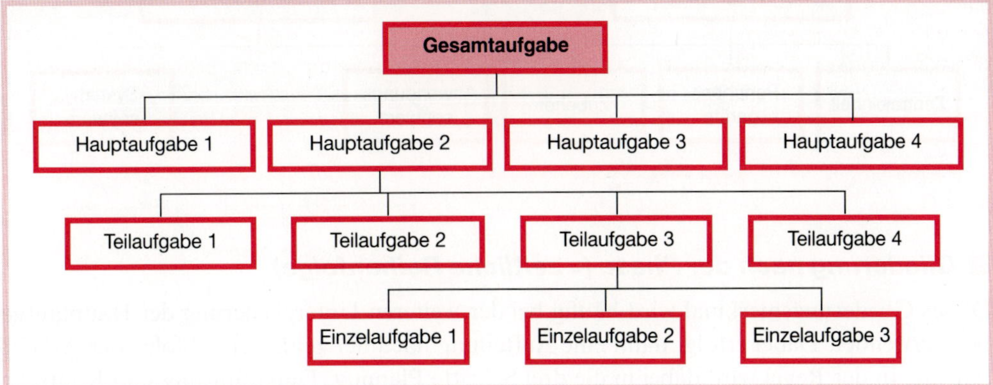

Die Aufgabenanalyse kann nach sachlichen oder formalen Kriterien durchgeführt werden:

- **Sachliche Gesichtspunkte** sind die Gliederung
  - nach der **Verrichtung** (= Tätigkeit),
  - nach dem **Objekt** (= Produkt).
- **Formale Gesichtspunkte** sind die Gliederung
  - nach der **Phase** (= zeitliche Reihenfolge),
  - nach dem **Rang** (= Leitungs- und Ausführungsaufgaben),
  - nach der **Zweckbeziehung** (= Zusammenhang mit dem Sachziel).

■ *Gliederung nach der Verrichtung (= Tätigkeit)*

Bei einer Gliederung nach der Verrichtung wird eine Aufteilung der Hauptaufgaben nach der Art der Tätigkeit, d. h. nach den betrieblichen Funktionen wie Einkauf, Lager, Verkauf usw. vorgenommen.

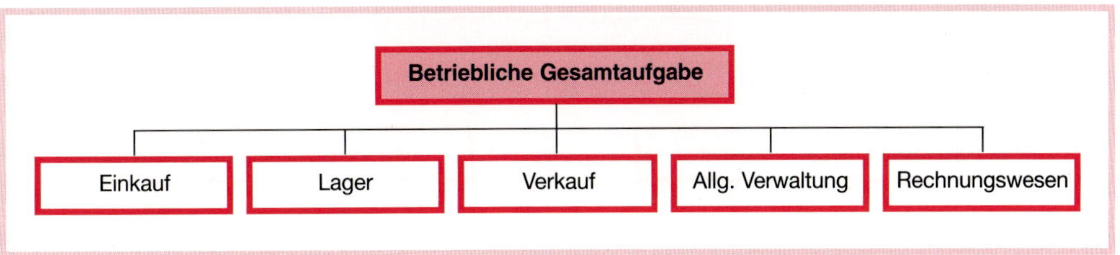

Jede der Funktionen kann dann weiter in Teil- und Einzelaufgaben untergliedert werden.

■ *Gliederung nach dem Objekt (= Produkt, Region)*

Eine Gliederung nach dem Objekt bietet sich immer dann an, wenn ein Unternehmen sehr unterschiedliche Produkte führt, für die sich dann auch die Verrichtungen unterscheiden, oder wenn es viele dezentrale Filialen hat.

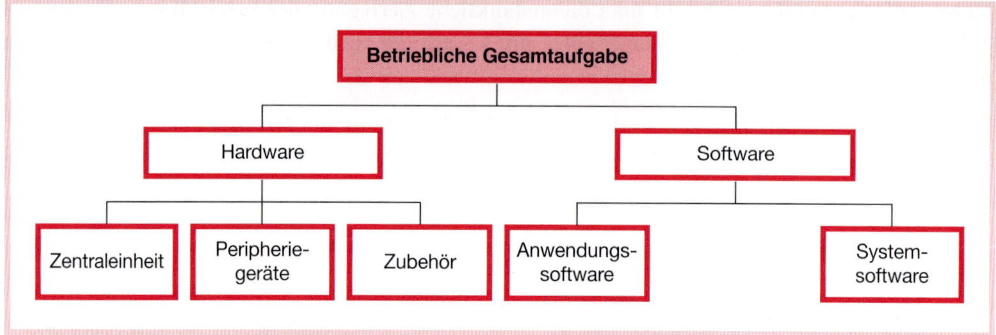

Gliederung nach der Phase (= zeitliche Reihenfolge)

Dieses Gliederungsmerkmal wird häufig bei der weiteren Untergliederung der Hauptaufgaben verwendet. Dabei erfolgt dann eine Aufteilung nach der zeitlichen Abfolge der Arbeitsschritte. In der Regel wird dabei in die drei Schritte Planung, Durchführung und Kontrolle unterteilt.

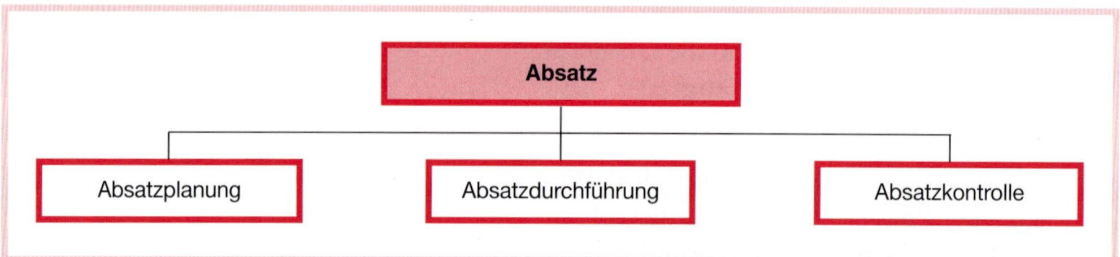

Gliederung nach dem Rang (= Leitungs- und Ausführungsaufgaben)

Hier erfolgt eine Gliederung unter dem Aspekt der Trennung von Entscheidungs- und Ausführungsaufgaben. Träger von Entscheidungsbefugnissen nehmen dabei in der Regel eine höhere hierarchische Position ein.

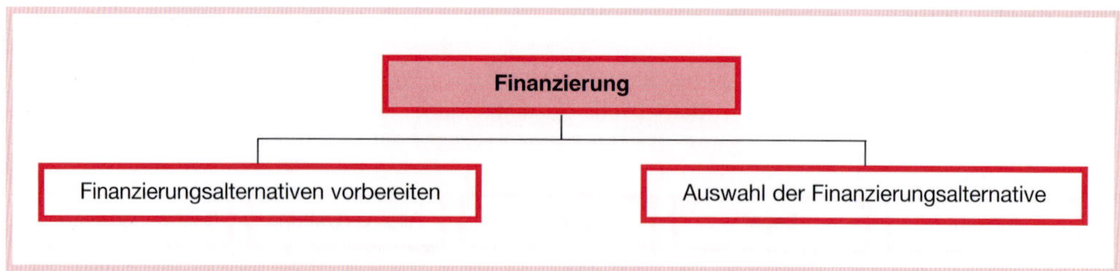

Gliederung nach der Zweckbeziehung (= Zusammenhang mit dem Sachziel)

Entscheidend ist dabei, ob die jeweiligen Verrichtungen unmittelbar oder mittelbar mit der Erfüllung der Gesamtaufgabe verbunden sind. Unmittelbare Aufgaben sind i. d. R. die Beschaffungs-, Lagerhaltungs- und Absatzaufgaben, mittelbare Aufgaben sind z. B. allgemeine Verwaltungsaufgaben, Personal- oder Rechnungswesen.

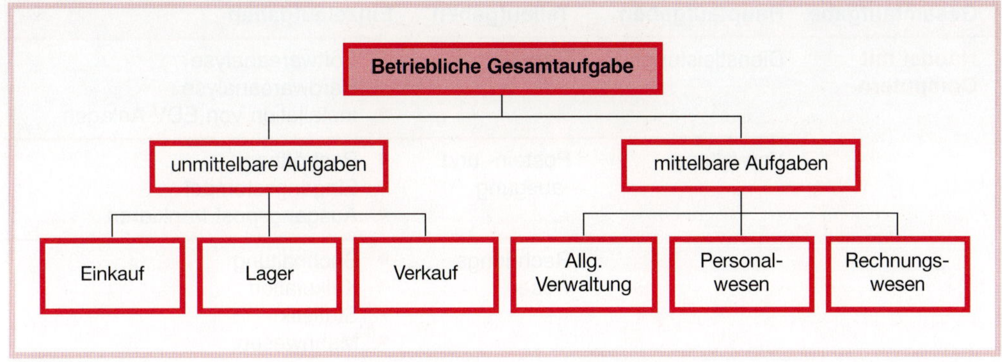

In der Praxis wird die Aufgabenanalyse auf den unterschiedlichen Ebenen meist als Kombination der verschiedenen Gliederungsmerkmale durchgeführt. So kann z. B. eine Gliederung der Hauptaufgaben nach der Zweckbeziehung, der Teilaufgaben nach der Verrichtung und der Einzelaufgaben nach der Phase erfolgen.

Die Darstellung des Ergebnisses der Zerlegung der Gesamtaufgabe in schriftlicher Form wird als **Aufgabengliederungsplan** bezeichnet.

Ein solcher Aufgabengliederungsplan soll im Folgenden in verkürzter Form einmal nach dem Gesichtspunkt Verrichtung und einmal nach dem Gesichtspunkt Objekt für die Roth OHG aufgezeigt werden:

Aufgabengliederungsplan nach der Verrichtung

Gesamtaufgabe	Hauptaufgaben	Teilaufgaben	Einzelaufgaben
Handel mit Computern	Einkauf	Einkaufs-vorbereitung	• Bedarf feststellen • Lieferantenanfragen • Angebote vergleichen
		Einkaufs-durchführung	• Ware bestellen • Liefertermin überwachen • Eingangsrechnung prüfen • Bezugskalkulation
	Lager	Wareneingang	• Ware annehmen • Lagerkartei verbessern
		Warenausgang	• Kommissionieren der Ware • Ware versenden
	Verkauf	Verkaufs-vorbereitung	• Verkaufspreise berechnen • Lieferungs- und Zahlungsbedingungen festlegen
		Verkaufs-durchführung	• Kunden beraten • Kassieren • Rechnungen ausstellen
	Dienstleistungen	Wartung	• Annahme von Reparaturaufträgen • Durchführung von Reparaturen

Gesamtaufgabe	Hauptaufgaben	Teilaufgaben	Einzelaufgaben
Handel mit Computern	Dienstleistungen	Beratung	• Softwareanalyse • Hardwareanalyse • Installation von EDV-Anlagen
	Verwaltung	Postein- und -ausgang	• Post öffnen • Eingangsstempel • Ausgangspost frankieren
		Rechnungs-wesen	• Buchhaltung • Kalkulation • Statistik • Mahnwesen

Aufgabengliederungsplan nach dem Objekt

Gesamtaufgabe	Hauptaufgaben	Teilaufgaben	Einzelaufgaben
Handel mit Computern	Hardware	Zentraleinheit	• Einkauf • Verkauf • Beratung • Wartung • Allgemeine Verwaltung
		Eingabegeräte	• Einkauf • Verkauf • Beratung • Wartung • Allgemeine Verwaltung
		Ausgabegeräte	• Einkauf • Verkauf • Beratung • Wartung • Allgemeine Verwaltung
		externe Speicher	• Einkauf • Verkauf • Beratung • Wartung • Allgemeine Verwaltung
	Software	Systemsoftware	• Einkauf • Verkauf • Beratung • Wartung • Allgemeine Verwaltung
		kaufmännische Anwendungs-software	• Einkauf • Verkauf • Beratung • Wartung • Allgemeine Verwaltung
		technische Anwendungs-software	• Einkauf • Verkauf • Beratung • Wartung • Allgemeine Verwaltung

4.1.2 Aufgabensynthese

Situation

Werner Roth und Michaela Endres haben sich für eine Kombination aus verrichtungs- und objektorientierter Aufgabenverteilung entschieden. Aufgrund der Vielschichtigkeit des Gebietes sollen für die Bereiche Hardware und Software EDV-Spezialisten eingestellt werden. Die Aufgaben der Beratung von Unternehmen bei der Beschaffung von Hardware und Software wollen sie weitestgehend selbst übernehmen. Für die Wartung von EDV-Anlagen und Durchführung von Mitarbeiterschulungen bei Fremdfirmen sollen jeweils EDV-Spezialisten eingestellt werden. Die anfallenden Büroarbeiten sollen von einem einzustellenden Bürokaufmann erledigt werden.

Nachdem die betriebliche Gesamtaufgabe bis hin zu den Einzelaufgaben zerlegt worden ist, kann die **Verteilung der Aufgaben** auf die Aufgabenträger, also Menschen und Maschinen, erfolgen. Diesen Prozess nennt man **Aufgabensynthese**.

Die Aufgabensynthese ist die Zusammenfassung sachlogisch zusammenhängender Einzelaufgaben und ihre Übertragung auf personale oder maschinelle Aufgabenträger.

Das Ergebnis dieser Aufgabensynthese ist die Bildung von **Stellen** und **Abteilungen**.

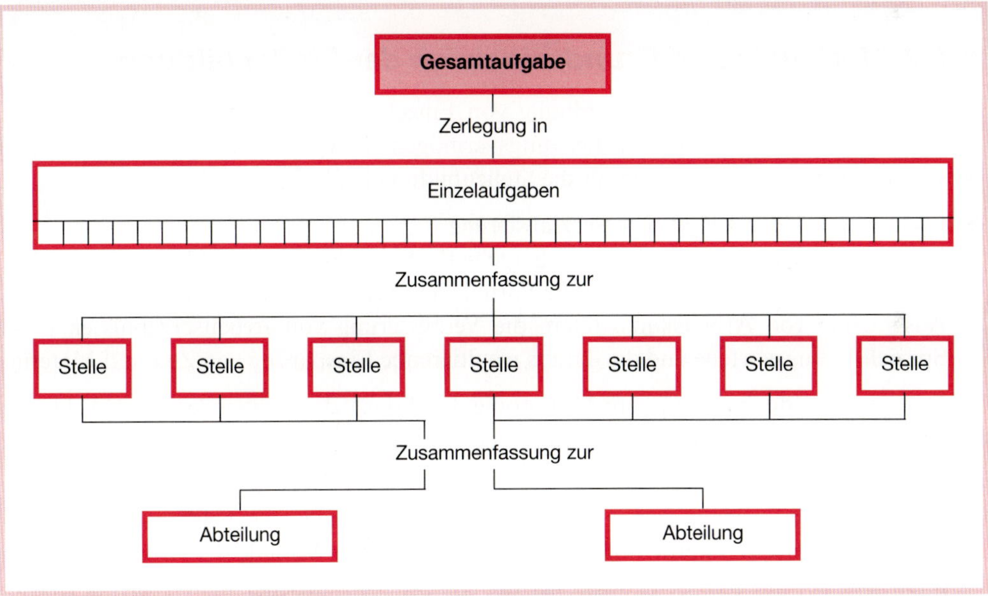

Kernwissen

- Die Aufgabenanalyse ist die gedankliche Zerlegung der betrieblichen Gesamtaufgabe in Haupt-, Teil- und Einzelaufgaben.
- Gliederungskriterien sind:
  • Verrichtung, • Objekt, • Phase, • Rang, • Zweckbeziehung.
- Das Ergebnis der Aufgabenanalyse ist der Aufgabengliederungsplan.
- Die Aufgabensynthese fasst die sachlogisch zusammenhängenden Einzelaufgaben zusammen und führt zur Stellen- und Abteilungsbildung.

Zur Vertiefung

1 Grenzen Sie Aufgabenanalyse und Aufgabensynthese gegeneinander ab!

2 Bei der Zerlegung von Aufgaben (Aufgabenanalyse) kann man u. a. nach 1. dem Verrichtungsprinzip, 2. dem Objektprinzip und 3. dem Phasenprinzip vorgehen. Ordnen Sie den folgenden Beispielen jeweils eines dieser Prinzipien zu. Tragen Sie eine 9 ein, wenn eine Zuordnung nicht möglich ist.

a) Die Aufgabe „Verkauf" wird unterteilt in Verkauf Damenbekleidung, Verkauf Herrenbekleidung und Verkauf Kinderbekleidung.
b) Die Aufgabe „Forschung" wird unterteilt in Forschung Pkw, Forschung Lkw, Forschung Traktoren.
c) Der Aufgabenbereich „Automobilzubehörhandel" wird unterteilt in Einkauf, Lager, Verkauf, Rechnungsschreibung.
d) Die Aufgabe „Absatz" wird unterteilt in Planung des Absatzes, Durchführung des Absatzes, Kontrolle des Absatzes.
e) Die Aufgabe „Kundendienst" wird unterteilt in Kundendienst Waschmaschinen und Kundendienst Geschirrspülmaschinen.

3 Führen Sie für ein Kaufhaus je eine Aufgabengliederung nach den Kriterien Objekt und Verrichtung durch!

4 Erläutern Sie die Aufgabe eines Aufgabengliederungsplanes!

4.1.3 Merkmale und Grundprinzipien der Stellenbildung

Eine Stelle entsteht durch die Zuordnung von Einzelaufgaben zu einer Person. Der Leistungsumfang einer Stelle soll dem Leistungsvermögen eines durchschnittlichen Stelleninhabers entsprechen. Gesichtspunkte für die Stellenbildung können z. B. sein:

- **Gleichartigkeit der Aufgaben = Spezialisierung**
  Die Arbeitsteilung und die damit einhergehende Spezialisierung sind kennzeichnend für moderne Industriegesellschaften. Die Vorteile der Arbeitsteilung sind die wirtschaftliche Ausnützung von Arbeitskapazitäten, die Verbesserung von Arbeitsergebnissen durch Spezialisierungsvorteile und die daraus resultierende Einsparung von Zeit und Material.

  Dem stehen jedoch die stärkere Monotonie der Arbeit, das Fehlen des Überblicks über den gesamten Arbeitsprozess für den Arbeitnehmer und die Unzufriedenheit mit den dadurch schlechter werdenden Arbeitsbedingungen gegenüber.

  Eine zu starke Spezialisierung sollte daher zugunsten einer ganzheitlicheren Aufgabenverteilung vermieden werden. Zwar gehen dadurch einige Vorteile der Arbeitsteilung verloren, auf der anderen Seite steigt für die einzelnen Mitarbeiter die Arbeitsmotivation, wenn sie die Chance bekommen, eine Problemstellung als Ganzes zu lösen. Durch die höhere Arbeitsmotivation wird dann aufgrund der Leistungssteigerung auch wieder eine größere Wirtschaftlichkeit erreicht.

- **Arbeitsanfall der einzelnen Aufgaben = Leistungsanforderungen**
  Die Aufgaben müssen den Mitarbeitern quantitativ (= mengenmäßig) und qualitativ (= anspruchsmäßig) so zugeordnet werden, dass sie die Aufgaben in der vorgesehenen Zeit auch bewältigen können.

- **Überschaubarkeit der zusammengefassten Teilaufgaben**
  Die Anzahl an Aufgaben, die mit einer Stelle verbunden sind, muss für den einzelnen Stelleninhaber noch überschaubar sein, da er sich sonst überfordert fühlt.

Bei der Strukturierung von Aufgabenbereichen kann nach zwei grundsätzlichen Prinzipien verfahren werden.

Aufgaben können in einem Unternehmen zentral oder dezentral erledigt werden.

Zentralisation bedeutet die Zusammenfassung gleichartiger Aufgaben zu Stellen oder Abteilungen.

Beispiel: Ein großer Lebensmittelkonzern hat eine zentrale Einkaufsabteilung, die für das gesamte Unternehmen mit allen Filialen Waren beschafft.

Dezentralisation ist die Verteilung gleichartiger Teilaufgaben auf verschiedene, voneinander unabhängige Stellen.

Beispiel: Jede Filiale einer großen Kaufhauskette hat ihre eigene Personalabteilung und organisiert die Personalbeschaffung selbstständig.

Sowohl Dezentralisation als auch Zentralisation kann für das Unternehmen vorteilhaft sein. Die **Vorteile der Zentralisation** sind aber gleichzeitig die **Nachteile der Dezentralisation** und umgekehrt. In der Praxis kommt es daher häufig zu Kombinationen aus Zentralisation und Dezentralisation.

Vorteile der Zentralisation	Vorteile der Dezentralisation
• einheitliche Entscheidungen • weniger Bedarf an Personal und Sachmitteln • Einsatz von Spezialisten möglich • bessere Kontrolle möglich	• größere Sachkenntnis der Mitarbeiter vor Ort • Entlastung der oberen Leitungsstellen • aktuelle Entscheidungen ohne jeden Zeitverlust • verkürzte Transportwege • höhere Leistungsbereitschaft der untergeordneten Mitarbeiter durch größere Mitsprachemöglichkeiten

Werden bei der Stellenbildung Aufgabenbereiche mit besonders qualifizierten Aufgaben geschaffen, so müssen insbesondere bei Stellen mit Entscheidungs- und Leitungsaufgaben dem Stelleninhaber die notwendigen **Befugnisse** übertragen werden, damit er auch **Verantwortung** für seine Tätigkeit übernehmen kann. Grundsätzlich ist darauf zu achten, dass das Verhältnis von Aufgaben, Befugnissen und Verantwortung übereinstimmt.

Nach dem Vorhandensein von Weisungsbefugnissen unterscheidet man bei den Stellen zwischen Instanzen, Stabsstellen und Ausführungsstellen.

Ausführungsstellen sind Stellen der untersten betrieblichen Ebene, die die Aufgabe haben, kleinste Abschnitte der Unternehmensaufgabe nach Anweisung durchzuführen, wobei selbstständiges Arbeiten meist stark eingeschränkt ist. Diese Stellen besitzen kein Weisungsrecht.

Unter **Weisungsstellen** werden solche Stellen verstanden, die mit Weisungsrecht ausgestattet sind. Sie werden auch als Instanz bezeichnet. Sie haben das Recht, Anordnungen und Weisungen an untergeordnete Stellen zu geben, Aufgaben zu entscheiden und bei nicht vorgesehenen Problemen selbstständig tätig zu werden.

Unter **Stabsstellen** werden Stellen verstanden, die den leitenden Stellen beigeordnet werden. Sie sollen der Entlastung der Weisungsstellen dienen und besitzen selbst kein Weisungsrecht. Ihre speziellen Aufgaben sind die Analyse, die Sammlung von Material zur Entscheidungsfindung, die Erarbeitung von Lösungsvorschlägen und die Erledigung von Sonderaufträgen.

4.1.4 Abteilungsbildung

Je nach Größe eines Unternehmens ist die Bildung von Stellen jedoch nicht ausreichend. Bei kleinen, überschaubaren Betrieben kann der Inhaber die Tätigkeiten noch gut überblicken, mit zunehmender Unternehmensgröße werden jedoch zusätzliche Instanzen notwendig. Dabei werden gleichartige Stellen unter einer gemeinsamen Leitung zu größeren organisatorischen Einheiten zusammengefasst.

Diese bilden dann eine **Abteilung.** Bei großen Unternehmen werden in der Regel mehrere Abteilungen noch zu Hauptabteilungen oder Bereichen zusammengeschlossen. Ist die Zahl der zu einer Abteilung zusammengefassten Stellen zu groß, um von einem Leiter allein gesteuert und überwacht werden zu können, werden zusätzlich Gruppen gebildet, die jeweils einen eigenen Gruppenleiter erhalten. Diese unterstehen wieder dem jeweiligen Abteilungsleiter.

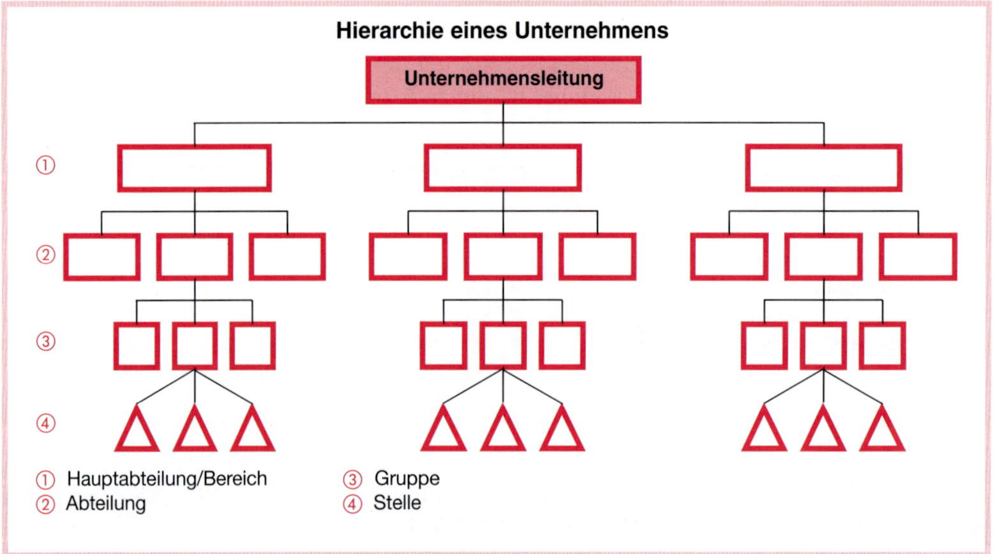

Die einzelnen Abteilungen oder Gruppen können nach den Gliederungsmerkmalen Verrichtung, Objekt oder Phase eingerichtet werden.

Art, Umfang und Schwierigkeitsgrad der verschiedenen Leitungs- und Entscheidungsaufgaben nehmen von oben nach unten ab. Die sich daraus ergebende Gliederung der Unternehmung in Stellen, Gruppen und Abteilungen bedingt die Schaffung einer betrieblichen **Hierarchie**, d.h. einer Rangordnung im Unternehmen. Dabei wird je nach Größe des Unternehmens eine unterschiedlich große Anzahl hierarchischer Ebenen (= **Instanzentiefe**) gebildet. Die Zahl der Personen auf der gleichen hierarchischen Ebene (= **Instanzenbreite**) kann ebenfalls unterschiedlich sein.

Allgemein lässt sich die Rangordnung in vier Hierarchiestufen ausdrücken:

In der obersten Ebene, dem so genannten **Topmanagement**, werden die betrieblichen Grundsatzentscheidungen (z.B. Planung der betrieblichen Ziele, des Produktionsprogramms, der Investitionen usw.) getroffen. Diese Ebene wird gebildet durch den Inhaber, die Geschäftsführer und Prokuristen oder den Vorstand eines Unternehmens. Die Benennung der leitenden Stellen ist allerdings in den einzelnen Unternehmen sehr unterschiedlich, sodass die aufgeführten Beispiele nur als typische Bezeichnungen zu werten sind.

Auf der mittleren Leitungsebene, dem **Middlemanagement**, wird für eine Umsetzung der Grundsatzentscheidungen in den Abteilungen gesorgt. Dazu werden z. B. die Mitarbeiter angeleitet und die Zusammenarbeit wird koordiniert. Ferner ist diese Ebene dazu da, das Topmanagement fachlich zu beraten. Auf dieser Hierarchiestufe befinden sich z. B. Abteilungs-, Bereichs- oder Werkstattleiter.

Die dritte Leitungsebene, das **Lowermanagement**, sorgt für die verantwortliche Durchführung und Steuerung der Tätigkeiten, d. h. für die Überwachung, Ausführung und Vorbereitung der Arbeit sowie die Arbeitsverteilung. Hier finden sich insbesondere Gruppenleiter, Meister und Vorarbeiter.

Diese drei Ebenen bilden zusammen die **Leitungsebenen** oder das betriebliche **Management**.

Am Ende der Hierarchie steht die **Ausführungsebene**, auf der sich Sachbearbeiter, Facharbeiter oder angelernte Arbeitnehmer befinden. Ihre Aufgabe ist es, die vorgegebenen Sachaufgaben korrekt auszuführen.

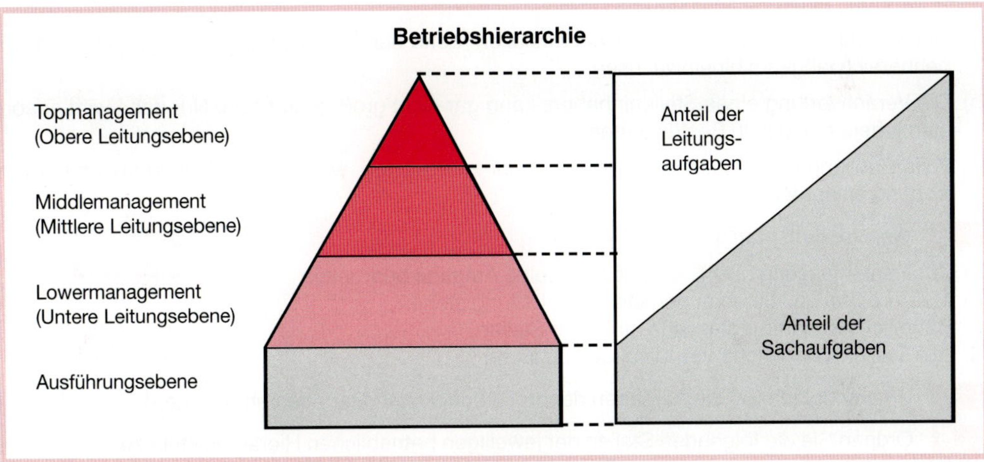

Wie sich aus der obigen Darstellung ergibt, nimmt die Zahl der Leitungsaufgaben innerhalb der Betriebshierarchie von oben nach unten immer weiter ab. Während also z. B. das Topmanagement überwiegend Führungsaufgaben (entscheiden, anordnen, planen, beurteilen, kontrollieren, koordinieren usw.) erledigt, ist die Ausführungsebene lediglich mit Sachaufgaben (bearbeiten, schreiben, rechnen usw.) befasst.

Die einzelnen Führungsebenen unterscheiden sich untereinander in der Reichweite der dort getroffenen Entscheidungen, in dem Anteil an Führungs- bzw. Sachaufgaben und in dem Risikograd der Entscheidungen.

Kernwissen

- Die Stelle ist der Aufgabenbereich einer Person mit den zugehörigen Befugnissen und der daraus resultierenden Verantwortung.
- Eine Abteilung ist die Zusammenfassung gleichartiger Stellen unter einheitlicher Leitung.

Kernwissen

- Die Zentralisation ist die Zusammenfassung gleichartiger Tätigkeiten zu Stellen oder Abteilungen.
- Die Dezentralisation verteilt gleichartige Aufgaben auf mehrere, voneinander unabhängige Stellen.
- Die Betriebshierarchie zeigt das Verhältnis von Über- und Unterstellung in der betrieblichen Realität an.
- Die Betriebshierarchie gliedert sich in die vier Ebenen:
  - Topmanagement,
  - Middlemanagement,
  - Lowermanagement,
  - Ausführungsebene.

Zur Vertiefung

1 Erläutern Sie die Begriffe Stelle und Abteilung!

2 Welche Aussage kennzeichnet das anzustrebende Verhältnis von Aufgaben, Kompetenz und Verantwortung eines Stelleninhabers?

a) Die Kompetenzen sollten relativ klein ausfallen, denn der Stelleninhaber muss in seinen Aufgabenbereich langsam hineinwachsen.

b) Die Verantwortung eines Stelleninhabers kann gar nicht groß genug sein. Nur dann wird er sorgsam arbeiten und sein Bestes geben.

c) Volle Erfüllung der gestellten Aufgaben ist nur zu erwarten, wenn ihnen Kompetenz und Verantwortung entsprechen.

3 Was versteht man unter einer Abteilung?

a) Zusammenfassung aller Stellen, die dieselbe Aufgabe bearbeiten
b) Mehrere Stellen, die unter gemeinsamer Leitung stehen
c) Räumliche Zusammenfassung mehrerer Stellen
d) Alle Stellen, die gleiche Verrichtungen ausüben

4 Unterscheiden Sie die Aufgaben der drei betrieblichen Management-Ebenen!

5 Ordnen Sie die folgenden Stellen der jeweiligen betrieblichen Hierarchiestufe zu:

a) Prokurist
b) Schreibkraft
c) Lagerist
d) Vorarbeiter
e) Laborant
f) Geschäftsführer
g) Reisender
h) Abteilungsleiter
i) Direktor
k) Gruppenleiter
l) Vorstand
m) Telefonistin

6 Erläutern Sie die Begriffe Instanzenbreite und Instanzentiefe!

7 Bei der Organisation der Verkaufsabteilung kann man das Prinzip der Zentralisation oder das Prinzip der Dezentralisation verfolgen.
Kennzeichnen Sie folgende Aussagen mit

1. wenn ein Vorteil des zentralen Verkaufs beschrieben ist,
2. wenn ein Nachteil des zentralen Verkaufs beschrieben ist,
3. wenn ein Vorteil des dezentralen Verkaufs beschrieben ist,
4. wenn ein Nachteil des dezentralen Verkaufs beschrieben ist.

a) Die Zusammenarbeit der Verkaufsorgane mit anderen Betriebsabteilungen wird erschwert.
b) Persönliche Beziehungen zu Kunden können besser genutzt werden.
c) Die Gefahr, dass die Verkaufsorganisation allzu selbstständig wird, ist relativ gering.
d) Es besteht die Gefahr, dass der Kontakt zum Kunden verloren geht.
e) Der Verkauf lässt sich mit relativ wenig Personal durchführen und verursacht daher vergleichsweise geringe Kosten.

4.1.5 Hilfsmittel bei der Stellenbesetzung

Situation

Die Stellenbildung in der Roth OHG ist abgeschlossen. Für jede Stelle wird nun eine schriftliche Stellenbeschreibung erstellt. Als Beispiel sei die Stellenbeschreibung für den Gruppenleiter Verkauf von Hardware aufgeführt.

Stellenbeschreibung für den Gruppenleiter Hardwareverkauf

1. Inhaber der Stelle:	Herr Hartung
2. Bezeichnung der Stelle:	Gruppenleiter für den Verkauf von Hardware
3. Dienstrang:	Mitarbeiterim Lower Management
4. Abteilung:	Verkauf
5. unmittelbarer Vorgesetzter:	Der Leiter der Verkaufsabteilung
6. unmittelbar untergeordnete Stellen:	Verkäufer
7. wird vertreten von:	Gruppenleiter Softwareverkauf, Gruppenleiter Wartung
8. vertritt:	Verkaufsleiter

9. Kurzbezeichnung der Aufgabe:

Die Hauptaufgabe des Gruppenleiters Hardwareverkauf besteht darin, alle Maßnahmen zu treffen, die eine Steigerung des Hardwareabsatzes und eine Vergrößerung des Marktanteils zur Folge haben.

10. Einzelaufgaben und Arbeitsabläufe:

(1) Beratung des Verkaufsleiters in Verkaufsfragen

(2) Bearbeitung schwieriger Kundenanfragen, die von den Verkäufern nicht erledigt werden können

(3) Monatliche Feststellung der Umsatzentwicklung

(4) Kontrolle der Verkaufsleistungen der einzelnen Verkäufer

(5) Mitwirkung bei der Programmplanung zur Verkaufsförderung

(6) Planung von Besprechungen mit den Verkäufern

11. Befugnisse und Verantwortung:

Im Rahmen der laufenden Arbeiten werden die anfallenden Tätigkeiten selbstständig durchgeführt.
Sonderpreise und Sonderkonditionen sowie Kreditvergaben für einzelne Kunden kann er bis zu Auftragshöhen von 15 000,00 EUR selbstständig entscheiden.

12. Anforderungen an den Stelleninhaber:

Vorbildung: Mittlerer Bildungsabschluss; kaufmännische Lehre und selbstständige Verkaufstätigkeit in der EDV-Branche
Kenntnisse: Marktkenntnis, Warenkenntnis, Menschenkenntnis
Eigenschaften: Verhandlungsgeschick, Kontaktfreudigkeit, Organisationstalent, Selbstständigkeit, Führungspersönlichkeit, Gerechtigkeitsempfinden.

Für die einzelnen geschaffenen Stellen eines Unternehmens können die Stelleninhalte schriftlich in Form einer Arbeitsplatz- oder Stellenbeschreibung zusammengefasst werden (vgl. auch Abschnitt 1.5).

Aus der Stellenbeschreibung werden ersichtlich

- die Eingliederung in die Betriebshierarchie,
- die Aufgaben und Befugnisse einer Stelle und
- die Anforderungen an den Stelleninhaber.

Insofern dient die Stellenbeschreibung der genauen Kompetenzabgrenzung und soll Weisungskonflikte vermeiden. Daneben ist sie aber auch Grundlage für die Bezahlung der Mitarbeiter, da aufgrund der detaillierten Aufgabenbeschreibung eine Eingruppierung der Mitarbeiter in das betriebliche Gehaltsgefüge einfach möglich ist.

Der gesamte so gebildete Aufbau des Unternehmens wird schließlich verbal im sogenannten **Stellenplan** und grafisch im **Organigramm**, dem Organisationsdiagramm, sichtbar (vgl. Abschnitt 1.7).

Der **Stellenplan** enthält im Wesentlichen nur die Stellenbezeichnungen, die Anzahl der verschiedenen geplanten Stellen (= Soll), die Eingruppierung dieser Stellen im Rahmen der Besoldung und häufig auch die Stellenbesetzung, d. h. die Namen der derzeitigen Stelleninhaber. Die zurzeit jeweils tatsächlich realisierte Stellenbesetzung findet sich im Stellenbesetzungsplan (= Ist) (vgl. dazu Abschnitt 5.2.1, S. 237).

Im Gegensatz dazu ist das **Organigramm** ein Schaubild des hierarchischen Aufbaus, aus dem die Weisungswege und die Über- und Unterordnungsverhältnisse sichtbar werden.

Schließlich werden in einem **Geschäftsverteilungsplan** in verbaler (= sprachlicher) Form die genaue Einordnung in die Hierarchie (z. B. Nr. der Abteilung, Nr. des Sachgebietes), die genaue Funktionsbezeichnung und die zu erledigenden Aufgaben erfasst.

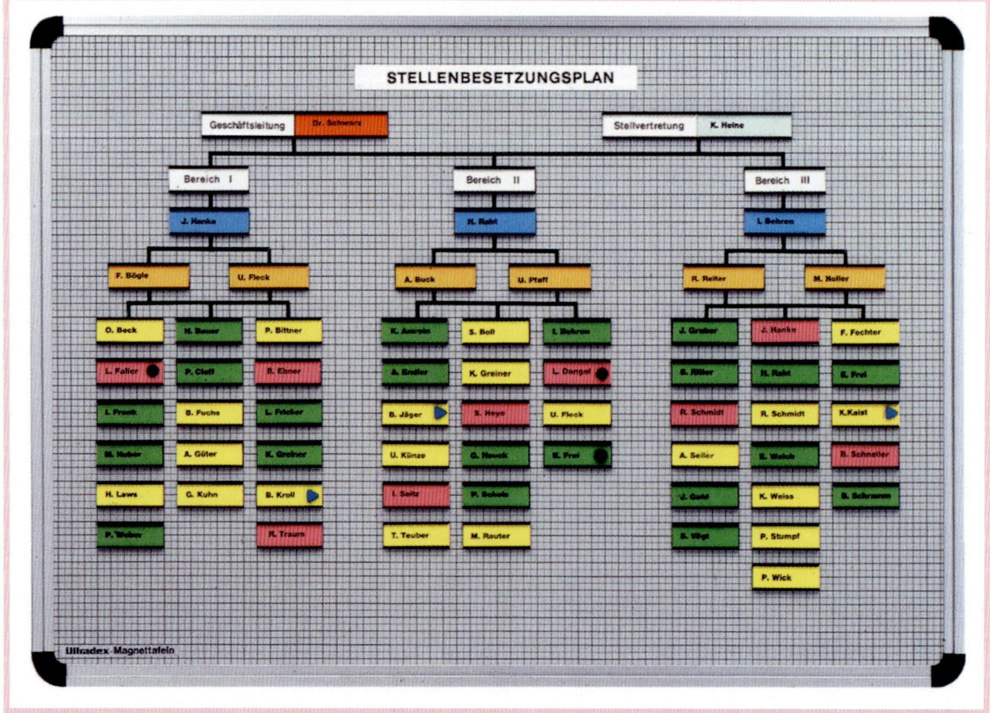

Ein weiteres Hilfsmittel zur Lösung von Problemen bei der Stellen- und Abteilungsbildung ist die sogenannte **Entscheidungsbewertungstabelle.** In ihr werden die Kriterien, die einer Entscheidung zugrunde liegen, jeweils mit Punkten bewertet. Diejenige Entscheidungsalternative, die die höchste Punktzahl erreicht, ist die günstigste Lösung.

Beispiel: Es soll anhand einer Entscheidungsbewertungstabelle festgestellt werden, ob die Roth OHG besser nach Produkten (Hardware, Software) oder nach Funktionen (Einkauf, Lager, Verkauf usw.) gegliedert werden soll. Die folgende Tabelle stellt die Bewertung anhand einiger Kriterien dar:

Kriterien	**Produktgliederung Punkte**	**Verrichtungsgliederung Punkte**
Produktorientierung	5 – sehr gut	2 – nur bedingt
Kundenorientierung	5 – sehr gut	2 – schwierig
Leistungsanreiz	4 – gut	3 – gegeben
Flexibilität	4 – gut	3 – mäßig
Kosten	2 – teuer	4 – preiswert
Kompetenzklarheit	4 – gegeben	5 – eindeutig
Marktbeobachtung	5 – sehr gut	3 – schwierig
Kontrollmechanismus	3 – gegeben	4 – Vorgaben
Gesamt	32	26

Die Gliederung nach den Produkten ergibt insgesamt die größeren Vorteile für das Unternehmen. Daher haben sich die beiden Inhaber für diese Gliederung entschieden.

Kernwissen

- Die Arbeitsplatz- oder Stellenbeschreibung ist die schriftliche Fixierung der Aufgaben, Befugnisse und Anforderungen der Stelle.
- Der Stellenplan ist die Beschreibung der geplanten Stellenbesetzungen.
- Das Organigramm ist die grafische Darstellung der betrieblichen Hierarchie.
- Der Geschäftsverteilungsplan regelt die jeweiligen Zuständigkeiten und Aufgabenbereiche.
- Die Entscheidungsbewertungstabelle ist ein Hilfsmittel bei der Auswahl von Entscheidungsalternativen.

Zur Vertiefung

1 Erläutern Sie die Aufgabe eines Geschäftsverteilungsplanes!

2 Erklären Sie die Funktion einer Entscheidungsbewertungstabelle!

3 Grenzen Sie die folgenden organisatorischen Hilfsmittel gegeneinander ab:

- Stellenbeschreibung,
- Stellenplan,
- Geschäftsverteilungsplan.

4.2 Leitungsaufbau und Führung in Betrieben

Situation

In der Handels-Union sind die Geschäftsführer manchmal nicht erreichbar, wenn wichtige Entscheidungen schnell getroffen werden müssen. Daher beschließt die Geschäftsleitung, für alle Mitarbeiter die Weisungs- und Entscheidungsrechte neu und eindeutig festzulegen. Es wird daher überlegt, welche Regelungen überhaupt erforderlich sind.

Unternehmen sind heutzutage in der Regel durch eine stärkere Dezentralisation von Entscheidungs-, Weisungs- und Unterschriftsbefugnis zur Entlastung des Managements gekennzeichnet.

Für jedes Unternehmen müssen daher folgende Faktoren eindeutig geregelt sein:

1. Welche Vollmachten stehen dem einzelnen Mitarbeiter zu, welchen rechtlichen Rahmen muss er beachten und wie groß ist sein individueller Handlungsspielraum (= Vollmachten)?
2. Wie werden Anweisungen in einem Unternehmen von Stelle zu Stelle weitergeleitet (= Leitungssystem)?
3. Wer ist innerhalb der Unternehmensleitung entscheidungsberechtigt (= Entscheidungssystem)?
4. Wie wird die Führungsfunktion der leitenden Mitarbeiter innerhalb des Unternehmens ausgeübt (= Führungstechniken)?

4.2.1 Der rechtliche Rahmen bei der Übertragung von Vollmachten

Situation

Der Einkäufer Peter Jost steht vor dem Problem, dass er häufig Verträge über Wareneinkäufe für das Unternehmen abschließen muss. Als er bei einem Sonderangebot eines Lieferanten einen Vertrag über eine Warenlieferung in Höhe von 50 000,00 EUR abschließt, wird er vom Einkaufsleiter zur Rede gestellt, wer ihm den Abschluss von Kaufverträgen in dieser Höhe gestattet habe.

Um die zugeordneten Aufgaben erfüllen zu können, bedürfen die Mitarbeiter in der Regel bestimmter Vollmachten.

Eine Vollmacht ist die Regelung der Vertretungsbefugnis, d. h., wenn die Vollmacht erteilt wurde, kann der Mitarbeiter in einem vorgegebenen Rahmen rechtsgültige Rechtsgeschäfte tätigen.

Das Handelsrecht kennt zwei Arten von Vollmachten:

- die Handlungsvollmacht,
- die Prokura.

4.2.1.1 Die Handlungsvollmacht

Handlungsvollmacht besitzt, wer zum Betrieb eines Handelsgewerbes oder innerhalb eines Handelsgewerbes zur Vornahme von Rechtsgeschäften ermächtigt ist, die sein Handelsgewerbe gewöhnlich mit sich bringt. *(§ 54 HGB)*

Man kann nun drei Arten der Handlungsvollmacht unterscheiden:

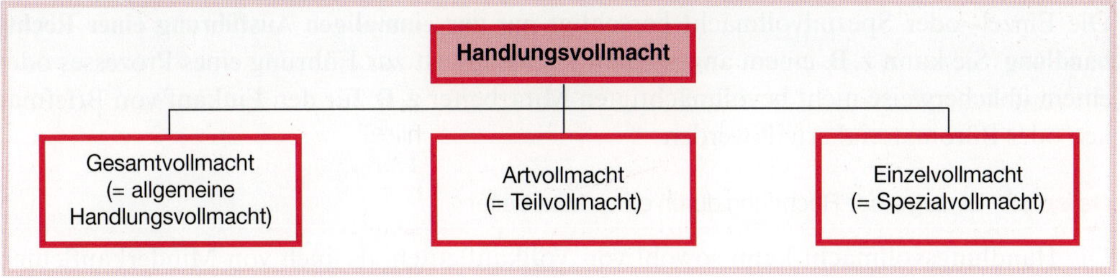

Gesamtvollmacht

Die Gesamtvollmacht oder allgemeine Handlungsvollmacht berechtigt zur Ausführung **aller Rechtsgeschäfte im üblichen Umfang**, die in dem betreffenden Handelsgewerbe gewöhnlich vorkommen. Eine solche allgemeine Handlungsvollmacht haben in der Regel nur Geschäftsführer oder Filialleiter.

Beispiel: Der Geschäftsführer eines Unternehmens hat das Recht, neue Mitarbeiter einzustellen bzw. Mitarbeiter zu entlassen.

Der Bevollmächtigte kennzeichnet im Rahmen des Schriftverkehrs mit dem Kürzel i. V. (= in Vertretung), um auf seine Vollmacht hinzuweisen.

Es ist dem Generalbevollmächtigten verboten,

- branchenfremde Geschäfte abzuschließen,
- höchstpersönliche Geschäfte des Inhabers wahrzunehmen, d. h.,
  - Inventare und Bilanzen zu unterschreiben,
  - Eintragungen ins Handelsregister vorzunehmen,
  - die Unternehmung zu verkaufen,
  - Konkurs anzumelden.

Nur mit besonderer Vollmacht darf er

- Grundstücke verkaufen oder belasten,
- Darlehen aufnehmen,
- Wechsel akzeptieren,
- Prozesse führen.

Artvollmacht

Die Art- oder Teilvollmacht berechtigt zur laufenden **Ausführung einer bestimmten Art von Rechtsgeschäften**, die immer wieder vorkommen. Diese Vollmacht haben in der Regel Ein- oder Verkäufer, Kassierer, Reisende usw.

Beispiel: Ein Einkäufer bestellt bei einem Lieferanten Waren des Sortiments für den Verkauf.

Der Inhaber einer Artvollmacht kennzeichnet mit dem Kürzel i. A. (= im Auftrag).

Einzelvollmacht

Die Einzel- oder Spezialvollmacht berechtigt **nur zur einmaligen Ausführung einer Rechtshandlung**. Sie kann z. B. einem angestellten Rechtsanwalt zur Führung eines Prozesses oder einem üblicherweise nicht bevollmächtigten Mitarbeiter z. B. für den Einkauf von Briefmarken oder Büromaterial erteilt werden.

Beispiel: Einzug einer Rechnung durch einen Mitarbeiter

Die Handlungsvollmacht kann sowohl von Vollkaufleuten als auch von Minderkaufleuten und Prokuristen erteilt werden. General- oder Artbevollmächtigte können ihrerseits wiederum anderen Personen Untervollmachten in Form der Art- oder Einzelvollmacht erteilen.

Beispiele:
- Der Generalbevollmächtigte Fehl erteilt dem Einkäufer Jost Artvollmacht zum Einkauf von Waren.
- Der Einkäufer Jost erteilt dem Auszubildenden Werner eine Einzelvollmacht zum Einkauf von benötigtem Büromaterial.

Die **Form** der Vollmachterteilung ist nicht vorgeschrieben, sie kann mündlich, schriftlich oder sogar stillschweigend durch Duldung bestimmter Handlungen vollzogen werden. Eine Eintragung der Vollmacht ins Handelsregister erfolgt daher nicht.

Die Handlungsvollmacht kann vertraglich beschränkt werden. Allerdings ist diese Beschränkung i. d. R. nur im **Innenverhältnis**, d. h. innerhalb des Unternehmens, wirksam. Im **Außenverhältnis**, d. h. außerhalb des Unternehmens, gilt diese Beschränkung nur dann, wenn sie dem anderen bekannt sein musste. Dies ist z. B. dann der Fall, wenn das Unternehmen von der Beschränkung schriftlich informiert worden ist.

Die Vollmacht erlischt

- durch Widerruf,
- durch Beendigung des Rechtsverhältnisses, mit dem sie verbunden ist, z. B. Beendigung des Dienstvertrages,
- durch freiwillige oder zwangsweise Auflösung der Unternehmung (Insolvenz, Liquidation),
- durch den Tod des Handlungsbevollmächtigten,
- durch Erfüllung des Auftrages bei Einzelvollmachten.

4.2.1.2 Prokura

Die Prokura ist eine Vertretungsbefugnis, die **zu allen Arten** von gerichtlichen und außergerichtlichen Geschäften und Rechtshandlungen ermächtigt, die der Betrieb eines Handelsgewerbes mit sich bringt. *(§ 49 HGB)*

Die Prokura ist eine umfassende Handlungsvollmacht, d. h., sie ermächtigt auch zu Handlungen, die über das normale Geschäft hinausgehen.

Allerdings sind auch dem Prokuristen einige Geschäfte verboten bzw. bedarf er für sie einer besonderen Vollmacht.

Folgende Rechtshandlungen sind dem Prokuristen verboten:

- Erteilung oder Entziehung von Prokura,
- Eintragungen in das Handelsregister anmelden,
- Unterschreiben von Bilanzen und Steuererklärungen,
- Verkauf des Unternehmens,
- Anmeldung der Insolvenz,
- Aufnahme oder Entlassung von Gesellschaftern.

Nur mit besonderer Vollmacht darf der Prokurist Grundstücke verkaufen oder belasten.

Eine Beschränkung der Prokura kann im Innenverhältnis beliebig vorgenommen werden. So kann dem Prokuristen z. B. untersagt werden, Kredite zulasten des Unternehmens aufzunehmen. Verstößt der Prokurist gegen ein solches Verbot, ist er dem Geschäftsinhaber gegenüber zum Schadenersatz wegen schuldhafter Verletzung des Dienstvertrages verpflichtet.

Allerdings wirken diese Beschränkungen nur innerhalb des Unternehmens, nach außen sind sie nicht rechtlich bindend. Im Außenverhältnis ist der Umfang der Prokura **nicht** einschränkbar, es gelten lediglich die gesetzlichen Beschränkungen. Verstößt ein Prokurist gegen ein im Innenverhältnis festgelegtes Verbot, so ist das Geschäft dennoch voll gültig, da der betroffene Dritte von der Einschränkung im Innenverhältnis nichts gewusst haben muss.

Man unterscheidet drei Arten der Prokura:

1. **Einzelprokura:** Der Prokurist vertritt die Unternehmung allein.

2. **Gesamtprokura:** Mehrere Prokuristen (meistens zwei) vertreten die Firma nur gemeinsam.

3. **Filialprokura:** Die Prokura ist auf eine Zweigniederlassung eines Unternehmens beschränkt. Dazu muss sich die Filialfirma allerdings durch einen Zusatz sowohl von der Hauptfirma als auch von anderen Filialen unterscheiden.

Die Prokura kann nur von Vollkaufleuten oder deren gesetzlichen Vertretern und **nur durch ausdrückliche Erklärung** (d. h. schriftlich oder mündlich) erteilt werden. Die Prokura ist zur Eintragung ins Handelsregister anzumelden.

Im Innenverhältnis wird die Prokura mit der Erteilung wirksam. Im Außenverhältnis tritt sie erst in Kraft, wenn der Dritte entweder von der Prokuraerteilung Kenntnis erlangt hat oder sie in das Handelsregister eingetragen und veröffentlicht worden ist.

Der Prokurist zeichnet beim Schriftverkehr mit dem Kürzel ppa. (= per procura).

Die Prokura erlischt

- durch Widerruf vonseiten eines Geschäftsinhabers,
- durch Beendigung des Rechtsverhältnisses, mit dem sie verbunden ist,
- durch Auflösung oder Verkauf der Unternehmung,
- durch den Tod des Prokuristen.

Sie erlischt jedoch nicht durch den Tod des Geschäftsinhabers.

Kernwissen

- Die Handlungsvollmacht ist die Erlaubnis, alle gewöhnlichen Geschäfte, die innerhalb eines Handelsgewerbes anfallen, zu vollziehen.
- Die Arten der Handlungsvollmacht sind Gesamtvollmacht, Artvollmacht und Einzelvollmacht.
- Die Prokura ist die Bevollmächtigung zu allen Arten von gerichtlichen und außergerichtlichen Rechtshandlungen, die zum Betrieb eines Handelsgewerbes gehören.

Zur Vertiefung

1 Der Angestellte Heinz Peter ist als Abteilungsleiter in der Handels-Union beschäftigt. In seinem Arbeitsvertrag steht u. a. folgende Klausel:

„Der Angestellte ist bevollmächtigt, regelmäßig auftretende Geschäftsfälle im Sinne des § 54 I HGB selbstständig abzuwickeln."

a) Worum handelt es sich rechtlich bei dieser Formulierung?
b) Welche Geschäfte sind ihm nicht erlaubt?
c) Welche Geschäfte darf er tätigen?

2 Unterscheiden Sie Handlungsvollmacht und Prokura!

3 Der Großhändler Traube bestellt seinen Angestellten Schreiber durch mündliche Erklärung zum Prokuristen. Am nächsten Tag, noch vor der Eintragung in das Handelsregister, bestellt Schreiber eine neue EDV-Anlage für die Unternehmung, ohne dass Traube davon Kenntnis hat. Als die neue EDV-Anlage geliefert wird, ist Traube außer sich. Er verweigert die Annahme. Der Lieferant besteht jedoch auf der Lieferung und weist darauf hin, dass Schreiber ihm bei Vertragsabschluss mitgeteilt habe, dass er Prokura besitze.

a) War Schreiber zum Kauf der EDV-Anlage berechtigt?
b) Kann Traube die Prokura dahin gehend einschränken, dass Schreiber solche Geschäfte nicht abschließen darf?

4 Stellen Sie für die folgenden Sachverhalte jeweils fest, ob sie

a) ein Handlungsbevollmächtigter mit Gesamtvollmacht,
b) ein Prokurist ausführen darf!

1. Einstellen eines neuen Mitarbeiters
2. Entlassung eines Mitarbeiters
3. Kauf eines Grundstücks
4. Verkauf eines Grundstücks
5. Erteilung von Handlungsvollmacht
6. Erteilung von Prokura
7. Aufnahme eines Darlehens
8. Akzeptierung eines Wechsels
9. Aufnahme eines neuen Gesellschafters
10. Unterschreiben der Bilanz

5 In der Maschinenfabrik Weber ist Hauptabteilungsleiterin Fischer Prokuristin und Abteilungsleiterin Baumann Handlungsbevollmächtigte.
a) Nennen Sie zwei Rechtsgeschäfte, die nur von Frau Fischer rechtswirksam abgeschlossen werden dürfen.
b) Erklären Sie Gesamt- und Filialprokura.
c) Nennen Sie zwei Gründe, die zum Erlöschen der Prokura führen.

6 Erklären Sie die Begriffe Innen- und Außenverhältnis und erläutern Sie, welche Bedeutung sie für Handlungsvollmacht und Prokura haben!

4.2.2 Grundmodelle für Leitungssysteme

Situation

Walter Huber möchte Urlaub machen und gibt in der Personalabteilung seinen Urlaubsantrag ab. Kurze Zeit später bittet sein Abteilungsleiter ihn zu sich und macht ihm Vorhaltungen, dass er ihn nicht vorab über seine Urlaubspläne informiert habe. Der Abteilungsleiter verweist darauf, dass bei der Beantragung von Urlaub der Dienstweg einzuhalten ist und dass er vorab jedem Urlaubsantrag zustimmen muss, bevor dieser zur Personalabteilung gelangt.

Leitungs- oder Weisungssysteme regeln die Beziehungen zwischen Vorgesetzten und den ihnen unterstellten Mitarbeitern innerhalb einer Unternehmung. Dabei wird festgelegt, welchen Weg Anweisungen oder Informationen innerhalb einer Unternehmung zu nehmen haben.

4.2.2.1 Das Einliniensystem

Beim Einliniensystem erhält jede Stelle in der Unternehmung Weisungen von genau einer übergeordneten Stelle, d. h. von der Instanz, mit der sie durch eine Linie verbunden ist. Man nennt dieses auch das „Prinzip der Einheit der Auftragserteilung", da immer nur die direkt vorgesetzte Stelle Weisungen erteilen kann.

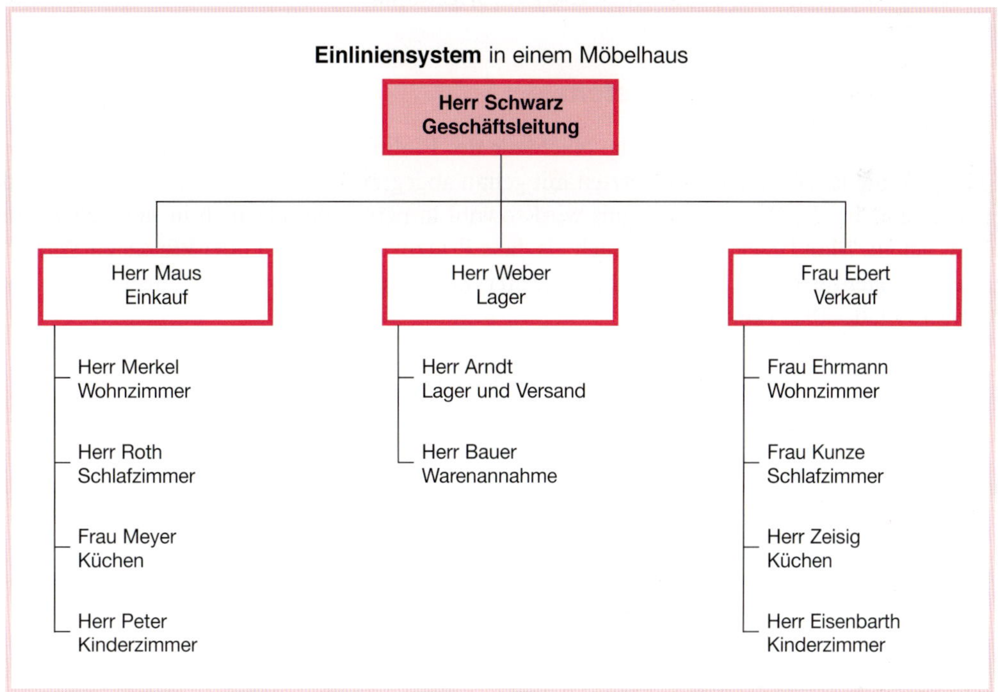

Beispiel: Der Verkäufer von Küchen, Herr Zeisig, erhält seine Anweisungen nur von der Verkaufsleiterin, Frau Ebert.

Wenn man die Linie von der obersten bis zur untersten Ebene verfolgt, erhält man den sogenannten **Dienstweg.** Dieser Dienstweg ist unbedingt einzuhalten. Nur über ihn können Mitarbeiter und unmittelbarer Vorgesetzter Informationen und Weisungen austauschen. Personen auf der gleichen hierarchischen Ebene können nur über die gemeinsam übergeordnete Linienstelle (= Instanz) miteinander in Verbindung treten.

Beispiel: Die Verkaufsleiterin, Frau Ebert, kann nur über den Geschäftsführer, Herrn Schwarz, mit dem Einkaufsleiter Maus Probleme hinsichtlich der Beschaffung klären.

Vorteile des Einliniensystems:

- eindeutige Gliederung des Unternehmens,
- keine Kompetenzprobleme,
- gute Kontrollmöglichkeiten für den Vorgesetzten,
- einheitliche Auftragserteilung.

Nachteile des Einliniensystems:

- Überlastung der Vorgesetzten,
- starres und unflexibles System,
- im Einzelfall ggf. mangelnde Sachkenntnis der vorgesetzten Instanzen,
- langer und schwerfälliger Dienstweg.

Das Einliniensystem eignet sich in der Regel nur für kleinere und mittlere Unternehmen mit wenigen Mitarbeitern. Allerdings wird dieses System wegen seiner Eindeutigkeit und Klarheit auch im Bereich des öffentlichen Dienstes angewandt.

4.2.2.2 Das Mehrliniensystem

Das Mehrliniensystem versucht, die Nachteile des Einliniensystems dadurch auszugleichen, dass jede Stelle mehreren Vorgesetzten mit genau abgegrenzten Aufgabenbereichen zugeordnet wird, d. h., die Weisungsbefugnis wird sowohl in personaler als auch in sachlicher Hinsicht geteilt. Man bezeichnet dies auch als das „Prinzip des direkten oder kürzesten Weges". Dieses System geht auf das Funktionsmeistersystem des amerikanischen Ingenieurs F. W. Taylor (1856 – 1915) zurück.

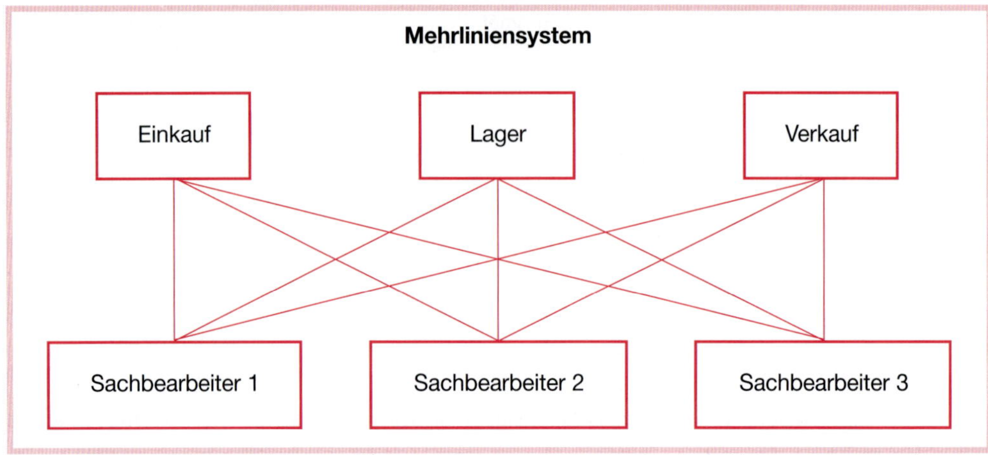

Beispiel: Sachbearbeiter 1 erhält Anweisungen bezüglich des Einkaufs vom zuständigen Abteilungsleiter Einkauf, für Probleme im Verkauf hat sich Sachbearbeiter 1 an den Abteilungsleiter Verkauf zu wenden.

Vorteile des Mehrliniensystems:

- kurze Dienstwege,
- Spezialisierung der Instanzen,
- flexibles und anpassungsfähiges System.

Nachteile des Mehrliniensystems:

- schwierige Kompetenzabgrenzung,
- Gefahr von Weisungskonflikten,
- unübersichtliche Organisation,
- Probleme der Koordination,
- Verunsicherung der Mitarbeiter.

Das Mehrliniensystem ist nur in Teilbereichen von Unternehmen, d. h. in bestimmten Abteilungen oder Gruppen, anzutreffen.

4.2.2.3 Das Stabliniensystem

Das Stabliniensystem versucht, die Vorteile des Ein- und Mehrliniensystems zu kombinieren. Dabei wird die eindeutige Weisungsbefugnis des Einliniensystems beibehalten, allerdings wird die Unternehmung um Stabsstellen, d. h. Stellen mit beratender Funktion ohne Weisungsbefugnis, ergänzt.

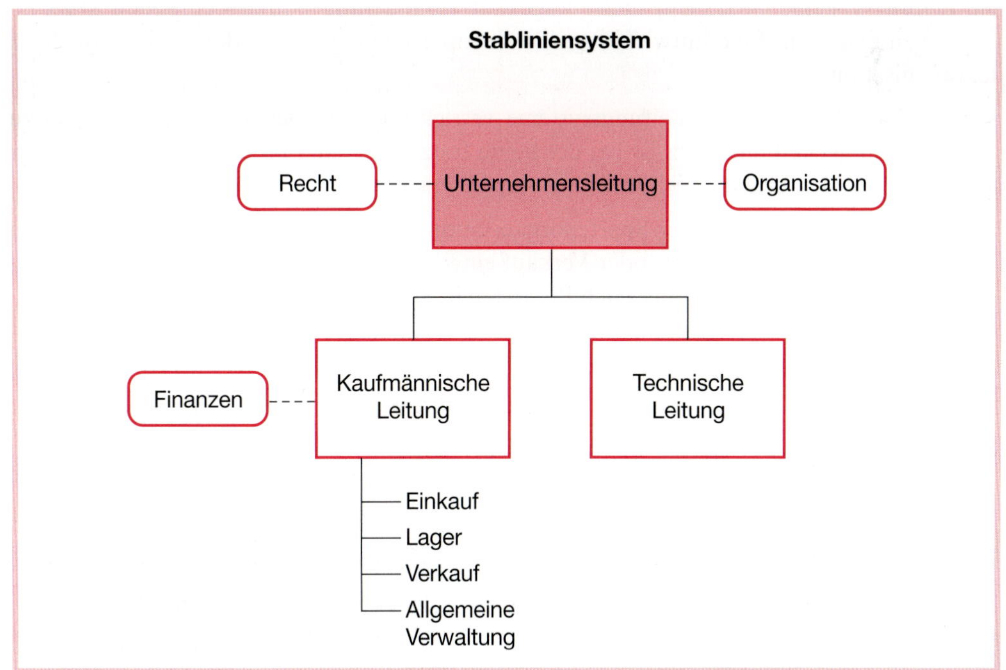

Die Stabsstellen sind mit Spezialisten für bestimmte Funktionen besetzt, sodass die Entscheidungen der entscheidenden Stelle (= Linienstelle) fachlich besser begründet sind. Typische Aufgaben für Stabsstellen sind Bereiche wie Organisation, Revision oder Recht. Stabsstellen können im Prinzip auf allen Leitungsebenen des Unternehmens vorkommen.

Beispiel: Die Stabsstellen Recht und Organisation beraten die Geschäftsführung in allen organisatorischen und rechtlichen Belangen. Die Stabsstelle Finanzen dient der Unterstützung der kaufmännischen Leitung in allen Finanzierungsfragen.

Vorteile des Stabliniensystems:

- eindeutige Kompetenzregelungen bleiben erhalten,
- sachgerechte Entscheidungen durch die Beratung mit den Stabsstellen,
- Entlastung der Linienstellen.

Nachteile des Stabliniensystems:

- die Linienstelle kann die Vorschläge der Stabsstelle blockieren,
- die Stabsstellen werden heimliche Machthaber („graue Eminenzen"), wenn die Linienstellen von den Stabsstellen beherrscht werden,
- hohe Kosten für die Stabsstellen.

Das Stabliniensystem ist heute insbesondere in Großbetrieben weit verbreitet.

Alle drei Liniensysteme sind idealtypisch und in reiner Form nur sehr selten in Unternehmen anzutreffen.

4.2.3 Weiterentwicklungen von Leitungssystemen

4.2.3.1 Die Spartenorganisation

Da in Großbetrieben das Produktionsprogramm ständig erweitert wird, sind die traditionellen Leitungssysteme nicht mehr in der Lage, auf Veränderungen in den einzelnen Märkten flexibel zu reagieren. Eine Entwicklung, die diesem Trend entgegenwirken will, ist die Spartenorganisation.

Während die traditionellen Leitungssysteme verrichtungsorientiert, d. h. nach den auszuübenden Tätigkeiten, gliedern, ist bei der heute festzustellenden Produktvielfalt der Unternehmen eine objektorientierte Gliederung empfehlenswerter.

Ein Unternehmen wird bei der Spartenorganisation dann nicht mehr in die traditionellen Funktionen wie Einkauf, Lager oder Verkauf eingeteilt, sondern gliedert sich nach den verschiedenen Produktgruppen oder nach Projekten in Sparten.

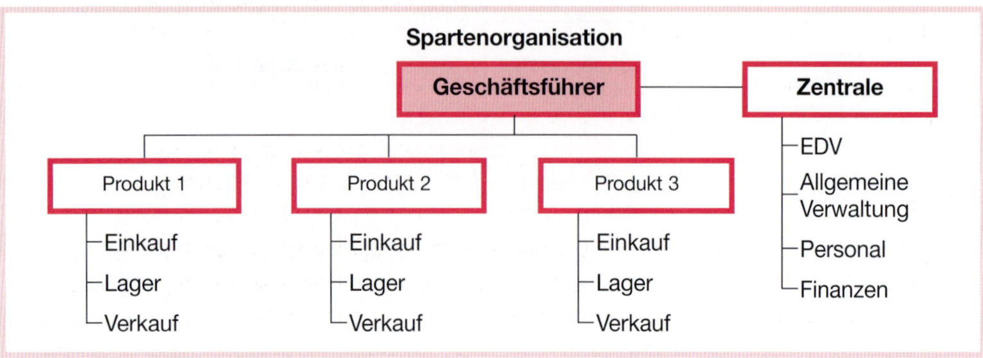

Neben die Sparten treten dann noch Zentralbereiche, d. h. Abteilungen, die Dienstleistungen für alle Sparten zu erbringen haben. Dies sind in der Regel allgemeine Verwaltungsaufgaben wie Personal, Fuhrpark, EDV oder Recht.

Beispiel: Die Zentralabteilung EDV kann von den Sparten für die Produkte 1, 2 und 3 mit der Erfüllung von DV-Aufgaben beauftragt werden.

Die Spartenleiter sind innerhalb ihrer Bereiche selbstständig und führen ihre Geschäfte eigenständig. Dabei wird ihnen allerdings von der Geschäftsleitung ein Rahmen vorgegeben, innerhalb dessen sie agieren dürfen.

Es werden zwei Konzepte unterschieden:

1. **das Profitcenter-Konzept:** Der Spartenleiter erhält eine feste Gewinngröße vorgegeben, den Weg der Zielerreichung bestimmt er jedoch selbst.

2. **das Costcenter-Konzept:** Es wird ein mengenmäßiger Umsatz vorgegeben, der mit einer vorgegebenen Kostenhöhe zu erreichen ist.

Vorteile der Spartenorganisation:

- guter Überblick über das Unternehmen,
- einfache Kontrolle der Sparten anhand der Zielerreichung,
- Nutzung produktorientierten Spezialwissens,
- flexible Reaktion auf Marktveränderungen,
- kurze Kommunikationswege innerhalb der Sparten,
- Leistungsanreize für Spartenleiter.

Nachteile der Spartenorganisation:

- Spartenegoismus, d. h. jeder Spartenleiter verfolgt nur sein Ziel, dadurch wird u. U. das Gesamtziel der Unternehmung gefährdet,
- schwierige Koordination,
- hoher Verwaltungsaufwand,
- höhere Kosten,
- Gefahr, dass nur ausgewählte Informationen die Sparte verlassen.

Anwendung findet die Spartenorganisation insbesondere in Großbetrieben oder Konzernunternehmen. So sind in Deutschland u. a. der Bertelsmann-Konzern, die Bayer AG oder die Siemens AG nach diesem Weisungssystem aufgebaut.

4.2.3.2 Die Matrixorganisation

Die Matrixorganisation versucht, die Vorteile einer verrichtungsorientierten Organisation mit den Vorteilen der Spartenorganisation zu verbinden.

Dazu werden zwei Hierarchien nebeneinander eingerichtet, eine nach Verrichtungen und eine nach Objekten.

Für beide Hierarchien werden entsprechende Leiter eingesetzt. Für die betrieblichen Funktionen sind Funktionsmanager zuständig. Ihnen obliegt es, für die Ausführung und Gestaltung der jeweiligen Funktionen zu sorgen. Der Produkt- oder Projektmanager hingegen ist jeweils für die optimale Betreuung der einzelnen Produkte oder Projekte zuständig.

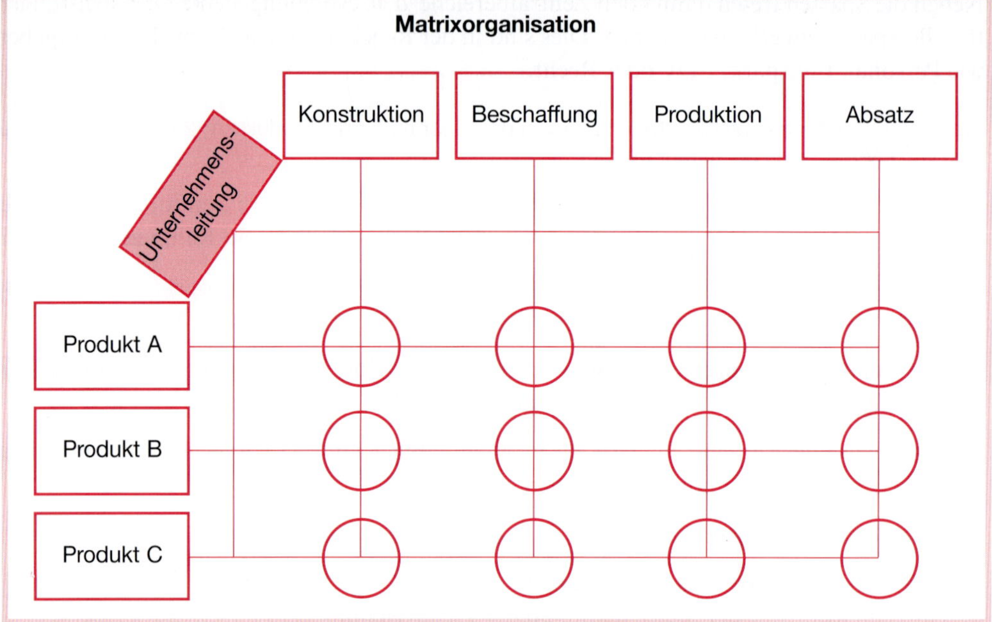

Die beiden Manager sind nun gezwungen, sich zu einigen, um Entscheidungen herbeizuführen. Sollte keine Einigung möglich sein, ist die Unternehmensleitung einzuschalten.

Beispiel: Das Produkt B ist aufgrund technischen Wandels und veränderter Kundenbedürfnisse neu zu gestalten. Dazu muss zwischen dem Produktmanager B und dem Funktionsmanager für die Konstruktion eine Einigung über die zukünftige Gestaltung des Produktes erreicht werden.

Vorteile der Matrixorganisation:

- Es treten weder Funktions-, noch Spartenegoismus auf,
- Förderung der Zusammenarbeit, hoher Informationsaustausch,
- starke Motivation der Fachabteilungen,
- verbesserte Problemlösungen,
- Entlastung der Unternehmensleitung.

Nachteile der Matrixorganisation:

- schwierige Kompetenzabgrenzung,
- Verantwortlichkeiten unklar,
- Konflikte zwischen den Managern,
- Zeitverzögerung bei strittigen Entscheidungen.

Matrixorganisationen finden sich meist nur in Teilbereichen großer Unternehmen. Weit verbreitet ist diese Organisationsform aber in amerikanischen Industrieunternehmen.

4.2.3.3 Teamorganisation

Da man meist davon ausgeht, dass Teamarbeit die Entscheidungen verbessert, weil Spezialisten in einem Team mitwirken und unterschiedliche Meinungen zum Tragen kommen, sind einige Modelle zur Teamorganisation entwickelt worden.

Ein solches Modell ist das Konzept der sich überlappenden Teams. Dabei werden innerhalb der Betriebshierarchie auf jeder Ebene Teams gebildet. Der Leiter des Teams ist gleichzeitig auch immer Mitglied des Teams auf der nächsthöheren Stufe. Insofern bleibt ein klarer Berichtsweg erhalten, gleichzeitig können die einzelnen Teams auf jeder Ebene in den Entscheidungsprozess mit eingreifen, da sie ja durch ein Teammitglied auch auf der nächsthöheren Ebene vertreten sind.

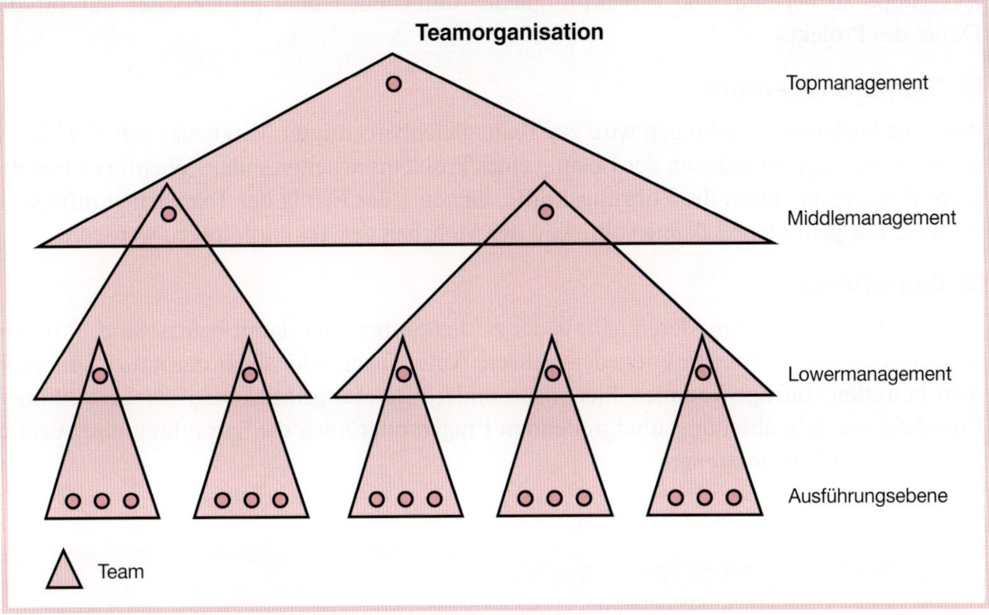

Die *Vorteile* der Teamorganisation sind also

- die stärkere Motivation der Mitarbeiter durch Beteiligung an den Entscheidungen,
- die Einbeziehung von Spezialisten in den Entscheidungsbereich,
- die fachliche Entlastung der Leitungsstellen.

Nachteile der Teamorganisation können z. B. sein

- die hohen Kosten und der Zeitaufwand,
- die fehlenden Zuständigkeitsregelungen,
- persönliche Streitigkeiten zwischen Teammitgliedern.

Teamorganisationen in reiner Form kommen in der Praxis nur sehr selten vor. Allerdings ist die zeitlich befristete Teambildung (siehe Abschnitt 4.2.4) zur Lösung aktueller Probleme sehr verbreitet.

4.2.4 Besondere Organisationsformen

Besondere Organisationsformen werden immer dann eingesetzt, wenn Aufgaben anfallen, die den normalen Geschäftsablauf weit übersteigen. Wichtig ist, dass diese Aufgaben entweder zeitlich befristet oder aber sachlich bedingt sind und sich von der normalen Hierarchie abgrenzen lassen. Bei zeitlich befristeten Organisationsformen werden die einzelnen Mitglieder aus der üblichen Hierarchie herausgenommen und diesen neuen Organisationsformen zugeteilt, bei sachlich bestimmten Organisationsformen bleiben die Mitarbeiter in ihrer hierarchischen Position.

Als besondere Organisationsformen kommen dabei die folgenden Möglichkeiten infrage:

Projektmanagement

Bei dieser Organisationsform wird für ein übergreifendes Problem zeitlich befristet eine Projektgruppe gebildet. Einem Projektleiter wird die Verantwortung für das Projekt übertragen und er bekommt die Möglichkeit, unter fachlichen Gesichtspunkten Experten in seine Projektgruppe zu berufen. Die Projektmitglieder unterstehen dem Projektleiter nur für die Dauer des Projekts.

Teammanagement

Aus verschiedenen Abteilungen wird ein Team gleichberechtigter Mitglieder gebildet, die gemeinsam und eigenständig an der Lösung eines Problems arbeiten sollen. Wichtig ist hier die klare Zielvorgabe durch die Führungskräfte, da sonst der Erfolg der Teamarbeit infrage gestellt ist. Die gefundene Lösung sollte von der Mehrheit des Teams getragen werden.

Ausschüsse

Ausschüsse sind Gremien, deren Mitglieder zeitlich unbefristet damit befasst sind, Problemstellungen zu bearbeiten, die entweder mehrere Abteilungen oder sogar das ganze Unternehmen betreffen. Infrage kommen hier insbesondere Beratungstätigkeiten bei Investitionen, Entscheidungen in abteilungsübergreifenden Fragen oder auch die Sammlung und Auswertung wichtiger Informationen.

Kernwissen

- Die betrieblichen Leitungssysteme gliedern sich in:
  - traditionelle Weisungssysteme
    - das Einliniensystem,
    - das Mehrliniensystem,
    - das Stabliniensystem,
  - Weiterentwicklungen von Weisungssystemen
    - die Spartenorganisation,
    - die Matrixorganisation,
    - die Teamorganisation und
  - besondere Organisationsformen
    - Projektmanagement,
    - Teammanagement,
    - Ausschüsse.

Zur Vertiefung

1 Nennen Sie den wichtigsten Vorteil und Nachteil des Einliniensystems!

2 Ein Familienbetrieb besteht aus zehn Mitarbeitern. Erläutern Sie, welches Weisungssystem hier sinnvoll ist.

3 Welches Hauptproblem entsteht bei einem Mehrliniensystem?

4 Geben Sie an, welche der folgenden Stellen Linienstellen, welche Stabsstellen sind:

a) Rechtsabteilung
b) Absatzvorbereitung
c) Öffentlichkeitsarbeit
d) Abteilungsleiter Absatz
e) Kundenbuchhaltung
f) Revision

5 a) Was ist das Kennzeichen der Stabsstellen?
b) Welcher Vorteil und welcher Nachteil ergibt sich daraus?
c) Nennen Sie drei typische Stabsabteilungen!

6 Ein Großunternehmen mit sehr unterschiedlichen Produktgruppen (Lebensmittel, Kleidung und Unterhaltungselektronik) sieht sich verstärkt Schwierigkeiten gegenüber. Dem Unternehmen droht der Verlust von Marktanteilen, weil Marktveränderungen nicht rechtzeitig erkannt und Marktchancen einzelner Produkte nicht entschlossen genug wahrgenommen wurden.

Machen Sie einen begründeten Vorschlag für ein Weisungssystem, durch das die Verkaufsleistung verbessert werden kann!

7 Welches Hauptproblem ist bei der Matrixorganisation zu lösen?

8 Nennen Sie das zutreffende Weisungssystem:

a) Ein Betrieb ist nach Produktgruppen in selbstständige Teilbetriebe aufgeteilt.
b) Eine Abteilung soll beraten, aber keine Anweisungen an untergeordnete Stellen geben.
c) Eine zentrale Beschaffungsabteilung ist für mehrere dezentralisierte Bereiche zuständig.
d) Ein Manager koordiniert die Tätigkeit mehrerer Abteilungsleiter bezüglich einer Produktgruppe.
e) Die Angestellten in einer Abteilung werden nicht nur von ihrem Manager, sondern auch noch von einem weiteren Manager kontrolliert.
f) Konflikte zwischen Abteilungsleitern, die für dieselben Aufgaben zuständig sind, sind gewollt und sollen ausgetragen werden.

9 Welche Aufgabe haben die besonderen Organisationsformen?

4.2.5 Entscheidungssysteme

Situation

Entscheidungen werden in der Handels-Union bisher vom Vorstand allein getroffen. Da jedoch beabsichtigt wird, die leitenden Führungskräfte stärker als bisher in den Entscheidungsprozess ihrer Bereiche einzubeziehen, wird überlegt, welche Entscheidungssysteme sinnvoll eingesetzt werden können.

Entscheidungssysteme geben darüber Auskunft, wie Entscheidungen auf der Ebene der Unternehmensleitung getroffen werden. Grundsätzlich kann dabei zwischen zwei Arten von Entscheidungssystemen unterschieden werden:

1. Entscheidet der Leiter eines Unternehmens allein, so nennt man dies ein **Direktorialsystem**. Dieses Entscheidungssystem ist typisch für kleine Einzelunternehmen und Personengesellschaften. Der Vorteil dieses Systems liegt in der raschen Entscheidung und der Eindeutigkeit der Verantwortlichkeit.

2. Entscheiden dagegen mehrere Personen gemeinsam, so spricht man von einem **Kollegialsystem**. Je nach Rechtsform, z. B. AG, ist ein Kollegialsystem sogar vorgeschrieben.

Beim Kollegialsystem haben sich die folgenden Formen herausgebildet:

- **Abstimmungskollegialität** = Alle Entscheidungen werden nach Abstimmung mit Mehrheit der Stimmen von allen Mitgliedern des Führungsgremiums beschlossen.
- **Primatkollegialität** = Auch hier wird zunächst einmal abgestimmt. Kommt keine Mehrheit zustande, so gibt die Stimme des Vorsitzenden (primus inter pares = Erster unter Gleichen) den Ausschlag.
- **Veto- oder Kassationskollegialität** = Alle Entscheidungen müssen vom Führungsgremium einstimmig entschieden werden. Stimmt nur eine Person gegen die Entscheidung, ist sie abgelehnt.

Vorteile der kollegialen Entscheidungssysteme sind i. d. R. die bessere Qualität der Entscheidungen durch die größere Informationsgrundlage, was zu einer geringeren Gefahr von Fehlentscheidungen führt, und die Verbesserung der Leistungsbereitschaft der Mitarbeiter durch den größeren Handlungsspielraum. Auf der anderen Seite wird der Entscheidungsprozess langwieriger, insbesondere bei der Vetokollegialität, da Meinungsstreitigkeiten oder Diskussionen diesen verzögern.

Kernwissen

- Entscheidungssysteme kennzeichnen die Art der Entscheidungsfindung auf der Ebene der Unternehmensleitung.
- Unterschieden wird zwischen
  - Direktorialsystem (= einer entscheidet) und
  - Kollegialsystem (= mehrere entscheiden).
- Beim Kollegialsystem wird unterteilt in
  - Abstimmungskollegialität (= Mehrheitsentscheidung).
  - Primatkollegialität (Leiter erhält bei Stimmengleichheit eine Zusatzstimme) und
  - Veto- oder Kassationskollegialität (= Einstimmige Entscheidungen).

Zur Vertiefung

1 Hermann Fehle ist Alleininhaber einer Konservenfabrik. Bisher hat er grundlegende Entscheidungen allein getroffen. Inzwischen denkt er an seinen Ruhestand und möchte nur noch beratend zur Verfügung stehen. Er ist sich aber noch nicht schlüssig, welchem seiner drei Söhne er die Alleinleitung übertragen soll. Ein Freund rät ihm, die Leitung doch den Söhnen gemeinsam zu übertragen und dabei festzulegen, welche Grundsätze für die Entscheidungsfindung gelten sollen.

Stellen Sie dar, zwischen welchen drei Entscheidungssystemen Hermann Fehle wählen kann!

2 Was versteht man unter einem Kollegialsystem, und welche entscheidenden Vor- und Nachteile weist es auf?

3 Beurteilen Sie, welches kollegiale Entscheidungssystem am geeignetsten ist

a) für das Treffen einer Entscheidung,

b) für die Berücksichtigung des Standpunktes eines einzelnen Mitglieds des Entscheidungsgremiums,

c) für Mehrheitsentscheidungen nach demokratischen Grundsätzen.

4.2.6 Mitwirkungs- und Mitbestimmungsrechte von Arbeitnehmern

Situation

In der Handels-Union ist seit einigen Jahren gleitende Arbeitszeit eingeführt. Im Zuge einer Umstrukturierung des Unternehmensablaufs sind jetzt die generellen Arbeitszeiten ohne Absprache mit dem Betriebsrat von der Unternehmensleitung neu festgelegt worden. Dies hat zu einiger Verärgerung der Belegschaft geführt, da der generelle Arbeitsbeginn, d.h. der Beginn der Kernzeit, in der alle Arbeitnehmer anwesend sein müssen, um eine halbe Stunde vorverlegt wurde. Der Betriebsrat ist mit dieser Regelung nicht einverstanden und bittet die Unternehmensleitung um eine Aussprache.

Wie in anderen menschlichen Bereichen bedarf es auch bei der Zusammenarbeit in Unternehmen bestimmter Regeln oder Vorschriften, um ein gedeihliches Miteinander sicherzustellen. Für den betrieblichen Bereich ist insbesondere die Frage der Mitbestimmung der Arbeitnehmer an den betrieblichen Entscheidungen bedeutsam.

Unter Mitbestimmung versteht man die aktive Beteiligung der Arbeitnehmer an betrieblichen Entscheidungen. Dabei geht man davon aus, dass nicht nur die Anteilseigner eines Unternehmens durch das zur Verfügungstellen der Produktionsfaktoren Boden und Kapital, sondern auch die Arbeitnehmer durch ihre Arbeit gleichermaßen zur Erstellung betrieblicher Leistungen beitragen.

Die grundsätzlichen Mitbestimmungsrechte der Arbeitnehmer sind heute weitestgehend unbestritten, allerdings besteht zwischen Arbeitgeber- und Arbeitnehmervertretern häufig keine Übereinstimmung über das Ausmaß der Mitbestimmung.

Generell können zwei Arten von Mitbestimmungsrechten unterschieden werden:

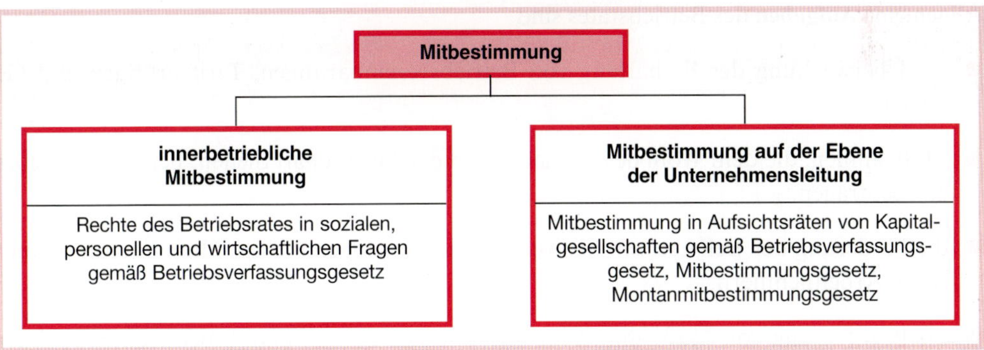

4.2.6.1 Innerbetriebliche Mitbestimmung

Für den Bereich der innerbetrieblichen Mitbestimmung ist das Betriebsverfassungsgesetz (BetrVG) geschaffen worden.

Das Betriebsverfassungsgesetz hat zum Ziel, durch eine Erweiterung der Arbeitnehmerrechte die Zusammenarbeit zwischen Arbeitnehmern und Arbeitgebern zu stärken und für einen Interessenausgleich zu sorgen.

Betriebsrat

Nach § 1 BetrVG ist es in Betrieben mit mindestens fünf wahlberechtigten Arbeitnehmern möglich, einen Betriebsrat zu wählen, wenn mindestens drei wählbare Arbeitnehmer beschäftigt werden. Wählbar sind alle Wahlberechtigten, die mindestens 18 Jahre alt sind und seit mindestens sechs Monaten dem Betrieb angehören.

Die **Zahl der Betriebsratsmitglieder** ist abhängig von der Zahl der im Betrieb beschäftigten wahlberechtigten Arbeitnehmer. Dabei gilt folgende Verteilung:

Zahl der Arbeitnehmer	Betriebsräte	Zahl der Arbeitnehmer	Betriebsräte
5 bis 20	1 (= Betriebsobmann)	21 bis 50	3
51 bis 100	5	101 bis 200	7
201 bis 400	9	401 bis 700	11
701 bis 1000	13	1001 bis 1500	15
1501 bis 2000	17	2001 bis 2500	19
2501 bis 3000	21	3001 bis 3500	23
3501 bis 4000	25	4001 bis 4500	27
4501 bis 5000	29	5001 bis 6000	31
6001 bis 7000	33	7001 bis 9000	35

Bei Betrieben mit mehr als 9000 Arbeitnehmern erhöht sich die Zahl der Betriebräte für je angefangene 3000 Arbeitnehmer um zwei Mitglieder. Ab 300 Beschäftigten wird mindestens ein Betriebsratsmitglied freigestellt, die Zahl der freizustellenden Personen hängt von der Beschäftigtenzahl ab.

Der Betriebsrat wird in **geheimer und unmittelbarer Wahl** für vier Jahre gewählt.

Allgemeine **Aufgaben** des Betriebsrates sind

- die Überwachung der Einhaltung von Betriebsvereinbarungen, Tarifverträgen und Gesetzen,
- Maßnahmen, die dem Wohl des Betriebes und der Belegschaft dienen, beim Arbeitgeber zu beantragen,
- die Förderung der Belange von Schwerbehinderten, Jugendlichen, älteren und ausländischen Arbeitnehmern,
- die Beantragung von Maßnahmen im Interesse von Betrieb und Arbeitnehmern bei der Geschäftsleitung.

Der Betriebsrat muss mindestens einmal im Kalendervierteljahr eine **Betriebsversammlung**, die sich aus allen Arbeitnehmern eines Betriebes zusammensetzt, einberufen und einen Tätigkeitsbericht erstatten.

Sofern ein Betriebsrat aus mindestens neun Mitgliedern besteht, ist ein Betriebsausschuss zu bilden, dessen Aufgabe in der Führung derjenigen Aufgaben liegt, für die eine Entscheidung des Betriebsrates nicht erforderlich ist. Hier kommen z. B. Kontrollaufgaben zur Einhaltung von Rechtsvorschriften oder die Vorbereitungen von Sitzungen infrage.

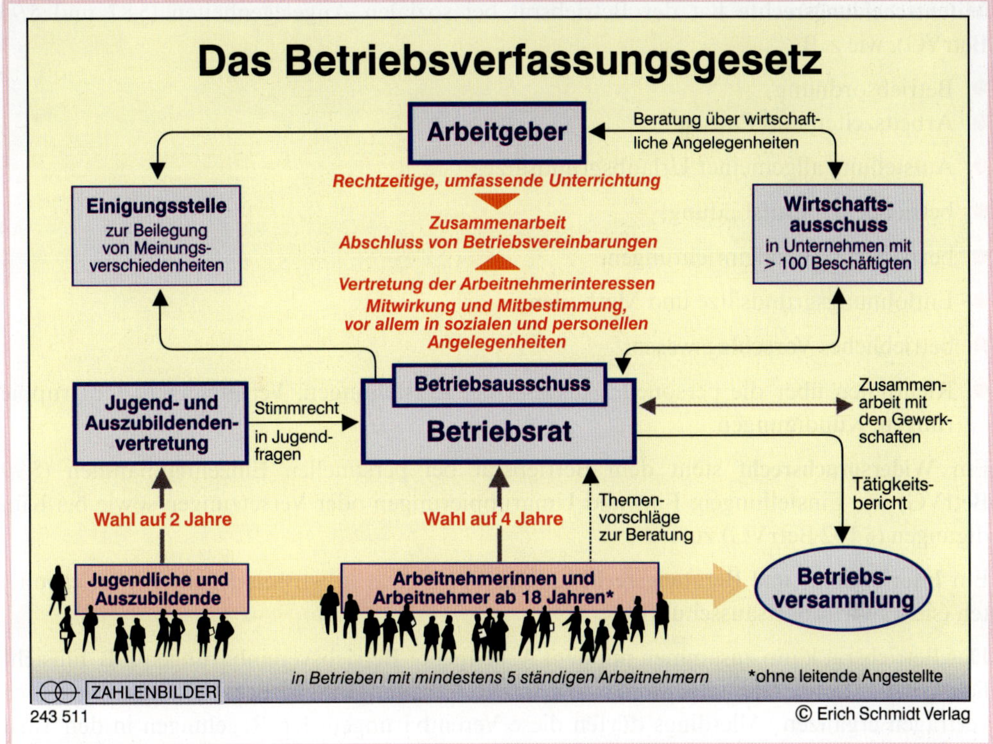

Eine Einigungsstelle kann eingerichtet werden, um bei Bedarf Meinungsstreitigkeiten zwischen der Arbeitgeber- und der Arbeitnehmerseite beizulegen. Unter bestimmten Bedingungen kann ihre Entscheidung rechtsverbindlich sein.

Für die Interessen der Jugendlichen und der Auszubildenden unter 25 Jahren wird eine spezielle Jugend- und Auszubildendenvertretung eingerichtet. Ihre Amtszeit beträgt nur zwei Jahre. Sie hat ein Informationsrecht seitens des Betriebsrates und darf an den Sitzungen des Betriebsrates teilnehmen. Sofern die Angelegenheiten überwiegend jugendliche Arbeitnehmer oder Auszubildende betreffen, haben sie auch ein Mitbestimmungsrecht. Sofern die Interessen dieser Gruppen beeinträchtigt werden, steht ihnen sogar ein aufschiebendes Vetorecht (= Einspruchsrecht) zu.

Wirtschaftsausschuss

Ab 100 Beschäftigten bildet der Betriebsrat einen Wirtschaftsausschuss. Er setzt sich aus mindestens drei und höchstens sieben sachverständigen Personen zusammen, von denen mindestens eine Person Betriebsratmitglied sein muss. Die Aufgabe dieses Ausschusses ist die Beratung wirtschaftlicher Fragen (wie z. B. Finanzfragen, Investitionsvorhaben, Rationalisierungsmaßnahmen, Stilllegungen) mit der Unternehmensleitung und die Unterrichtung des Betriebsrates.

Die Mitbestimmungsrechte

Die Mitbestimmungsrechte des Betriebsrates sind abgestuft in **Mitentscheidungsrechte, Widerspruchsrechte** und **Informations- und Beratungsrechte**. Im Einzelnen gelten die folgenden Regelungen:

Mitentscheidungsrechte hat der Betriebsrat bei sozialen Angelegenheiten (§ 87 und § 95 BetrVG), wie z. B.

- Betriebsordnung,
- Arbeitszeiten und Pausen,
- Aufstellung allgemeiner Urlaubsgrundsätze,
- betriebliche Berufsbildung,
- betriebliche Sozialeinrichtungen,
- Entlohnungsgrundsätze und Methoden,
- betriebliches Vorschlagswesen,
- Richtlinien über die personelle Auswahl bei Einstellungen, Versetzungen, Umgruppierungen, Kündigungen.

Ein **Widerspruchsrecht** steht dem Betriebsrat bei personellen Einzelmaßnahmen (§ 99 BetrVG) wie Einstellungen, Ein- und Umgruppierungen oder Versetzungen sowie bei Kündigungen (§ 102 BetrVG) zu.

Ein **Informations- und Beratungsrecht** hat der Betriebsrat in wirtschaftlichen Angelegenheiten (siehe Wirtschaftsausschuss).

Der Betriebsrat kann zusammen mit dem Arbeitgeber Betriebsvereinbarungen z. B. hinsichtlich Urlaub, Sonderzahlungen oder Arbeitszeiten treffen, die die Bestimmungen von Tarifverträgen ergänzen. Allerdings dürfen diese Vereinbarungen den Regelungen in den Tarifverträgen nicht widersprechen bzw. zulasten der Arbeitnehmer unterschritten werden.

Um den Betriebsräten eine wirkungsvolle Interessenvertretung zu gestatten, sind sie zu ihrem eigenen Schutz stärker abgesichert als normale Arbeitnehmer. So sind Betriebsratsmitglieder bis zu einem Jahr nach Beendigung ihrer Tätigkeit als Betriebsrat gegen Kündigung geschützt (Ausnahme: außerordentliche Kündigung mit Zustimmung des Betriebsrates oder des Arbeitsgerichts). Des Weiteren hat jedes Betriebsratsmitglied Anspruch auf einen dreiwöchigen bezahlten Bildungsurlaub und auf Weiterzahlung des Arbeitsentgelts während der Interessenvertretung.

4.2.6.2 Mitbestimmung in Aufsichtsräten

Bei der Mitbestimmung in Aufsichtsräten geht es in erster Linie um die Frage, inwieweit die Vertreter der Arbeitnehmer bei Entscheidungen über wirtschaftliche Angelegenheiten des Unternehmens beteiligt werden sollen.

Dabei hat der Gesetzgeber für verschiedene Wirtschaftszweige drei unterschiedliche Regelungen geschaffen.

Mitbestimmung nach dem Betriebsverfassungsgesetz

Das Betriebsverfassungsgesetz regelt die Zusammensetzung des Aufsichtsrates für folgende Rechtsformen:

- AG und KGaA mit in der Regel bis zu 2000 Beschäftigten,
- GmbH und Genossenschaft mit mehr als 500 und in der Regel weniger als 2000 Beschäftigten,

- Bergrechtliche Gewerkschaften mit mehr als 500 Beschäftigten.

Der Aufsichtsrat eines solchen Unternehmens besteht aus mindestens drei Personen oder einer durch drei teilbaren Mitgliederzahl, höchstens jedoch 21 Mitgliedern.

Zwei Drittel der Aufsichtsratsmitglieder werden von der Kapitaleignerseite durch die Hauptversammlung, die Generalversammlung oder die Gesellschafterversammlung gewählt, das restliche Drittel stellen die wahlberechtigten Arbeitnehmer.

Bei den Arbeitnehmervertretern müssen mindestens zwei Aufsichtsratsmitglieder im Unternehmen beschäftigt sein (ein Arbeiter, ein Angestellter), die übrigen Aufsichtsratsmitglieder der Arbeitnehmer können von außen stammen, z. B. Gewerkschafter.

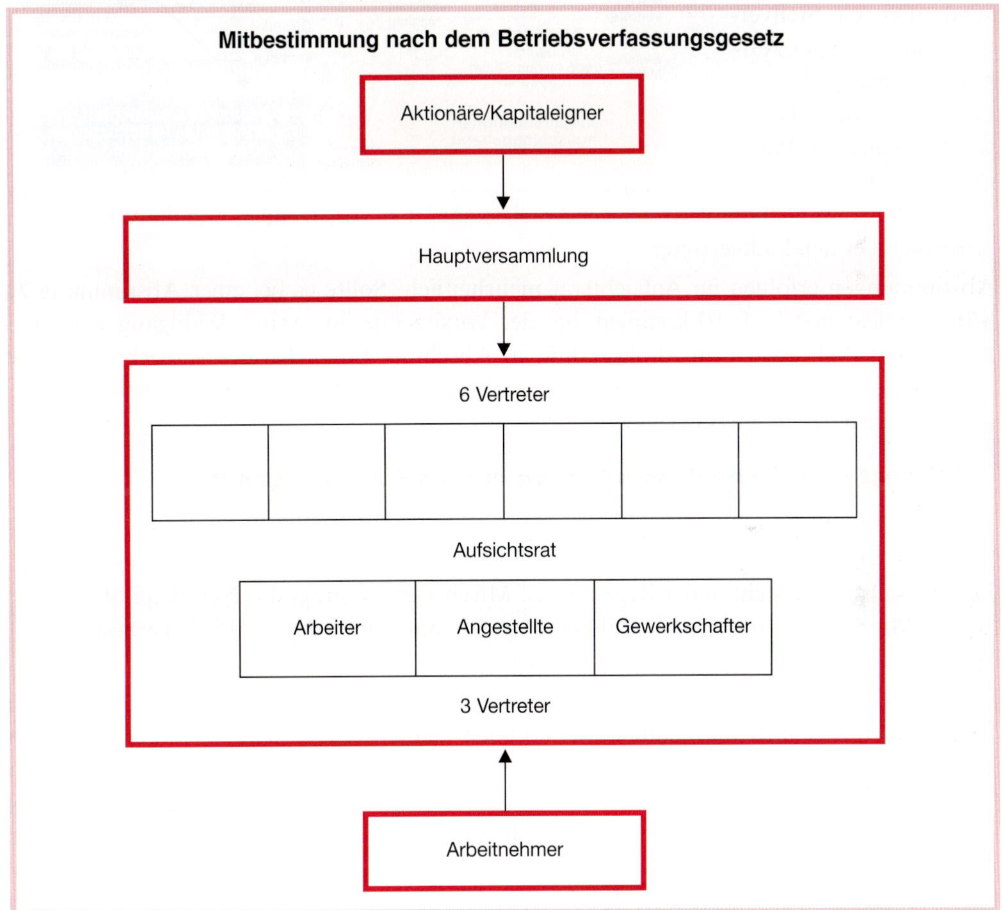

Mitbestimmung nach dem Mitbestimmungsgesetz von 1976

Das Mitbestimmungsgesetz aus dem Jahre 1976 gilt für alle Kapitalgesellschaften und Genossenschaften mit mehr als 2000 Beschäftigten. Der Aufsichtsrat wird paritätisch (= gleichgewichtig) aus Vertretern von Arbeitnehmern und Arbeitgebern gewählt.

Die Zahl der Aufsichtsratsmitglieder ist abhängig von der Zahl der im Unternehmen beschäftigten Arbeitnehmer. Sie beträgt bei Unternehmen bis zu 10000 Arbeitnehmern 12 Personen, bis zu 20000 Arbeitnehmern 16 Personen und darüber 20 Personen.

Bei der Zusammensetzung der Arbeitnehmervertreter ist immer auch ein leitender Angestellter zu wählen. Was unter dem Begriff leitender Angestellter zu verstehen ist, ist jedoch nicht immer eindeutig geklärt.

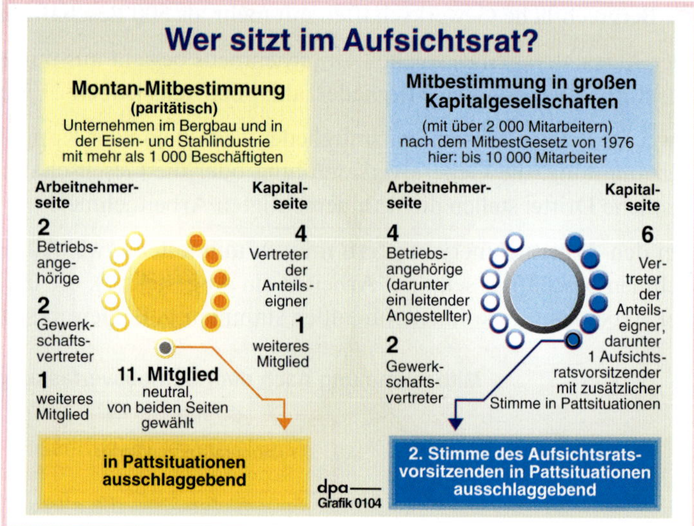

Der Aufsichtsratsvorsitzende und sein Stellvertreter werden vom Aufsichtsrat mit Zwei-Drittel-Mehrheit gewählt. Gelingt die Wahl im ersten Durchgang nicht, so wählen die Vertreter der Anteilseigner den Vorsitzenden und die Vertreter der Arbeitnehmer den Stellvertreter.

Abstimmungen erfolgen im Aufsichtsrat mehrheitlich. Sollte es bei einer Abstimmung zu Stimmengleichheit (= Patt) kommen, hat der Vorsitzende im zweiten Wahlgang doppeltes Stimmrecht (vgl. auch Primatkollegialität in Abschnitt 4.2.5). Da der Aufsichtsratsvorsitzende nur mit den Stimmen der Anteilseigner gewählt werden kann, hat diese Seite im Zweifelsfalle also ein stärkeres Gewicht.

Mitbestimmung nach dem Montanmitbestimmungsgesetz

Das Montanmitbestimmungsgesetz gilt für Kapitalgesellschaften in der Montanindustrie (Bergbau, Eisen- und Stahlerzeugung) mit in der Regel mehr als 1 000 Arbeitnehmern.

Der Aufsichtsrat besteht in der Regel aus elf Mitgliedern. Beträgt das Nennkapital mehr als 10 (25) Mio. EUR, kann sich die Zahl der Aufsichtsratsmitglieder auf 15 (21) erhöhen.

Die Arbeitgeber- und Arbeitnehmerseite wählen jeweils fünf Vertreter. Ein Vertreter jeder Seite muss dabei ein sog. weiteres Mitglied sein, d. h., dass diese Person weder Arbeitnehmer noch Arbeitgeber im Unternehmen ist und auch nicht wirtschaftlich wesentlich am Unternehmen interessiert sein darf oder in einem Arbeitsverhältnis zu Arbeitgeberverbänden oder Gewerkschaften stehen darf. Die Wahl der Aufsichtsratsmitglieder erfolgt durch die Haupt- oder Gesellschafterversammlung. Die Arbeitnehmerseite macht dabei einen bindenden, d. h. verpflichtenden, Vorschlag an das Wahlgremium, welche Arbeitnehmervertreter zu wählen sind. Da die Arbeitgeber- und die Arbeitnehmerseite nun gleich stark sind, spricht man hier auch von paritätischer Mitbestimmung. Um bei Abstimmungen die Situation zu vermeiden, dass es zu einem Patt kommt, wird von den Aufsichtsratsmitgliedern ein weiteres, neutrales Mitglied in den Aufsichtsrat gewählt. Dieses Mitglied muss mindestens von jeweils drei Mitgliedern jeder Seite des Aufsichtsrates vorgeschlagen werden. Einigen sich die Aufsichtsratsmitglieder nicht auf eine Person, wird ein Vermittlungsausschuss eingeschaltet.

Für den Vorstand des Unternehmens ist ein Arbeitsdirektor einzustellen. Er kann nicht gegen die Mehrheit der Arbeitnehmervertreter im Aufsichtsrat eingestellt oder abberufen werden. Seine Aufgaben liegen vor allem im Bereich der personellen und sozialen Angelegenheiten.

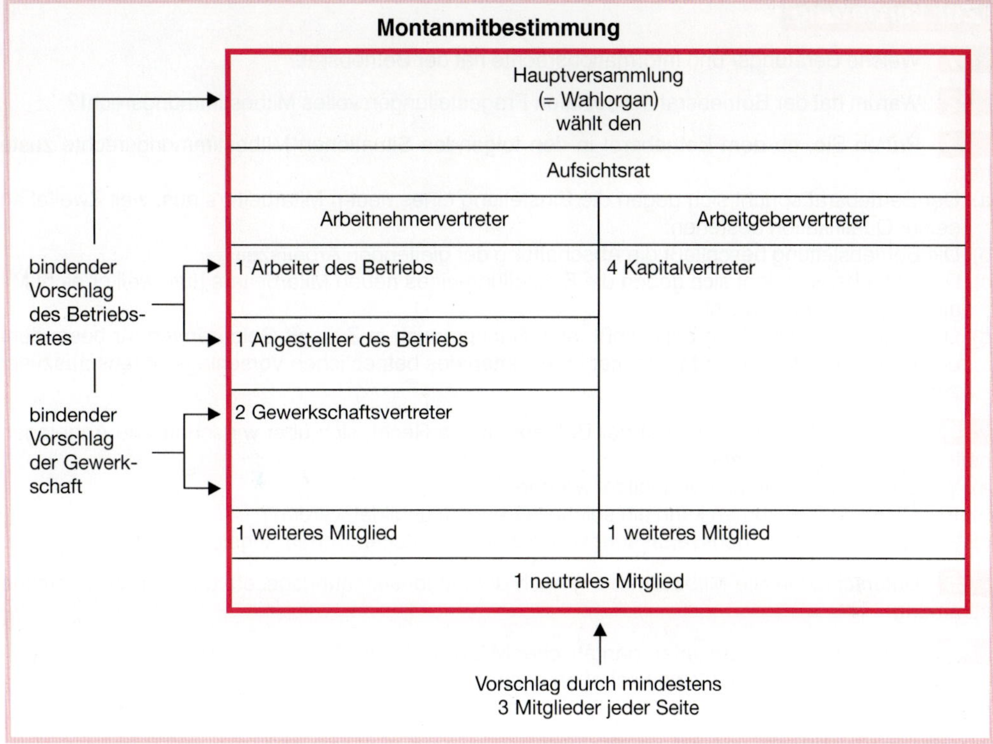

Die Mitwirkung der Arbeitnehmer an den Entscheidungen der Unternehmensleitung ist heute weitestgehend unumstritten. Allerdings ist der Grad der Mitbestimmung immer wieder ein Gegenstand heftiger Diskussionen. Dies gilt insbesondere für die Montanmitbestimmung aufgrund der paritätischen Mitbestimmungsrechte der Arbeitnehmervertreter. Vonseiten der Arbeitgeber wird als Argument die Einschränkung des Rechts auf Eigentum an Produktionsmitteln sowie deren freie Verfügbarkeit angebracht. Die Arbeitnehmerseite hingegen argumentiert, dass die Arbeitsleistung der Mitarbeiter für das betriebliche Ergebnis mindestens genauso wichtig sei wie der Faktor Kapital. Ein Ende dieser Diskussion ist vorläufig nicht absehbar.

Kernwissen

- Mitbestimmung ist die aktive Beteiligung der Arbeitnehmer an betrieblichen Entscheidungen. Mitbestimmungsrechte bestehen innerbetrieblich auf der Ebene der Unternehmensleitung.
- Die innerbetriebliche Mitbestimmung bezieht sich auf soziale, personelle und wirtschaftliche Fragen und wird weitestgehend durch den Betriebsrat abgedeckt.
- Die Mitbestimmung der Arbeitnehmer auf Unternehmensebene ist in den folgenden drei gesetzlichen Regelungen festgelegt:
  - Betriebsverfassungsgesetz
  - Mitbestimmungsgesetz
  - Montanmitbestimmung

Zur Vertiefung

1 Welche Beratungs- und Informationsrechte hat der Betriebsrat?

2 Warum hat der Betriebsrat bei sozialen Fragestellungen volles Mitbestimmungsrecht?

3 Prüfen Sie, ob dem Betriebsrat in den folgenden Situationen Mitbestimmungsrechte zustehen.

a) Der Betriebsrat spricht sich gegen die Einstellung eines neuen Mitarbeiters aus, weil Zweifel an seiner Qualifikation bestehen.
b) Die Betriebsleitung beschließt die Abschaffung der gleitenden Arbeitszeit.
c) Der Betriebsrat spricht sich gegen die Einstellung eines neuen Mitarbeiters aus, weil er nicht Mitglied der Gewerkschaft ist.
d) Die Unternehmensleitung beschließt, statt Sachprämien in Zukunft Geldprämien für besonders geeignete Vorschläge der Mitarbeiter im Rahmen des betrieblichen Vorschlagswesens auszusetzen.

4 In einigen Unternehmen hat der Betriebsrat das Recht, sich über wirtschaftliche Angelegenheiten unterrichten zu lassen.

a) Welches Organ kann hierfür gebildet werden?
b) In welchen Unternehmen kann ein solches Gremium gebildet werden?
c) Was versteht das Betriebsverfassungsgesetz unter „wirtschaftlichen Angelegenheiten“?

5 Unterscheiden Sie Mitbestimmung nach dem Mitbestimmungsgesetz und der Montanmitbestimmung!

6 a) Was versteht man unter „paritätischer Mitbestimmung“?
b) Warum wird sie von den Gewerkschaften verlangt?
c) Wo ist sie verwirklicht?

4.2.7 Führungsstile und Führungstechniken

Situation

Peter Kern, der Geschäftsführer der Handels-Union, ist ein Vorgesetzter, der alle Aufgaben selbst am besten zu erledigen glaubt. Daher gibt er für alle Mitarbeiter feste Handlungsanweisungen heraus, nach denen zu verfahren ist. Insbesondere bei den leitenden Mitarbeitern der Handels-Union ist festzustellen, dass sie selten länger als fünf Jahre im Unternehmen verbleiben.

4.2.7.1 Führungsstile

Vorgesetzte stehen im Rahmen ihrer Leitungsaufgaben ständig vor dem Problem, Entscheidungen treffen zu müssen, Anweisungen zu geben und die Mitarbeiter zu kontrollieren. Die Art und Weise, wie ein Vorgesetzter dabei mit seinen Mitarbeitern umgeht, bezeichnet man als **Führungsstil**.

Es werden zwei gegensätzliche Führungsstile unterschieden:

1. Der **autoritäre** Führungsstil erwartet von den Mitarbeitern lediglich die Ausführung ihrer Aufgaben, ohne dass diese eigene Entscheidungen treffen können. Der Vorgesetzte überwacht regelmäßig die Arbeiten und kontrolliert die Leistungen seiner Mitarbeiter.
2. Der **kooperative** Führungsstil beteiligt die Mitarbeiter weitestgehend an den Entscheidungen. Der Vorgesetzte informiert und berät die Mitarbeiter und legt den Grad der Entscheidungsfreiheit fest. Seine Kontrolle erstreckt sich im Wesentlichen auf die Überprüfung der erreichten Ergebnisse.

In der Praxis kommen diese Führungsstile in einer Vielzahl von Abstufungen vor:

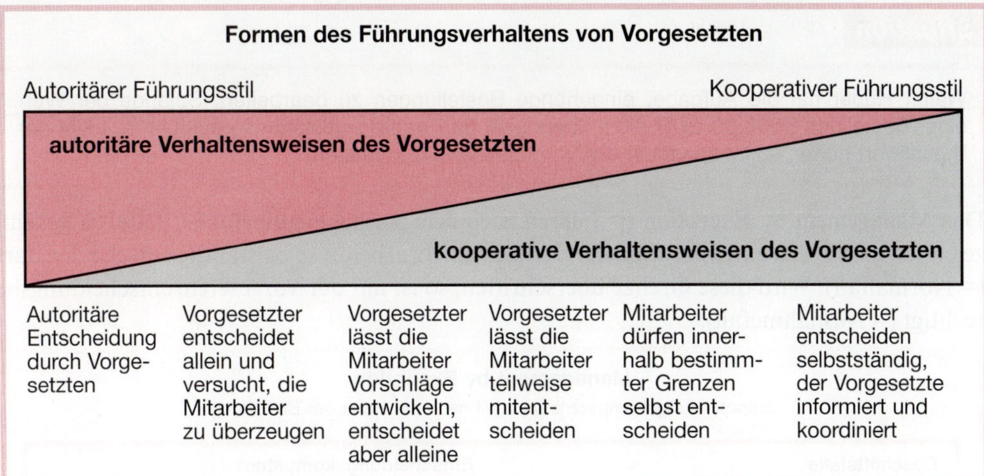

Auswirkungen von Führungsverhalten

Auswirkungen auf	Autoritärer Führungsstil	Kooperativer Führungsstil
die Zeitdauer bis zur Entscheidung	Entscheidungen werden sehr schnell getroffen, da der Vorgesetzte allein entscheidet	Verzögerung der Entscheidungen, da sie zuerst beraten werden müssen
die Qualität der Entscheidungen	Gefahr von Fehlentscheidungen durch mangelnde Sachkenntnis des Vorgesetzten	ausgewogene Entscheidungen durch die Einbeziehung der Sachkenntnis der Mitarbeiter
das Verhältnis zwischen Vorgesetzten und Mitarbeitern	Mitarbeiter arbeiten nur auf Anweisungen, die betriebliche Rangordnung wird betont	Selbstständigkeit der Mitarbeiter, Kooperation im Team
die Motivation der Mitarbeiter	niedrige Motivation, da Fähigkeiten nicht voll ausgenutzt werden	hohe Motivation, da Eigeninitiative und Arbeitsfreude gestärkt werden
das Betriebsklima	angespannt, da das Verhältnis Vorgesetzter – Mitarbeiter und die Beziehungen der Mitarbeiter untereinander durch Misstrauen gekennzeichnet sind	verträglich, da das Verhältnis Vorgesetzter – Mitarbeiter und die Beziehungen der Mitarbeiter untereinander offener und vertrauter sind

4.2.7.2 Managementtechniken

Da kooperatives Verhalten heute weitestgehend als besserer Führungsstil anerkannt wird, stellt sich das Problem, wie Mitarbeiter an den Entscheidungen beteiligt werden sollen. Dabei haben sich bestimmte Methoden, sogenannte Managementtechniken, entwickelt. Sie unterscheiden sich im Wesentlichen durch den Grad an Handlungsfreiheit, den der Vorgesetzte den Mitarbeitern einräumt.

Management by Exception

Situation

Walter Huber hat die Aufgabe, eingehende Bestellungen zu bearbeiten. Solange der Wert einer Bestellung 5000,00 EUR nicht übersteigt, darf er sie selbstständig ausführen. Liegt der Bestellwert höher, so ist zunächst der Vorgesetzte einzuschalten.

Das **Management by Exception (= Führen nach dem Ausnahmeprinzip)** ist dadurch gekennzeichnet, dass bis zu einer bestimmten Grenze der Mitarbeiter selbstständig entscheiden darf (= Normalfall). Wird diese Grenze überschritten, so ist nur der Vorgesetzte entscheidungsberechtigt (= Ausnahmefall).

Management by Exception

Entscheidungskompetenz geregelt nach der Höhe der Bestellung

Geschäftsfälle	Entscheidungskompetenz
Normalfall Bestellung < = 5000,00 EUR	Mitarbeiter
Grenze des Bestellwertes: 5000,00 EUR	
Ausnahmefall Bestellung > 5000,00 EUR	Vorgesetzter

Das **Hauptproblem** dieser Managementtechnik ist die Festlegung von Normal- und Ausnahmefall. Wird die Grenze zu niedrig gesetzt, so wird der Vorgesetzte nicht entlastet, da der Mitarbeiter andauernd mit genehmigungspflichtigen Aufträgen erscheint; ist die Grenze zu hoch angesetzt, entgleitet dem Vorgesetzten die Kontrolle, da er Abweichungen zu spät erkennt.

Vorteile:

- Selbstständigkeit des Mitarbeiters,
- bei richtiger Wahl des Ausnahmefalls Entlastung der Vorgesetzten,
- Folgen von Fehlentscheidungen der Mitarbeiter sind begrenzt.

Nachteile:

- geringe Motivation, da nur Routinefälle erledigt werden,
- ggf. falsche Beurteilung der Mitarbeiter, da der Vorgesetzte ihre Arbeit nur nach den Ausnahmesituationen beurteilt,
- eigentlich nur ein generelles Prinzip, keine eigenständige neue Technik.

Management by Objectives

Situation

Walter Huber bespricht sich mit seinem Verkaufsleiter. Dieser lässt ihm bei seiner Arbeit weitestgehend freie Hand, hat ihm aber zum Ziel gesetzt, den Umsatz in diesem Jahr um 7 % zu steigern. Walter Huber überlegt sich daher geeignete Maßnahmen.

Beim **Management by Objectives (= Führen durch Zielvereinbarung)** vereinbaren Mitarbeiter und Vorgesetzter gemeinsam Ziele, die der Mitarbeiter erreichen soll. Den Weg der Zielerreichung kann der Mitarbeiter selbst bestimmen. Der Vorgesetzte kontrolliert lediglich die Ergebnisse.

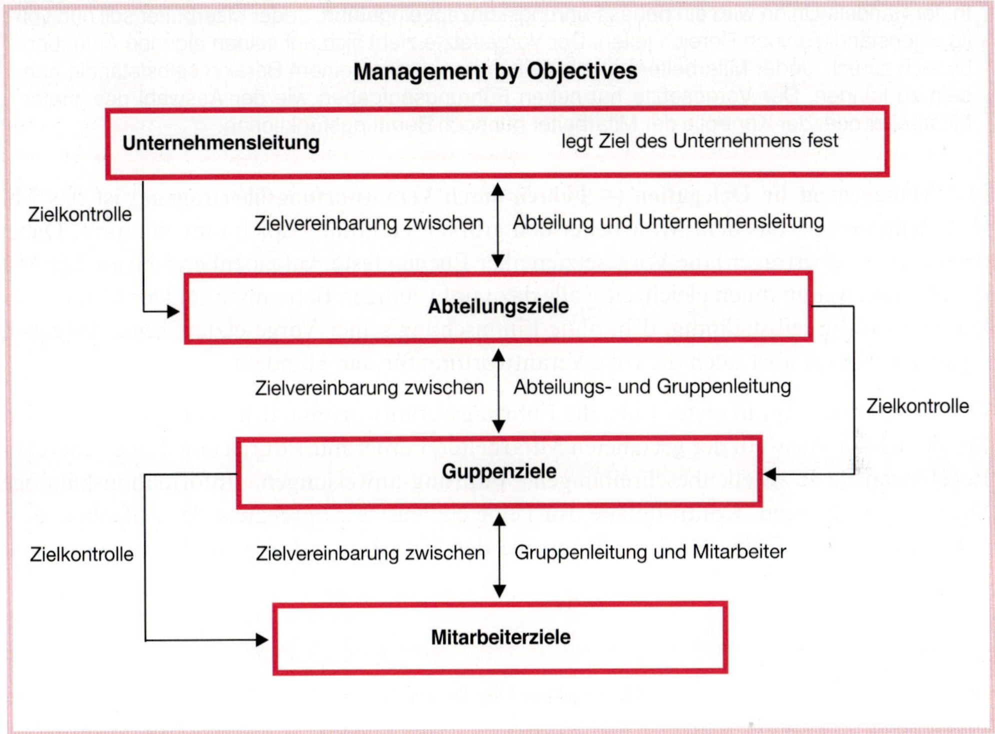

Das **Hauptproblem** dieser Managementtechnik liegt in der Vereinbarung angemessener Ziele. Sind die Ziele zu hoch festgelegt, kann der Mitarbeiter sie nicht erreichen, was zu Motivationsverlust führt. Sind sie zu niedrig angesetzt, kann er sie auch ohne größere Anstrengungen erfüllen.

Vorteile:

- große Selbstständigkeit,
- hohe Motivation bei angemessener Zielvereinbarung,
- Entlastung der Vorgesetzten.

Probleme treten i. d. R. dann auf, wenn

- die Ziele vom Vorgesetzten vorgegeben und nicht abgesprochen werden,
- die Ziele zu unpräzise festgelegt werden,
- der Vorgesetzte sich in den Arbeitsbereich des Mitarbeiters einmischt.

Das Management by Objectives ist eine sehr leistungsfähige Managementtechnik, da zum einen ein hohes Maß an Eigenständigkeit der Mitarbeiter zu hoher Motivation führen kann, zum anderen wird dem Vorgesetzten die Kontrolle der Mitarbeiter anhand der Zielvorgaben sehr erleichtert.

Management by Delegation

Situation

In der Handels-Union wird ein neues Führungskonzept eingeführt. Jeder Mitarbeiter soll nun völlig eigenständig seinen Bereich leiten. Der Vorgesetzte zieht sich auf seinen eigenen Aufgabenbereich zurück. Jeder Mitarbeiter hat alle Befugnisse, um in seinem Bereich selbstständig handeln zu können. Der Vorgesetzte hat neben Führungsaufgaben wie der Auswahl geeigneter Mitarbeiter oder der Kontrolle der Mitarbeiter nur noch Beratungsfunktionen.

Das **Management by Delegation (= Führen durch Verantwortungsübertragung)** ist das Managementkonzept, das dem Mitarbeiter den größten Handlungsspielraum einräumt. Dabei delegieren (= übertragen) die Vorgesetzten aller Ebenen feste Aufgabenbereiche an ihre Mitarbeiter und weisen ihnen gleichzeitig alle dazu notwendigen Befugnisse zu. Der Mitarbeiter kann nun völlig selbstständig, d. h. ohne Einmischung seiner Vorgesetzten, seine Aufgaben erledigen, er trägt aber auch die volle Verantwortung für sein Handeln.

Der Vorgesetzte trägt in erster Linie die Führungsverantwortung, d. h., er ist verantwortlich für die richtige Auswahl der geeigneten Mitarbeiter. Ferner muss durch eine Fülle genereller Regelungen (z. B. Stellenbeschreibungen, Führungsanweisungen, Informationskataloge, Dienstbesprechungen, Kontrollpläne usw.) eine eindeutige Abgrenzung der Aufgaben, eine Delegation der Aufgaben und die Kontrolle der Mitarbeiter durch die Vorgesetzten gesichert sein.

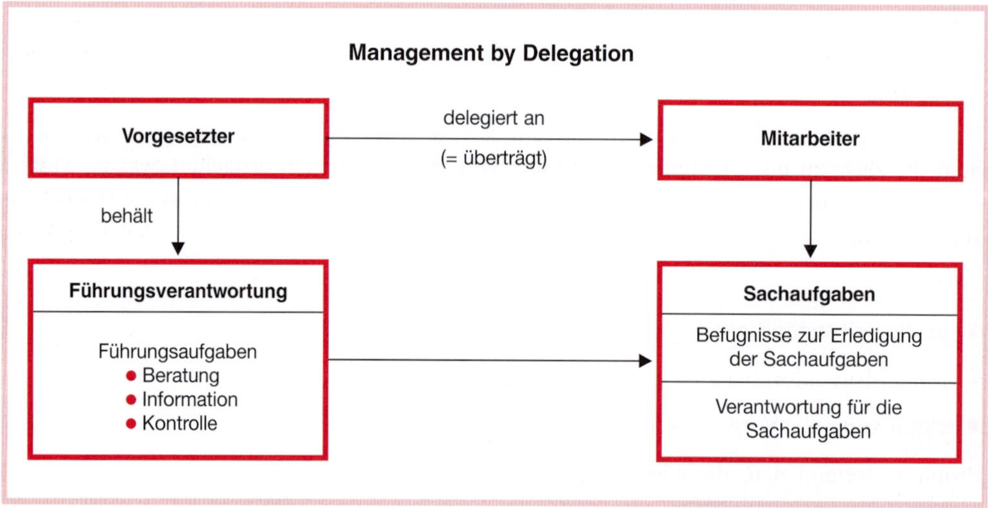

Dieses Managementmodell ist in der Praxis auch als **„Harzburger Modell“** bekannt geworden. Obwohl die verstärkte Einbeziehung der Mitarbeiter in den betrieblichen Entscheidungsprozess zunächst einmal positiv zu bewerten ist, unterliegt dieses Modell heute sehr stark der Kritik. Dabei wird zum einen die Möglichkeit geheimer Kontrollen durch den Vorgesetzten als nicht mehr zeitgemäß und leistungshemmend angesehen, zum anderen richtet sich die Kritik gegen die Fülle von einzuführenden bürokratischen Formalismen und Kontrollmechanismen, sodass deutlich eine Tendenz zur Überorganisation besteht.

4.2.7.3 Voraussetzungen für die Umstellung des Führungsverhaltens

Situation

Das Führungssystem der Handels-Union ist aufgrund der Erfahrungen stärker auf kooperative Führung umgestellt worden. Dabei zeigt sich jedoch, dass die Mitarbeiter zum Teil Schwierigkeiten mit ihren neuen Kompetenzen haben. Deshalb wird eine Projektgruppe eingesetzt, die herausfinden soll, wie die aufgetretenen Schwierigkeiten in Zukunft vermieden werden können.

Eine Umstellung des Führungsverhaltens kann nicht von heute auf morgen geschehen. Vielmehr müssen bestimmte Voraussetzungen geschaffen werden, um das vorgegebene Ziel auch wirklich zu erreichen. Des Weiteren müssen einige Bedingungsfaktoren, die in den Persönlichkeiten von Mitarbeitern und Führungskräften begründet liegen, Berücksichtigung finden.

Wesentliche Voraussetzungen für eine erfolgreiche kooperative Führung sind

- die Entwicklung von Führungsinstrumenten, d. h. Beurteilungsmaßstäbe, Vergütungssysteme usw.,
- die Anpassung der Aufbauorganisation, d. h. die Veränderung von Stellenbeschreibungen, Weisungssystemen, Führungstechniken usw.,
- Trainingsmaßnahmen zur Schulung der Führungskräfte in den jeweiligen Führungstechniken mit dem Ziel einer Steigerung von Kooperations- und Kommunikationsfähigkeit.

Daneben ist für ein Gelingen der Umstellung des Führungsverhaltens aber eine Berücksichtigung der Persönlichkeitsstruktur von Mitarbeitern und Führungskräften wichtig. Beide müssen bestimmte Fähigkeiten mitbringen, um auf Dauer eine erfolgreiche Veränderung des Führungsverhaltens zu erreichen. Von den Führungskräften wird erwartet, dass sie bereit sind, die Mitarbeiter auch eigenverantwortlich handeln zu lassen. Sie dürfen sich nicht mehr dirigistisch in den Verantwortungsbereich ihrer Untergebenen einmischen.

Auf der anderen Seite wird von den Mitarbeitern in stärkerem Maße Eigenverantwortlichkeit, Selbstständigkeit und Belastbarkeit erwartet. Der Grad der Übertragung größerer Verantwortung muss sich am Reifegrad der Mitarbeiter und an ihren persönlichen Dispositionen (= Eigenschaften) orientieren.

Damit eine solche Umstellung auch wirklich gelingt, bedarf es der schriftlichen Fixierung von Führungsgrundsätzen, d. h. von Richtlinien, die das tatsächliche Verhalten von Führungskräften festlegen.

Kernwissen

- Der Führungsstil lässt sich in die folgenden beiden Grundformen einordnen:
  - autoritär
  - kooperativ
- In der Realität sind beliebige Abstufungen zwischen diesen beiden Formen möglich.
- Voraussetzung für kooperative Führung ist der Einsatz geeigneter Managementtechniken:
  - Management by Exception (Führen nach dem Ausnahmeprinzip)
  - Management by Objectives (Führen durch Zielvereinbarung)
  - Management by Delegation (Führen durch Verantwortungsübertragung)
- Um das Führungssystem eines Unternehmens zu verändern, bedarf es organisatorischer Veränderungen und Schulungsmaßnahmen von Mitarbeitern und Führungskräften.

Zur Vertiefung

1 Unterscheiden und beurteilen Sie autoritäre und kooperative Führung!

2 Warum werden in der Praxis die beiden Extremformen des Führungsstils wohl kaum auftauchen?

3 Wodurch unterscheiden sich die drei Führungstechniken Management by Exception, by Objectives und by Delegation?

4 Welcher Führungsstil wird von den Managementtechniken vorausgesetzt?

5 Welche Bedeutung haben die Persönlichkeitsmerkmale von Vorgesetzten und Mitarbeitern für das Führungsverhalten?

4.2.8 Informale Strukturen

Situation

① In der Handels-Union wird die Stelle des Einkaufsleiters neu besetzt. Alle Mitarbeiter gehen davon aus, dass die langjährige Stellvertreterin des Einkaufsleiters, Erika Jung, die Stelle erhalten wird. Sie wird von den Mitarbeitern aufgrund ihrer großen Fachkompetenz und ihres kooperativen Arbeitsstiles sehr geschätzt. Die Geschäftsleitung entscheidet aber, einen externen Bewerber einzustellen. Da die Mitarbeiter der Einkaufsabteilung mit dieser Lösung nicht einverstanden sind, versuchen sie, dem neuen Leiter die Arbeit möglichst zu erschweren.

② Werner Hausmann ist Sachbearbeiter im Verkauf. In der letzten Zeit hatte er privat erhebliche Probleme, da seine Frau schwer erkrankt war. Darunter litt auch seine Arbeitsleistung. Die Mitarbeiter in der Verkaufsabteilung, die auch zusammen einem Kegelclub angehören, versuchten, ihm zu helfen, indem sie vorübergehend Teile seiner Aufgaben mit übernahmen. Nachdem seine Frau wieder gesund ist, erreicht er auch wieder seine normale Arbeitsleistung.

Während man im Regelfall davon ausgeht, dass die beruflichen Beziehungen zwischen den Mitarbeitern festen Regelungen unterworfen sind (sog. formale Organisation), ist in der Realität häufig festzustellen, dass ungeplante, persönliche Beziehungen der Mitarbeiter untereinander Auswirkungen auf die betriebliche Organisation haben können.

Solche **informalen Gruppen** bilden sich aufgrund von privaten Freundschaften, gleichen Interessen oder aufgrund gemeinsamer sozialer Merkmale wie gleiches Alter, gleiches Geschlecht oder gleiche Herkunft.

Grundsätzlich lassen sich drei Arten von Beziehungen anführen, die zur Bildung informaler Strukturen führen können:

1. Beziehungen im privaten Bereich (Verwandtschaft, Freundschaft, Freizeit usw.)
2. Beziehungen aus früherer gemeinsamer Tätigkeit (Ausbildung, Schule usw.)
3. Beziehungen aus der Stellung im Unternehmen (Zusammenarbeit, Zusammengehörigkeit von Minderheiten, wie z. B. Gastarbeitern usw.)

Die unterschiedlichen Faktoren zeigen deutlich, dass der einzelne Mitarbeiter durchaus mehreren informalen Gruppen angehören kann. Die informale Gruppe kann durchaus mit der formalen Gruppe übereinstimmen, z. B. ein gemeinsamer Kegelclub einer Abteilung, sie kann jedoch durchaus auch die Mitglieder verschiedener formaler Gruppen vereinigen (z. B. in einer Betriebsfußballmannschaft).

Ob diese informalen Gruppen im Rahmen der Unternehmenstätigkeit tatsächlich aktiv werden, hängt davon ab, inwieweit die Mitarbeiter das Gefühl haben, dass ihre persönlichen Belange ausreichende Berücksichtigung im Unternehmen finden.

Diese informalen Gruppen bringen in der Regel ihre eigenen informalen Führer hervor. Diese informalen Führer stehen dann in Konkurrenz zum formalen, d. h. dem von der regelnden Instanz eingesetzten Führer.

Die informellen Beziehungen können sich positiv oder negativ für das Unternehmen auswirken. So kann z. B. durch gute persönliche Kontakte die Leistungsbereitschaft der Mitarbeiter durch ein positives Betriebsklima verbessert werden. Allerdings können durch diese Vorgänge auch Probleme für das Unternehmen entstehen, wenn z. B. der formale Führer von der informalen Gruppe nicht akzeptiert wird oder wenn Gruppeninteressen gegen die Interessen der Gesamtunternehmung durchgesetzt werden sollen (z. B. Vertuschen von Fehlern und gemeinsamer Schutz gegen Kontrollen).

Kernwissen

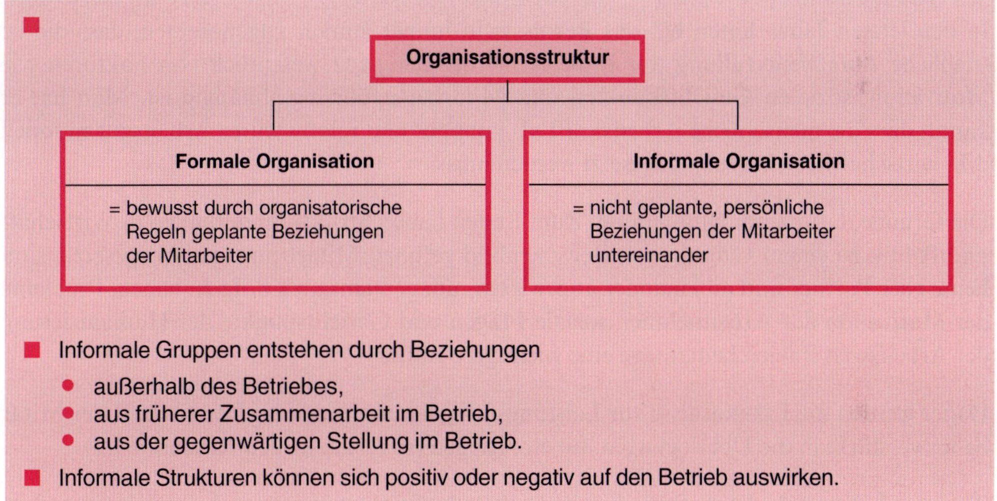

- Informale Gruppen entstehen durch Beziehungen
  - außerhalb des Betriebes,
  - aus früherer Zusammenarbeit im Betrieb,
  - aus der gegenwärtigen Stellung im Betrieb.
- Informale Strukturen können sich positiv oder negativ auf den Betrieb auswirken.

Zur Vertiefung

1 Nennen Sie Ursachen für die Entstehung informaler Beziehungen zwischen Mitarbeitern eines Unternehmens!

2 Können informale Gruppen von der Betriebsleitung organisiert werden? (Begründung!)

3 Welche Aufgaben erfüllen informale Gruppen?

5 Personalwirtschaft

Situation

In der Hochbau AG wechseln die Mitarbeiter häufig. Untersuchungen ergeben, dass die Gründe für dieses Verhalten zum wesentlichen Teil in den Arbeitsbedingungen des Unternehmens liegen. Viele Mitarbeiter sind mit ihrer Bezahlung unzufrieden, andere stören sich an den fehlenden Aufstiegschancen oder am schlechten Betriebsklima. Insbesondere die leitenden Mitarbeiter beklagen sich über mangelnde Entscheidungskompetenzen und den autoritären Führungsstil des Geschäftsführers und des Personalchefs. Ferner sind sie unzufrieden, weil ihnen keinerlei Möglichkeit zur beruflichen Fortbildung, insbesondere in den neuen Technologien, gewährt wird. Anfragen dazu werden von der Geschäftsleitung in der Regel damit beschieden, dass man ja in seiner Freizeit EDV-Kurse besuchen könne.

In den letzten Jahrzehnten hat das Bewusstsein immer stärker zugenommen, dass die betriebliche Aufgabenerfüllung durch die Arbeitnehmer ganz wesentlich von Faktoren wie Motivation, sozialen Gesichtspunkten und Mitarbeiterführung abhängig ist. Man hat erkannt, dass die menschliche Arbeitskraft als knappes und relativ teures Arbeitsgut rationell, d. h. wirtschaftlich sinnvoll, eingesetzt werden muss.

Die Gründe dafür sind mannigfaltig. Zum Ersten haben Strukturänderungen in Wirtschaft und Politik zu einem veränderten Menschenbild geführt. Mitarbeiter und Vorgesetzte sind heute eher Partner und aufeinander angewiesen, um gemeinsam Erfolg zu haben. Probleme der Motivation der Arbeitnehmer, soziale Fragen und Gesichtspunkte der Humanisierung der Arbeitswelt spielen heutzutage eine wichtigere Rolle.

Daher werden die Erkenntnisse zur Leistungsfähigkeit und Leistungsbereitschaft der Mitarbeiter verstärkt in die Überlegungen mit einbezogen (siehe dazu auch Abschnitt 1.2).

Zweitens haben sich die Aufgaben in ihrer Vielschichtigkeit immer mehr gesteigert, sodass einfache, ausführende Tätigkeiten immer mehr zugunsten von höherwertigen und überwachenden Tätigkeiten zurücktreten. Diese Tendenz wird sich langfristig sicher noch mehr verstärken, da sich ausführende Arbeiten zunehmend EDV-gestützt erledigen lassen.

Drittens sind die Mitarbeiter heute zur ständigen beruflichen Fortbildung und zur Anpassung an neue Technologien gezwungen, um beruflich einsetzbar zu bleiben. Die Zahl der Arbeitsplätze, die mit Computern ausgerüstet werden, nimmt seit Jahren ständig zu. Ein Ende dieser Entwicklung ist bei Weitem noch nicht abzusehen.

Weitere Bedingungen, die die Personalwirtschaft beeinflussen können, sind die Veränderung der Bevölkerungsstruktur durch die zunehmende Überalterung der Bevölkerung und das veränderte Nachfrageverhalten der Verbraucher aufgrund besserer Aufklärung und Information.

5.1 Grundlagen der Personalwirtschaft

5.1.1 Aufgaben und Ziele der Personalwirtschaft

Situation

Um die schlechten Bedingungen in der Hochbau AG zu verbessern, hat die Personalabteilung zusammen mit der Geschäftsleitung die folgenden Richtlinien erarbeitet:

- Die Mitarbeiter sollen in erhöhtem Maße selbstständig und eigenverantwortlich Tätigkeiten übernehmen.
- Mitarbeiterschulungen und Trainingsveranstaltungen sollen in weitaus größerem Maße als bisher angeboten werden.
- Die Bezahlung soll in Zukunft noch stärker leistungsorientiert sein.
- Die Kreativität und Innovationsfähigkeit der Mitarbeiter soll durch Einführung des betrieblichen Vorschlagswesens und entsprechender Prämiengestaltung aktiviert werden.
- Maßgeblich für alle betrieblichen Entscheidungen ist eine strikte Kundenorientierung („Der Kunde ist König").

Die Personalabteilung erhält den Auftrag, entsprechende Maßnahmen zur Erreichung dieser Richtlinien auszuarbeiten.

Die Personalwirtschaft hat die **Aufgabe**, die Leistung des betrieblichen Produktionsfaktors Arbeitskraft möglichst optimal zu nutzen.

Dazu ist u. a. die Beachtung bestimmter gesellschaftlicher Veränderungen notwendig. So ist bei den Mitarbeitern heute verstärkt der Wunsch nach eigenverantwortlicher, selbstständiger Tätigkeit feststellbar. Diese Tendenz wird sich in den nächsten Jahren wahrscheinlich noch verstärken, da viele hoch qualifizierte Arbeitnehmer am Arbeitsmarkt eine entsprechende Tätigkeit suchen.

Des Weiteren ist festzustellen, dass die Flexibilität der Arbeitnehmer heute sehr viel größer ist. Ein Arbeitnehmer, der jahrzehntelang in derselben Unternehmung bleibt, wird in Zukunft eher die Ausnahme sein. Auch ist verstärkt eine Tendenz der Arbeitnehmer zur individuellen Lebens- und Karriereplanung festzustellen, worauf vonseiten der Personalwirtschaft zu achten ist.

Ziel der Personalwirtschaft muss es sein, alle im Zusammenhang mit der Bereitstellung, dem Einsatz, der Personalentwicklung und dem Ausscheiden von Mitarbeitern stehenden Arbeiten wirkungsvoll zu erledigen.

Dabei sind innerbetriebliche und außerbetriebliche Ziele zu unterscheiden. Innerbetrieblich stehen Fragen der Deckung des quantitativen (= mengenmäßigen) und des qualitativen (= auf die geforderten Qualifikationen ausgerichteten) Personalbedarfs im Vordergrund (vgl. dazu auch Abschnitt 5.2.1). Allerdings ist dabei unbedingt Bezug zu nehmen auf die Fragen der Mitarbeitermotivation und der Personalentwicklung, d. h. die Möglichkeit der Mitarbeiter, durch Aus- und Fortbildung ihre Handlungskompetenz zu vergrößern.

Als außerbetriebliche Faktoren sind die Arbeitsmarktdaten und die aufgrund der Bevölkerungsentwicklung knapper werdenden Ressourcen an Arbeitskräften zu berücksichtigen. Eine gute Personalpolitik hat für das jeweilige Unternehmen immer auch einen Werbeeffekt und vergrößert seine Chancen am Arbeitsmarkt.

Ebenso haben Entwicklungsmöglichkeiten von Mitarbeitern innerhalb der Unternehmung einen entsprechenden Werbeeffekt. Die Demonstration von wirtschaftlicher Handlungskompetenz am Absatzmarkt ist ein weiteres wirtschaftliches Ziel der Personalarbeit und sorgt ebenfalls für eine werbewirksame Darstellung des Unternehmens.

Sowohl innerbetrieblich als auch im Hinblick auf die Werbewirkung müssen Probleme bei der Entlohnung und Beurteilung von Mitarbeitern gelöst werden. Hinzu treten die Maßnahmen des betrieblichen Sozialwesens wie Altersversorgung, Kindergärten, Kantinen oder Werkswohnungen, die die Attraktivität bestimmter Arbeitsplätze erhöhen.

Deshalb darf Personalwirtschaft heutzutage keine Nebenfunktion mehr sein. Berufliche und gesellschaftliche Veränderungen sowie die Überlegungen zur Humanisierung der Arbeitswelt führen zu einer verstärkten Einbeziehung der Personalplanung, Personalbetreuung und Personalentwicklung in den unternehmerischen Planungsprozess.

Kernwissen

- Der Personalwirtschaft kommt aufgrund veränderter Bedingungen (Arbeitsmarkt, Handlungskompetenz der Mitarbeiter, Veränderung der Ansprüche an die Arbeit usw.) heute eine größere Bedeutung zu.
- Aufgabe der Personalwirtschaft ist die optimale Nutzung der Leistungsfähigkeit und Leistungsbereitschaft der Mitarbeiter.
- Ziel der Personalwirtschaft muss es sein, alle im Zusammenhang mit der Bereitstellung, dem Einsatz, der Personalentwicklung und dem Ausscheiden von Mitarbeitern stehenden Arbeiten wirkungsvoll zu erledigen.

Zur Vertiefung

1 Erläutern Sie, warum sich die Aufgaben der Personalwirtschaft in den letzten Jahrzehnten verändert haben!

2 Nennen Sie jeweils zwei innerbetriebliche und zwei externe Ziele der Personalwirtschft!

3 Warum können personalwirtschaftliche Maßnahmen Werbecharakter haben?

5.1.2 Rechtliche Rahmenbedingungen der Personalarbeit

Die betriebliche Situation wird durch zahlreiche arbeitsrechtliche Bestimmungen beeinflusst. Die wichtigsten Vorschriften neben den allgemeinen Regelungen aus dem BGB zum Dienstvertrag § 611 ff. BGB und den Bestimmungen des HGB für kaufmännische Angestellte § 59 ff. HGB sowie der Gewerbeordnung für gewerbliche Arbeitnehmer sind das Arbeitszeitgesetz, das Kündigungsschutzgesetz, das Bundesurlaubsgesetz, das Tarifvertragsgesetz und das Betriebsverfassungsgesetz (siehe dazu Abschnitt 4.2.6). Sie dienen dem allgemeinen Schutz der Arbeitnehmer.

Daneben gibt es noch zahlreiche Gesetze zum Vorteil besonders schutzbedürftiger Gruppen (Schwerbehinderte, Jugendliche, werdende Mütter usw.).

5.1.2.1 Das Arbeitsvertragsrecht

Situation

In der Handels-Union ist die Stelle eines Sachbearbeiters im Einkauf neu zu besetzen. Der Bürokaufmann Michael Klein hat sich auf diese Stelle beworben. Nach Durchführung eines Bewerbungsgespräches wird ihm der Abschluss eines Arbeitsvertrages angeboten. Nach einer Bedenkzeit von zwei Tagen unterschreibt er den angebotenen Arbeitsvertrag.

Ein Arbeitsverhältnis ist ein Dienstverhältnis zwischen einem Arbeitgeber und einem Arbeitnehmer, das durch den Arbeitsvertrag geregelt ist.

Die rechtliche Grundlage eines Arbeitsverhältnisses ist ein Arbeitsvertrag zwischen Arbeitgeber und Arbeitnehmer. Da in der Bundesrepublik Vertragsfreiheit besteht, unterliegt dieser Vertrag grundsätzlich keinen Formvorschriften. Generell sollten Arbeitsverträge zur besseren Beweisbarkeit in Streitfällen allerdings schriftlich abgefasst werden. In manchen Tarifverträgen oder Gesetzen ist die Schriftform sogar vorgeschrieben, z. B. bei Berufsausbildungsverträgen.

Bei den Arbeitsverträgen wird unterschieden in

- Einzelarbeitsverträge zwischen dem jeweiligen Arbeitnehmer und Arbeitgeber,
- Betriebsvereinbarungen, die zwischen dem Betriebsrat als Vertreter der Arbeitnehmer und dem Arbeitgeber abgeschlossen werden und für alle Mitarbeiter im Unternehmen gelten. Sie werden auf der Rechtsgrundlage des Betriebsverfassungsgesetzes abgeschlossen (vgl. Abschnitt 4.2.6);
- Tarifverträge, die zwischen den Sozialpartnern, d. h. Arbeitnehmer- und Arbeitgebervertretern, abgeschlossen werden, um Mindestvereinbarungen für bestimmte Berufszweige festzuschreiben (vgl. Abschnitt 5.1.2.3).

Ein Arbeitsvertrag kann zwischen Arbeitnehmer und Arbeitgeber frei ausgehandelt werden. Allerdings ist dabei zu beachten, dass gültige Bestimmungen (Gesetze, Tarifverträge, Betriebsvereinbarungen) nicht unterschritten werden dürfen. Diese stellen Mindestvorschriften dar.

Inhalt des Arbeitsvertrages sollten Regelungen bezüglich

- Beginn und Dauer des Arbeitsverhältnisses,
- Dauer der Probezeit,
- Art der Tätigkeit,
- Höhe der Entlohnung,
- weiterer Zusatzleistungen (Weihnachts- oder Urlaubsgeld usw.),
- Sozialleistungen,
- Dauer des Jahresurlaubs,
- Arbeits- und Pausenzeiten,
- Wettbewerbsverboten und
- Kündigungsfristen

sein.

Mit Abschluss des Arbeitsvertrages gehen Arbeitnehmer und Arbeitgeber gewisse Verpflichtungen ein. Für den anderen Vertragspartner sind diese Pflichten dann jeweils Rechte.

Pflichten des Arbeitgebers = Rechte des Arbeitnehmers	**Pflichten des Arbeitnehmers = Rechte des Arbeitgebers**
• Vergütungspflicht • Fürsorgepflicht (z. B. Einhaltung der Unfallverhütungsvorschriften) • Urlaub • Zeugniserteilungspflicht	• Pflicht zur Arbeitsleistung • Gehorsamspflicht • Treuepflicht • Verschwiegenheit • Wettbewerbsverbot

Verletzungen der Pflichten können zur Kündigung oder zu Schadenersatzforderungen führen.

Das Arbeitsverhältnis endet

- mit Ablauf der vereinbarten Frist bei befristeten Arbeitsverträgen,
- durch Kündigung eines Vertragspartners oder
- durch Auflösung im gegenseitigen Einverständnis.

5.1.2.2 Das Arbeitsschutzrecht

Situation

Harald Sommer ist Betriebsrat der Gustav Freytag OHG. In dieser Funktion hat er häufig Konflikte mit dem Seniorchef. In den letzten vier Wochen traten u. a. die folgenden Probleme auf:

- Dem Mitarbeiter Reich ist wegen mangelnder Leistung gekündigt worden. Er bittet Herrn Sommer, sich noch einmal für ihn beim Geschäftsführer einzusetzen, da er schwerbehindert ist und nur sehr schwer eine neue Stellung finden kann.
- Der Auszubildende Michael Klein, 17 Jahre alt, hat Herrn Sommer um Hilfe gebeten, da er abends manchmal Überstunden machen muss. Seiner Meinung nach ist dies nicht zulässig.
- Frau Ewers ist schwanger und beschwert sich darüber, dass sie immer die schweren Akten tragen muss. Sie bittet Herrn Sommer, dafür zu sorgen, dass ihr die Akten während der Schwangerschaft an ihren Schreibtisch gebracht werden.

Herr Sommer überlegt in jedem Falle, ob eine arbeitsrechtliche Vorschrift verletzt worden ist und was er jeweils tun kann.

Das Kündigungsschutzgesetz (KSchG)

Eine Kündigung ist eine **einseitige, empfangsbedürftige Willenserklärung**. Sie muss dem anderen Vertragspartner zugegangen sein, um wirksam werden zu können. Grundsätzlich kann eine Kündigung zwar mündlich ausgesprochen werden, allerdings schreiben Tarifverträge oder Betriebsvereinbarungen meistens die Schriftform vor.

Die Kündigung kann **fristlos (= außerordentlich)** oder **fristgemäß (= ordentlich)** ausgesprochen werden.

Zur **fristlosen Entlassung** muss ein **wichtiger Grund** vorliegen, sodass es dem Arbeitgeber bzw. dem Arbeitnehmer nicht zugemutet werden kann, das Arbeitsverhältnis weiter fortzusetzen (§ 626 BGB). Dabei kommen z. B. die folgenden Möglichkeiten in Betracht: eine unerlaubte Handlung, ein Vertragsbruch, Diebstahl, Preisgabe von Geschäftsgeheimnissen, Geschäftsschädigung, unterlassene oder unpünktliche Lohnzahlung.

Die fristlose Kündigung muss innerhalb von zwei Wochen nach Kenntnis des Kündigungsgrundes ausgesprochen werden, um wirksam zu werden. Nach Ablauf dieser Frist kann dieser Grund nicht mehr zum Gegenstand einer fristlosen Kündigung werden.

Bei der fristgemäßen Kündigung sind die gesetzlichen Kündigungsfristen einzuhalten. Die Grundkündigungsfrist beträgt vier Wochen zum 15. des Monats oder zum Monatsende. Wenn eine Probezeit zwischen Arbeitnehmer und Arbeitgeber vereinbart ist, kann die Kündigungsfrist für diesen Zeitraum (höchstens sechs Monate) auf zwei Wochen verkürzt werden.

Bei längerer Betriebszugehörigkeit verändern sich auch die gesetzlichen Kündigungsfristen. Die verlängerten Kündigungsfristen betragen im Einzelnen nach

- mindestens 2 Jahren Betriebszugehörigkeit 1 Monat zum Monatsende,
- mindestens 5 Jahren Betriebszugehörigkeit 2 Monate zum Monatsende,
- mindestens 8 Jahren Betriebszugehörigkeit 3 Monate zum Monatsende,
- mindestens 10 Jahren Betriebszugehörigkeit 4 Monate zum Monatsende,
- mindestens 12 Jahren Betriebszugehörigkeit 5 Monate zum Monatsende,
- mindestens 15 Jahren Betriebszugehörigkeit 6 Monate zum Monatsende,
- mindestens 20 Jahren Betriebszugehörigkeit 7 Monate zum Monatsende.

Es gelten allerdings nur Betriebszugehörigkeitszeiten ab dem 25. Lebensjahr.

Unabhängig von diesen Regelungen können eigenständige tarifvertragliche Kündigungsregelungen getroffen werden. Sowohl die Grundkündigungsfristen als auch die verlängerten Fristen können durch Tarifverträge abgekürzt werden.

Auch eine Verlängerung der Kündigungsfristen ist einzelvertraglich möglich. Allerdings darf die einzuhaltende Kündigungsfrist des Arbeitnehmers nicht einseitig länger sein als die Frist für den Arbeitgeber. Ein Unterschreiten der Kündigungsfrist durch einzelvertragliche Vereinbarung ist nur dann möglich, wenn

- ein Arbeitnehmer nur zur Aushilfe und nicht länger als drei Monate eingestellt ist oder
- der Arbeitgeber in der Regel nicht mehr als 20 Arbeitnehmer beschäftigt und die Grundkündigungsfrist vier Wochen nicht unterschreitet. Einzelvertraglich kann in solchen Betrieben auch vereinbart werden, dass die Kündigung unter Einhaltung der vierwöchigen Grundkündigungsfrist ohne Berücksichtigung eines festen Termins (also z. B. zum Monatsende) ausgesprochen werden kann.

Sozial ungerechtfertigte Kündigungen

Der Arbeitnehmer ist gegen unrechtmäßige Kündigungen durch den Arbeitgeber durch das Kündigungsschutzgesetz abgesichert. Danach ist eine Kündigung eines Arbeitnehmers, der länger als sechs Monate ununterbrochen in einer Unternehmung mit mehr als zehn Beschäftigten (ohne Auszubildende) tätig ist, dann unwirksam, wenn sie **sozial ungerechtfertigt** ist.

Dies ist dann der Fall, wenn die Kündigung nicht

- in der Person des Arbeitnehmers begründet ist (z. B. fehlende Eignung, ansteckende Krankheiten usw.),
- im Verhalten des Arbeitnehmers begründet ist (z. B. Pflichtverletzungen, mangelnde Leistung oder Unpünktlichkeit),
- auf dringenden betrieblichen Erfordernissen beruht (z. B. Auftragsmangel, Stilllegung von Betriebsteilen).

Hält der Arbeitnehmer eine Kündigung für nicht gerechtfertigt, so kann er binnen einer Woche nach der Kündigung Widerspruch beim Betriebsrat einlegen.

Nach § 102 Betriebsverfassungsgesetz ist der Betriebsrat vor jeder Kündigung unter Angabe der Kündigungsgründe zu hören. Erfolgt diese Anhörung nicht, so ist die Kündigung unwirksam. Der Betriebsrat hat die Möglichkeit, einer fristgemäßen Kündigung innerhalb einer Woche, einer fristlosen spätestens innerhalb von drei Tagen schriftlich zu widersprechen.

Der Arbeitnehmer kann innerhalb von drei Wochen nach Zustellung der Kündigung beim Arbeitsgericht des Geschäftssitzes des Arbeitgebers klagen. Erhebt der Arbeitnehmer keine Klage, ist die Kündigung wirksam. Stellt das Arbeitsgericht fest, dass die Kündigung sozial ungerechtfertigt war, ist die Kündigung unwirksam, der Arbeitnehmer muss weiterbeschäftigt werden.

Ist dem Arbeitnehmer oder dem Arbeitgeber aufgrund des gesamten Vorgangs eine Weiterbeschäftigung nicht zuzumuten, wird das Arbeitsverhältnis aufgelöst und der Arbeitgeber zahlt ihm eine gerichtlich festgesetzte Abfindung.

Ein besonderer gesetzlicher Kündigungsschutz besteht für Betriebsratsmitglieder, Schwerbehinderte, Frauen während und nach der Schwangerschaft, Wehr- oder Ersatzdienstpflichtige und Auszubildende nach der Probezeit.

Das Jugendarbeitsschutzgesetz (JArbSchG)

Da die körperliche und geistig-seelische Entwicklung bei Jugendlichen noch nicht abgeschlossen ist, gewährt das Jugendarbeitsschutzgesetz diesem Personenkreis einen besonderen Schutz.

Der Geltungsbereich des Jugendarbeitsschutzgesetzes ist in § 1 festgelegt:

> Dieses Gesetz gilt für die Beschäftigung von Personen, die noch nicht 18 Jahre alt sind,
>
> 1.in der Berufsausbildung,
>
> 2.als Arbeitnehmer oder Heimarbeiter,
>
> 3.mit sonstigen Dienstleistungen, die der Arbeitsleistung von Arbeitnehmern oder Heimarbeitern ähnlich sind,
>
> 4.in einem der Berufsausbildung ähnlichen Ausbildungsverhältnis.

Das Gesetz unterscheidet zwischen Kindern und Jugendlichen. Kinder sind Personen, die noch nicht 14 Jahre alt sind. Ihre Beschäftigung ist, von wenigen gesetzlichen Ausnahmen abgesehen, verboten. Jugendliche sind demzufolge alle anderen Personen, die noch nicht 18 Jahre alt sind. Das Mindestalter für eine Beschäftigung Jugendlicher beträgt 15 Jahre (§ 7 JArbSchG).

Die wesentlichen Schutzbestimmungen des Jugendarbeitsschutzgesetzes sind:

- **Arbeitszeit**

  - höchstens 8 Stunden täglich,
  - wöchentlich 40 Stunden,
  - die Fünftagewoche ist verbindlich.

- **Ruhepausen**

  - bei 4,5 bis 6 Stunden mindestens 30 Minuten,
  - bei mehr als 6 Stunden mindestens 60 Minuten.

- **Freizeit und Arbeitszeiten**

  - täglich mindestens 12 Stunden Freizeit,
  - keine Beschäftigung zwischen 20:00 und 06:00 Uhr (Ausnahmen: Hotel- und Gaststättengewerbe, Bäckereien, Landwirtschaft usw.), keine Beschäftigung am Samstag (Ausnahme: in Betrieben mit Samstagsarbeit wie z. B. Krankenhäuser), Ausgleich an einem anderen Wochentag erforderlich,
  - Beschäftigungsverbote an Sonn- und Feiertagen (einige wenige Ausnahmen).

- **Berufsschulbesuch**

  - wird auf die Ausbildungs- und Arbeitszeit angerechnet und vergütet,
  - Jugendlicher muss für den Berufsschulunterricht freigestellt werden,
  - Beschäftigungsverbote vor einem vor 09:00 Uhr beginnenden Unterricht und an **einem** Berufsschultag in der Woche mit mehr als fünf Unterrichtsstunden.

- **bezahlter Urlaub**

  Jugendliche, deren Alter zu Beginn des Kalenderjahres
  - unter 16 Jahre beträgt: 30 Werktage,
  - unter 17 Jahre beträgt: 27 Werktage,
  - unter 18 Jahre beträgt: 25 Werktage.

- **Beschäftigungsverbot**

  - bei Überforderung der Leistungsfähigkeit (z. B. Akkord- und Fließbandarbeit),
  - bei sittlicher Gefährdung,
  - bei gefährlichen Arbeiten (Ausnahme: zu Ausbildungszwecken).

- **ärztliche Untersuchung**

  - Erstuntersuchung vor Aufnahme der Tätigkeit,
  - Nachuntersuchung vor Ablauf des ersten Jahres.

Das Mutterschutzgesetz (MuSchG)

Das Mutterschutzgesetz erfasst alle Frauen, die in einem Arbeitsverhältnis stehen. Es gewährt diesen Frauen einen besonderen Schutz für die Zeit der Schwangerschaft und für einen bestimmten Zeitraum nach der Entbindung.

Die wesentlichen Bestimmungen des Mutterschutzgesetzes sind:

- **Kündigungsschutz.** Während der Schwangerschaft und bis zu vier Monaten nach der Entbindung kann einer Frau/Angestellten nicht gekündigt werden.
- **Beschäftigungsverbot.** Wenn Leben oder Gesundheit von Mutter und Kind bei Fortdauer der Arbeit gefährdet sind, besteht ein generelles Beschäftigungsverbot. Ansonsten besteht ein Beschäftigungsverbot in den letzten sechs Wochen vor der Niederkunft und für acht Wochen nach der Geburt (sog. Schutzfristen). Ferner dürfen werdende Mütter nicht zu schwerer körperlicher Arbeit, zu Mehrarbeit und zu Nacht- und Sonntagsarbeit herangezogen werden.
- **Mutterschaftshilfe.** Werdende Mütter haben Anspruch auf ärztliche Betreuung während der Schwangerschaft, auf Hebammenhilfe und auf Mutterschaftsgeld. Das Mutterschaftsgeld wird während der Schutzfristen in Höhe des bisherigen Nettoeinkommens gezahlt.

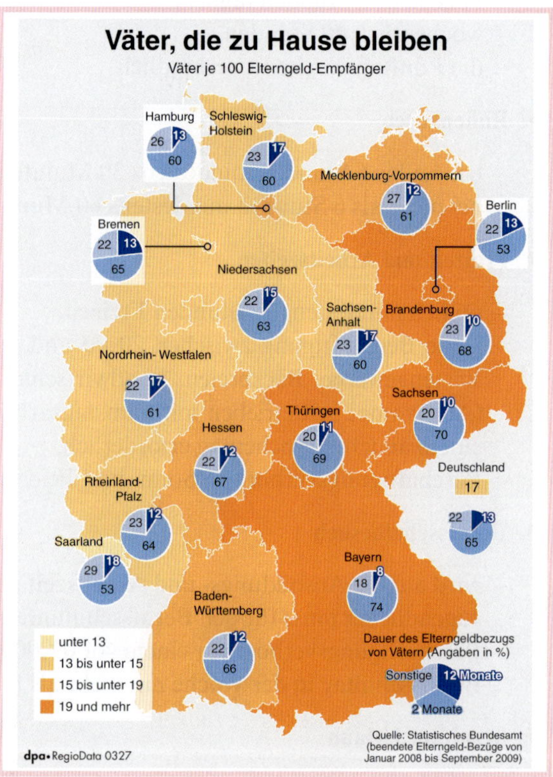

Darüber hinaus besteht nach dem Bundeserziehungsgeldgesetz (BErzGG) für beide Elternteile für einen Zeitraum von 36 Monaten nach der Entbindung ein Anspruch auf Elternzeit. Ein Elterngeld wird für die Dauer von 12 Monaten gezahlt. Wenn beide Partner für zwei Monate mit ihrer Berufstätigkeit aussetzen, verlängert sich die Bezugsdauer auf 14 Monate. Die Höhe richtet sich nach den Einnahmen der Eltern und soll als Lohnersatz dienen. Für den Zeitraum der Elternzeit besteht Kündigungsschutz.

Das Schwerbehindertengesetz (Sozialgesetzbuch, 9. Buch)

Als Schwerbehinderte gelten Personen, die körperlich, geistig oder seelisch behindert sind und in ihrer Erwerbsfähigkeit um mindestens 50% eingeschränkt sind.

Um Schwerbehinderte wieder in den Arbeitsprozess einzugliedern, ist jedes Unternehmen, das über mindestens 20 Arbeitsplätze (ohne Auszubildende) verfügt, verpflichtet, 5% der Arbeitsplätze mit Schwerbehinderten zu besetzen. Dazu hat der Arbeitgeber einen entsprechenden Nachweis zu führen.

Für jeden nicht besetzten Platz muss der Arbeitgeber eine monatliche gestaffelte **Ausgleichsabgabe** in Höhe zwischen 105,00 EUR und 260,00 EUR pro Arbeitsplatz an die Fürsorgestelle entrichten. Damit entfällt jedoch nicht die Pflicht zur Einstellung. Kann ein Unternehmen keine Schwerbehinderten finden, so kann die Ausgleichsabgabe auf Antrag ermäßigt oder erlassen werden.

Ferner haben Schwerbehinderte Anspruch auf einen zusätzlichen bezahlten Urlaub von sechs Arbeitstagen im Jahr.

In Betrieben, in denen mindestens fünf Schwerbehinderte dauerhaft beschäftigt werden, sind ein Vertrauensmann und ein Stellvertreter zu wählen.

Gesundheits- und Unfallschutz

Arbeitsschutzmaßnahmen haben die Aufgabe, einen umfassenden Unfall- und Gesundheitsschutz zu regeln. Daher gibt es zahlreiche gesetzliche Regelungen, die diese Aufgabe realisieren sollen (vgl. auch Kapitel 1).

Die wesentliche Grundlage für den technischen Arbeitsschutz, also die Vermeidung von Unfällen, ist die Gewerbeordnung. Darüber hinaus sind Sicherheitsmaßnahmen geregelt in der Arbeitsstättenverordnung (Ziel: menschengerechte Gestaltung von Arbeitsplätzen), in Maschinenschutzgesetzen (Ziel: Vermeidung von Unfällen durch Sicherstellung der einwandfreien Funktionstüchtigkeit technischer Geräte) und durch das Arbeitssicherheitsgesetz (Ziel: Vermeidung von Unfällen und Gesundheitsschäden durch Sicherheitsbeauftragte und Betriebsärzte).

Daneben sollen soziale Maßnahmen Gesundheitsschäden verhindern. Hier ist zum einen die Arbeitszeitordnung zu nennen, die die Höchstarbeitszeiten pro Woche regelt. Zum anderen steht nach dem Bundesurlaubsgesetz jedem Mitarbeiter ein Mindesturlaub von 24 Werktagen zu. In der Regel liegt der Urlaubsanspruch sogar höher, da Tarifverträge entsprechende Regelungen enthalten.

Die Einhaltung dieser gesetzlichen Regelungen wird durch die Gewerbeaufsichtsämter sichergestellt. Daneben überprüfen auch die Berufsgenossenschaften die Einhaltung der Arbeitsschutzbestimmungen.

5.1.2.3 Das Tarifvertragsgesetz (TVG)

Das Grundgesetz garantiert Arbeitgebern und Arbeitnehmern in Artikel 9 das Recht, sich in Organisationen zusammenzuschließen. Dieses Recht heißt **Koalitionsfreiheit.**

Die Arbeitgeber haben sich nach den verschiedenen Wirtschaftsbereichen zu Fachverbänden zusammengeschlossen, deren Dachverband die Bundesvereinigung der Deutschen Arbeitgeberverbände (BDA) ist.

Die Arbeitnehmer sind ihrerseits wiederum in Gewerkschaften organisiert. Im Deutschen Gewerkschaftsbund sind acht Einzelgewerkschaften mit etwa 6,3 Millionen Mitgliedern zusammengeschlossen.

Das Tarifvertragsrecht gesteht den Gewerkschaften und den Arbeitgeberverbänden das Recht zu, **Tarifverträge** abzuschließen. Tarifverträge sind kollektive, d. h. für alle angeschlossenen Mitglieder verbindliche Arbeitsverträge (= zwingendes Recht). Sie stellen Gesamtvereinbarungen zwischen den Tarifpartnern dar, in denen die Arbeitsbedingungen (z. B. Arbeitszeiten, Entlohnung usw.) meist für den ganzen Wirtschaftszweig, z. B. Metallindustrie oder Öffentlicher Dienst, festgelegt werden.

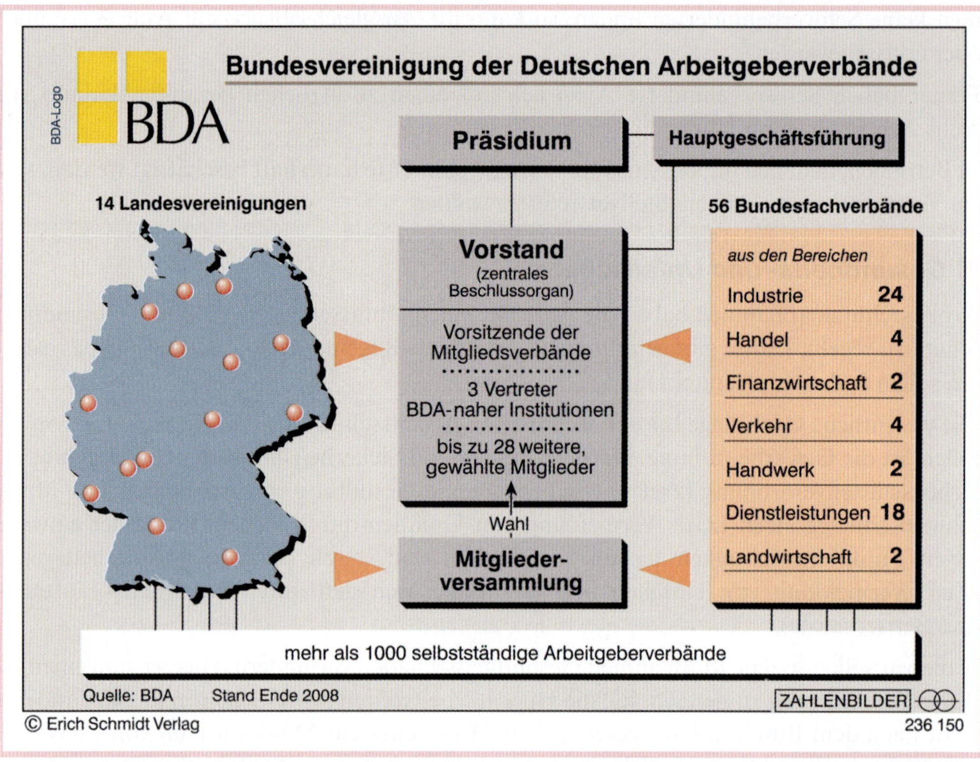

 236 150

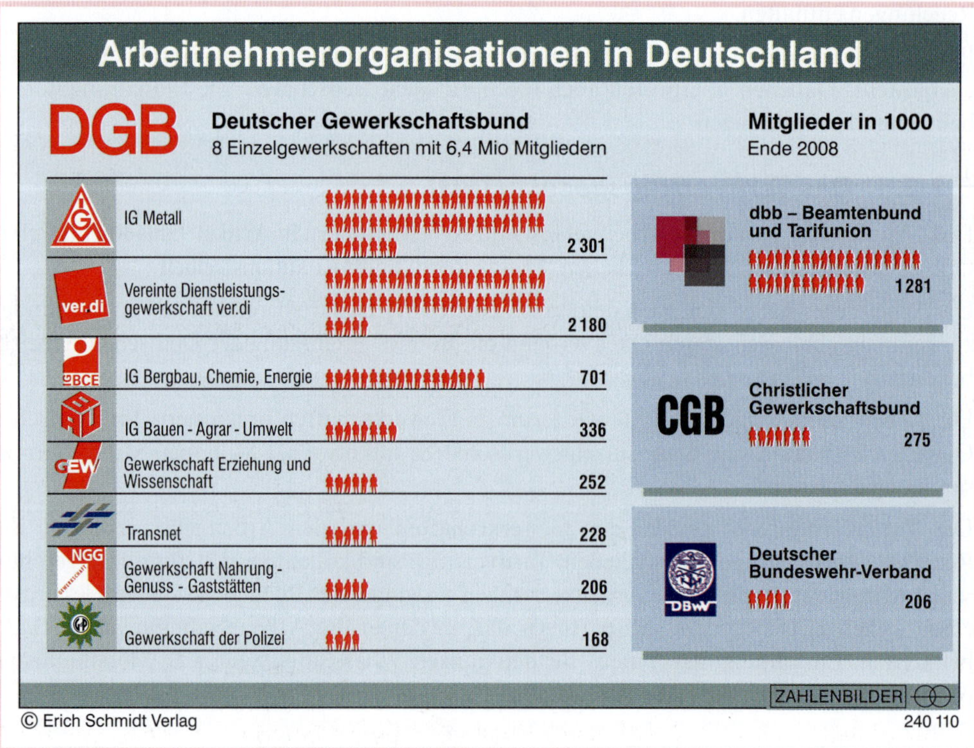

 240 110

Daneben gibt es für Arbeitgeber und Arbeitnehmer auch die Möglichkeit, eigene (= individuelle) Absprachen zu treffen. Daher spricht man hier auch von **Individualverträgen**. Des Weiteren können auch innerhalb eines Unternehmens entsprechende Absprachen (= **Betriebsvereinbarungen**) getroffen werden. Allerdings dürfen die Arbeitnehmer in Individualverträgen oder Betriebsvereinbarungen nicht schlechter gestellt werden, als dies die Regelungen aus Tarifverträgen vorsehen.

Zwischen den Tarifvertragsparteien herrscht **Tarifautonomie**, d. h. das Recht, Tarifverträge frei von staatlichen Eingriffen abzuschließen. Der Staat darf also unter keinen Umständen in die Tarifverhandlungen eingreifen.

Man unterscheidet die folgenden Arten von Tarifverträgen:

■ *Lohn- oder Gehaltstarifvertrag*

Der **Lohn- oder Gehaltstarifvertrag** beinhaltet die verschiedenen Lohn- und Gehaltstabellen für die unterschiedlichen Lohn- oder Gehaltsgruppen, in welche die Arbeitnehmer nach ihrer Vorbildung oder dem Schwierigkeitsgrad der Arbeit eingeteilt sind (vgl. dazu auch Abschnitt 5.3.1.1 Verfahren der Arbeitsbewertung). Dabei wird meistens ein Eck- oder Grundlohn (d. h. der Normallohn eines Beschäftigten in einer bestimmten Klasse) vereinbart, von dem aus durch prozentuale Zu- oder Abschläge die Tariflöhne der übrigen Lohn- und Gehaltsklassen errechnet werden können.

Diese Tarifverträge haben in der Regel relativ kurze Laufzeiten, z. B. ein Jahr.

■ *Mantel- oder Rahmentarifvertag*

Sie beinhalten allgemeine Arbeitsbedingungen wie Lohn- und Gehaltsgruppeneinteilungen, Urlaub, Mehrarbeit, Arbeitszeiten, Einstellungen und Entlassungen, Zahlungen eines 13. Monatsgehalts usw.

Die Laufzeit dieser Tarifverträge ist langfristiger als die der Lohn- und Gehaltstarifverträge, da diese Faktoren nicht so häufig geändert werden wie die Löhne und Gehälter. Ihre Laufzeit beträgt daher meistens mehrere Jahre.

Die Trennung zwischen diesen beiden Tarifvertragsarten hat den Vorteil, dass nicht über alle Punkte gleichzeitig neu verhandelt werden muss.

Während der Laufzeit eines Tarifvertrages herrscht **Friedenspflicht**, d. h., Arbeitgeber und Arbeitnehmer dürfen keine Kampfmaßnahmen wie Aussperrung oder Streik ergreifen. Lediglich Warnstreiks sind erlaubt.

Die Tarifverträge enden mit Ablauf der in ihnen festgesetzten Zeitdauer, bei Abschluss auf unbestimmte Zeit durch Kündigung oder durch Abschluss eines neuen Tarifvertrages. Die Bestimmungen des alten Tarifvertrages bleiben so lange in Kraft, bis ein neuer Tarifvertrag abgeschlossen worden ist.

■ *Streik und Aussperrung*

Aufgabe der Tarifparteien ist also die Regelung der arbeitsrechtlichen Beziehungen zwischen Arbeitgebern und Arbeitnehmern. Kommt keine Einigung zwischen den Tarifvertragsparteien zustande, bieten sich Streik und Aussperrung als Instrumente zur Durchsetzung der eigenen Position an.

Ein Streik ist eine gemeinsame und planmäßige Arbeitsniederlegung durch eine größere Anzahl von Arbeitnehmern zur Erreichung eines bestimmten Zieles. Während des Streiks entfällt die Entlohnungspflicht des Arbeitgebers. Gewerkschaftsmitglieder haben dann Ansprüche auf Unterstützung durch ihre Gewerkschaft.

Das Gegeninstrument der Arbeitgeber ist die Aussperrung. Dabei verweigern einzelne oder mehrere Arbeitgeber die Beschäftigung und Entgeltzahlung gegenüber den Mitarbeitern, um ihrerseits die angestrebten Ziele zu erreichen.

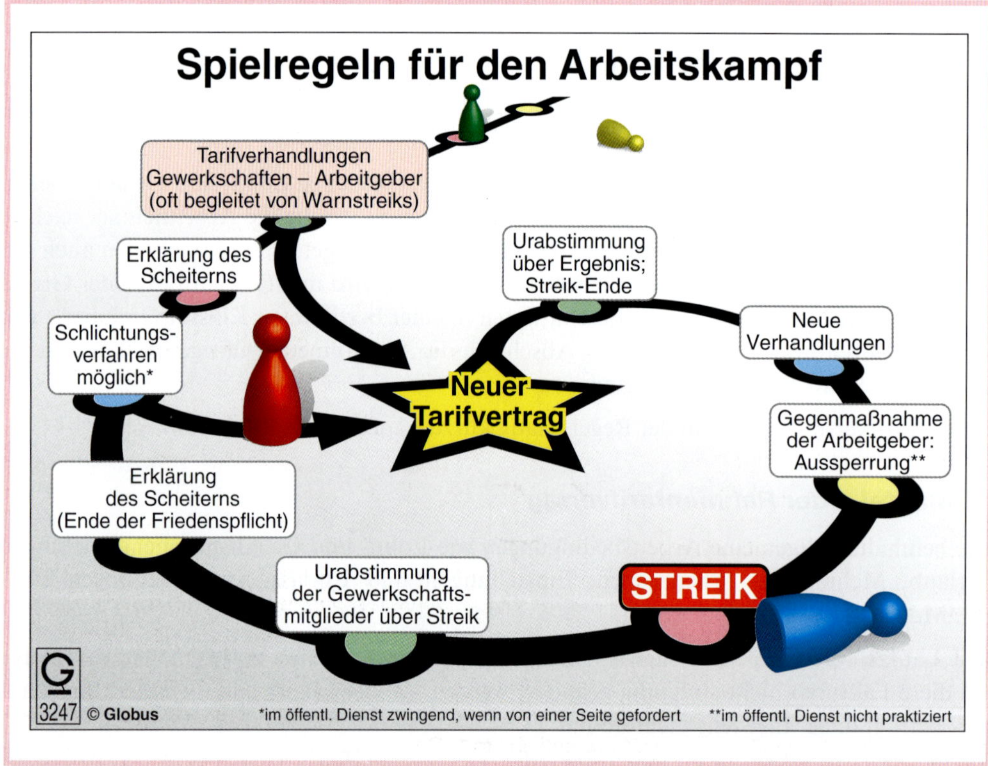

Das Prinzip der Verhältnismäßigkeit muss sowohl bei Streik- als auch bei Aussperrungsmaßnahmen gewahrt bleiben. Sie sollen Ausnahmesituationen darstellen. Daher muss zur Ausrufung eines Streiks auch eine Urabstimmung durchgeführt werden, bei der mindestens 75% der organisierten Mitglieder sich für den Streik aussprechen müssen. Kommt es im Laufe der Verhandlungen zu einem Kompromiss, so gilt dieser als angenommen, wenn sich mindestens 25% der organisierten Mitglieder für die Annahme der Vereinbarung aussprechen.

Kernwissen

- Die wesentlichen arbeitsrechtlichen Vorschriften sind:
  - das Arbeitsvertragsgesetz,
  - das Tarifvertragsgesetz,
  - das Kündigungsschutzgesetz,
  - das Jugendarbeitsschutzgesetz,
  - das Mutterschutzgesetz,
  - das Schwerbehindertengesetz,
  - das Betriebsverfassungsgesetz,
  - Vorschriften zum Gesundheits- und Unfallschutz.

Zur Vertiefung

1 Nennen Sie die wesentlichen Rechtsgrundlagen für Arbeitsverhältnisse!

2 Erläutern Sie, welche Pflichten Arbeitgeber und Arbeitnehmer mit Abschluss eines Arbeitsvertrages übernehmen.

3 Unterscheiden Sie Einzelarbeitsvertrag, Betriebsvereinbarung und Tarifvertrag! Welche dieser Regelungen legt Mindestanforderungen fest, die nicht unterschritten werden dürfen?

4 Unterscheiden Sie ordentliche und außerordentliche Kündigung!

5 Es gibt eine Reihe von Kündigungsverboten. Nennen Sie mindestens drei!

6 Wann spricht man von einer sozial nicht gerechtfertigten Kündigung?

7 In der Hansa-Bau GmbH sind am 12. Dezember u. a. folgende Personen beschäftigt:

1. Hans Abel, 56 Jahre, seit 20 Jahren in der Unternehmung,
2. Lothar Bierbaum, 60 Jahre, seit zwölf Jahren in der Unternehmung,
3. Dieter Schreiner, 36 Jahre, seit zehn Jahren in der Unternehmung,
4. Claudia Zimmer, 27 Jahre, seit fünf Jahren in der Unternehmung.

a) Bestimmen Sie den frühesten Termin, zu dem diesen Arbeitnehmern gekündigt werden kann.
b) Welche Kündigungsfrist gilt generell für Arbeitnehmer, die seit vier Jahren in der Firma beschäftigt sind?

8 Irene hat von 08:00 bis 14:00 Uhr Berufsschule. Kann der Arbeitgeber verlangen, dass sie anschließend noch im Ausbildungsbetrieb zur Arbeit erscheint?

9 Welche Vorschriften bestehen für die ärztliche Untersuchung von Auszubildenden?

10 Wie lange dürfen Jugendliche nach dem Jugendarbeitsschutzgesetz arbeiten?

11 Warum haben Jugendliche einen längeren Urlaub als Erwachsene?

12 Jutta Holstein ist bei der Lehmann OHG als Angestellte im Verkauf beschäftigt. Sie wird schwanger. Die Entbindung wird voraussichtlich am 1. September stattfinden.
a) Welche Anforderungen an die Gestaltung des Arbeitsplatzes bestehen nach dem Mutterschutzgesetz?
b) In welcher Zeit darf sie nicht beschäftigt werden, falls die Schwangerschaft und die Entbindung normal verlaufen?
c) An welchem Tag beginnt und endet die Mutterschutzfrist, wenn das Kind am 4. September geboren wird?

13 Helma Sanders ist seit zehn Wochen bei der Hielscher AG angestellt. Jetzt legt sie dem Arbeitgeber eine Bescheinigung ihres Arztes vor, dass sie im dritten Monat schwanger ist. Der Arbeitgeber kündigt ihr daraufhin wegen arglistiger Täuschung. Nehmen Sie zu diesem Vorfall Stellung!

14 Was müssen Arbeitgeber beachten, wenn sie über mindestens 20 Arbeitsplätze verfügen?

15 Welche Rechte ergeben sich für Schwerbehinderte aus dem Schwerbehindertengesetz?

16 Erläutern Sie Unterschiede zwischen Lohn- und Gehaltstarifverträgen und Manteltarifverträgen!

17 Was versteht man unter Tarifautonomie?

5.1.2.4 Die Sozialversicherung

Situation

Walter Huber hat eine schwere Bandscheibenoperation hinter sich und kann seit zwei Monaten nicht mehr arbeiten. Die Kosten für den Krankenhausaufenthalt und seine Behandlung hat seine Krankenkasse übernommen. Für die Zeit bis zu seiner Genesung gewährt sie ihm seit zwei Wochen auch Krankengeld, nachdem bis dahin sein Arbeitgeber das Gehalt weitergezahlt hatte. Herr Huber hofft, in einem Monat so weit genesen zu sein, dass er wieder arbeiten kann.

Die Sozialversicherung ist ein Bestandteil der sozialen Absicherung in der Bundesrepublik Deutschland.

Durch sie soll der Arbeitnehmer vor den Folgen von Krankheiten, Unfällen, Arbeitslosigkeit und Alter geschützt werden. Es gilt daher auch für alle Arbeitnehmer zunächst grundsätzlich die Versicherungspflicht, von der es allerdings einige Ausnahmen gibt.

Als Geburtsstunde der Sozialversicherung gilt allgemein der 17. November 1881, an dem Otto von Bismarck im Reichstag eine Thronrede Kaiser Wilhelms I. verlas, in der die Einführung der Sozialversicherung bekannt gegeben wurde.

In Folge dieser Rede wurden vom Reichstag einige Gesetze zur Regelung der Sozialversicherung verabschiedet. Diese Regelungen sind heute als **Reichsversicherungsordnung** (RVO) bekannt.

1883 entstand als Erstes die **Krankenversicherung**, 1884 folgte die **Unfallversicherung** und 1889 die **Rentenversicherung der Arbeiter. Danach wurde die Sozialversicherung stufenweise erweitert. 1911 wurde die Rentenversicherung der Angestellten**, 1927 die **Arbeitslosenversicherung** und 1995 die **Pflegeversicherung** geschaffen.

Die Sozialversicherung beruht auf dem Prinzip der **Solidargemeinschaft**, d. h., dass jeder Arbeitnehmer, unabhängig von Alter, Gesundheit oder Arbeitsplatz, verpflichtet ist, den gleichen Beitragssatz zu zahlen. Alle erhalten auch gleiche Leistungen. Ferner hat der Staat sich verpflichtet, sich an den Leistungen der Arbeitnehmer zu beteiligen.

Die Aufgaben der Sozialversicherung hat der Staat an bestimmte Körperschaften des öffentlichen Rechts, die sogenannten **Versicherungsträger**, übertragen. Diese arbeiten nach dem Prinzip der Selbstverwaltung, d. h., die Versicherungsträger übernehmen die Aufgaben in eigener Verantwortung. Dazu wird von einer Vertreterversammlung, die durch die Versicherten und die Arbeitgeber gewählt wird, ein Vorstand als Geschäftsführungsorgan für einen Zeitraum von sechs Jahren gewählt.

Zur Sozialversicherung zählen die gesetzliche Krankenversicherung, die gesetzliche Rentenversicherung, die Arbeitslosenversicherung, die Pflegeversicherung und die gesetzliche Unfallversicherung.

Krankenversicherung

Aufgabe der Krankenversicherung ist zum einen die finanzielle Absicherung im Krankheitsfall, zum anderen die Finanzierung der Krankheitsvorsorge.

Träger der gesetzlichen Krankenkasse sind

- die Allgemeinen Ortskrankenkassen (AOK),
- die Innungskrankenkassen,
- die Betriebskrankenkassen,
- die Ersatzkassen (BEK, DAK, TK, Hamburg-Münchener usw.),
- die Bundesknappschaft,
- die Landwirtschaftlichen Krankenkassen,
- die See-Krankenkasse.

Eine **Versicherungspflicht** besteht für alle Arbeiter, Angestellten und Auszubildenden mit einem Monatsgehalt bis zur **Versicherungspflichtgrenze.** Diese lagen z. B. für das Jahr 2010 in den alten und neuen Bundesländern bei 4162,50 EUR. Die Beitragsbemessungsgrenze, d.h. die Höchstgrenze, bis zu der Beiträge erhoben werden, beträgt für das Jahr 2010, 3750,00 EUR.

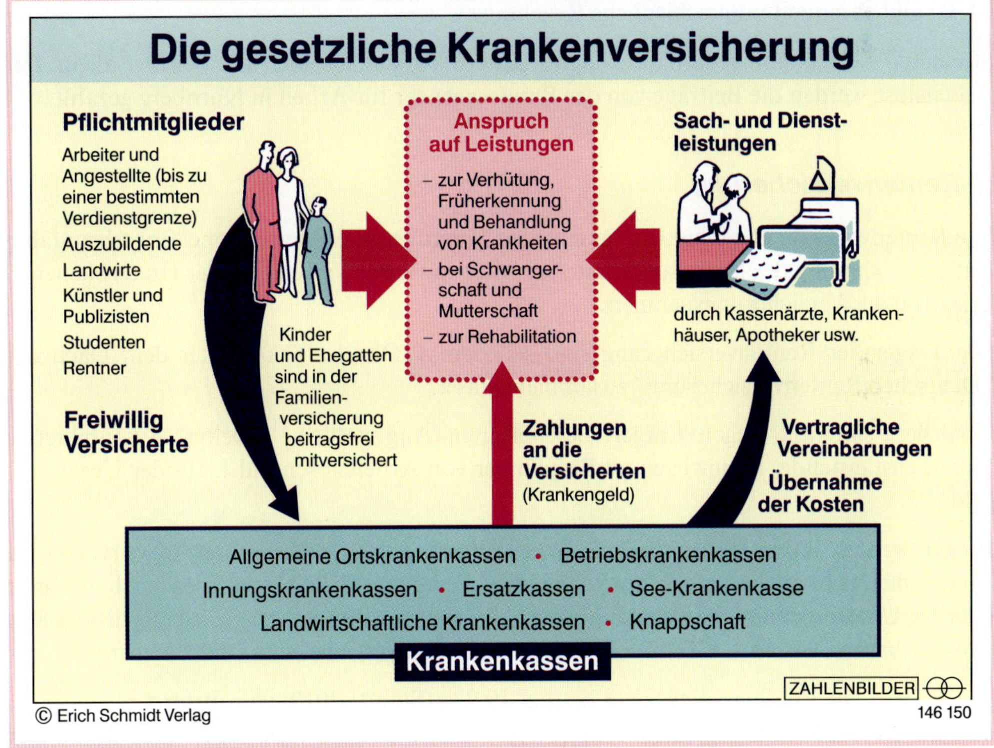

Des Weiteren sind folgende Personen pflichtversichert:

- Praktikanten,
- Empfänger von Arbeitslosengeld I und II oder Unterhaltsgeld.

Ferner werden unter bestimmten Bedingungen Rentner, Studenten und einige Selbstständige pflichtversichert. Familienmitglieder ohne eigenes Einkommen sind automatisch mitversichert. Überschreitet ein Arbeitnehmer die Beitragsbemessungsgrenze, so ist er nicht mehr versicherungspflichtig. Er hat die Möglichkeit, sich einer privaten Krankenversicherung anzuschließen. Allerdings kann er freiwilliges Mitglied der gesetzlichen Krankenversicherung bleiben.

Der Beitragssatz zur Krankenversicherung beträgt 14,9%. Davon sind 7% Arbeitgeberanteil und 7,9% Arbeitnehmeranteil. Liegt der Verdienst eines Arbeitnehmers über der Versicherungspflichtgrenze und ist er trotzdem freiwilliges Mitglied der gesetzlichen Krankenversicherung, so wird die Höhe des Krankenkassenbeitrages höchstens von der jeweiligen Beitragsbemessungsgrenze berechnet. Die Krankenkassen haben die Möglichkeit, Zusatzbeiträge bis zu 1% (also bis zu 37,50 EUR) zu erheben, wenn der normale Beitragssatz nicht zur Finanzierung ausreicht.

Beispiel: Harry Klein verdient 4 500,00 EUR im Monat und ist freiwilliges Mitglied einer Ersatzkasse. Der Beitragssatz liegt bei 14,9%. Da die Beitragsbemessungsgrenze im Jahre 2010 bei 3 750,00 EUR liegt, wird auch nur von diesem Betrag der Krankenkassenbeitrag ermittelt. Er beträgt somit 558,75 EUR (14,9% von 3 750,00 EUR). Der Arbeitgeberanteil beträgt somit 262,50 EUR, der Arbeitnehmeranteil 296,25 EUR.

Bei geringverdienenden Personen (zurzeit bis zu einem Verdienst von höchstens 400,00 EUR) gibt es zurzeit unterschiedliche Regelungen.

Studenten, Selbstständige und freiwillig versicherte Personen zahlen ihre Beiträge allein. Für Arbeitslose werden die Beiträge von der Bundesagentur für Arbeit in Nürnberg gezahlt.

Rentenversicherung

Die Rentenversicherung dient der finanziellen Vorsorge gegen Berufs- und Erwerbsunfähigkeit, zur Sicherung des Lebensunterhalts im Alter sowie zur Versorgung der Hinterbliebenen beim Tod des Versicherungsnehmers.

Die **Träger** der Rentenversicherung sind seit dem 1. Oktober 2005 unter dem Dach der „Deutschen Rentenversicherung“ zusammengefasst.

Versichert sind alle gegen Entgelt beschäftigten Angestellten, Arbeiter, Auszubildende, Wehrdienstleistende, Landwirte und Empfänger von Arbeitslosengeld I, II oder Unterhaltsgeld.

Ferner werden unter bestimmten Voraussetzungen auch Selbstständige pflichtversichert. Nicht oder nicht mehr versicherungspflichtige Personen (z.B. Hausfrauen nach Aufgabe oder bei Unterbrechung der Berufstätigkeit) können freiwillig Beiträge zur gesetzlichen Rentenversicherung leisten, um so für einen ausreichenden Versicherungsschutz zu sorgen.

Der Beitrag zur Rentenversicherung beträgt 19,9% (Stand: 2010) vom Bruttoentgelt, maximal jedoch von der Beitragsbemessungsgrenze (2010: 5 500,00 EUR in den alten Bundesländern, 4 650,00 EUR in den neuen Bundesländern). Arbeitgeber und Arbeitnehmer zahlen jeweils die Hälfte, Selbstständige und freiwillig Versicherte zahlen ihre Beiträge wiederum allein. Die Mitglieder der Rentenversicherung können freiwillig höhere Leistungen erbringen, um später eine höhere Rente zu erhalten (= sog. Höherversicherung).

In der Rentenversicherung gilt der sogenannte **„Generationenvertrag“**, d.h., die erwerbstätige Generation sorgt jeweils durch ihre Beiträge für die laufende Rentenzahlung an die nicht mehr erwerbstätigen Personen.

Anspruch auf Rentenzahlungen haben die Personen, die mindestens 60 Versicherungsmonate (sog. Wartezeit) einschließlich anrechnungsfähiger Zeiten wie Wehrdienst, Schulabschluss oder Arbeitslosigkeit nachweisen können. Des Weiteren erhalten nach dem Tode anspruchsberechtigter Personen die Hinterbliebenen eine Rente. Personen, die berufs- oder erwerbsunfähig sind, haben ebenfalls Anspruch auf Rente, wenn sie mindestens 60 Monate Versicherungszeit nachweisen können.

Die Leistungen der Rentenversicherung umfassen generell das Altersruhegeld für Personen ab dem 65. Lebensjahr. Arbeitslose und Schwerbehinderte können unter bestimmten Voraussetzungen vorzeitig in Pension gehen und Altersruhegeld beziehen (= **flexible Altersgrenze**). Das Eintrittsalter wird in den nächsten Jahren stufenweise auf das 67. Lebensjahr erhöht.

Neben der Rentenzahlung werden von der gesetzlichen Rentenversicherung auch Maßnahmen zur beruflichen Wiedereingliederung (= **Rehabilitation**) finanziert.

Arbeitslosenversicherung

Die Arbeitslosenversicherung dient der finanziellen Absicherung im Falle der Arbeitslosigkeit. Arbeitslos ist derjenige, der, obwohl er arbeitsfähig und arbeitswillig ist, keine Arbeit findet und beim Arbeitsamt gemeldet ist.

Träger der Arbeitslosenversicherung ist die **Bundesagentur für Arbeit** in Nürnberg. Sie wird bei ihrer Arbeit unterstützt durch die jeweiligen Regionaldirektionen und die Arbeitsagenturen in den einzelnen Städten.

Versicherungspflichtig sind alle gegen Entgelt beschäftigten Arbeitnehmer, d. h. Angestellte, Arbeiter und Auszubildende. Von der Versicherungspflicht befreit sind z. B. Selbstständige und Beamte.

Der Beitrag zur Arbeitslosenversicherung beträgt zurzeit 2,8 % des Bruttoeinkommens, höchstens jedoch der Beitragsbemessungsgrenze von 5 500,00 EUR in den alten und 4 650,00 EUR in den neuen Bundesländern (Stand 2010). Der Beitrag wird jeweils zur Hälfte von Arbeitgeber und Arbeitnehmer aufgebracht.

Die wichtigsten Leistungen der Arbeitslosenversicherung sind die Zahlungen von **Arbeitslosengeld I und II**.

Arbeitslosengeld I erhält, wer in den letzten zwei Jahren mindestens 12 Monate beitragspflichtig gearbeitet hat. Es wird in Abhängigkeit von der Dauer der beitragspflichtigen Beschäftigung in den letzten sieben Jahren für höchstens 12 Monate (= 312 Arbeitstage) gezahlt, für ältere Arbeitnehmer gestaffelt höchstens bis zu 24 Monaten. Es beträgt für Personen mit Kindern 67 %, ohne Kinder 60 % des Nettoeinkommens der letzten sechs Monate.

Arbeitslosengeld II erhalten diejenigen Personen, bei denen der Anspruch auf Arbeitslosengeld I bereits weggefallen ist, sowie erwerbsfähige Sozialhilfeempfänger. Der Regelsatz für Arbeitslosengeld II beträgt zurzeit 359,00 EUR pro Monat bei Erwachsenen. Zusätzlich können bei weiteren Personen im Haushalt (Ehepartner, Kinder) weitere Beträge hinzukommen.

Die Leistungen der Arbeitslosenversicherung umfassen daneben noch Berufsberatung, Arbeitsvermittlung, Umschulungsmaßnahmen, Zahlung von Insolvenzausfallgeld, Kurzarbeiter- und Winterausfallgeld bzw. von Unterhaltsgeld bei Maßnahmen zur beruflichen Eingliederung in den Arbeitsprozess.

Unfallversicherung

Die Unfallversicherung hat die Aufgabe, zur Verhütung von Arbeitsunfällen, zur finanziellen Absicherung von Verletzten und Angehörigen sowie zur Wiederherstellung von Gesundheit und Erwerbsfähigkeit beizutragen.

Träger der Unfallversicherung sind die **Berufsgenossenschaften** und die Eigenunfallversicherungen von Bund, Ländern und Gemeinden. Versicherungspflichtig sind alle gegen Entgelt beschäftigten Arbeitnehmer sowie Schüler, Studenten, Kinder in Kindergärten usw.

Die Beiträge werden jeweils von den Arbeitgebern aufgebracht. Sie richten sich in ihrer Höhe nach dem Grad der betrieblichen Unfallgefahr (Gefahrenklasse) und der Lohnsumme des jeweiligen Betriebes.

Versichert sind Unfälle während der Arbeit oder auf dem kürzesten Weg zwischen Wohnung und Arbeitsstätte.

Leistungen der Unfallversicherung bei Erkrankungen, die aus Unfällen resultieren, sind u. a. ärztliche oder zahnärztliche Heilbehandlungen. Des Weiteren werden Rehabilitationsmaßnahmen, d. h. Maßnahmen zur Wiederherstellung der Gesundheit, bezahlt.

Ferner erbringt sie Leistungen bei Erkrankungen, die sich aus der Tätigkeit, z. B. durch Staub oder Lärm, ergeben (Berufskrankheiten), bzw. bezahlt Maßnahmen zu deren Früherkennung.

Bei dauerhafter Schädigung zahlt die Unfallversicherung eine entsprechende Rente, bei Tod durch Unfall oder Berufskrankheit eine Hinterbliebenenrente sowie ein Sterbegeld.

Pflegeversicherung

Zum 1. Januar 1995 ist die Pflegeversicherung in Kraft getreten. Ihre Aufgabe ist es, eine soziale und finanzielle Absicherung des Risikos der Pflegebedürftigkeit zu leisten. Dazu werden je nach Grad der Pflegebedürftigkeit Pflegegeld und Pflegesachleistungen für die häusliche Pflege schwer pflegebedürftiger Personen oder die Kosten einer stationären Pflege bei Personen, die nicht häuslich gepflegt werden können, mitfinanziert. Pflegebedürftig sind Personen, die auf Dauer oder wegen einer Behinderung bei der Erledigung der gewöhnlichen Dinge des täglichen Lebens in erheblichem Maße der Hilfe bedürfen.

Pflichtversichert sind alle diejenigen, die in einer gesetzlichen Krankenkasse versichert sind. Auch für freiwillig Versicherte in der gesetzlichen Krankenversicherung besteht Versicherungspflicht. Sie können sich aber bei Vorlage eines entsprechenden Nachweises eines privaten Pflegeversicherungsvertrages von der Versicherungspflicht befreien lassen. Unterhaltspflichtige Familienangehörige sind im Rahmen der Familienversicherung beitragsfrei mitversichert. Privat krankenversicherte Personen sind verpflichtet, bei ihrem Krankenversicherungsunternehmen eine private Pflegeversicherung abzuschließen.

Die Beiträge betragen 1,95 % des Bruttoeinkommens. Die Beiträge werden in den meisten Bundesländern von Arbeitgebern und Arbeitnehmern jeweils zur Hälfte aufgebracht. Kinderlose ab dem 23. Lebensjahr müssen einen um 0,25 % erhöhten Beitragssatz zahlen.

Die Beitragsbemessungsgrenze zur Pflegeversicherung beträgt 3 750,00 EUR pro Monat (Stand 2010). Dies entspricht der Beitragsgrenze für die Krankenversicherung.

Kernwissen

- Die Zweige der Sozialversicherung sind:
  - die Krankenversicherung,
  - die Rentenversicherung,
  - die Arbeitslosenversicherung,
  - die Unfallversicherung,
  - die Pflegeversicherung.
- Die wichtigsten Träger der Sozialversicherung sind:
  - die Krankenkassen,
  - die „Deutsche Rentenversicherung",
  - die Bundesagentur für Arbeit,
  - die Berufsgenossenschaften.
- Die Beiträge werden in unterschiedlichen Anteilen vom Arbeitnehmer und vom Arbeitgeber aufgebracht. Die Beiträge für die Unfallversicherung trägt der Arbeitgeber alleine. Für die Pflegeversicherung sind die Regelungen länder- und kinderabhängig.

Zur Vertiefung

1 Was versteht man unter dem Begriff „Solidargemeinschaft"?

2 Wer sind die Träger der Sozialversicherung?

3 Wer zahlt die Beiträge für die Sozialversicherung?

4 Welches sind die wichtigsten Leistungen der einzelnen Sozialversicherungszweige?

5 Nennen Sie für die folgenden Fälle jeweils die zuständigen Sozialversicherungszweige!

a) Einem Arbeitnehmer ist gekündigt worden. Er findet keine neue Stelle.

b) Ein Arbeitnehmer erleidet einen Unfall während der Arbeitszeit und ist daraufhin vier Wochen arbeitsunfähig.

c) Ein Arbeitnehmer geht altersbedingt in Pension.

d) Ein Arbeitnehmer verunglückt auf dem direkten Weg zur Arbeit und muss ärztlich behandelt werden.

e) Ein Arbeitnehmer erkrankt langfristig. Nach sechs Wochen stellt der Arbeitgeber die Zahlung der Bezüge ein.

6 Ein Arbeitnehmer erleidet einen Arbeitsunfall und verstirbt. Er hinterlässt eine Frau und zwei Kinder. Welcher Zweig der Sozialversicherung ist zuständig und welche Leistungen haben seine Frau und seine Kinder zu erwarten?

7 Erklären Sie, was man unter einer Beitragsbemessungsgrenze versteht!

8 Wann kann ein Arbeitnehmer statt der gesetzlichen Krankenkasse einer privaten Krankenkasse beitreten?

9 Was versteht man unter dem sog. Generationenvertrag?

10 Was ist der Unterschied zwischen Arbeitslosengeld I und II?

5.1.2.5 Arbeitsgerichtsbarkeit

Situation

> Das Verhältnis zwischen Paul Meier und seinem Vorgesetzten Werner Peters war nie besonders gut. Daher hat Herr Peters häufig auf die Entlassung von Paul Meier gedrängt. Als Paul Meier mehrmals verspätet am Arbeitsplatz erscheint, wird ihm von der Personalabteilung gekündigt. Paul Meier ist mit dieser Kündigung nicht einverstanden und zieht vor das Arbeitsgericht.

Streitigkeiten werden im Arbeitsleben häufig durch Gespräche zwischen den Beteiligten gelöst. Führen die Gespräche zwischen den Parteien nicht zu einer Schlichtung, wird häufig das Arbeitsgericht eingeschaltet.

Das Arbeitsgericht ist die zuständige Stelle für Streitigkeiten, die sich ergeben aus der Nichteinhaltung von Arbeits- oder Tarifverträgen, aus der Verletzung von Betriebsvereinbarungen oder aus Bestimmungen gesetzlicher Regelungen (Betriebsverfassungsgesetz oder Mitbestimmungsgesetz).

Die Klage muss beim örtlich zuständigen Arbeitsgericht erhoben werden. Dies ist jeweils das Gericht am Sitz des Beklagten (allgemeiner Gerichtsstand). Entsteht die Klage aufgrund von Leistungen aus einem Vertrag, so hat der Kläger das Recht, das Gericht zu bestimmen, in dessen Bezirk die Leistung zu erbringen ist (besonderer Gerichtsstand).

Zunächst findet eine Güteverhandlung vor dem Vorsitzenden Richter statt, um zu einer gütlichen Einigung ohne Urteil zu kommen. Kommt es nicht zu einer Einigung, findet vor dem Arbeitsgericht eine Verhandlung statt.

Diese erste Verhandlung findet vor der zuständigen Kammer bzw. Fachkammer statt. Diese Kammern sind besetzt mit einem Vorsitzenden Richter und zwei ehrenamtlichen Beisitzern, von denen jeweils einer aus den Kreisen von Arbeitgebern und Arbeitnehmern stammt. Das Gericht entscheidet dann durch ein Urteil (bei bürgerlichen Streitigkeiten) oder durch einen Beschluss (bei Angelegenheiten aus Betriebsverfassungsgesetz oder Mitbestimmungsgesetz), sofern die beteiligten Personen nicht vorher einen Vergleich schließen.

Gegen das Urteil des Arbeitsgerichts kann Berufung beim Landesarbeitsgericht eingelegt werden, sofern der Streitwert mehr als 650,00 EUR beträgt.

Gegen das Urteil des Landesarbeitsgerichts kann dann Revision beim Bundesarbeitsgericht in Kassel eingelegt werden, wenn das Urteil des Landesarbeitsgerichts anderen Urteilen in ähnlich gelagerten Fällen widerspricht oder aufgrund der grundsätzlichen Bedeutung des Falles eine Revision ausdrücklich zugelassen wird.

Besonderheiten von Arbeitsgerichtsprozessen sind:

- Es fallen keine Gerichtsgebühren an.
- Jede Partei trägt ihre Anwaltskosten selber.
- Die Abwicklung erfolgt zügiger als bei normalen Prozessen. Der Gütetermin findet innerhalb von zwei Wochen nach Klageerhebung statt, der Prozess wird i. d. R. innerhalb von sechs bis acht Wochen durchgeführt.

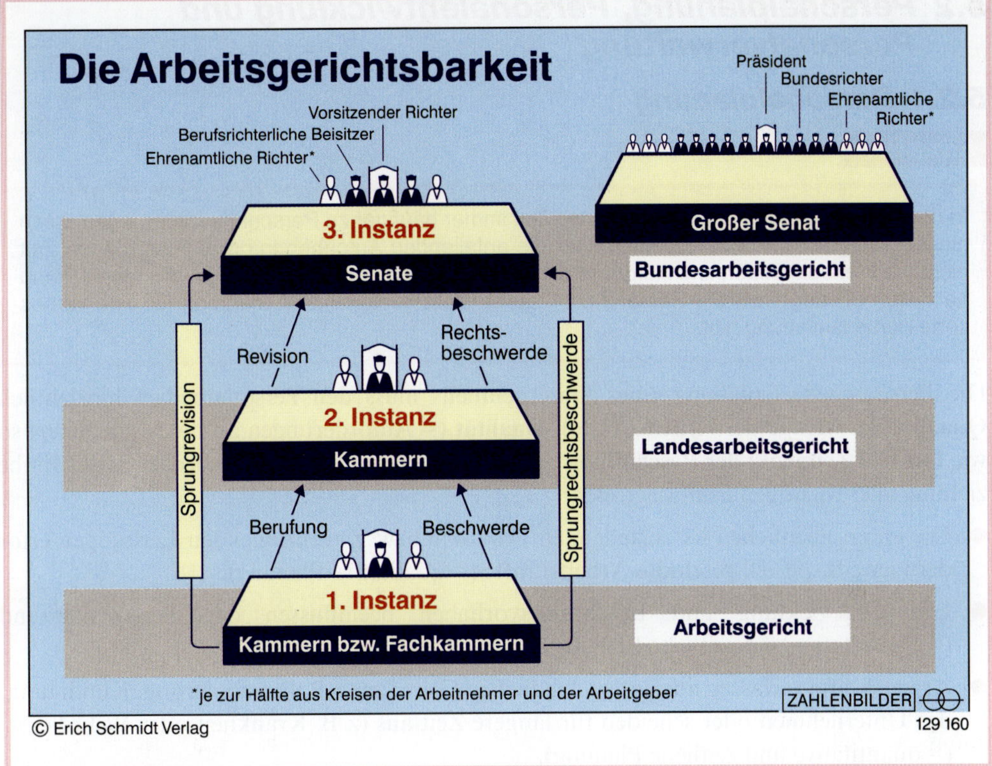

Kernwissen

- Streitigkeiten aus Arbeits- oder Tarifverträgen, aus Betriebsvereinbarungen oder Bestimmungen des Betriebsverfassungs- oder Mitbestimmungsgesetzes werden vor dem Arbeitsgericht geregelt.
- Die einzelnen Instanzen sind:
  - Klageerhebung beim zuständigen Arbeitsgericht
  - Gütetermin
  - Prozess beim Arbeitsgericht
  - bei Berufung: Prozess beim Landesarbeitsgericht
  - bei zugelassener Revision: Prozess beim Bundesarbeitsgericht

Zur Vertiefung

1 Ein Arbeitnehmer klagt, da er seit zwei Monaten sein Gehalt nicht erhalten hat.

a) Welches Gericht ist zuständig?

b) Schildern Sie den Ablauf des Verfahrens!

c) Welche Möglichkeiten haben die Prozessbeteiligten, wenn sie mit dem Urteil nicht einverstanden sind?

2 Welche Aufgabe haben die ehrenamtlichen Richter?

5.2 Personalplanung, Personalentwicklung und Personalverwaltung

5.2.1 Personalplanung

Situation

In der Handels-Union kommt es in letzter Zeit immer häufiger zu Personalanforderungen durch die Abteilungsleiter, da deren Mitarbeiter die anfallenden Aufgaben in der vorgegebenen Zeit nicht mehr erledigen können. Aufgrund der in den letzten Jahren sehr stark gestiegenen Personalkosten überlegt sich der Personalchef, ob es nicht geeignete Maßnahmen für eine verbesserte Personalplanung gibt.

Die Personalbedarfsplanung eines Unternehmens muss den Personalbedarf hinsichtlich **Quantität** (= Menge der Arbeitskräfte), **Qualität** (= Anforderungen an die Mitarbeiter) sowie **Ort und Zeitpunkt der Beschaffung** richtig vorausbestimmen. Dazu bedarf es der Einbeziehung aller wichtigen Einflussgrößen:

- Die unterschiedlichen herzustellenden Produkte bzw. zu erbringenden Leistungen erfordern jeweils speziell geschulte Arbeitskräfte (= qualitative Planung).
- Umsatzentwicklung und Investitionsvorhaben beeinflussen den Personalbestand (= quantitative und zeitliche Planung).
- Arbeitskräfte verlassen aus unterschiedlichen Gründen (z. B. Pensionierung, Kündigung) das Unternehmen oder scheiden für längere Zeit aus (z. B. Krankheit oder Wehrdienst) (= quantitative und zeitliche Planung).
- Arbeitsrechtliche Regelungen wie Mutterschafts-, Bildungs- oder Erholungsurlaub zwingen zur Beschaffung von Ersatzarbeitskräften (= zeitliche Planung).
- Kürzer werdende Arbeitszeiten führen, sofern sie nicht durch Rationalisierungsmaßnahmen aufgefangen werden können, zu zusätzlichen Personaleinstellungen (= quantitative Planung).

5.2.1.1 Planung des Personalbedarfs

Unternehmen benötigen Personal als Ersatz für ausgeschiedene Arbeitskräfte **(Ersatzbedarf),** als **Neubedarf** (z. B. bei der Betriebsgründung) und als **Zusatzbedarf** (z. B. bei der Erweiterung des Unternehmens). Auf der anderen Seite muss aber auch Personal entlassen werden, wenn z. B. der Absatz sinkt, Betriebsteile stillgelegt werden oder Rationalisierungsmaßnahmen ohne gleichzeitige Produktionsausweitung durchgeführt werden sollen.

Das Ergebnis der Personalplanung findet seinen Niederschlag im **Stellenplan**, der die zu besetzenden Stellen qualitativ und quantitativ erfasst (siehe dazu auch Abschnitt 4.1.5).

Quantitative Bedarfsplanung

Eine Personalbedarfsplanung kann niemals rein quantitativ sein, vielmehr fließen auch immer einige qualitative Elemente mit ein. Daher ist bei der quantitativen Personalbedarfsplanung auch immer zwischen ausführenden Tätigkeiten und leitenden, planenden oder organisatorischen Tätigkeiten zu unterscheiden. Da sich bei Letzteren aufgrund der Unterschiedlichkeit der zu erledigenden Verrichtungen keine feste Arbeitsmenge vorgeben lässt, ist man bei der Planung dieser Arbeiten auf Schätzungen und Erfahrungen angewiesen.

Am folgenden Beispiel soll eine quantitative Personalplanung anhand eines Stellenbesetzungsplans dargestellt werden, wobei auch hier wieder qualitative Faktoren berücksichtigt sind, da sich aus dem Stellenplan bereits unterschiedliche hierarchische Positionen erkennen lassen.

Beispiel: Ein Unternehmen beabsichtigt, eine Personalbedarfsplanung durchzuführen. Dabei hat sich der unten aufgeführte Stellenplan ergeben, der die zurzeit besetzten Stellen im Unternehmen (Ist-Bestand) enthält. Der geplante Personalbestand ergibt sich jeweils aus den in Klammern aufgeführten Zahlen im Stellenbesetzungsplan.

Stellenbesetzungsplan

Abteilung	Abteilungsleiter	Sachbearbeiter
Einkauf	1 (1)	2 (3)
Verkauf	1 (1)	2 (3)
Lager	1 (1)	1 (1)
Allgemeine Verwaltung	1 (1)	1 (1)
Rechnungswesen	1 (1)	2 (2)

Folgende Abgänge stehen bereits fest:

- Ein Sachbearbeiter im Verkauf wird pensioniert.
- Der Abteilungsleiter Lager hat von sich aus gekündigt. Der Sachbearbeiter Lager wird befördert und nimmt ab sofort dessen Stelle ein.
- Einer der Sachbearbeiter im Rechnungswesen wird zur Bundeswehr einberufen.

Folgende Zugänge sind für den Planungszeitraum bereits fest geplant:

- Ein Mitarbeiter kehrt nach abgeleistetem Wehrdienst zurück. Er soll als Sachbearbeiter im Lager eingesetzt werden.
- Für den Bereich Rechnungswesen hat die Personalabteilung einen neuen Mitarbeiter eingestellt.

Eine weitere Möglichkeit der quantitativen Bedarfsplanung ist die **Kennzahlenmethode**. Dabei wird vom aktuellen Personalbestand ausgehend eine Beziehung zu betrieblichen Kennzahlen, wie z. B. Umsatz oder Zeitbedarf, gesetzt.

Beispiel: Die Handels-Union hat im letzten Jahr mit 44 Mitarbeitern einen Umsatz von 76 Mio. EUR erreicht. Für dieses Jahr plant die Unternehmensleitung eine Umsatzsteigerung von 10 %. Gleichzeitig soll bei unveränderten Bedingungen die Zahl der Mitarbeiter ebenfalls um 10 % gesteigert werden. Dies führt zu einem zusätzlichen Personalbedarf von 5 (4,4) Mitarbeitern.

Daraus lässt sich mithilfe des auf der nächsten Seite stehenden Schemas die Personalbedarfsplanung durchführen.

Planung des zukünftigen Personalbedarfs der Abteilungen Planungsdauer: 1 Jahr	Abteilungsleiter Einkauf	Sachbearbeiter Einkauf	Abteilungsleiter Verkauf	Sachbearbeiter Verkauf	Abteilungsleiter Lager	Sachbearbeiter Lager	Abteilungsleiter Allg. Verwaltung	Sachbearbeiter Allg. Verwaltung	Abteilungsleiter Rechnungswesen	Sachbearbeiter Rechnungswesen	Summe
Bestand zu Beginn der Periode	1	2	1	2	1	1	1	1	1	2	13
Abgänge											
Pensionierung				1							1
Entlassung											
Kündigung durch Arbeitnehmer					1						1
Beförderung						1					1
Versetzung											
Tod											
Invalidität											
Einberufung Bundeswehr										1	1
Summe der Abgänge				1	1	1				1	4
Bestand nach Abgängen	1	2	1	1	0	0	1	1	1	1	9
+ Zugänge											
Feststehende Neueinstellungen										1	1
Beförderung					1						1
Versetzung											
Rückkehr Bundeswehr						1					1
Übernahme aus Lehrverhältnis											
Summe der Zugänge					1	1				1	3
Bestand am Ende der Periode	1	2	1	1	1	1	1	1	1	2	12
Zu planende Neueinstellungen		1		2							3
Geplanter Personalbestand	1	3	1	3	1	1	1	1	1	2	15

Der quantitative Bedarf an ausführenden Arbeitskräften lässt sich sehr einfach nach folgender Formel berechnen:

$$\text{Personalbedarf} = \frac{BM \times BZ}{dAZ/Monat} + \text{Ausfallzuschlag}$$

Erläuterung:
BM = geplante Bearbeitungsmenge
BZ = geplante Bearbeitungszeit/Stück
dAZ = durchschnittliche Arbeitszeit pro Monat

Beispiel:

geplante Bearbeitungsmenge:	500 Stück
geplante Bearbeitungszeit/Stück:	6 Stunden
durchschnittliche Arbeitszeit/Monat:	160 Stunden
Ausfallzuschlag:	10 % (für Ausfallzeiten wie Krankheit, Urlaub oder Ausfall von Maschinen)

$$\text{Personalbedarf} = \frac{500 \times 6}{160} \times \frac{110}{100} = 20{,}625 \qquad \underline{\underline{21 \text{ Arbeiter}}}$$

Zur Erledigung der anfallenden Arbeiten sind also 21 Arbeitskräfte notwendig. Da zurzeit 18 Arbeitskräfte beschäftigt werden, von denen zwei die Firma verlassen (Kündigung und Pensionierung), und drei Mitarbeiter bereits als Zugänge feststehen, ergibt sich der zusätzliche Personalbedarf durch das folgende Schema:

	geplanter Personalbestand	21
−	gegenwärtiger Bestand	18
+	Abgänge	2
−	Zugänge	3
=	Ersatz- oder Zusatzbedarf	2

Qualitativer Personalbedarf

Bei der qualitativen Personalbedarfsplanung geht man von dem Grundsatz aus, dass an jede Stelle bestimmte **Anforderungen** gerichtet werden, die der jeweilige Stelleninhaber erfüllen muss.

Daher ist vor der Stellenbesetzung das Anforderungsprofil festzustellen und mit den Eignungsmerkmalen des Bewerbers zu vergleichen. Dazu bieten sich insbesondere die Stellenbeschreibung als schriftlich fixierte Aufgabenzusammenfassung (vgl. dazu Abschnitt 1.5) sowie Mitarbeiterbeurteilungen oder Arbeitsbeschreibungsmethoden an.

Nach der Vorbildung lassen sich grundsätzlich vier Stufen unterscheiden, die jedoch nur als grobes Raster verstanden werden dürfen:

1. ungelernte Arbeit = Arbeiten, die keine Ausbildung erfordern, z. B. Packer, Bote, Reinigungspersonal u. a.,

2. angelernte Arbeiten = Arbeiten, die nach einer kurzen Anlernphase ausgeführt werden können, z. B. einfache Büroarbeiten,

3. gelernte Arbeiten = Arbeiten, die nach einer abgeschlossenen Ausbildung, z. B. als Bürokaufmann/-kauffrau, geleistet werden können,

4. hoch qualifizierte Arbeit = Arbeiten, die entweder ein Hochschulstudium oder langjährige Berufserfahrung mit entsprechenden Qualifizierungsmaßnahmen erfordern.

Zeitliche Personalbedarfsplanung

Für einen reibungslosen Übergang insbesondere bei der Planung von Ersatzbedarf ist eine möglichst frühzeitige Personalbedarfsplanung notwendig. Dabei sollte die Dauer der Planung von Neueinstellungen bis zur tatsächlichen Arbeitsaufnahme nicht unterschätzt werden. Für Führungskräfte kann dieser Zeitraum aufgrund von Kündigungsfristen durchaus über ein Jahr hinausgehen. Bei Arbeitern und Angestellten kann dieser Zeitraum je nach einzuhaltenden Kündigungsfristen zwischen wenigen Wochen und einigen Monaten betragen.

Informations- und Beratungsrechte des Betriebsrates

Nach § 92 Betriebsverfassungsgesetz (BetrVG) ist der Betriebsrat bei allen Maßnahmen der Personalplanung rechtzeitig und umfassend zu informieren. Des Weiteren hat er ein Beratungsrecht und kann selbst Vorschläge unterbreiten.

5.2.1.2 Personalbeschaffung

Der Personalbeschaffungsplan legt fest, auf welche Weise der ermittelte Personalbedarf gedeckt werden kann. Dabei stehen dem Betriebsrat nach dem **Betriebsverfassungsgesetz** verschiedene Mitbestimmungsrechte zu.

Nach § 93 BetrVG kann der Betriebsrat verlangen, dass Arbeitsplätze vor ihrer Besetzung innerhalb des Betriebes auszuschreiben sind. Nach § 95 BetrVG hat der Betriebsrat auch ein Mitspracherecht bei der Festlegung von Auswahlrichtlinien. Des Weiteren hat der Arbeitgeber den Betriebsrat vor jeder Einstellung und Versetzung zu unterrichten und die Zustimmung des Betriebsrates zu der jeweiligen Maßnahme einzuholen (§ 99 BetrVG). Dabei kann er insbesondere dann Einspruch erheben, wenn beschäftigten Arbeitnehmern gekündigt werden soll oder sonstige tarifvertragliche oder gesetzliche Bestimmungen verletzt werden.

Bei der Ausschreibung von Stellen bieten sich grundsätzlich die beiden Möglichkeiten der **internen**, d. h. innerbetrieblichen, oder der **externen Stellenausschreibung** an.

Bei der **internen Personalbeschaffung** wird eine innerbetriebliche Stellenausschreibung vorgenommen und den Betriebsmitgliedern allgemein bekannt gemacht. Die innerbetriebliche Stellenausschreibung muss Angaben über die Position, die Abteilung, die Eingruppierung, die Aufgaben und die fachlichen und persönlichen Voraussetzungen enthalten. Jeder Mitarbeiter, der die in der Stellenausschreibung genannten Voraussetzungen erfüllt, kann sich dann auf diese Stelle bewerben.

Eine weitere Möglichkeit der internen Stellenbesetzung ist die Versetzung von Mitarbeitern innerhalb des Unternehmens. Versetzungen kommen insbesondere dann in Frage, wenn Umstellungen innerhalb des Betriebes erfolgen oder sich Gründe aus der Person der Mitarbeiter ergeben, wie z. B. Beendigung der Ausbildung, Rückkehr von der Bundeswehr oder aus familiären oder gesundheitlichen Gründen. Auch aus Gründen der beruflichen Verbesserung des Arbeitnehmers können Versetzungen vorgenommen werden.

Innerbetriebliche Stellenausschreibung

Laufende Nr. 1

In Abteilung Verkauf ist ab: sofort

die Position eines Verkaufssachbearbeiters zu besetzen.

Aufgabenstellung

- Erstellung von Angeboten
- Bearbeitung von Bestellungen und Erstellung von Auftragsbestätigungen
- Erstellung von Rechnungen
- Bearbeitung von Störungen im Absatzbereich
- Führung von Verkaufsgesprächen
- Durchführung von Verkaufsgesprächen
- Durchführung von Maßnahmen zur Kundenbetreuung

Fachliche und persönliche Voraussetzungen:

- abgeschlossene kaufmännische Ausbildung
- Vertrautheit mit Sekretariatsaufgaben
- Selbstständigkeit bei der Arbeitsdurchführung
- Kontaktfreudigkeit
- Bewerber/in sollte zwischen 25 bis 30 Jahre alt sein

Einstufung in Tariflohn-Gehaltsgruppe I

Falls Sie an dieser Position interessiert sind, bewerben Sie sich bitte mithilfe der in der Personalabteilung bzw. im Personalbüro zu erhaltenden Bewerbungsformulare bis 28. Oktober ..

Unterschrift

Vorteile der innerbetrieblichen Stellenausschreibung sind:

- die gute Betriebskenntnis der Bewerber,
- die erhöhte Bindung an den Betrieb,
- die genaue Kenntnis des Mitarbeiters durch den Betrieb,
- die Verbesserung des Betriebsklimas,
- die Transparenz der Personalpolitik.

Nachteilig können sich dagegen die folgenden Faktoren auswirken:

- geringe Auswahl an Bewerbern,
- Enttäuschung bei nicht berücksichtigten Bewerbern,
- unter Umständen Zurücksetzung lang gedienter Mitarbeiter,
- eine gewisse „Betriebsblindheit“ innerbetrieblicher Bewerber,
- keine Lösung des quantitativen Bedarfs, da an anderer Stelle neuer Personalbedarf entsteht.

Die zweite Möglichkeit für das Unternehmen ist die **externe Personalbeschaffung**. Dabei kommen folgende Varianten in Betracht:

Einschalten von Arbeitsvermittlern

Neben der Bundesagentur für Arbeit mit ihren Arbeitsagenturen gibt es in der Bundesrepublik Deutschland inzwischen auch zahlreiche private Arbeitsvermittlungsagenturen.

Bekanntmachungen

- **durch Schautafeln auf dem Betriebsgelände** (Wir stellen ein ...) **oder**
- **im Schaufenster** (z. B. Wir suchen Verkäuferin)

Zeitungsinserate

Je nach auszuschreibender Stelle werden unterschiedliche Anzeigen aufgegeben (vgl. Abbildung auf Seite 244). Für „normale" Stellen bieten sich sogenannte gesetzte Anzeigen an (siehe ①). Führungskräfte werden häufig durch Anzeigen sogenannter Personalberatungsfirmen, die auch gleich die Auswahl für das Unternehmen durchführen, gesucht (②). Manche Firmen möchten auch aus unterschiedlichen Gründen nicht bei der Wahl der Bewerber mit ihrem Firmennamen in Erscheinung treten. Hier bietet sich die sog. Chiffreanzeige an, bei der die Firma nicht genannt wird und der Bewerber sich unter einer Chiffrenummer bei der jeweiligen Zeitung bewirbt (siehe ③). Für Neben- oder Aushilfstätigkeiten sind sog. Wortanzeigen sinnvoll (④).

Inanspruchnahme von Zeitarbeitsunternehmen

Ist der Personalbedarf zeitlich befristet, bietet sich unter Umständen die Inanspruchnahme von Arbeitskräften aus Zeitarbeitsunternehmen an. Der Vorteil für den Arbeitgeber liegt darin, dass er den Mitarbeiter, der Angestellter der Zeitarbeitsunternehmung ist, nicht fest anstellen muss.

Vorteile der externen Personalbeschaffung sind:

- umfangreichere Auswahlmöglichkeiten unter den Bewerbern,
- ggf. neue Anregungen und Impulse für das Unternehmen,
- ggf. leichtere Anerkennung externer Bewerber.

Nachteile der externen Personalbeschaffung sind:

- höherer Zeit- und Kostenaufwand,
- Eingewöhnungsschwierigkeiten neuer Mitarbeiter,
- ggf. negative Auswirkungen auf das Betriebsklima, wenn innerbetriebliche Bewerbungen nicht berücksichtigt worden sind.

Das Verfahren der Personalauswahl verläuft danach in folgenden Schritten:

1. Eingang der Bewerbungen
2. erste Analyse der Bewerbungen
3. Tests
4. Vorstellungsgespräche
5. Entscheidung und Einstellung der Bewerber.

Zunächst wird nach Eingang der Bewerbungen eine Vorauswahl der Kandidaten anhand der eingereichten Unterlagen getroffen. Wichtig ist dabei, dass die Unterlagen vollständig und formgerecht sind.

Zur vollständigen Bewerbung gehören im Allgemeinen:

- ein Bewerbungsschreiben
- ein Bewerbungsfoto
- ein Lebenslauf
- ein Personalfragebogen
- Schulzeugnisse
- Arbeitszeugnisse

②

Modernes Beschaffungsmanagement

Für ein alteingesessenes, renommiertes und weiter expandierendes Duisburger Unternehmen mit etwa 1 000 Mitarbeitern suchen wir eine/n qualifizierte/n Mitarbeiter/in für die Abteilung

Einkauf

von Materialien, Bau- und Dienstleistungen. Wir denken an einen Mitarbeiter mit fundierter kaufm. Ausbildung und Berufspraxis im Beschaffungs-Marketing sowie Erfahrungen in der Anwendung DV-gestützter Einkaufssysteme, besonders mit SAP.

Der neue Kollege soll die Einhaltung der Qualitätsstandards sicherstellen, die Beschaffungsmärkte beobachten und angemessen handeln, mit den unterschiedlichen Funktionsbereichen ziel- und ergebnisorientiert kooperieren und akzeptierter Gesprächspartner der jeweiligen Abteilungen sein. Neben diesen fachlichen Anforderungen muss er über persönliche Fähigkeiten wie Verhandlungsgeschick auf unterschiedlichen Gesprächsebenen, Engagement, Organisationstalent und absolute Vertrauenswürdigkeit verfügen.

Wenn Sie diese interessante Aufgabe, bei der Sie viel bewirken und beruflich vorankommen können, in einem durch und durch gesunden Unternehmen reizt, dann senden Sie bitte Ihre Bewerbungsunterlagen unter **Kennziffer QK 0292** an die mit der Weiterleitung beauftragte Personalberatung. Für erste telefonische Vorabinformationen steht Ihnen dort Frau **Angelika Quildies** zur Verfügung (am Sonntag auch von 18:00 bis 20:00 Uhr unter 02132 72072). Sie gewährleistet strikte Vertraulichkeit und freut sich auf Ihre Bewerbung.

SELECTEAM Personal- und Unternehmensberatung GmbH

Hansaallee 197 · 40549 Düsseldorf · Telefon 0211 591065

①

BARMER
ERSATZKASSE

Mit rund neun Millionen Versicherten ist die BARMER die größte Deutsche Krankenkasse für Angestellte, Berufsstarter und Studenten. Sie werden in annähernd 1 500 Geschäftsstellen betreut. Es sind ebenso viele Mietverträge und Geschäftslokale, die von einem Mitarbeiterteam in der Hauptverwaltung in Wuppertal betreut werden. Die Erweiterung des Geschäftsgebietes der BARMER auf die neuen Bundesländer erfordert eine Verstärkung des Teams. Wir suchen eine(n)

Sachbearbeiter(in)

Aufgabenschwerpunkte
- Bearbeitung von Mietangeboten
- Pflege laufender Mietverträge

Wir erwarten
- praktische Erfahrungen in der Bearbeitung von Mietangelegenheiten
- Verhandlungsgeschick und gutes Auftreten

Sie finden bei uns
- eine vielseitige und zukunftsorientierte Tätigkeit
- leistungsgerechte Bezahlung
- zeitgemäße Sozialleistungen
- einen krisenfesten Arbeitsplatz

Haben wir Ihr Interesse geweckt und sind Sie bereit, sich in einem modernen Dienstleistungsunternehmen zu engagieren, dann senden Sie bitte Ihre Bewerbungsunterlagen unter Angabe des frühesten Eintrittstermins und Ihres Gehaltswunsches an die

BARMER ERSATZKASSE
Personalreferat

③

Essener Steuerberatungsgesellschaft in zentraler Lage sucht zum 1. April . . oder früher engagierte(n)

Steuerfachgehilfen(in)

mit Abschlusserfahrung für interessante Sachbearbeitung (keine Buchhaltung) sowie die Erstellung von Jahresabschlüssen und Steuererklärungen.

Der vielseitige Aufgabenbereich bietet insbesondere auch jungen Fachkräften die Möglichkeit zur beruflichen Weiter- und Fortbildung und ist als ausbaufähige Dauerstellung gedacht.

Ihre vollständigen Bewerbungsunterlagen erbitten wir unter Chiffre 12 ZS 18442.

④

Lagerarbeiter ab sofort zur Aushilfe gesucht. Fa. Roth & Co., Telefon 02841 653045, Mo. bis Fr. 09:00 bis 16:00 Uhr

Für die Beurteilung kommt den einzelnen Bewerbungsunterlagen folgende Bedeutung zu:

- Wichtig ist zunächst einmal der Inhalt des **Bewerbungsschreibens**, da man daran erkennen kann, ob der Bewerber sich gezielt auf diese Stelle bewirbt oder ob es sich um eine allgemeine Bewerbung handelt. Es soll den Empfänger neugierig auf den Bewerber machen. Daher sollte ein Bewerbungsschreiben individuell gestaltet sein. Insbesondere soll das Bewerbungsschreiben Auskunft über folgende Fragen geben:
  - Aus welchem Grund erfolgt die Bewerbung?
  - Ist der Bewerber in einem Arbeitsverhältnis?
  - Ist das Arbeitsverhältnis gekündigt?
  - Wann steht der Bewerber für die Stelle zur Verfügung?
  - Wo ist der Bewerber beschäftigt?
  - Welche besonderen Fähigkeiten hat der Bewerber?
  - Welche Einkommenserwartungen hat der Bewerber?
  - Welche Erwartungen hat der Bewerber?
- Das **Lichtbild** soll einen ersten unmittelbaren Eindruck vom Bewerber vermitteln. Automatenbilder sind in der Regel ungeeignet. Dem Bewerbungsfoto kommt insbesondere Bedeutung zu, wenn die zu besetzende Stelle unmittelbaren Kundenkontakt beinhaltet, da hier eine gepflegte Erscheinung in aller Regel erwartet wird.
- Anhand des Lebenslaufs können Rückschlüsse auf Alter, soziale Herkunft und Werdegang getroffen werden. Es empfiehlt sich folgender tabellarischer Aufbau:
  - Persönliche Verhältnisse (Name, Geburtsdatum, Wohnort usw.)
  - Schulische Ausbildung
  - Berufliche Ausbildung
  - Prüfungen
  - Berufliche Tätigkeiten
  - Weiterbildungen
- Der **Personalfragebogen** soll aus der Sicht des Unternehmens die wichtigsten persönlichen und beruflichen Daten des Bewerbers systematisch erfassen. Die Fragen sollen sich allerdings auf Daten beschränken, die für die Einstellung und die spätere berufliche Tätigkeit des Bewerbers wichtig sind. Auf arbeitsrechtlich unzulässige Fragen, wie nach Partei- oder Gewerkschaftszugehörigkeit oder persönliche Lebensplanung, ist in den Fragebögen zu verzichten. Falsche Auskünfte zu diesen Fragen können den Bewerbern nicht nachteilig ausgelegt werden und stellen keinen Kündigungsgrund dar.
- Schul- und Arbeitszeugnisse vermitteln ein Bild von den bisherigen Leistungen und ermöglichen Rückschlüsse auf bestimmte Begabungen. Arbeitszeugnisse berichten über die bisherige Berufstätigkeit (vgl. dazu auch Abschnitt 5.2.3).
- Empfehlungen und Referenzen haben den Nachteil, dass natürlich nur solche Personen als Referenzen genannt werden, die eine günstige Auskunft erteilen werden.

Ungeeignet erscheinende Personen, die z. B. die Anforderungen der ausgeschriebenen Stelle nicht erfüllen, werden sofort aussortiert und erhalten eine Ablehnung.

In einem nächsten Schritt müssen zur besseren Vergleichbarkeit einheitliche Informationen vorliegen. Zeugnisse gestatten zwar eine erste Leistungsbeurteilung der Bewerber. Allerdings sind sie nicht ohne Weiteres objektiv vergleichbar. Daher werden die Bewerber häufig zu **Tests** oder anderen geeigneten Überprüfungen eingeladen. Dabei ist jedoch zu beachten, dass Tests lediglich eine punktuelle Überprüfung von Wissen oder Fertigkeiten ermöglichen.

Je nach ausgeschriebener Stelle (Ausbildungsplätze, ausführende oder leitende Tätigkeiten) kommen dabei Leistungs-, Intelligenz- oder Persönlichkeitstests infrage.

Leistungstests dienen der Überprüfung von Ausdauer, Geschicklichkeit, Leistungswillen usw.

Intelligenztests wollen die Klarheit des Denkens, die Urteilskraft, den Einfallsreichtum oder das Wissen des Prüflings erforschen.

Persönlichkeitstests dienen zur besseren Erfassung des gesamten Persönlichkeitsbildes. Dabei sollen Elemente wie Denk- und Urteilsfähigkeit, Leistungsvermögen, Verantwortungsbewusstsein oder soziales Verhalten im Gesamtzusammenhang erfasst werden.

Eine Alternative zu den herkömmlichen Testverfahren stellt das sogenannte **Assessmentcenter** dar, ein umfangreiches, i. d. R. mehrtägiges Beurteilungsprogramm, bei dem sich die Bewerber innerhalb einer Gruppe bei der Lösung unterschiedlicher Aufgaben zu bewähren haben. Dabei wird insbesondere dem Verhalten der Gruppenmitglieder große Aufmerksamkeit gezollt, da dies Rückschlüsse auf das betriebliche Verhalten zulassen soll.

Nach Durchführung der Tests werden geeignet erscheinende Bewerber zu einem **Vorstellungsgespräch** eingeladen. Dabei werden sie entweder einzeln vom jeweiligen Personal- oder Abteilungsleiter interviewt oder in Gruppen gemeinsam befragt. Typische Bereiche, die dabei zur Sprache kommen, sind:

- beruflicher Werdegang,
- Erwartungen des Bewerbers an den neuen Arbeitsplatz,
- Entlohnung,
- Fragen zu allgemeinen Themen, Hobbys usw.

Aufgrund dieser gesamten Daten und einer möglichen Gesundheitsüberprüfung wird dann eine Entscheidung getroffen und den ausgewählten Bewerbern ein Arbeitsvertrag angeboten.

Der Arbeitsvertrag begründet nunmehr das Arbeitsverhältnis zwischen Arbeitgeber und Arbeitnehmer und regelt die Rechtsbeziehungen zwischen den Parteien, indem u. a. die Rechte und Pflichten der beiden Vertragsparteien festgelegt werden. Häufig wird eine Probezeit vereinbart, nach deren Ablauf die endgültige Einstellung des neuen Mitarbeiters erfolgt.

5.2.1.3 Einstellungsunterlagen und Einführungsmaßnahmen

Bei der Einstellung neuer Mitarbeiter ist eine Vielzahl von Einstellungsformalitäten zu erledigen. Die dabei erhobenen Daten dienen zum einen als Grundlage für die betriebliche Arbeit, zum anderen müssen sie auch verschiedenen außerbetrieblichen Institutionen bekannt gegeben werden.

Im Einzelnen sind vom Mitarbeiter folgende Unterlagen anzufordern:

- Lohnsteuerkarte,
- Personalfragebogen,
- Arbeitserlaubnis (bei ausländischen Mitarbeitern),
- Gesundheitszeugnis oder Vornahme einer werksärztlichen Untersuchung.

An die Mitarbeiter werden ebenfalls Unterlagen und Sachmittel ausgegeben, soweit dies erforderlich ist:

- Informationsmaterial über das Unternehmen,
- Arbeits- und Betriebsordnung,
- Betriebs- oder Werksausweis,
- Schlüssel, Werkzeuge oder Garderobenfächer,
- Sicherheitsvorschriften und Unfallverhütungsregeln.

Nach erfolgter Einstellung kann eine Meldung an folgende Einrichtungen vorzunehmen sein:

- Krankenkasse,
- Berufsgenossenschaft,
- Ausländeramt (bei ausländischen Arbeitnehmern),
- Pensionskasse.

Innerhalb des Unternehmens wird für den Mitarbeiter eine Personalnummer vergeben und eine Personalakte angelegt, die alle wichtigen Unterlagen des Mitarbeiters enthält. Daneben muss noch eine Meldung an die betroffenen Abteilungen und an den Betriebsrat über die erfolgte Einstellung weitergegeben werden.

Bei Antritt seiner Stelle ist der Mitarbeiter an seinem neuen Arbeitsplatz einzuführen und über seine Arbeitsaufgaben und seinen Arbeitsplatz zu informieren. Des Weiteren muss eine Arbeitsunterweisung stattfinden, um ihm die Einarbeitung zu erleichtern. Dabei wird i. d. R. dem neuen Mitarbeiter ein Kollege oder Vorgesetzter zur Unterstützung bei Problemen zur Seite gestellt (vgl. auch Abschnitt 1.8).

Kernwissen

- Hohe Kosten bei der Personalbeschaffung erfordern eine exakte Planung der Personalmaßnahmen. Insbesondere bei großen Unternehmen ist die Personalplanung eine Daueraufgabe, bei der Personalpläne über Zeiträume bis zu mehreren Jahren aufzustellen sind.
- Der Personalbedarf muss

  - in qualitativer,
  - in quantitativer,
  - in zeitlicher und
  - in örtlicher Hinsicht

  geplant werden.
- Die Personalbeschaffung kann intern über innerbetriebliche Stellenausschreibungen oder extern über Anfragen beim Arbeitsamt, Stellenanzeigen usw. vollzogen werden.

- Kriterien bei der Auswahl der Bewerber können u. a. sein:
  - Form und Inhalt der Bewerbung,
  - Zeugnisse,
  - Testergebnisse,
  - persönliches Auftreten bei Vorstellungsgesprächen.
- Spätestens bei Aufnahme der Tätigkeit sind die Einstellungsunterlagen zu beschaffen und Einführungsmaßnahmen für den neuen Mitarbeiter vorzusehen.

Zur Vertiefung

1 Wodurch entstehen in einem Betrieb Ersatzbedarf und Neubedarf an Personal?

2 Erklären Sie den Unterschied zwischen qualitativem und quantitativem Personalbedarf!

3 Nennen Sie jeweils zwei Vor- und Nachteile der externen Personalbeschaffung!

4 Eine Unternehmung produziert 20 000 Stück eines Produktes pro Monat. Die durchschnittliche Produktionszeit beträgt 10 Minuten pro Stück, die monatliche Arbeitszeit beträgt 160 Stunden pro Arbeiter. Der Verteilzuschlag beträgt 1 %. Berechnen Sie den Personalbedarf.

5 Welche Vorteile haben innerbetriebliche Stellenausschreibungen für Betrieb und Mitarbeiter?

6 Nennen Sie die vier Arten von Stellenanzeigen und beurteilen Sie, wann ihr Einsatz jeweils sinnvoll ist.

7 Welche Möglichkeiten der Personalwerbung werden unterschieden?

8 Welche Unterlagen gehören nach Ihrer Meinung zu einer vollständigen Bewerbung um die Stelle eines Verkaufssachbearbeiters?

9 Stellen Sie kurz dar, welche Bedeutung Schul- und Ausbildungszeugnisse für die Bewerbung haben!

10 Nennen Sie mindestens drei Fragenkomplexe, die im Rahmen eines Vorstellungsgespräches vom Personalchef angesprochen werden können!

5.2.2 Personalentwicklung

Situation

Werner Heinlein ist seit 15 Jahren in der Handels-Union beschäftigt. Er hat regelmäßig an innerbetrieblichen Fortbildungsveranstaltungen teilgenommen und ist in dieser Zeit auch bereits zweimal befördert worden. Er erhält regelmäßig gute Beurteilungen von seiner Vorgesetzten und rechnet sich daher Chancen aus, demnächst zum Abteilungsleiter befördert zu werden.

Eine produktive Personalarbeit ist nur möglich, wenn die Leistungsfähigkeit und Leistungsbereitschaft der Mitarbeiter erhalten und gefördert wird. Voraussetzung ist, dass der Mitarbeiter selbst ausreichend motiviert ist, sich selbst weiterzuentwickeln. Auf der anderen Seite ist es aber auch Aufgabe des Unternehmens und insbesondere der Vorgesetzten, den Mitarbeiter zu motivieren, seine Leistungsfähigkeit voll einzubringen und zu fördern.

Daher kann die Personalentwicklung verstanden werden als die Gesamtheit aller Maßnahmen, die die Verbesserung der Leistungsbereitschaft und Leistungsfähigkeit der Mitarbeiter zum Ziel hat.

Die Personalentwicklung umfasst im Wesentlichen die folgenden vier Aufgaben:

- Berufsausbildung
- Fortbildung
- Umschulung
- Aufstiegsschulung

Ausgangspunkt der Personalentwicklung ist die Berufsausbildung. Dabei kommt gemäß dem dualen Prinzip der Ausbildung in Schule und Betrieb dem Unternehmen die Aufgabe zu, den Auszubildenden praktisch in den vorhandenen Abteilungen so weit zu schulen, dass er den Anforderungen der späteren Fachpraxis gewachsen ist. Die Aufgabe der Berufsschule liegt in der Vermittlung theoretischer Fachkenntnisse und in der Befähigung zur eigenständigen Weiterbildung. Daneben erfolgt insbesondere in Großbetrieben in der Regel auch noch eine praxisorientierte Theorieausbildung, die anhand konkreter Situationen eine stärkere Verknüpfung von Theorie und konkreter betrieblicher Praxis erreichen soll.

Der zweite Aspekt der Personalentwicklung ist die berufliche Fort- oder Weiterbildung. Allgemein wird heute davon ausgegangen, dass ein Arbeitnehmer sich lebenslang weiter- und fortbilden muss, um den Anforderungen des Arbeitsmarktes gerecht zu bleiben.

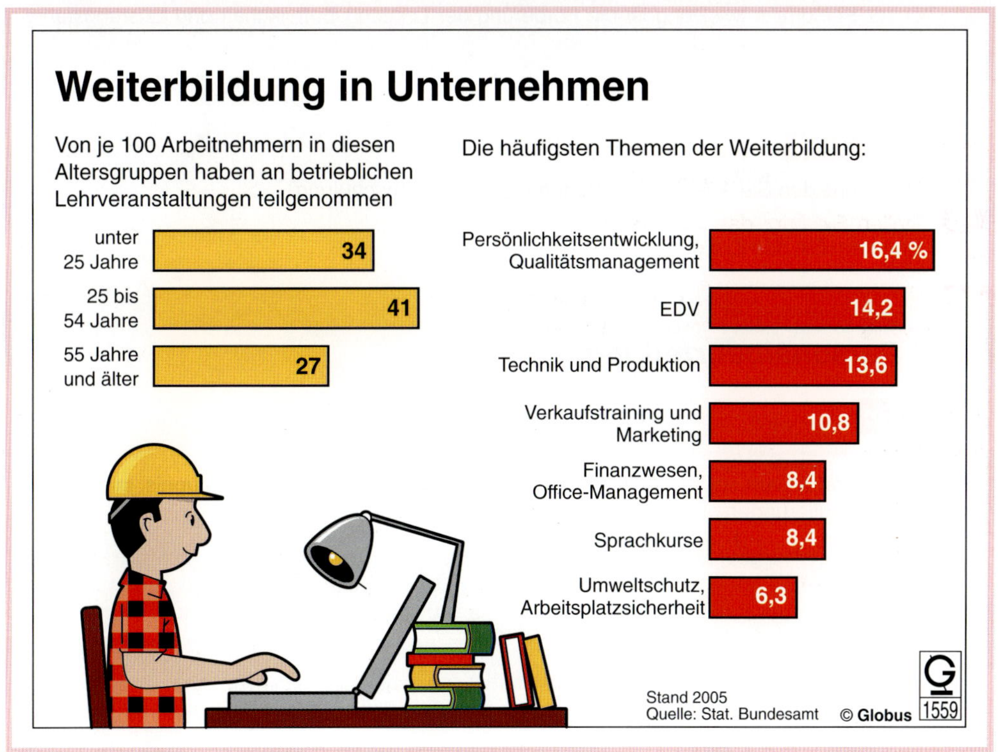

Dabei ist zu unterscheiden zwischen der Weiterbildung im Sinne einer Anpassung von Qualifikationen an veränderte Anforderungen (= Fortbildung) und der Weiterqualifikation aufgrund von Aufstiegschancen (= Aufstiegsschulung) und der Umschulung, d. h. der Qualifizierung in einer anderen Tätigkeit oder sogar in einem anderen Beruf.

Als besondere Methoden für die berufliche Weiterqualifizierung kommen dabei infrage:

- Training-on-the-Job, d. h., der Mitarbeiter lernt weitestgehend selbstständig an seinem Arbeitsplatz,
- Training-off-the-Job, d. h., der Mitarbeiter lernt abseits seines Arbeitsplatzes in innerbetrieblichen Seminaren oder in überbetrieblichen Bildungseinrichtungen, z. B. der Kammern,
- Traineeprogramme für Nachwuchsführungskräfte, in denen die zukünftigen Führungskräfte gezielt bestimmte Abteilungen durchlaufen.

Aufgabe der Personalentwicklung ist es also, die verschiedenen Möglichkeiten der innerbetrieblichen Weiterbildung zu steuern.

Kernwissen

- Personalentwicklung hat die Aufgabe, die Qualifikationen der Mitarbeiter durch Ausbildung, Weiterbildung oder Umschulung den beruflichen Bedürfnissen anzupassen und den beruflichen Aufstieg des Mitarbeiters zu ermöglichen.
- Ziel der Personalentwicklung ist die Förderung der Leistungsbereitschaft und Leistungsfähigkeit.

Zur Vertiefung

1 Unterscheiden Sie Ausbildung, Weiterbildung und Umschulung!

2 Erläutern Sie das Ziel der Personalentwicklung!

5.2.3 Personalbeurteilung

Situation

Peter Hahne erhält von seinem Arbeitgeber nach der Kündigung ein Arbeitszeugnis, in dem u. a. folgende Formulierungen auftauchen:

> Herr Hahne zeichnete sich durch seine vorbildliche Pünktlichkeit aus. Er erledigte seine Aufgaben ordnungsgemäß und hat unseren Erwartungen entsprochen. Im Kollegenkreis war er als toleranter und umgänglicher Mitarbeiter bekannt, und mit seinen Vorgesetzten kam er gut zurecht. Er verlässt uns auf eigenen Wunsch.

Peter Hahne hat inzwischen etwa 30 Bewerbungen geschrieben, jedoch keine neue Anstellung erhalten.

Personalbeurteilungen können aus unterschiedlichen Gründen notwendig werden:

- bei der Einstellung,
- bei Ablauf der Probezeit,
- bei Ausscheiden des Mitarbeiters,
- bei Versetzungen,
- bei Beförderungen.

Ferner werden in der Praxis häufig Beurteilungen in regelmäßigen Abständen alle ein bis zwei Jahre vorgenommen. Dies hat u. a. folgende *Vorteile*:

- Der persönliche Kontakt zwischen Mitarbeiter und Vorgesetztem wird gefördert.
- Mitarbeiter werden am richtigen Arbeitsplatz eingesetzt, da ihre Leistungen regelmäßig überprüft werden.
- Geeignete Mitarbeiter können beruflich gefördert werden.
- Unterlagen für Beförderungen oder Höhergruppierungen stehen zur Verfügung.

Beim Ausscheiden aus dem Betrieb kann der Arbeitnehmer ein Arbeitszeugnis verlangen. Dabei kann es sich zum einen um ein **einfaches Arbeitszeugnis** handeln, in dem nur die Aufgabe und der Zeitraum der Beschäftigung aufgeführt sind.

Zum anderen kann der Mitarbeiter aber auch ein **qualifiziertes Arbeitszeugnis** verlangen, in dem der Arbeitgeber auch eine Leistungsbewertung des Arbeitnehmers vornimmt. Da der Arbeitgeber laut § 113 Gewerbeordnung (GewO) in ein qualifiziertes Zeugnis keine negativen Bemerkungen aufnehmen darf, hat sich eine Art **„Geheimsprache"** bei der Zeugnisformulierung herausgebildet, bei der aus der Formulierung nur noch für Eingeweihte ersichtlich wird, ob es sich um gute oder schlechte Leistungen handelt. Auch diese Form der negativen Bemerkung ist nicht erlaubt, trotzdem weit verbreitet.

Im Folgenden sind einige Beispiele für Zeugnisformulierungen mit ihrer tatsächlichen Aussage aufgeführt:

Formulierung	Tatsächliche Aussage
Er (Sie) hat die ihm (ihr) übertragenen Aufgaben stets zu unserer vollsten Zufriedenheit erledigt.	Sehr gute Leistungen
Er (Sie) hat die ihm (ihr) übertragenen Aufgaben stets zu unserer vollen Zufriedenheit erledigt.	Gute Leistungen
Er (Sie) hat die ihm (ihr) übertragenen Aufgaben stets zu unserer Zufriedenheit erledigt.	Befriedigende Leistungen
Er (Sie) hat die ihm (ihr) übertragenen Aufgaben zu unserer Zufriedenheit erledigt.	Ausreichende Leistungen
Er (Sie) hat die ihm (ihr) übertragenen Aufgaben im Großen und Ganzen zu unserer Zufriedenheit erledigt.	Mangelhafte Leistungen
Er (Sie) hat sich bemüht, die ihm (ihr) übertragenen Arbeiten zu unserer Zufriedenheit zu erledigen.	Unzureichende Leistungen
Er (Sie) zeichnete sich durch seine (ihre) vorbildliche Pünktlichkeit aus.	Er (Sie) war eine totale Niete.
Er (Sie) hat sich im Rahmen seiner (ihrer) Fähigkeiten eingesetzt.	Er (Sie) hat getan, was er (sie) konnte, aber das war nicht viel.
Er (Sie) hat die Aufgaben ordnungsgemäß erledigt.	Er (Sie) zeigt keine Eigeninitiative.
Er (Sie) war im Kollegenkreis als umgänglicher (umgängliche) Kollege (Kollegin) bekannt.	Er (Sie) hat ein gestörtes Verhältnis zu anderen Mitarbeitern.
Er (Sie) kam mit Vorgesetzten gut zurecht.	Er (Sie) hat kein Durchsetzungsvermögen, passt sich gut an.
Er (Sie) ist ein gewissenhafter Mitarbeiter.	Er (Sie) ist immer zur Stelle, wenn man ihn (sie) braucht, aber selten brauchbar.
Er (Sie) zeigte Verständnis für seine (ihre) Arbeit.	Er (Sie) war faul und hat nichts geleistet.
Durch seine Geselligkeit trug er (sie) zur Verbesserung des Betriebsklimas bei.	Er (Sie) neigt zu übertriebenem Alkoholgenuss.

Formulierung	Tatsächliche Aussage
Er (Sie) hatte persönliches Format.	Er (Sie) war bei Vorgesetzten und Mitarbeitern hoch angesehen.
Er (Sie) hat den Blick für das Wesentliche.	Er (Sie) ist sehr zielstrebig.
Wir haben uns im gegenseitigen Einvernehmen getrennt.	Meist: Wir haben ihm (ihr) gekündigt.
Er (Sie) verlässt uns auf eigenen Wunsch.	Wir haben nichts dagegen.
Er (Sie) verlässt uns auf eigenen Wunsch, was wir sehr bedauern.	Er (Sie) ist tüchtig, wir hätten ihn (sie) gerne behalten.

Gegenstand einer Beurteilung sollten im Allgemeinen sein:

- Fachtheoretisches Können,
- Fachpraktische Kenntnisse und Fertigkeiten,
- Arbeitsverhalten,
- Kooperationsfähigkeit,
- Führungsqualitäten (bei Leitungsaufgaben).

Dabei haben sich in der Praxis **Beurteilungsbögen** bewährt, die die zu beurteilenden Faktoren sowie eine zahlenmäßige Abstufung (z. B. von 1 bis 10) vorgeben. Dies trägt nicht nur zu größerer Objektivität bei, sondern sorgt auch für eine bessere Vergleichbarkeit der Beurteilungen. Allerdings muss auch hier berücksichtigt werden, dass es sich trotzdem immer um eine subjektive Einschätzung des jeweils Beurteilenden handelt.

Das folgende Beispiel soll diese Beurteilung mithilfe eines Beurteilungsbogens erläutern.

Beispiel: Der Abteilungsleiter Pauli erhält den Auftrag, für den Mitarbeiter Hahn eine Beurteilung zu schreiben. Gemäß den Vorgaben des Beurteilungsbogens stellt er die folgende Bewertung auf:

Beurteilungsbogen: Walter Hahn, Sachbearbeiter Beurteilender: Bernhard Pauli, Abteilungsleiter					
Beurteilungsstufen	Punkte	Anwendung der Kenntnisse	Arbeitseinsatz	Arbeitsverhalten bei unterschiedlichen Aufgaben	Zusammenarbeit
genügt den Anforderungen nicht immer	1–2				
genügt den Anforderungen fast immer	3–4		3		
genügt den Anforderungen im vollen Umfang	5–6			6	
übertrifft die Anforderungen	7–8	7			
übertrifft die Anforderungen in besonderem Umfang	9–10				10
Gesamtpunktzahl:	26	7	3	6	10

Anhand der ermittelten Gesamtpunktzahl können verschiedene Arbeitnehmer miteinander verglichen werden.

Die Beurteilungsbögen sollten sich allerdings auf wenige Kriterien beschränken, um den Beurteiler nicht zu überfordern. Als günstig erweisen sich in der Regel die Aufnahme von Wertstufen (siehe dazu das Beispiel S. 252) in die Beurteilungsbögen, da auf diese Weise dem Beurteiler ein entsprechender Maßstab als Hilfe zur Seite gestellt wird.

Innerhalb der Beurteilungsbögen können auch noch **Gewichtungen** hinsichtlich der beurteilten Faktoren aufgenommen werden, sodass die einzelnen Kriterien gemäß ihrer jeweiligen Bedeutung berücksichtigt werden können.

Nicht in die Beurteilung einfließen sollten

- persönliche Zu- oder Abneigungen,
- Vorurteile,
- frühere Beurteilungen,
- Aussagen anderer Mitarbeiter über den zu Beurteilenden.

Der Beurteilte muss vor der endgültigen schriftlichen Fixierung der Beurteilung eine Möglichkeit zur Stellungnahme eingeräumt bekommen. Dazu sollte ein Beurteilungsgespräch geführt werden. Dieses bietet dem Beurteilten neben der Kenntnisnahme der Beurteilung auch die Möglichkeit, seine eigenen Leistungen und etwaigen Schwächen zu erkennen. Damit solche Beurteilungsgespräche auch tatsächlich stattfinden, sollten sie vom Mitarbeiter schriftlich bestätigt werden.

Kernwissen

- Beurteilungen von Mitarbeitern werden bei Ausscheiden der Mitarbeiter aus dem Unternehmen erstellt. Ferner sollten die Mitarbeiter regelmäßig beurteilt werden. Dabei sind die objektiven Leistungen (d. h. Kenntnisse, Fähigkeiten, Einsatz usw.) zu bewerten.

Zur Vertiefung

1 Warum wird bei der Bewertung in einem Arbeitszeugnis häufig eine Art „Geheimsprache" verwendet?

2 Welche Aufgaben erfüllt eine regelmäßige Mitarbeiterbeurteilung?

3 Nennen Sie einige Gründe für mögliche Beurteilungsfehler!

4 In der Mitarbeiterbeurteilung werden sowohl Leistung als auch Verhalten der Mitarbeiter beschrieben. Beurteilen Sie, welchem dieser Faktoren dabei größeres Gewicht zukommen sollte!

5 Warum sollte dem Mitarbeiter Gelegenheit gegeben werden, innerhalb eines Beurteilungsgesprächs Stellung zu der Bewertung zu nehmen?

6 Weshalb ist die Verwendung von einheitlichen Beurteilungsbögen innerhalb eines Unternehmens empfehlenswert?

5.2.4 Personalverwaltung

Situation

> Die Personalkosten sind in der Handels-Union in den letzten drei Jahren um 25 % gestiegen. Die Unternehmensleitung ist mit dieser Entwicklung in höchstem Maße unzufrieden und beauftragt daher die Personalabteilung, entsprechende Vorschläge zur Reduzierung der Personalkosten zu machen.

Die Personalkosten stellen in den meisten Unternehmen einen gewichtigen Kostenfaktor dar. Um wirtschaftlich zu arbeiten und konkurrenzfähig zu bleiben, ist es unbedingt erforderlich, den Personalbereich mit allen Daten systematisch zu verwalten.

Wichtige Instrumente sind in diesem Zusammenhang die Personalakten, die Personaldatenverwaltung und die Personalstatistik.

In den Personalakten werden für jeden Mitarbeiter die wichtigsten Unterlagen aufbewahrt. Dazu gehören u. a.: Personalbögen, Verträge, Zeugnisse und Regelbeurteilungen, wichtige Unterlagen für die Gehaltsabrechnung, ggf. Abmahnungen usw.

In Nebenakten werden u. U. noch Meldungen über Fehlzeiten, Urlaubszeiten oder Erkrankungen, soweit sie für den Betrieb von Bedeutung sind, aufbewahrt.

Die Speicherung und Übertragung personenbezogener Daten ist laut Datenschutzgesetz möglich, wenn sie betrieblich notwendig ist. Allerdings ist darauf zu achten, dass nur befugte Personen Zugang zu den gespeicherten Daten erhalten. Des Weiteren ist darauf zu achten, dass nur solche Daten in den Akten gespeichert werden, die für die betriebliche Arbeit notwendig sind.

Der Mitarbeiter hat seinerseits das Recht, seine Personalakte einzusehen. Sollten falsche oder unzulässige Daten gespeichert sein, kann er Berichtigung oder Entfernung dieser Daten verlangen.

Die Personaldatenverwaltung erfolgt heute in der Regel EDV-gestützt. Häufig werden dazu sogenannte Personalinformationssysteme (PIS) eingesetzt. Allerdings ist bei ihrem Einsatz die Zustimmung des Betriebsrates unbedingt erforderlich. Vorteil dieser Personalinformationssysteme ist die umfassende Berücksichtigung aller Daten, die es ermöglichen, in Personalfragen fundierte Aussagen zu treffen, eine langfristige Personalplanung zu betreiben und viele Personalverwaltungsaufgaben schneller auszuführen.

In der Personalstatistik werden mithilfe von Kennzahlen z. B. betriebswirtschaftliche Zusammenhänge zwischen Personalfragen und Unternehmensentwicklung erläutert. Wichtige Kennzahlen sind z. B.:

- die Stellenbesetzungsstatistik,
- die Belegschaftsbewegungen (Zu-/Abgänge),
- Arbeitszeitstatistik,
- Fehlzeitenstatistik,
- Lohn- und Gehaltsstatistiken,
- Altersstruktur der Belegschaft.

Kernwissen

- Instrumente zur Datenerfassung im Bereich der Personalverwaltung sind:
  - Personalakte,
  - Personaldatenverwaltung,
  - Personalstatistik.

Zur Vertiefung

1 Welche Aufgabe kommt der Personalabteilung bei der Aufbereitung von Personaldaten zu?

2 Erläutern Sie die drei Instrumente der Datenerfassung im Bereich der Personalverwaltung!

5.2.5 Beendigung von Arbeitsverhältnissen

Situation

Rainer Erler ist seit acht Jahren in der Handels-Union im Verkauf beschäftigt. Da es ihm in dieser Zeit nicht gelungen ist, befördert zu werden, hat er sich in der letzten Zeit auch bei anderen Unternehmen beworben. Eine dieser Bewerbungen ist erfolgreich, und ihm wird in einem anderen Unternehmen eine Stelle als Verkaufsleiter angeboten. Daraufhin kündigt Rainer Erler fristgemäß sein Arbeitsverhältnis.

Eine Kündigung ist eine einseitige, empfangsbedürftige Willenserklärung. Bei der fristgemäßen Kündigung eines Arbeitsverhältnisses sind allerdings vertragliche oder gesetzliche Fristen zu beachten (vgl. Abschnitt 5.1.2.2).

Bei Ausscheiden des Mitarbeiters aus dem Unternehmen sind ihm seine Arbeitspapiere zu übergeben. Dazu gehören im Allgemeinen die folgenden Unterlagen:

- ein Arbeitszeugnis (einfach oder qualifiziert, siehe Abschnitt 5.2.3),
- die Lohnsteuerkarte,
- der Sozialversicherungsnachweis,
- die Urlaubsbescheinigung.

Darüber hinaus verlangen Arbeitgeber häufig, dass der Arbeitnehmer eine Ausgleichsquittung unterschreibt. Darin erklärt er, dass er keine weiteren Ansprüche gegen seinen bisherigen Arbeitgeber mehr geltend macht. Diese Erklärung soll den Unternehmer vor weiteren Ansprüchen des Arbeitnehmers schützen. Allerdings ist dieser nicht gezwungen, eine solche Erklärung auch zu unterschreiben.

Kernwissen

- Eine Kündigung kann einseitig von Arbeitgeber oder Arbeitnehmer ausgesprochen werden und ist empfangsbedürftig. Bei fristgemäßer Kündigung ist auf die Einhaltung der Kündigungsfristen zu achten.
- Bei Ausscheiden erhält der Mitarbeiter folgende Papiere:
  - Lohnsteuerkarte
  - Zeugnis
  - Sozialversicherungsnachweis
  - Urlaubsbescheinigung

Zur Vertiefung

1 Warum lassen sich Arbeitgeber häufig Ausgleichsquittungen von ausscheidenden Arbeitnehmern ausstellen? Welche Gefahr birgt die Unterschrift für den Arbeitnehmer?

2 Welche Papiere muss der Arbeitgeber dem Arbeitnehmer bei seinem Ausscheiden übergeben?

5.2.6 Auswirkungen von Betriebsveränderungen

Situation

In der Farb-Chemie GmbH werden umfangreiche Umstrukturierungen vorgenommen. So ist zum einen eine stärkere Zentralisation der Produktionsstätten geplant, zum anderen sollen umfangreiche Umweltschutzmaßnahmen getroffen werden, um die Zerstörung der Umwelt zu verhindern. Durch die Rationalisierung des Unternehmens und die hohen Kosten, die durch die Produktionsumstellung verursacht werden, sieht sich die Unternehmensleitung gezwungen, in größerem Umfang Mitarbeiter zu entlassen oder innerbetrieblich umzusetzen. Daher beschließt sie, zusammen mit dem Betriebsrat mögliche Konsequenzen dieser Entscheidung durchzusprechen.

Entfallen in einem Unternehmen oder einer bestimmten Branche Arbeitsplätze, weil in großem Umfang Rationalisierungen vorgenommen werden, so greift häufig ein sogenanntes Rationalisierungsschutzabkommen, das zwischen den Tarifparteien, meistens im Rahmen von Tarifverträgen, abgeschlossen worden ist. In diesem Abkommen wird festgelegt, dass Arbeitnehmer, die ihre Arbeitsplätze durch diese Rationalisierungsmaßnahmen verlieren würden, innerhalb des Unternehmens umgesetzt werden, ohne dass ihnen Nachteile im Einkommen entstehen.

Ist die Massenentlassung von Mitarbeitern nicht zu verhindern, werden zum Ausgleich wirtschaftlicher Nachteile den Arbeitnehmern häufig finanzielle Unterstützungen gewährt. Eine solche Regelung wird als Sozialplan bezeichnet. Inhalte dieser Sozialpläne sind u. a. Abfindungen, Erhaltung von Anwartschaften auf betriebliche Altersversorgung, Umschulungsbeihilfen oder Ausgleichszahlungen.

Sozialpläne werden zwischen Unternehmer und Betriebsrat abgeschlossen. Kommt es zu keiner Einigung, entscheidet die Einigungsstelle über die Aufstellung des Sozialplanes (§ 112 Abs. 3 BetrVG).

Solche Regelungen sollen zum einen für einen wirtschaftlichen Interessenausgleich zwischen Unternehmern und Arbeitnehmern sorgen, zum anderen werden solche Regelungen heute vermehrt auch getroffen, um umweltpolitische Ziele mit den sozialen Bedürfnissen von Mitarbeitern abzustimmen.

Kernwissen

- Betriebsveränderungen können Auswirkungen in personeller, in ökonomischer und ökologischer Hinsicht haben.
- Rationalisierungsschutzabkommen und Sozialpläne sollen zum Ausgleich der Interessen zwischen Arbeitgebern und Arbeitnehmern dienen.

Zur Vertiefung

1 Erläutern Sie Inhalte und Funktion von Rationalisierungsschutzabkommen und Sozialplänen.

2 Welches Mitbestimmungsorgan entscheidet im Zweifelsfall über die Einrichtung eines Sozialplanes?

5.3 Entgeltabrechnung

Situation

Auf einem Betriebsausflug unterhalten sich mehrere Kollegen über ihre Bezahlung. Norbert Klein beschwert sich, dass sein Kollege Christian Breuer 300,00 EUR pro Monat mehr verdient als er, obwohl beide die gleiche Arbeit erledigen. Herr Breuer wendet dagegen ein, er habe schließlich Frau und Kinder und sei außerdem schon fünf Jahre länger bei der Firma als Herr Klein. Ein dritter Kollege, Herr Reif, antwortet daraufhin, er sei noch länger bei der Firma, verdiene aber nicht einmal so viel wie Herr Klein. Darauf wendet die Abteilungsleiterin, Frau Schmidt, ein, dass er schließlich auch keine so gute Berufsausbildung habe wie seine Kollegen, die sich außerdem in den letzten Jahren auf zahlreichen Fortbildungsveranstaltungen weitergebildet hätten.

Jedem Unternehmen entstehen bei der Herstellung von Gütern oder Dienstleistungen Kosten für die menschliche Arbeitskraft. Der Lohn ist das Entgelt für den Produktionsfaktor Arbeit.[1]

In diesem Zusammenhang taucht immer wieder die Frage des „gerechten“ Lohnes auf. Allerdings ist festzustellen, dass es keinen objektiven Maßstab für einen „gerechten“ Lohn gibt. Daher versucht man, dieses Problem in der Weise zu lösen, dass man bei der Entlohnung neben einigen objektiven Gesichtspunkten, wie etwa Schwierigkeitsgrad der Arbeit, verstärkt auch soziale Aspekte berücksichtigt. Dennoch sind die Auffassungen über den „gerechten“ Lohn bei verschiedenen Personen durchaus sehr unterschiedlich.

Im Allgemeinen werden bei der Festsetzung des Entgeltes die folgenden drei Bestimmungsfaktoren berücksichtigt:

1. **Anforderungsgerechtigkeit** (= anforderungsgerechter Lohn), d. h., schwierigere Aufgaben sollen besser entlohnt werden als einfache Tätigkeiten.

   Dieser Gesichtspunkt findet seinen Niederschlag in der Arbeitsbewertung, die die Grundlagen für eine anforderungsgerechte Entlohnung liefert.

2. **Leistungsgerechtigkeit** (= leistungsgerechter Lohn), d. h., je mehr jemand tatsächlich leistet, umso besser soll er bezahlt werden. Dies versucht man durch unterschiedliche **Lohnformen** zu berücksichtigen.

3. **Sozialgerechtigkeit** (= bedarfsgerechter oder Soziallohn), d. h., soziale Gesichtspunkte wie Lebensalter, Kinderzahl oder Dauer der Betriebszugehörigkeit werden bei der Entlohnung berücksichtigt. Freiwillige, gesetzliche oder tarifliche Sozialleistungen wie Kinder- oder Alterszuschläge dienen der Erfassung dieser Größen.

[1] Der Begriff „Lohn“ wird hier als Oberbegriff sowohl für den Arbeitslohn der Arbeiter als auch für das Gehalt der Angestellten und Beamten benutzt. Eine Unterscheidung wird nicht vorgenommen.

5.3.1 Bewertung der Arbeit und Entgeltformen

5.3.1.1 Verfahren der Arbeitsbewertung

Die Arbeitsbewertung ist die Grundlage der Lohn- und Gehaltsfestsetzung. Sie soll die Anforderungen, die eine bestimmte Arbeit an den Menschen stellt, erfassen und bewerten. Dazu erfolgt die Einordnung in Lohn- und Gehaltsgruppen nach dem Schwierigkeitsgrad der Arbeitsaufgaben. Dies geschieht entweder durch die Festlegung einer Rangfolge der Tätigkeiten (= **summarische Arbeitsbewertung**) oder durch die exakte Ermittlung einer Punktwertzahl (= **analytische Arbeitsbewertung**).

Grundsätzlich werden die folgenden vier Anforderungen unterschieden:

- geistige Anforderungen,
- körperliche Anforderungen,
- Verantwortung und
- Arbeitsbedingungen.

Summarische Arbeitsbewertung

Bei der summarischen Arbeitsbewertung werden die Anforderungsarten an einem Arbeitsplatz als Ganzes betrachtet und „summarisch" eingeschätzt. Dabei unterscheidet man zwei Verfahren:

- das Lohngruppenverfahren,
- das Rangfolgeverfahren.

Beim **Lohngruppenverfahren** werden für alle Arbeitsplätze die Gesamtanforderungen anhand von Richtbeispielen oder Erfahrungswerten verglichen, und dann werden die Arbeitsplätze entsprechenden Lohngruppen zugeordnet.

Lohngruppenkatalog (vereinfacht) für kaufmännische Angestellte

Gruppe	Tätigkeitsmerkmal	*Beispiele:*
K 1	Angestellte mit einfachen und schematischen Tätigkeiten, für die eine abgeschlossene Berufsausbildung nicht erforderlich ist.	• Bürohilfskraft • Bürobote • Lagerhilfskraft mit Registraturarbeiten
K 2	Angestellte mit Tätigkeiten, für die eine 2- oder 3-jährige Ausbildung im Beruf erforderlich ist.	• Stenotypistin • Verkäuferin • Telefonistin
K 3	Angestellte, die qualifizierte Arbeiten selbstständig erledigen, für die besondere Fachkenntnisse und Fähigkeiten erforderlich sind.	• Buchhalter • Kassierer • Sachbearbeiter
K 4	Angestellte mit selbstständiger Stellung im Rahmen allgemeiner Anweisung und mit voller Verantwortung für ihren Tätigkeitsbereich.	• Finanzbuchhalter • Hauptkassierer • Gruppenleiter • Disponenten
K 5	Angestellte in leitender Stellung mit voller Verantwortung	• Abteilungsleiter • Bilanzbuchhalter

Beim **Rangfolgeverfahren** werden alle Arbeitsplätze untereinander verglichen und danach untereinander in eine bestimmte Rangfolge gebracht.

Beispiel:

Stelle	Vergleichsstelle	1	2	3	4	5	Rangfolge
Bilanzbuchhalter	**1**		+	–	+	+	**3**
Bürobote	**2**	–		–	–	–	**0**
Sachbearbeiter	**3**	–	+		–	–	**1**
Abteilungsleiter	**4**	+	+	+		+	**4**
Hauptkassierer	**5**	–	+	+	–		**2**

Bei allen Fragen der Ein- und Umgruppierung von Mitarbeitern hat der Betriebsrat bei mehr als 20 Arbeitnehmern ein Mitspracherecht (§ 99 BetrVG).

Analytische Arbeitsbewertung

Die Aufgaben eines Arbeitsplatzes können mithilfe einer Arbeitsanalyse systematisch erfasst werden. Die Grundlage für die meisten Bewertungsmodelle bildet das sog. **Genfer Schema** (auch: REFA-Schema, s. Seite 262), bei dem die Einzeltätigkeiten eines Arbeitsplatzes nach den vier Anforderungsgruppen Können, Belastung, Verantwortung und Umgebungseinflüsse bewertet werden. Jedes dieser Anforderungsmerkmale wird weiter untergliedert und mit Punkten bewertet. Aus der Einzelbewertung der Tätigkeiten ergibt sich schließlich eine Gesamtpunktzahl, aus der sich die endgültige Entlohnung berechnet.

Diese analytische Arbeitsbewertung ist allerdings sehr schwierig und erfordert geschultes Personal. Sie wird überwiegend im gewerblichen Bereich eingesetzt, da sich hier die einzelnen Faktoren häufig besser ermitteln lassen.

5.3.1.2 Formen des betrieblichen Entgelts

Neben dem Schwierigkeitsgrad der Arbeit ist der **Leistungsgrad** entscheidend für die Bezahlung. Der Leistungsgrad wird ermittelt, indem die tatsächlich erbrachte Leistung ins Verhältnis zur erwarteten Normalleistung gesetzt wird.

$$\text{Leistungsgrad} = \frac{\text{Ist-Leistung} \times 100}{\text{Normalleistung}}$$

Beispiel:

Normalleistung = 10 Stück/Stunde
Ist-Leistung = 12 Stück/Stunde

$$\text{Leistungsgrad} = \frac{12 \times 100}{10} = 120\,\%$$

Nach der Art der Einbeziehung des Leistungsgrades in die quantitative Berechnung des Entgeltes für den einzelnen Arbeitnehmer unterscheidet man verschiedene Lohnformen.

Die Bezahlung kann sich grundsätzlich an der Zeit der Anwesenheit im Betrieb (= **Zeitlohn**) oder an der tatsächlich erbrachten Leistung (= **Leistungslohn**) orientieren. Daneben werden noch **Prämienlohn, Provision** und **Gewinnbeteiligung** unterschieden.

Bewertungsschema nach REFA

Punktzahl	Können		Belastung		Verantwortung			Umwelteinflüsse				
	Erforderliche Fachkenntnisse	Geschicklichkeit	Körperl. Beanspruchung	Geistige Beanspruchung	für Werkstück und Betriebsmittel	für die Gesundheit anderer	für die Arbeitsgüte	Öl, Fett, Schmutz, Staub	Gase, Dämpfe, Erschütterung	Unfallgefährdung	Lärm, Blendung, Lichtmangel	Temperatureinfluss
0	kurze Anweisung	keine	gering	sehr gering	gering	gering	gering		gering	gering	gering	gering
1	Anweisung bis 6 Wochen	gering	zeitweise mittel	gering	mittel	mittel	mittel	gering	mittel	mittel	mittel	mittel
2	Anlernen bis 6 Monate	mittel	dauernd mittel	zeitweise mittel	hoch	hoch	hoch	mittel	hoch	hoch	hoch	hoch
3	Anlernen mindestens 6 Monate und Berufserfahrung	hoch	dauernd hoch	dauernd mittel	sehr hoch	sehr hoch	sehr hoch	hoch			sehr hoch	sehr hoch
4	abgeschlossene Berufsausbildung und Berufserfahrung	höchste	dauernd sehr hoch	dauernd hoch		außergewöhnlich hoch		sehr hoch				
5	abgeschlossene Facharbeiterausbildung		dauernd außergewöhnlich	dauernd sehr hoch								
6	abgeschlossene Facharbeiterausbildung mit bes. Berufserfahrung			dauernd außergewöhnlich								
7	abgeschlossene Facharbeiterausbildung und höchstes fachl. Können											

Zeitlohn

Hier richtet sich die Höhe des Entgeltes nach der Eingruppierung in eine **Tarif- oder Lohngruppe** und der Dauer der **Arbeitszeit**. Der Lohn kann dabei als Stunden-, Tages-, Wochen- oder Monatslohn berechnet werden. Auch das Gehalt des Angestellten ist streng genommen ein Zeitlohn, da die Arbeitszeit des Angestellten tariflich festgelegt ist. Mit der Zahlung eines Zeitlohnes ist natürlich eine bestimmte Leistungserwartung des Arbeitgebers verbunden. Allerdings erfolgt die Entlohnung unabhängig davon, ob die Normalleistung über- oder unterschritten wird.

Der Arbeitnehmer hat beim Zeitlohn ein festes Einkommen, sofern er die dafür notwendigen Stunden arbeitet. Für den Arbeitgeber sind die Personalkosten als Gesamtkosten zwar fix, die Kosten pro Stück hängen jedoch von der Leistung des Mitarbeiters ab.

Geeignet ist der Zeitlohn insbesondere für alle Arbeiten, bei denen es weniger auf die Schnelligkeit als vielmehr auf die Sorgfalt bei der Bearbeitung ankommt. Ferner wird der Zeitlohn häufig dort angewandt, wo sich Leistungen nur schwer messen lassen. Dies ist insbesondere häufig bei Büroarbeiten der Fall, da hier der Arbeitsanfall im Einzelnen meist nicht vorhersehbar ist.

Leistungslohn

Beim Akkordlohn wird das mengenmäßige Ergebnis der Arbeit, gemessen in Stück, Kilogramm oder Meter, entlohnt. Allerdings geht man bei der Berechnung stets von einem tariflich garantierten Mindestlohn aus, der auch bei geringerer Leistung zu zahlen ist. Dieser Mindestlohn entspricht dem Zeitlohn bei Normalleistung. Hinzu kommt noch ein **Akkordzuschlag** von meist 10 bis 25% für die über das Normalmaß hinausgehende Leistung. Gemeinsam ergeben Mindestlohn und Akkordzuschlag den **Akkordrichtsatz**. Dieser entspricht dem Stundenverdienst eines Akkordarbeiters bei Normalleistung.

Beispiel:

garantierter Mindestlohn	12,00 EUR
+ Akkordzuschlag 20 %	2,40 EUR
= Akkordrichtsatz (Grundlohn)	14,40 EUR

Der Akkordlohn kann dabei als Geldakkord oder als Zeitakkord ermittelt werden.

Geldakkord

Beim Geldakkord wird ein fester Geldsatz pro Stück vergütet. Daher wird er auch häufig als Stückgeldakkord bezeichnet. Der Gesamtlohn ergibt sich dann aus der Multiplikation der Stückzahl mit dem Preis pro hergestelltem Stück (= Stückgeld).

$$\text{Stückgeld} = \frac{\text{Akkordrichtsatz}}{\text{Normalleistung pro Stunde}}$$

$$\text{Gesamtlohn} = \text{hergestellte Stückzahl} \times \text{Stückgeld}$$

Beispiel:

Mindestlohn: 12,00 EUR
Akkordzuschlag (20 %): 2,40 EUR
Akkordrichtsatz: 14,40 EUR
Normalleistung/Std.: 5 Stück

$$\text{Stückgeld} = \frac{14{,}40 \text{ EUR}}{5 \text{ Stück}} = \underline{\underline{2{,}88 \text{ EUR/Stück}}}$$

Der Gesamtlohn für das Beispiel errechnet sich dann bei einer normalen Tagesleistung von 40 Stück wie folgt:

Tagesgesamtlohn = 40 Stück × 2,88 EUR/Stück = $\underline{\underline{115{,}20 \text{ EUR}}}$

Liegt die Tagesproduktion höher, erhält der Arbeiter entsprechend einen höheren Gesamtlohn, liegt sie niedriger, erhält er entsprechend weniger, zumindest jedoch den garantierten Mindestlohn.

Beispiel:

a) Tagesproduktion liegt höher als die Normalleistung:
Tagesproduktion: 42 Stück
Gesamtlohn = 42 Stück × 2,88 EUR/Stück = $\underline{\underline{120{,}96 \text{ EUR}}}$

b) Tagesleistung liegt niedriger als die Normalleistung:
Tagesproduktion: 32 Stück
Gesamtlohn = 32 Stück × 2,88 EUR/Stück = 92,16 EUR,
der Mindestlohn beträgt jedoch $\underline{\underline{96{,}00 \text{ EUR}}}$

Zeitakkord

Beim Zeitakkord wird dem Arbeitnehmer eine bestimmte Zeit pro Stück vorgegeben. Diese vorgegebene Zeit wird dem Arbeitnehmer, auch wenn er weniger Zeit benötigt, in jedem Fall vergütet, indem sie mit dem Preis pro Minute **(Minutenfaktor)** multipliziert wird. Die Vorgabezeit wird aus der Normalleistung abgeleitet.

$$\text{Zeitakkordsatz} = \frac{60 \text{ Minuten}}{\text{Normalleistung/Stunde}}$$

$$\text{Minutenfaktor} = \frac{\text{Akkordrichtsatz}}{60}$$

Der Gesamtlohn ermittelt sich dann nach folgender Formel:

Gesamtlohn = Stückzahl × Zeitakkordsatz × Minutenfaktor

Beispiel:

Mindestlohn: 12,00 EUR
Akkordzuschlag (20 %): 2,40 EUR
Akkordrichtsatz: 14,40 EUR
Normalleistung pro Stunde: 5 Stück/Std.
Zeitakkordsatz: 60 Min. : 5 Stück/Std. = 12 Min. (= Vorgabezeit/Stück)
Minutenfaktor: 14,40 EUR : 60 Min. = 0,24 EUR/Min.

Der Gesamtlohn für das Beispiel errechnet sich dann bei einer normalen Tagesleistung von 40 Stück wie folgt:

Tagesgesamtlohn = 40 Stück × 12 Min. × 0,24 EUR/Min. = $\underline{\underline{115{,}20 \text{ EUR}}}$

Auch beim Zeitakkord erhält der Arbeiter bei höherer oder niedrigerer Leistung entsprechend mehr oder weniger Lohn, jedoch mindestens wieder den garantierten Lohn.

Beispiel:
a) Tagesproduktion liegt höher als die Normalleistung:
Tagesproduktion: 42 Stück
Gesamtlohn = 42 Stück × 12 Min. × 0,24 EUR/Min. = 120,96 EUR
b) Tagesleistung liegt niedriger als die Normalleistung:
Tagesproduktion: 32 Stück
Gesamtlohn = 32 Stück × 12 Min. × 0,24 EUR/Min. = 92,16 EUR,
Der Mindestlohn beträgt jedoch auch hier wieder 96,00 EUR.

Wie aus den Beispielen ersichtlich, ergibt sich bei gleicher Leistung bei beiden Berechnungsmethoden auch immer das gleiche Entgelt.

Die Kosten pro Stück sind für den Arbeitgeber in beiden Fällen fix, es sei denn, der Arbeitnehmer erhält aufgrund seiner geringen Leistung den Mindestlohn. Die Gesamtkosten sind jeweils abhängig von der erbrachten Leistung und daher variabel.

Vorteile des Akkordlohnes sind:

- Anreiz zu höherer Leistung,
- fixe Lohnkosten je Stück,
- bessere Verdienstmöglichkeiten.

Nachteile:

- zu hoher Verschleiß durch überhöhtes Arbeitstempo,
- Qualitätsminderung,
- laufende Kontrolle ist notwendig.

► Gruppenakkord

Der Gruppenakkord ist eine Sonderform des Akkordlohnes. Dabei gelten die Vorgabezeiten und der Minutenfaktor für eine Gruppe von Arbeitnehmern, die gemeinsam an einem Werkstück arbeiten. Der Zusatzverdienst wird unter den Gruppenmitgliedern aufgeteilt.

Der Vorteil des Gruppenakkords zum normalen Akkord liegt in dem besonderen Leistungsanreiz, da sich die Arbeitskräfte gegenseitig kontrollieren, um nicht die Akkordprämie zu verlieren.

Prämienlohn

Der Prämienlohn ist eine Kombination aus Zeit- und Leistungslohn. Dabei tritt neben den zeitabhängigen Grundlohn eine Prämie für erhöhte Leistung.

Dabei sind folgende **Prämienarten** zu unterscheiden:

- **Mengenleistungsprämien.** Sie werden häufig statt des Akkordlohnes angesetzt, wenn sich die Vorgabezeiten nicht so exakt ermitteln lassen, wie dies für Akkordlöhne notwendig ist.
- **Qualitätsprämien.** Sie werden für Verminderung des Ausschusses bei der Produktion gezahlt.

- **Einsparungsprämien.** Sie werden für besonders sparsamen Material- oder Energieeinsatz gezahlt.
- **Termineinhaltungsprämien.** Sie werden gezahlt für die Einhaltung von Terminen oder die Reduzierung von Warte- oder Reparaturzeiten.

Der Prämienlohn findet in der Wirtschaft immer stärkere Anwendung, da die Zahl der Arbeiten, in denen der Arbeitnehmer Einfluss auf die mengenmäßige Ausbringung nehmen kann, immer geringer wird. Es kommt heute mehr auf Konzentration und Aufmerksamkeit an. Diese Faktoren können jedoch durch einen Prämienlohn besser erfasst werden als durch einen Akkordlohn. Beim Prämienlohn kommen allerdings die Vergütungen für die Mehrarbeit nicht allein dem Arbeitnehmer zugute, sondern sie werden zwischen Betrieb und Arbeiter aufgeteilt.

Vorteile des Prämienlohns sind:

- vielseitige Anwendbarkeit,
- bessere Verdienstmöglichkeiten.

Nachteil des Prämienlohns:

- Anreiz zur Leistungssteigerung ist nicht so hoch wie beim Akkordlohn.

Provision

Die Provision ist eine prozentuale Beteiligung am Umsatz, den der Mitarbeiter bewirkt hat. Sie wird in der Regel an das Verkaufspersonal, wie z. B. Vertreter, Reisende etc. gezahlt. Sie wird meist zusätzlich zu einem festen Grundgehalt (= Fixum) gezahlt.

Beispiel: Ein Reisender erhält ein festes Grundgehalt von 1 000,00 EUR im Monat und zusätzlich eine umsatzabhängige Provision von 2%. Im Monat September beträgt sein Umsatz 50 000,00 EUR. Sein Verdienst für den Monat beträgt also 1 000,00 EUR Fixum + 1 000,00 EUR Provision (2% von 50 000,00 EUR).

Ziel der Provision ist ebenfalls der Anreiz zum Mehrverdienst durch Leistungssteigerung.

Gewinnbeteiligung

Die Gewinnbeteiligung der Arbeitnehmer ist eigentlich keine Lohnform, sondern der Versuch, durch Erhöhung des Arbeitsentgeltes in Form einer Beteiligung am Kapital das Zusammenwirken zwischen Arbeitnehmern und Arbeitgebern zu verbessern.

Löhne und Gehälter beeinflussen die Kosten des Unternehmens und vermindern den Gewinn. Gewinnanteile hingegen stellen jedoch eine Beteiligung an der Überschussverwendung dar und sind kostenneutral.

Man unterscheidet drei Arten der Gewinnbeteiligung:

- **Barauszahlung** der Gewinnanteile an die Arbeitnehmer zur freien Verfügung,
- **Beteiligung der Arbeitnehmer am Eigenkapital** des Unternehmens durch Ausgabe von Belegschaftsaktien oder stillen Beteiligungen,
- **Beteiligung der Arbeitnehmer am Fremdkapital** der Unternehmung, indem die Gewinnanteile als Darlehen der Arbeitnehmer im Unternehmen verbleiben.

Vorteile einer Gewinnbeteiligung der Arbeitnehmer sind:

- für die Arbeitnehmer
  - Vermögensbildung der Arbeitnehmer,
  - Mitbestimmungsrechte bei Eigenkapitalbeteiligungen,
- für das Unternehmen
  - verstärkter Einsatz für das Unternehmen,
  - Steigerung des Interesses am Unternehmen,
  - Erschließung neuer Kapitalquellen für das Unternehmen.

5.3.1.3 Zuschläge, Neben- und Sonderleistungen

Zu den bisher dargestellten Lohnformen kommen vielfach noch Zuschläge hinzu. Diese werden entweder gewährt, weil sie gesetzlich oder tarifvertraglich vorgesehen sind oder weil sie von den Unternehmen freiwillig gezahlt werden.

Sie können den Arbeitnehmern direkt als Lohnzuschläge oder indirekt (z. B. als Betriebsrente oder in Form von Deputaten, d. h. als kostenlose oder stark preisvergünstigte Produkte) zugutekommen. Ihre Aufgabe ist häufig die Herstellung einer größeren Sozialgerechtigkeit, indem Alter, Kinderzahl, Dauer der Betriebszugehörigkeit oder ähnliche Faktoren berücksichtigt werden.

Die wichtigsten **Zuschläge** sind:

- Überstunden- und Feiertagszuschläge,
- Urlaubsgeld,
- Weihnachtsgeld,
- Familienzulagen,
- Alterszulagen,
- Mietbeihilfen,
- Verpflegungszuschüsse,
- betriebliche Altersversorgung,
- zinslose oder zinsbegünstigte Darlehen,
- Jubiläumsgeld usw.

Kernwissen

- Das Grundproblem bei der Entlohnung ist die Frage des gerechten „Lohnes“. Dem versucht man dadurch Rechnung zu tragen, dass die Anforderungen, die erbrachten Leistungen und soziale Gesichtspunkte berücksichtigt werden.
- Die Arbeitsbewertung versucht, den Schwierigkeitsgrad der Arbeit zu erfassen:
  - Summarische Arbeitsbewertung = Bewertung eines Arbeitsplatzes als Ganzes,
  - Analytische Arbeitsbewertung = Einzelbewertung der Merkmale eines Arbeitsplatzes.
- Die Lohnformen sind Ausdruck einer Leistungsbewertung:
  - Zeitlohn
  - Leistungslohn
  - Prämienlohn
  - Provision
  - Gewinnbeteiligungen
- Die Zusatzentgelte dienen z. T. der Berücksichtigung der Sozialgerechtigkeit.

Zur Vertiefung

1 Welche Anforderungen werden an einen „gerechten" Lohn gestellt?

2 Beschreiben Sie Vor- und Nachteile der summarischen Arbeitsbewertung im Vergleich zur analytischen Arbeitsbewertung!

3 Welchem Verfahren ist der Bundesangestelltentarif (BAT) zuzuordnen?

4 Grenzen Sie Zeit- und Leistungslohn gegeneinander ab! Nennen Sie die jeweiligen Vorteile!

5 Zu welcher Lohnform gehört das Gehalt eines Angestellten?

6 Ein Akkordarbeiter erstellt 1 100 Stücke in 180 Stunden. Er erhält einen Mindestlohn von 13,00 EUR zuzüglich 20 % Akkordzuschlag. Wie hoch ist sein Lohn, wenn die Vorgabezeit je Stück 10 Minuten beträgt?

7 Was versteht man unter dem Minutenfaktor und wie wird er ermittelt?

8 Für ein Werkstück beträgt die Vorgabezeit 3 Minuten. Der Akkordrichtsatz ist 12,00 EUR.

a) Errechnen Sie den Stückakkordsatz!

b) Errechnen Sie den Bruttoverdienst als Stückgeldakkord bei einer Tagesleistung von 180 Stück.

c) Errechnen Sie den Minutenfaktor!

d) Errechnen Sie den Bruttoverdienst als Zeitakkord bei einer Tagesleistung von 180 Stück.

9 Für einen Akkordarbeiter gelten folgende Angaben:
Garantierter Mindestlohn 12,00 EUR, Akkordzuschlag 15 %, Normalleistung je Stunde 6 Stück, Arbeitszeit pro Woche 40 Stunden

a) Ermitteln Sie Akkordrichtsatz und Stückakkordsatz!

b) Berechnen Sie den wöchentlichen Bruttoverdienst bei

- einer Normalleistung.
- einer Leistung von 7 Stück pro Stunde.
- einer Leistung von 5 Stück pro Stunde.

10 Nennen Sie Gründe für eine Einführung eines Prämienlohnsystems!

11 In der Praxis werden Prämien für unterschiedliche Arten von Leistungen gezahlt. Nennen Sie mindestens drei Prämienarten!

12 Ein Vertreter erhält ein Grundgehalt von 1 000,00 EUR. Daneben steht ihm eine Umsatzprovision von 1,5 % zu. Sein Umsatz lag im letzten Monat bei 180 000,00 EUR. Errechnen Sie seinen Bruttoverdienst!

13 Weshalb zahlen heute große Unternehmen ihren Mitarbeitern häufig freiwillig Gewinnanteile aus?

14 Welche Vorteile ergeben sich für die Arbeitnehmer aus der Gewinnbeteiligung?

15 Warum können betriebliche Sonderleistungen zur sozialgerechten Entlohnung beitragen? Welche Zuschläge kommen hier besonders in Betracht?

5.3.2 Ermittlung des Entgelts

Situation

Werner Jung ist Sachbearbeiter im Lohnbüro der Handels-Union. Jeweils zum Monatsende kommt viel Arbeit auf ihn zu, da er für alle Angestellten und Arbeiter die Lohn- und Gehaltsabrechnung erstellen muss. Dazu benötigt er für jeden Mitarbeiter eine Personalkarte, auf der seine wichtigen Daten (Steuerklasse, Kinderzahl usw.) erfasst sind. Des Weiteren erhält er von den gewerblichen Arbeitnehmern ihre Arbeitszeitkarten, da sie nach den abgeleisteten Stunden bezahlt werden.

Zur Ermittlung des Entgelts muss der Sachbearbeiter im Lohnbüro zunächst alle wichtigen Daten erfassen. Alle die Informationen zu einer Person, die über einen längeren Zeitraum nicht verändert werden (= Stammdaten), liegen auf einer Personalkarteikarte vor. Dazu gehören z. B. die **Steuerklasse**, die **Sozialversicherungsdaten, Steuerfreibeträge** usw. Bei einer EDV-gestützten Lohn- und Gehaltsabrechnung können diese Daten von einem externen Speicher abgerufen werden.

Die Geldfaktoren wie Stundenlöhne, Akkordsätze, Monatsgehälter, Zuschläge, Zulagen und Prämien werden dem Arbeitsvertrag, dem Tarifvertrag, der Betriebsvereinbarung oder sonstigen Unterlagen entnommen.

5.3.2.1 Arbeitszeiterfassung und -regelung

Neben diesen Stammdaten ist aber auch die Arbeitszeit der Mitarbeiter zu erfassen. Bei Angestellten ist die Arbeitszeit tariflich festgelegt und müsste daher eigentlich nicht weiter ermittelt werden.

Da jedoch viele Unternehmen heute gleitende Arbeitszeiten haben, ist auch die Arbeitszeit dieser Mitarbeiter zu erfassen, um nachzuweisen, dass die erforderlichen Stunden abgeleistet worden sind. Dazu dienen entweder Stempelkarten, auf denen Anfangs-, Ende- und Pausenzeiten erfasst werden, oder die Arbeitnehmer führen eigene Nachweise über ihre Arbeitszeit.

Bei Arbeitern spielt die Erfassung der Arbeitszeit eine besonders wichtige Rolle für ihre Entlohnung. Hat der Arbeitnehmer einen festen Arbeitsplatz, bietet sich auch hier die Stempelkarte als sinnvolle Methode der Arbeitszeiterfassung an. Bei wechselnden Einsatzorten, wie sie z. B. bei Kundendienstmonteuren, Malern, Elektrikern usw. vorkommen, kann ein Arbeitsnachweisheft eingesetzt werden, bei dem Anfangs- und Endzeitpunkt der Arbeit sowie die Dauer der Fahrten vom und zum Einsatzort eingetragen werden. In der Regel werden diese Angaben vom Kunden quittiert.

Die wesentlichen Vorschriften für die Arbeitszeit ergeben sich zum einen aus dem Arbeitszeitgesetz (ArbZG). Zum anderen können Arbeits- und Tarifverträge davon abweichende Regelungen enthalten, sofern sie den Arbeitnehmer nicht schlechter als bei der gesetzlichen Regelung stellen.

Die Arbeitszeit beträgt nach dem Arbeitszeitgesetz acht Stunden täglich. Sie kann nur dann auf bis zu zehn Stunden verlängert werden, wenn innerhalb eines halben Kalenderjahres im Durchschnitt eine werktägliche Arbeitszeit von acht Stunden nicht überschritten wird. Eine ergänzende Regelung zum Gesundheitsschutz bei flexiblen Arbeitszeiten kann zwischen den Tarifparteien oder mit deren Zustimmung zwischen Betriebsführungen und Betriebsräten vereinbart werden. Sonn- und Feiertagsarbeit ist dann möglich, wenn ein Betrieb sonst seine internationale Konkurrenzfähigkeit verliert. Sie wird aber nur dann vom Gewerbeaufsichtsamt genehmigt, wenn der Betrieb von Montags bis Samstags bereits rund um die Uhr arbeitet und ausländische Konkurrenten ebenfalls sonntags arbeiten. Jeder Arbeitnehmer muss aber an mindestens 15 Sonntagen arbeitsfrei haben. Auch an Sonn- und Feiertagen darf die maximale tägliche Arbeitszeit zehn Stunden nicht überschreiten.

5.3.2.2 Lohn- und Gehaltsabrechnung

Bei der Berechnung des Entgelts für die geleistete Arbeit muss grundsätzlich zwischen der **Gehaltsabrechnung** der Angestellten und der **Lohnabrechnung** der Arbeiter unterschieden werden.

Während beim Gehalt der Angestellten eine fest vorgegebene Arbeitszeit vergütet wird, wird beim Zeit- oder Akkordlohn der Arbeiter die Anzahl der gearbeiteten Stunden oder Minuten bzw. die hergestellte Stückzahl mit dem vorgegebenen Stundensatz multipliziert (vgl. Abschnitt 5.3.1.2).

Dieses tarifliche oder übertarifliche Entgelt stimmt in der Regel nicht mit dem steuerpflichtigen Arbeitslohn überein. Zum **steuerpflichtigen Arbeitslohn** gehören **alle** Einnahmen, die ein Arbeitnehmer aus einem Arbeitsverhältnis erzielt, und zwar unabhängig davon, ob die Einnahme einmalig oder laufend erfolgt und ob sie aus einer Geld- oder Sachleistung besteht. Daher müssen möglicherweise Zuschläge sowohl bei der Lohn- als auch bei der Gehaltsabrechnung berücksichtigt werden. Hier kommen insbesondere Urlaubs- oder Weihnachtsgeld, Gratifikationen oder Zuschläge für Sonntags-, Feiertags- oder Nachtarbeit infrage (siehe Abschnitt 5.3.1.3). Zum Teil sind diese Einnahmen bis zu bestimmten Grenzen steuerfrei.

Alle Entgelte zusammen ergeben den **Bruttoarbeitslohn** oder das **Bruttogehalt**. Dieses erhält der Arbeitnehmer allerdings nicht voll ausgezahlt, vielmehr werden noch folgende **Abzüge** vorgenommen:

- Lohnsteuer,
- Kirchensteuer,
- Solidaritätszuschlag,
- Sozialversicherungsbeiträge,
- ggf. vermögenswirksame Anlagen.

Berechnung der Lohnsteuer

Nach § 1 Einkommensteuergesetz (EStG) sind alle inländischen natürlichen Personen zur Einkommensteuerzahlung verpflichtet. Unter Einkommen werden hierbei die in § 2 genannten sieben Einkunftsarten verstanden. Dies sind im Einzelnen:

1. Einkünfte aus Land- und Forstwirtschaft,
2. Einkünfte aus Gewerbebetrieb,
3. Einkünfte aus selbstständiger Arbeit,
4. Einkünfte aus nicht selbstständiger Arbeit,
5. Einkünfte aus Kapitalvermögen,
6. Einkünfte aus Vermietung und Verpachtung,
7. sonstige Einkünfte.

Die **Lohnsteuer**, d. h. **die Abgabe auf Einkünfte aus nicht selbstständiger Arbeit**, wird anhand von **Lohnsteuertabellen** ermittelt. Alle Einkommensempfänger werden dabei, abhängig vom Familienstand und Kinderzahl, in **Lohnsteuerklassen** eingeordnet. Dabei werden die folgenden Lohnsteuerklassen unterschieden:

Klasse I	für alleinstehende Personen
Klasse II	für alleinstehende Personen, wenn ihnen der Entlastungsbetrag für Alleinerziehende zusteht
Klasse III	für verheiratete Personen, bei denen nur ein Ehegatte Einkünfte aus einem Arbeitsverhältnis bezieht
Klasse IV	für verheiratete Personen, bei denen beide Ehegatten Einkünfte aus einem Arbeitsverhältnis beziehen
Klasse V	für verheiratete Personen, bei denen beide Ehepartner berufstätig sind, der besser verdienende Teil ist in der günstigeren Steuerklasse III, der schlechter verdienende Teil ist dann in der ungünstigeren Steuerklasse V einzuordnen
Klasse VI	für die zweite und jede weitere Steuerkarte bei Arbeitnehmern mit mehreren Beschäftigungen

Die Steuerklassen I, II, III und IV werden dann noch nach der Zahl der gemeldeten Kinder weiter unterteilt. Die arabische Ziffer hinter der römischen Zahl für die Steuerklasse gibt dabei die Zahl der Kinder, für die Anspruch auf einen Kinderfreibetrag besteht, an. Die Angabe der Steuerklasse III,2 bedeutet also, dass der Arbeitnehmer zwei Kinder hat und entweder ein verheirateter Alleinverdiener ist oder aber, dass der Ehepartner in Steuerklasse V eingeordnet ist. Die Kinderfreibeträge haben allerdings nur Einfluss auf die Höhe des Solidaritätszuschlags und der Kirchensteuer. Bei der Lohnsteuerermittlung werden sie nicht mehr berücksichtigt.

Die jeweilige Steuerklasse und die Zahl der Kinder werden von der zuständigen Gemeindebehörde in der **Steuerkarte** vermerkt.[1] Der Arbeitgeber kann dann aufgrund dieser Angaben die jeweilige Lohnsteuer aus einer **Lohnsteuertabelle** ablesen. Seit 2003 ist eine Abrechnung mittels EDV erforderlich.

Die Lohnsteuertabelle ist nach Steuerklasse und Anzahl der Kinderfreibeträge gegliedert. Die erste Spalte gibt dabei immer an, bis zu welchem Monatslohn oder -gehalt die jeweils nebenstehenden Steuern zu entrichten sind.

Die zu entrichtende Steuerschuld wird dann in der Form ermittelt, dass zunächst unter der jeweiligen Steuerklasse die zu entrichtende Lohnsteuer herausgesucht wird. Zur Ermittlung des Solidaritätszuschlags und der Kirchensteuer ist ein eventueller Kinderfreibetrag zu berücksichtigen. Die Beiträge können unter der Spalte des entsprechenden Kinderfreibetrages in der Zeile mit dem zu versteuernden Bruttogehalt neben der jeweiligen Steuerklasse abgelesen werden. Halbe Kinderfreibeträge entstehen, wenn Kinder auf den Steuerkarten beider Eltern Berücksichtigung gefunden haben.

Beispiel: Fritz Brause ist Angestellter der Handels-Union. Er hat ein Kind und ist Alleinverdiener in der Familie. Damit ist Fritz Brause in der Steuerklasse III eingeordnet. Er verdient brutto monatlich 2 355,00 EUR. Laut Lohnsteuertabelle hat er 103,16 EUR Lohnsteuer zu zahlen.

[1] Ab 2011 wird die Lohnsteuerkarte durch eine elektronische Meldung an das Finanzamt ersetzt.

Lohn/ Gehalt bis €*	Abzüge an Lohnsteuer, Solidaritätszuschlag (SolZ) und Kirchensteuer (8%, 9%) in den Steuerklassen I – VI					I, II, III, IV		mit Zahl der Kinderfreibeträge . . . 0,5			1			1,5			2			2,5			3**		
		LSt	ohne Kinderfreibeträge SolZ	8%	9%		LSt	SolZ	8%	9%	SolZ	8%	9%	SolZ	8%	9%	SolZ	8%	9%	SolZ	8%	9%	SolZ	8%	9%
2 354,99	I,IV	312,08	17,16	24,96	28,08	I	312,08	12,68	18,45	20,75	8,47	12,32	13,86	0,18	6,55	7,37	—	1,80	2,02	—	—	—	—	—	—
	II	281,16	15,46	22,49	25,30	II	281,16	11,08	16,12	18,13	6,95	10,12	11,38	—	4,60	5,18	—	0,40	0,45	—	—	—	—	—	—
	III	103,16	—	8,25	9,28	III	103,16	—	3,82	4,30	—	0,14	0,16	—	—	—	—	—	—	—	—	—	—	—	—
	V	567,50	31,21	45,40	51,07	IV	312,08	14,89	21,66	24,36	12,68	18,45	20,75	10,54	15,34	17,25	8,47	12,32	13,86	6,45	9,38	10,55	0,18	6,55	7,37
	VI	599,50	32,97	47,96	53,95																				
2 357,99	I,IV	312,83	17,20	25,02	28,15	I	312,83	12,72	18,51	20,82	8,50	12,37	13,91	0,31	6,60	7,43	—	1,83	2,06	—	—	—	—	—	—
	II	281,91	15,50	22,55	25,37	II	281,91	11,11	16,17	18,19	6,99	10,17	11,44	—	4,64	5,22	—	0,44	0,49	—	—	—	—	—	—
	III	103,66	—	8,29	9,32	III	103,66	—	3,86	4,34	—	0,17	0,19	—	—	—	—	—	—	—	—	—	—	—	—
	V	568,66	31,27	45,49	51,17	IV	312,83	14,93	21,72	24,43	12,72	18,51	20,82	10,58	15,39	17,31	8,50	12,37	13,91	6,49	9,44	10,62	0,31	6,60	7,43
	VI	600,66	33,03	48,05	54,05																				
2 360,99	I,IV	313,58	17,24	25,08	28,22	I	313,58	12,76	18,56	20,88	8,54	12,42	13,97	0,43	6,65	7,48	—	1,87	2,10	—	—	—	—	—	—
	II	282,58	15,54	22,60	25,43	II	282,58	11,16	16,23	18,26	7,03	10,22	11,50	—	4,69	5,27	—	0,46	0,52	—	—	—	—	—	—
	III	104,33	—	8,34	9,38	III	104,33	—	3,90	4,39	—	0,21	0,23	—	—	—	—	—	—	—	—	—	—	—	—
	V	569,66	31,33	45,57	51,26	IV	313,58	14,97	21,78	24,50	12,76	18,56	20,88	10,61	15,44	17,37	8,54	12,42	13,97	6,52	9,49	10,67	0,43	6,65	7,48
	VI	601,66	33,09	48,13	54,14																				
2 363,99	I,IV	314,33	17,28	25,14	28,28	I	314,33	12,80	18,62	20,95	8,58	12,48	14,04	0,56	6,70	7,54	—	1,90	2,14	—	—	—	—	—	—
	II	283,33	15,58	22,66	25,49	II	283,33	11,19	16,28	18,32	7,06	10,28	11,56	—	4,74	5,33	—	0,50	0,56	—	—	—	—	—	—
	III	104,83	—	8,38	9,43	III	104,83	—	3,94	4,43	—	0,24	0,27	—	—	—	—	—	—	—	—	—	—	—	—
	V	570,83	31,39	45,66	51,37	IV	314,33	15,01	21,04	24,57	12,80	18,62	20,95	10,66	15,50	17,44	8,58	12,48	14,04	6,56	9,54	10,73	0,56	6,70	7,54
	VI	602,66	33,14	48,21	54,23																				
2 366,99	I,IV	315,08	17,32	25,20	28,35	I	315,08	12,84	18,68	21,01	8,61	12,53	14,09	0,68	6,75	7,59	—	1,94	2,18	—	—	—	—	—	—
	II	284,08	15,62	22,72	25,56	II	284,08	11,23	16,34	18,38	7,10	10,33	11,62	—	4,78	5,37	—	0,53	0,59	—	—	—	—	—	—
	III	105,50	—	8,44	9,49	III	105,50	—	3,98	4,48	—	0,28	0,31	—	—	—	—	—	—	—	—	—	—	—	—
	V	571,83	31,45	45,74	51,46	IV	315,08	15,05	21,90	24,63	12,84	18,68	21,01	10,69	15,56	17,50	8,61	12,53	14,09	6,59	9,59	10,79	0,68	6,75	7,59
	VI	603,66	33,20	48,29	54,32																				
2 369,99	I,IV	315,83	17,37	25,26	28,42	I	315,83	12,88	18,74	21,08	8,65	12,58	14,15	0,81	6,80	7,65	—	1,98	2,22	—	—	—	—	—	—
	II	284,83	15,66	22,78	25,63	II	284,83	11,27	16,40	18,45	7,14	10,38	11,68	—	4,82	5,42	—	0,56	0,63	—	—	—	—	—	—
	III	106,—	—	8,48	9,54	III	106,—	—	4,02	4,52	—	0,30	0,34	—	—	—	—	—	—	—	—	—	—	—	—
	V	572,83	31,50	45,82	51,55	IV	315,83	15,09	21,96	24,70	12,88	18,74	21,08	10,73	15,61	17,56	8,65	12,58	14,15	6,63	9,64	10,85	0,81	6,80	7,65
	VI	604,83	33,26	48,38	54,43																				
2 372,99	I,IV	316,58	17,41	25,32	28,49	I	316,58	12,92	18,79	21,14	8,69	12,64	14,22	0,93	6,85	7,70	—	2,01	2,26	—	—	—	—	—	—
	II	285,58	15,70	22,84	25,70	II	285,58	11,31	16,45	18,50	7,17	10,43	11,73	—	4,87	5,48	—	0,59	0,66	—	—	—	—	—	—
	III	106,66	—	8,53	9,59	III	106,66	—	4,06	4,57	—	0,34	0,38	—	—	—	—	—	—	—	—	—	—	—	—
	V	574,—	31,57	45,92	51,66	IV	316,58	15,13	22,01	24,76	12,92	18,79	21,14	10,77	15,67	17,63	8,69	12,64	14,22	6,66	9,70	10,91	0,93	6,85	7,70
	VI	605,83	33,32	48,46	54,52																				
2 375,99	I,IV	317,33	17,45	25,38	28,55	I	317,33	12,96	18,85	21,20	8,72	12,69	14,27	1,06	6,90	7,76	—	2,05	2,30	—	—	—	—	—	—
	II	286,33	15,74	22,90	25,76	II	286,33	11,35	16,51	18,57	7,20	10,48	11,79	—	4,92	5,53	—	0,62	0,70	—	—	—	—	—	—
	III	107,33	—	8,58	9,65	III	107,33	—	4,10	4,61	—	0,37	0,41	—	—	—	—	—	—	—	—	—	—	—	—
	V	574,83	31,61	45,98	51,73	IV	317,33	15,17	22,07	24,83	12,96	18,85	21,20	10,81	15,72	17,69	8,72	12,69	14,27	6,70	9,75	10,97	1,06	6,90	7,76
	VI	606,83	33,37	48,54	54,61																				
2 378,99	I,IV	318,08	17,49	25,44	28,62	I	318,08	12,99	18,90	21,26	8,76	12,74	14,33	1,18	6,95	7,82	—	2,09	2,35	—	—	—	—	—	—
	II	287,08	15,78	22,96	25,83	II	287,08	11,38	16,56	18,63	7,24	10,54	11,85	—	4,96	5,58	—	0,66	0,74	—	—	—	—	—	—
	III	107,83	—	8,62	9,70	III	107,83	—	4,14	4,66	—	0,41	0,46	—	—	—	—	—	—	—	—	—	—	—	—
	V	575,83	31,67	46,06	51,82	IV	318,08	15,21	22,13	24,89	12,99	18,90	21,26	10,84	15,78	17,75	8,76	12,74	14,33	6,74	9,80	11,03	1,18	6,95	7,82
	VI	608,—	33,44	48,64	54,72																				
2 381,99	I,IV	318,83	17,53	25,50	28,69	I	318,83	13,03	18,96	21,33	8,80	12,80	14,40	1,31	7,—	7,88	—	2,12	2,39	—	—	—	—	—	—
	II	287,83	15,83	23,02	25,90	II	287,83	11,42	16,62	18,69	7,28	10,59	11,91	—	5,—	5,63	—	0,68	0,77	—	—	—	—	—	—
	III	108,50	—	8,68	9,76	III	108,50	—	4,18	4,70	—	0,44	0,49	—	—	—	—	—	—	—	—	—	—	—	—
	V	577,—	31,73	46,16	51,93	IV	318,83	15,25	22,19	24,96	13,03	18,96	21,33	10,89	15,84	17,82	8,80	12,80	14,40	6,77	9,86	11,09	1,31	7,—	7,88
	VI	609,—	33,49	48,72	54,81																				
2 384,99	I,IV	319,58	17,57	25,56	28,76	I	319,58	13,08	19,02	21,40	8,83	12,85	14,45	1,45	7,06	7,94	—	2,16	2,43	—	—	—	—	—	—
	II	288,50	15,86	23,08	25,96	II	288,50	11,46	16,68	18,76	7,31	10,64	11,97	—	5,05	5,68	—	0,72	0,81	—	—	—	—	—	—
	III	109,—	—	8,72	9,81	III	109,—	—	4,22	4,75	—	0,48	0,54	—	—	—	—	—	—	—	—	—	—	—	—
	V	578,—	31,79	46,24	52,02	IV	319,58	15,29	22,24	25,02	13,08	19,02	21,40	10,92	15,89	17,87	8,83	12,85	14,45	6,81	9,90	11,14	1,45	7,06	7,94
	VI	610,16	33,55	48,81	54,91																				
2 387,99	I,IV	320,41	17,62	25,63	28,83	I	320,41	13,11	19,08	21,46	8,87	12,90	14,51	1,56	7,10	7,99	—	2,20	2,47	—	—	—	—	—	—
	II	289,25	15,90	23,14	26,03	II	289,25	11,50	16,73	18,82	7,35	10,70	12,03	—	5,10	5,73	—	0,75	0,84	—	—	—	—	—	—
	III	109,66	—	8,77	9,86	III	109,66	—	4,26	4,79	—	0,50	0,56	—	—	—	—	—	—	—	—	—	—	—	—
	V	579,16	31,85	46,33	52,12	IV	320,41	15,33	22,30	25,09	13,11	19,08	21,46	10,96	15,94	17,93	8,87	12,90	14,51	6,84	9,96	11,20	1,56	7,10	7,99
	VI	611,33	33,62	48,90	55,01																				
2 390,99	I,IV	321,08	17,65	25,68	28,89	I	321,08	13,15	19,14	21,53	8,91	12,96	14,58	1,70	7,16	8,05	—	2,24	2,52	—	—	—	—	—	—
	II	290,—	15,95	23,20	26,10	II	290,—	11,54	16,78	18,88	7,39	10,75	12,09	—	5,14	5,78	—	0,78	0,88	—	—	—	—	—	—
	III	110,33	—	8,82	9,92	III	110,33	—	4,30	4,84	—	0,54	0,61	—	—	—	—	—	—	—	—	—	—	—	—
	V	580,16	31,90	46,41	52,21	IV	321,08	15,37	22,36	25,16	13,15	19,14	21,53	11,—	16,—	18,—	8,91	12,96	14,58	6,88	10,01	11,26	1,70	7,16	8,05
	VI	612,16	33,66	48,97	55,09																				
2 393,99	I,IV	321,91	17,70	25,75	28,97	I	321,91	13,19	19,19	21,59	8,94	13,01	14,63	1,81	7,20	8,10	—	2,28	2,56	—	—	—	—	—	—
	II	290,75	15,99	23,26	26,16	II	290,75	11,58	16,84	18,95	7,42	10,80	12,15	—	5,19	5,84	—	0,82	0,92	—	—	—	—	—	—
	III	110,83	—	8,86	9,97	III	110,83	—	4,34	4,88	—	0,57	0,64	—	—	—	—	—	—	—	—	—	—	—	—
	V	581,16	31,96	46,49	52,30	IV	321,91	15,41	22,42	25,22	13,19	19,19	21,59	11,04	16,06	18,06	8,94	13,01	14,63	6,92	10,06	11,32	1,81	7,20	8,10
	VI	613,33	33,73	49,06	55,19																				
2 396,99	I,IV	322,66	17,74	25,81	29,03	I	322,66	13,23	19,25	21,65	8,98	13,06	14,69	1,95	7,26	8,16	—	2,31	2,60	—	—	—	—	—	—
	II	291,50	16,03	23,32	26,23	II	291,50	11,61	16,90	19,01	7,46	10,85	12,20	—	5,24	5,89	—	0,85	0,95	—	—	—	—	—	—
	III	111,50	—	8,92	10,03	III	111,50	—	4,38	4,93	—	0,61	0,68	—	—	—	—	—	—	—	—	—	—	—	—
	V	582,16	32,01	46,57	52,39	IV	322,66	15,45	22,48	25,29	13,23	19,25	21,65	11,07	16,11	18,12	8,98	13,06	14,69	6,95	10,12	11,38	1,95	7,26	8,16
	VI	614,33	33,78	49,14	55,28																				
2 399,99	I,IV	323,41	17,78	25,87	29,10	I	323,41	13,27	19,31	21,72	9,02	13,12	14,76	2,08	7,31	8,22	—	2,35	2,64	—	—	—	—	—	—
	II	292,25	16,07	23,38	26,30	II	292,25	11,66	16,96	19,08	7,49	10,90	12,26	—	5,28	5,94	—	0,88	0,99	—	—	—	—	—	—
	III	112,—	—	8,96	10,08	III	112,—	—	4,42	4,97	—	0,64	0,72	—	—	—	—	—	—	—	—	—	—	—	—
	V	583,33	32,08	46,66	52,49	IV	323,41	15,50	22,54	25,36	13,27	19,31	21,72	11,11	16,17	18,19	9,02	13,12	14,76	6,99	10,17	11,44	2,08	7,31	8,22
	VI	615,50	33,85	49,24	55,39																				

* Die ausgewiesenen Tabellenwerte sind amtlich. Siehe Erläuterungen auf der Umschlaginnenseite (U2).
** Bei mehr als 3 Kinderfreibeträgen ist die „Ergänzungs-Tabelle 3,5 bis 6 Kinderfreibeträge" anzuwenden.

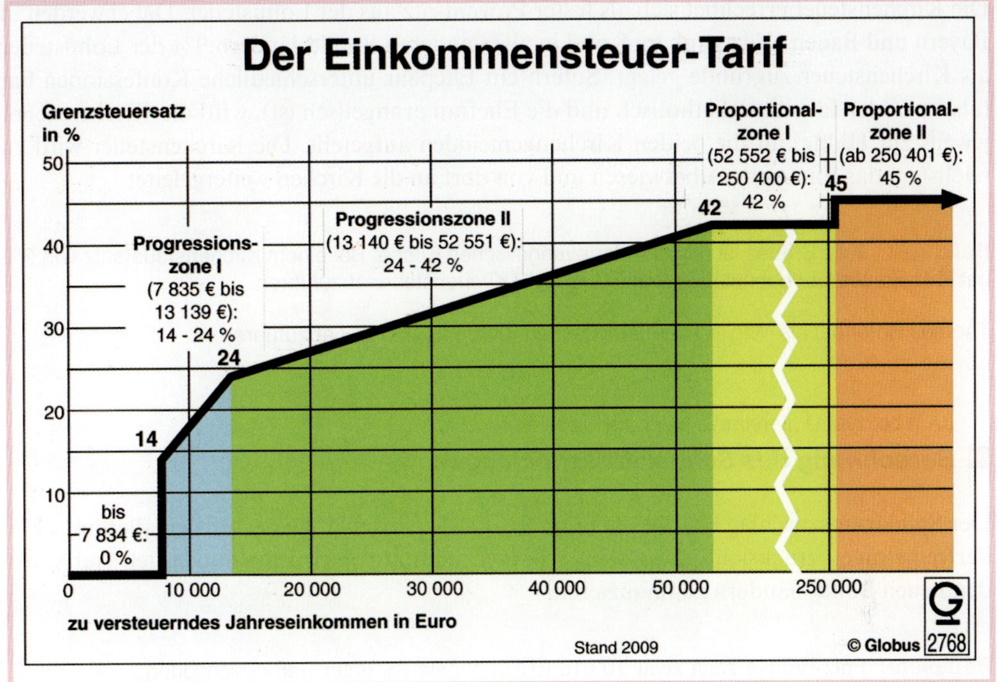

Die Steuersätze schwanken zurzeit in Abhängigkeit von Einkommen und Kinderzahl zwischen 15 und 42%. Das Einkommen bis zum Grundfreibetrag (= Existenzminimum: 8 004,00 EUR in Steuerklassen I, II und IV und 16 008,00 EUR in Steuerklasse III) bleibt steuerfrei.

Des Weiteren können auf der Lohnsteuerkarte **Freibeträge** eingetragen sein, die das zu versteuernde Einkommen vermindern. Freibeträge können unter bestimmten Umständen z. B. für Werbungskosten (d. h. Aufwendungen zur Erwerbung, Sicherung und Erhaltung der Einnahmen, wie z. B. Fahrtkosten oder Bürobedarf), als Altersfreibetrag oder zur Förderung von Wohneigentum auf der Lohnsteuerkarte eingetragen werden.

Das monatliche Bruttoeinkommen wird dann jeweils um den entsprechenden Freibetrag vermindert und nur der verbleibende Rest wird als zu versteuerndes Einkommen zugrunde gelegt.

Beispiel: Thomas Höfer hat sich für Werbungskosten (Arbeitsmittel, Fahrtkosten usw.) einen monatlichen Freibetrag von 200,00 EUR auf der Lohnsteuerkarte eintragen lassen. Daher muss er nun statt seines Bruttoeinkommens von 2 580,00 EUR nur 2 380,00 EUR monatlich versteuern, 200,00 EUR bleiben steuerfrei. Er ist in Steuerklasse IV,1 eingeordnet. Seine Steuerschuld beträgt somit laut Lohnsteuertabelle 318,83 EUR.

Berechnung der Kirchensteuer

Die Kirchensteuer wird gleichzeitig mit der Lohnsteuer erhoben. Steuerpflichtig sind alle Mitglieder der evangelischen und der katholischen Kirchen sowie Personen jüdischen Glaubens. Für andere Religionsgemeinschaften wird in der Bundesrepublik keine Kirchensteuer eingezogen.

Die Kirchensteuer errechnet sich als fester Prozentsatz aus der Lohnsteuer. Dabei werden in Bayern und Baden-Württemberg 8 und in allen anderen Bundesländern 9% der Lohnsteuer als Kirchensteuer zugrunde gelegt. Sofern ein Ehepaar unterschiedliche Konfessionen hat (also z.B. der Ehemann katholisch und die Ehefrau evangelisch ist), wird die Kirchensteuer jeweils zur Hälfte auf die beiden Kirchengemeinden aufgeteilt. Die Kirchensteuer wird zunächst an das Finanzamt überwiesen und von dort an die Kirchen weitergeleitet.

Beispiele: Fritz Brause ist Mitglied der evangelischen Kirche. Bei einem Kirchensteuersatz von 9% hat Fritz Brause laut Lohnsteuertabelle 0,16 EUR Kirchensteuer abzuführen.

Thomas Höfer hat als Mitglied der katholischen Kirche 21,33 EUR abzuführen.

Berechnung des Solidaritätszuschlages

Der Solidaritätszuschlag beträgt zurzeit 5,5% der Lohnsteuer. Dabei werden allerdings Kinderfreibeträge berücksichtigt. Er wird erhoben, um mit diesen Einnahmen den Aufbau in den neuen Bundesländern zu finanzieren.

Beispiele: Fritz Brause zahlt zwar 103,16 EUR Lohnsteuer, unter Berücksichtigung seines Kinderfreibetrages beträgt sein Solidaritätszuschlag laut Lohnsteuertabelle jedoch 0,00 EUR. Thomas Höfer zahlt 318,83 EUR Lohnsteuer, sein Solidaritätszuschlag beträgt laut Tabelle unter Berücksichtigung eines Kinderfreibetrages 13,03 EUR.

Berechnung der Sozialversicherungsbeiträge

Die Sozialversicherungsbeiträge errechnen sich gemäß den in Abschnitt 4.4 dargestellten Beitragssätzen. Für Fritz Brause ergeben sich somit die folgenden Werte:

Krankenversicherung 7,9%	= 186,05 EUR
Rentenversicherung 9,95%	= 234,32 EUR
Arbeitslosenversicherung 1,4%	= 32,97 EUR
Pflegeversicherung 0,995%	= 23,43 EUR

Damit ergibt sich die folgende Endabrechnung:

Bruttogehalt	2 355,00 EUR
– Lohnsteuer (III,1)	103,16 EUR
– Solidaritätszuschlag (5,5%)	0,00 EUR
– Kirchensteuer (9%)	0,16 EUR
– Krankenversicherung	186,05 EUR
– Rentenversicherung	234,32 EUR
– Arbeitslosenversicherung	32,97 EUR
– Pflegeversicherung	23,43 EUR
= Nettogehalt	1 774,46 EUR

Die Auszahlung der Löhne und Gehälter geschieht heute in der Regel bargeldlos auf ein Privatgirokonto des Arbeitnehmers.

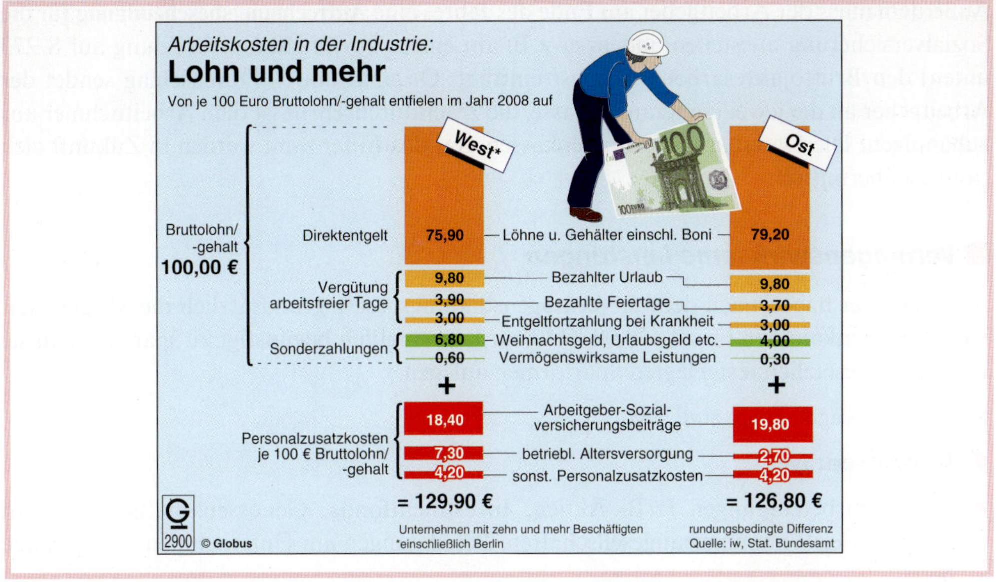

Lohn- und Kirchensteuer werden vom Arbeitgeber direkt an das **Finanzamt** abgeführt, die Sozialversicherungsbeiträge werden an die jeweils zuständige **Krankenkasse** überwiesen, die die fälligen Anteile zur Renten- und Arbeitslosenversicherung an die jeweiligen Sozialversicherungsträger weiterleitet.

Der Arbeitgeber ist verpflichtet, für jeden Arbeiter ein **Lohnkonto** und für jeden Angestellten ein **Gehaltskonto** zu führen, auf dem die einbehaltenen Steuern und Sozialversicherungsbeiträge ersichtlich sind.

Ferner ist der Arbeitgeber verpflichtet, am Ende des Jahres die Lohn- und Gehaltssummen, die gezahlten Steuern und Sozialversicherungsbeiträge usw. auf einer Lohnsteuerbescheinigung auszuweisen. Diese ist dem Arbeitnehmer auszuhändigen. Außerdem muss eine elektronische Meldung an das Finanzamt erfolgen. Dazu erhält jeder Arbeitnehmer eine eindeutige eTin (Electronic Taxpayer Identification Number).

Meldung zur Sozialversicherung

10 Belegart

* Hinweise siehe Rückseite

Beim Ausfüllen mit der Schreibmaschine können Sie fortlaufend schreiben; Sie brauchen die Kästchen dabei nicht zu beachten!

Wichtiger Hinweis bei der erstmaligen Erhebung von Daten: Die hiermit angeforderten personenbezogenen Daten werden unter Beachtung des Bundesdatenschutzgesetzes erhoben; ihre Kenntnis ist zur Durchführung des Meldeverfahrens nach Maßgabe des Vierten Buches Sozialgesetzbuch sowie der Datenerfassungs- und -übermittlungs-Verordnung erforderlich.

Versicherungsnummer: 53140467K285
Personalnummer (freiwillige Angabe):
Name, Vorsatzwort, Namenszusatz, Titel (Trennung durch Kommata): KRAZEK
Vorname: MIROSLAV
Straße und Hausnummer *(Anschrift nur bei Anmeldung und Anschriftenänderung)*:
(Land): Postleitzahl: Wohnort:

Grund der Abgabe*: 50 — Kontrollmeldung — Sofortmeldung — Namensänderung — Änderung der Staatsangehörigkeit

Beschäftigungszeit
von: 010120.. bis: 011220.. — Betriebsnummer des Arbeitgebers: 38020060 — Personengruppe*: 101 — Mehrfachbeschäftigung — Betriebsstätte Ost — West: X

Beitragsgruppen*: KV RV ALV PV — Angaben zur Tätigkeit: — Schlüssel der Staatsangehörigkeit*:

Beitragspflichtiges Bruttoarbeitsentgelt *(in DM ohne Pfennige / Euro ohne Cent)*: DM — Euro: X — 21113

Außerdem muss der Arbeitgeber am Ende des Jahres eine **Aufrechnungsbescheinigung** für die Sozialversicherung ausstellen, indem er z. B. auf einem Formblatt (s. Abbildung auf S. 273 unten) den Bruttojahresarbeitsverdienst einträgt. Original und 1. Durchschlag sendet der Arbeitgeber an die jeweilige Krankenkasse, die Zweitdurchschrift ist dem Arbeitnehmer auszuhändigen. Die Daten an die Krankenkassen und das Finanzamt werden in Zukunft elektronisch übermittelt.

Vermögenswirksame Leistungen

Arbeitnehmer haben nach dem 5. Vermögensbildungsgesetz grundsätzlich die Möglichkeit, von ihrem Einkommen bis zu 470,00 EUR im Jahr staatlich begünstigt zu sparen, wenn sie ihr Geld in gesetzlich festgelegten Sparformen anlegen.

Mögliche Anlageformen sind z. B.

- Bausparverträge,
- Vermögensbeteiligungen (z. B. Aktien, Investmentfonds, Genossenschaftsanteile von Kredit- oder Wohnungsbaugesellschaften, Beteiligungen am Unternehmen des Arbeitgebers).

Die Arbeitnehmersparzulage beträgt 20 % für Beteiligungen am Produktivkapital (z. B. Aktien, Aktienfonds). Bei festverzinslichen Anlagen beträgt die Zulage 9 % und kann vom Arbeitnehmer beim Finanzamt beantragt werden. Die Auszahlung erfolgt jeweils nach Ablauf der in der Anlageform geltenden Sperrfristen (i. d. R. sechs bis sieben Jahre).

Begünstigt sind alle Arbeitnehmer mit einem zu versteuernden Einkommen bis zu 17 900,00 EUR (Ledige) bzw. 35 800,00 EUR (Verheiratete) bei Vermögensbeteiligungen, bei Beteiligungen am Produktivkapital betragen die Grenzen 20 000 EUR (ledig) bzw. 40 000 EUR (verheiratet).

Die vermögenswirksamen Sparleistungen werden entweder ganz vom Arbeitnehmer bzw. Arbeitgeber oder von beiden gemeinsam erbracht. Oft ist in den jeweiligen Tarifverträgen, Betriebsvereinbarungen oder Arbeitsverträgen geregelt, dass die vermögenswirksamen Leistungen zusätzlich zum Arbeitsentgelt gewährt werden.

Da die vermögenswirksamen Leistungen, die der Arbeitgeber gewährt, das Bruttoentgelt des Arbeitnehmers erhöhen, stellen sie steuer- und sozialversicherungspflichtiges Einkommen dar. Die gesamte Sparleistung wird vom Gehalt (Lohn) einbehalten und der entsprechenden Vermögensanlage des Arbeitnehmers zugeführt.

Die Auszahlung der staatlichen Arbeitnehmersparzulage muss vom Arbeitnehmer selbst mit seinem Lohnsteuerjahresausgleich beim zuständigen Finanzamt direkt beantragt werden.

Kernwissen

- Grundlage der Entgeltabrechnung ist die Erfassung der Arbeitszeit.
- Die Summe aller Entgelte stellen die steuer- und sozialversicherungspflichtigen Einkünfte dar. Abzüge vom Bruttolohn oder -gehalt werden vorgenommen für Lohn- und Kirchensteuer sowie Sozialabgaben.
- Vermögenswirksame Leistungen des Arbeitgebers stellen ebenfalls steuer- und sozialversicherungspflichtige Einkünfte dar.

Zur Vertiefung

1 Warum muss die Arbeitszeit auch bei Angestellten erfasst werden?

2 Was versteht man unter dem steuerpflichtigen Arbeitslohn?

3 Was sagt die Kennzeichnung IV,2 auf der Lohnsteuerkarte eines Mitarbeiters aus?

4 Besorgen Sie sich eine Lohnsteuertabelle für monatliche Lohn- und Gehaltszahlung, und beantworten Sie folgende Fragen:

a) Bei welchem Monatsverdienst beginnt in den einzelnen Lohnsteuerklassen die Lohnsteuerpflicht?
b) Wie hoch ist die Lohnsteuer in den einzelnen Lohnsteuerklassen für Personen ohne Kinder bei einem Bruttogehalt von 1 000,00 EUR bzw. 1 500,00 EUR?

5 Von welchem Wert wird die Kirchensteuer berechnet?

6 Begründen Sie, warum bei gleichem Verdienst in den verschiedenen Lohnsteuerklassen unterschiedliche Beträge erhoben werden!

7 Welche beiden Angaben, die für die Gehaltsabrechnung mindestens notwendig sind, kann der Personalsachbearbeiter aus der Lohnsteuerkarte entnehmen?

8 Führen Sie eine Gehaltsberechnung durch:
Es gelten zz. folgende Beitragssätze für die Sozialversicherungen:
Krankenversicherung: 7,9 % (nur Arbeitnehmeranteil)
Rentenversicherung: 19,9 %
Arbeitslosenversicherung: 2,8 %
Pflegeversicherung: 1,95 %
Solidaritätszuschlag: 5,5 %
Beitragsbemessungsgrenze zur Renten- und Arbeitslosenversicherung: 5 500,00 EUR
Beitragsbemessungsgrenze zur Krankenversicherung: 3 750,00 EUR

Name	Steuerklasse	Bruttogehalt	Lohnsteuer	Kirchensteuer	Solidaritätszuschlag	Krankenvers.	Rentenvers.	Arbeitslosenvers.	Pflegeversicherung	Nettogehalt
Cranz	III,2	4 800,00 EUR								
Klein	IV,1	3 200,00 EUR								
Müller	I,0	1 700,00 EUR								

5.3.3 Personal- und Personalnebenkosten

Situation

Werner Jung hat inzwischen für alle Mitarbeiter die Lohn- und Gehaltsabrechnung erstellt. Nunmehr müssen diese Daten in Lohn- und Gehaltslisten gesammelt werden, und die individuellen Lohn- und Gehaltszettel für die Mitarbeiter müssen gedruckt werden. Ferner sind diese Daten an verschiedene innerbetriebliche Abteilungen, wie z. B. die Kalkulation oder das Controlling, oder externe Einrichtungen, wie z. B. Banken, Krankenkassen oder Finanzämter, zur Bearbeitung weiterzuleiten.

5.3.3.1 Lohn- und Gehaltslisten

Gesetzgeber und Finanzverwaltungen haben die Verfahrensweise bei der Lohn- und Gehaltsabrechnung weitestgehend festgelegt. Zunächst ist der Arbeitgeber gemäß § 41 des Einkommensteuergesetzes verpflichtet, für jeden Arbeitnehmer und für jedes Jahr ein Lohnbzw. Gehaltskonto zu führen. Auf diesem Konto stehen neben den persönlichen Daten des Arbeitnehmers alle für die Berechnung der Höhe der Bezüge erforderlichen Abrechnungsdaten, wie Lohn- oder Gehaltsklasse, Zulagen u. a.

Des Weiteren enthält das Lohn- oder Gehaltskonto die für die Ermittlung des Auszahlungsbetrages relevanten Daten aus der Lohnsteuerkarte, wie z. B. Steuerklasse, Kinderzahl, Freibeträge usw.

Alle Lohn- und Gehaltszahlungen sind unter Einbeziehung der einbehaltenen Lohn- und Kirchensteuer, der Sozialversicherungsabgaben, etwaiger vermögenswirksamer Leistungen usw. in das Lohn- oder Gehaltskonto einzutragen.

Jeder Arbeitnehmer erhält eine Abrechnung seines Lohnes bzw. Gehaltes. Die einzelnen Lohn- und Gehaltsabrechnungen werden mithilfe eines geeigneten Verfahrens, i. d. R. EDV-gestützte Erfassung, zu buchungsgerechten Lohn- bzw. Gehaltslisten zusammengefasst. Sie stellen einen Sammelbeleg dar, der zum einen eine bessere Überwachung aller Personalkosten und eine Verteilung der angefallenen Personalkosten auf die Kostenstellen ermöglicht, zum anderen aber auch als Beleg für die Buchung auf den entsprechenden Konten des Hauptbuches dient. Ferner dienen Durchschläge dieser Lohn- und Gehaltslisten der Hausbank des Unternehmens auch als Buchungsgrundlage für die Überweisung der Löhne und Gehälter auf die einzelnen Konten der Arbeitnehmer.

5.3.3.2 Gesetzliche und freiwillige Sozialleistungen

Der Arbeitgeber ist aufgrund verschiedener Gesetze oder darüber hinausgehender tariflicher Regelungen in vielen Fällen zur Weiterzahlung eines Arbeitsentgeltes verpflichtet, ohne dass der Arbeitnehmer für diese Zeit eine Arbeitsleistung erbringt. Die wichtigsten Fälle der Entgeltfortzahlung sind:

- Urlaub,
- Krankheit,
- Feiertage,
- Mutterschutz,
- Kurzarbeit,
- Schlechtwettergeld.

Daher verursachen die Arbeitnehmer über das Bruttogehalt hinaus, das der Arbeitgeber ihnen für direkt geleistete Arbeit zahlt, zusätzliche Personalkosten, die je nach Branche fast noch einmal 100 % des eigentlichen Lohnes oder Gehaltes ausmachen.

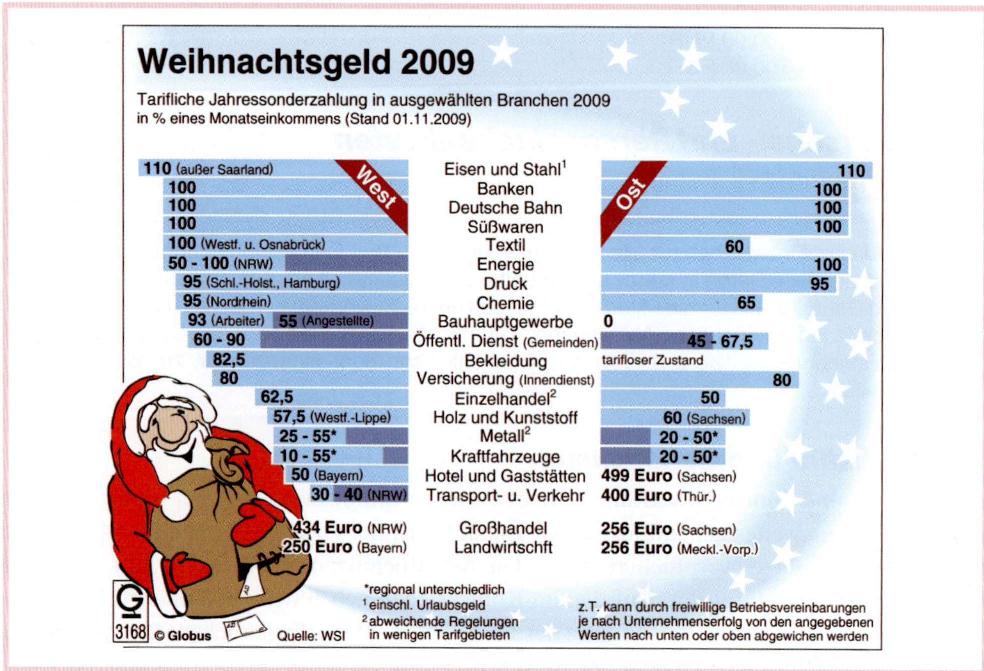

Die Höhe der Lohnzusatzkosten wird von Arbeitgeberseite häufig beklagt, da sie Wettbewerbsnachteile im internationalen Vergleich verursache. Die Gewerkschaften halten dem entgegen, dass die hohen Lohnkosten u.a. durch das qualitativ hohe Ausbildungsniveau und die große Produktivität der Arbeitnehmer gerechtfertigt seien.

Entgelt bei Urlaub

Jedem Arbeitnehmer steht nach dem Bundesurlaubsgesetz (BUrlG) in jedem Kalenderjahr bezahlter Erholungsurlaub zu. Die Mindestdauer beträgt 24 Werktage, allerdings sind in Tarif- oder Einzelarbeitsverträgen meistens höhere Urlaubsansprüche vereinbart.

Des Weiteren stehen Jugendlichen und Schwerbehinderten längere Urlaubszeiten zu (vgl. Abschnitte 5.1.2.2 und 5.1.2.2).

Der Urlaubsanspruch richtet sich laut dem Bundesurlaubsgesetz nach Werktagen, dazu zählen auch Samstage. In Tarifverträgen wird der Urlaub heute jedoch meist in Arbeitstagen bemessen. Bei einer regelmäßigen Arbeitszeit von fünf Tagen gelten folglich auch nur fünf Tage je Urlaubswoche als Urlaubstage. Der Jahresurlaub ist, sofern dies vom Arbeitnehmer gewünscht wird, zusammenhängend zu gewähren.

Für die Urlaubszeit hat der Arbeitnehmer Anspruch auf Urlaubsgeld. Es bemisst sich nach dem durchschnittlichen Arbeitsverdienst, den der Arbeitnehmer in den letzten 13 Wochen vor dem Beginn des Urlaubs erhalten hat.

Bei einem festen Gehalt oder Lohn ist eine eigene Berechnung des Urlaubsentgelts eigentlich nicht notwendig, da das Gehalt für die Urlaubstage unverändert weiterbezahlt wird. Eine besondere Berechnung ist allerdings erforderlich, wenn Verdiensterhöhungen oder -kürzungen zu berücksichtigen sind.

Daneben werden häufig gemäß tarif- oder einzelvertraglichen Regelungen zusätzliche Urlaubsentgelte gezahlt, die auf das Grundgehalt aufgeschlagen werden. Diese Zusatzentgelte stellen steuer- und sozialversicherungspflichtiges Entgelt dar.

Entgeltfortzahlung bei Krankheit und an Feiertagen

Für Arbeiter und Angestellte ist die Fortzahlung des Arbeitsentgelts im Krankheitsfalle im Entgeltfortzahlungsgesetz (EntgeltfortzG) geregelt. Weiterhin gelten verschiedene Rechtsvorschriften (§ 616 BGB, § 63 HGB, § 133c GewO).

An Feiertagen hat der Arbeitgeber das Arbeitsentgelt zu zahlen, das der Arbeitnehmer ohne Arbeitsausfall erhalten hätte.

Ist der Arbeitnehmer arbeitsunfähig erkrankt, ohne dass ihn ein Verschulden trifft, so erhält er für die Dauer von sechs Wochen 100 % seines Entgelts, das er im Normalfall unter Berücksichtigung seiner regelmäßigen Arbeitszeit verdienen würde. Danach übernimmt die zuständige Krankenkasse die Zahlung und gewährt dem Arbeitnehmer bei berechtigtem Anspruch Krankengeld (höchstens 70 % des Bruttoeinkommens).

Freiwillige Sozialleistungen

Freiwillige Sozialleistungen können aufgrund von Betriebsvereinbarungen zwischen dem Arbeitgeber und dem Betriebsrat und aufgrund einseitiger Willenserklärungen des Arbeitgebers erfolgen. Ziele solcher Sozialleistungen können z. B. sein:

- Fürsorge für die Belegschaft,
- Verbesserung des Betriebsklimas,
- Bindung der Mitarbeiter an das Unternehmen,
- Anwerbung neuer Arbeitskräfte.

Freiwillige Sozialleistungen können z. B. in geldlichen Leistungen, wie Gratifikationen, Übernahme von Umzugskosten oder Zuschüssen zum Mittagessen oder zu den Fahrtkosten, bestehen, sie können jedoch auch in Form sachlicher Leistungen, wie z. B. verbilligter Betriebswohnungen, Überlassung von Firmenfahrzeugen zur privaten Nutzung, kostenloser Sporteinrichtungen oder Belegschaftsrabatten beim Erwerb von Betriebserzeugnissen (z. B. Jahreswagen, Hausverkäufe), gewährt werden.

Kernwissen

- Ein gesetzlicher Anspruch auf Lohn- oder Gehaltsfortzahlung besteht z. B. bei:
  - Urlaub,
  - Krankheit,
  - Mutterschutz usw.
- Freiwillige Sozialleistungen z. B. aufgrund von Betriebsvereinbarungen erhöhen ebenfalls die Personalkosten des Unternehmens.
- Die Personalzusatzkosten erhöhen die Personalkosten des Unternehmens je nach Branche um 70 bis 100 %.

Zur Vertiefung

1 Was geschieht nach der Vervollständigung der Gehaltsliste

a) mit der Lohn- und Kirchensteuer?
b) mit dem Arbeitnehmer- und Arbeitgeberanteil zu den Sozialversicherungen?
c) mit dem Nettogehalt?

2 Was versteht man unter Personalzusatzkosten, und welchen Einfluss haben sie auf die gesamten Personalkosten des Unternehmens?

6 Ablauforganisation

Situation

In der Handels-Union treten in letzter Zeit häufiger Probleme bei der Auftragsbearbeitung auf:

- Es werden telefonische Bestellungen von Kunden angenommen und sofortige Lieferung wird zugesagt. Allerdings muss später festgestellt werden, dass die Ware gar nicht mehr vorrätig ist, da vergessen wurde, den Lagerbestand zu korrigieren.
- Liefertermine werden vergessen, da die Bestellungen falsch abgelegt worden sind.
- Während der Urlaubszeit können Aufträge nicht rechtzeitig bearbeitet werden, da von fünf Mitarbeitern drei gleichzeitig im Urlaub sind.

Während sich die Aufbauorganisation mit der Schaffung eines Rahmens für das gesamte Unternehmen befasst, nimmt sich die **Ablauforganisation** der konkreten betrieblichen Arbeitsweisen, Vorgänge und Projekte an.

Die Ablauforganisation versucht, die betrieblichen Arbeitsprozesse bestmöglich zu ordnen. Dabei befasst sie sich mit den Arbeitsinhalten, der Arbeitszeit und dem Arbeitsort. Dementsprechend unterscheidet man die funktions-, zeit- und raumorientierte Ablauforganisation.

Die **funktionsorientierte Ablauforganisation** befasst sich dabei mit den Fragen, welche Tätigkeiten wie und in welcher Reihenfolge zu bearbeiten sind. Die **zeitorientierte Ablauforganisation** stellt die terminliche Planung von Aufgaben in den Vordergrund. Die **raumorientierte Ablauforganisation** konzentriert sich auf die räumliche Zuordnung der Aufgabenträger. Auf sie soll im Folgenden nicht mehr näher eingegangen werden, da dies bereits Gegenstand des ersten Kapitels war.

6.1 Aufgaben, Ziele und Methoden der Ablauforganisation

6.1.1 Notwendigkeit der Ablauforganisation

Situation

Walter Huber ärgert sich über die Arbeitsanweisung zur Bearbeitung eingehender Rechnungen. Da er vor dem Bezahlen der Rechnung diese jeweils von der Einkaufsabteilung an die Buchhaltung zur Überprüfung weiterleiten muss und diese die Rechnung oft erst nach 10 bis 14 Tagen zur Bezahlung zurückschickt, ist häufig die Skontofrist bereits überschritten, sodass der volle Betrag bezahlt werden muss. Dafür macht ihm dann wieder sein Vorgesetzter Vorwürfe. Walter Huber regt daher an, dass er selbst die Rechnung prüfen darf und sofort die Überweisung ausstellt, um auf jeden Fall die Skontofrist einzuhalten.

Organisation ist keine statische Funktion, die nach der einmaligen Festlegung der Struktur und der geltenden Regelungen abgeschlossen ist, sondern sie ist **dynamisch** (= veränderlich) angelegt, d. h., sie erfordert eine ständige Überprüfung der getroffenen Regelungen.

Erkennbar sind Mängel in der Ablauforganisation, wenn sich Beschwerden von Kunden, Mitarbeitern oder Lieferanten häufen, wenn Termine nicht eingehalten werden, wenn Kosten übermäßig steigen oder gesetzte Ziele nicht erreicht werden.

Mögliche Ursachen für solche Störungen sind z. B.

- Engpässe, die sich aufgrund von Maschinenkapazitäten oder Mitarbeiterauslastungen ergeben,
- Doppelarbeiten und Leerlaufzeiten,
- Störungen des Arbeitsablaufs durch die Arbeitsplatzbedingungen (Licht, Lärm, schlechte Ausstattung usw.),
- zu viele und zu lange Transportwege.

Weitere Gründe für ablauforganisatorische Maßnahmen können z. B. neue Technologien, Strukturveränderungen oder Wachstum des Unternehmens sein. Fasst man alle diese Punkte zusammen, so ergeben sich vier grundsätzliche Anlässe für ablauforganisatorische Maßnahmen:

1. Die bisherigen Regelungen haben sich als nicht sachgerecht erwiesen. In diesem Fall müssen die bisherigen Regelungen entsprechend abgeändert werden. Man nennt dies **Reorganisation**. Andere Gründe für die Umorganisation der bisherigen Strukturen können auch Gesetzesänderungen, Rationalisierungsmaßnahmen oder Sanierungen sein.

2. Regelungen, die sich in der Vergangenheit als durchaus sinnvoll erwiesen haben, zeigen sich bei der Vergrößerung des Unternehmens als nicht mehr geeignet. Der Grund für die Veränderung der Organisation ist also das **Wachstum** des Unternehmens. Dies gilt zum Beispiel auch bei der Fusion mit anderen Unternehmen.

3. Die Einführung neuer Produktionsverfahren oder der Einsatz neuartiger Büromaschinen führt fast zwangsläufig zu Veränderungen der organisatorischen Regelungen. **Innovationen** (= technische Neuerungen) sind also hier der Anlass für organisatorische Veränderungen. Aber auch grundlegende strukturelle Änderungen innerhalb des Unternehmens können diese Änderungen notwendig machen.

4. Große Veränderungen oder Neugründungen von Unternehmen führen dazu, dass die gesamte Organisationsstruktur neu überdacht werden muss. Daher wird in diesen Fällen von **Neuorganisation** gesprochen.

6.1.2 Ziele der Ablauforganisation

Situation

In einem Handelsunternehmen kommt es häufig zu Störungen des Arbeitsablaufs, da für alle Abteilungen nur ein Kopiergerät zur Verfügung steht. In Spitzenzeiten müssen die Mitarbeiter häufig mehrere Minuten warten, um ihre Kopien erstellen zu können. Sie sind deshalb verärgert, da ihnen die Wartezeit am Kopiergerät zur Erledigung ihrer sonstigen Aufgaben fehlt. Daher entschließt sich die Unternehmensleitung, ein zweites Kopiergerät anzuschaffen. Es stellt sich danach jedoch heraus, dass die beiden Kopiergeräte nur sehr selten ausgelastet sind und häufig nicht benutzt werden.

Das Beispiel zeigt, dass die Ablauforganisation mehrere gegensätzliche Ziele im Auge behalten muss. Zum einen hat sie dafür zu sorgen, dass die **Durchlaufzeit** für die zu erledigenden Aufgaben möglichst **gering** ist. Dieses Ziel wird durch die Anschaffung des zweiten Kopiergerätes erreicht.

Ein weiteres Ziel muss die **maximale Auslastung der personalen und sachlichen Kapazitäten** sein. Dies bedeutet, dass sowohl Mitarbeiter als auch maschinelle Sachmittel möglichst keine Leerzeiten haben, d. h. Zeiten, in denen sie nicht ausgelastet sind. Dieses Ziel wird durch die Anschaffung des Kopiergerätes verletzt. Zwar ergeben sich jetzt keine Wartezeiten mehr, dafür stehen die Kopiergeräte oft unbenutzt herum.

Das Beispiel zeigt, dass sich die beiden Ziele nur schwer miteinander vereinbaren lassen. Die Erreichung des ersten Zieles (= **Minimierung der Durchlaufzeit**) führt zur Verletzung des zweiten Zieles (= **maximale Auslastung der Kapazitäten**). Man bezeichnet diesen Zielkonflikt als **Dilemma der Ablauforganisation**.

Neben diesen beiden Zielen hat Ablauforganisation auch die Aufgabe, die **Arbeitsbedingungen menschenfreundlich zu gestalten**, d. h., sie muss dafür sorgen, dass die Zufriedenheit der Mitarbeiter mit ihrer Arbeitssituation erhalten bleibt und die Motivation nicht durch schlechte Arbeitsbedingungen gestört wird.

Dazu ist es erforderlich, die Arbeitsbelastung der Arbeitnehmer zu beachten. Eine dauerhaft zu hohe Auslastung ihrer Arbeitsleistung ist in jedem Fall zu vermeiden, da dies zu häufigeren Krankheiten, schlechtem Betriebsklima und verstärkt zu Arbeitsplatzwechseln führen kann. Kostensteigerungen bzw. Ertragseinbußen sind die logische Folge einer mangelnden Berücksichtigung körperlicher und seelischer Faktoren (vgl. dazu auch Abschnitt 1.2).

6.1.3 Vom Problem zur Problemlösung

Ein Problem muss systematisch bearbeitet werden, um zu gewünschten Ergebnissen zu kommen. Dabei erweist sich eine Vorgehensweise in folgenden Schritten als sinnvoll (vgl. auch Abschnitt 1.11):

1. Problemdefinition,
2. genaue Zielvorgabe,
3. Beratung verschiedener Lösungsmöglichkeiten,
4. Entscheidung für eine Lösung,
5. Durchführung der Entscheidung,
6. Kontrolle der Entscheidung.

Für das Beispiel „Engpass am Kopiergerät“ könnte der Problemlösungsprozess stark verkürzt folgende Schritte umfassen:

1. **Definition des Problems:** Wartezeiten im Kopierraum
2. **Zielvorgabe:** Beschleunigung des Kopiervorgangs
3. **Beratung von Lösungsmöglichkeiten:** z. B. Anschaffung eines neuen Kopiergerätes, Einrichtung einer Dienstleistungsstelle „Kopierdienst“, Zuteilung bestimmter Kopierzeiten für die Abteilungen usw.
4. **Entscheidung:** Anschaffung eines zweiten Kopiergerätes
5. **Durchführung:** Kauf und Einsatz des neuen Kopiergerätes
6. **Kontrolle:** Feststellung mangelnder Auslastung der Kopierer während der betriebsüblichen Nutzungszeiten

Ergibt die Kontrolle, dass das Problem nicht zur Zufriedenheit des Organisators erledigt ist, beginnt der Problemlösungsprozess unter Umständen von vorne.

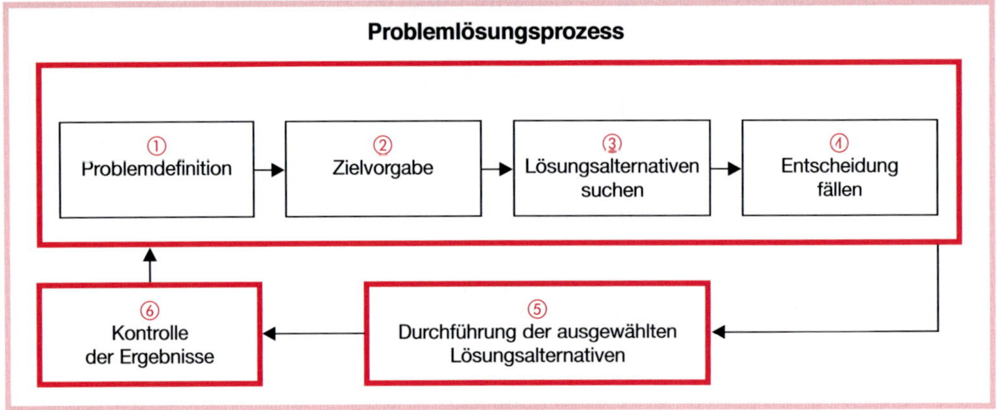

6.1.4 Methoden der IST-Aufnahme

Situation

Die Mitarbeiter der Handels-Union werden seit einiger Zeit von Personen bei der Arbeit beobachtet. Dies verunsichert die Mitarbeiter, da sie den Grund für diese Maßnahme nicht kennen. Als sie die Beobachter eines Tages zur Rede stellen und nach den Gründen der Aktion fragen, weisen die Beobachter darauf hin, dass sie von der Geschäftsleitung beauftragt wurden, die Arbeitsabläufe zu untersuchen. Daraufhin beschwert sich der Betriebsrat bei der Geschäftsleitung und die Beobachtung unterbleibt. Im Laufe des nächsten Monats erhalten allerdings alle Mitarbeiter einen Fragebogen, auf dem sie nach Problemen im Arbeitsablauf gefragt werden. Nach den Erfahrungen mit den Beobachtern sprechen sich die Arbeitnehmer beim Ausfüllen der Fragebögen ab.

Es bedarf bestimmter Methoden, um mögliche Schwachstellen in bereits bestehenden Organisationsstrukturen feststellen zu können. Diese Verfahren werden als **Methoden der IST-Aufnahme** bezeichnet.

Man unterscheidet dabei im Wesentlichen die folgenden Verfahren:

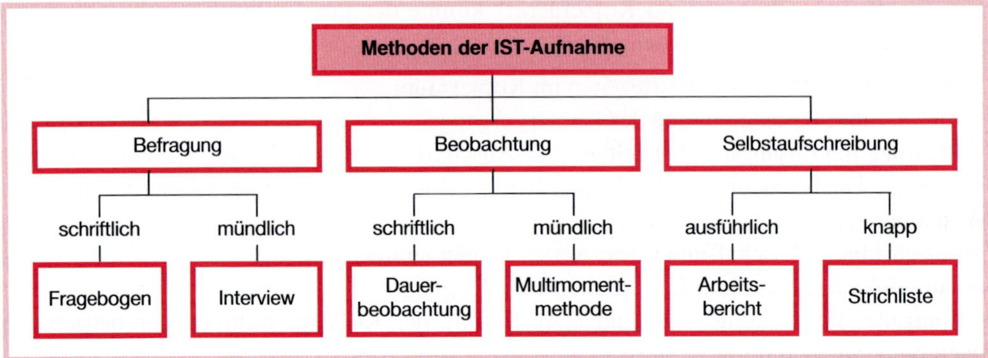

Wichtig bei all diesen Methoden ist, dass die erhobenen Informationen möglichst vollständig und objektiv richtig sind, um daraus entsprechende Schlussfolgerungen ziehen zu können.

Besteht aus finanziellen oder organisatorischen Gründen nicht die Möglichkeit, diese Daten neu zu erheben, kann notfalls auch auf ältere Informationen zurückgegriffen werden, z. B. Statistiken, Arbeitsanweisungen, Informationskataloge usw. Allerdings ist bei diesen Methoden („Sekundärerhebung“) Vorsicht bei der Auswertung angebracht, da Daten veraltet oder nicht mehr objektiv überprüfbar sind.

Die Neuerhebung von Daten (= „Primärerhebung“) ist demgegenüber allerdings häufig mit sehr hohem Zeit-, Arbeits- und Kostenaufwand verbunden.

■ *Fragebogenmethode*

Bei dieser Methode verteilt der Organisator Fragebögen an die Mitarbeiter und bittet um Beantwortung und Rückgabe. Geeignet ist diese Methode nur bei einfachen Arbeitsabläufen, zu denen eine große Anzahl von Mitarbeitern befragt werden sollen. Das Problem dabei ist der Aufbau des Fragebogens, da die Fragen von jedem Befragten eindeutig verstanden werden müssen.

Die Fragen können offen gestellt sein, d. h., es werden keine Antworten zur Auswahl vorgegeben, oder sie sind geschlossen, d. h., es werden Alternativen zur Auswahl angeboten. Geschlossene Fragen lassen sich erheblich schneller und besser auswerten, allerdings muss bei der Formulierung der Fragen und der Antworten sehr sorgfältig vorgegangen werden, da unbedingt alle möglichen Antwortalternativen vorgegeben werden müssen.

Vorteile:

- geringe Kosten,
- unbegrenzt große Zahl von Befragungen,
- geringer Zeitaufwand,
- Auswertung kann bei Auswahlantworten EDV-gestützt erfolgen,
- kein Personalaufwand.

Nachteile:

- nur ein begrenzter Aufgabenbereich ist zu erfassen, da die Fragen für alle eindeutig sein müssen,
- Probleme bei der Auswertung, da Mitarbeiter u. U. ihre Antworten aufeinander abstimmen,
- Missverständnisse sind möglich.

■ *Interviewmethode*

Der Organisator verschafft sich alle notwendigen Informationen durch ein Gespräch mit dem Mitarbeiter. Dabei können gezielte Fragen zu einzelnen Problemen gestellt werden. Bei Unklarheiten können Rückfragen zum Verständnis beitragen. Allerdings erfordert diese Methode ein hohes Maß an Kontaktfähigkeit und Einfühlungsvermögen vom Organisator.

Vorteile:

- flexible Gestaltung des Interviews,
- keine Beeinflussung durch Dritte,
- Verständnisprobleme können durch Rückfragen oder Erläuterungen ausgeschaltet werden,
- Einzelprobleme werden erkannt.

Nachteile:

- hoher Zeitaufwand für Vorbereitung und Durchführung der Interviews,
- hohe Kosten,
- schwierige Auswertung.

Dauerbeobachtungsmethode

Bei der Dauerbeobachtungsmethode wird der Arbeitsablauf über einen längeren Zeitraum vom Organisator beobachtet. Sie wird angewandt, wenn möglichst exakt Arbeitsauslastungen, Störquellen und Arbeitszeiten erfasst werden sollen. Die Beobachtung kann offen oder verdeckt durchgeführt werden. Eine verdeckte Beobachtung widerspricht allerdings allen zeitgemäßen Führungsstilen und ist rechtlich bedenklich. Daher steht dem Betriebsrat auch ein Mitbestimmungsrecht zu.

Vorteile:

- exakte und lückenlose Erfassung der Daten,
- auch unregelmäßig auftretende Störungen werden erfasst.

Nachteile:

- Mitarbeiter sind verunsichert, da sie sich beobachtet glauben,
- sehr zeit- und kostenaufwendig,
- Gefahr verfälschter Ergebnisse, da die Mitarbeiter ggf. durch die Beobachtung ihr Arbeitsverhalten und Arbeitstempo verändern.

Multimomentmethode

Hier wird die Dauerbeobachtung durch eine Vielzahl von Einzelbeobachtungen, die stichprobenhaft durchgeführt werden, ersetzt. Voraussetzung dafür ist aber, dass die beobachteten Arbeitsverrichtungen sich relativ gleichmäßig über den gesamten Tag verteilen. Mit dieser Methode werden in erster Linie Häufigkeiten ermittelt.

Vorteile:

- schnell und einfach durchzuführen,
- preiswerter als Dauerbeobachtung,
- kaum Störung des Beobachteten.

Nachteile:

- nur eine relativ große Zahl von Einzelbeobachtungen erlaubt Rückschlüsse auf das Gesamtergebnis,
- Verzerrung der Ergebnisse durch verändertes Verhalten der Mitarbeiter während der Beobachtungsphasen,
- die Arbeitsabläufe müssen visuell erfassbar sein.

Arbeitsbericht (= Selbstaufschreibung)

Der Arbeitsplatzinhaber schreibt über einen bestimmten Zeitraum alle Tätigkeiten auf, die von ihm erledigt worden sind, erläutert die Arbeitskontakte zu Mitarbeitern oder nimmt Beschreibungen seines Arbeitsplatzes vor. Dazu erhält er häufig entsprechende Vordrucke oder Formulare.

Vorteile:

- Mitarbeiter kann auf Schwachstellen, die ihm selbst aufgefallen sind, hinweisen,
- eigene Verbesserungsvorschläge der Mitarbeiter,
- geringer Kostenaufwand.

Nachteile:

- Manipulation der Daten durch die Mitarbeiter (diese Gefahr kann teilweise durch Stichproben eingeschränkt werden),
- schwierige Auswertung, wenn eine individuelle Form der Aufschreibung gewählt wird.

Strichliste

Bei dieser Methode erfasst der Mitarbeiter die Häufigkeiten, mit denen bestimmte Verrichtungen absolviert werden. Dazu werden wiederum in der Regel Vordrucke benutzt.

Vorteile:

- einfache Auswertung,
- preiswerte Methode.

Nachteile:

- Gefahr der Manipulation durch die Mitarbeiter (kann aber durch Stichproben eingeschränkt werden),
- nur begrenzte Einsatzmöglichkeiten,
- ggf. Widerstände der Mitarbeiter.

Kernwissen

- Organisationsanlässe können sein:
  - Neuorganisation,
  - Reorganisation,
  - Wachstum,
  - Innovation.
- Die Ziele der Ablauforganisation sind:
  - Minimierung der Durchlaufzeit,
  - maximale Kapazitätsauslastung,
  - humane Gestaltung der Arbeitsbedingungen.
- Die wesentlichen Methoden der IST-Aufnahme sind:
  - Fragebogen,
  - Dauerbeobachtung,
  - Arbeitsbericht,
  - Interview,
  - Multimomentmethode,
  - Strichliste.

Zur Vertiefung

1 Welcher Organisationsanlass liegt jeweils vor?

a) Ein Unternehmen gründet eine neue Filiale.

b) Drei Mitarbeiter eines Unternehmens machen sich selbstständig und gründen ein Unternehmen.

c) Durch den Einsatz einer neuen leistungsfähigen EDV-Anlage werden mehrere Mitarbeiter innerhalb des Unternehmens versetzt.

d) Der Einkauf wird ab sofort zentral durchgeführt, da in der Vergangenheit Rabatte unzureichend ausgenutzt worden sind.

2 Nennen Sie mehrere Beispiele, die eine Reorganisation bestehender Regelungen notwendig machen!

3 Erläutern Sie das Dilemma der Ablauforganisation!

4 Warum ist die humane Gestaltung des Arbeitsplatzes ein wichtiges Ziel der Ablauforganisation?

5 Erläutern Sie die Vier-Phasen-Methode zur Reorganisation von Arbeitsabläufen!

6 Beschreiben Sie die Multimomentmethode zur Erfassung von Arbeitsabläufen. Unter welcher Voraussetzung lassen sich mit dieser Methode nur aussagefähige Ergebnisse erzielen?

7 Unter welchen Voraussetzungen würden Sie die Interviewmethode der Fragebogenmethode vorziehen?

8 Mit welcher Methode der Ist-Aufnahme lassen sich unregelmäßig auftretende Störungen des Arbeitsablaufs an einem konkreten Arbeitsplatz genau feststellen?

9 Welches Verfahren der Aufnahme des Ist-Zustands von Arbeitsabläufen würden Sie in folgenden Fällen empfehlen? Begründen Sie Ihre Entscheidung!

a) Der Anteil der einzelnen Tätigkeiten im wöchentlichen Arbeitsablauf soll bei einer Reihe von Mitarbeitern durch den Organisator selbst ermittelt werden.

b) Mehrere Abnehmer eines Großhandelsunternehmens haben sich darüber beschwert, dass es bei der Warenabholung häufig zu Stockungen und langen Wartezeiten kommt. Die Organisationsabteilung soll die Ursachen für diese unregelmäßig auftretenden Störungen ermitteln.

c) Die Textverarbeitung in einer größeren Behörde könnte eventuell durch die Einführung eines zentralen Schreibbüros verbessert werden. Um verlässliche Daten für eine Entscheidung zu gewinnen, sollen von allen Mitarbeitern kurzfristig Informationen über Art und Menge des anfallenden Schriftverkehrs erhoben werden.

d) In einer kommunalen Verwaltung sollen die durchschnittlichen Bearbeitungszeiten von Vorgängen ermittelt werden. Die Erhebungen sollen sich über einen Zeitraum von drei Monaten erstrecken.

e) Die Geschäftsleitung hat die Organisationsabteilung beauftragt, Stellenbeschreibungen anzufertigen. Zu diesem Zweck sollen die komplexen Aufgaben der Hauptabteilungsleiter von Mitarbeitern der Organisationsabteilung selbst aufgenommen werden.

6.2 Planungsgegenstände und Planungstechniken

6.2.1 Funktionsorientierte Ablauforganisation

Situation

In der Handels-Union werden eingehende Rechnungen wie folgt bearbeitet:

Die eingehende Rechnung erhält in der Poststelle einen Eingangsstempel und wird dann zur Einkaufsabteilung weitergeleitet. Hier wird sie in ein Rechnungskontrollbuch eingetragen und nummeriert. Danach wird sie rechnerisch und sachlich überprüft. Dabei wird festgestellt, ob die Ware ordnungsgemäß eingetroffen ist und ob Preise und Rabatte stimmen. Danach wird die Rechnung an die Buchhaltung weitergeleitet. Hier erfolgt nochmals eine rechnerische Prüfung (Gesamtwarenwert, Mehrwertsteuer usw.). Der Zahlungstermin wird eingetragen und die Rechnung wird verbucht. Danach wird sie bis zum Erreichen des Zahlungszeitpunktes auf Termin gelegt. Bei Erreichen des Zahlungstermins wird die Rechnung an die Zahlstelle weitergeleitet. Diese errechnet Skonto und Zahlungsbetrag und füllt eine Überweisung aus. Die Rechnung wird nach Zahlung zusammen mit dem Durchschlag der Überweisung an die Buchhaltung zurückgegeben. In der Buchhaltung wird die Zahlung der Rechnung verbucht. Nach der Buchung wird die Rechnung im Rechnungskontrollbuch ausgetragen und abgelegt.

Die Darstellung betrieblicher Vorgänge ist in unterschiedlicher Form möglich. Eine verbale Beschreibung hat den Vorteil, dass Zuständigkeiten oder Bearbeitungsweisen klar dargestellt werden können. Allerdings kommt bei dieser Darstellungsform die Übersichtlichkeit und die Erkennbarkeit von Schwachstellen zu kurz.

Häufig ist es daher günstiger, eine verbal ausformulierte Darstellung durch eine grafische Darstellung zu ergänzen. Durch dieses Schaubild kann ein besserer Gesamtüberblick über den Ablauf gewonnen werden und Probleme oder Engpässe werden deutlicher erkannt.

6.2.1.1 Arbeitsablaufdiagramme

Fehler in Arbeitsabläufen treten oftmals durch zu häufige Transportvorgänge, fehlende oder übermäßige Kontrollen, zu lange Ablagezeiten oder sonstige Verzögerungen, die nicht durch den Vorgang selbst bedingt sind, auf.

Um diese Fehler im Arbeitsablauf aufzuspüren, benutzt man häufig **Arbeitsablaufdiagramme**. Sie dienen dazu, die Elemente eines Arbeitsganges in ihrer Reihenfolge zu veranschaulichen.

Dabei werden zwei verschiedene Darstellungsformen unterschieden:

- das Arbeitsablaufdiagramm als Flussdiagramm und
- das Arbeitsablaufdiagramm als Zickzackdiagramm.

Arbeitsablaufdiagramm als Flussdiagramm

Bei dieser Darstellungsform steht die Zuordnung der Aufgaben auf die einzelnen Abteilungen im Vordergrund.

Für eine übersichtliche Darstellung werden nebenstehende **Symbole** verwendet.

Zur Darstellung werden in der obersten Zeile die betroffenen Abteilungen aufgeführt und nach unten werden fortlaufend die einzelnen Tätigkeiten erfasst. In der betroffenen Abteilung wird das der Tätigkeit entsprechende Symbol eingetragen.

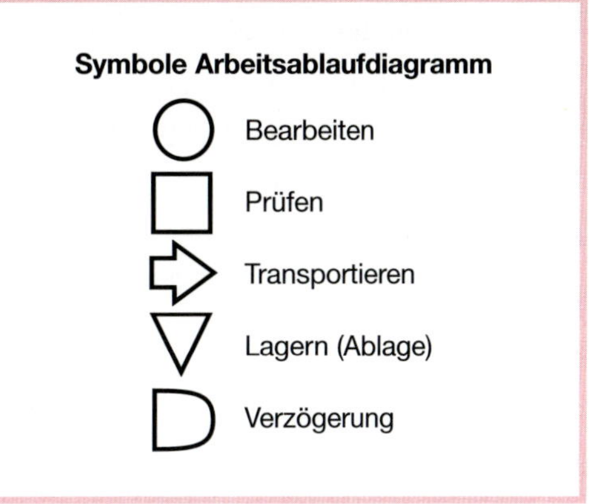

Anhand dieser stellen- oder abteilungsorientierten Darstellungsweise lässt sich die Auslastung der betroffenen Funktionsbereiche durch diese spezielle Aufgabenstellung besser erkennen. Insbesondere werden auch mehrmalige Transportvorgänge zwischen den gleichen Stellen oder Abteilungen aufgedeckt und können bezüglich ihrer Notwendigkeit einer kritischen Überprüfung unterzogen werden.

Für das Situationsbeispiel auf Seite 286 ergibt sich der folgende Arbeitsablauf:

Arbeitsablaufdiagramm als Flussdiagramm

Aktion	Post	Einkauf	Buch-haltung	Zahl-stelle
Eingang der Rechnung in der Poststelle	⇨			
Anbringen des Eingangsstempels	●			
Weiterleiten an den Einkauf	⇨			
Eintragung in das Rechnungskontrollbuch und Nummerierung		●		
Rechnerische und sachliche Prüfung		■		
Weiterleiten an die Buchhaltung		⇨		
Rechnerische Prüfung			■	
Zahlungstermin eintragen und Verbuchen der Rechnung			●	
Zwischenablage in der Terminmappe bis zum Zahlungszeitpunkt			D	
Weiterleiten an die Zahlstelle			⇨	
Skonto und Zahlungsbetrag ermitteln, Ausfüllen der Überweisung, Zahlung				●
Weiterleitung der Rechnung und des Durchschlages an die Buchhaltung				⇨
Kontierung und Verbuchung der Zahlung			●	
Austragung im Rechnungskontrollbuch			●	
Ablage der Rechnung			▼	

Aus dem Verlauf der Flusslinie kann man Schwachstellen im Arbeitsablauf erkennen. So ist z. B. anhand der Darstellung festzustellen, ob eine Abteilung von einem Vorgang mehrfach betroffen ist und ob der Arbeitsgang nicht dahin gehend zu rationalisieren ist, dass überflüssige Transportvorgänge entfallen.

Arbeitsablaufdiagramm als Zickzackdiagramm

Bei der zweiten Darstellungsform des Arbeitsablaufs als Zickzackdiagramm stehen die Tätigkeiten im Vordergrund der Betrachtung. Auf entsprechenden Vordruckblättern sind die verwendeten Symbole bereits jeweils nebeneinander in einer Zeile angeordnet. Das jeweils benötigte Symbol wird markiert und alle markierten Symbole werden dann durch Flusslinien miteinander verbunden.

Für das gewählte Beispiel ergibt sich der folgende Arbeitsablauf:

Aktion	Bearbeitung	Transport	Kontrolle	Verzögerung	Lagerung
Eingang der Rechnung in der Poststelle	○	➡	□	D	▽
Anbringen des Eingangsstempels	●	⇨	□	D	▽
Weiterleiten an den Einkauf	○	➡	□	D	▽
Eintragung in das Rechnungskontrollbuch und Nummerierung	●	⇨	□	D	▽
Rechnerische und sachliche Prüfung	○	⇨	■	D	▽
Weiterleiten an die Buchhaltung	○	➡	□	D	▽
Rechnerische Prüfung	○	⇨	■	D	▽
Zahlungstermin eintragen und Verbuchen der Rechnung	●	⇨	□	D	▽
Zwischenablage in der Terminmappe bis zum Zahlungszeitpunkt	○	⇨	□	◗	▽
Weiterleiten an die Zahlstelle	○	➡	□	D	▽
Skonto und Zahlungsbetrag ermitteln, Ausfüllen der Überweisung, Zahlung	●	⇨	□	D	▽
Weiterleitung der Rechnung und des Durchschlages an die Buchhaltung	○	➡	□	D	▽
Kontierung und Verbuchung der Zahlung	●	⇨	□	D	▽
Austragung im Rechnungskontrollbuch	●	⇨	□	D	▽
Ablage der Rechnung	○	⇨	□	D	▼

Die Sinnhaftigkeit eines Arbeitsablaufs lässt sich dann bereits am Linienverlauf erkennen. Überwiegen die Bearbeitungs- und Prüftätigkeiten, so ist ein Ablauf gut gestaltet. Kritisch sind Abläufe immer dann, wenn viele Transportvorgänge und Verzögerungen auftreten.

Beide Darstellungsformen des Arbeitsablaufdiagramms können bei Bedarf um Angaben zu den benötigten Zeiten oder den zurückgelegten Wegstrecken ergänzt werden.

Durch die schaubildliche Darstellung werden folgende **Ziele** erreicht:

- Erkennen von Ablaufstörungen,
- Feststellen möglicher Doppelbearbeitungen,
- Erkennen von Rationalisierungsmöglichkeiten,
- Verkürzung der Durchlaufzeiten durch Verbesserung der Arbeitsabläufe und Vermeidung unnötiger Transportwege.

Der **Nachteil** des Ablaufdiagramms ist, dass sich wiederholende Vorgänge (= Schleifen) oder Verzweigungen innerhalb des Arbeitsablaufs nicht oder nur mit großem Aufwand darstellen lassen.

6.2.1.2 Blockdiagramme

Eine weitere Darstellungsmöglichkeit sind **Blockdiagramme**. Sie bieten neben der Darstellung der Tätigkeiten auch die Möglichkeit, Schleifen (= Wiederholungen) und Verzweigungen (= Entscheidungen, Handlungsalternativen) darzustellen. Dabei werden nach DIN 66001 die folgenden **Symbole** verwendet:

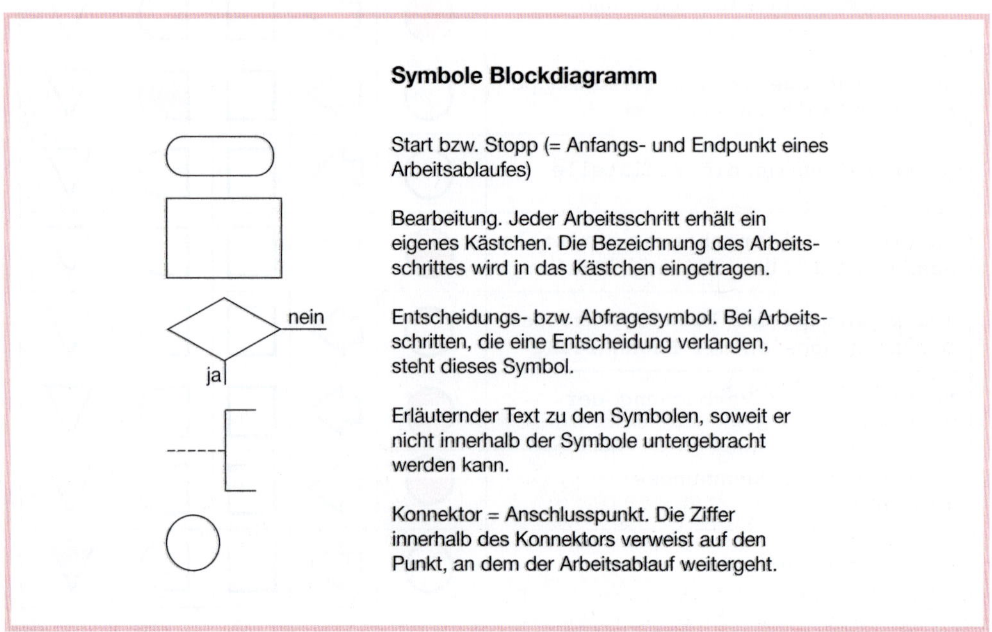

Das Blockdiagramm zu dem Beispiel auf Seite 286 unten sieht folgendermaßen aus:

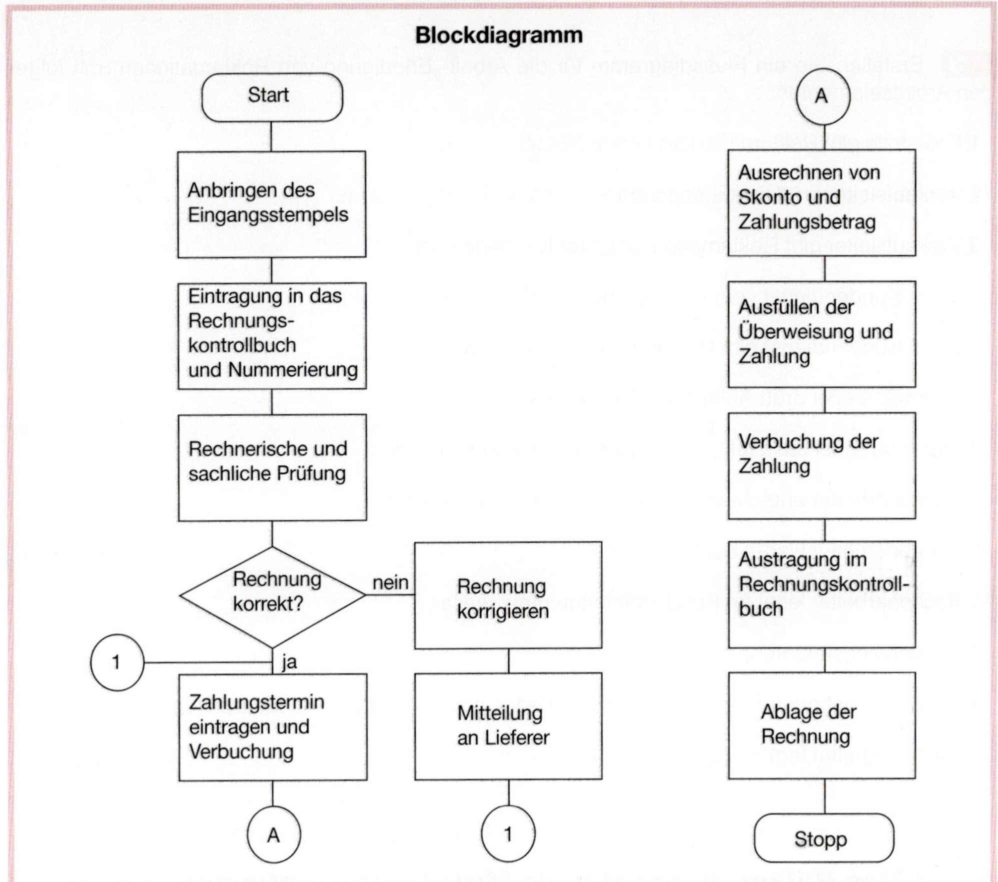

Kernwissen

- Schwachstellen in Arbeitsabläufen können durch funktionsorientierte grafische Darstellungen besser erkannt werden.
- Arbeitsablaufdiagramme lassen insbesondere Verzögerungen und unnötige Transportwege deutlich werden.
- Blockdiagramme können dazu dienen, Handlungsalternativen in Arbeitsabläufen zu veranschaulichen.

Zur Vertiefung

1 In der WEKO GmbH wird die eingehende Post wie folgt behandelt:

Die Sekretärin des Geschäftsführers erhält die Post, öffnet sie und gibt sie an den Geschäftsführer weiter. Dieser lässt sie dem Inhalt entsprechend an den zuständigen Sachbearbeiter auf dem Dienstweg weiterleiten. Der Sachbearbeiter muss danach den Vorgang bearbeiten. Falls hierzu Ausgangspost erstellt werden muss, wird sie auf dem Dienstweg dem Geschäftsführer übermittelt, der alle Briefe gegenzeichnet. Seine Sekretärin steckt den Briefbogen in einen Briefumschlag, frankiert ihn, legt ihn in den Postausgangskorb und bringt die gesamte Post kurz vor Feierabend zur Post.

a) Stellen Sie jeweils ein Arbeitsablaufdiagramm als Fluss- und als Zickzackdiagramm auf!
b) Erstellen Sie das zugehörige Blockdiagramm!

2 Erläutern Sie den Unterschied zwischen der Darstellung des Arbeitsablaufdiagramms als Fluss- und als Zickzackdiagramm!

3 Erstellen Sie ein Flussdiagramm für die Arbeit „Erledigung von Reklamationen" mit folgenden Arbeitselementen:

1. Poststelle gibt Reklamation an Verkaufsleiter.
2. Verkaufsleiter prüft Reklamationen.
3. Verkaufsleiter gibt Reklamation an Leiter Kundendienst.
4. Leiter Kundendienst vermerkt Bearbeitungshinweise.
5. Leiter Kundendienst gibt Reklamation an Sachbearbeiter.
6. Sachbearbeiter prüft Ablauf der Garantiezeit.
7. Sachbearbeiter stellt fest, dass Garantiezeit überschritten ist.
8. Sachbearbeiter entscheidet auf Kulanz und bestellt Ersatzteil.
9. Sachbearbeiter wartet auf Ersatzteil.
10. Sachbearbeiter leitet an Kundendienstmonteur weiter.
11. Kundendienstmonteur repariert.
12. Kundendienstmonteur gibt Vorgang mit Erledigungsvermerk an Sachbearbeiter.
13. Sachbearbeiter legt Vorgang ab.

6.2.2 Das Balkendiagramm als Mittel zeitorientierter Ablauforganisation

Ein weiteres wichtiges Element ablauforganisatorischer Überlegungen ist die **Zeitplanung**. Jedes Unternehmen ist an Termine gebunden (Liefertermine, Zahlungstermine, terminliche Planung von Werbeaktionen usw.). Die Nichteinhaltung von Terminen verursacht Kosten (Konventionalstrafen, zusätzliche Personal- und Sachkosten usw.), die es zu vermeiden gilt. Daher genügt es nicht, Arbeiten nur in ihrer Reihenfolge optimal zu planen, sondern es muss auch eine exakte terminliche Planung vorgenommen werden.

Das Balkendiagramm ist ein Mittel der zeitorientierten Ablauforganisation. Es dient der Darstellung von zeitlichen Abhängigkeiten zwischen Vorgängen.

Es wird in zwei Varianten benutzt:

1. Als Arbeitsfortschrittsplan soll das Balkendiagramm ein Hilfsmittel für die Planung der zeitlichen Abfolge von Tätigkeiten sein. Es ermöglicht die Planung und Kontrolle von Anfangs- und Endzeitpunkten dieser Tätigkeiten.

2. Als Maschinen- oder Raumbelegungsplan soll das Balkendiagramm die Verplanung von Maschinen- oder Raumkapazitäten unterstützen, um Leerstandszeiten zu minimieren.

6.2.2.1 Das Balkendiagramm als Arbeitsfortschrittsplan

Situation

Es soll eine Zeitplanung für das Projekt „Umstellung der Textverarbeitung auf EDV“ durchgeführt werden. Dazu liegt folgende Vorgangsliste vor.

Nr. des Vorgangs	Vorgangsbezeichnung	Dauer in Tagen	Vorgänger
1	Entscheidung der Geschäftsleitung	2	–
2	Angebote einholen	14	1
3	Mitarbeiterinformation	1	1
4	Testen des Gerätes 1	1	2
5	Testen des Gerätes 2	2	2
6	Testen des Gerätes 3	1	2
7	Auswahl des Lieferanten	1	4, 5, 6
8	Lieferung	5	7
9	Raumauswahl	2	7
10	Elektroinstallation	2	9
11	Computer aufstellen	1	8, 10
12	Mitarbeiterschulung	7	3, 11
13	Arbeitsaufnahme	1	12

Ein **Balkendiagramm** besteht aus folgenden Elementen:

- einer **Vorgangsliste** aller Vorgänge (s. o.),
- einer Zeitachse, auf der die jeweiligen Zeiteinheiten eingetragen sind,
- einem **Balken** für jeden Vorgang, der in seiner Länge der jeweiligen Dauer des Vorgangs entspricht.

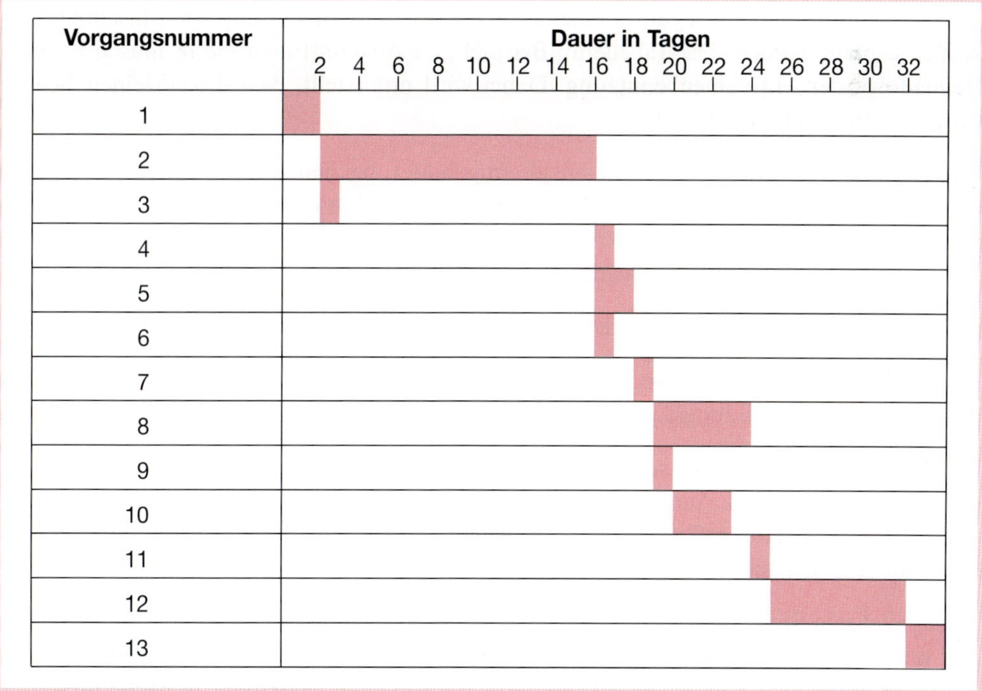

Das vollständige Balkendiagramm liefert nun folgende **Informationen**:

- die **Dauer** des Gesamtprojektes (hier: 33 Tage),
- die geplanten **Anfangs- und Endzeitpunkte** aller Vorgänge,
- die parallel verlaufenden Vorgänge.

Allerdings liefert das Balkendiagramm keine exakten Informationen über die Abhängigkeiten der einzelnen Vorgänge untereinander. Somit ist es auch nicht möglich, die Auswirkungen von Veränderungen der Vorgabezeiten aus dieser Darstellung genau zu ermitteln.

6.2.2.2 Das Balkendiagramm als Maschinenbelegungsplan

Situation

In einem Textilunternehmen sind vier Produktionsaufträge (A–D) zu erfüllen. Für die Produktion werden drei Maschinen (M1–M3) für unterschiedliche Zwecke eingesetzt. Die Arbeiten zur Herstellung der verschiedenen Textilien sind für jedes Produkt in ihrer Reihenfolge festgelegt. Die Reihenfolge zwischen den Produkten A, B, C und D ist beliebig.

Im Einzelnen erfordern die Aufträge folgende Arbeiten:
Auftrag A: 4 Stunden M1, 5 Stunden M2, 3 Stunden M3.
Auftrag B: 8 Stunden M1, 2 Stunden M2.
Auftrag C: 4 Stunden M3, 1 Stunde M2.
Auftrag D: 6 Stunden M3, 2 Stunden M1, 2 Stunden M2.

Der Produktionsleiter erhält den Auftrag, die Arbeiten so auf die Maschinen zu verteilen, dass sie innerhalb eines Arbeitstages in zwei Schichten zu je 8 Stunden erledigt werden.

Mithilfe des Maschinenbelegungsplanes kann die optimale Auslastung von Maschinenkapazitäten geplant werden. Die Tabelle im Beispiel gibt Auskunft über die technisch bedingte Reihenfolge der Maschinenbenutzung. Dabei wird unterstellt, dass die einzelnen Bearbeitungsschritte nicht teilbar sind.

Zur Darstellung wird ein Koordinatensystem gebildet, bei dem auf der senkrechten Achse die Maschinen (M1–M3) und auf der waagerechten Achse die benötigte Zeit eingetragen werden. Die einzelnen Aufträge werden entsprechend ihres Zeitbedarfs als waagerechte Balken in die Darstellung übernommen.

Zur Lösung des Problems sind in der Regel mehrere Versuche notwendig.

In einer ersten Stufe werden die Aufträge in der vorgegebenen Reihenfolge in das Diagramm eingezeichnet (s. Abbildung S. 295 oben).

Die Aufträge können bei dieser Vorgehensweise nicht in der vorgesehenen Zeit (= 16 Stunden) erledigt werden, da Auftrag 4 erst nach 12 Stunden auf Maschine 3 beginnen kann und die gesamte Bearbeitungsdauer daher 22 Stunden beträgt. Allerdings fällt auf, dass bei jeder Maschine Leerkapazitäten vorliegen.

In der nächsten Stufe kann durch Verschiebung der Reihenfolge der Aufträge die Durchlaufzeit verkürzt werden. Dazu wird Auftrag D auf Maschine 3 an den Anfang vorgezogen, da Auftrag C ohnehin 4 Stunden auf die Weiterbearbeitung auf Maschine 2 warten muss.

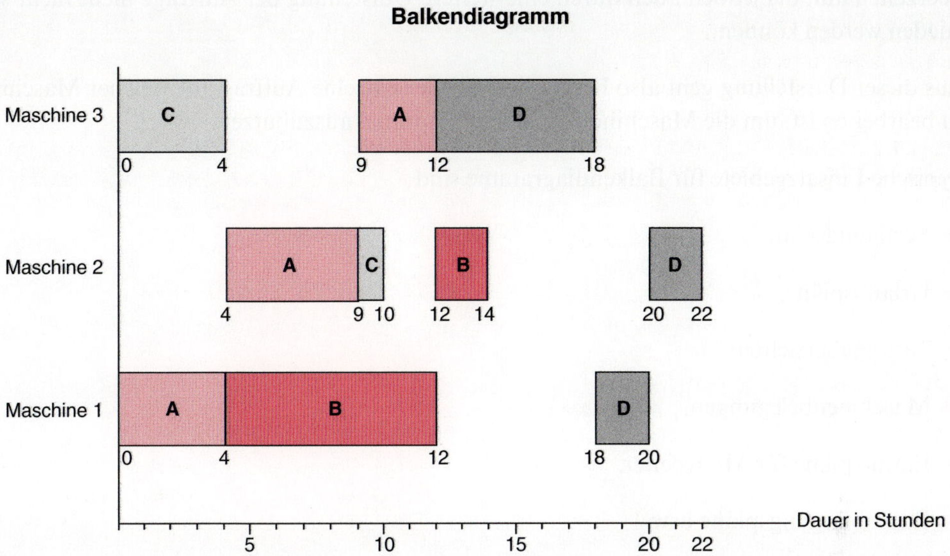

Balkendiagramm

Maschine 3: C (0–4), A (9–12), D (12–18)

Maschine 2: A (4–9), C (9–10), B (12–14), D (20–22)

Maschine 1: A (0–4), B (4–12), D (18–20)

Dauer in Stunden

5 10 15 20 22

Eintragung der Vorgänge in der Reihenfolge der Aufträge

Nach der Umstellung der Aufträge ergibt sich nun das folgende Diagramm:

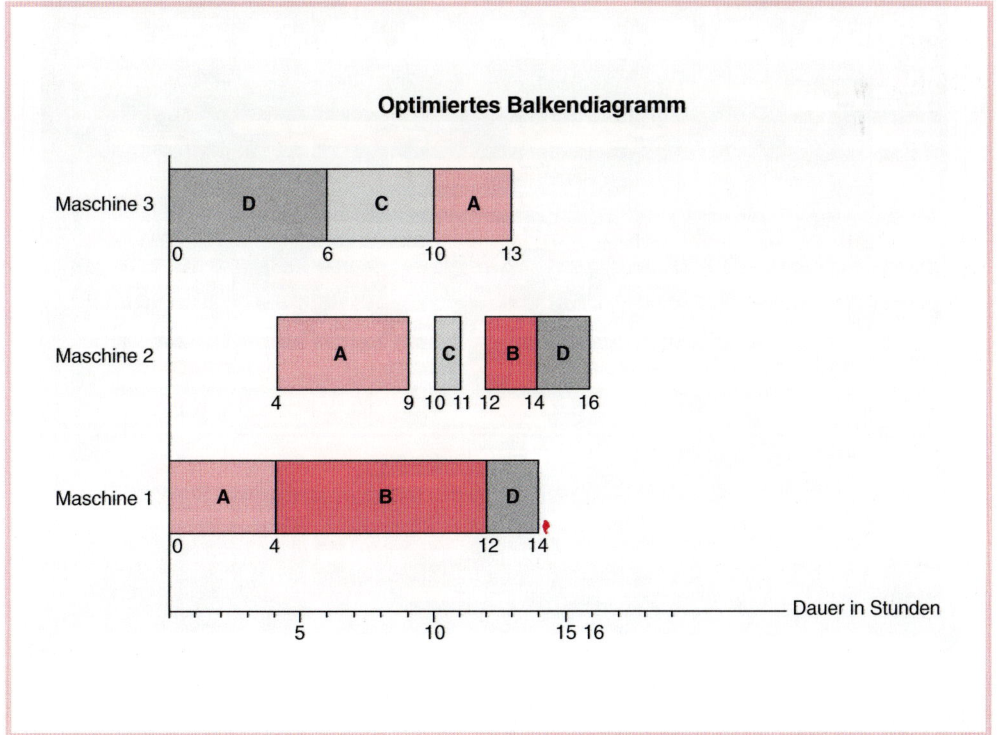

Die Kapazitäten von Maschine 1 und Maschine 3 werden nunmehr 14 bzw. 13 Stunden lang kontinuierlich, d.h. ununterbrochen, ausgenutzt. Lediglich Maschine 2 weist noch einige Leerzeiten auf, die jedoch auch durch eine weitere Umstellung der Aufträge nicht mehr vermieden werden können.

Aus dieser Darstellung geht also hervor, wann jeder einzelne Auftrag auf welcher Maschine zu bearbeiten ist, um die Maschinenkapazitäten optimal auszunutzen.

Typische Einsatzgebiete für Balkendiagramme sind:

- Fertigungspläne,
- Urlaubspläne,
- Terminübersichten,
- Maschinenbelegungen,
- Einsatzpläne für Mitarbeiter,
- Raumbelegungspläne usw.

In der Praxis werden meist Planungstafeln zur Verbesserung der Übersicht und zur Erleichterung der Planung verwendet.

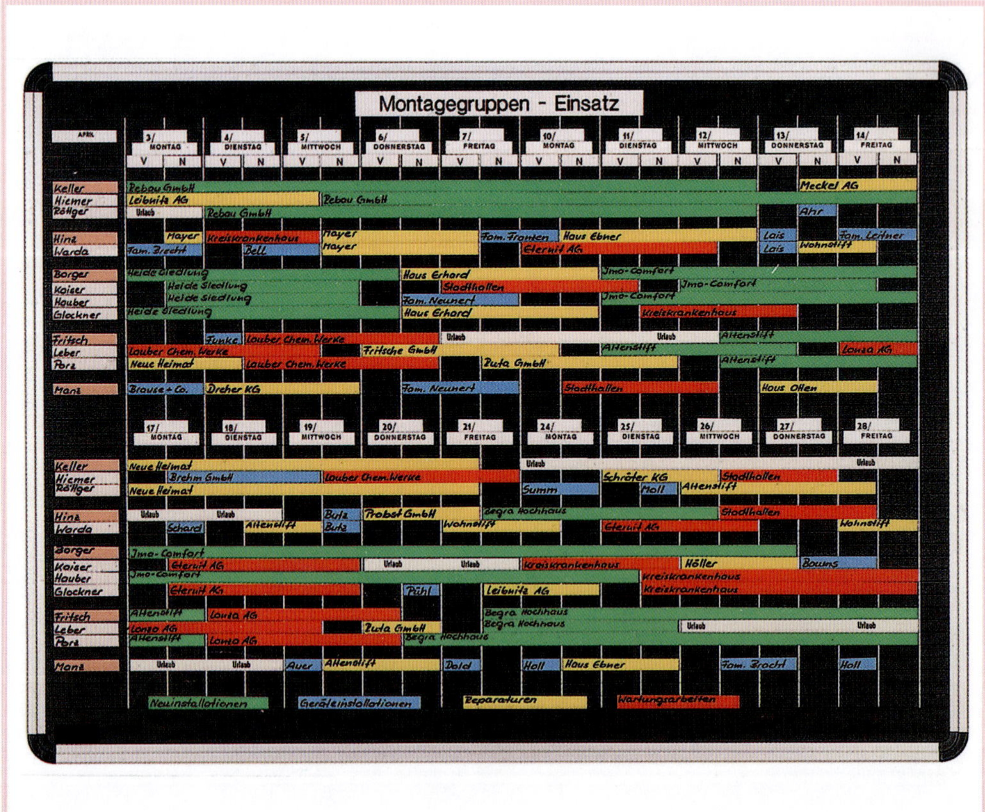

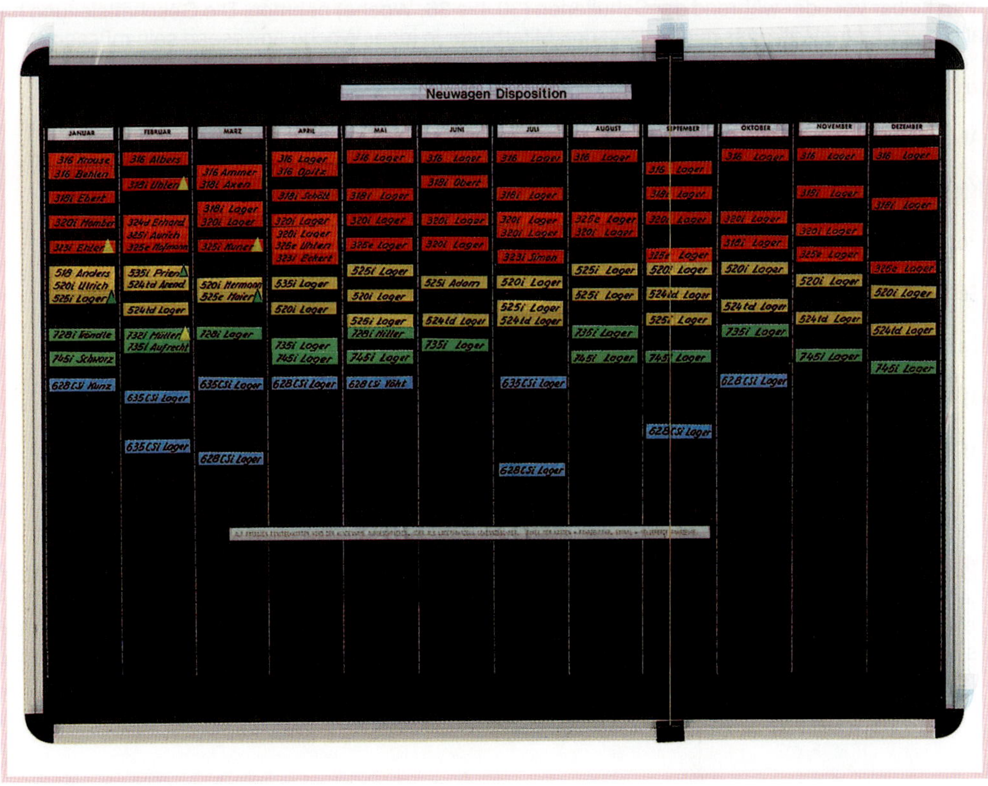

Neuwagen Disposition
JANUAR
FEBRUAR
MÄRZ
APRIL
MAI
JUNI
JULI
AUGUST
SEPTEMBER
OKTOBER
NOVEMBER
DEZEMBER

Kernwissen

- Das Balkendiagramm ist ein Instrument zeitorientierter Ablauforganisation und eignet sich für die grafische Darstellung einfacher Planungsaufgaben.
- Es kann eingesetzt werden als Arbeitsfortschrittsplan zur zeitlichen Überwachung von Projekten oder als Maschinenbelegungsplan zur Planung der Ausnutzung von Kapazitäten.

Zur Vertiefung

1 In einem Industriebetrieb sollen die Aufträge A, B und C auf den Maschinen I, II und III bearbeitet werden. Der Produktionsprozess erfordert folgende Maschinenbelegung (Dauer in Tagen):

Auftrag	Stufen		
	1. Stufe	2. Stufe	3. Stufe
A	M II: 4	M I: 1	M III: 2
B	M III: 2	M I: 2	M II: 3
C	M I: 3	M III: 3	M II: 2

Organisieren Sie den zeitlichen Ablauf mithilfe des Balkendiagramms!

2 Die fünf Mitarbeiter der Abteilung Verkauf der Handels-Union möchten ihren Sommerurlaub unmittelbar vor oder während der Schulferien (30. bis 36. Woche) nehmen. Die Geschäftsleitung hat allerdings festgelegt, dass mindestens drei Mitarbeiter in jeder Woche anwesend sein müssen.

Im Einzelnen liegen folgende Wünsche vor:

Abel möchte zwei Wochen Urlaub in der 28. und 29. Woche.

Klein möchte drei Wochen Urlaub in der 30. bis 32. Woche.

Peters möchte vier Wochen Urlaub in der 31. bis 34. Woche.

Schmitz möchte eine Woche Urlaub in der 32. Woche.

Zell möchte vier Wochen Urlaub in der 33. bis 36. Woche.

a) Erstellen Sie das Balkendiagramm!

b) Stellen Sie fest, ob die Forderung der Geschäftsleitung erfüllt ist.

c) Machen Sie einen Vorschlag, wie das Problem gelöst werden kann!

3 In der Handels-Union sollen innerhalb einer Woche verschiedene Fortbildungsveranstaltungen stattfinden. Dazu stehen drei Räume zur Verfügung. Die Kapazität dieser Räume ist jedoch unterschiedlich groß. Dem Mitarbeiter Ulrich Simmes, der für die Planung der Veranstaltung zuständig ist, werden die drei Räume A (groß), B (klein) und C (klein) zur Verfügung gestellt. Es sollen folgende Veranstaltungen stattfinden:

Kurs	Kursbezeichnung	Dauer (Tage)	Raumbedarf
Organisation	ORG	3	k
Finanzen	FIN	2	g
Revision	REV	1	k
Außendienst	AUS	2,5	g
Verkauf 1	VK1	1	k
Verkauf 2 (parallel zu VK1)	VK2	1	k
Verkauf 3 (im Anschluss an VK1 und VK2)	VK3	0,5	g
Einkauf	EIN	1	k
Arbeitsvorbereitung	AVB	2,5	k

Erstellen Sie einen entsprechenden Raumbelegungsplan!

6.2.3 Netzplantechnik

Situation

Es soll eine Zeitplanung für das Projekt „Umstellung der Textverarbeitung auf EDV" durchgeführt werden. Dazu liegt folgende, bereits bekannte Vorgangsliste vor (siehe auf S. 293).

Nr. des Vorgangs	Vorgangsbezeichnung	Dauer in Tagen	Vorgänger
1	Entscheidung der Geschäftsleitung	2	–
2	Angebote einholen	14	1
3	Mitarbeiterinformation	1	1
4	Testen des Gerätes 1	1	2
5	Testen des Gerätes 2	2	2
6	Testen des Gerätes 3	1	2
7	Auswahl des Lieferanten	1	4, 5, 6
8	Lieferung	5	7
9	Raumauswahl	2	7
10	Elektroinstallation	2	9
11	Computer aufstellen	1	8, 10
12	Mitarbeiterschulung	7	3, 11
13	Arbeitsaufnahme	1	12

Für komplexe Projekte ist das Balkendiagramm weniger geeignet, da es die gegenseitigen Abhängigkeiten der Vorgänge nicht darstellen kann. Für solche Aufgaben bietet sich aber die **Netzplantechnik** an.

Die Erstellung eines Netzplanes erfolgt in **vier Schritten:**

1. Alle anfallenden Arbeiten sind zu ermitteln **(Projektstrukturplan)**.

2. Die gegenseitigen Abhängigkeiten und die Dauer der einzelnen Vorgänge sind in einer **Vorgangsliste** zusammenzustellen (siehe das Situationsbeispiel).

3. Das Netzplanschema ist aufzustellen (**Ablaufplanung**).

4. Die Zeitberechnungen sind auszuführen (**Zeitplanung**).

Projektstrukturplan

In einer **Strukturanalyse** müssen zunächst alle Arbeitsgänge des Projektes systematisch erfasst werden. Dabei wird in der Regel zwischen vorbereitenden Tätigkeiten, Durchführung und abschließenden Tätigkeiten unterschieden. Für unser Beispiel „Einführung einer EDV-Anlage für das Schreibbüro" sieht der **Projektstrukturplan** folgendermaßen aus:

Vorbereitende Tätigkeiten	Tätigkeit bei der Durchführung	Abschließende Tätigkeit
• Entscheidung der Geschäftsleitung • Angebote einholen • Mitarbeiterinformation	• Testen der Geräte • Auswahl des Lieferanten • Lieferung • Raumauswahl • Elektroinstallation	• Computer aufstellen • Mitarbeiterausbildung • Arbeitsaufnahme

Vorgangsliste

In der **Vorgangsliste** (siehe das Beispiel auf Seite 299) werden die technisch, logisch oder wirtschaftlich bedingten Abhängigkeiten bestimmt. Dazu müssen folgende Fragen geklärt werden:

- Welcher Vorgang findet unmittelbar vorher statt? (= **Vorgänger**)
- Welcher Vorgang kann gleichzeitig mit dem betrachteten Vorgang stattfinden? (= **Parallelvorgang**)
- Welcher Vorgang schließt sich unmittelbar an? (= **Nachfolger**)

Das Ergebnis dieser Überlegungen legt die Reihenfolge der Tätigkeiten fest. Diese Abhängigkeiten werden in einer Vorgangsliste tabellarisch dargestellt.

Ablaufplanung

Für die Erstellung eines Netzplanes gelten die folgenden Regeln:

1. Jeder Vorgang wird als **Knoten**, d. h. als Rechteck, mit Vorgangsnummer und Vorgangsbezeichnung gezeichnet.

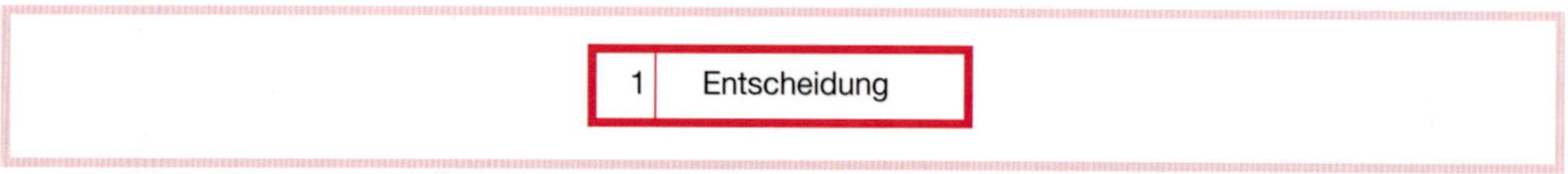

2. Die Knoten werden gemäß der zeitlichen Reihenfolge **von links nach rechts** gezeichnet. Unmittelbar aufeinanderfolgende Vorgänge werden durch Pfeile miteinander verbunden.

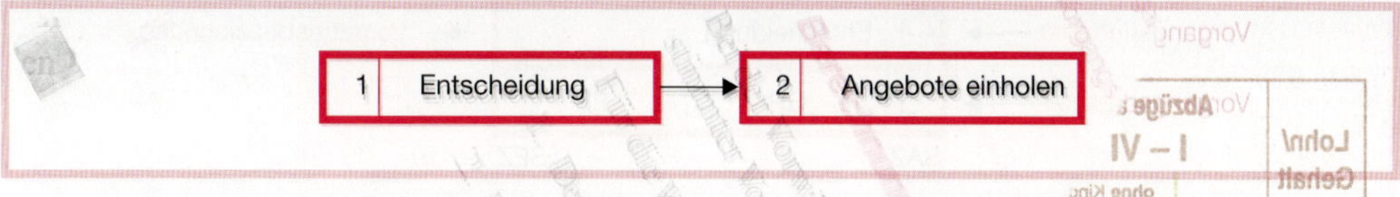

3. Können mehrere Vorgänge erst beginnen, wenn der gemeinsame Vorgänger beendet ist, werden sie mit diesem durch Pfeile verbunden.

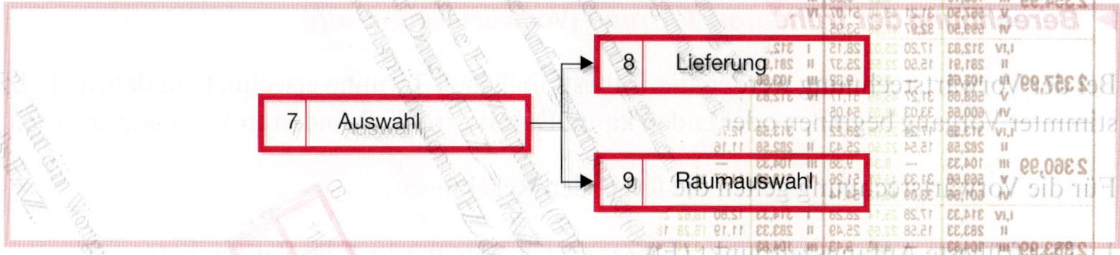

4. Müssen mehrere Vorgänge beendet sein, bevor ein neuer Vorgang beginnt, so wird jeder von ihnen mit dem Nachfolger durch einen Pfeil verbunden.

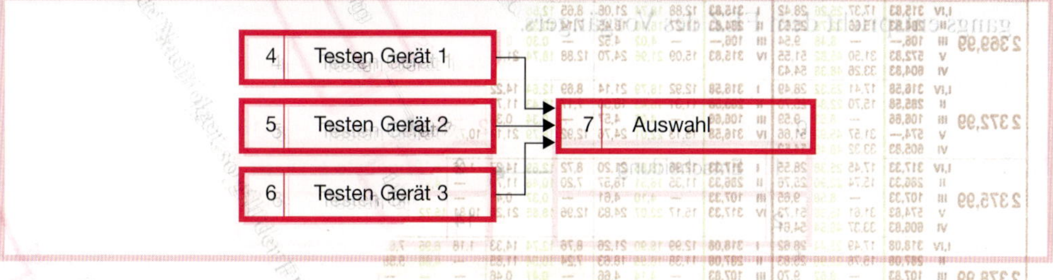

Für das Projekt „Umstellung der TV auf EDV" ergibt sich somit folgender Strukturplan:

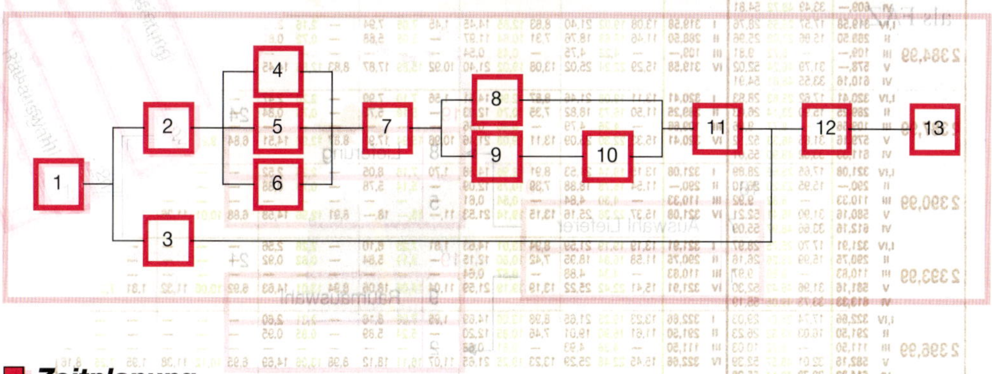

Zeitplanung

Neben den Angaben Vorgangsnummer und Vorgangsbezeichnung enthält jeder Vorgangsknoten auch noch die **Dauer**, die der Vorgang benötigt. Des Weiteren werden die **frühesten Anfangs- (FAZ)** und **Endzeitpunkte (FEZ)** sowie die **spätesten Anfangs- (SAZ)** und **Endzeitpunkte (SEZ)** eingetragen. Zum Schluss folgen noch der **Gesamtpuffer (GP)** und der **freie Puffer (FP)**.

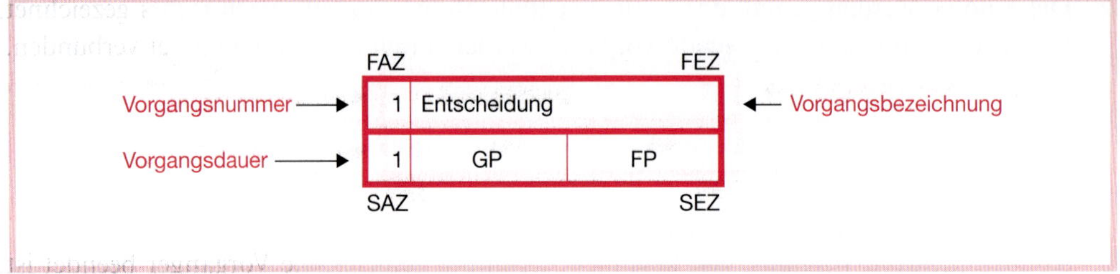

▶ *Berechnung der frühesten Termine (Vorwärtsrechnung)*

Bei der Vorwärtsrechnung werden die frühestmöglichen Termine errechnet, zu denen ein bestimmter Vorgang beginnen oder enden kann. Damit wird die **Mindestprojektdauer** ermittelt.

Für die Vorwärtsrechnung gelten die folgenden Regelungen:

1. Der früheste Anfangszeitpunkt (FAZ) für den Vorgang 1 ist der Zeitpunkt 0.
2. Der früheste Endzeitpunkt (FEZ) eines Vorgangs ergibt sich als Summe aus dem FAZ und der Dauer (FEZ = FAZ + Dauer). Der FAZ des unmittelbar nachfolgenden Vorgangs entspricht dem FEZ des Vorgängers.

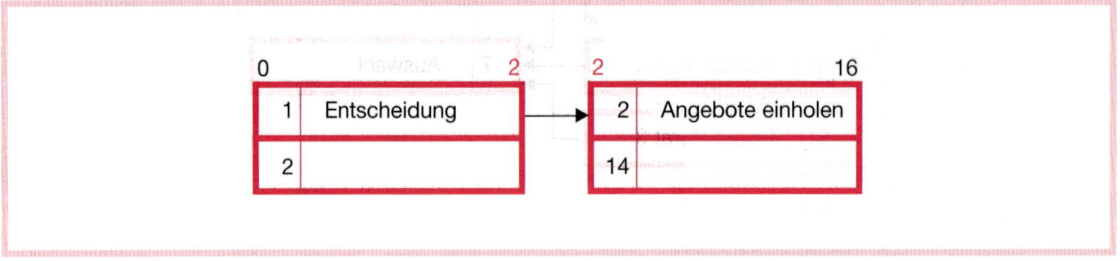

3. Hat ein Vorgang mehrere Nachfolger, so gilt der FEZ für alle unmittelbaren Nachfolger als FAZ.

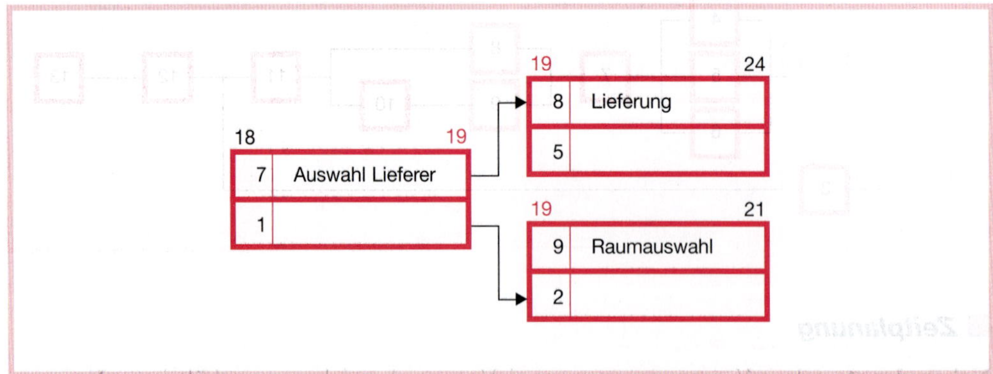

4. Hat ein Vorgang mehrere unmittelbare Vorgänger, so ergibt sich der FAZ dieses Vorgangs als größter Wert der FEZ aller Vorgänger, da zuerst alle Vorgänge abgeschlossen sein müssen.

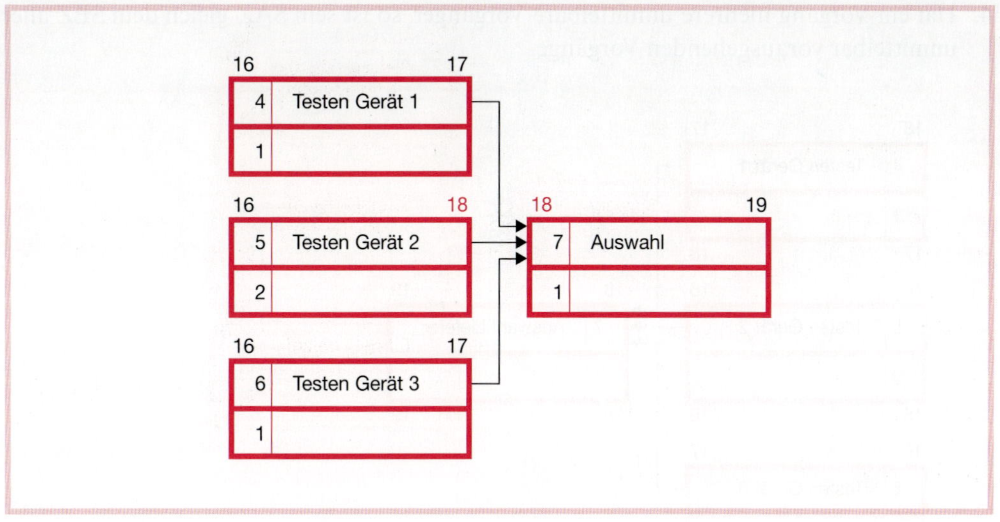

▶ *Berechnung der spätesten Termine (Rückwärtsrechnung)*

Einige Vorgänge können später beginnen, ohne die Gesamtdauer des Projektes zu verlängern. Daher sind für den Projektleiter auch die spätesten Anfangs- und Endzeitpunkte eines Vorgangs interessant. Dabei wird vom letzten Vorgang an zurückgerechnet.

Für die Rückwärtsrechnung gelten dabei folgende Regelungen:

1. Da das Projekt möglichst zum frühesten Termin beendet sein soll, ist dieser Zeitpunkt auch gleichzeitig der späteste Fertigstellungstermin, d. h., der FEZ des letzten Vorgangs ist auch gleichzeitig der SEZ.

2. Der SAZ ermittelt sich aus der Differenz von SEZ und Dauer (SAZ = SEZ − Dauer).

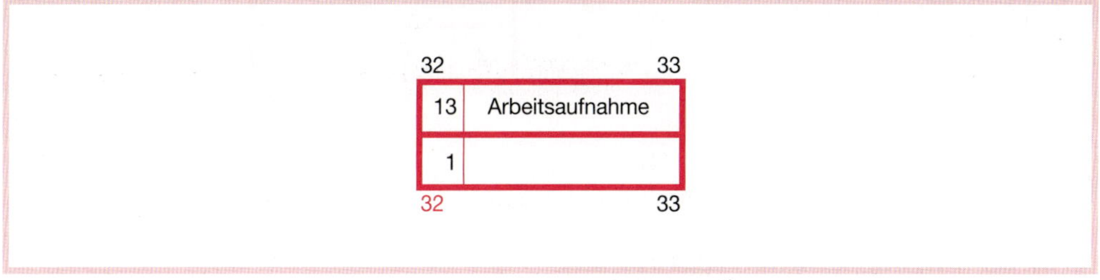

3. Der SEZ des Vorgangs entspricht dem SAZ des unmittelbaren Nachfolgers.

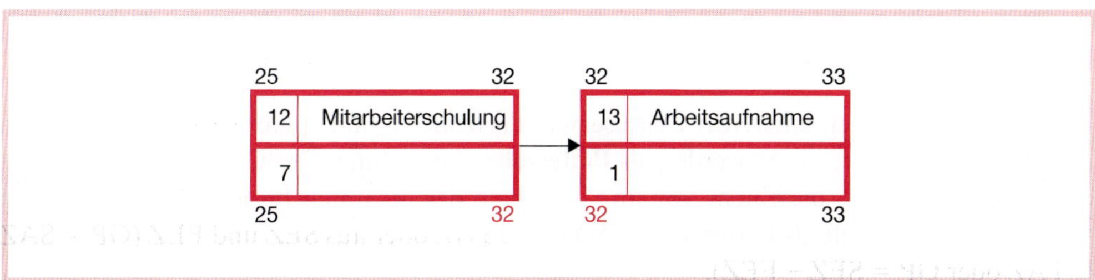

4. Hat ein Vorgang mehrere unmittelbare Vorgänger, so ist sein SAZ gleich dem SEZ aller unmittelbar vorausgehenden Vorgänge.

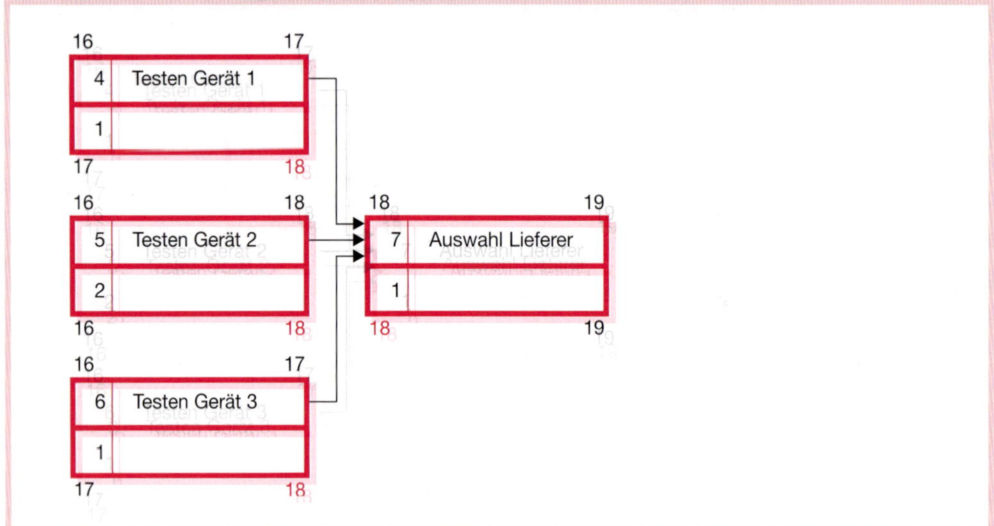

5. Haben mehrere Vorgänge nur einen gemeinsamen Vorgänger, so ist der SEZ dieses Vorgangs gleich dem kleinsten SAZ aller Nachfolger.

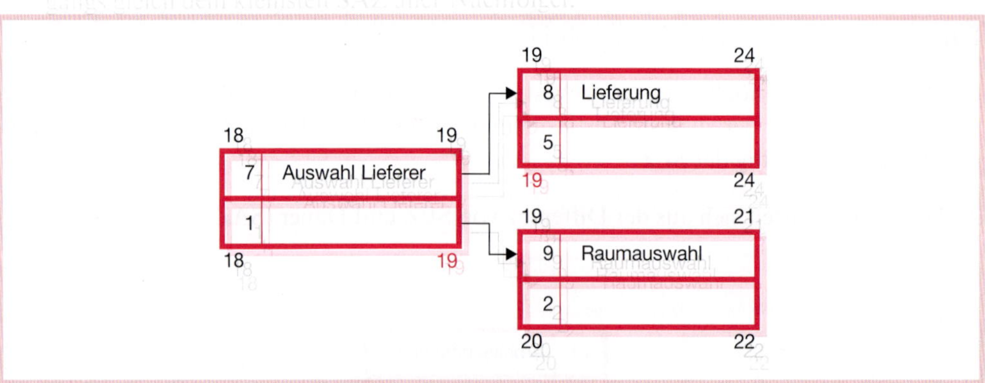

6. Die Rückwärtsrechnung ist dann korrekt, wenn

   a) der SAZ des ersten Vorgangs 0 ist und
   b) die Differenz zwischen SAZ und FAZ sowie zwischen SEZ und FEZ bei jedem Vorgang gleich ist (SAZ − FAZ = SEZ − FEZ).

▶ *Zeitreserven und kritischer Weg*

Bei einigen Vorgängen entstehen **Zeitreserven**, da früheste und späteste Termine auseinanderfallen. Diese Zeitreserven werden als **Pufferzeiten** bezeichnet. Der Gesamtpuffer (GP) ist dabei die Reservezeit, die einem Vorgang innerhalb des gesamten Projektes zur Verfügung steht. Er wird ermittelt als Differenz aus SAZ und FAZ oder aus SEZ und FEZ (GP = SAZ − FAZ oder GP = SEZ− FEZ).

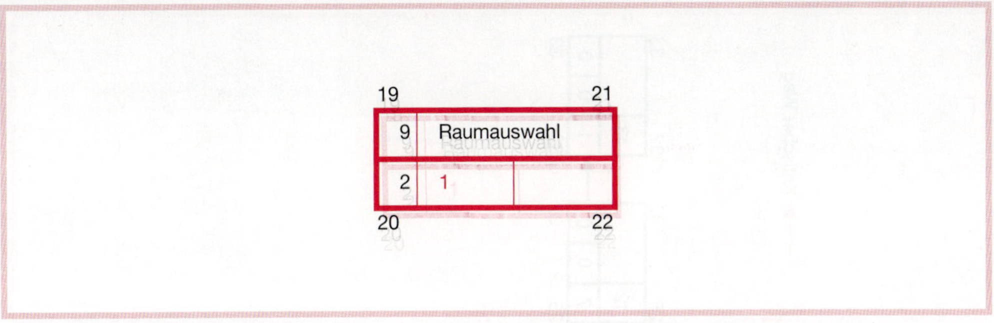

Der freie Puffer ist die Reservezeit, die ein Vorgang in Anspruch nehmen kann, ohne dass ein nachfolgender Vorgang davon beeinflusst wird. Er wird ermittelt als Differenz zwischen dem FAZ des nachfolgenden Vorgangs und dem FEZ des Vorgangs, für den der freie Puffer ermittelt wird (FAZ des Nachfolgers – FEZ des zu berechnenden Vorgangs).

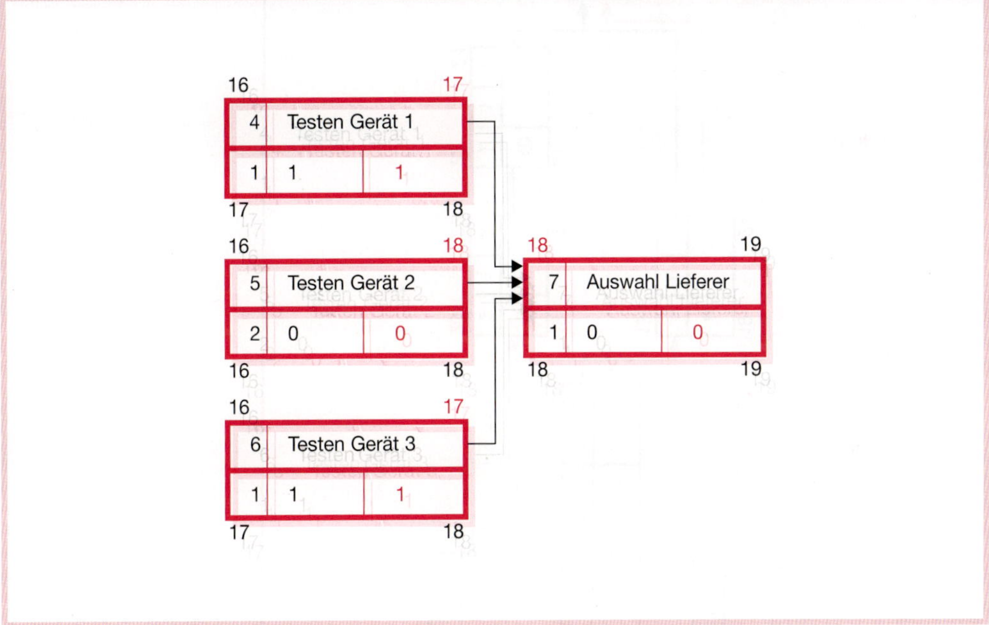

Bei Betrachtung des gesamten Netzplanes ergibt sich ein Weg durch den Netzplan, auf dem sowohl die Gesamtpuffer als auch die freien Puffer den Wert 0 haben. Dieser Weg wird als **kritischer Weg** bezeichnet, da Verzögerungen bei Vorgängen, die auf dem kritischen Weg liegen, automatisch zu Verzögerungen des gesamten Projektes führen.

Die Anwendung der Netzplantechnik liefert folgende Informationen bzw. ermöglicht die folgenden Maßnahmen:

- Überblick über das Gesamtprojekt,
- klare Gliederung der Projekte,
- Darstellung der Abhängigkeiten,
- detaillierte Terminplanung,
- Möglichkeit der Beurteilung der Auswirkungen von Störungen,
- Anpassung von Plänen an geänderte Situationen.

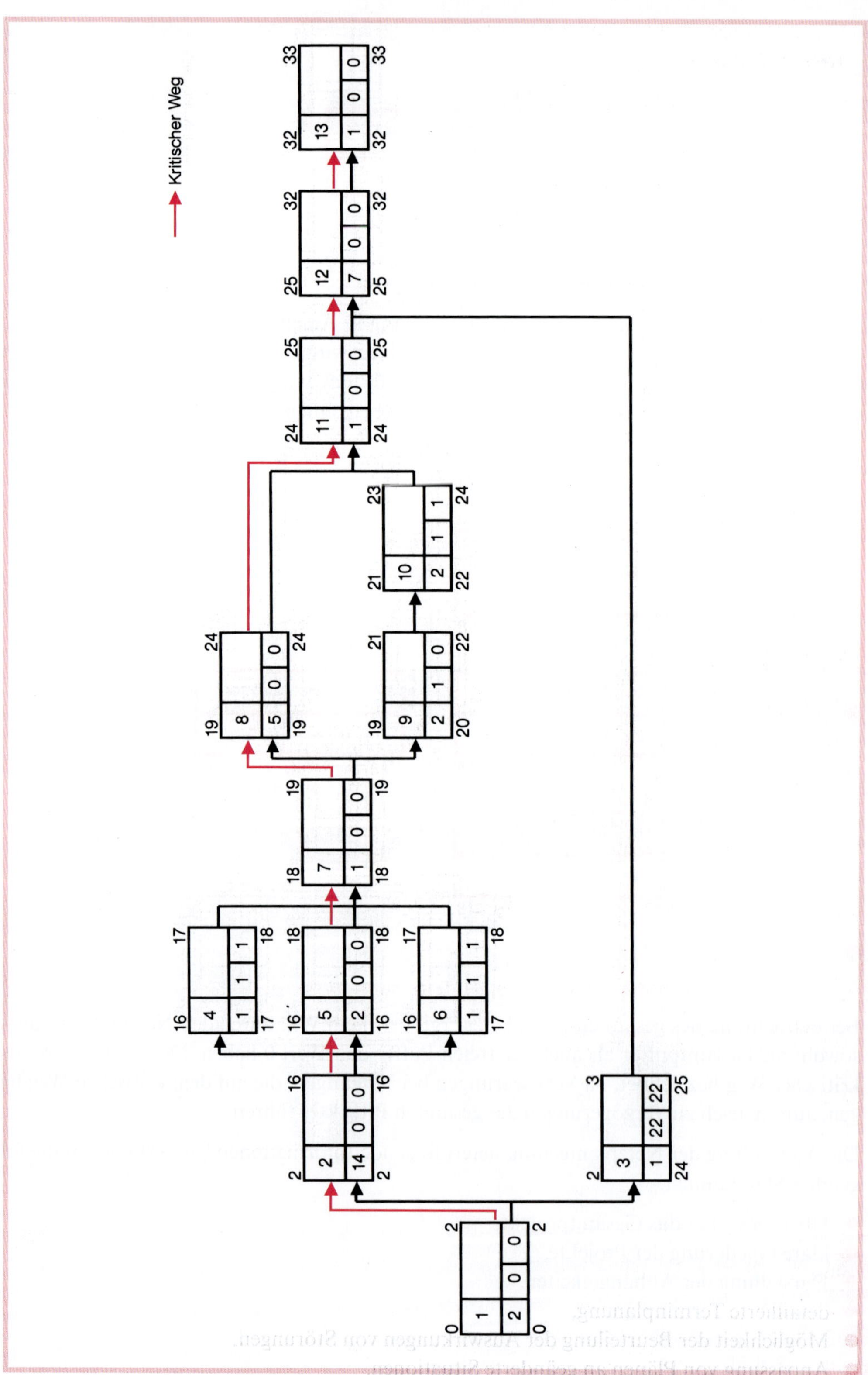
Kritischer Weg

Computergestützte Terminüberwachung und elektronischer Terminkalender

Für umfangreiche terminliche Planungs- und Überwachungstätigkeiten bietet sich der Einsatz von entsprechender Anwendungssoftware an. Als Beispiel sei hier nur die bereits erwähnte Netzplantechnik erwähnt. EDV-Programme ermöglichen es, durch Eingabe der einzelnen Vorgänge umfangreiche Netzpläne in sehr kurzer Zeit zu erstellen. Auswirkungen von Störungen lassen sich ebenfalls in sehr kurzer Zeit errechnen.

Die Folgen von Fehlern bei der Terminplanung und -überwachung können für das Unternehmen sehr groß sein. So ist die Einhaltung der Termine zum einen für den Ruf des Unternehmens wichtig, da z. B. die Nichteinhaltung von Liefer- und Zahlungsterminen zur Verärgerung der Kundschaft bzw. zur Verringerung der Kreditwürdigkeit des Unternehmens führen kann. Zum anderen können Terminüberschreitungen für das Unternehmen auch finanzielle Konsequenzen haben. Werden Rechnungen z. B. nicht rechtzeitig bezahlt, sind Mahngebühren und Verzugszinsen fällig. Bei Nichteinhaltung von Lieferterminen drohen unter Umständen sogar Konventionalstrafen, die häufig den Erfolg des gesamten Geschäfts infrage stellen.

Eine richtige Terminplanung ist ein wichtiges Instrument erfolgreicher Arbeitsplanung. Organisatorische Hilfsmittel müssen dabei geschickt und diszipliniert eingesetzt werden, um durch das Einhalten gesetzter Termine nicht nur den Ruf des Unternehmens zu festigen, sondern auch unnötige Ausgaben wie Mahngebühren usw. zu vermeiden.

Kernwissen

- Die Netzplantechnik ist eine Methode zur Planung und Steuerung von Großprojekten. Sie besteht im Wesentlichen aus einer Strukturanalyse und einer Terminplanung.
- Ermittelt werden
  - die frühesten Termine (Vorwärtsrechnung),
  - die spätesten Termine (Rückwärtsrechnung),
  - die Reservezeiten (Berechnung der Puffer).

Zur Vertiefung

1 Wodurch unterscheidet sich die Netzplantechnik von einem Balkendiagramm?

2 Erstellen Sie den Netzplan:

Vorgang	Dauer	Vorgänger
A	1	–
B	7	A
C	9	A
D	10	A
E	8	B
F	5	C
G	14	D, E

Vorgang	Dauer	Vorgänger
H	3	F
I	5	G
J	4	E, F
K	4	H, I
L	6	I
M	10	K, L
N	6	M

3 Welche Aussagen erhält man durch die Vorwärtsrechnung?

4 Welchen Sinn hat die Rückwärtsrechnung?

5 Welche Aussage lässt sich aus dem Gesamtpuffer und dem freien Puffer ableiten?

6 Projekt: Bau einer Kläranlage

Lfd. Nr.	Vorgang	Dauer in Tagen	Vorgänger
1	Baugenehmigung	90	–
2	Ausschachten Klärbecken A	12	1
3	Ausschachten Klärbecken B	8	1
4	Ausschachten Klärbecken C	14	1
5	Stützmauer errichten	20	4
6	Rohbau Klärbecken A	40	2
7	Rohbau Klärbecken B	30	3
8	Rohbau Klärbecken C	50	5
9	Zulaufkanal zu A	14	6
10	Überlauf von A zu B	10	6, 7
11	Überlauf von B zu C	10	7, 8
12	Abflusskanal erstellen	15	8
13	Maschinelle Ausstattung des Klärbeckens A	20	9, 10
14	Maschinelle Ausstattung des Klärbeckens B	20	10, 11
15	Maschinelle Ausstattung des Klärbeckens C	20	11, 12
16	Probelauf	8	13, 14, 15

a) Erstellen Sie anhand der Vorgangsliste einen Netzplan und ermitteln Sie den kritischen Weg und die Pufferzeiten!

b) Welche Auswirkungen haben jeweils folgende Störungen isoliert betrachtet für das ganze Projekt?

ba) Vorgang 14 kann erst mit 20 Tagen Verspätung beginnen, da der Lieferant der Maschinen den Liefertermin nicht einhalten kann.

bb) Die Herstellung des Abflusskanals (Vorgang 12) verzögert sich aufgrund schlechten Wetters um zwei Tage.

bc) Vorgang 11 verzögert sich um acht Tage.

EDV-unterstützte Aufgabe:

1 Erstellen Sie mit einem entsprechenden Programm den Netzplan zum Problem „Einstellung neuer Mitarbeiter“.

Nr.	Vorgangsbezeichnung	Vorgänger	Dauer in Tagen
1	Ermittlung des Personalbedarfs	–	5
2	Entscheidung über intern auszuschreibende Stellen	1	1
3	Entscheidung über extern auszuschreibende Stellen	1	1
4	innerbetriebliche Stellenausschreibung	2	1
5	Meldung über Personalbedarf an das Arbeitsamt	3	1
6	Aufgabe einer Stellenanzeige	3	1
7	Eingang der Bewerbungen	4, 5, 6	21
8	Analyse der Bewerbungen	7	7
9	Einladungen zu Vorstellungsgesprächen bzw. Absagen verschicken	8	1
10	Vorbereitung der Vorstellungsgespräche	8	2
11	Einladungsfrist für die Vorstellungsgespräche	9	7
12	Durchführung der Vorstellungsgespräche	10, 11	3
13	Auswahl der Bewerber	12	3
14	Zuschicken der Arbeitsverträge an die ausgewählten Bewerber	13	1
15	Warten auf die Rücksendung der unterschriebenen Arbeitsverträge	14	7
16	Eingang der Arbeitsverträge	15	1
17	Mitteilung an die betroffenen Abteilungen über erfolgte Einstellungen	16	1
18	endgültige Absagen an nicht ausgewählte Bewerber	16	2
19	Meldung an das Lohnbüro	16	1
20	Ablage der Unterlagen	17, 18, 19	1

7 Anfrage- und Auftragsbearbeitung

Situation

① In der Babyland GmbH – Großhandel für Baby- und Kleinkindartikel – gilt folgende Anweisung der Geschäftsleitung für die Abteilung Verkauf:

„... alle Anfragen sind so zu bearbeiten, dass der Kunde mit großer Wahrscheinlichkeit einen Auftrag erteilt. ...“

② In der Stofftier GmbH – Hersteller von Kinderspielzeugen aus Textilien – ist die Abteilung Verkauf von der Geschäftsführung aufgefordert worden, eine Checkliste zu entwickeln, welche einzelnen Schritte/Vorgänge zur Bearbeitung einer Anfrage wegen der Erstellung eines Angebots generell anfallen. Dabei sollen von der Prüfung der Kreditwürdigkeit des Kunden bis hin zur Ermittlung der Produktionszeit und -kosten alle erforderlichen Bearbeitungsschritte berücksichtigt werden.

Geht eine Anfrage nach der vom Unternehmen zu veräußernden Ware/Dienstleistung ein, so handelt es sich um das unverbindliche Interesse eines möglichen Kunden. Es gilt also für das angefragte Unternehmen, dieses Interesse des potenziellen Kunden so zu „bearbeiten“, dass der Kunde einen Auftrag erteilt. Dazu ist es erforderlich, zum einen für den Käufer attraktive Konditonen anzubieten, zum anderen jedoch sind die betrieblichen Zielsetzungen und Gegebenheiten so einzuplanen, zu kalkulieren, dass das Unternehmen Gewinne erzielt.

Die Verkaufsabteilung bzw. die Verkaufssachbearbeiter eines Unternehmens benötigen hier, je nach Branche und Art des Betriebes unterschiedliche, organisatorische Hilfestellung.

Nachfolgend werden zunächst wesentliche Punkte zur Bearbeitung einer Anfrage behandelt, anschließend die Bearbeitung eines Auftrages. Dabei werden Beispiele aus verschiedenen Wirtschaftszweigen zur Verdeutlichung angeführt.

7.1 Bearbeitung einer Anfrage zur Erstellung eines Angebots

Situation

Die Babyland GmbH – Großhandel für Baby- und Kleinkindartikel – erhält heute folgende Anfrage von der Boutique „Alles für das Kind“, Inh. Gerda Bauer e. K.:

...

Anfrage nach Kinderbetten und Kinderwagen

Wir benötigen etwa 40 Kinderbetten, 70 × 140 cm, und etwa 35 Kinderwagen, verschiedene Ausführungen. Bitte unterbreiten Sie uns ein ausführliches Angebot.

...

Die Verkaufssachbearbeiterin der Babyland GmbH, Frau Feld, geht ihre Prüfungsliste der zu bearbeitenden Schritte durch.

7.1.1 Überprüfung der Kreditwürdigkeit des Kunden

Die Kreditwürdigkeit (Bonität) eines Kunden gibt Auskunft über seine Zahlungsmoral (Bonität = lat. Güte). Bestehen mit einem anfragenden Unternehmen bereits Geschäftsbeziehungen, können benötigte Informationen z. B. aus der Kundenliste (Debitorenliste) entnommen werden. Die Kundenliste wird meistens vom Bereich Buchhaltung/Rechnungswesen erstellt, da dort auch die Überwachung und Registrierung der Zahlungseingänge vorgenommen wird. In der Regel enthält eine Kundenliste Informationen über:

- Kundennummer,
- Name,
- Umsätze des Vorjahres und dieses Jahres,
- ggf. Höhe der Einzelaufträge,
- offene Posten,
- Zahlungsmoral (Skontoausnutzung, Zielausnutzung, Zielüberschreitungen, Mahnungen, Mahnbescheide),
- ggf. wird die in Anspruch genommene externe Auskunftei angeführt, z. B. Bürgel, Creditreform, Schimmelpfeng, Kreditinstitut.

Die Kreditwürdigkeit eines Kunden ist außerdem noch abhängig von der Höhe des Auftragswertes. Häufig müssen die Verkaufssachbearbeiter ab einer bestimmten Auftragshöhe ihren Vorgesetzten einschalten, der dann entscheidet, ob ein Angebot abgegeben bzw. ein Auftrag angenommen werden soll.

Ist das anfragende Unternehmen noch nicht in der Kundenliste bzw. Kundenkartei enthalten, werden in der Regel bei höheren Auftragswerten Auskunfteien und Kreditschutzorganisationen eingeschaltet. Auskunfteien bieten eine sogenannte „Compact-Auskunft“ an, die alle wichtigen Informationen über den Unternehmenshintergrund, Persönliches, Vermögenslage und die Bonität eines Unternehmens enthält. Diese Compact-Auskunft kann per Datenfernverarbeitung über das Datennetz der Deutschen Telekom AG aus den Datenbanken der Auskunfteien gebührenpflichtig eingeholt werden.

7.1.2 Überprüfung der Realisierbarkeit (einschließlich der Leistungserstellung)

Die Prüfung der Realisierbarkeit besteht zunächst darin, die Wünsche des Kunden in Form eines Angebotes zu formulieren und dabei zu prüfen, ob das eigene Unternehmen diese Wünsche problemlos erfüllen kann, ohne dabei das Ziel der Gewinnerzielung (oder andere primäre Unternehmensziele) zu vernachlässigen.

Für ein Handelsunternehmen ist die Überprüfung der Realisierbarkeit im Wesentlichen von der **Prüfung der Lieferfähigkeit** und der **Prüfung der Lieferzeit** abhängig. Ein Industrieunternehmen hat außerdem seine Produktionsplanung, d. h. insbesondere seine zeitabhängig vorhandenen Produktionskapazitäten, zu überprüfen. Hier kann man auch von einer **Überprüfung der Leistungsfähigkeit** sprechen.

7.1.2.1 Prüfung der Lieferfähigkeit

Ein Handelsunternehmen kontrolliert zur Prüfung seiner Lieferfähigkeit zunächst seinen Lagerbestand hinsichtlich der vom Kunden gewünschten Artikel. In der Regel erfragt der Verkaufssachbearbeiter heute diese Daten mittels einer im Unternehmen eingesetzten Software per Bildschirm. Außer Warenwirtschaftssystemen werden teilweise zusätzliche Internetlösungen verwendet. Der Kunde hat über einen Schlüssel Zugang zu den Lieferdaten des Großhändlers und platziert seinen Auftrag direkt in der Auftragsbearbeitung des Lieferers. Der Fachbegriff hierfür lautet B2B = Business-to-Business-Geschäftsverkehr mit Geschäftskunden oder Lieferern. Größere Bedeutung hat der B2B-Handel jedoch im Rahmen der Geschäftsbeziehungen zwischen Hersteller und Abnehmer.

Je nach dem Grad der Ausstattung des Betriebes mit entsprechenden Datenverarbeitungseinrichtungen geht dies natürlich auch per Telefon oder mit schriftlicher Bedarfsanfrage.

Vor der Erstellung des Angebotes sollte geklärt werden:

- In welcher Anzahl sind die gewünschten Artikel auf Lager?
- Bestehen bereits Reservierungen für andere Kunden?
- Gegebenenfalls: Wie hoch ist der durchschnittliche Lagerabgang? (Wenn es sich um eine häufig gewünschte Ware handelt – damit mögliche erforderliche Beschaffungen berücksichtigt werden können.)

Aus den zu diesen Fragen erhaltenen Antworten kann der Verkaufssachbearbeiter unmittelbar entnehmen, ob die Ware für den potenziellen Kunden zur Verfügung steht, ob das Unternehmen also lieferfähig ist.

In einem Industrieunternehmen, in dem das angefragte Produkt selbst hergestellt wird, ist die Prüfung der Lieferfähigkeit noch von anderen Faktoren abhängig, die man als **Überprüfung der Leistungserstellung** bezeichnen kann (die bei Lagerhaltung des Fertigproduktes auftretenden Fragen sind mit denen eines Handelsbetriebes relativ identisch):

- Wie lange dauert die Produktion der angefragten Artikel?
- Bestehen Produktionsengpässe durch gleichzeitig zu bearbeitende Aufträge? Gibt es hierbei vergebene Prioritäten, z. B. nach Auftragswert? Welche Priorität erhielte der hier angefragte Auftrag?
- Sind die einzelnen Bauteile, die zur Herstellung/Endmontage des Produktes benötigt werden, verfügbar? Wie sehen ggf. die Beschaffungszeiten aus?
- Welche anderen Produktionszeiten ergeben sich durch Aufspaltung der Auftragsmenge z. B. in zwei oder drei Teilmengen?

7.1.2.2 Prüfung der Lieferzeit

Zur Prüfung der Lieferzeit sind folgende Punkte zu klären:

- Wie viel Zeit wird für die Zusammenstellung eines Kundenauftrages benötigt? (Hierunter fallen alle Tätigkeiten bis zur Verpackung und Bereitstellung der Ware – also ggf. auch die Beschaffungszeit, wenn die vorhandene Menge nicht ausreicht.)

- Wie lange dauert der Transport? (Liefert das Unternehmen selbst aus, lässt sich diese Frage je nach Organisationsstruktur über die Abteilung Lager oder Fuhrpark direkt klären. Bei Einschaltung von Spediteuren bzw. Frachtführern liegen entweder entsprechende Standarddaten vor oder müssen im Einzelfall erfragt werden.)

Sind diese Fragen geklärt, kann der **Liefertermin** festgelegt werden. Die Lieferungsbedingungen insgesamt (frei Haus oder ab Werk, Art des Transportmittels usw.) stehen in Handelsunternehmen meistens fest.

Das Industrieunternehmen hat zusätzlich die **Produktionszeit** der gewünschten Ware zu berücksichtigen. Bei hoher Kapazitätsauslastung des Unternehmens werden Lösungsalternativen miteinander verglichen.

Beispiel: Bei welcher Aufspaltung des Kundenauftrages in Teilmengen ergeben sich die größte zeitliche Annäherung an den vom Kunden erwarteten Liefertermin **und** gleichzeitig die günstigste Kapazitätsauslastung?

Anders als in Handelsunternehmen legen Industriebetriebe ihre Lieferkonditionen häufig auftragsbezogen fest. Je nach Auftraggeber, Art der Ware und Auftragswert werden Kostentragung und Art des Versandes entsprechend neu kalkuliert.

Bei Einsatz eines vollautomatisierten Produktionsprogramms und/oder des B2B-Handels werden diese Fragen durch das Programm selbstständig geklärt.

7.1.3 Überprüfung des Preis-/Kostenverhältnisses

Handelsunternehmen haben in der Regel für alle ihre Produkte, Industrieunternehmen für ihre Standardprodukte sogenannte Listenpreise, d. h., mittels einer an den Betriebszielen orientierten Kalkulation sind die Verkaufspreise für die einzelnen Artikel so festgelegt worden, dass das Unternehmen seine Ziele gut realisieren kann. Außer den Beschaffungs-/Produktionskosten für die Ware werden alle sonst anfallenden Kosten[1] berücksichtigt, z. B. Werbe- und Verpackungskosten, Personal- und Sachkosten für Verkauf, Versand, Verwaltung, einschließlich der Rechnungsabteilung, Debitorenbuchhaltung, Mahnabteilung, Kreditbüro, ferner eventuelle Kosten für Vertreter und Reisende, für Verkaufsbüros usw.

Diese Preise – die meistens den Kunden auf einer Liste zur Verfügung stehen – sind im Prinzip Höchstpreise. Je nach Auftragswert, Beziehung zum Kunden oder anderen Motiven, wie Gewinnung eines neuen Kunden, saisonbedingten Preisnachlässen u. a., bietet das Unternehmen Vergünstigungen an, in der Regel in Form von Rabatten.

Wenn ein Artikel seltener nachgefragt wird oder wenn der Kunde Sonderwünsche hat, für die Produktionsumstellungen erforderlich sind, werden in Industriebetrieben Mindestabnahmemengen vorgegeben. In diesen Fällen wird zunächst der Break-even-Point (Gewinnschwelle) ermittelt, also diejenige Menge, ab der das Unternehmen in die Gewinnzone

[1] Je genauer die Kosten dem einzelnen Produkt direkt zugerechnet werden können (= Einzelkosten), desto genauer ist die Absatzplanung und Preisgestaltung. Nicht direkt dem Produkt zurechenbare Kosten (= Gemeinkosten) sollten möglichst mithilfe eines verursachungsgemäßen Schlüssels auf das Produkt verteilt werden.

kommt. Eine Produktion unterhalb dieser Menge ist aus Kostengründen in der Regel nicht akzeptabel. Es gibt natürlich Ausnahmen, z. B. um unbedingt einen Kunden neu zu gewinnen, von dem man sich zukünftig lohnende Aufträge verspricht, oder um einem besonders guten Kunden entgegenzukommen.

Kernwissen

- Zur Bearbeitung einer eingehenden Anfrage gehören folgende wesentlichen Bearbeitungsschritte, um ein Angebot zu erstellen:
  - Überprüfung der Kreditwürdigkeit des Kunden:

    Die Kreditwürdigkeit oder Bonität eines Kunden gibt Auskunft über seine Zahlungsmoral.
  - Überprüfung der Realisierbarkeit (einschließlich der Leistungserstellung), wobei insbesondere

    – Lieferfähigkeit und
    – Lieferzeit

    mithilfe von Lager- und/oder Produktionsdaten zu ermitteln sind.
  - Überprüfung des Preis-/Kostenverhältnisses:

    Der Verkaufspreis des Produktes sollte die durch Beschaffung/Produktion sowie Verwaltung und Verkauf anfallenden Kosten mindestens decken und in der Regel überdecken, sodass ein Gewinn entsteht.
- Bei Einsatz eines modernen Warenwirtschaftssystems und/oder des B2B-Handels werden diese Bearbeitungsschritte im Rahmen des Programms selbstständig durchgeführt.

Zur Vertiefung

1 Zu Situation ① des Gliederungspunktes 7, S. 309 oben:

Welche Probleme könnten bei der Bearbeitung einer Kundenanfrage entstehen, wenn z. B. ein neu eingestellter Verkaufssachbearbeiter sich nur an der Anweisung der Geschäftsführung orientieren kann und keine weitere Hilfestellung hat?

2 Zu Situation ② des Gliederungspunktes 7, S. 309 oben:

Erstellen Sie stichwortartig die von der Geschäftsführung gewünschte Checkliste. Gehen Sie dabei beispielhaft von einer Anfrage nach herzustellenden Teddybären aus, die im Produktionsprogramm der Stofftiere GmbH standardmäßig enthalten sind!

3 Zur Situation am Anfang dieses Abschnitts 7.1, S. 309 unten:

Erstellen Sie ein verbindliches Angebot als Antwort auf die Anfrage der Boutique „Alles für das Kind“. Weitere Daten nach Ihrer Wahl, wobei Sie die Inhalte dieses Kapitels einbeziehen sollten. Berücksichtigen Sie bitte die DIN 5008 für Briefe!

7.2 Bearbeitung eines Auftrages

Situation

Die Babyland GmbH – Großhandel für Baby- und Kleinkindartikel – unterbreitete der Boutique „Alles für das Kind“ auf ihre Anfrage ein ausführliches Angebot. Heute geht die Bestellung der Boutique ein:

...

Auftrag Nr. 274-93 über Kinderbetten

Auf der Basis Ihres Angebotes vom ... bestellen wir:

40 Kinderbetten „Comfort“, 70 × 140 cm, sortiert in den Ausführungen „weiß lackiert“, „kiefer“, „bunt lackiert“

40 passende Lattenroste „Standard“

Gemäß Angebot erfolgt die Lieferung innerhalb drei Wochen nach Bestelldatum frei Haus.

...

Die Verkaufssachbearbeiterin der Babyland GmbH, Frau Feld, bearbeitet den Auftrag.

7.2.1 Vergleich des Kundenauftrages mit dem eigenen Angebot

Bevor ein Kundenauftrag in die eigentliche Bearbeitung gehen kann, ist er mit den Daten des eigenen Angebotes zu vergleichen. Sollte beispielsweise der Kunde die Lieferzeit (oder eine andere Kondition) geändert haben, gilt der Auftrag des Kunden als neuer Antrag, der zunächst auf seine Akzeptanz zu prüfen ist.

Im obigen Fall hat der Kunde zwar keine der Daten des Angebots geändert, bestellt jedoch nur die Hälfte der angebotenen Ware (vgl. Abschnitt 7.1), nämlich die Kinderbetten und nicht die zuvor ebenfalls angefragten Kinderwagen. Dies bedeutet nur dann eine Änderung des Angebotes, wenn die angebotenen Artikel ausschließlich gemeinsam veräußert werden sollten, was dann aber ausdrücklich im Angebot erwähnt sein muss. Im Normalfall kann der Kunde sich aus einem Angebot über mehrere Artikel die für ihn günstigsten heraussuchen, so wie hier die Boutique „Alles für das Kind“.

Bei Übereinstimmung zwischen Auftrag und eigenem Angebot ist zunächst zu prüfen, ob sich die betriebsinternen Gegebenheiten zur Lieferfähigkeit und Lieferzeit auch nicht geändert haben. Beispielsweise könnten in der Zeit zwischen Angebotserstellung und Erhalt des Auftrages andere Kundenbestellungen für diese(n) Artikel eingegangen sein, sodass Lagerbestands- bzw. Produktionskapazitätsdaten sich gravierend verändert haben.

Im Rahmen moderner Warenwirtschaftssysteme und/oder Einsatz des B2B-Handels werden die Daten automatisch verglichen.

7.2.2 Erstellung der betrieblichen Arbeitsunterlagen

In der Erstellung der betrieblichen Arbeitsunterlagen und den daraus resultierenden Arbeitsvorgängen liegen die entscheidenden Unterschiede in der Bearbeitung von Kundenaufträgen bei einem Handelsbetrieb einerseits und einem Industriebetrieb andererseits.

7.2.2.1 Erstellung der betrieblichen Arbeitsunterlagen in einem Handelsbetrieb

Für die Babyland GmbH (siehe „Situation" zu 7.2, S. 314 oben) ergeben sich nach dem Vergleich des eingegangenen Kundenauftrages mit dem eigenen Angebot folgende Arbeitsschritte:

Bei DV-gestützter Auftragsbearbeitung

Bei DV-gestützter Auftragsbearbeitung wird der Auftrag in die vorhandene Softwaremaske auf dem Bildschirm eingegeben. Zuerst ist eine Auftragsnummer zu vergeben, entweder wird von dem Programm selbstständig durchnummeriert oder die Verkaufssachbearbeiterin vergibt die Nummer.

Weiterhin sind einzugeben: Kundennummer, Datum, Liefertermin, Menge, Artikelbezeichnung (suchen über Matchcode = Schlüsselbegriff) bzw. Artikelnummer, Einzelpreis, Rabatt (sofern Abweichungen vom Standard). Menge, Einzelpreis, Rabatt, Umsatzsteuer und Gesamtauftragswert werden durch das Programm berechnet.

Die meisten Softwarepakete zur Auftragsbearbeitung in Handelsbetrieben führen gleichzeitig eine Lagerbestandsrechnung durch, sodass auch der vor und nach Auftragsbearbeitung vorhandene Lagerbestand aufgeführt wird und Mengen für diesen Auftrag reserviert werden.

Lieferschein (ggf. Auftragsbestätigung) und Rechnung werden automatisch nach den vorhandenen Daten erstellt. Die Verkaufssachbearbeiterin leitet entweder den Lieferschein an das Lager weiter oder – bei vernetzten Datensystemen – das Lager erhält seinen Ausdruck über den angeschlossenen Rechner. Das gleiche Verfahren gilt für die Rechnung, die von der Abteilung Buchhaltung/Rechnungswesen weiterbearbeitet wird.

Das Lager macht die bestellte Ware versandfertig und stellt sie zur Abholung bereit bzw. veranlasst den Versand. Der Lagerabgang der reservierten Artikel wird mit Datum in den Rechner eingegeben. Die Bestandsmengen werden durch das Programm automatisch korrigiert. Bei vernetzten Anlagen gilt dies auch für die Rechner aller beteiligten Abteilungen, ansonsten müsste dorthin eine Rückmeldung eingegeben werden.

Die Abteilung Rechnungswesen bucht die Ausgangsrechnung auf dem Kundenkonto – hier der Boutique „Alles für das Kind" –, wobei in der Regel noch einmal eine Prüfung der Rechnungsdaten vorgenommen wird. Gebucht (= eingegeben) werden die Bruttoangaben der Rechnung. Skontobeträge können erst bei Zahlungseingang erfasst werden, wenn genau feststeht, ob der Kunde Skonto in Anspruch genommen hat. Die meisten Buchhaltungsprogramme sehen eine selbstständige Terminüberwachung für den Zahlungseingang vor und erstellen entsprechend Mahnungen. Bei vernetzten Systemen wird auch gleichzeitig die Kundenkartei hinsichtlich der Zahlungsmoral des Kunden korrigiert.

Bei Auftragsbearbeitung mithilfe von E-Commerce im Rahmen des B2B-Handels

E-Commerce (auch E-Business) umfasst den Geschäftsverkehr sowohl im Endkundenbereich (Business-to-Consumer = B2C) als auch im Geschäftskundenbereich (Business-to-Business = B2B). E-Commerce kann Aufgaben aus dem Vertrieb, dem Marketing und der Logistik übernehmen und die Beschaffung, Produktion und Wartung erleichtern.

E-Commerce versetzt Handelsunternehmen in die Lage, auf eine Nachfragesituation schnell zu reagieren und insbesondere Veränderungen zügig aufzugreifen. Bei der Babyland GmbH könnte die Internetbestellung über Kinderbetten und -lattenroste zu folgenden elektronischen Bearbeitungsschritten führen:

- Das interne Warenwirtschaftssystem prüft, ob die bestellte Ware vorhanden oder bereits beim Lieferer bestellt ist. Da sich der Kunde über eine Kundennummer oder einen anderen Schlüssel in das System einloggt, ist seine Identität bereits geklärt.
- Ist die Ware vorhanden, werden Rechnung und Lieferschein erstellt. Der Lieferschein ist die Kommissionierungsunterlage für das Lager und gleichzeitig Transportunterlage. Der Lagermitarbeiter klickt im Programm die Rubrik „täglich“ oder „zu erledigen“ oder ein ähnliches programmindividuelles Icon an und kann sich den fertigen Lieferschein ausdrucken lassen. Ähnlich geht es im Rechnungswesen: Die Buchung wird automatisch vorgenommen, der Sachbearbeiter verschickt entweder die Rechnung oder bei Stammkunden wird vereinbarungsgemäß direkt abgebucht. Der Auftrag wird in der Kundendatei erfasst und dem Gesamtumsatz mit dem Kunden gutgeschrieben. Arbeitet der Lieferer mit einem Bonussystem, wird der neue Bonus berechnet.
- Ist die Ware nicht vorhanden oder führt die Auslieferung der Bestellung zum Erreichen des Meldebestandes, kann bei gleichzeitigem B2B-Handel mit dem Hersteller dort direkt eine Bestellung ausgelöst und die Produktion der Ware entsprechend gesteuert werden.

Bei nicht DV-gestützter Auftragsbearbeitung

Bei nicht DV-gestützter Auftragsbearbeitung erfragt die Verkaufssachbearbeiterin zuerst nochmals den vorhandenen Lagerbestand des Artikels, bevor sie die Auftragsnummer vergibt. Dann erstellt sie den Lieferschein in mehreren Ausführungen. Eine Kopie bleibt im Verkauf, Original mit mindestens zwei Kopien gehen an das Lager.

Das Lager stellt die bestellte Ware zusammen und vermerkt in der Lagerkartei den Warenabgang. Anschließend wird die Ware versandfertig gemacht und zur Abholung bereitgestellt bzw. versendet. Die Abteilung Verkauf wird von der Ausführung des Auftrages informiert (häufig durch Weiterleitung des vom Kunden abgezeichneten Lieferscheins).

Erstellt die Abteilung Verkauf die Rechnungen, dann geschieht dies auf der Basis der erfolgten Versandmeldung. Das Original wird, meist mit einer Kopie, an den Kunden geschickt, eine Kopie verbleibt in der Abteilung, eine Kopie geht an den Bereich Rechnungswesen zur Verbuchung und Weiterverarbeitung.

Erstellt die Abteilung Buchhaltung/Rechnungswesen die Ausgangsrechnungen, dann erhält sie eine Kopie des Lieferscheins und der Vollzugsmeldung des Versands. Die Rechnung wird auf Grundbuch und Kundenkonto gebucht (Kundenkonto „Alles für das Kind“ als Unterkonto zu Forderungen an Warenverkauf und Umsatzsteuer). Die vereinbarte Zahlungsfrist wird in einem entsprechenden Terminbuch notiert. Bei rechtzeitigem Zahlungseingang wird diese auf der Basis des Kontoauszuges verbucht. Bei nicht rechtzeitigem Zahlungseingang wird eine Mahnung erstellt. Eine Kopie der Mahnung geht an die Abteilung Verkauf wegen der Erfassung der Zahlungsmoral in der Kundenkartei.

Kernwissen

- Zur Bearbeitung eines Kundenauftrages sind in einem Handelsbetrieb folgende Schritte erforderlich:
  - Auftrags- und Kundendaten erfassen
  - Lagerbestandsermittlung/-rechnung
  - Lieferscheinerstellung (ggf. Auftragsbestätigung)
  - Ware bereitstellen bzw. versenden
  - Rechnungserstellung
  - Verbuchen der Rechnung
  - Terminüberwachung des Zahlungseinganges, ggf. Korrektur der Kundenkartei hinsichtlich der Zahlungsmoral

7.2.2.2 Erstellung der betrieblichen Arbeitsunterlagen in einem Industriebetrieb

Situation

Auf ihr entsprechendes Angebot erhält die Stofftier GmbH – Hersteller von Kinderspielzeug aus Textilien – heute einen Auftrag über 1 000 Teddybären, 40 cm groß, mittelbrauner Baumwollplüsch, bekleidet mit Lederhose und Hut, Lieferzeit und sonstige Konditionen wie vereinbart.

Der zuständige Verkaufssachbearbeiter bearbeitet den Auftrag auf der Basis des im Betrieb eingesetzten Auftragsbearbeitungsprogrammes, das auch die Produktionsplanung und -steuerung (PPS) beinhaltet.

In modernen Industriebetrieben werden heute Programme zur Produktionssteuerung und -überwachung eingesetzt, und zwar von der Angebotsbearbeitung an bis zum Versand der produzierten Ware. Ein wichtiges Fertigungssteuerungskonzept ist dabei die sogenannte Just-in-Time-Fertigung. Daher werden zunächst diese beiden betrieblichen Steuerungskonzepte dargestellt.

Darstellung eines PPS-Systems

PPS bezeichnet den Einsatz rechnerunterstützter Systeme zur organisatorischen Planung, Steuerung und Überwachung der Produktionsabläufe von der Angebotsbearbeitung bis zum Versand unter Beachtung von Mengen-, Termin- und Kapazitätsaspekten.

PPS-Systeme bilden die Hauptkomponente für eine computergestützte Produktion. Während Komponenten wie CAD (computer-aided design), CAP (computer-aided planning) oder CAM (computer-aided manufacturing) primär technische Funktionen beinhalten, werden durch PPS-Systeme die betriebswirtschaftlich-planerischen Funktionen im Zusammenhang mit dem Produktionsprozess abgedeckt.

Ausgangspunkt der Produktionsplanung und -steuerung bilden Art und Menge der zu erstellenden Endprodukte (hier im Beispielsfall: 1 000 Teddybären einer bestimmten Sorte). Die Grunddatenverwaltung des betrieblichen PPS-Systems hat die Aufgabe, alle für die Produktion relevanten Daten zu speichern und zu verwalten:

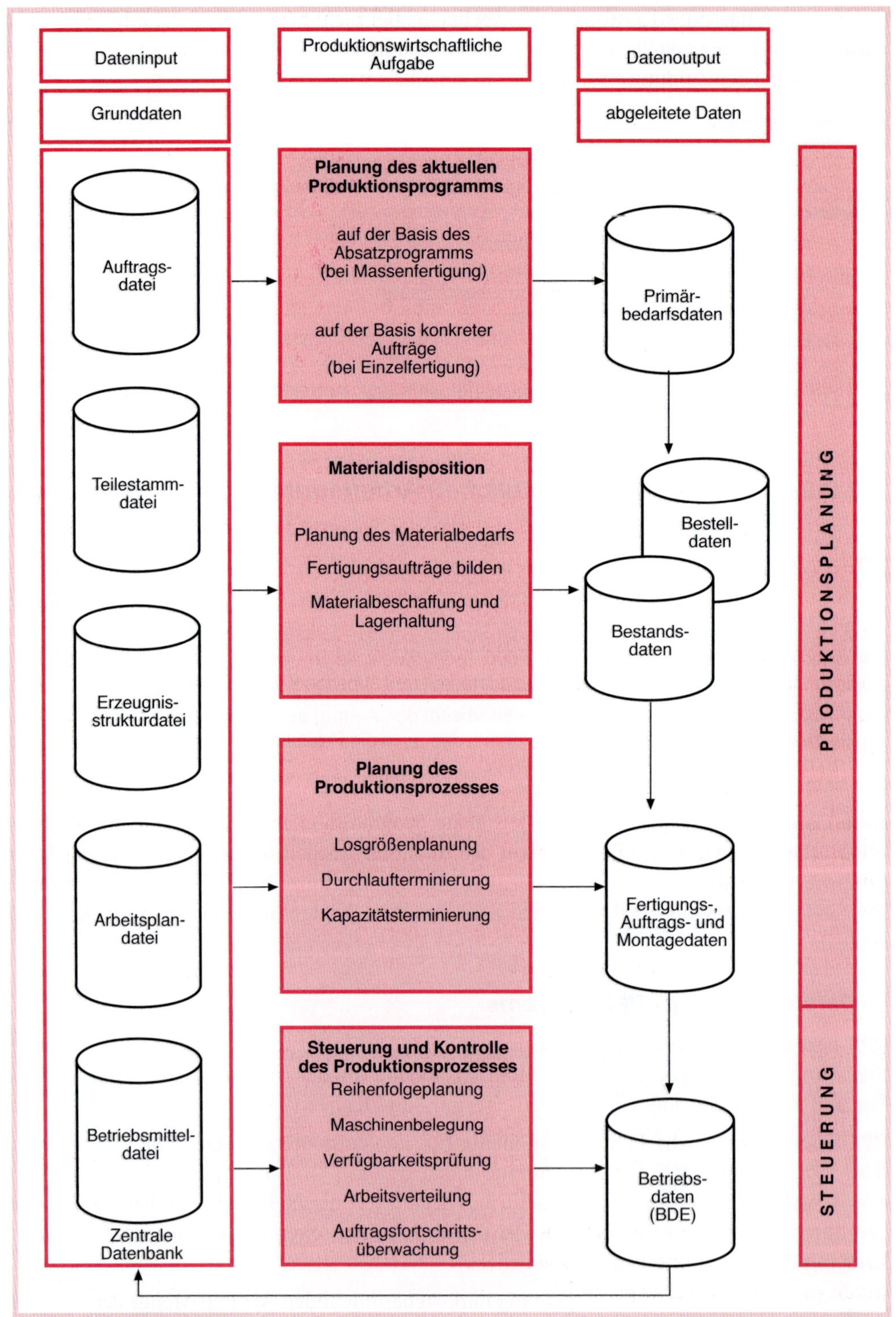

(Quelle: Industriebetriebslehre, Entscheidungen im Industriebetrieb, hrsg. von Edmund Heinen, Wiesbaden, Gabler 1991, S. 584)

Die Abbildung zeigt den Aufbau des Grunddatenmodells für ein PPS-System. Die Grunddatenverwaltung eines PPS-Systems hat die Aufgabe, alle für die Produktion bedeutenden Daten zu speichern und zu verwalten. Für das obige Modell sind das:

- **Auftragsdaten** (Auftragseingänge, Marktprognosen),
- **Teilestammdaten** mit Informationen über die einzelnen Teile bzw. Baugruppen jedes Produktes; ein Teilestammsatz enthält die teilespezifischen Daten, wie konstruktive und technische Angaben, wertmäßige Informationen (Kosten und Preise) sowie die teileabhängigen Plangrößen der Bedarfs-, Bestands- und Bestelldispositon,
- **Erzeugnisstrukturdaten** (Mengenbeziehungen und technologische Zusammenhänge von Teilen der Erzeugnisse), beispielsweise kommen auf einen Teddybärrumpf jeweils zwei Arme und Beine sowie ein Kopf, wobei der Rumpf zuerst zu fertigen ist, da er die Anschlussstellen für die anderen Teile enthält,
- **Daten für die Materialbeschaffung**, z. B. Lieferantendaten oder Bewegungsdaten für die Lagerbestandsführung,
- **Arbeitsplandaten** (Ablaufschritte und Fertigungszusammenhänge bei der Herstellung von Produktteilen bzw. Baugruppen – jeweils bezogen auf Maschinen/Arbeitsplätze),
- **Betriebsmitteldaten**, d. h. Informationen über verfügbare maschinelle Anlagen.

Erläuterung der Just-in-Time-Fertigung

Ein weiterer Ansatz zur Fertigungssteuerung ist das sogenannte KANBAN-Konzept. KANBAN ist ein japanisches Wort und bedeutet so viel wie Karte oder Schild. Dieses Steuerungssystem ist in den 1970er-Jahren in Japan entwickelt worden und wird seit den 1980er-Jahren auch in Deutschland eingesetzt.

KANBAN ist ein **dezentrales Steuerungssystem** für Serien-, Massen-, und Fließfertigung. Das Konzept dient dem Erreichen einer **Just-in-Time-Fertigung**. Damit ist eine Produktion mit Beinahe-Null-Beständen gemeint, da Bestandsabrufe direkt an Lieferanten oder die Vormontage/-produktion weitergegeben werden, wenn der Bedarf bei der Eingabe des Kundenauftrags in den Rechner ermittelt wird. Die Anlieferung der Teile erfolgt direkt, ohne Lagerhaltung, in die Montage. Lagervorräte und Lagerkosten werden minimiert.

Vorrangige Ziele der Fertigungssteuerung sind bei der Just-in-Time-Fertigung:

- hohe Liefertreue und Lieferbereitschaft,
- niedrige Durchlaufzeiten der Aufträge durch die Fertigung,
- niedrige Fertigungsbestände.

In dieser Rangordnung der Ziele verliert die hohe Kapazitätsauslastung an Gewicht. Dafür ist die Herabsetzung der Kapitalbindung in Fertigungsbeständen ein wichtiges Steuerungsziel.

Geht man davon aus, dass jeder Kundenauftrag vom Fertigungslager aus erfüllt werden kann, lässt sich jede Entnahmemenge aus dem Fertiglager als eine Information auffassen, durch welche der Fertigungsbereich zur Herstellung neuer Fertigwaren aufgefordert wird.

Diese Aufforderung gilt zunächst für diejenige Fertigungsstufe, welche dem Fertigwarenlager unmittelbar vorgelagert ist. Handelt es sich dabei um die Endmontage, so löst der an sie ergangene Auftrag zur Endmontage einen Folgeauftrag an die Vormontage aus, von der Vormontage wird wiederum ein Auftrag an die Feinbearbeitung ausgelöst usw. Damit ist eine Bestandsveränderung in einer bestimmten Fertigungsstufe ein Auftrag bzw. ein Fertigungsimpuls für die vorgelagerte Fertigungsstufe.

Gestaltet man diesen rückwärts gerichteten Informationsfluss (Fluss der Impulse) als Regelkreis bzw. als System von Regelkreisen, so wird in Bezug auf den Materialfluss eine dezentralisierte Selbststeuerung aufgebaut. Die dazugehörigen Steuerungsinformationen werden durch Identifikationskarten, die KANBANS, übermittelt. Das zentrale Prinzip zur Steuerung des gesamten Materialflusses ist hier das **Hol-Prinzip** (Pull-System).

Nach diesem Prinzip ist jede Fertigungsstufe eigenverantwortlich dazu verpflichtet, die zu bearbeitenden Teile von der vorgelagerten Stufe abzuholen. Pufferlager, die zwischen den einzelnen Bearbeitungsstufen eingerichtet werden, sichern einen geregelten Materialfluss durch die gesamte Fertigung.

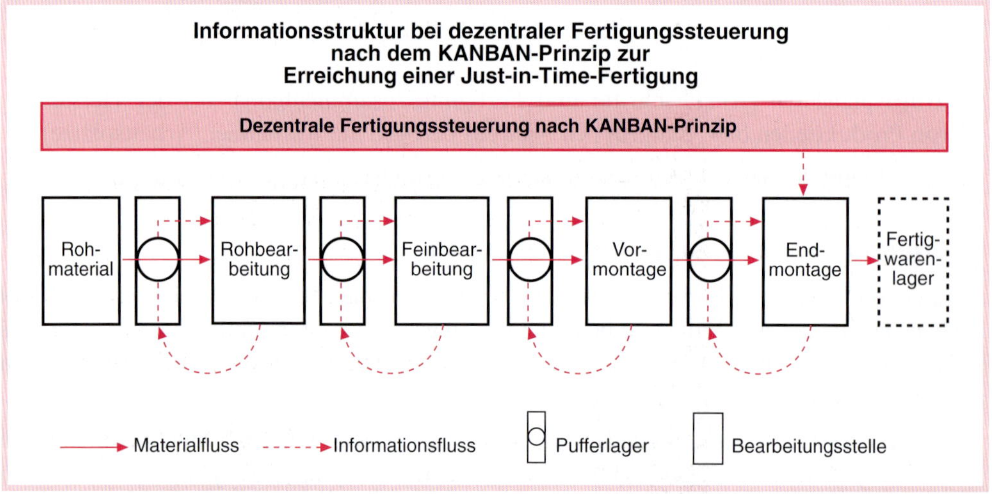

(Quelle: Industriebetriebslehre, Das Wirtschaften in Industrieunternehmungen, hrsg. von Marcell Schweitzer, München, Vahlen 2002, S. 674)

Für das Just-in-Time-Fertigungsprinzip ist es unerheblich, ob sich alle Fertigungsstufen in der Hand einer Unternehmung oder in verschiedenen Unternehmungen befinden. Entscheidend ist, dass der Informationsfluss zwischen den einzelnen Fertigungsstufen, also ggf. den Vorlieferern, durch entsprechende DV-Ausstattung – ggf. Internet – gewährleistet ist.

Das **Just-on-Demand-Fertigungsprinzip** gewährt eine flexiblere Reaktion der Produktion, da für Stunden (ggf. Tage) Vorräte gehalten werden.

Insgesamt fehlt allerdings eine einheitliche, durchgängige, offene Plattform, die den Anforderungen zukünftiger Automatisierungslösungen gerecht wird (Informationen zur virtuellen Fabrikation siehe www.oooneida.org).

Kernwissen

- **PPS** bezeichnet den Einsatz rechnerunterstützter Systeme zur organisatorischen Planung, Steuerung und Überwachung der Produktionsabläufe von der Angebotsbearbeitung bis zum Versand unter Mengen-, Termin- und Kapazitätsaspekten. Ausgangspunkt der Produktionsplanung und -steuerung bilden Art und Menge der zu erstellenden Endprodukte.

- Mit einer **Just-in-Time-Fertigung** ist eine Produktion mit Beinahe-Null-Beständen gemeint, da Bestandsabrufe direkt an Lieferanten oder die eigene Vormontage weitergegeben werden, wenn der Bedarf bei der Eingabe des Kundenauftrags in den Rechner ermittelt wird. Die Anlieferung der Teile erfolgt direkt, ohne Lagerhaltung, in die Montage. Lagervorräte und Lagerkosten werden minimiert.

- Vorrangige **Ziele** der Fertigungssteuerung sind bei der **Just-in-Time-Fertigung:** hohe Liefertreue und Lieferbeitschaft, niedrige Durchlaufzeiten der Aufträge durch die Fertigung, niedrige Fertigungsbestände. In dieser Rangordnung der Ziele verliert die hohe Kapazitätsauslastung an Gewicht. Dafür ist die Herabsetzung der Kapitalbindung in Fertigungsbeständen ein wichtiges Steuerungsziel.

Erstellung der betrieblichen Arbeitsunterlagen zur Auftragsbearbeitung auf der Basis eines PPS-Systems

Die Darstellung der Erstellung von betrieblichen Arbeitsunterlagen zur Bearbeitung von Kundenaufträgen soll beispielhaft für ein Industrieunternehmen erfolgen, das für solche Zwecke ein sogenanntes PPS-System einsetzt:

Bevor der Kundenauftrag erfasst wird, ist zu klären, ob der vom Kunden gewünschte Liefertermin eingehalten werden kann (**Verfügbarkeitsprüfung**). Anschließend wird die innerbetriebliche Kunden**auftrags**nummer vergeben, die Kundennummer aus der Kundendatei herausgesucht oder bei neuen Kunden eine neue Kundennummer vergeben.

Die Daten des Kundenauftrages werden in den Rechner eingegeben bzw. per Internet übermittelt: Kundenauftragsnummer, Kundennummer, Anschrift des Kunden, Bestelldatum, Auftragseingangsdatum, Liefertermin, Bezeichnung der bestellten Ware (Artikel- oder Sachnummer), Auftragsmenge und -wert, Versand- und Zahlungsbedingungen. Die meisten Systeme drucken dann automatisch eine Auftragsbestätigung an den Kunden aus.

Häufig endet hier zunächst die Auftragsbearbeitung durch die Verkaufsabteilung. Die folgenden Schritte werden in der Produktion vollzogen:

▶ *Ermittlung des Materialbedarfs für den Kundenauftrag*

Von der Menge der vom Kunden bestellten Fertigerzeugnisse aus wird zurückgerechnet, welche Einzelteile, Roh-, Hilfs- und Betriebsstoffe **in welchen Mengen zu welcher Zeit** benötigt werden. Gleichzeitig wird berücksichtigt: Welche Lagerbestände sind vorhanden, was ist neu zu bestellen? Welche Aufträge befinden sich in der Fertigung und wo sind freie Kapazitäten für den neuen Kundenauftrag? Welche Teile müssen wann auf welchen Maschinen gefertigt werden, um am Schluss termingerecht zum Zusammenbau/Endmontage zur Verfügung zu stehen?

Für die zu beschaffenden Materialien wird die **optimale Bestellmenge** ermittelt und ein Bestellvorschlag an den Einkauf gegeben, der dann entsprechend bei den Lieferern bestellt.

Für die Fertigungsstelle heißt das Problem: Welche Fertigungsmenge eines Teiles kann am kostengünstigsten ohne Umrüstung der Fertigungsanlage produziert werden? → Problem der **optimalen Losgröße**.

Das Problem der optimalen Losgröße beinhaltet folgenden Sachverhalt: Wenn zu erwarten ist, dass das Fertigungsteil auch für die Erfüllung späterer oder auch bereits laufender Aufträge benötigt wird, so könnte man sofort eine größere Menge produzieren. Man senkt so die Rüstkosten der Maschinen (pro Stück), die durch jede Umstellung entstehen. Die Produktionsmenge entspricht damit nicht mehr dem Umfang des einzelnen Kundenauftrages: Es erfolgt eine **Auftragsumwandlung**.

Werden die gefertigten Teile nicht alle sofort benötigt, so entstehen für die überschüssigen Teile Lagerkosten.

Bei der Fertigung der optimalen Losgröße wird die Summe aus Rüst-, Lager- und Zinskosten minimiert.

Ist die optimale Losgröße ermittelt, wird der Auftrag in eine **Fertigungsauftragsdatei** eingetragen.

▶ *Vorschläge für die Reihenfolge der Fertigungsaufträge der Einzelelemente*

Die für die Auftragsterminierung notwendigen Daten befinden sich in der **Arbeitsplandatei**: Arbeitsgänge, Dauer der Arbeitsgänge und vorgesehene Maschinen. Es geht also letztlich darum, wann welche vorher ermittelten Losgrößen für diverse Kundenaufträge in welcher Reihenfolge zu produzieren sind.

Dabei treten folgende betriebswirtschaftliche Fragestellungen auf:

- Wann müssen welche Einzelelemente dieses und der anderen Kundenaufträge in welchen Mengen gefertigt werden?
- Welche Kosten entstehen dabei pro Einheit?

Es gibt meistens mehrere Lösungsvorschläge, unter denen dann derjenige auszusuchen ist, der unter Berücksichtigung **aller** Kosten der günstigste ist. Mit „allen“ Kosten sind auch die Kosten gemeint, die außerhalb der Teilefertigung durch Beschaffung, Lagerung, höheren Materialaufwand, höheren Arbeitseinsatz u. a. entstehen.

▶ *Erstellung der eigentlichen Fertigungsbelege*

Durch die Eingabe der Materialnummer und der Auftragsnummer gibt der Produktionsdisponent Aufträge, deren Anfangstermin in einer bestimmten Zeitspanne liegt, zur Fertigung frei. Daraufhin reserviert der Rechner automatisch in der Materialstammdatei die notwendigen Materialmengen.

Zur Anweisung und gleichzeitig auch zur Kontrolle der Fertigung werden Arbeitsbegleitpapiere benötigt:

- **Laufkarte** (Werkstattauftrag): Die Laufkarte ist der mit den Auftragsdaten versehene Arbeitsplan. Sie enthält alle Auftragsdaten. Deshalb begleitet sie das Werkstück durch seinen gesamten Fertigungsprozess von Arbeitsplatz zu Arbeitsplatz bis zur Ablieferung im Lager.
- **Terminbelege/Terminkarten:** Sie werden für jeden Arbeitsgang, soweit er isoliert an einer einzelnen Maschine bearbeitet wird, erstellt.
- **Lohnschein:** Der Lohnschein enthält den einzelnen Arbeitsgang. Er ist die Arbeitsanweisung für den Arbeiter. Außerdem enthält er Felder für die Lohnberechnung, in die der Arbeiter seine Eintragungen macht. Lohnscheine werden jedem Arbeitsgang beigegeben und enthalten also die Art der auszuführenden Arbeit, die Menge, die Vorgabezeit und die Lohngruppe.
- **Materialentnahmescheine/Materialbegleitscheine:** Diese werden zur Entnahme von Materialien aus dem Lager benötigt. Bei Gesamtentnahmen wird der Materialentnahmeschein durch die Entnahmestückliste ersetzt.

- **Rückmeldeschein:** Der Rückmeldeschein wird nach Erledigung eines Arbeitsganges sofort an die Arbeitsvorbereitung zurückgegeben. Dann kann unmittelbar der nächste Arbeitsgang veranlasst werden. Der Erledigungsvermerk wird in die Werkstattauftragsdatei eingegeben. Die Arbeitsvorbereitung kann sich jederzeit am Bildschirm eine Auftragsfortschrittsübersicht zeigen oder ausdrucken lassen.
- **Lagerzugangsschein:** Nach Abschluss aller Arbeitsgänge geht das gefertigte Teil mit einem Lagerzugangsschein ins Lager. Damit gilt der Auftrag als ausgeführt.
- **Sonstige Arbeitsbegleitpapiere:** Weitere Fertigungsunterlagen können sein: Zeichnungen, Arbeitsunterweisungen, Stücklisten, Werkzeugscheine, Prüfanweisungen, Transportscheine, Kontrollkarten, …

An die Stelle der Arbeitsbegleitpapiere treten zunehmend Betriebsdatenerfassungsterminals (BDE), die die Funktion der Begleitpapiere erfüllen und sofort nach Eingabe die Rückmeldung über den Vollzug der Arbeit an die Produktionsplanung und -steuerung weitergeben.

Hinsichtlich der Bereitstellung der Waren im Auslieferungslager, ihrer Kommissionierung, Verpackung, Versand sowie der buchhalterischen Abwicklung des Auftrages kann auf Seite 315f. verwiesen werden.

Allerdings wird in Industriebetrieben auf die kostenrechnerische Weiterverfolgung eines Kundenauftrages besonderer Wert gelegt. PPS-Systeme enthalten häufig entweder eine Datenverbindung zu einem externen Kostenrechnungs-/Betriebsabrechnungsprogramm oder führen direkt eine Kostenträgerrechnung aufgrund ihrer ermittelten Daten durch.

► Grenzen eines PPS-Systems

Das PPS-System kann wesentliche Störungen, wie Terminverschiebungen bei Kunden- und Fertigungsaufträgen und Bestellungen, verarbeiten. Allerdings stützt es sich dabei auf die einmal festgelegten Daten des Produktionsablaufs.

Es wurde z. B. für die Herstellung des Teiles X eine benötigte Arbeitszeit von 2 Minuten eingegeben. Sollte sich die tatsächliche Arbeitszeit beispielsweise aufgrund qualitativ besserer Materialien auf 1,5 Minuten verkürzt haben, verwendet der Rechner trotzdem so lange 2 Minuten als Planungselement, bis die Eingabe entsprechend geändert wurde.

E-Commerce in einem Industriebetrieb

E-Commerce – als Möglichkeit, Geschäfte jeglicher Art über das weltweite Datennetz abzuwickeln – umfasst die ganze Bandbreite von der Werbung bis hin zur Lieferung einer Ware oder Dienstleistung über das World Wide Web. Im B2B-Handel (Geschäftsverkehr im Geschäftskundenbereich – Business-to-Business) geht es nicht nur um die Einrichtung eines „Internet- oder Webshops“, sondern um die Bereitstellung und Verwaltung von aktuellen Daten im Hintergrund. Problematisch ist immer noch der Sicherheitsaspekt. Lieferanten, Mitarbeiter und Geschäftskunden sollen das Internet als Kommunikations- und Transaktionsplattform nutzen. Dafür müssen viele unternehmensinterne Informationen im Internet verfügbar sein. Beispielsweise können Geschäftskunden im elektronischen Katalog suchen, Produkte nach ihren Wünschen verändern und den Status ihrer Bestellungen verfolgen sowie Verfügbarkeiten und Preise einsehen. Durch einen per Internet erteilten Auftrag wird gleichzeitig die Produktion – einschließlich Arbeits-, Fertigungsplänen, Montagestücklisten – gesteuert, gegebenenfalls die eigenen Bestellungen angestoßen und die Maschinenbelegungszeiten eingesteuert. Der durch Internet eingegangene Auftrag wird dem Kunden per E-Mail mit Auftragsnummer und Terminzusage bestätigt. Durch ein Tracking-Verfahren im Bereich der Versandlogistik kann sich der Kunde über das Netz darüber informieren, wo sich seine Lieferung gerade befindet.

Von großer Bedeutung ist der B2B-Handel auch im Rahmen des Einkaufs – insbesondere von C-Gütern. Beispielsweise verursacht heute eine durchschnittliche Einkaufsbestellung Kosten zwischen 50,00 und 60,00 EUR. Wenn man für diesen Vorgang ein elektronisches Procurement-System einsetzen und über das Web allen Mitarbeitern zur Verfügung stellen kann, hat man einen automatischen Prozess, spart eine Menge Arbeitsaufwand und senkt die Kosten für eine Bestellung auf durchschnittlich 6,00 bis 7,00 EUR. Hinzu kommt: Legt man den Bestellvorgang in die Hände der einzelnen Mitarbeiter, gibt man ihnen die Gelegenheit, ihre Ausgaben besser zu managen und ihre Materialbeschaffung viel effektiver zu steuern. Es wird also nicht nur billiger, sondern das Unternehmen erzielt auch ein höhere Produktivität. Diese Entwicklung kann man auf fast alle Geschäftsbereiche übertragen.

Kernwissen

- Zur Erstellung der betrieblichen Arbeitsunterlagen, die zur industriellen Bearbeitung eines Kundenauftrages erforderlich sind, wird als wesentliche Vorinformation der Materialbedarf für den Kundenauftrag benötigt, wobei gleichzeitig die optimale Losgröße zu ermitteln ist.
- Wesentliche industrielle Fertigungsbelege sind:
  - Laufkarte,
  - Lohnschein,
  - Materialentnahmeschein,
  - Rückmeldeschein,
  - Lagerzugangsschein.
- Im Rahmen von E-Commerce (B2B-Handel) wird die Produktion durch den Internetauftrag automatisch gesteuert – einschließlich Montagestücklisten, Arbeits- und Fertigungsplänen.

Zur Vertiefung

1 Bei der Bearbeitung eines Kundenauftrages sind eine Reihe von Arbeitspapieren zu erstellen. Listen Sie wesentliche Arbeitspapiere auf, die in einem Handelsbetrieb auszufüllen bzw. anzufertigen sind, wenn ein bekannter, solventer Kunde Standardware bestellt und wenn die Papiere nicht mithilfe der Datenverarbeitung erstellt werden.

2 Ordnen Sie den zu Aufgabe 1 aufgeführten Arbeitspapieren betriebliche Abteilungen zu und begründen Sie kurz, weshalb die von Ihnen benannte Abteilung dafür zuständig sein sollte.

Beispiel: Eine Mahnung sollte in der Abteilung Rechnungswesen/Buchhaltung erstellt werden, da hier die Überwachung des Zahlungseinganges erfolgt und somit alle erforderlichen Daten vorhanden sind.

3 Stellen Sie, möglichst in Tabellenform, Gemeinsamkeiten und Unterschiede zwischen DV-gestützter und nicht DV-gestützter Auftragsbearbeitung in einem Handelsbetrieb zusammen!

4 Was ist ein PPS-System?

5 Welche bedeutenden Produktionsdaten werden durch ein PPS-System verwaltet?

6 Was versteht man unter einer „Just-in-Time-Fertigung"?

7 Welche wesentlichen Ziele werden mit einer Just-in-Time-Fertigung verfolgt?

8 Nehmen Sie mindestens drei Zeitungen/Zeitschriften (aus diesem Monat) und schneiden Sie diejenigen Artikel aus, in denen B2B- oder B2C-Handel angesprochen werden. Erstellen Sie eine kurze Zusammenfassung der in den Artikeln beschriebenen Situation/Entwicklung für Ihre Klasse. Planen Sie maximal 10 Minuten für Ihr Referat ein.

8 Organisation der Lagerhaltung

Situation

Ein Großhändler für den Bereich Klempnerbedarf rechnet aufgrund der fortschreitenden Trinkwasserverschmutzung mit einem zunehmenden Bedarf an Ökowasserfiltern einerseits und aufgrund der steigenden Wasserabgabepreise mit steigender Nachfrage nach Brauchwasseranlagen andererseits. Er kennt allerdings keine genauen Zahlen, da er erst seit der letzten Umweltmesse von dieser Entwicklung Kenntnis hat.

Wenn er eine größere Menge der teueren Produkte auf Lager nimmt, steigen seine Lagerkosten erheblich. Außerdem kann er den technischen Fortschritt auf diesem Gebiet schlecht einschätzen.

Verzichtet der Großhändler jedoch darauf, diese Ware auf Lager zu nehmen, weil er sie erst dann einkaufen will, wenn er einen konkreten Auftrag vorliegen hat, dann muss er wegen der langen Lieferzeiten mit Kundenverlust rechnen.

Wenn sich Beschaffung und Produktion bzw. beim Handelsbetrieb Warenbeschaffung und Warenabsatz nicht aufeinander abstimmen lassen, muss eine Lagerhaltung eingerichtet werden, um auftretende

- Zeit-,
- Mengen-,
- Produktions-,
- Sortiments- und
- Preisprobleme

entsprechend aufzufangen.

8.1 Funktionen der Lagerhaltung

Die Einkaufsabteilung eines Betriebes beschafft in der Regel Werkstoffe (Roh-, Hilfs-, Betriebsstoffe, Einzelteile) und Waren, der Fertigungsbereich verarbeitet sie, die Verkaufsabteilung veräußert das Endprodukt. In reinen Handelsbetrieben entfällt natürlich die Produktion. Zur Vereinfachung wird in diesem Kapitel meistens von zu beschaffenden Waren oder zu beschaffendem Material gesprochen.

Der Lagerprozess beginnt mit der Übernahme des Materials/der Waren im Eingangslager und endet mit der Abgabe der Erzeugnisse aus dem Ausgangslager. In Produktionsbetrieben werden die Materialien/Waren aus dem Eingangslager in den Fertigungsprozess abgegeben, ggf. in Zwischenlagern zwischen den einzelnen Fertigungsstufen gelagert. In Handelsbetrieben gibt es gewöhnlich nur ein Lager, das Warenlager.

Somit ergeben sich für die Bereiche Beschaffung, Leistungserstellung und Absatz die folgenden Lagerfunktionen:

- Die **mengenmäßige Anpassung**, die erforderlich ist, wenn die Anlieferung des Materials/der Ware in größeren Mengen erfolgt, als dies für die Fertigung/den Absatz kurzfristig erforderlich ist. Die Lager gleichen die Schwankungen in Beschaffung und Absatz sowie innerhalb des betrieblichen Leistungsprozesses aus.
- Die **zeitliche Anpassung**, die notwendig ist, weil die Materialien vielfach bereits vor ihrer Verwendung im Fertigungsprozess und die Waren häufig vor dem Verkauf zur Verfügung stehen müssen, z. B. beziehen Textilgroßhändler bereits im Sommer von verschiedenen Herstellern Winterbekleidung.

- Die **qualitative Anpassung**, die durch die Wertverbesserung erreicht wird, die im Verlauf der Lagerzeit eintritt, z. B. Holz, Wein, Käse.

- Die **wertmäßige Anpassung** ohne zwingende technische oder wirtschaftliche Gründe, um Kostenvorteile zu erlangen, z. B. durch Ausnutzen jetzt günstiger Preise bei voraussichtlichen Preissteigerungen auf dem Beschaffungsmarkt. Hierunter können auch spekulative Gründe gezählt werden, wie der Einkauf großer Mengen bei erwarteten Beschaffungsengpässen.

Häufig wird im Rahmen der Funktionen der Lagerhaltung auch von der **Überbrückungsfunktion** gesprochen. Hierbei handelt es sich um einen Sammelbegriff, worunter der **Ausgleich** von

- Lieferungsverzögerungen,
- Preisschwankungen,
- Absatzschwankungen

durch Lagerhaltung gemeint ist. Die einzelnen Elemente dieser Sammelfunktion wurden im Rahmen der o. g. „Anpassungen" besprochen.

Kernwissen

- Das Lager dient der Vorratshaltung; es hat Bedarfsschwankungen, Störungen bei Beschaffung, Produktion und Absatz sowie bei Preisschwankungen auszugleichen und Gelegenheitskäufe zu ermöglichen.

Zur Vertiefung

1 Erläutern Sie an einem Beispiel für einen Handelsbetrieb die Lagerfunktion der zeitlichen Anpassung!

2 Erläutern Sie an einem Beispiel für einen Industriebetrieb die Lagerfunktion der mengenmäßigen Anpassung!

8.2 Lagerwirtschaftliche Sach- und Formalziele

Situation

Die Werkzeugmaschinen GmbH hat einen guten Ruf hinsichtlich der Qualität und der Lieferzuverlässigkeit der von ihr hergestellten Produkte. Die Geschäftsführung möchte das Sachziel des Unternehmens „Produktion qualitativ guter Werkzeugmaschinen" durch eine entsprechend umfangreiche Lagerhaltung jederzeit gewährleisten.
Das Controlling weist jedoch darauf hin, dass das unternehmerische Formalziel „langfristige Gewinnerzielung mit einer durchschnittlichen Steigerungsrate von 5 %" aufgrund der stark gestiegenen Lagerkosten beeinträchtigt wird.

Zur Erfüllung des Sachziels einer Unternehmung leistet die Lagerhaltung ihren Beitrag je nach Art des Betriebes, z. B. durch entsprechende Vorratshaltung beim Großhandel, um dessen ständige Lieferbereitschaft zu sichern, oder um in einem Produktionsbetrieb die reibungslose Fertigung zu gewährleisten. Allgemein lassen sich die folgenden Sachziele der Lagerwirtschaft aus ihrer Unterstützungsfunktion zum Unternehmenssachziel ableiten.

8.2.1 Sachziele der Lagerwirtschaft

8.2.1.1 Bereitstellung der Ware/Materialien in der gewünschten Güte

Hierunter fallen außer der Qualität der Ware auch Entscheidungen über Normen, Abmessungen, Eigenschaften. Zu geringe Qualität führt ggf. zu mehr Ausschuss in der Produktion oder direktem Kundenverlust im Handel.

8.2.1.2 Bereitstellung der Ware/Materialien in der gewünschten Menge

Auf der Basis der entsprechenden Produktions-, Verkaufs- und Lagerhaltungsplanungen ergibt sich die zu beschaffende Warenmenge. Diejenige Menge, die durch Produktion bzw. Verkauf aktuell benötigt wird, sollte bereitstehen. Bei zu viel Warenbestand steigen die Kosten der Lagerhaltung, und es besteht die Gefahr des Verderbs oder der Überalterung der Waren. Bei zu gering beschaffter Warenmenge kann es zu Störungen im Produktionsablauf kommen, d. h., maschinelle Anlagen und Mitarbeiter bleiben unausgelastet, Termine können nicht eingehalten werden. Wird das Unternehmen in seiner Lieferbereitschaft beeinträchtigt, verliert es Kunden.

8.2.1.3 Bereitstellung der Ware/Materialien am richtigen Ort

Die Lagerplanung hat zu berücksichtigen, dass die gelagerte Ware den möglichst kürzesten Weg zum Produktions- bzw. Verkaufsort zurücklegt. Dieses Ziel lässt sich natürlich nicht absolut erreichen. Zum einen wird häufig allein durch die gelagerte Warenmenge z. B. der vordere Lagerteil näher am Verkaufsort sein als der hintere, zum anderen kann es günstiger sein, etwas entferntere Speziallager zu nutzen, z. B. Kühlhäuser, Flüssigkeitscontainer, als die Ware in nahen, dafür weniger geeigneten Lagereinrichtungen unterzubringen.

8.2.1.4 Bereitstellung der Ware/Materialien in der richtigen Zeit

Zur Vermeidung von Störungen in der Güterproduktion sowie zur ständigen Liefer- und Verkaufsbereitschaft bei Handelswaren sind die benötigten Artikel so rechtzeitig zu bestellen, dass sie stets dann verfügbar sind, wenn ihr Einsatz im Herstellungsprozess bzw. ihr Weiterverkauf erforderlich wird. Im Rahmen der Beschaffungs-/Lagerbestandsplanung sind dabei die folgenden Einflussgrößen zu berücksichtigen:

- **Lieferzeit:** Zeitraum zwischen Bestellung und Lieferung,
- **Umsatzgeschwindigkeit:** Häufigkeit, mit der ein bestimmter Artikel in einem festgelegten Zeitraum, z. B. einem Monat bzw. einem Jahr, verkauft bzw. verarbeitet wird,
- **Lagerfähigkeit:** Haltbarkeit der entsprechenden Warenart,
- **Lagergröße und Lagerausstattung:** ermöglicht sachgerechte Lagerung der Waren,

- **Saisonabhängigkeiten:** z. B. müssen Bademoden im Frühjahr zum Verkauf bereitstehen, jedoch bereits im Herbst geordert werden,
- **Voraussichtliche Preisentwicklung:** Bei absehbaren Preissteigerungen wird man frühzeitig bestellen, bei erwarteten Preissenkungen wird man versuchen, den Auftrag hinauszuschieben.

Kernwissen

- Sachziele der Lagerwirtschaft:

  Bereitstellung der Ware/Materialien
  - in der gewünschten Güte,
  - in der gewünschten Menge,
  - am richtigen Ort,
  - in der richtigen Zeit.

Zur Vertiefung

1 Welches sind die Sachziele der Lagerwirtschaft?

2 Erläutern Sie wesentliche Auswirkungen auf die Erreichbarkeit des entsprechenden Sachzieles der Lagerwirtschaft, wenn die benötigte Warenmenge nicht auf Lager vorhanden ist!

8.2.2 Formalziele der Lagerwirtschaft

Unterstellt man, dass ein wesentliches Formalziel einer Unternehmung die langfristige Gewinnerzielung ist, so sind die davon abgeleiteten Formalziele der Lagerwirtschaft als Bestandteile (Dimensionen) des Gewinnziels auszudrücken. Bestandteile des Gewinns sind hauptsächlich Kosten auf der einen und Erlöse/Umsätze auf der anderen Seite. Für den Bereich Lager fallen in der Regel keine Erlöse an, deshalb sind lagerwirtschaftliche Formalziele als Kostenziele zu formulieren.

Es gibt verschiedene Möglichkeiten, Kostenziele für die Lagerwirtschaft einzuteilen. Der folgende Überblick unterteilt die Lagerkosten in Personal- und Sachkosten:

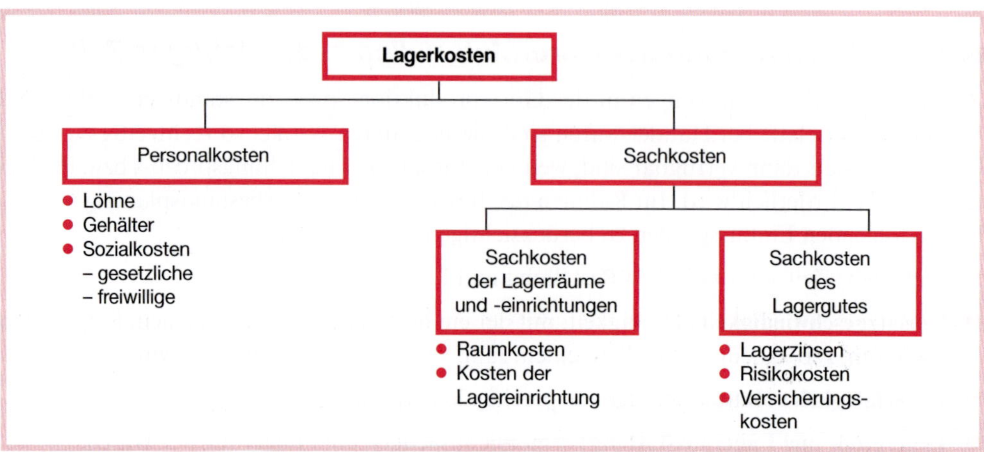

Kernwissen

- Allgemeines Formalziel der Lagerwirtschaft ist das Ziel der Kostenminimierung. Somit gilt es, Personal- und Sachkosten als wesentliche Kostenarten der Lagerkosten zu minimieren.

8.2.2.1 Minimierung der Personalkosten

Das im Lager eingesetzte Personal verursacht Personalkosten. Diese setzen sich aus den Löhnen und Gehältern, den gesetzlichen Sozialkosten (Arbeitgeberanteil an der Sozialversicherung) und den freiwilligen Sozialleistungen des Arbeitgebers, z. B. Fahrtkosten-, Essenszuschüsse, betriebliche Altersversorgung, zusammen.

Eine Minimierung dieser Kosten kann zum einen über die Anzahl des Personals und zum anderen über seine Qualifikationen, die die Höhe des Entgelts bestimmen, angestrebt werden. Dabei ist zu beachten, dass ein zu geringer Personalbestand zu langsamerer Bearbeitung und damit zu Stockungen im Ablauf führen kann und dass ungenügend qualifiziertes Personal ggf. den Anforderungen nicht gewachsen ist und dadurch Schäden verursacht.

8.2.2.2 Sachkosten der Lagerhaltung

Die Höhe der Lagersachkosten hängt vom mengen- und wertmäßigen Lagerbestand und von der Lagerdauer ab. Alle drei Größen steigen mit zunehmender Bestellmenge.

Während Raumkosten und Kosten der Lagereinrichtung insbesondere von der Höhe der Lagerbestände beeinflusst werden, werden die Sachkosten des Lagergutes zusätzlich von der Lagerdauer stark beeinflusst.

Somit sollen zunächst die für Raumkosten und Kosten der Lagereinrichtung bedeutenden Lagerhaltungskennzahlen im Bereich der Lagerbestände dargestellt werden. Die Kennziffern für den Lagerumschlag werden dann im Rahmen der Kosten des Lagergutes behandelt.

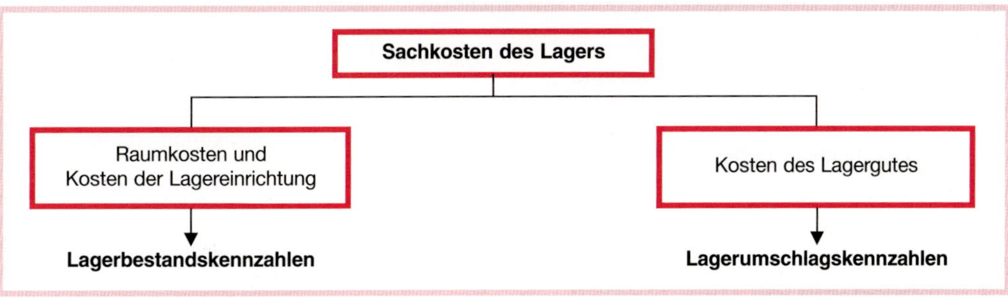

Lagerbestandskennzahlen – zur Beeinflussung der Raumkosten und der Kosten der Lagereinrichtung

Als Entscheidungshilfen zur Minimierung der Sachkosten können die folgenden Lagerhaltungskennzahlen im Bereich der Lagerbestände dienen:

▶ *Mindestbestand (eiserner Bestand)*

Für unerwartet eintretende Veränderungen in der Lieferzeit oder im Verkauf wird ein Sicherungsbestand festgelegt, der grundsätzlich nicht unterschritten werden darf. Im Ausnahmefall darf er nur auf Anordnung der Unternehmens- oder Bereichsleitung angegriffen werden.

▶ *Meldebestand*

Wird eine bestimmte Lagerbestandshöhe erreicht, muss dem Einkauf rechtzeitig gemeldet werden, dass neue Waren zu bestellen sind. Die vorhandenen Waren müssen dann bis zum Eintreffen der neuen Waren ausreichen. Der Meldebestand bestimmt den Zeitpunkt der Bestellung. Er ist abhängig vom Tagesbedarf und der Beschaffungszeit. Er muss so hoch sein, dass beim Eintreffen der bestellten Ware der Mindestbestand gerade erreicht wird:

$$\text{Meldebestand} = \text{Tagesbedarf} \times \text{Beschaffungszeit} + \text{Mindestbestand}$$

▶ *Optimale Bestellmenge*

Die **optimale Bestellmenge** ist diejenige Beschaffungsmenge, bei der die Beschaffungskosten (Bestell- und Lagerkosten) am niedrigsten sind. Bei dieser Menge gleichen sich die sinkenden Bestellkosten und die steigenden Lagerkosten aus.

▶ *Höchstbestand*

Er setzt sich aus dem Mindestbestand und der optimalen Bestellmenge zusammen. Er wird stets dann erreicht, wenn die bestellten Waren eintreffen. Seine Höhe festzulegen ist schwierig, da er von dem zu erwartenden Umsatz, der Lagerfähigkeit der Waren und von den Lagermöglichkeiten abhängig ist. Wird der Höchstbestand überschritten, sind überhöhte Lagerbestände vorhanden, die zu stark steigenden Lagersachkosten führen.

▶ *Durchschnittlicher Lagerbestand*

Er ist der Durchschnitt der in einer Periode, z. B. in einem Jahr, tatsächlich vorhandenen Lagerbestände. Berechnungsgrundlage sind entweder die Bestände der Monatsinventuren bzw. der Lagerkartei oder die Bestände der Jahresinventur:

$$\text{Durchschnittlicher Lagerbestand} = \frac{\text{Anfangsbestand} + 12 \text{ Monatsendbestände}}{13}$$

$$\text{Durchschnittlicher Lagerbestand} = \frac{\text{Jahresanfangsbestand} + \text{Jahresendbestand}}{2}$$

■ *Minimierung der Raumkosten*

Während für die Nutzung fremder Lagerräume Mieten zu bezahlen sind, entstehen in eigenen Räumen eine ganze Reihe von sachlichen Kosten: Abschreibungen für den Wertverlust, dem die Gebäude im Zeitablauf unterliegen, Kosten für die Verzinsung des in den Räumlichkeiten investierten Kapitals, Reparaturkosten zur Erhaltung der Lagerräume, anteilige Steuerkosten (Grund-, Vermögensteuer), Versicherungskosten, innerbetriebliche Transportkosten (je nach Anzahl und Umfang der Lager und Produktions- bzw. Verkaufsstätten).

Die Raumkosten nehmen mit der Größe der Lagerhaltung zu. Der Betrieb wird also versuchen, seine Bestellmenge so zu optimieren, dass ein Kostenminimum erreicht wird. Das Lager sollte so groß sein, dass es einen „eisernen Bestand" und die optimale Bestellmenge aufnehmen kann.

■ Minimierung der Kosten der Lagereinrichtung

Ebenso wie für die Baulichkeiten fallen auch bei den Lagereinrichtungen, Verlade- und Beförderungsmitteln Abschreibungskosten, Zinskosten, Reparaturkosten, Steuern, z. B. anteilige Vermögensteuer, und Versicherungskosten an. Hinzu kommen die Energiekosten, z. B. für Belüftung, Heizung, Kühlung, Beleuchtung.

Auch hier gilt, dass die Kosten der Lagereinrichtung mit der Größe der Lagerhaltung zunehmen, sodass bei feststehendem „eisernen Bestand" die Bestellmenge optimiert werden sollte.

8.2.2.3 Sachkosten des Lagergutes

■ Lagerzinsen und Lagerumschlagskennziffern

Die Lagerung von Materialien/Waren verursacht dem Betrieb deshalb Zinskosten, weil in den Lagervorräten Kapital gebunden ist. Die tatsächliche Höhe der Lagerzinsen hängt von der Lagerdauer ab. Durch einen langsamen Lagerumschlag treten hohe Zinskosten und eine große Belastung der Liquidität ein.

► Lagerumschlagshäufigkeit

Die **Lagerumschlagshäufigkeit** gibt an, wie oft sich der Lagerbestand in einer Periode, z. B. in einem Jahr, umgesetzt hat. Lagerbestände sind zu **Einstandspreisen** zu bewerten, somit müssen auch die Lagerabgänge (Lagerumsätze) zu denselben Preisen bewertet werden.

  Rechnungspreis für Waren
− Nachlässe
+ Bezugskosten
= Einstandspreis/Bezugspreis

Der Wareneinsatz ist der Wert der Lagerabgänge zum Einstandspreis, er ergibt sich aus dem Wareneinkaufs- bzw. Wareneingangskonto (in EUR).

Beispiel:

Soll	Wareneinkauf		Haben
Anfangsbestand	35 000,00	Schlussbestand lt. Inventur	25 000,00
Zugänge	230 000,00	Wareneinsatz	240 000,00

Zu Einstandspreisen bewertete Lagerabgänge bzw. Lagerumsätze nennt man **Wareneinsatz zu Einstands- oder Bezugspreisen**.

Somit ergibt sich für die Umschlagshäufigkeit:

$$\text{Umschlagshäufigkeit (wertmäßig)} = \frac{\text{Wareneinsatz zu Einstandspreisen (Lagerabgang)}}{\text{Durchschnittlicher Lagerbestand}}$$

Beispiel: Bei einem Jahresumsatz zu Einstandspreisen von 420000,00 EUR und einem durchschnittlichen Lagerbestand von 35 000,00 EUR beträgt die

$$\text{durchschnittliche Lagerumschlagshäufigkeit: } \frac{420\,000{,}00 \text{ EUR}}{35\,000{,}00 \text{ EUR}} = 12$$

Der Kapitaleinsatz ist umso niedriger, je höher die Umschlagshäufigkeit ist.

Beispiel:

Wareneinsatz	30000,00 EUR	30000,00 EUR
Durchschnittlicher Lagerbestand	2000,00 EUR	1000,00 EUR
Umschlagshäufigkeit	15	30
Lagerdauer (s. unten)	24 Tage	12 Tage

Die Umschlagshäufigkeit kann auch rein mengenmäßig berechnet werden:

$$\text{Umschlagshäufigkeit (mengenmäßig)} = \frac{\text{Warenabsatz (Lagerabgang)}}{\text{Durchschnittlicher Lagerbestand}}$$

▶ *Durchschnittliche Lagerdauer*

Die Lagerdauer ist die Zeit, die zwischen Ein- und Ausgang der Ware liegt. Die durchschnittliche Lagerdauer wird für die Gesamtheit der Waren gleicher Art, eines einzelnen Geschäfts oder eines Geschäftszweiges errechnet.

$$\text{Durchschnittliche Lagerdauer} = \frac{\text{360 Tage}}{\text{Umschlagshäufigkeit}}$$

Bezogen auf das obige Beispiel ergibt sich:

$$\text{Durchschnittliche Lagerdauer } \frac{\text{360 Tage}}{12} = \text{30 Tage}$$

Die Ware liegt somit durchschnittlich 30 Tage auf Lager.

▶ *Lagerzinsen*

Für das in den Lagerbeständen gebundene Kapital würde der Unternehmer bei Kreditinstituten Zinsen erhalten. Deshalb werden als kalkulatorische Kosten der aktuelle Jahreszinsfuß auf die durchschnittliche Lagerdauer bezogen und so der Lagerzinssatz ermittelt.

$$\text{Lagerzinssatz} = \frac{\text{Jahreszinsfuß (Marktzins)} \times \text{Lagerdauer}}{360}$$

Beispiel: Der Zusammenhang zwischen **Lagerdauer** und **Lagerzinssatz** wird aus folgender Tabelle deutlich, wobei ein Jahreszinssatz von 12 % zugrunde gelegt wird.

Durchschnittlicher Lagerbestand	Lagerdauer in Tagen	Lagerzins in EUR	Lagerzinssatz in % des Warenwertes
50000,00	360	6000,00	12
50000,00	300	5000,00	10
50000,00	180	3000,00	6
50000,00	90	1500,00	3

Kernwissen

- Wesentliche Lagerhaltungskennzahlen sind:
  - Lagerbestände:
    - Mindestbestand
    - Meldebestand
    - optimale Bestellmenge
    - Höchstbestand
    - durchschnittlicher Lagerbestand
  - Lagerumschlag:
    - Umschlagshäufigkeit
    - wertmäßig
    - mengenmäßig
    - durchschnittliche Lagerdauer
    - Lagerzinssatz

Zur Vertiefung

1 Führen Sie Gründe für und gegen einen hohen eisernen Bestand auf!

2 Eine Großhandlung macht monatliche Inventuren zur Ermittlung des Lagerbestandes. Es wurden folgende Bestände ermittelt:

01.01.: 58	30.04.: 76	31.08.: 47	31.12.: 19
31.01.: 16	31.05.: 50	30.09.: 40	
28.02.: 34	30.06.: 41	31.10.: 70	
31.03.: 38	31.07.: 31	30.11.: 49	

a) Berechnen Sie den durchschnittlichen Lagerbestand!

b) Berechnen Sie die Umschlagshäufigkeit bei einer Verkaufsziffer von 484 Stück!

c) Ermitteln Sie die durchschnittliche Lagerdauer!

d) Berechnen Sie den Lagerzinssatz bei einem Marktzins von 9 %!

3 Die Meier OHG ist ein Großhandelsunternehmen für Elektrohaushaltsgeräte. Im vergangenen Jahr verkaufte sie Waschmaschinen des Typs „Öko 2000" in folgenden Mengen: September 10 Geräte, Oktober 14, November 17, Dezember 25. Ende dieses Jahres hat das Unternehmen 80 Waschmaschinen „Öko 2000" auf Lager. Es geht ein Sonderangebot des Herstellers der Waschmaschinen ein, wonach der Meier OHG 100 Waschmaschinen mit einem Sonderrabatt von 25 % auf den Listenpreis angeboten werden.

Die Meier OHG rechnet für die Zeit vom 1. September bis 31. Dezember d. J. mit einer 50 %igen Absatzsteigerung gegenüber dem Vorjahr.

Begründen Sie, ob sich die Einkaufsleitung der Meier OHG für das Sonderangebot entscheiden soll!

4 Der Unternehmensleiter eines Konkurrenzunternehmens der Meier OHG sagt Herrn Meier im Gespräch, dass bei ihm der Zins für das im Lager gebundene Kapital keine Rolle spiele, weil er keine Kredite benötige, sondern genug eigenes Kapital zur Verfügung habe.

Beurteilen Sie diese Behauptung!

Lagerrisiko

Die Risiken der Lagerhaltung, z. B. Risiken des Verderbens, des Schwundes und auch des Veraltens durch Änderung der Mode und der Technik, steigen mit der Größe der Lagerhaltung. Es besteht zwischen Lagerrisiko und Lagerdauer derselbe Zusammenhang wie zwischen Lagerzins und Lagerdauer: Je geringer die Lagerdauer ist, desto niedriger sind die Wagniskosten des Lagers. Je kürzer die Lagerdauer ist, desto geringer sind die Risikokosten.

Einige Risiken, wie Diebstahl, Veruntreuung, Wasser- und Feuerschäden, lassen sich versichern (spezielle Risiken).

Andere Risiken, wie Mengenverluste durch Schwund, Verderb und Qualitätseinbußen, z. B. Geruchseinbußen bei Parfüm, Geschmackseinbußen bei Lebensmitteln, sind nicht versicherbar. Auch Preisrisiken sowie Risiken, die durch Änderung der Verbrauchergewohnheiten entstehen, z. B. neue Modetrends, können nicht versichert werden (allgemeines Unternehmerrisiko).

Nicht versicherbare Risiken können z. B. durch folgende Maßnahmen verringert werden:

- zweckmäßige Verpackung (Dunkelheit schützt Parfümaroma)
- Klima- oder Kühlanlagen
- keine Lagerung geruchsintensiver Ware neben empfindlicher
- Modeartikel vorsichtig disponieren
- Marktbeobachtung hinsichtlich neuer Trends
- laufende Lagerkontrolle

8.3 Entscheidungsfeld für Sach- und Formalziele der Lagerhaltung

Zusammenfassend lässt sich als Instrument zur Realisierung der Sach- und Formalziele der Lagerwirtschaft folgendes Entscheidungsfeld aufführen (ohne Entscheidungen über zentrale/dezentrale Lagerung und die Höhe der Lagerbestände):

Entscheidungsalternativen	Entscheidungskriterien	Entscheidungshilfen
• Lagerplatz (feste/wahlfreie Zuordnung) • Verbrauchsfolgeverfahren • Lagertechnik – Bauart und Ausstattung (Layout/Stapelart/Regalart/Regalbedienung) – Steuerungssysteme	• Lagergut (Art/Menge/Umschlagshäufigkeit bzw. Zugriffszeit) • Platzangebot • Investitionsaufwand • Lagerkosten	• ABC-Analyse • Kennziffern • Sonstige Entscheidungshilfen

(Quelle: Industriebetriebslehre, Das Wirtschaften in Industrieunternehmungen, hrsg. von Marcell Schweitzer, München, Vahlen 2002, S. 527)

8.4 Prinzipien der Lagerorganisation am Beispiel der Materialbereitstellung

Situation

> Die Controlling-Abteilung der Damenmoden AG sollte herausfinden, weshalb in letzter Zeit die Lagerkosten des Unternehmens so überproportional gestiegen sind. Sie stellt fest, dass zum Teil sehr große Lagerbestände gehalten werden, andererseits waren bei bestimmten Artikeln sehr kurzfristig häufige Nachbestellungen erforderlich, und nicht unwesentliche Teile des Warenbestandes sind veraltet.
>
> Der Leiter der Verkaufsabteilung, der diese Lagerpolitik veranlasst hat, erklärt: Die Käufer verlangen einerseits eine hohe Lieferbereitschaft an modischen Artikeln, gleichzeitig jedoch auch eine variantenreiche Auswahl. Außerdem erwarten die Kunden von uns als Lieferer, dass wir uns raschen Nachfragewandlungen anpassen können.

Wie in Abschnitt 8.2.1 ausführlich dargestellt, bestehen die Sachziele der Lagerwirtschaft aus der Bereitstellung der Ware/Materialien

- in der gewünschten Güte,
- in der gewünschten Menge,
- am richtigen Ort,
- in der richtigen Zeit.

Diese Sachzielkombination wird traditionell durch die Haltung von Vorräten (= Ware/Materialien werden auf Lager gehalten) angestrebt.

Solange **Verkäufermärkte** vorlagen, wurden die dabei häufig entstehenden hohen Lagerkosten in Kauf genommen. Man strebte die Maximierung der Maschinenauslastung durch Fertigung großer Serien an.

Die fertigen Produkte wurden, wenn nötig, auf Lager genommen und nach und nach verkauft. Eine umfangreiche Lagerhaltung von Werkstoffen sicherte auch die Produktionsbereitschaft. Der Handel sicherte entsprechend seine ständige Lieferbereitschaft durch hohe Lagerhaltung.

Heute liegen meist **gesättigte Käufermärkte** vor. Die anspruchsvollen Kunden verlangen zwar nach wie vor hohe Lieferbereitschaft, jedoch zugleich auch eine große Auswahlmöglichkeit aus einem variantenreichen, aktuellen Produktionsprogramm bzw. Sortiment. Zudem unterliegt die Nachfrage heute einem raschen Wandel. Hält man unter diesen Umständen an der traditionellen hohen Lagerhaltung fest, so besteht die Gefahr, dass der Betrieb in Teilbereichen auf hohen Beständen „sitzen bleibt", während er gleichzeitig in anderen Teilbereichen nicht lieferbereit ist. Heute ist es wichtig, viel flexibler als früher zu reagieren, denn die traditionelle Lagerhaltung würde zu einem starken Anwachsen der Lagerbestände und damit der Lagerkosten führen.

Unter den Gesichtspunkten der Flexibilität und der Kosteneinsparung musste daher eine andere Lösung gefunden werden:

Güter und Informationsströme innerhalb des Unternehmens sowie zwischen dem Unternehmen und seiner Außenwelt sollten nach den Gesichtspunkten höchster Leistung und Wirtschaftlichkeit gesteuert, geregelt und koordiniert werden. Der Fachbegriff hierfür ist **„Logistik"**. Ein sehr bekanntes und verbreitetes modernes Logistiksystem ist das **Just-in-Time-System** (vgl. auch Abschnitt 7.2.2.2), das u. a. die herstellungssynchrone (synchron = zeitgleich, gleichzeitig) Anlieferung der benötigten Materialien zum Ziel hat.

Nachfolgend werden die beiden hinsichtlich der Materialbereitstellung gegensätzlichen Prinzipien der Lagerorganisation, nämlich Bedarfsdeckung mit und ohne Vorratshaltung, dargestellt.

8.4.1 Bedarfsdeckung mit Vorratshaltung

Bei der Bedarfsdeckung mit Vorratshaltung werden die Güter für die Fertigung bzw. für den Verkauf in einem Lager bereitgestellt (vgl. auch Abschnitt 8.2.1).

Vorratshaltung wird dann als erforderlich angesehen, wenn die Waren nur zu einer bestimmten Zeit anfallen oder wenn Produktion und Verkauf zeitlich auseinanderfallen.

Um dem Sachziel der Lagerwirtschaft, der Materialbereitstellung, gerecht werden zu können, wird bei der Bedarfsdeckung mit Vorratshaltung ein **Mindestbestand** an Waren als eiserne Reserve vorrätig gehalten.

Der **Meldebestand** ist der Bestand an Waren, bei dem der Einkaufsabteilung durch das Lager gemeldet wird, dass neue Ware bestellt werden muss. Dieser Bestand muss so hoch sein, dass die neue Lieferung eintrifft, bevor der Mindestbestand angegriffen wird (vgl. Abschnitt 8.2.2.2 und die dortige ausführliche Darstellung der Lagerbestandskennzahlen).

8.4.2 Bedarfsdeckung ohne Vorratshaltung

Bei der Bedarfsdeckung ohne Vorratshaltung sind zwei Ausgangssituationen möglich:

- Es wird nur im konkreten Bedarfsfall beschafft.
- Es wird auf der Basis einer entsprechenden DV-Steuerung eine kontinuierliche Anlieferung zum Zeitpunkt der Fertigung (ggf. des Verkaufs) vorgenommen.

8.4.2.1 Einzelbeschaffung im Bedarfsfall

Die **Einzelbeschaffung im Bedarfsfall** kommt meistens dann vor,

- wenn ein Unternehmer für einen Kunden einen **Spezialauftrag** ausführt, der außerhalb seines üblichen Produktionsprogramms oder Sortiments liegt.

  Beispiel: Ein Kunde eines Schuhgroßhändlers möchte aus besonderem Anlass eine Lieferung mit speziellen Bergwanderschuhen. Der Großhändler, der solche Schuhe nicht im Sortiment führt, erklärt sich bereit, diese ausnahmsweise für den guten Kunden zu beschaffen.

- wenn ein Unternehmer ausschließlich **Auftragsfertigung** vornimmt (im Handel kommt reine Auftragslieferung kaum vor).

  Beispiel: Ein Hersteller von Lkw-Anhängern führt nur Einzelaufträge aus. Die Kunden erhalten den Anhänger jeweils nach ihren speziellen Wünschen gefertigt. Die Materialbeschaffung erfolgt erst nach der Auftragserteilung speziell für den jeweiligen Auftrag. Beschaffungszeitpunkt und Beschaffungsmenge werden aufgrund der individuellen Fertigungsplanung ermittelt.

8.4.2.2 Herstellungssynchrone Anlieferung

Die herstellungssynchrone Anlieferung der benötigten Materialien ist das Gegenstück zur Bedarfsdeckung mit Vorratshaltung. Anlieferung und Verarbeitung der Materialien fallen zusammen. Die Vorratshaltung entfällt vollständig oder beschränkt sich auf eine eiserne Reserve.

Voraussetzung ist eine langfristige und exakte Fertigungsplanung, sodass der Zeitpunkt des Materialbedarfs genau feststeht. Die Zulieferer verpflichten sich im Kaufvertrag als wesentliche Bedingung, die vereinbarte Lieferzeit genau einzuhalten.

Wesentliche *Vorteile:*

- Die Flexibilität der Unternehmung wird verbessert (raschere Einstellung auf den Kundenbedarf, verbesserte Leistungsfähigkeit am Markt, besserer Lieferservice). Das Risiko, Lagerbestände nicht verkaufen zu können, sinkt.
- Die Kapitalbindung in Lagern und das damit verbundene erhebliche wirtschaftliche Risiko wird vermieden.
- Die betrieblichen Kapazitäten werden stark gebunden, weil die Vorratsproduktion entfällt.
- Lager- und Transportkosten werden eingespart.

Nachteile:

- Durch die geringe Lagerhaltung entsteht die Gefahr des Qualitätsverlustes. Beschädigte Teile können nicht vom Lager ausgewechselt werden, ihr Einbau bewirkt Folgeschäden.
- Wegen stärkerer Schwankungen der Nachfrage entsteht die Gefahr unzureichender Kapazitätsauslastung.
- Jede Stockung kann dazu führen, dass die Liefertermine nicht eingehalten werden, z. B. Auswirkungen eines Streiks der Zuliefererbetriebe in der Automobilindustrie.
- Die Kosteneinsparungen bei der Lagerung können durch häufigere und kleinere Bestellungen wieder verloren gehen.
- Der Vorlieferer richtet sich in seiner Produktion so stark nach den Bedürfnissen seines Abnehmers, dass er wirtschaftlich abhängig wird, z. B. Hersteller des Warenzeichens einer Firma.

8.4.2.3 E-Commerce als neuer Weg zur Bearbeitung von Beschaffungsvorgängen und Kundenaufträgen

Mit E-Commerce (auch E-Business) verbinden viele Menschen noch immer lediglich das Kaufen und Verkaufen von Waren und Dienstleistungen über das Internet. Die Möglichkeiten gehen jedoch weit darüber hinaus. Der Geschäftsverkehr sowohl im Endkundenbereich (Business-to-Consumer) als auch im Geschäftskundenbereich (Business-to-Business, auch B2B genannt) kann genauso elektronisch erfolgen wie die Abläufe innerhalb des eigenen Unternehmens. E-Commerce kann Aufgaben aus dem Vertrieb, dem Marketing und der Logistik übernehmen und die Beschaffung, Produktion und Wartung xyxerleichtern.[1]

Gründe für Unternehmen, E-Commerce zu betreiben

Wesentliche Argumente für den „Gang ins Netz“ sind: Imageverbesserung, besserer Service (= **stärkere Wettbewerbsposition**), schnellere Reaktion auf Kundenwünsche (= **Zeitersparnis**), Abbau des Papierberges, Vereinfachung von Geschäftsabläufen und ein dadurch geringerer Arbeitsaufwand, Einsparpotenziale bei Verkaufsfläche, Personal und Lagerhaltung (= **Kostenersparnis**).

E-Commerce versetzt Unternehmen in die Lage, auf eine veränderte Nachfragesituation zügig zu reagieren. Hersteller haben mehr Einfluss- und Kontrollmöglichkeit auf den eigenen Absatzkanal. Herkömmliche Lieferketten können erheblich verkürzt, flachere Distributions-

[1] Vgl. IWD, Beilage „Wirtschaft und Unterricht, 28. Oktober 1999.

hierarchien verwirklicht werden. Informationen zum Angebot, zu neuen Produkten und Dienstleistungen und zu deren Gebrauch können über das Internet bereitgestellt werden. E-Commerce bietet gleichzeitig vielfältige Möglichkeiten, Informationen über Kunden zu erheben und so das Marketing-Mix den Bedürfnissen des Kunden anzupassen. Kommunikationsangebote sowie Pre- und After-Sales-Services mittels spezieller Informationsdienste wie virtueller Gesprächsforen geben Unternehmen die Möglichkeit, die Kommunikation mit ihren Kunden entscheidend zu verbessern.

Um die Bedeutung von E-Commerce für die Materialbeschaffung aufzuzeigen, ist das Beispiel der Flughafen Frankfurt/Main AG besonders geeignet:

Beispiel: Am Beispiel der Flughafen Frankfurt/Main AG wird die große Zukunftsbedeutung des E-Commerce deutlich: „Wir haben im Jahr 18000 Bestellungen geschrieben und dabei 86 Prozent unserer Zeit für Aufträge mit einem Auftragswert von weniger als 2500 EUR verplempert, die insgesamt nur 10 % unseres gesamten Bestellvolumens von 150 Millionen EUR ausmachen", sagte Dieter Burmeister, Leiter der Abteilung Bauvergabe und Zentraleinkauf der Flughafen Frankfurt/Main AG. Diese 15 Millionen EUR, die auf tägliche Kleinteile vom Bleistift bis zum Putzlappen entfielen, brachten zudem viel Verdruss für den Einkauf mit sich, da die Mitarbeiter im Haus den ganzen Ärger über zu späte Lieferungen auf dem Einkauf abluden. Das geht nun nicht mehr. Der Einkauf schließt über diesen „Kleinkram" (= sogenannte C-Artikel) nur noch einen Globalvertrag mit einem Lieferanten ab und dann bestellt jeder Verbraucher (also jede Kostenstelle) im Unternehmen selbst. Die Lieferungen werden mit einem Computerprogramm erfasst und einmal im Monat jedem Lieferanten bezahlt. Auch das ist neu. Die Flughafen AG will keine Rechnungen mehr. Sie überweist für die eingegangenen Lieferungen, und der Lieferant hat zu prüfen, ob das auch seinen Ausgangsdaten entspricht oder nicht. Auch das Konfektionsrisiko trägt der Lieferant. Wenn drei verschiedene Abteilungen der Flughafen AG Kopierpapier bestellen und der Lieferant nicht merkt, dass alle drei Bestellungen aus einem Haus kommen und in einer Partie zusammengefasst werden sollten, ist das sein Risiko. Das System ist für die Flughafen AG so vorteilhaft, dass sie die Beschaffungsprozesskosten für die 18000 C-Artikel von 2,5 Millionen EUR auf 0,3 Millionen EUR im Jahr gesenkt, also 2,2 Millionen EUR oder 87 % eingespart hat. Zum Teil ist es natürlich eine Verlagerung auf hausinterne Abteilungen und vor allem auf die Lieferanten. Aber es gebe der Einkaufsabteilung mehr Spielraum für die wirklich bedeutenden Großeinkäufe, sagt Burmeister. An dem System haben auch andere Unternehmen Gefallen gefunden, sodass inzwischen auch Drittfirmen ihre Kleinteile über die Rahmenverträge der Flughafen AG einkaufen.[1] In Amerika hat der elektronische Autohandel einen interessanten Weg bestritten: Käufer suchen sich ihr Auto bei virtuellen Autohändlern aus. Diese leiten die Bestellung dann an angeschlossene Händler weiter – zum garantierten Niedrigpreis. Das System hat Vorteile für alle Beteiligten: Die Käufer bekommen den Wagen günstiger, die Händler verkaufen zwar mit niedrigen Gewinnspannen, haben aber steigende Umsätze. Findige Händler wenden ein ähnliches System auch in Europa an. Neuwagen, meist Reimporte aus europäischen Ländern, werden im Internet bereits deutlich unter den deutschen Listenpreisen verkauft. Die Internetanwendung beschränkt sich nicht auf den Verkauf: In wenigen Jahren werden Autos erst nach einer Internetbestellung gebaut – ohne Lagerkosten, ohne Unsicherheit über den tatsächlichen Absatz und ohne teure Marktforschung. Diese kundenindividuelle Massenproduktion steckt noch in den Anfängen, aber alle Hersteller arbeiten in diese Richtung.[2]

■ *Elektronische Güterklassifikation*[3]

Ein weiterer wichtiger Kostenersparnisaspekt liegt darin, dass sich Unternehmen im Netz mit einer gemeinsamen „Sprache" verständigen können, nämlich mit **eCl@ss**. Mit dem Klassifikationssystem **eCl@ss** können Unternehmen jetzt noch besser miteinander ins Geschäft kommen. Denn **eCl@ss** ordnet jedem Produkt eine Nummer zu und macht dadurch die im Netz angebotenen Waren und Dienste leichter vergleichbar. Den Anbietern ermöglicht dieses System eine präzise Darstellung ihrer Produktpalette. Den Käufern verschafft es mehr

[1] Vgl. FAZ, 3. Januar 2001.
[2] Vgl. FAZ, 12. November 1999, S. 13.
[3] Vgl. IWD, 17. Februar 2000, S. 4 und 5.

Durchblick bei der Durchforstung des Netzes nach passenden Angeboten. Da jedes Produkt unabhängig vom Hersteller nur eine Nummer erhält, können die einzelnen Verkäufer besser vergleichen.

Beispiel: Jedes Produkt erhält eine achtstellige Nummer. So bezeichnet z. B. die Nummer 28-0103-02 Ölfilter für Pkw und Lkw, wobei die Obergruppe 28 die gesamte Fahrzeugtechnik umfasst, 28-01 für Kraftfahrzeuge und 28-012-03 für Kfz-Teile steht. Jedes Produkt kann so eindeutig identifiziert und zusätzlich durch insgesamt 12 000 Schlagworte beschrieben werden. Seit Januar 2000 stehen sogenannte Merkmalleisten zur Verfügung, in denen Waren und Dienste noch detaillierter erläutert werden.

Kernwissen

- Die Kunden verlangen heute nach wie vor hohe Lieferbereitschaft, jedoch zugleich auch eine große Auswahlmöglichkeit aus einem variantenreichen, aktuellen Produktionsprogramm bzw. Sortiment. Zudem unterliegt die Nachfrage einem raschen Wandel. Unter den Gesichtspunkten der Flexibilität und der Kosteneinsparung musste daher statt der traditionellen Lagerhaltung (Vorratshaltung) eine andere Lösung gefunden werden.

- Güter- und Informationsströme innerhalb des Unternehmens sowie zwischen dem Unternehmen und seiner Außenwelt sollten nach den Gesichtspunkten höchster Leistung und Wirtschaftlichkeit gesteuert, geregelt und koordiniert werden. Der Fachbegriff hierfür ist **„Logistik"**. Ein sehr bekanntes und verbreitetes modernes Logistiksystem ist das **Just-in-Time-System**, das u. a. die **herstellungssynchrone** (synchron = zeitgleich, gleichzeitig) **Anlieferung** der benötigten Materialien zum Ziel hat.

- E-Commerce kann Aufgaben aus dem Vertrieb, dem Marketing und der Logistik übernehmen und die Beschaffung, Produktion und Wartung erleichtern.

  - B2C-Handel (Business-to-Consumer): Geschäftsverkehr mit dem Endabnehmer/Privatkunden
    Die Mehrzahl der Internetnutzer verwendet das Medium vorrangig noch allein zur Information – der eigentliche Einkauf erfolgt dann über den traditionellen Einzelhandel oder das Telefon. Der Einzelhandelsverband rechnet mit einem Wachstum von jährlich zehn bis zwölf Prozent der online getätigten Einzelhandelsumsätze in den nächsten zehn Jahren.
    Im Bankensektor reicht das Angebot im Privatkundensektor von der Online-Kontoführung bis zum Online-Wertpapierhandel.

  - B2B-Handel (Business-to-Business): Geschäftsverkehr mit Geschäftskunden oder Lieferern
    Etwa 60 % des E-Commerce-Umsatzes werden zurzeit in Deutschland im Business-to-Business-Verkehr erzielt – mit steigender Tendenz. Hierbei geht es weniger um die Einrichtung eines „Internet- oder Webshops", sondern mehr um die Bereitstellung und Verwaltung von aktuellen Daten im Hintergrund. Durch einen mithilfe des Internets erteilten Auftrag wird gleichzeitig die Produktion gesteuert – einschließlich Arbeits-, Fertigungsplänen, Montagestücklisten. Der Internetauftrag wird per E-Mail dem Kunden mit Auftragsnummer und Terminzusage bestätigt.

  - Wesentliche Gründe für Unternehmen, E-Commerce zu betreiben, sind:
    - stärkere Wettbewerbsposition (Imageverbesserung, besserer Service)
    - Zeitersparnis (schnellere Reaktion auf Kundenwünsche)
    - Kostenersparnis (Abbau des Papierberges, Vereinfachung von Geschäftsabläufen, geringerer Arbeitsaufwand, Einsparungen bei Verkaufsfläche, Personal und Lagerhaltung)

Zur Vertiefung

1 Der Wandel von Verkäufermärkten zu Käufermärkten verlangte immer mehr den Einsatz einer wirksamen Logistik. Welche Gründe sprechen unter diesem Aspekt für ein Logistiksystem?

2 Welche Vorteile bietet eine herstellungssynchrone Anlieferung?

3 Welche Nachteile bringt eine herstellungssynchrone Anlieferung mit sich?

4 Nehmen Sie zu der folgenden Behauptung Stellung: Herstellungssynchrone Anlieferung führt zu großen Abhängigkeiten!

5 Informieren Sie sich in Ihrem Ausbildungsunternehmen, wie dieses das Internet nutzt und welche zukünftigen Schritte geplant sind. Stellen Sie einen kurzen Bericht zusammen, den Sie Ihrer Klasse vortragen. Veranschlagen Sie maximal 10 Minuten für Ihr Referat.

8.5 Einflussgrößen der Materialbereitstellung

Situation

Die Robot AG, Hersteller von elektronischen Haushaltsgeräten, plant die Einführung eines neuen Produktes: ein selbstständig arbeitender Staubsaugroboter.

Zur Herstellung sind speziallegierte Leichtmetalle erforderlich. Das Produkt passt tendenziell ins Erzeugnisprogramm, Kapazitätsauslastung und insbesondere die derzeitige Finanzlage des Unternehmens werfen noch Probleme auf.

Bei der Beurteilung des Problems, welches Material, in welcher Menge, wann und wo bereitgestellt werden soll, kann grundsätzlich zwischen innerbetrieblichen und außerbetrieblichen Einflussfaktoren unterschieden werden:

- **außerbetriebliche Einflussfaktoren** sind im Wesentlichen die Beschaffungs- und die Absatzmarktverhältnisse;
- **innerbetriebliche Einflussfaktoren** sind im Wesentlichen das Erzeugnisprogramm, die Kapazitätsauslastung und die Finanzlage des Unternehmens.

8.5.1 Außerbetriebliche Daten (Marktdaten)

8.5.1.1 Beschaffungsmarktverhältnisse

Jedes Unternehmen benötigt Produktionsfaktoren (Arbeitskräfte, Werkstoffe, Betriebsmittel sowie Führungskräfte), um Produkte herstellen und verkaufen zu können. Um sich diese Produktionsfaktoren zu beschaffen, treten die Unternehmen am Beschaffungsmarkt als Nachfrager auf.

In der Regel ermittelt das Unternehmen aufgrund seiner Produktions-/Absatzplanung seinen Beschaffungsbedarf. Handelt es sich um problemlose Produkte, die in ausreichender Anzahl möglichst von mehreren Lieferern angeboten werden, kann die Beschaffung meistens reibungslos erfolgen.

Bei knappen Produkten oder bei gefährlichen Stoffen, die häufig nur von einem oder wenigen Lieferern angeboten werden, kann die Beschaffung schwierig werden, da Lieferengpässe auftreten können. Häufig liegt bei solchen Produkten ein Verkäufermarkt vor, sodass die Lieferer den Käufern ihre Konditionen „aufdrücken" können. Entsprechend verteuert sich die Beschaffung.

Weitere Risiken bringt eine Beschaffung aus dem Nicht-EU-Ausland mit sich. Unterschiedliche Rechtsordnungen und Handelsbräuche, Währungsrisiken (Kursschwankungen), Transportrisiken, Sprachprobleme sowie die politischen, z. B. „Jugoslawien 1992", und wirtschaftlichen Verhältnisse können zu Ausfällen, Verteuerungen und somit zu Betriebs-/Produktionsstörungen führen. Besonders problematisch wären solche Störungen bei einer herstellungssynchronen Beschaffung.

8.5.1.2 Absatzmarktverhältnisse

Die meisten Absatzmärkte sind in der Bundesrepublik Deutschland als Käufermärkte, und zwar als mehr oder minder gesättigte Käufermärkte, strukturiert. Es treten also für ein Produkt mehrere oder viele Anbieter auf, die sich die begrenzte Zahl der Nachfrager untereinander aufteilen müssen. Dadurch besitzt der Käufer eine Machtstellung, die er beispielsweise dazu nutzen kann, vom Verkäufer günstigere Lieferungs- und Zahlungsbedingungen zu verlangen.

Bei einer solchen Konstellation setzen die Anbieterunternehmen sogenannte Marketingstrategien ein. Marketingstrategien sind dadurch gekennzeichnet, dass das anwendende Unternehmen sich als Ausgangspunkt aller seiner Überlegungen am Absatzmarkt orientiert. Art und Menge der zu veräußernden Produkte (**Absatzplan**) bestimmen u. a. den Produktions-, Kapazitäts-, Beschaffungs- und Finanzplan der Unternehmung. Entsprechend wird auch die Materialbereitstellung im Unternehmen vom Absatzplan determiniert.

8.5.2 Innerbetriebliche Daten (Betriebsdaten)

Wesentliche innerbetriebliche Daten, die als Einflussgrößen der Materialbereitstellung infrage kommen, sind das Erzeugnis- bzw. Produktionsprogramm, die Kapazitätsauslastung und die Finanzlage des Unternehmens. Da jedoch diese innerbetrieblichen Faktoren beim Einsatz von Marketingstrategien wiederum durch Marktdaten bestimmt werden, ist letztlich die Marktsituation von entscheidendem Einfluss.

8.5.2.1 Erzeugnisprogramm

Beim Erzeugnis- bzw. Produktionsprogramm gilt: Je breiter und tiefer das Produktionsprogramm ist (viele Artikel, viele Varianten dieser Artikel), desto mehr Material muss bereitgehalten werden. Die Lagerhaltung wird entsprechend umfangreich. Je nach Art der Fertigung, z. B. Kleinserien- und Auftragsfertigung, werden zusätzliche Zwischenlager erforderlich. Bei Großserien- oder Massenfertigung können Logistiksysteme wie das Just-in-Time-Prinzip angewandt werden, die jedoch neben ihren Vorteilen mit den angeführten Risiken behaftet sind.

8.5.2.2 Kapazitätsauslastung

Unter Kapazität versteht man das Leistungsvermögen der Produktionsfaktoren Betriebsmittel und Arbeit eines Unternehmens in einem bestimmten Zeitraum, z. B. in einer Woche können (höchstens) 5 000 Paar Schuhe hergestellt werden. Ist eine hohe Kapazitätsauslastung das Primärziel der Unternehmung, dann steigt der Materialbedarf in Abhängigkeit von der Kapazitätsauslastung: je höher die Kapazitätsauslastung, desto mehr Material wird benötigt. (Zu dem Ziel einer hohen Kapazitätsauslastung vgl. auch die Ausführungen zu dem Abschnitt Just-in-Time-Fertigung.)

Letztlich wird jedoch die Höhe der Kapazitätsauslastung von der Marktnachfrage bestimmt. Langfristig wird ein Unternehmen nur die tatsächlich absetzbare Anzahl von Produkten herstellen. Sollte die vorhandene Kapazität dafür nicht ausreichen (Engpass!), wird das Unternehmen seine Kapazität und damit auch seinen Materialbedarf erhöhen.

8.5.2.3 Finanzlage

Ob ein Unternehmen seine Kapazität erweitern kann, hängt außer von der Marktlage (Nachfrage) von der jeweiligen Finanzlage des Betriebes ab. In der Finanzplanung wird vor Beginn jeder Produktionsperiode festgestellt, welche liquiden Mittel dem Unternehmen für seine geplanten Vorhaben zur Verfügung stehen, ob die Mittel ausreichen und wie viel Kapital noch beschafft werden muss und kann. Die finanzielle Lage wird zum Engpassfaktor, wenn kein zusätzliches Kapital mehr für geplante Vorhaben beschafft werden kann. Die geplanten Investitionen müssen dann gegebenenfalls zurückgestellt werden, was letztlich auch die Höhe der Materialbereitstellung des Unternehmens betrifft.

Kernwissen

- Bei der Beurteilung des Problems, welches Material, in welcher Menge, wann und wo bereitgestellt werden soll, gibt es zwei grundsätzliche Gruppen von Einflussfaktoren:
  - **außerbetriebliche Einflussfaktoren** sind im Wesentlichen die Beschaffungs- und die Absatzmarktverhältnisse;
  - **innerbetriebliche Einflussfaktoren** sind im Wesentlichen das Erzeugnisprogramm, die Kapazitätsauslastung und die Finanzlage des Unternehmens.
- Zwischen beiden Gruppen von Einflussfaktoren bestehen wechselseitige Abhängigkeiten (= Interdependenzen).

Zur Vertiefung

1 Eine wesentliche Einflussgröße der Materialbereitstellung ist die Situation auf dem Beschaffungsmarkt. Welche Probleme können hier die Sicherung der Materialbereitstellung eines Unternehmens beeinflussen?

2 Erläutern Sie, inwiefern zwischen den einzelnen Einflussgrößen der Materialbereitstellung wechselseitige Abhängigkeiten bestehen!

9 Organisation der Textverarbeitung

Situation

Frau Lisette Herz ist als Abteilungsleiterin in den ABC-Werken Coesfeld für die Organisation der Textverarbeitung zuständig.
Ihr Aufgabenbereich ist vielseitig.

- Sie entscheidet, welche Hardware für den Bereich der Textverarbeitung eingesetzt und angeschafft werden soll. Sie wählt die geeignete Software aus.
- Sie organisiert, dokumentiert und kontrolliert das innerbetriebliche Vordruckwesen.
- Sie wählt die geeigneten Hilfsmittel für die einzelnen Arbeitsabläufe in der Textverarbeitung aus und kontrolliert, ob diese effizient eingesetzt werden.

Das Informationsbedürfnis von Wirtschaft und Wissenschaft ist groß und muss schnell und umfassend befriedigt werden. Traditionelle Papierarchive sind dazu nicht mehr in der Lage. Die Erfassung von Informationen, ihre Be- und Verarbeitung muss organisiert werden, denn mangelhaftes Informationsmanagement kann negative Folgen haben.

Beispiele:

- Verlust von Wettbewerbsvorteilen
- Mehrfacheinsatz von Arbeitskraft für identische Problemlösungen
- zusätzlicher Zeitaufwand
- Entscheidungen ohne Berücksichtigung neuester Informationen

Zur Verarbeitung von Informationen gehört es, dass diese u. a. geordnet, geändert, verglichen, zusammengeführt oder vervielfältigt werden müssen. Informationen werden im Allgemeinen als Daten bezeichnet; die kleinste Einheit von Informationen und Daten sind Zeichen (Groß- und Kleinbuchstaben, Ziffern und sonstige Zeichen). Informationen ergeben Texte.

Zur Text**be**arbeitung gehören die Arbeitsvorgänge

- Erfassen,
- Korrigieren,
- Gestalten.

Die Arbeitsgemeinschaft für wirtschaftliche Verwaltung e. V. (AWV) definiert die Text**ver**arbeitung wie folgt:

„Zur Textverarbeitung gehören die Arbeitsabläufe, die das Konzipieren, Formulieren, Schreiben, Prüfen, Korrigieren, Überarbeiten, Reproduzieren, Transportieren, Verteilen, Versenden, Registrieren und Archivieren von Texten zum Inhalt haben."

Die Textverarbeitung kann auf verschiedene Weise erfolgen (der Vollständigkeit halber werden hier auch Verfahren aufgelistet, die – obgleich veraltet – immer noch praktiziert werden):

- manuell,
- mit (elektronisch gesteuerten) Schreibmaschinen,
- mit Textsystemen (Norm DIN 2140); darunter versteht man die elektronische Verarbeitung von Texten; veraltete Begriffe: Schreibautomat, Textautomat, Text verarbeitendes System;
- mit Vervielfältigungsgeräten,

- mit Fotokopiergeräten,
- mit Adressiermaschinen,
- mit Fernschreibern,
- mit Telefaxgeräten (Fernkopierern),
- mit Diktiergeräten,
- Arbeitsplatzcomputern.

Durch den Einsatz von Computern verändern sich die Arbeitsstrukturen und Arbeitsinhalte. Die Aufgaben können jetzt auch multimedial gelöst werden, d. h., statische Medien wie Text, Daten, Grafik können mittels digitaler Techniken mit dynamischen Medien wie Videosequenzen, Ton, Animation zusammengeführt und genutzt werden.

Die Anforderungen an die Mitarbeiter in der Textverarbeitung haben sich erweitert. Vorausgesetzt wird heute u. a.

- Handhabung eines Kalkulationsprogramms,
- Kenntnisse eines Programms zur Präsentation von Informationen (Bildbearbeitungsprogramm),
- Kenntnisse und Fertigkeiten im Umgang mit einem Scanner und der dazugehörigen Software,
- Nutzung des Computers als Diktiergerät (Fonotypie).

Der Computereinsatz zeigt Auswirkungen auf die Arbeitsplatzstrukturen. Beispiel: Computer ermöglichen die Verlagerung des Arbeitsplatzes in den Heimbereich (Telearbeit).

9.1 Der Vordruck als Informationsträger

Situation

Der Sachbearbeiter Dirk Heming, tätig in der Firma COMPUTEACH, hat täglich eine Fülle von internen und externen Informationen zu beschaffen, zu speichern, zu suchen, zu be- und verarbeiten.

Auf werbewirksame Korrespondenz – Beachtung von Form und Inhalt – wird im Hause COMPUTEACH Wert gelegt; andererseits sollen die Mitarbeiter aus Gründen der Zeit- und Kostenersparnis „Entlastungsformulare" einsetzen.

Bürokommunikation heißt:

- Informationserstellung,
- Informationsgewinnung,
- Informationsverarbeitung,
- Informationsweitergabe,
- Informationsaustausch.

Je kommunikationsintensiver die Arbeit ist, umso wichtiger ist der Einsatz von Hilfsmitteln.

Bereits bei der Entstehung und Gewinnung von Informationen sollte planvoll vorgegangen werden. Jeder Tag bringt eine Fülle von wichtigen Daten, die nicht wahllos und ungeordnet notiert werden sollten, sondern die erst dann nützlich sind, wenn sie schnell, übersichtlich und systematisch erfasst werden. Zu diesem Zweck sind Formblätter entwickelt worden, die – richtig eingesetzt – Zeit und Geld sparen (siehe Abbildungen S. 345 f., 357 ff. und 386 ff.).

Beispiel: Vordrucke, die zur Vertretungsregelung eingesetzt werden können:

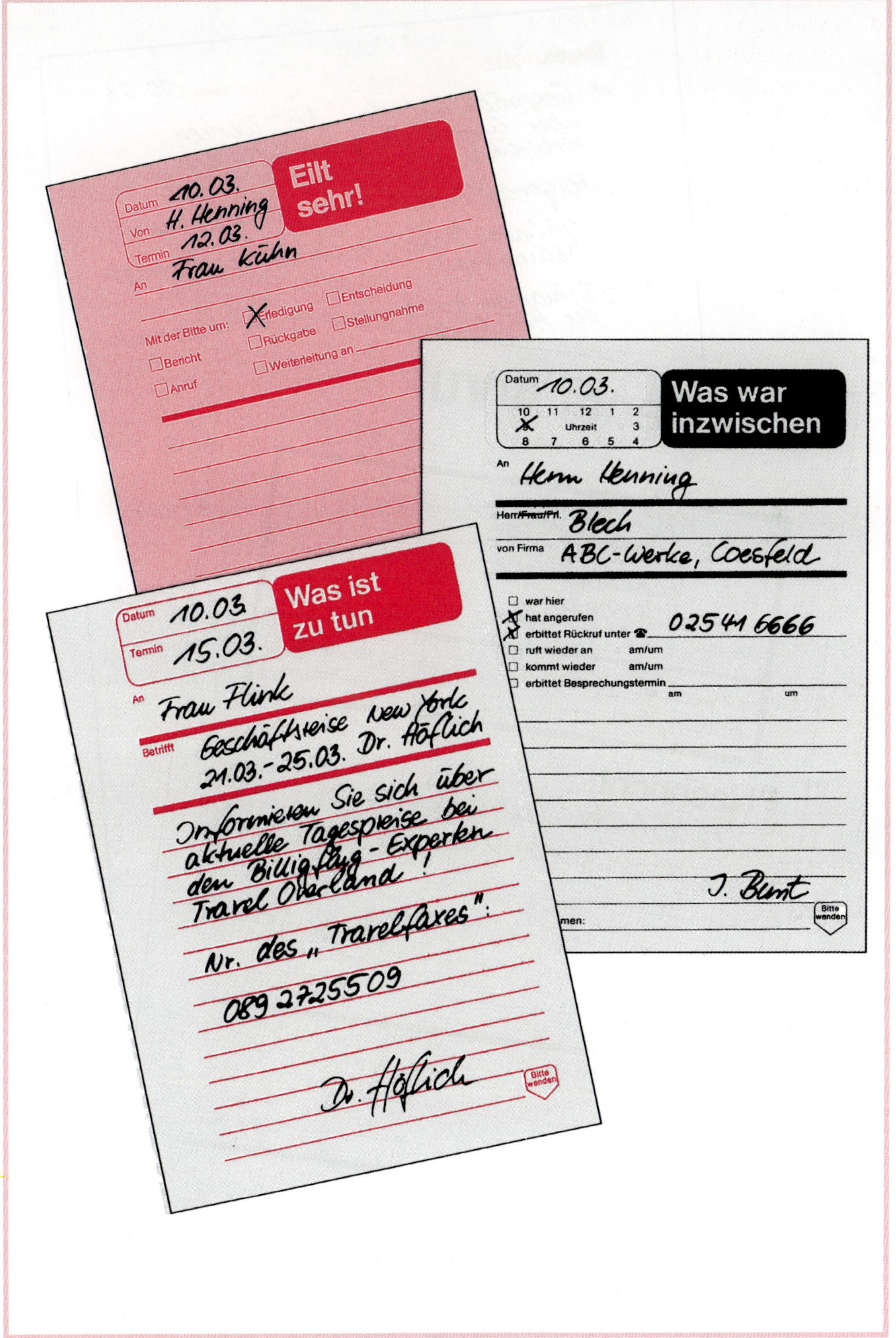

Eilt sehr!

Datum 10.03.
Von H. Henning
Termin 12.03.
An Frau Kühn

Mit der Bitte um:
- [x] Erledigung
- [ ] Entscheidung
- [ ] Rückgabe
- [ ] Stellungnahme
- [ ] Bericht
- [ ] Weiterleitung an
- [ ] Anruf

Was war inzwischen

Datum 10.03.
Uhrzeit: 10 11 12 1 2 3 4 5 6 7 8 (9 angekreuzt)
An Herrn Henning
Herr/~~Frau/Frl.~~ Blech
von Firma ABC-Werke, Coesfeld

- [ ] war hier
- [x] hat angerufen
- [x] erbittet Rückruf unter ☎ 02541 6666
- [ ] ruft wieder an am/um
- [ ] kommt wieder am/um
- [ ] erbittet Besprechungstermin am um

J. Bunt

…men:

Bitte wenden

Was ist zu tun

Datum 10.03
Termin 15.03.
An Frau Flink
Betrifft Geschäftsreise New York 21.03.-25.03. Dr. Höflich

Informieren Sie sich über aktuelle Tagespreise bei den Billigflug-Experten Travel Overland!
Nr. des „Travelfaxes": 089 2725509

Dr. Höflich

Bitte wenden

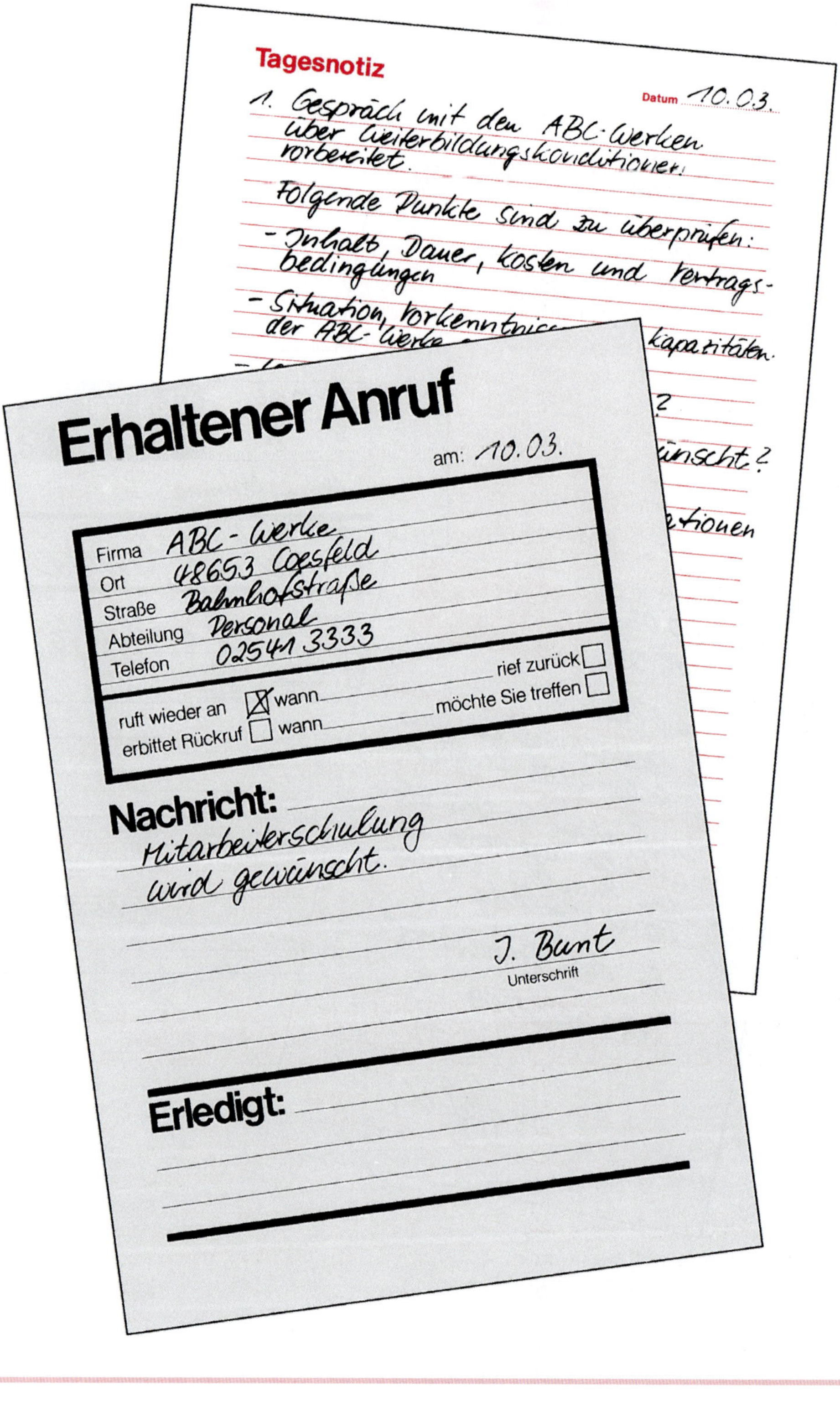

Tagesnotiz

Datum 10.03.

1. Gespräch mit den ABC-Werken über Weiterbildungskonditionen vorbereitet.

Folgende Punkte sind zu überprüfen:

- Inhalt, Dauer, Kosten und Vertragsbedingungen
- Situation, Vorkenntnisse ... der ABC-Werke ... kapazitäten.

...?

...ünscht?

...ationen

Erhaltener Anruf

am: 10.03.

Firma ABC-Werke

Ort 48653 Coesfeld

Straße Bahnhofstraße

Abteilung Personal

Telefon 02541 3333

rief zurück ☐

ruft wieder an ☒ wann ____ möchte Sie treffen ☐

erbittet Rückruf ☐ wann ____

Nachricht:

Mitarbeiterschulung wird gewünscht.

J. Bunt

Unterschrift

Erledigt:

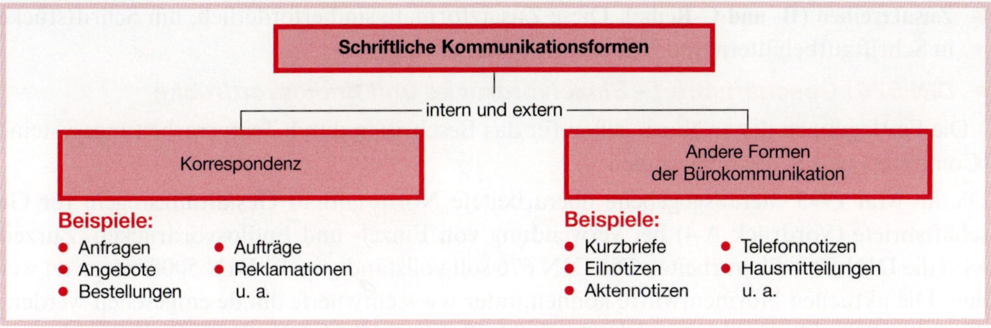

Korrespondenz besteht aus Informationen, die nach außen gerichtet sind. Diese sollen – je nach Anlass – werbewirksam, übersichtlich und zweckmäßig geschrieben werden. Jeder Brief ist eine Visitenkarte des Unternehmens. Der Empfänger soll einen positiven Eindruck bekommen. Auf **Form** und **Inhalt** muss Wert gelegt werden. Jeder Brief kostet aber auch Zeit, und Zeit ist Geld. Ein Brief sollte daher so **zeitsparend** wie möglich geschrieben werden.

Schwerpunkte rationeller Korrespondenz:

- Form,
- Inhalt,
- Zeitersparnis.

Form

Der Textverarbeitung und damit dem kaufmännischen Schriftverkehr liegen die Normen zugrunde, die das **D**eutsche **I**nstitut für **N**ormung e. V. (DIN) herausgegeben hat. Die wichtigsten sind:[1]

- DIN 476 (Papierendformate)
- DIN 676 (Geschäftsbrief – Einzel- und Endlosvordrucke, Mai 1995)[2]
- DIN 4991 (Rahmenmuster für Handelspapiere)
- DIN 5008 (Schreib- und Gestaltungsregeln für die Textverarbeitung, Mai 2005)[3]
- DIN 5009 (Diktierregeln, Dezember 1996)
- DIN 16511 (Korrekturzeichen)

► DIN 476: Papierformate

Für den üblichen Schriftverkehr sind von Wichtigkeit:

- **Hauptreihe (A-Reihe).** Aus dem Ausgangsformat A0 (841 × 1 189 mm) wird durch fortgesetztes Hälften oder Doppeln die A-Reihe abgeleitet. Durch Verdoppeln und Vervierfachen des Ausgangsformats lassen sich weitere Formate gewinnen.

A-Reihe mit den gebräuchlichen Formaten:

Kurzzeichen	Format	Kurzzeichen	Format
A0	841 × 1189	A6	105 × 148
A1	594 × 841	A7	74 × 105
A2	420 × 594	A8	52 × 74
A3	297 × 420	A9	37 × 52
A4	210 × 297	A10	26 × 37
A5	148 × 210		

Die Formate der A-Reihe werden bei Geschäftsbriefen (A4), Vordrucken, Prospekten, Zeichnungen, Zeitschriften angewendet.

[1] Alleinverkauf der Normen durch Beuth Verlag GmbH, 10772 Berlin

[2] Wird in Zukunft in DIN 5008 integriert.

[3] Ersatz für DIN 5008: 2001-11 und weitere Änderung: A1 von 2004; wird derzeit überarbeitet.

- **Zusatzreihen (B- und C-Reihe).** Diese Zusatzformate sind erforderlich, um Schriftstücke in Schriftgutbehältern und Briefhüllen unterzubringen.

▶ *DIN 676: Geschäftsbrief – Einzelvordrucke und Endlosvordrucke*

– Die Festlegungen dieser Norm gelten für das Beschriften durch Textverarbeitungssysteme (Computer) und Schreibmaschinen.

Die im **Mai 1995**[1] herausgegebene überarbeitete Norm enthält Gestaltungsregeln für Geschäftsbriefe (Vordruck A 4) bei Verwendung von Einzel- und Endlosvordrucken. Zurzeit wird die DIN 5008 überarbeitet. Die DIN 676 soll vollständig in die DIN 5008 integriert werden. Die aktuellen Normentwürfe können unter www.entwuerfe.din.de eingesehen werden: Ausgabe 2009–11, Erscheinungsdatum 2009–12–14. Ende der Frist für Stellungnahmen: 2010–04–14.

- **Formen.** Bei den Vordrucken für Geschäftsbriefe wird zwischen zwei Formen unterschieden:
  - hochgestelltes Anschriftenfeld (Form A) in der Höhe von 27 mm
  - tiefgestelltes Anschriftenfeld (Form B) in der Höhe von 45 mm
- **Beschriftung.** Bei den Maßen und der Lage der einzelnen Felder sind die Teilungen von 2,54 mm und Grundzeilenabstände von 4,23 mm nach DIN 2142 zugrunde gelegt. Beim Beschriften ist DIN 5008 zu berücksichtigen.
- **Briefkopf.** Für den Namen oder die Bezeichnung des Absenders steht im oberen Teil des Vordrucks ein über die gesamte Blattbreite reichendes Feld zur Verfügung, dessen Höhe bei Form A 27 mm und bei Form B 45 mm beträgt.
- **Kommunikationsangaben**
  - **Bezugszeichenzeile.** Die Leitwörter lauten „Ihr Zeichen, Ihre Nachricht vom", „Unser Zeichen, unsere Nachricht vom", „Telefon, Name", „Datum". Statt des Leitwortes „Telefon" kann ein Symbol verwendet werden. Die Leitwörter sind so zu setzen, dass ihre Oberkante mindestens 8,5 mm unterhalb des Feldes für die Empfängeranschrift steht, sodass die zugehörigen Angaben schreibzeilengerecht daruntergeschrieben werden können. Nicht benötigte Leitwörter können entfallen.

    Das Leitwort „Ihr Zeichen, Ihre Nachricht vom" beginnt 24 mm von der linken Blattkante, die nachfolgenden Leitwörter folgen im Raster von 50,8 mm (zweimal 10er Tab).
  - **Kommunikationszeile.** Hier können die Leitwörter für weitere direkte Kommunikationsmöglichkeiten aufgenommen werden: „Telefax" (Fax), „Telex" (Tx), „E-Mail" und „Telebox". Nicht benötigte Leitwörter können entfallen.

    Die Kommunikationszeile beginnt 125,6 mm von der linken Blattkante in der 17. Zeile (Form A), oder in der 21. Zeile (Form B).

Beispiel:

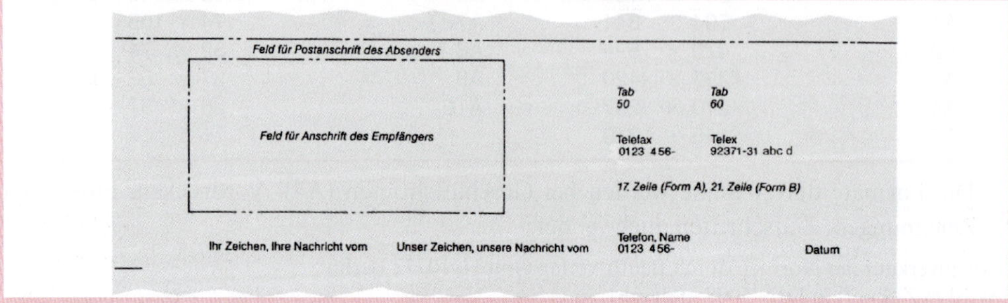

[1] Alleinverkauf der Normen durch Beuth Verlag GmbH, 10772 Berlin

– **Kurzleitwörter.** Werden die Leitwörter der Bezugszeichenzeile und der Kommunikationszeile nicht vorgedruckt, sondern geschrieben, sollten folgende Kurzleitwörter verwendet werden: „Ihre Nachricht“, „Unser Zeichen“, „Telefon, Name“, „Datum“. Unter dem Kurzleitwort „Ihre Nachricht“ können auch Angaben zu „Ihr Zeichen“ geschrieben werden.

Beispiel:

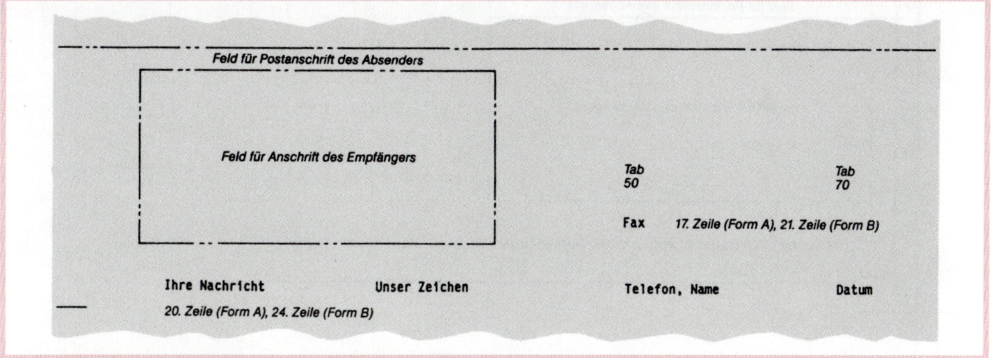

– **Informationsblock.** Leitwörter, Bezugszeichen und Kommunikationsmöglichkeiten können auch rechts neben dem Feld für die Anschrift des Empfängers geschrieben werden (Tab 50), wobei die angegebene Reihenfolge einzuhalten ist. Zwischen den Bezugszeichen und dem Leitwort „Name“ sowie den Kommunikationsmöglichkeiten und dem Leitwort „Datum“ soll je eine Leerzeile vorgesehen werden.

Zeile 9: Ihr Zeichen
Zeile 10: Ihre Nachricht vom
Zeile 11: Unser Zeichen
Zeile 12: Unsere Nachricht vom
Leerzeile

Zeile 14: Name
Zeile 15: Telefon
Zeile 16: Fax
Leerzeile
Zeile 18: Datum (Form A)
Zeile 22: Datum (Form B)

Beispiel:

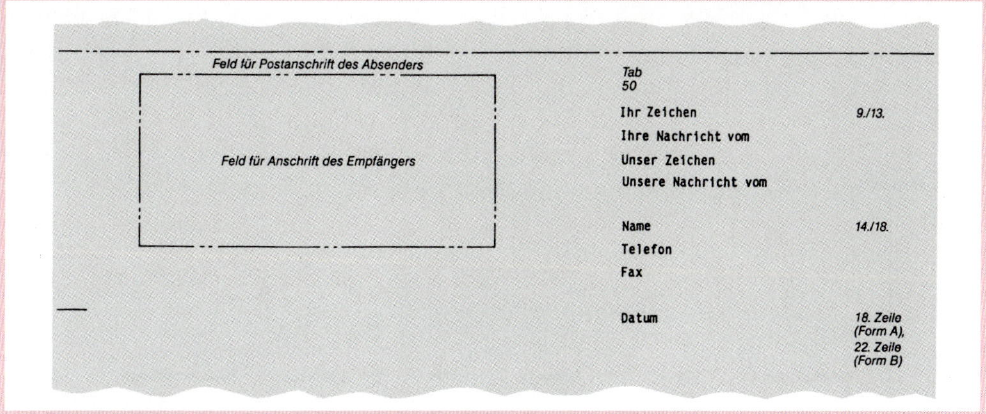

- **Geschäftsangaben:** Es handelt sich um Angaben über die Geschäftsräume, die Nummern der Hauptanschlüsse aller Kommunikationsmittel (sofern nicht in der Kommunikationszeile aufgeführt) und die Kontoverbindungen. Sie stehen im Allgemeinen am Fuß des Vordrucks.

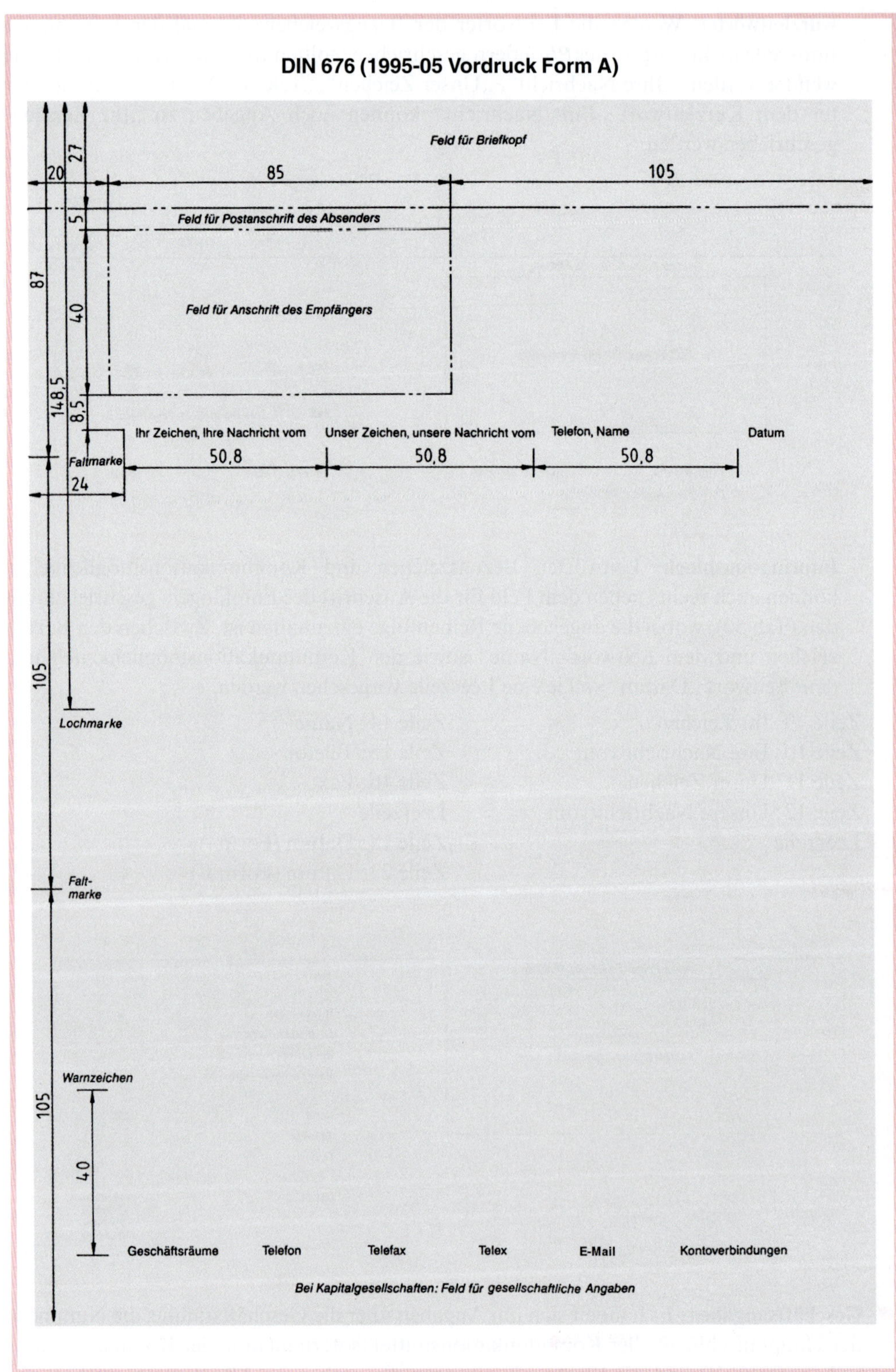
DIN 676 (1995-05 Vordruck Form A)
Feld für Briefkopf
20
27
85
105
5
Feld für Postanschrift des Absenders
87
40
Feld für Anschrift des Empfängers
148,5
8,5
Ihr Zeichen, Ihre Nachricht vom
Unser Zeichen, unsere Nachricht vom
Telefon, Name
Datum
Faltmarke
50,8
50,8
50,8
24
105
Lochmarke
Falt-
marke
Warnzeichen
105
40
Geschäftsräume
Telefon
Telefax
Telex
E-Mail
Kontoverbindungen
Bei Kapitalgesellschaften: Feld für gesellschaftliche Angaben

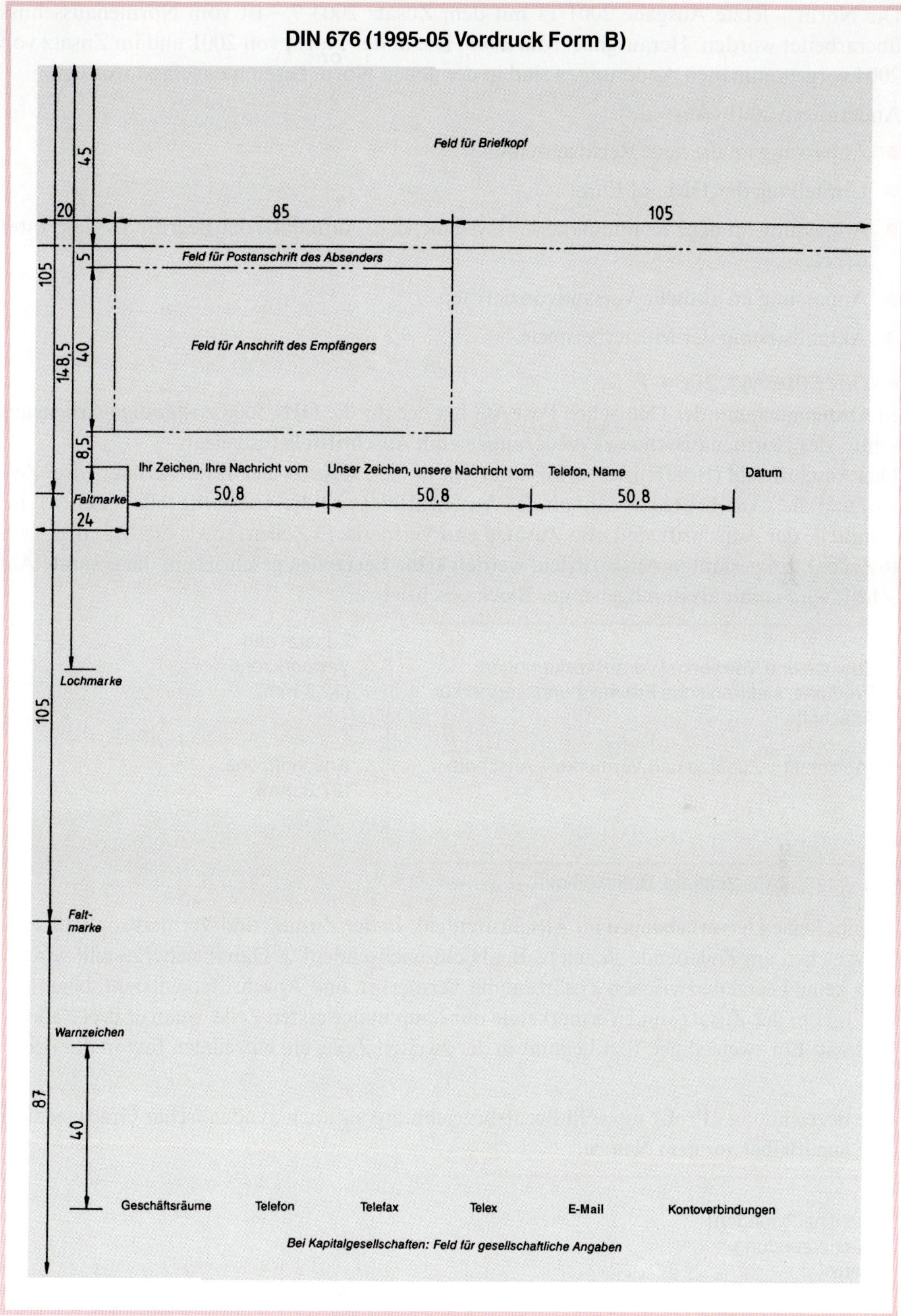

► *DIN 5008: Schreib- und Gestaltungsregeln für die Textverarbeitung*

Diese Norm legt nicht fest, **„was“** zu schreiben ist, sondern **„wie“** ein vorgegebener Inhalt dargestellt werden soll.

Die Norm – letzte Ausgabe 2001-11 mit dem Zusatz 2004-7 – ist vom Normenausschuss überarbeitet worden. Herausgabe: **Mai 2005**. Die in der Norm von 2001 und im Zusatz von 2004 vorgenommenen Änderungen sind in der neuen Norm zusammengefasst worden.

Änderungen 2001 (Auswahl):

- Anpassung an die neue Rechtschreibung
- Umstellung der DM auf Euro
- Anpassung an neue Kommunikationssysteme, d. h. Aufnahme der Begriffe E-Mail, Internet etc.
- Anpassung an aktuelle Versandvorschriften
- Aktualisierung der Musterbeispiele

▶ *DIN 5008/A1:2004-7*

In Abstimmung mit der Deutschen Post AG hat der für die DIN 5008 zuständige Arbeitsausschuss des Normenausschusses Änderungen zum **Anschriftfeld** festgelegt.
Das **Anschriftfeld** (Brieffenster) wird unterteilt in die **„Zusatz- und Vermerkzone"** (drei Zeilen) und die **„Anschriftzone"**. Inhalt des Anschriftfeldes ist die **Aufschrift** (alle 9 Zeilen). Bestandteile der Aufschrift sind also Zusätze und Vermerke (3 Zeilen) sowie die Anschrift (6 Zeilen). Im gesamten Anschriftfeld werden **keine Leerzeilen** geschrieben; die gesamte Aufschrift wird somit als durchgehender Block geschrieben.

Anschriftfeld	Zone
1	Zusatz- und Vermerkzone (12,7 mm)
2 Zusätze und Vermerke (Vorausverfügungen,	
3 Produkte, elektronische Freimachungsvermerke	
1 Anschrift	Anschriftzone (27,3 mm)
2	
3 (Aufschrift = Zusätze und Vermerke + Anschrift)	
4	
5	
6	

Anschriftfeld, Breite 85 mm

Es gibt **keine Hervorhebungen** im Anschriftenfeld. In der Zusatz- und Vermerkzone dürfen Satzzeichen am Zeilenende stehen (z. B. „Nicht nachsenden!"). Damit sichergestellt wird, dass keine Leerzeile zwischen Zusätzen und Vermerken und Anschriften entsteht, beginnt der Text in der Zusatz- und Vermerkzone nur dann in der ersten Zeile, wenn er drei Zeilen umfasst. Ein zweizeiliger Text beginnt in der zweiten Zeile, ein einzeiliger Text in der dritten.

Die Bezeichnung **„Prof."** (sowohl Berufsbezeichnung als auch akademischer Grad) steht **immer unmittelbar vor dem Namen**.

1
2 Nicht nachsenden!
3 Büchersendung
1 Herrn
2 Prof. Dr. Gerd Wohlfahrt
3 Bahnhofstraße 12 A
4 8653 Coesfeld
5
6

Vorteile der Neuregelung:

- nationale und internationale Vereinheitlichung
- optimierte Anschriftenerkennung zur sicheren automatischen Verarbeitung in Post-Verteilzentren
- mehr Platz für elektronische Freimachung

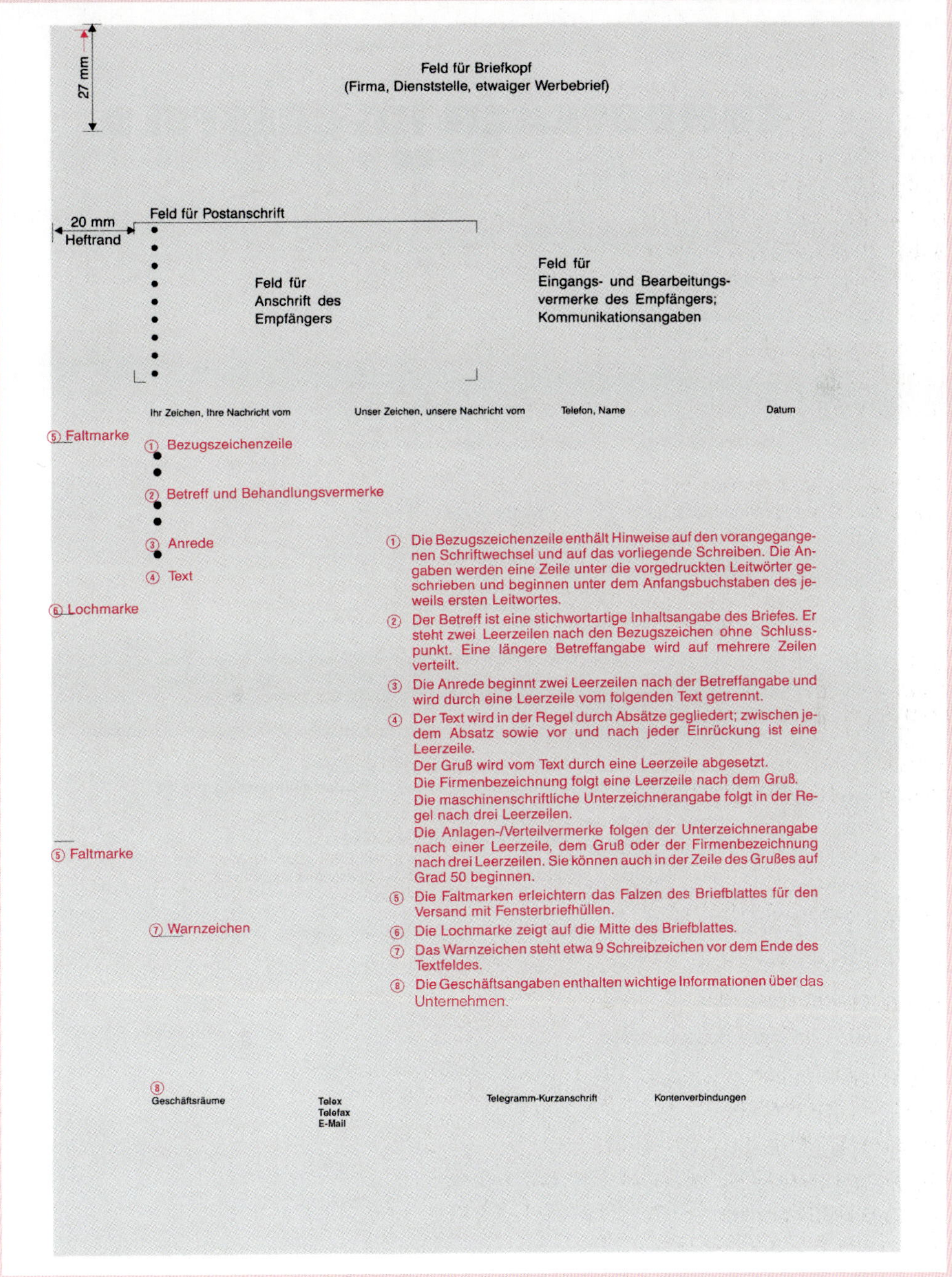

Diese Norm legt nicht fest, „was" zu schreiben ist, sondern „wie" ein vorgegebener Inhalt dargestellt werden soll. Die im November 2001 erschienene vollständig überarbeitete Norm hat u. a. die Darstellung von Datum und Uhrzeit nach DIN EN 28601 aufgenommen.

- **Kalenderdaten:** Numerische Schreibweise: Jahr-Monat-Tag, Tag und Monat sollen zweistellig sein: 2009–12–24, 09–12–24, 2009–01–06, 09–01–06
- **Uhrzeit.** Die Anzahl der Stunden, Minuten und Sekunden ist mit je zwei Ziffern anzugeben: 05:30 Uhr, 24:00 Uhr, 00:05 Uhr, 12:04:48 Uhr

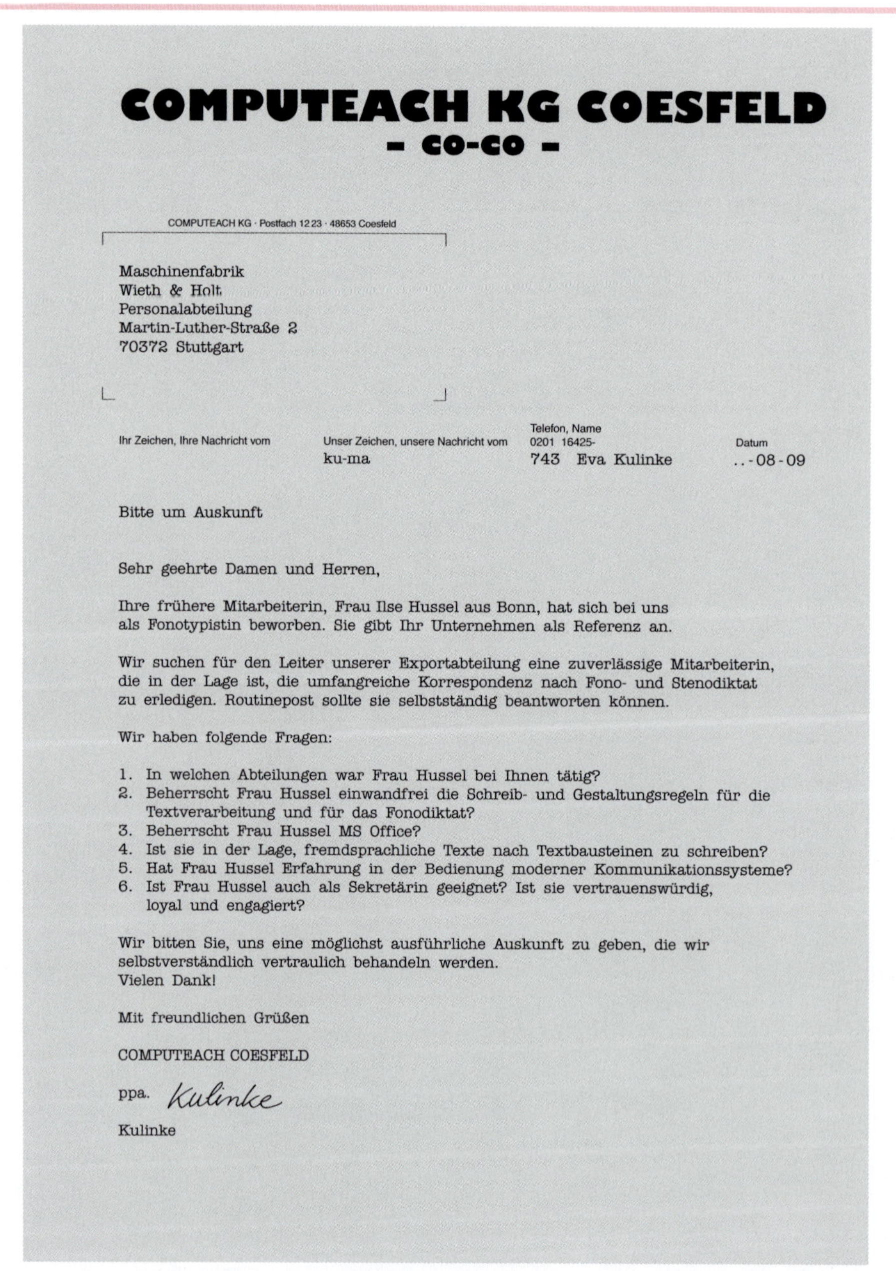

COMPUTEACH KG COESFELD
- CO-CO -

COMPUTEACH KG · Postfach 12 23 · 48653 Coesfeld

Maschinenfabrik
Wieth & Holt
Personalabteilung
Martin-Luther-Straße 2
70372 Stuttgart

Ihr Zeichen, Ihre Nachricht vom	Unser Zeichen, unsere Nachricht vom	Telefon, Name 0201 16425-	Datum
	ku-ma	743 Eva Kulinke	..-08-09

Bitte um Auskunft

Sehr geehrte Damen und Herren,

Ihre frühere Mitarbeiterin, Frau Ilse Hussel aus Bonn, hat sich bei uns als Fonotypistin beworben. Sie gibt Ihr Unternehmen als Referenz an.

Wir suchen für den Leiter unserer Exportabteilung eine zuverlässige Mitarbeiterin, die in der Lage ist, die umfangreiche Korrespondenz nach Fono- und Stenodiktat zu erledigen. Routinepost sollte sie selbstständig beantworten können.

Wir haben folgende Fragen:

1. In welchen Abteilungen war Frau Hussel bei Ihnen tätig?
2. Beherrscht Frau Hussel einwandfrei die Schreib- und Gestaltungsregeln für die Textverarbeitung und für das Fonodiktat?
3. Beherrscht Frau Hussel MS Office?
4. Ist sie in der Lage, fremdsprachliche Texte nach Textbausteinen zu schreiben?
5. Hat Frau Hussel Erfahrung in der Bedienung moderner Kommunikationssysteme?
6. Ist Frau Hussel auch als Sekretärin geeignet? Ist sie vertrauenswürdig, loyal und engagiert?

Wir bitten Sie, uns eine möglichst ausführliche Auskunft zu geben, die wir selbstverständlich vertraulich behandeln werden.
Vielen Dank!

Mit freundlichen Grüßen

COMPUTEACH COESFELD

ppa. Kulinke

Kulinke

Inhalt

Im Auftrag des Bundesministeriums des Innern ist ein Merkblatt herausgegeben worden, das den Beamten und Angestellten für die Abwicklung ihres Schriftwechsels Empfehlungen zu Inhalt und Darstellung einer „Bürgernahen Verwaltungssprache" gibt.

Den unpersönlichen Kanzleistil mit seinen pseudoamtlichen Sprachfloskeln und unübersichtlich gegliederten Texten soll es in den Ämtern künftig nicht mehr geben.

Für schwierige und für breitenwirksame Texte wird den Sachbearbeiter/-innen empfohlen, die Textarbeit sowohl gedanklich als auch zeitlich nach einem **Drei-Takte-Verfahren** durchzuführen.

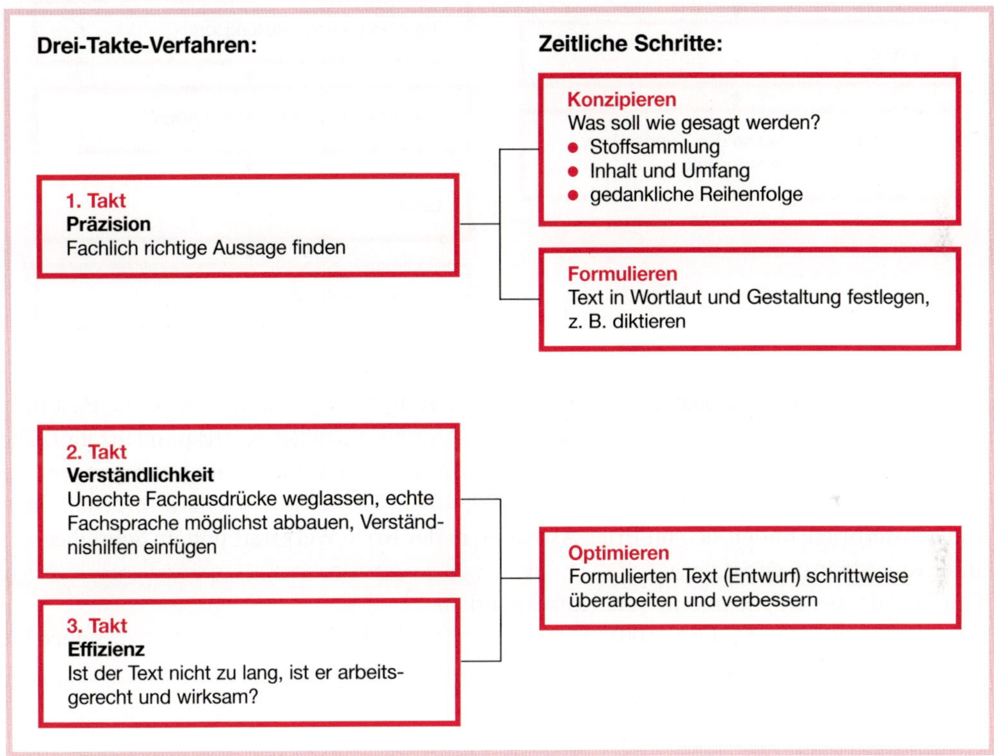

Genauso kundenfreundlich, d. h. klar und weniger steif, sollte man auch im allgemeinen geschäftlichen Bereich schreiben. Die strenge Normierung durch DIN 5008 vermeidet bei richtiger Anwendung überflüssige Floskeln. Die Bezugszeichenzeile gibt Auskunft über bereits erfolgte Korrespondenz und über die Bearbeiter des Schriftstücks. Beliebte Einleitungssätze wie *„Wir danken für Ihr Schreiben vom …"* oder *„Wir kommen zurück auf …"* werden dadurch überflüssig und zwingen den Korrespondenten, schnell zur Sache zu kommen.

Ein Brief lässt immer Rückschlüsse auf den Schreiber und damit auf das Unternehmen zu. Daher sollte der wichtige Bereich der Korrespondenzabwicklung Gegenstand einer Arbeits- und Methodenuntersuchung sein. Das Ergebnis sollte allen Korrespondenten als Arbeitsgrundlage dienen und kann ggf. als Ausgangspunkt für eine spätere Umstellung auf die „Programmierte Textverarbeitung" (Textbausteinverarbeitung) dienen.

Beispiel: Ablaufplan **Angebot** (aufgrund einer Anfrage)

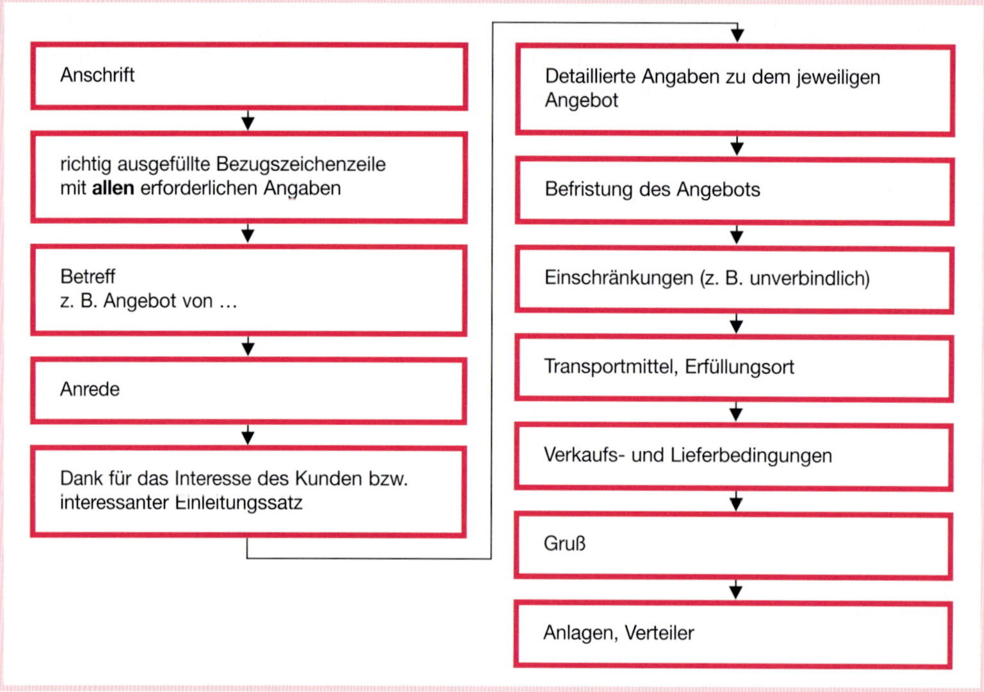

„Erfolgreich Briefe schreiben" heißt der kostenlose Ratgeber, in dem die Deutsche Post nützliche Tipps zum Gestalten und Formulieren privater und offizieller Korrespondenz gibt. Die Broschüre enthält Mustertexte, Formulierungsvorschläge und Gestaltungsanregungen. Zu bestellen bei: Deutsche Post, Postfach 11 05 33, 40505 Düsseldorf. Weitere Informationen und Musterbriefe finden sich im Brief-Assistent, in der Brief-Werkstatt und im Schreibcenter unter www.deutschepost.de.
Tipps für die berufliche und private Korrespondenz:
Informationen über die DIN 5008: www.din.de (Suchfeld FAQ DIN 5008); verschiedene Veröffentlichungen aus dem Beuth Verlag unter www.beuth.de.

Zeitersparnis

Der Ablauf der Korrespondenz kann durch sogenannte „Entlastungsformulare" erleichtert werden. Die Entlastungsformulare sind im Allgemeinen so ausgestattet, dass sie automatisch durchschreiben (NCR-Papier), also kein Kohlepapier benötigt wird. Das Kopieblatt ist bereits gelocht. Bei externen Mitteilungen empfiehlt es sich, einen Stempel oder Vermerk mit dem Hinweis auf den rationellen Einsatz und die Kostenersparnis für alle Korrespondenzteilnehmer anzubringen.

Bewährte Beispiele:

- die urschriftliche Antwort
- die Kopieantwort
- die Kurzmitteilung
- der Pendelbrief
- der Faxbrief

▶ *Urschriftliche Antwort*

Der Absender erhält sein Schreiben mit einer kurzen handschriftlichen Antwort zurück.

Vorteil:

Der Empfänger der urschriftlichen Antwort ist **sofort** informiert; der Absender braucht nichts abzuheften.

Beispiel: A richtet eine Anfrage wegen eines bestimmten Artikels an B. Dieser teilt urschriftlich mit, dass der Artikel nicht mehr hergestellt wird.

▶ *Kopieantwort*

Der Empfänger des Briefes schreibt die Antwort auf das Original – wie bei der urschriftlichen Antwort –, macht eine Kopie und schickt diese an den Absender (nur üblich unter guten Geschäftsfreunden oder im innerbetrieblichen Bereich).

▶ *Kurzmitteilung*

Man beschränkt sich auf das Wesentliche. Die Anschrift des Empfängers wird notiert, ein Auswahltext angekreuzt, dieser ggf. durch einige Zeilen Text ergänzt.

Kurzbrief

Von
Compuleach KG
Herrn Henning
48653 Coesfeld

Ihre Nachricht 10.03.
Unser Zeichen he Datum 11.03.
Kopie an

Mit der Bitte um: ☐ Erledigung ☐ Entscheidung ☐ Kenntnis
☐ Verbleib ☐ Rückgabe ☐ Stellungnahme ☒ Anruf

An
ABC-Werke
z. H. Herrn Blech
48653 Coesfeld

Anlage

Mitarbeiterschulung

Passt Ihnen der Termin am 2. April ganztägig?

► *Pendelbrief*

Es handelt sich um einen Vordrucksatz, der aus einem Original und zwei verschiedenfarbigen Durchschriftblättern besteht.

Beispiel:

1. Herr Müller schickt das Original (O) mit der Zweitschrift (D 1) an Herrn Meier.
2. Die Drittschrift (D 2) legt er in seine Terminmappe.
3. Der Empfänger, Herr Meier, bringt seine Antwort auf dem Original (O) und der Zweitschrift (D 1) an,
4. schickt das Original an Herrn Müller und behält die Zweitschrift.
5. Nachdem Herr Müller das ergänzte Original erhalten hat, kann er die in der Terminmappe liegende Drittschrift (D 2) vernichten.

Kurzbrief

Mit der Bitte um: ☐ Erledigung ☐ Vorschläge ☐ Rückgabe
☒ Stellungnahme ☐ Genehmigung ☐ Antwort bis ______

Ihre Nachricht 10.03.
Unser Zeichen he Datum 13.03.
Anlage

An
ABC-Werke
z. H. Herrn Blech
48653 Coesfeld

Rückantwort

Bitte auf diesem Original antworten und zurücksenden:
Unser Zeichen bl Datum 14.03.

Wir sind mit dem Termin einverstanden.

Absender/Antwort an
Computeach
Herrn Henning
48653 Coesfeld

► *Faxbrief*

Die Vorteile der elektronischen Nachrichtenübermittlung werden mit den Vorteilen von Vordrucken verbunden.

Betrifft / Reference / Objet: Schulung

Datum / Date: 30.03.

FAX

An / To / A: ABC-Werke

Von / From / De: Computeach

zu Hd. von / Attention / A l'Attention de: Herrn Blech

Ihr Gesprächspartner / Your Contact / Votre Correspondant: Herr Henning

Fax No.

Fax No.

Seitenzahl inkl. Deckblatt / Total Pages including cover sheet / Nb de Pages (Couverture incluse)

Telefon Nr. / Phone No. / No de Tel.: 02541 6666

mit der Bitte um / For your information / pour: ☐ Erledigung / For action / action ☐ Kenntnisnahme / For your attention / information ☒ Antwort / Reply / réponse

Schulungstermin kann aus Krankheitsgründen nicht wahrgenommen werden.

Kernwissen

- Grundlagen einer rationellen Korrespondenz sind:
  - Form
    - DIN-Norm 476
    - DIN-Norm 676
    - DIN-Norm 5008
  - Inhalt
    - Präzision
    - Verständlichkeit
    - Wirksamkeit
  - Zeitersparnis
    - Einsatz von Entlastungstechniken und -formularen

Zur Vertiefung

1 Schreiben Sie folgende Lebensdaten großer Schreibmaschinenerfinder nach der Europäischen Norm EN 28601:
Guiseppe Ravizza * 19. März 1811, † 30. Oktober 1885
Peter Mitterhofer * 20. September 1822, † 27. August 1893
Franz Xaver Wagner * 20. Mai 1837, † 8. März 1907

2 Untersuchen Sie die Briefvordrucke des Unternehmens, in dem Sie beschäftigt sind, auf ihre Zweckmäßigkeit und Aktualität!

3 Die Firma COMPUTEACH bestellt häufig bei verschiedenen Firmen Hard- und Software. Entwerfen Sie einen Ablaufplan – s. Muster S. 356 –, der die wesentlichen Bestandteile solcher Bestellungen enthält!

9.2 Erstellen von Vordrucken

Zwar gibt es eine Fülle von Vordrucken für Routinearbeiten im Handel zu kaufen. In jedem Betrieb werden jedoch Vordrucke für spezielle Arbeitsabläufe benötigt.

Wenn die Vordrucke helfen, Schreib- und Denkarbeit einzusparen, haben sie ihr Ziel erreicht. Vordrucke verleiten jedoch zu gedankenloser Bearbeitung. Sonderfälle werden oft nicht berücksichtigt.

DIN 32754 definiert den Vordruck als „ein Blatt eines bestimmten Formats mit Aufdruck zur ergänzenden Beschriftung". Um diesen Aufdruck geht es. Die ergänzende Beschriftung sollte arbeits- und zeitsparend möglich sein.

Für die Entwicklung von betriebsinternen Vordrucken setzen wir die bekannte Vier-Stufen-Methode ein:

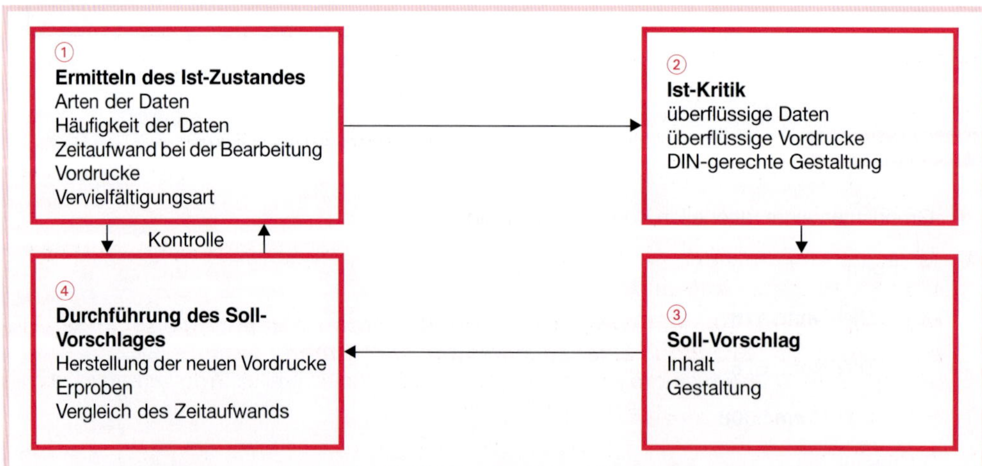

Voraussetzungen für eine wirtschaftliche Vordruckgestaltung sind:

- **Wahl der richtigen Vordruckart.** Es gibt
  - Einzelvordrucke,
  - Vordrucksätze,
  - Schnelltrennsätze,
  - Endlosvordrucke.
- **Formate.** Es ist empfehlenswert, bei der Planung die DIN-A-Reihe zugrunde zu legen.

- **Schreibgerechte und arbeitsablaufgerechte Abstimmung.** Druck und Gestaltung müssen den waagerechten und senkrechten Bewegungsschritten einer Schreibmaschine bzw. eines Computers entsprechen.

  Der Vordruck muss für die **handschriftliche** Bearbeitung geeignet sein.

  Die Anordnung der Angaben muss logisch sein.

  Leittexte sollen **über** dem Schreibfeld stehen, damit sie während des Schreibens nicht verdeckt sind.

Beispiel:

falsch	richtig
.... Name, Vorname	Name, Vorname ....

Bei Auswahltexten ist das Ankreuzen dem Streichen vorzuziehen.

Beispiel:

falsch	richtig
Hauptschulabschluss – Fachoberschulreife – Abitur (Nichtzutreffendes streichen)	Hauptschulabschluss ☐ Fachoberschulreife ☐ Abitur ☐

- **Schriftarten.** Schriftart und -größe sollten der Vordruckart entsprechend gewählt werden.
- **Papier.** Die Papierqualität sollte dem Zweck entsprechen.
- **Vordrucksätze** vor allem bei handschriftlicher Bearbeitung. Durchschreibefähige Papiere benutzen; Textauswahl bei den Durchschriften durch Abdecken oder Selektion (Beispiel: Banküberweisungsauftrag).
- **Aufpassen bei Onlineformularen! Vorgefertigte Formulare aus dem Internet sind nicht immer ohne Weiteres rechtsgültig.**

  Beispiele: Testamentsentwürfe, Vorsorgevollmachten, Patientenverfügungen, Vertragsmuster zur Gründung einer sogenannten Mini-GmbH
  Oft sind solche Onlinevordrucke juristisch missverständlich oder veraltet. In den meisten Fällen ist eine notarielle Beglaubigung gesetzlich vorgeschrieben.

- **Vordruckverwaltung** (siehe auch 11.3.3). Die Vordruckverwaltung muss zentral erfolgen. Die Mitarbeiter müssen eingehende Fachkenntnisse auf den Gebieten der Vordruckgestaltung, -herstellung und -weiterverarbeitung besitzen. Bei der Entwicklung, Herstellung oder Beschaffung und beim Einsatz von Vordrucken sollten sie beratend und gestaltend mitwirken. Die Übersicht über die verwendeten Vordrucke erhält man durch eine Kartei oder ein Verzeichnis. Jeder Vordruck erhält eine Vordrucknummer. Es existiert eine Vordruckmustersammlung.

  Es ist zu beachten, dass mithilfe von Formularmasken Vordrucke leicht über das TV-EDV-System gedruckt werden können.

Der Vordruckverbrauch muss nach dem Bedarf aller Verbrauchsstellen zusammengefasst werden. Die Kostenzusammenstellung muss die Kosten für Vordrucke aus Eigenherstellung, aus Fremdherstellung (Druckerei) und für die Beschaffung von Spezialvordrucken (Entlastungsformularen) erfassen. Die Vordrucke sollten im Abstand von zwei bis drei Jahren auf ihre Aktualität hin überprüft werden.

Checkliste

Checkliste

	Ja	Be-dingt	Nein
1. Sind nur die unbedingt erforderlichen Daten abgefragt?			
2. Ist die Sprache im Formular einfach, klar und gebräuchlich?			
3. Sind die Sätze kurz, die Ausdrücke bekannt?			
4. Sind die Fragen eindeutig formuliert?			
5. Sind keine oder nur wenige Fremdwörter im Vordruck vorhanden?			
6. Sind die wenigen Abkürzungen und Symbole bekannt?			
7. Sind den Fragen verständliche Ausfüllhilfen und Erläuterungen zugeordnet?			
8. Ist eine gut lesbare Schriftgröße gewählt?			
9. Sind die Zeilenlängen und der Zeilenabstand lesefreundlich?			
10. Sind längere Zahlen in Zweier- oder Dreiergruppen gegliedert?			
11. Ist das Formular in sinnvolle Einheiten gegliedert?			
12. Stehen die Fragen in der richtigen Reihenfolge?			
13. Sind die Frageblöcke und die Antwortblöcke grafisch deutlich getrennt?			
14. Sind die Antwortfelder beschriftungsgerecht gestaltet?			
15. Ist die Gliederung des Vordrucks in ausreichendem Maße grafisch sichtbar gemacht?			
16. Ist das Formular klar aufgebaut und sind Blickfänge sparsam eingesetzt?			
17. Stimmt das Erscheinungsbild des Formulars mit dem der übrigen Drucksachen überein?			
18. Ist der Druck, also die technische Formularausführung, in Ordnung?			

Auswertung:

JA	
18	sehr gut
10 bis 17	Sie können Ihr Formular noch verbessern.
weniger als 10	Die Verständlichkeit des Formulars ist kritisch, es müsste unbedingt überarbeitet werden.

Kernwissen

- Die Textverarbeitung kann erleichtert und verbilligt werden durch:
  - Entlastungsformulare,
  - sinnvoll gestaltete Vordrucke.
- Nur für häufig vorkommende Fälle sollten Formulare eingesetzt werden. Wird das Formularwesen übertrieben, kann die Verwaltung und Beschaffung zu zeitaufwendig werden.
- Das Vordruckwesen sollte von einer Stabstelle aus zentral verwaltet und kontrolliert werden.

Zur Vertiefung

1 Sie sollen eine Karteikarte entwerfen, die folgende Angaben aufnehmen soll: Name, Vorname, Geburtsort, Geburtstag.

Achten Sie bei Ihrem Entwurf darauf, dass die Abstände der Schreibstellen maschinengerecht und gleichbleibend sind, damit der Zeilenschalter benutzt werden kann!

2 Entwerfen Sie einen Vordruck mit folgenden Angaben: Name, Vorname, Wohnort, Straße, Hausnummer. Es sind gleiche Schreibfluchtlinien für Zeilen- und Schreibbeginn innerhalb einer Zeile vorzusehen, um den Randsteller und die Tabulatoren benutzen zu können.

3 Ordnen Sie den Leittext „Name, Vorname, Beruf, Wohnort mit Postleitzahl, Straße und Hausnummer" über dem Schreibfeld eines Vordrucks so an, dass er in dessen **o**berer **l**inker **E**cke steht (OLE-Prinzip)!

4 Die Personalstelle eines Unternehmens/einer Verwaltung wünscht eine Karteikarte nach folgendem Manuskript (s. S. 364). Die ersten Eintragungen sollen mit der Schreibmaschine erfolgen. Spätere Änderungen oder Ergänzungen können hand- oder maschinenschriftlich eingetragen werden. Der Teil der Karten für die Eintragungen ist maschinengerecht zu gestalten.

Zu Aufgabe 4, Seite 363:

Manuskript

PERSONALKARTE

Familienname:
(ggf. auch Geburtsname)

Sämtliche Vornamen:
(Rufnamen unterstreichen)

Wohnungsanschrift:

Telefon / mit Vorwahl-Nr.:

Geboren am: Geburtsort:

Staatsangehörigkeit: Konfession:

Familienstand: ledig - verheiratet - verwitwet - geschieden
(Zutreffendes unterstreichen)

Falls verheiratet:
Name des Ehegatten: Tag der Eheschließung:
(bei Ehefrau auch Geburtsname)

Kinder:

Name	geboren am	Name	geboren am

Schulbildung (einschließlich Berufs-, Fach- und Hochschulen)

Schulart	Ort	von - bis

Bestandene Prüfungen:

Art	Tag	Ergebnis

Beschäftigt als:

Eingestuft nach TV-Gruppe ab:

Krankheiten und Dienstunfälle:

Jahr	von - bis	Art der Krankheit / des Unfalls	Tage

9.3 Texterstellung und Textreproduktion

Situation

Die ABC-Werke, Coesfeld, suchen einen kompetenten Mitarbeiter oder eine Mitarbeiterin für die Textverarbeitung. Dr. Fröhlich, Leiter der Personalabteilung, bittet Frau Klang, folgende Anzeige in den Tageszeitungen aufzugeben.

Für unser Textverarbeitungssekretariat suchen wir eine/n

qualifizierte/n Mitarbeiter/-in

in Voll- oder Teilzeit

Der Aufgabenschwerpunkt liegt in der Bearbeitung von Diktaten und Vorlagen. PC-Kenntnisse MS Office werden erwartet.

Wir wünschen uns eine/n Mitarbeiter/-in mit einer fundierten kaufmännischen oder verwaltungstechnischen Ausbildung, perfekten schreibtechnischen Fertigkeiten und guten Rechtschreibkenntnissen.

Sie erhalten eine leistungsgerechte Vergütung. Die Einstellung erfolgt zunächst befristet für zwei Jahre.

Wenn Sie als engagierte Persönlichkeit an der Arbeit in unserem Team Interesse haben und sich auch vor hohen Leistungsanforderungen nicht scheuen, senden Sie Ihre Bewerbung mit den üblichen Unterlagen an

ABC-Werke · Personalabteilung · Postfach 12 34 · 48653 Coesfeld

Mehr als 50 % der Beschäftigten in der Bundesrepublik Deutschland haben ihren Arbeitsplatz im Büro. Die Folge ist zwar eine Kostensteigerung in den Büros von Wirtschaft und Verwaltung, jedoch sind keine spürbaren Verbesserungen in der Produktivität zu erkennen.

Gründe:

- zu lange Durchlaufzeiten vieler Vorgänge,
- zu hohe Kosten durch sich ständig wiederholende Tätigkeiten.

Einen zentralen Anteil an der Büroarbeit nimmt der Bereich Schreiben in Verbindung mit der Textkommunikation ein.

Der Bereich **Schreiben** lässt sich im Wesentlichen in zwei Tätigkeitsbereiche einteilen:

- Texterfassung,
- Textgestaltung.

Diese beiden Bereiche müssen durch die geeigneten Gerätefunktionen unterstützt werden.

Arbeitsabläufe und Hilfsmittel im Bereich der Textverarbeitung (Auswahl)

Arbeitsabläufe	Hilfs- und Arbeitsmittel	DIN-Normen
Konzipieren	Kurzschrift, Duden, PC (Thesaurus)	
Formulieren	Diktiersysteme (auch über PC)	DIN 5009: Regeln für das Fonodiktat (Diktierregeln)

Arbeitsabläufe	Hilfs- und Arbeitsmittel	DIN-Normen
Schreiben	Schreibmaschinen, Textsysteme, PC	DIN 5008[1]: Schreib- und Gestaltungsregeln für die Textverarbeitung DIN 476: Papierformate DIN 676: Geschäftsbrief[1] DIN 32748: PC DIN 2140: Textsysteme
Prüfen, Korrigieren, Überarbeiten	Schreibmaschinen mit Korrektureinrichtung, Textsysteme, PC	DIN 16 511: Korrekturzeichen
Reproduzieren	Textsysteme, PC, Kopiersysteme	DIN 9775: Bürovervielfältigungsmaschinen
Transportieren, Verteilen, Versenden	konventionelle und elektronische Kommunikationssysteme	
Speichern, Archivieren	Registratur, Mikrografie, Karteien/Dateien; Datenträger für EDV, DMS-Systeme, Dokumentation	DIN 821: Schriftgutbehälter DIN 5007: ABC-Regeln, Schriftzeichenfolgen

9.3.1 Organisierter Schreibservice

Etwa 28 000,00 bis 30 000,00 EUR betragen zurzeit die durchschnittlichen Schreibplatzkosten einer Schreibkraft je Jahr. Für eine mittlere Firma, die z. B. zehn Schreibkräfte beschäftigt, bedeutet das einen Kostenaufwand von jährlich 330 000,00 bis 360 000,00 EUR. Untersuchungen und Erprobungen haben ergeben, dass in einem organisierten Schreibservice diese Kosten um mindestens die Hälfte verringert werden können.

In den 1960er- und 1970er-Jahren wurde mit großem Aufwand in vielen Unternehmen ein „Zentraler Schreibdienst" eingerichtet. Darunter verstand man eine Abteilung – meist unter der Regie einer Schreibdienstleiterin mit Personalverantwortung –, in der zentral das Schriftgut des Betriebes geschrieben wurde.

Diese anonymen Funktionseinheiten sind wieder abgelöst worden durch dezentrale Lösungen. Ein Schreibservice sollte so klein wie möglich, aber so groß wie nötig sein; ideal sind etwa vier bis fünf Mitarbeiter.

Empfehlungen für die Einrichtung:

- Bevorzugung von Mischarbeitsplätzen
- Unterstützung der Sachbearbeitung durch abteilungs- und referatsbezogene Schreibcenter
- Schreibkräfte über den Inhalt ihrer Arbeit unterrichten
- Bildung einer zentralen Schreibgruppe für Sonderaufgaben (z. B. Eil- und Spätdienst),
- Ausstattung der Schreibcenter mit moderner Bürotechnik (PC-Vernetzung, Anschluss an Teledienste)

[1] Zurzeit wird die DIN 5008 überarbeitet. Die DIN 676 soll vollständig in die DIN 5008 integriert werden. Die aktuellen Normentwürfe können unter www.entwuerfe.din.de eingesehen werden: Ausgabe 2009–11, Erscheinungsdatum 2009 12–14. Ende der Frist für Stellungnahmen: 2010–04–14.

Die Arbeiten im organisierten Schreibdienst können u. a. effektiver und methodischer abgewickelt werden durch

- das Fonodiktat,
- das digitale Liniendiktatsystem,
- Spracherkennungssysteme (Voicemail),
- die Textbausteinverarbeitung; den Serienbrief.

9.3.1.1 Fonodiktat

Ein Geschäftsbrief, ins Stenogramm diktiert, kostet heute etwa 10,00 EUR oder mehr. Durch eine Organisation der Schreibarbeit können etwa 50 % der Schreibkosten eingespart werden. Das bedeutet, dass die Sekretärin die Stenografie in der Praxis künftig **anders** gebraucht, weil sie die Diktate von Tonträgern bekommt. Wahrscheinlich wird es jedoch in größeren Betrieben in Zukunft so sein, dass auch die Sekretärin die Post in den Schreibdienst diktiert und nur die vertrauliche und private Korrespondenz nach wie vor nach Stenogramm oder selbstständig erledigt.

Kurzschrift sollte von den Sekretärinnen beherrscht werden. Sie muss aber unter einem anderen Aspekt gesehen werden, denn sie wird leider viel zu häufig zu gering bewertet. Kurzschrift ist Notizschrift, Arbeitsschrift, unersetzlich bei wichtigen Telefongesprächen, Konferenzen usw. Für die Abwicklung der Korrespondenz ist sie in vielen Fällen unwirtschaftlich.

Die wirtschaftlichste Methode, das gesprochene Wort in Texte umzusetzen, ist zurzeit das Fonodiktat, also die Arbeit mit Diktier- und Wiedergabegeräten, die aufeinander abgestimmt sind. Durch die Anwendung des Fonodiktates anstelle der Stenografie ergibt sich eine Zeitersparnis bis zu 50 %.

Briefe, die auf Tonträger diktiert werden, haben den ins Stenogramm diktierten Briefen gegenüber erhebliche Vorteile.

Vorteile für den Diktierenden	Vorteile für die Schreibkraft
• zeitliche Unabhängigkeit • örtliche Unabhängigkeit • unbegrenztes Diktiertempo • Unabhängigkeit von der Schreibkraft; bei Ausfall einer Kraft können die Diktate auch von anderen Kräften geschrieben werden	• vom Diktanten unabhängige Arbeitseinteilung • die Schreibkraft kann das Diktattempo ihrem Schreibtempo anpassen • einfachere Arbeit, da das Fonodiktat einfacher umzusetzen ist als ein häufig unleserliches Stenogramm • bessere Arbeitseinteilung; die Schreibzeit verteilt sich auf den ganzen Tag

Unbedingte Voraussetzung für ein gutes Fonodiktat ist eine gründliche Schulung des Diktierenden, der mit der richtigen Bedienung des Diktiergerätes und der einheitlichen Diktatsprache vertraut gemacht werden muss.

Grundlagen sind:

- DIN 5008: Schreib- und Gestaltungsregeln für die Textverarbeitung,
- DIN 5009: Regeln für das Fonodiktat,
- Duden, Rechtschreibung.

Diktiergeräte

Diktiergeräte sind Geräte der Büro- und Datentechnik, die zum **Aufzeichnen von Sprache auf einen Tonträger** und zur **Wiedergabe von Sprache von einem Tonträger** dienen. Auch Geräte, die nur der Wiedergabe dienen, werden als Diktiergeräte bezeichnet (DIN 9765).

► Unterscheidung nach Merkmalen

Einsatzart:
- Bürodiktiergeräte (überwiegend stationärer Einsatz)
- Handdiktiergeräte (überwiegend mobiler Einsatz)
- Wiedergabegeräte (ausschließlich Wiedergabe von Sprache im stationären Einsatz)

Art der Aufzeichnung:
- analog
- digital

Art der Stromversorgung:
- netzabhängig
- netzunabhängig
- kombinierter Betrieb (Diktiergerät, dessen Stromversorgung wahlweise durch Netzanschluss erfolgt oder das netzunabhängig ist)

► Kriterien zur Anschaffung von Diktiergeräten

(Ausstattung, Eigenschaften, Leistungsmerkmale)

- **Aufzeichnungsmedium (DIN 32 750):**
  - Magnetband (Spule, Mikrokassette, Minikassette)
  - Digitale Speicherverfahren
- **Aufnahmekapazität in Minuten**
- **Bedienteile am Gerät / am Mikrofon bzw. Hand- und Fußschalter**
  - Start/Stopp
  - Aufnahme, Rücklauf, Wiedergabe
  - Markierung akustisch, Markierung optisch
  - Lautstärkeeinsteller, Geschwindigkeitseinsteller
  - Schneller Vorlauf, Kurzrücklauf
  - Löscheinrichtung
  - Anzeigeeinrichtung (akustisch, optisch):
  - Batteriezustandsanzeige
  - Betriebszustandsanzeige
  - Diktatlängenanzeige
  - Korrekturindikator
- **Maße und Gewicht**
- **Elektrische Anschlusswerte**
- **Sicherheitsregeln (Sicherheitszeichen)**
- **Funkentstörung (Funkschutzzeichen)**

Bei der Anschaffung von Diktiergeräten ist die Notwendigkeit der Kompatibilität (Vereinbarkeit, Passgenauigkeit) der Tonträger zu beachten. Die auf Reisediktiergeräte gesprochenen Texte müssen selbstverständlich von der Schreibkraft mit dem gleichen Wiedergabegerät verarbeitet werden können wie die auf Bürodiktiergeräte gesprochenen Texte. Also: die Tonträger und die verschiedenen Diktiergeräte müssen aufeinander abgestimmt sein.

Zwar sind überwiegend noch Diktiergeräte mit analoger Aufzeichnung im Einsatz, aber **digitale Geräte** erobern den Markt. Hier kommen sogenannte „Memory Cards" zum Einsatz. Diese digitalen Speichermedien sorgen dafür, dass sich bis zu 2,5 Stunden Ton in bester Qualität aufzeichnen lassen. Vorteile:

- Dank der langen Lebensdauer der Batterien (bis zu 11 Stunden) auch geeignet für lange Konferenzen oder komplette Seminare
- Problemloses Auswechseln der Memory Cards, dadurch Verlängerung der Aufzeichnungsdauer möglich
- Durch das mitgelieferte PC-Programm SD Voice Editor Sicherstellung der Übernahme in den Computer
- Vielfältige Weiterverarbeitung möglich: Aufzeichnungen können beliebig geteilt, einzelne Teile gelöscht und in WAV-Daten (Audio-Informationen) umgewandelt werden, die dann mit E-Mails verschickt oder mit Spracherkennungsprogrammen in Schrift verwandelt werden können.
- Spracherkennungssysteme (Voicemail)

Zu beachten ist, dass flächenförmige Tonträger nicht in Taschendiktiergeräten verwendet werden können. Taschendiktiergeräte können mit Kompaktkassetten, kleineren Spezialkassetten und Manschettentonträgern arbeiten.

Diktatbearbeitung

Hinweise für die Schreibkraft: Texte müssen unterschriftsreif – d. h. inhaltlich logisch und in perfektem Deutsch – vorgelegt werden. Um das zu erreichen, sollte Folgendes beachtet werden:

- Die Schreibkraft sollte selbstständige Diktierübungen vornehmen. Das Verständnis für die Schwierigkeiten des Diktanten wächst.
- Weist das Diktat unvollständige oder schlecht verständliche Stellen auf, diese frei lassen. Oft können später Lücken aus dem logischen Zusammenhang heraus gefüllt werden.
- Hat ein Text viele unklare Stellen, diesen so übertragen, wie er vermutlich inhaltlich richtig ist, und dem Diktanten als Entwurf zur Prüfung vorlegen.

9.3.1.2 Das digitale Liniendiktatsystem

Kernstück dieser **zentralen** Diktieranlage ist ein Arbeitsplatzcomputer. Der Sachbearbeiter diktiert über ein Telefon, er benötigt also kein Diktiergerät. Die Sprache wird über eine Kabelverbindung an den mit einem Arbeitsplatzcomputer ausgestatteten Arbeitsplatz der Schreibkraft übertragen und auf der Festplatte gespeichert. Der Arbeitsplatzcomputer benötigt eine vierkanalige Sprach-Interface-Karte und ein Softwaresystem zur Sprachverarbeitung. Die Schreibkraft hört den Text über einen Kopfhörer, steuert die Wiedergabe mit dem Fußschalter und schreibt den Text am Computer. Über den Bildschirm des Computers kann die Schreibkraft Angaben zu den aufgezeichneten Texten (Zeitpunkt der Diktate, Länge der Texte) abrufen.

Vorteile:

- Der Arbeitsablauf wird vereinfacht,
- Transportkosten entfallen,
- der Zeitaufwand wird reduziert.

9.3.1.3 Spracherkennungssysteme (Voicemail)

Spracherkennungssysteme, die die verbale Verständigung mit dem Computer ermöglichen, wurden erstmalig in den 1970er-Jahren entwickelt. Aber erst jetzt sind diese Systeme so schnell, preiswert und leistungsfähig, dass sie nutzbringend eingesetzt werden können.

Spracherkennungssysteme werden sowohl zum Diktat als auch zur Sprachnavigation, d. h. zur Steuerung von Programmen und Geräten, eingesetzt. Die Steuerung erfolgt durch gesprochene Befehle, die der Computer als Zusammenhang, nicht als einzelne Wörter erkennt. Weitere Möglichkeiten eröffnen sich im Anrufmanagement; Voicemail kann als Instrument der Kundenorientierung den Arbeitsalltag erleichtern.

Diktierprogramme. Die Gerätegeneration der Spracherkennungssoftware bis 1997 erforderte eine sogenannte „diskrete" Diktierweise, d. h., die Programme erwarteten hinter jedem Wort eine exakt erkennbare Lücke. Die neue Generation ermöglicht es, flüssig und ohne Pausen zu sprechen. Diese Diktierweise wird als „kontinuierlich" bezeichnet. Die Gesamterkennungsrate liegt bei etwa 95 Prozent. Das Programm lernt durch jedes weitere Diktat dazu; die Erkennungsquote wird mit der Zeit also immer besser. Das Korrigieren des Eingegebenen erfolgt ebenfalls per Sprache („Select and Say").

Diktatablauf. Der Diktant diktiert kontinuierlich, er kann auch ganze Absätze auf einmal diktieren. Die Sätze erscheinen direkt auf dem Bildschirm. E-Mail-Nachrichten, Berichte, Briefe, Memos oder andere Schriftstücke können also direkt in den Computer diktiert werden. Auch Korrekturen und Mausbedienung können per Sprachbefehl vorgenommen werden.

Da sowohl Text als auch Sprache gespeichert werden, kann das Produkt als erweitertes „Diktafon" genutzt werden. Wird der Diktant während des Diktats gestört, kann das Diktat zu einem späteren Zeitpunkt fortgesetzt werden, denn um zu wissen, was er diktiert hat, genügt ein Blick auf den Bildschirm. Das Zurückspulen eines Tonträgers entfällt. Änderungen können problemlos vorgenommen und Ergänzungen an- oder eingefügt werden. Ausgewählte Textstellen können laut vorgelesen werden. Auf diese Weise kann man Korrektur lesen, ohne auf den Bildschirm schauen zu müssen. Es ist möglich, eigene Sprachmakros zu erstellen, die durch das Sagen eines einzigen Sprachbefehls komplexe Befehlsfolgen auslösen, zum Beispiel: Text tippen, Tastenkombinationen eingeben oder eine Abfolge von Schritten der Makroskriptsprache ausführen.

Beispiele:

Sprachbefehl	Befehlsfolge
• „Meine Anschrift“	– die Anschrift wird getippt
• „Mail an Ulrike“	– ein E-Mail-Fenster wird geöffnet und mit der Empfängeradresse versehen
• „Speichere mein Dokument“	– das aktuelle Dokument wird gesichert

Voraussetzungen zur erfolgreichen Umsetzung:

- **Hardware.** Mindestanforderungen an einen PC: Pentium 166 MHz, 64 MB Arbeitsspeicher, gängige Soundkarte mit externen Lautsprecherboxen, 150 MB freier Platz auf der Festplatte.

- **Sprachtraining.** Auf individuelle Unterschiede bei der Aussprache von Wörtern stellt sich die Software durch die sogenannte Sprachmusterregistrierung ein: Der Anwender spricht Sätze eines Trainingsprogramms nach. Dadurch lernt das System, die Sprachbesonderheiten richtig zu interpretieren. Für einzelne Berufssparten wie Ärzte oder Anwälte ist zusätzlich ein Fachsprachenmodul erhältlich.

Die Einführung eines Spracherkennungssystems sollte professionell vorgenommen werden, d. h. durch eine professionelle Installation der Technik selbst und eine Einführung aller Mitarbeiter in diese Technik.

9.3.1.4 Textbausteinverarbeitung – Serienbrief

Der Alltag in der Korrespondenzabwicklung zeigt, dass weitgehend immer wieder Briefe gleichen Inhalts diktiert und geschrieben werden. Es ist zweckmäßig, diese Texte **einmal** zu erfassen und abzuspeichern.

Schriftgutanalyse. Sinnvoll ist es, die Korrespondenzinhalte in bestimmten Zeitabständen gemeinsam mit den Sachbearbeitern zu überprüfen. Als Ergebnis der verschiedenen Auffassungen und Arbeitsweisen einigt man sich für die Zukunft auf die besten Inhalte. Bei der Diskussion über den Inhalt ist jeder Teilnehmer gezwungen, den Sachverhalt zu überdenken.

Die Texte können als **Serienbrief** oder auch in Form von **Textbausteinen** erstellt werden. Textbausteine sind bestimmte, immer wieder benötigte Textpassagen. Nach der Zusammenstellung der geeigneten Textteile erfolgt die Eingabe und Speicherung im Computer. Die Arbeitsgrundlage für die folgende Korrespondenzabwicklung ist ein Texthandbuch.

Texthandbuch. Die Standardbriefe und Textbausteine werden zusammengefasst, mit Selektionsnummern versehen und nach Sachgebieten, wenn notwendig mehrsprachig, geordnet. Es ist vorteilhaft, das Texthandbuch als Ringbuch anzulegen, da so jederzeit Blätter entnommen und neue hinzugefügt werden können.

Arbeitsablauf. Entweder ruft der Sachbearbeiter selbst die Textbausteine auf, ergänzt diese durch die notwendigen Variablen (Anschrift, individuelle Einfügungen) und lässt den fertigen Brief ausdrucken. Oder der Sachbearbeiter erteilt einen **Schreibauftrag** unter Angabe des gewünschten Standardbriefes oder der Textbausteine mit den entsprechenden Selektionsnummern, der Anschrift und den erforderlichen Variablen. Die Schreibkraft ruft den gewünschten Text auf, ergänzt ihn laut Anweisung und lässt den fertigen Brief ausdrucken.

Vorteile:

- Der Korrespondent wird durch das programmierte Verfahren entlastet. Er braucht keine eigenen Formulierungen zu suchen, sondern wählt die passenden Informationen aus. Es entsteht ein vorbildlich konzipierter und fehlerlos geschriebener Brief, der hinsichtlich der Ausdrucksweise und Gedankenführung nicht mehr überprüft zu werden braucht.
- Programmierte Briefe sind durchschnittlich um ein Drittel kürzer als individuell diktierte Briefe. Es erfolgen nur selten Rückgaben und Neuschriften.

Beispiel:

Fall: Die Sachbearbeiterin für Personalwesen der Maschinenwerke Müller & Co., Lisa Bauer, nimmt häufig die Dienste verschiedener Personalvermittlungsagenturen (auch der Agenturen für Arbeit) in Anspruch. Heute bestätigt sie der Agentur für Arbeit in Stuttgart den Eingang von Bewerbungsunterlagen. Grundlage ihrer Arbeit ist ein Korrespondenzhandbuch, von dem auch die Schreibkraft ein Exemplar besitzt.

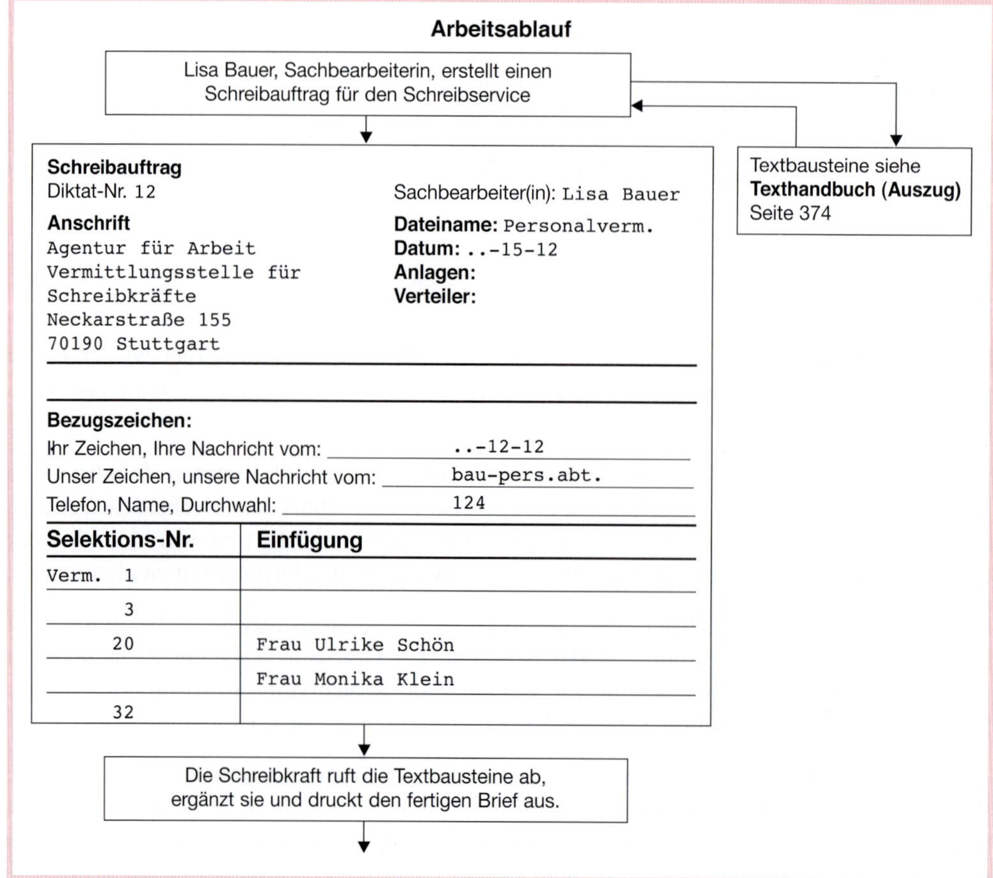

Die Schreibkraft, Frau Schwarz, schreibt nach Anweisung des Diktatzettels folgenden Brief:

Maschinenwerke Müller & Co., Postfach, 70372 Stuttgart

Agentur für Arbeit
Vermittlungsstelle
für Schreibkräfte
Neckarstraße 155
70190 Stuttgart

Ihr Zeichen, Ihre Nachricht vom	Unser Zeichen, unsere Nachricht vom	Telefon, Name	Datum
..-12-12	bau-pers. abt.-schw	124 Lisa Bauer	..-12-15

Personalvermittlung

Sehr geehrte Damen und Herren,

besten Dank für die Zusendung der Bewerbungsunterlagen von

Frau Ulrike Schön,
Frau Monika Klein,

Wir sind an diesem Angebot interessiert und werden die Einsatzmöglichkeiten in unserem Hause prüfen.

Vom Ausgang der Verhandlungen werden wir Sie unterrichten.

Mit freundlichen Grüßen

Maschinenwerke Müller & Co.
Personalabteilung

Bauer

Bauer

Geschäftsräume | Telefon | Telefax | Telex | Datex-J | Kontoverbindungen

Durch den täglichen Umgang mit guten Brieftexten wird der Korrespondent gezwungen, ggf. neu auftretende Sachverhalte zu durchdenken und in Absprache mit anderen Abteilungen neue Briefbausteine zu formulieren. Alle Textbausteine können in die für das Unternehmen wichtigen Sprachen übersetzt werden. Vorteile: Der Sachbearbeiter braucht die jeweilige Fremdsprache nicht fließend zu beherrschen, er muss jedoch die eingehende Post lesen können. Es ist nicht unbedingt nötig, dass die Schreibkraft über Fremdsprachenkenntnisse verfügt.

Beispiel für eine Texthandbuchseite: Textprogramm Personalvermittlung

Volltext	Sel.-Nr.	Stichwort
Personalvermittlung	Verm1	**Betreff** mit Anrede
Vermittlung von -+	Verm2	
Sehr geehrte Damen und Herren,	Verm3	
Sehr geehrte (persönliche Anrede)	Verm4	
Wir bitten Sie, uns folgende Bewerbungsunterlagen zu senden: --+	Verm10	**erbitten Unterlagen**
Wir haben in unserem Unternehmen folgende Stelle zu besetzen: --+. Falls Sie geeignete Bewerbungen vorliegen haben, bitten wir Sie, uns die Unterlagen zu senden.	Verm11	
Bitte senden Sie uns diese Unterlagen. Wir haben in unserem Unternehmen eine solche Stelle zu besetzen. Nach Prüfung werden wir dann gegebenenfalls direkten Kontakt aufnehmen.	Verm12	
Besten Dank für die Zusendung der Bewerbungsunterlagen von --+ --+ Wir sind an diesem Angebot interessiert und werden die Einsatzmöglichkeiten in unserem Hause prüfen.	Verm20	**Dank für Unterlagen**
Für Ihre Bemühungen danken wir Ihnen.	Verm30	**Abschluss**
Besten Dank für Ihre Bemühungen.	Verm31	
Vom Ausgang der Verhandlungen werden wir Sie unterrichten.	Verm32	

Kernwissen

- Eine wirtschaftliche Methode, das gesprochene Wort in Texte umzusetzen, ist das Fonodiktat. Diktiergeräte und Tonträger müssen aufeinander abgestimmt sein (Kompatibilität). Die Regeln für das Fonodiktat müssen vom Diktierer und der Schreibkraft beherrscht werden.
- Spracherkennungssysteme ermöglichen die verbale Verständigung mit dem Computer. Sie sind inzwischen so weit entwickelt, dass sie nutzbringend eingesetzt werden können. Voraussetzung: professionelle Installation und Sprachtraining der betroffenen Mitarbeiter.

  Zu beachtende Leistungsmerkmale: kontinuierliches Diktieren – sofortige Textwiedergabe auf dem Bildschirm – hohe Erkennungsgenauigkeit – Mausbedienung – Diktatwiedergabe – Sprachausgabe – umfangreiches Vokabular – jederzeitiges Korrigieren und Editieren auch per Sprache von Sprachmakros – Anwendung der neuen Rechtschreibung.
- Ein Schreibservice-Center ist eine Abteilung, in der zentral das Schriftgut des Unternehmens geschrieben wird.
- Methoden: Fonodiktat, digitales Liniendiktatsystem (Telefondiktat), Textbausteinverarbeitung.

Zur Vertiefung

1 Fonodiktat:

a) Welche DIN-Normen müssen sowohl dem/der Diktierenden als auch der Schreibkraft bekannt sein?
b) Warum?

2 Welche Leistungsmerkmale sind bei dem Einsatz von Spracherkennungssystemen zu beachten?

3 a) Für welche Korrespondenz bietet sich die Bearbeitung mit Textbausteinen an?
b) Nennen Sie einige Vorteile!

9.4 Textvervielfältigung: Reprografie

Reprografie ist die Sammelbezeichnung für Vervielfältigungsmöglichkeiten.

Untersuchungen zeigen, dass das Reprografievolumen ständig steigt. Das Angebot an Reprografiegeräten ist groß. Um den höchsten Nutzen bei größtmöglicher Wirtschaftlichkeit zu erreichen, muss sich der Anwender umfassend informieren und vor allem die Bedürfnisse des Unternehmens erkennen.

In jedem Unternehmen werden täglich Briefe, Aktennotizen, Rechnungen, Belege usw. in kleiner Auflage, Rundschreiben, Werbesendungen und dergleichen meist in höherer Zahl gefertigt. Viele Unternehmen drucken auch ihre Briefpapiere, Formulare und Werbesendungen. Der Bedarf an diesen Vervielfältigungen entsteht oft kurzfristig; die Kosten sollen gering gehalten werden und die Geräte einfach zu bedienen sein.

Qualifizierte Druckarbeiten, wie die Erstellung von Zeitschriften, Zeitungen, Büchern, mehrfarbigen Katalogen usw., erfordern aufwendigere Verfahren und Maschinen und geschultes Fachpersonal. Solche Druckarbeiten müssen – wenn sie nicht außer Haus gegeben werden – langfristig vorbereitet und organisiert werden. In größeren Betrieben gibt es häufig eine zentrale Reprografiestelle, die – bei Ausstattung mit Höchstleistungsgeräten – alle für den internen und externen Gebrauch erforderlichen Druckarbeiten herstellt (Hausdruckerei).

Im Rahmen dieses Buches werden lediglich die „Vervielfältigungen im Büro" behandelt, soweit sie für das Sekretariat von Bedeutung sind. Diese Vervielfältigungsgeräte müssen so einfach zu bedienen sein, dass jeder damit umgehen kann. Umso wichtiger ist es, diese als Organisationshilfsmittel rationell im Bereich der Textverarbeitung einzusetzen.

Kriterien: Erwerbsmöglichkeiten (Kauf, Leasing, Miete, Nutzungsvertrag), Auflagenhöhe, Qualität der Vervielfältigung (Informationskopie, Registraturkopie, Arbeitskopie, Dokumentations- bzw. Briefkopie), Vorlagen (flexible Vorlagen, steif gebundene Vorlagen, Halbtöne, Bilder, Schriftsätze, Vorlagen kleineren Umfangs, Einzel- oder Mehrfachkopien, Formate, Verkleinerungen, Vergrößerungen), Zeitaufwand, Arbeitskosten, Gerätekosten, Bedienungsaufwand usw.

Verfahren

Man unterscheidet

- **Kopierverfahren:** Vervielfältigungen nach bereits vorhandener Vorlage.
- **Druckverfahren:** Vervielfältigungen nach einer Druckform (Matrizen, Schablonen).

Kopierer

Die Geräte sind in den letzten Jahren kompakter, zuverlässiger und wartungsärmer geworden. Kopierer vervielfältigen, vergrößern, verkleinern, sortieren, gruppieren und vieles mehr. Der Anwender braucht sich nur für die Leistungsmerkmale zu entscheiden, die er auch wirklich benötigt.

Durch die Funktionsvielfalt eröffnen sich neue Anwendungsbereiche und Manipulationsmöglichkeiten, d. h., bei Bedarf lassen sich Produkte herstellen, die nicht als Kopien im hergebrachten Sinne gelten, sondern neue Originale sind.

Beispiele, die vor allem für grafisch orientierte Benutzer interessant sind:

- Informationsinhalte können unterdrückt oder
- neue hinzugefügt werden,
- Schriftzüge oder grafische Darstellungen lassen sich formal verändern,
- Flächen oder Schriftzüge lassen sich farbig unterlegen, wobei mit mehreren Farben gearbeitet werden kann.

Die Auswahl an Kopiergeräten ist so groß, dass die Wahl eines neuen Gerätes gut überlegt sein will.

- Wie viele Kopien werden benötigt?
- Wie schnell werden Kopien benötigt? (Arbeitsgeschwindigkeit)
- Muss vergrößert oder verkleinert werden?
- Werden mehrseitige Vorlagen kopiert?
- Müssen Originale verschiedener Formate vereinheitlicht werden?
- Kostenkontrolle (elektronische Schlüsselzähler kontrollieren das Kopiervolumen)
- Müssen häufig Kopien verschickt werden? (Es ist in diesem Falle kostensparend, doppelseitig zu kopieren.)

- automatischer Vorlageneinzug für mehrseitige Schriftsätze
- Papiervorrat (Papierkassetten, Einzelblatt- oder Stapeleinzug); integrierte Papierzuführungen
- elektronische Bedienerführung (klare Kommunikation zwischen Kopierer und Anwender)
- Bedienungsergonomie (Qualität der Bedienerführung)
- weitere mögliche Funktionen: Buchseitentrennung, Heftrandverschiebung, Rand- und Mittelschattenlöschung)
- differenzieren zwischen **verbrauchsunabhängigen** und **verbrauchsabhängigen** Kosten;
  verbrauchsunabhängige Kosten:
  - reine Kosten für das Gerät (Kaufpreis oder Leasingrate)
  - Wartungskosten (bei Pauschalvertrag)

  verbrauchsabhängige Kosten:
  - Kosten für Toner, Fotoleiter (z. B. Trommel), Entwickler und Papier
  - Kosten für die Wartung, wenn der Vertrag sich an der Kopienzahl orientiert
  - Kosten für Verschleißteile, die in bestimmten Serviceintervallen ausgetauscht werden
- **Kaufen** (unter bestimmten z. B. steuerlichen Aspekten oft sinnvoll)
- **Mieten** (der Mietpreis wird bestimmt von der Zahl der monatlichen Freikopien, Vertragsdauer, Servicebedingungen)
- **Leasen** (üblich: uneingeschränktes Nutzungsrecht über 54 Monate; interessanter sind Verträge mit kürzeren Laufzeiten, um rechtzeitig modernisieren zu können)
- Service soll jederzeit erreichbar sein
- Techniker soll pünktlich erscheinen
- und ohne Störung der Betriebsabläufe arbeiten
- es gibt computerunterstützte Systeme, die automatisch Maßnahmen zur vorbeugenden Wartung einleiten (Telefon-Diagnosesystem RIC-Tele-Service von Rank-Xerox); Voraussetzung ist ein Wartungsvertrag für das installierte System.
- Emission von Ozon und anderen Schadstoffen prüfen
- Geräuschentwicklung beobachten
- Fotohalbleiter sollten möglichst organischer Natur sein und keiner Sondermüllbeseitigungspflicht unterliegen

Digitalkopierer sind modular erweiterbar – sie wachsen mit den Aufgaben. Jeder Anwender kann sich eine eigene multifunktionale Konfiguration zusammenstellen, die genau auf das Arbeitsumfeld – z. B. Team, Abteilung oder Produktion – zugeschnitten ist.

Auswahl an Kopiermodi:

Unterschiedliche Papierzuführungen zur Verarbeitung größerer Papiervolumina und unterschiedlicher Formate (A6 bis A3), beidseitige Dokumentenerstellung (Duplexfunktion) bis zum Format A3, Zoombereiche von 25 bis 400 %, Kopieren mehrerer Originalseiten auf eine Seite, Finisher-Funktionen (Sortieren und Heften, Bookleterstellung), Netzwerkbetrieb optional mit Druck, Scan- und Faxvorrichtungen, Dokumentenmanagement zur zentralen Verwaltung von Dokumenten aus unterschiedlichen Quellen, standardmäßiger Vollfarbdruck (Tipp: zur Kosten- und Sicherheitskontrolle Farbdruck auf autorisiertes Personal beschränken!).

▶ *Kopierer als Kommunikationszentrale*

Netzwerke bestimmen mehr und mehr die Arbeitsabläufe und das Dokumentenmanagement. Amerikanische Untersuchungen haben ergeben, dass ein Netzwerkarbeiter mehr als 20 unproduktive Wege pro Tag zurücklegen muss, um seine Dokumente zu erstellen und zum Drucker, Kopierer oder Fax zu verteilen.

Der Trend: Das Nebeneinander von Kopierer, Drucker und Telefax wird abgelöst durch ein zentrales, multifunktionales digitales Kopiersystem, das, über den Einsatz einer externen Controllereinheit, parallel als Drucker und Normalpapierfaxgerät einsetzbar ist. Der Controller stellt auch gleichzeitig die Verbindung zu den einzelnen PC-Arbeitsplätzen her.

Vorteile:

- Die Bedienung wird erleichtert.
- Die Wartung wird vereinfacht.
- Viele Wege werden überflüssig.
- Druckbetrieb: Das Funktionsspektrum des Kopierers kann voll genutzt werden (z. B.: Dokumentenfinishing: Sortieren, Heften mit Deckblatt).
- Faxkommunikation (mit integrierbarer Faxkarte): Senden und Empfangen über den Rechner oder bei besonderen Anforderungen über den Kopierer.

Möglichkeiten des rationellen Einsatzes eines Kopiergerätes im Sekretariat:

① **Kopierantwort**

Ablauf: Ein Brief geht ein. Die Sachbearbeiterin / der Sachbearbeiter schreibt die Antwort direkt auf diesen Brief, kopiert ihn, schickt die Kopie an den Absender zurück und nimmt das Original zu den Akten.

Durch einen Stempelaufdruck kann der Empfänger auf die Vorteile dieses Verfahrens hingewiesen werden.

② **Weiterleitung eines Briefes an mehrere Sachbearbeiter**

Ablauf: Ein Brief, von dessen Inhalt mehrere Sachbearbeiter Kenntnis nehmen müssen, geht ein. Die Sachbearbeiterin / der Sachbearbeiter schreibt die Namen dieser Mitarbeiter auf das eingegangene Schriftstück (Verteilerschlüssel), kopiert dieses so oft wie nötig und leitet die Kopien den Mitarbeitern zu.

③ **Verwendung farbiger Kopierpapiere**

Jede Abteilung erhält die für sie bestimmten Kopien immer in der gleichen Farbe.

④ **Verändern von Schriftstücken durch Masken**

Beispiel: Aus einem Bestelldurchschlag wird eine Lieferanmahnung.

Ablauf: Die Sachbearbeiterin / der Sachbearbeiter legt auf den Durchschlag einer Bestellung eine Maske mit entsprechendem Vermerk (in diesem Falle Lieferanmahnung) und macht eine Kopie. Das Neuschreiben einer Lieferanmahnung entfällt.

Bürodruckverfahren

Herstellung einer größeren Anzahl von Abzügen mit Druckfarbe.

Anwendungsgebiete: Rundschreiben, Berichte, Aufstellungen, Übersichten, Hausnachrichten, Ausschreibungen, Hauszeitungen, Briefbögen einfacher und anspruchsvoller Art, Prospekte usw.

Da das Umdruck- und Schablonendruckverfahren kaum noch eine Rolle spielen, wird in diesem Rahmen nur auf den **Bürooffsetdruck** eingegangen. Die Qualität von Offsetdrucken ist sehr gut. Die Drucker sind leistungsstark und relativ einfach zu bedienen.

Kurzbeschreibung des Verfahrens: Die Druckform besteht je nach geforderter Auflagenhöhe aus unterschiedlichen Materialien. Nach dem Einfärben setzt diese die zu druckenden Teile auf ein über einen Zylinder gespanntes Gummituch ab (engl. set off), der „Gummizylinder" überträgt den Druck.

Das Angebot an Kopiergeräten ist sehr groß. Hochleistungskopierer kommen in ihrer Leistung schon einer Druckmaschine nahe. In den meisten Fällen wird wohl den Kopiergeräten der Vorzug gegeben.

Kriterien bei der Anschaffung von Kopiergeräten und Offsetdruckern

- Arbeitsgeschwindigkeit
- Prüfung qualitativer Anforderungen
  Schwarzdruck – Farbdruck – Papierformat – Papierstärken – beidseitiges Kopieren – Einfachheit der Bedienung
- Berücksichtigung zeitlicher Anforderungen
  Die Bewertung hängt ab von der Dringlichkeit eines Auftrages sowie von der geforderten Auflagenhöhe.
- Wirtschaftlichkeitsvergleich
  Folgende Kosten sollten in Betracht gezogen und untersucht werden:
  - Gerätekosten
  - Personalkosten
  - Kosten der Bearbeitungszeit (vorbereitende Arbeiten, Produktionskosten, Nachbereitungskosten)
  - Materialkosten

Begriffsdefinitionen

- **Drucken.** Wiedergabe von Informationen (Bild und/oder Text) auf Papier o. Ä. durch vorwiegend mechanisches Aufbringen von Farbe unter Verwendung einer Form (Druckbildspeicher).
- **Flachdruck.** Druckverfahren, bei denen die druckenden und nicht druckenden Stellen der Druckform in nahezu einer Ebene liegen. Die Verfahren beruhen auf dem gegensätzlichen physikalisch-chemischen Verhalten bestimmter Substanzen (farbabnehmend – farbabstoßend).
- **Kopieren.** Wiedergeben von Informationen (Bild und/oder Text) auf Papier o. Ä. durch Aufbringen bzw. Entwickeln färbender Substanzen unter Verwendung sensibler Schichten und/oder elektrostatischer bzw. elektromagnetischer Felder.
- **Kopieträger.** Papier, Druckform (z. B. Offsetfolie), Transparent oder sonstiges Material, das die fertige Kopie „trägt".

- **Latentes Bild.** Unsichtbares Bild.
- **Maske.** Kopiervorlage, die passrichtig in den Strahlengang gebracht, durch Einkopieren oder Einbelichten zur Veränderung der Vorlagen benutzt wird, z. B. für das Hinzufügen oder Löschen von Texten und Darstellungen.
- **Master.** Zinkoxidbeschichtete Papierfolie, die wegen ihrer Halbleitereigenschaft zum Aufbau elektrostatischer Ladungen verwendet wird.
- **Passkreuz.** Feines Zeichen, das auf der Vorlage angebracht wird, um bei folgenden Arbeitsgängen das Einpassen zu erleichtern.
- **Toner.** Entwickler.
- **Zoom.** Objektiv mit stufenlos verstellbarer Brennweite.
- **Zoomen.** Hier: stufenlos verkleinern oder vergrößern.

Kernwissen

- Gesetzliche Bestimmungen für das Kopieren: Kopien von Druckwerken dürfen nach § 53 UrhG nur zum eigenen Gebrauch und nach § 45 UrhG zur Verwendung vor Gerichten und Behörden angefertigt werden.
- Kopierverfahren werden eingesetzt, wenn von einem Schriftstück fehlerfreie und originalgetreue Abzüge benötigt werden.
- Druckverfahren benötigen als Grundlage einen Druckträger (Umdruckoriginal, Schablone, Offsetfolie).
- Reine Vervielfältigung hat ihren hohen Stellenwert verloren. Vernetzte Arbeitsplätze erfordern, um an der Peripherie (z. B. Stand-alone-Kopierer) nicht an ihre Grenzen zu stoßen, geeignete Netzwerklösungen.
- Werden häufig Vervielfältigungen in höherer Auflage und guter Qualität benötigt, ist die Anschaffung eines nach dem indirekten elektrostatischen Verfahren arbeitenden Kopiergerätes sowie eines Offsetgerätes empfehlenswert.

Zur Vertiefung

1 Besorgen Sie sich von den typischen Vervielfältigungsverfahren Prospekte, und machen Sie sich mit den Vor- und Nachteilen der Verfahren vertraut.

2 Erklären Sie den Begriff Kopieantwort. Nennen Sie zwei Anwendungsbeispiele!

3 Sie werden beauftragt, sich über Kopiergeräte zu informieren. Welche Kriterien legen Sie zugrunde?

4 Drei Abteilungen nutzen gemeinsam ein Kopiergerät. In einem Monat sind Kopierkosten in Höhe von 4500,00 EUR angefallen. Die Abteilung A hatte 8000 Kopien, die Abteilung B 20000 Kopien und die Abteilung C 24000 Kopien erstellt. Wie viel EUR Kopierkosten entfallen auf die Abteilung A, wenn die Kosten entsprechend der Anzahl der hergestellten Kopien verteilt werden?

10 Übermittlung von Informationen (Kommunikationssysteme)

Situation

Frau Schepers, Sachbearbeiterin in der Firma COMPUTEACH, liest beim Frühstück die Morgenzeitung. Während der Fahrt ins Büro hört sie die Nachrichten. Im Büro erwarten sie weitere Informationen: die Tagespost, interne Hausmitteilungen, Faxnachrichten, E-Mails, Telefonate und mündliche Mitteilungen der Mitarbeiter. Während des ganzen Tages strömen unaufhörlich wichtige und unwichtige Informationen auf sie ein.

Kommunikation ist ein Prozess, der zur Erstellung, Weitergabe und Verwaltung von Informationen dient.

Informationen sind zielgerichtete Nachrichten, die Entscheidungen einleiten und inhaltlich beeinflussen.

Durch den Einsatz moderner Informations- und Kommunikationstechniken hat sich die Büroarbeit in den letzten Jahren grundlegend gewandelt. Zwar werden nach wie vor mündlich und schriftlich Informationen ausgetauscht. Es hat sich jedoch die Erkenntnis durchgesetzt, dass die Büroarbeit ein Produktionsprozess ist, der rationalisiert und gesteigert werden kann. Voraussetzung sind funktionierende Kommunikationssysteme und deren Vernetzung. Kommunikation wird dabei verstanden als ein Austausch und eine Übertragung von Informationen zwischen Empfängern und Absendern.

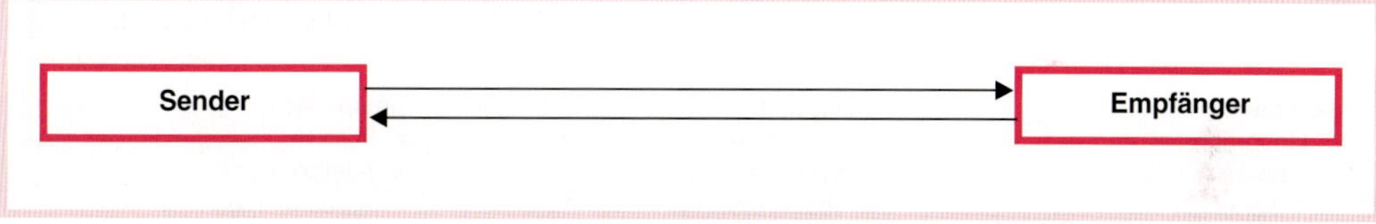

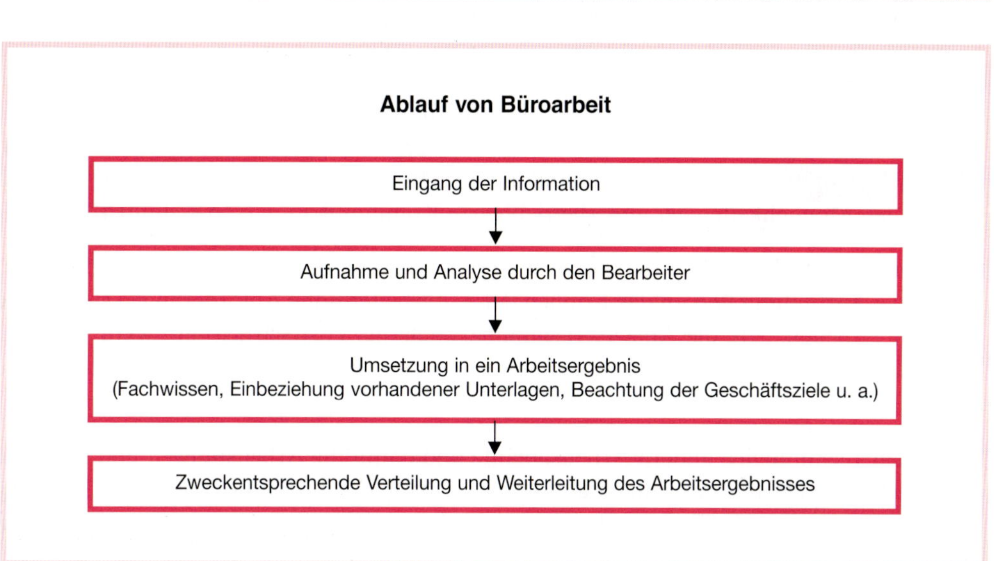

10.1 Innerbetriebliche Kommunikation

Situation

Frau Schepers hat neben ihrer üblichen Arbeit heute ein innerbetriebliches Problem zu überdenken. Im Schreibservice sollen untereinander vernetzte Personalcomputer eingeführt werden. Grund der Umstellung: „Maßnahmen zur Hebung der Arbeitsleistung und zur Erleichterung des Arbeitsablaufs". Durch die geplante Einführung werden sich in mehreren Abteilungen die Arbeitsabläufe ändern.

Auch Frau Schepers hat bislang mit einer Schreibkraft, Frau Monika Fleißig, zur beiderseitigen Zufriedenheit zusammengearbeitet. Der Arbeitsablauf war folgender:

Frau Schepers erstellte Konzepte, Frau Fleißig schrieb diese ab, Frau Schepers redigierte, Frau Fleißig berichtigte den Text, Frau Schepers unterschrieb bzw. zeichnete ab, Frau Fleißig kopierte den Text, legte ihn ab und gab ihn in den Versand.

1. Problem: Der Arbeitsablauf wird sich sowohl für Frau Schepers als auch für Frau Fleißig entscheidend ändern.

2. Problem: Frau Fleißig hat von der Neuorganisation während eines Mittagessens in der Kantine gehört. Sie reagiert betroffen, weil sie ahnt, dass sie sich in Zukunft mit neuen Techniken auseinandersetzen muss. In ihrem Alter (58) traut sie sich das Umlernen nicht mehr zu.

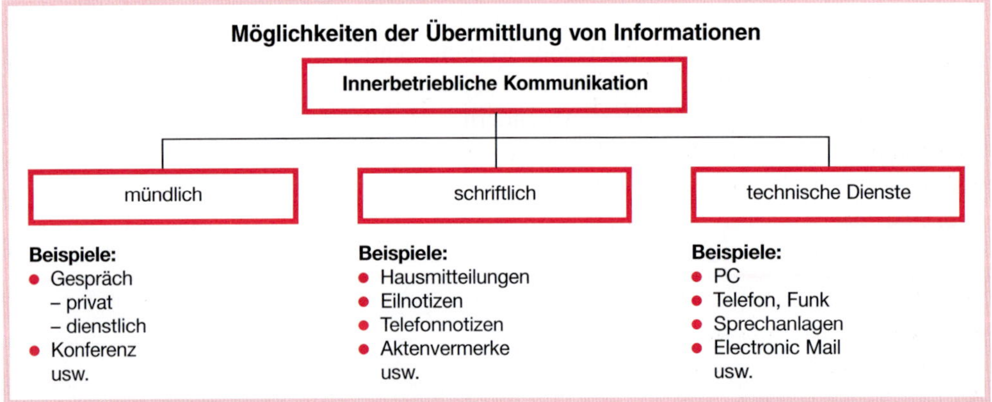

Intern- und Externinformationen bilden die Grundlagen betrieblicher Entscheidungen. Die Übermittlungswege sind in beiden Bereichen zum Teil identisch. Die Möglichkeiten der innerbetrieblichen traditionellen Kommunikation unterscheiden sich nicht oder nur geringfügig von den Möglichkeiten der außerbetrieblichen Kommunikation (s. Abschnitt 10.3).

Wichtiger scheint der Hinweis, dass der integrierte Einsatz der Telekommunikationstechniken an die Ausbildung und an das Können der Mitarbeiter hohe Anforderungen stellt. Schematische Arbeiten, z. B. die Ablage, Terminüberwachung, Postbearbeitung, Aktualisierung von Daten usw., werden in Zukunft durch den Einsatz neuer Techniken ergänzt oder abgelöst.

Die neuen Technologien ändern Arbeitsabläufe und damit die Arbeitsumwelt und die Beziehungen der Mitarbeiter untereinander. Gute zwischenmenschliche Beziehungen (Gerechtigkeit, Anerkennung, Konfliktfreiheit) und gute Arbeitsbedingungen sind zur Motivation unerlässlich.

Diese Entwicklungen haben Auswirkungen auf die Aufbau- und Ablauforganisation und damit auf die innerbetriebliche Kommunikation.

Aufbauorganisation

Es müssen u. U. neue Organisationsstrukturen sowie Stellenpläne und Stellenbeschreibungen entwickelt werden.

Es müssen Untersuchungen angestellt werden, inwieweit Reorganisationsmaßnahmen auch andere Arbeitsbereiche berühren, z. B. die Verwaltung von Informationen (Aktenverwaltung, Speichern, Archivieren usw.), die Arbeitsplanung (z. B. Terminierung) usw.

Ablauforganisation

Alle betroffenen Mitarbeiter müssen rechtzeitig von der Einführung neuer Maßnahmen unterrichtet und mit der Handhabung neuer Techniken vertraut gemacht werden.

Erläuterung am Beispiel der Ausgangssituation: Der traditionelle Arbeitsablauf wird für alle Beteiligten entscheidend verändert. Sachbearbeiter und Schreibkräfte kommunizieren auf elektronischem Wege, d. h., alle Beteiligten verfügen über Bildschirmarbeitsplätze.

Der/die Sachbearbeiter/-in erstellt die Texte per Spracheingabe (Fono) und sendet diese an die Schreibkraft. Diese schreibt den Text am Bildschirmterminal und schickt ihn auf elektronischem Wege an den/die Sachbearbeiter/-in zurück. Diese/r überarbeitet den Text oder versieht ihn mit Korrekturen, Kommentaren oder Anweisungen. Die endgültige Fertigstellung erfolgt durch die Schreibkraft erst dann, wenn der Text ausdruckreif ist.

Die Raum- und Arbeitsplatzgestaltung muss überprüft werden. Die Ausstattung muss arbeitsgerecht, arbeitsablaufgerecht und ergonomisch richtig ausgewählt sein. Mehrere Vorschriften können dabei eine Rolle spielen:

- Arbeitsstättenverordnung,
- DIN-Normen,
- Richtlinien der Berufsgenossenschaften,
- Ergonomische Grundsätze,
- Umfeld
  - Lärm,
  - Licht (Spiegelung),
  - Luft.

Die Einführung einer neuen Organisationsform ist möglich durch:

- horizontale Einführung,
- vertikale Einführung,
- Insel-Einführung.

Horizontale Einführung

- Ein Verfahren wird in der Führungsspitze eingeführt und breitet sich bis in die Sachbearbeiterebene aus („Top-down"-Verfahren).
- Ein Verfahren wächst aus der Sachbearbeiterebene bis in die Führungsspitze („Bottom-up"-Verfahren).

- **Vertikale Einführung:** Geschlossene Organisationseinheiten sind betroffen. Ein Aufgabengebiet muss von mehreren Sachbearbeitern gemeinsam bearbeitet werden. Nachteilig ist, dass die Kommunikation mit externen Stellen nicht möglich ist, da die horizontalen Verbindungen fehlen.
- **Insel-Einführung:** Diese Form eignet sich besonders für Pilotprojekte und dient zur Klärung von Einzelproblemen.

Kernwissen

- Von entscheidender Bedeutung für den Erfolg eines Unternehmens ist die mitarbeiterorientierte Führung und das Funktionieren der innerbetrieblichen Kommunikation.
- Organisationsmaßnahmen betreffen und verändern den Arbeitsplatz des Menschen.
- Ausreichende und rechtzeitige Informationen über geplante Organisationsmaßnahmen sind Voraussetzung für ihr späteres Funktionieren.
- Die gründliche Schulung aller betroffenen Mitarbeiter muss gewährleistet sein, damit Ängste vor der Handhabung neuer Techniken erst gar nicht entstehen können.

10.2 Mündliche Kommunikation und nonverbale Kommunikation

Situation

In einer Mitarbeiterschulung hat die Firma COMPUTEACH ihren Verkäufern folgende Regeln guter Verkaufsgespräche vermittelt:

1. Der Beginn des Verkaufsgesprächs ist wichtig.
2. Die ersten zehn Wörter sind entscheidend für alles, was folgt.
3. Zuerst Aufmerksamkeit erzielen!
4. Der Gesprächspartner sollte den Schwung und die Begeisterung des Verkäufers spüren.
5. Gutes Zuhören ist wichtig!
6. Der Verkäufer sollte 50 % weniger sprechen als der Partner.
7. Also: Die Kunst der Frage lernen, um den Kunden im Gespräch zu halten.
8. Mit den Augen nehmen die Menschen mehr wahr als mit den Ohren, also deshalb nicht nur reden, sondern auch auf die persönliche „Darstellung" achten!
9. Die Produkte zeigen!

Mündliche Kommunikation

Mündliche Kommunikation ist möglich

- auf telefonischem Wege (siehe Abschnitt 10.3.2),
- durch persönlichen Kontakt.

In beiden Fällen gibt es spontane und vorbereitete Gespräche. Die Verhaltensformen sind im Wesentlichen die gleichen; allerdings spielt beim persönlichen Kontakt der erste Eindruck eine noch größere Rolle als beim Telefongespräch.

Die Sprache ist eines der wichtigsten Kommunikationsmittel. Man denke in diesem Zusammenhang an den Verkäufer. Die Fähigkeit, sich gut und treffend ausdrücken zu können, verringert Missverständnisse und Fehler.

In einem Unternehmen gibt es die verschiedensten Gesprächssituationen.

Beispiele:

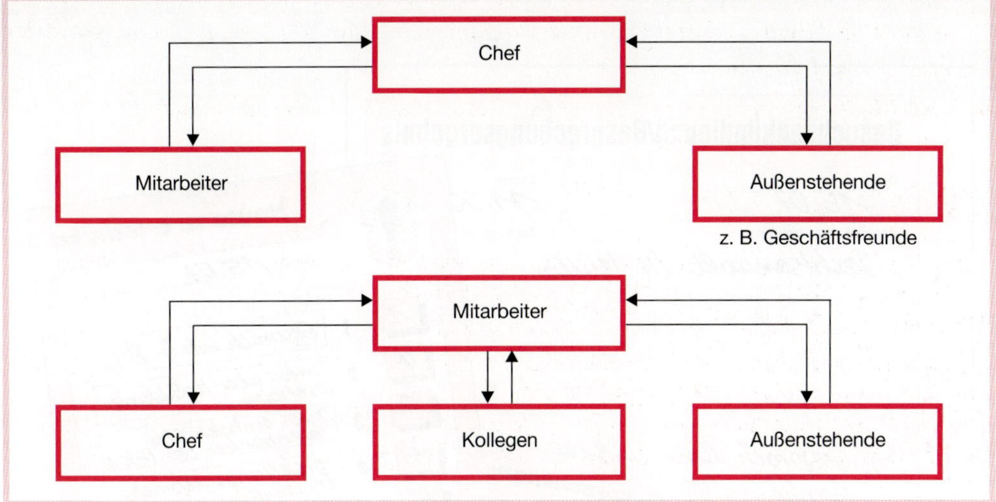

Die Anlässe zu mündlicher Kommunikation sind vielseitig.

Beispiele:

- Vorstellungsgespräch
- Erteilen von Auskünften
- Entgegennahme und Weiterleiten von Informationen
- Mitarbeiterbesprechungen usw.

Es gibt z. B. das zwanglose Gespräch, das Beratungsgespräch, das Streitgespräch. Jedes Gespräch hat andere Schwerpunkte. Menschliche, wirtschaftliche, technische, organisatorische, soziale Aspekte können eine Rolle spielen. Häufig müssen sogar alle Aspekte in Betracht gezogen werden. Im Mittelpunkt steht in der Regel ein zu lösendes Problem. Um zu guten Ergebnissen zu kommen, müssen die Grundregeln der Gesprächsführung bekannt sein.

Ein Gespräch besteht aus Rede und Gegenrede. Es ist unhöflich, einem Sprechenden ins Wort zu fallen. Möchte oder muss man einen Dauerredner unterbrechen, so sollte man dies mit einer höflichen Entschuldigung tun.

In vielen Unternehmen werden die Mitarbeiter darauf hingewiesen bzw. geschult, im Umgang mit Außenstehenden im Firmeninteresse besondere Formen der Gesprächsführung zu beachten.

Beispiele:

- gut vorbereitet sein (Unterlagen bereitlegen)
- liebenswürdig und verbindlich auftreten
- sachlich und differenziert argumentieren d. h., sich mit allen Aspekten des Problems vertraut machen
- Behauptungen vorsichtig formulieren
- Argumente veranschaulichen
- sich eine gute Sprechtechnik aneignen:
  - verständlich formulieren
  - langsam und deutlich sprechen
  - Pausen einsetzen
- kontrollierter Einsatz der „körpersprachlichen" Ausdrucksmittel
- aufmerksam zuhören
- richtige Wahl der Kleidung
- korrektes Benehmen:
  - richtige Vorstellung
  - Partner mit Namen ansprechen
  - auch Titel können erwünscht sein
- Gespräche so beenden, dass auf beiden Seiten ein positives Gefühl bleibt, denn jeder will beachtet und geachtet werden.

Zur Auswertung und Fixierung der wesentlichen Inhalte der Gespräche gibt es Formblätter.

Besuchsankündigung/Besprechungsergebnis

Datum 15.07.
Uhrzeit 11:0
Besucher (Herr, Frau, Frl.) Rechtsanwalt Dr. Müller
Zur Kenntnis
Firma
Anlaß Gespräch über Inha
Geschä
Teiln
Ergebn

Angekreuztes bitte erledigen
☐ Aktenvermerk
☐ Brief
☐ Rückruf
☒ Besuchstermin!
Erledigungsvermerk (Datu

Heute zu erledigen

Datum 15.07.

Pos.		Aktivität
1	1	Gespräch mit Fr. Boll
4	2	Infos über Mobilfunk einholen
2	3	Infos einholen über Datenbanken der IHKs
3	4	Vorstellungsgespräch Fr. Breider
5	5	Gespräch mit RA Dr. Müller
6	6	Zahnarzttermin
	7	
	8	
	9	

Gesprächsnotiz

Für Herrn/Frau
Am
um
Uhr
hat Herr/Frau
☐ angerufen
☐ vorgesprochen
Bittet um:
☐ Rückruf
☐ Gespräch
Termin
Telefon
Datum
von

Gesprächsnotiz

Für Herrn/~~Frau~~ Dr. Höflich
Am 22.07. um 11:00 Uhr
hat ~~Herr~~/Frau M. Lenz, 18273 Güstrow
☒ angerufen
☐ vorgesprochen
Bittet um:
☒ Rückruf
☐ Gespräch
Telefon: 03843 66666 Termin: 17:00

Frau Lenz bittet um Informationen zu CD-ROM-Laufwerken

von Herbst Datum 22.07.

Termin

Datum 15.07. Zeit 08:30 h
Ort/Raum Chefbüro
Thema Durchsicht von Bewerbungsunterlagen
von Dr. Höflich

Bewerbergespräch

Termin ..-05-20

Name Gewinner Vorname Yvonne

Anschrift Mondstr. 1 a, 48155 Münster Telefon 0251 7777

Geb.-Datum 4. April 1965 Familienstand ledig Kinder —

Schulen/Berufsausbildung Realschulabschluss

Bürokauffrau

Letzte Tätigkeit bei Röhrkohl AG, Münster

als Kauffrau für Bürokommunikation Bisherige Vergütung 1500,00 EUR brutto

Besondere Bemerkungen

Ergebnis des Gespräches

Für die vorgesehene Tätigkeit geeignet ☐ nicht geeignet ☒ Absagen ☒

Eintritt am für Abteilung

als

Arbeitsentgelt + Leistungszulagen + Fahrtkostenbeitrag %

Gratifikationen

Vollständige Unterlagen anfordern

Ärztliche Untersuchung veranlassen Personalfragen aushändigen

Zwischenbescheid neuer Besprechungstermin

Anstellungsvertrag ausfertigen

sonstige Bemerkungen

Datum ..-05-20 Unterschrift Dr. [illegible]

Auch die nonverbale Kommunikation spielt eine große Rolle.

Nonverbale Kommunikation

Die neuen Technologien ändern Arbeitsabläufe und damit die Arbeitsumwelt und die Beziehungen der Mitarbeiter untereinander. Gute zwischenmenschliche Beziehungen (Gerechtigkeit, Anerkennung, Konfliktfreiheit) und gute Arbeitsbedingungen sind zur Motivation unerlässlich.

Ein gutes Betriebsklima ist nicht nur am allgemeinen Verhalten der Mitarbeiter zu erkennen, sondern auch die nonverbale Kommunikation spielt eine große Rolle.

Unter nonverbaler Kommunikation versteht man die Signale der Körpersprache, wie Mimik und Gestik, äußeres Auftreten und Umgangsformen. Die Art und Form, wie Menschen miteinander umgehen, gibt häufig Aufschluss über die Arbeitsatmosphäre.

Die richtige Einordnung solcher Signale kann dazu beitragen, Konflikte rechtzeitig zu erkennen, ggf. auch zu verhindern. Gegenseitige Anpassung ist im Zusammenleben von Menschen wichtig, im beruflichen Leben ist sie notwendig. Sich nonverbaler Kommunikationsmittel im richtigen Maß zu bedienen, ist sicher auch eine Frage des persönlichen Stils.

Beispiele nonverbaler Kommunikation:

- **Augenkontakt:** Die beiden Mitarbeiter A und B haben Konflikte. Betritt B den Raum, wendet A sich ab und vermeidet den Augenkontakt.

  C bewirbt sich und schaut während des Gesprächs den Personalchef aufmerksam und offen an. Er hinterlässt einen guten Eindruck.
- **Körperkontakt:** Ein schlaffer Händedruck oder eine feuchte Hand können Antipathie erwecken.
- **Gehör:** Der Klang der Stimme, der Tonfall, die Sprechpausen hinterlassen einen Eindruck, der sowohl positiv als auch negativ sein kann.

Äußeres Auftreten, Umgangsformen

Das äußere Erscheinungsbild beeinflusst den ersten Eindruck, den man von einem Menschen gewinnt. Kleidung ist die Ausdrucksform von Denkungsart und Lebensstil. Legt der Chef beispielsweise auf die äußere Erscheinung großen Wert, wird ihn das legere „Outfit" eines Mitarbeiters eher irritieren. Als Ausdruck der „Corporate Identity" wird daher in vielen Unternehmen den Mitarbeitern die Kleidung in gewissem Rahmen vorgeschrieben (z. B. Banken).

Auch die Umgangsformen sind Bestandteil der nonverbalen Kommunikation: Ein Mitarbeiter möchte den Chef in einer persönlichen Angelegenheit sprechen. Dieser signalisiert ihm, dass er nur wenig Zeit hat, und bietet ihm keinen Platz an. **Ergebnis:** Der Mitarbeiter ist entmutigt und verunsichert.

Rückkopplung/Feedback

Darunter versteht man Mitteilungen an eine Person oder an einen Personenkreis darüber, wie ihr Verhalten verstanden oder empfunden wird. Dieses Feedback kann auf verschiedene Weise erfolgen.

Beispiele:

- verbal in Worten: *„Ich bin nicht einverstanden."*
- nonverbal ohne Worte: z. B. Verlassen des Raumes
- formal: Auswertung eines Fragebogens
- informell: Beifall, Zustimmung

Von entscheidender Bedeutung für den Erfolg eines Unternehmens ist die mitarbeiterorientierte Führung und das Funktionieren der Kommunikation.

Kernwissen

- In jedem Unternehmen spielt eine korrekte und positive Gesprächsführung eine wichtige Rolle. Auch wenn ein Gespräch nicht sofort zu dem erwünschten Abschluss führt, dem Gesprächspartner bleibt die positive Grundhaltung in Erinnerung. Sind Absagen notwendig, sollten diese sachlich begründet und liebenswürdig ausgesprochen werden.
- Wichtige Gespräche sind gründlich vorzubereiten. Ein Stichwortzettel dient zur Kontrolle, dass wichtige Punkte nicht vergessen wurden. Nicht nur die eigenen Interessen sind im Auge zu behalten, sondern es muss auch bedacht werden, welche Auswirkungen ein Gespräch auf die anderen Teilnehmer hat.
- Organisationsmaßnahmen betreffen und verändern den Arbeitsplatz des Menschen.
- Ausreichende und rechtzeitige Information über geplante Maßnahmen sind Voraussetzung.
- Die gründliche Schulung aller betroffenen Mitarbeiter muss gewährleistet sein, damit Ängste vor der Handhabung neuer Techniken erst gar nicht entstehen können.

Zur Vertiefung

1 Silke Sander beginnt ihre Ausbildung zur Kauffrau für Bürokommunikation am nächsten Montag. Sie sollen die neue Mitarbeiterin in der Firma herumführen. Wie verhalten Sie sich, wenn es sich

a) um einen kleinen Betrieb,
b) um einen größeren Betrieb

handelt?

2 Im Schreibbüro der ABC-Werke soll schrittweise die Telearbeit eingeführt werden.

Sie sollen die betroffenen Mitarbeiterinnen informieren. Beleuchten Sie den wirtschaftlichen, den technischen, den humanen, den organisatorischen und sozialen Aspekt dieser Umstellung.

Stellen Sie stichpunktartig Notizen für eine Gesprächsvorbereitung zusammen!

3 Deuten Sie die folgenden nonverbalen Kommunikationsverhalten:

a) Eine Sekretärin zieht sich übertrieben modisch („aufgeputzt") an.

b) Der Chef empfängt einen Mitarbeiter, schaut bei dessen Eintreten aber nicht auf, sondern schreibt minutenlang weiter an einem Schriftstück.

c) Ein Besucher ist zu einem bestimmten Zeitpunkt angemeldet, wird aber erst nach einer längeren Wartezeit empfangen.

10.3 Außerbetriebliche Kommunikation

Situation

Die Firma COMPUTEACH KG, Coesfeld, berät ihre Kunden bei der Auswahl von Computer-Software und bietet ferner ein umfangreiches Schulungsprogramm an.

Die Mitarbeiter der Firma COMPUTEACH müssen den Informationsaustausch mit ihren Kunden schnell und vor allem kundenfreundlich abwickeln. Dabei werden sowohl der Briefdienst, das Telefon und die modernen Telekommunikationstechniken eingesetzt.

Die Unternehmensleitung der COMPUTEACH verfolgt aufmerksam die technische Entwicklung (z. B. ISDN, DSL), weil sie ihre Kunden vorausschauend beraten will.

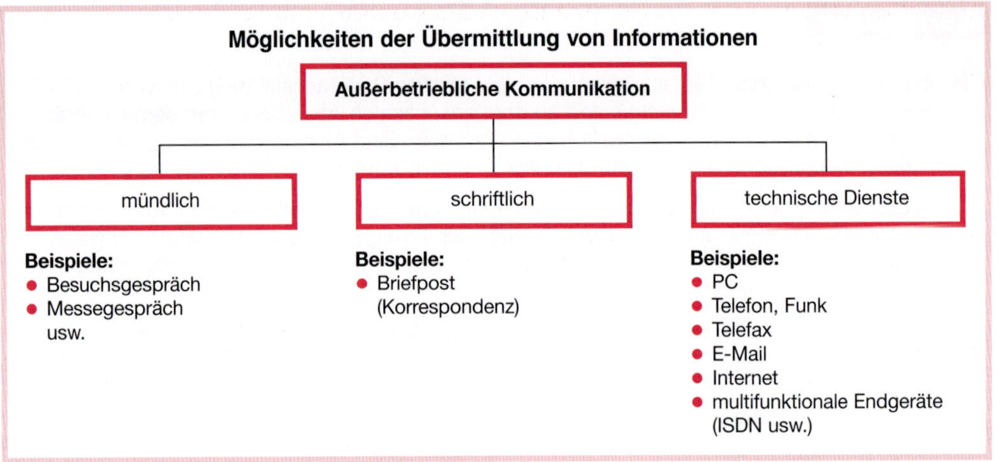

In Form von Sprache, Text, Daten, Bild ist die Information Gegenstand von Bearbeitungsvorgängen und der Verständigung im Büro.

Die Übermittlung erfolgt in der Regel über Kommunikationsdienste der Deutschen Telekom. Die Bundesstelle für Büroorganisation und Bürotechnik des Bundesverwaltungsamtes hat die Wirtschaftlichkeit der zurzeit bestehenden Textkommunikationsdienste untersucht. Einige Aspekte und Überlegungen sind in den folgenden Ausführungen aufgegriffen worden und sollen zum Nachdenken anregen.

Briefdienst	Technische Dienste
Übertragung einer Nachricht über das Medium Papier	Übertragung des Inhalts einer Nachricht ***Beispiele:*** • Telefon • Telefax • Internet • E-Mail usw.

Die Wahl eines bestimmten Übermittlungsdienstes hängt von **generellen Einflussfaktoren** ab (siehe Abschnitt 2.1).

Die Nutzung eines bestimmten Dienstes ist abhängig von **organisatorischen** und **technischen Einflussfaktoren**.

- Wo wird die zu versendende Information erstellt (Zentraler Schreibservice, Sachbearbeiter)?
- Mit welchen technischen Hilfsmitteln wird die Information erstellt?
- Aus welchen Teilen setzt sich die Information zusammen (Texte, Bilder, Anlagen)?
- Stellt die Information bestimmte Anforderungen an die Übertragung (z. B. Qualität der Nachricht, Geheimhaltung, Eilbedürftigkeit)?
- Wer hat die Zugangsberechtigung zu welchem Dienst?
- Welche Übermittlungskosten entstehen durch den jeweiligen Dienst?

Erkenntnis: Mithilfe traditioneller Techniken ist das Informationsbedürfnis nicht mehr ausreichend zu befriedigen. Zwar werden nach wie vor Briefe geschrieben und erreichen auf dem herkömmlichen Postweg ihren Empfänger. Auch die innerbetriebliche Kommunikation wird in Teilbereichen mithilfe von Vordrucken, Formularen, Akten- und Telefonnotizen erleichtert.

In den letzten Jahren haben neue Kommunikationssysteme den Arbeitsplatz, die Arbeitsmethoden und die Denkgewohnheiten des Menschen verändert; das gilt besonders für die Arbeit in Wirtschaft und Wissenschaft.

Das „papierlose" Büro hat sich nicht durchgesetzt, obwohl immer mehr Angestellte mit dem PC arbeiten, immer mehr Büros mit Computern ausgestattet sind. Im Gegenteil: Zusatzgeräte – zum Beispiel Drucker, Fax, Messgeräte – und die vielen neuen Daten haben die Papierflut erhöht. Die Arbeitsorganisation hat sich durch den vermehrten Einsatz von Computern ebenfalls geändert. Der einzelne Angestellte kann schnell auf Daten aus den verschiedensten Bereichen zurückgreifen, die Kommunikation in einem Unternehmen kann sich beschleunigen und vereinfachen, vor allem, wenn die PCs vernetzt sind.

Zurzeit ist der Mensch im Büro noch umgeben von einer Fülle verschiedener Endgeräte, die Zugang zu den Systemen der Sprach-, Text-, Bild- oder Datenkommunikation verschaffen. Diese Netze wiederum arbeiten mit den unterschiedlichsten Netzen bzw. Diensten zusammen. Diese funktionieren zwar, sind aber immer Teillösungen, die nicht zueinander passen.

Zu einem störungsfreien und wirtschaftlichen Ablauf der gesamten Bürokommunikation bedarf es einer gemeinsamen technischen Grundlage. Die Basis dafür ist ein einheitliches Netz mit einheitlichen Vermittlungssystemen.

Die Deutsche Telekom bietet zwei große Telekommunikationsnetze an:

- das **Telefonnetz** und
- das **Integrierte Text- und Datennetz (IDN)**.

Beide Netze können integriert werden im **„Dienste integrierenden digitalen Netz" (ISDN)**.

Im ISDN (vom engl. **I**ntegrated **S**ervices **D**igital **N**etwork) sind Sprache, Text, Daten und Bild zu einem universellen Bürokommunikationssystem integriert, in einem gemeinsamen Netz, auf **einer** Leitung, unter **einer** Rufnummer. Die Basis ist das in jedem Büro vorhandene Telefonnetz.

Das **Internet** hat die Informationsbedürfnisse in Unternehmen verändert. Mitarbeiter und Kunden wollen jederzeit schnell und aktuell informiert sein. Online-Redakteure müssen die Inhalte im Inter- und Intranet zielgruppengenau aufbereiten, pflegen und verteilen. Technische Hilfe bei dieser aufwendigen Arbeit bieten Web-Content-Management-Systeme (WCMS). Aufgabe der WCMS: Sie sorgen dafür, dass die Informationen verfügbar sind, an die richtigen Personen verteilt und dezentral gepflegt werden können. Die Deutsche Post World Net hat eine Studie – Web-Content-Management – erstellt, die den Unternehmen die Auswahl des geeigneten Produkts erleichtert (Informationen: www.deutschepost.de; siehe Abschnitt 10.3.4).

10.3.1 Telekommunikation

Situation

Ilse Schnell arbeitet als Bürokauffrau im Hause COMPUTEACH KG. Das ist ihr Arbeitsplatz.

Dieser Arbeitsplatz wird von einem Technologiepark beherrscht. Man findet: Telefon, Anrufbeantworter, Diktiergerät, Tischrechner, Bildschirmschreibmaschine, Computer, Fax, Tischkopierer, Aktenvernichter, Sprechanlage, Taschenrechner, Overheadprojektor, womöglich Fernseher, Stereoanlage, Videogerät, Diaprojektor, Mikrofilm-Lesegerät usw.

Der Arbeitsplatz der Frau Schnell könnte bald ganz anders aussehen. Die Entwicklung zum multifunktionalen Arbeitsplatz hat bereits eingesetzt; etliche der im folgenden Beispiel geschilderten Möglichkeiten sind bereits Wirklichkeit.

Beispiel für den Arbeitsablauf: Frau Schnell beginnt ihren Arbeitstag. Zunächst blättert sie die im Computer aufgelaufene Eingangspost durch und verteilt sie (per Computer) an die zuständigen Sachbearbeiter. Ein Lautsprecher übermittelt mündliche Nachrichten, die im Computer gespeichert wurden. Das Bildtelefon klingelt. Frau Schnell kann am Apparat ablesen, dass der Anrufer ein Kunde aus London ist, der ein Produktmuster sehen möchte. Frau Schnell ruft aus der Firmendatenbank ein dreidimensionales Foto ab, das der Gesprächspartner in London in Sekunden auf seinem Bildschirm hat. Frau Schnell bedient den Computer, indem sie die notwendigen Befehle in ein Mikrofon spricht oder auf dem Monitor die Dinge antippt, die sie bearbeiten will. Mit der Tastatur, die, wie das Telefon, drahtlos arbeitet, werden alle Geräte gesteuert. Die Rückseite der vorhandenen Tastatur dient als Scanner; Textvorlagen oder Bilder werden abgetastet und erscheinen zur Weiterverarbeitung auf dem Monitor.

Die Deutsche Telekom AG verfügt heute über eine beachtliche **Netz**infrastruktur (siehe S. 391):

- **ISDN** (**I**ntegrated **S**ervices **D**igital **N**etwork = Dienste integrierendes digitales Telekommunikationsnetz) ist das erste europaweit standardisierte digitale Kommunikationsnetz für Sprache, Text, Daten und Bilder. Kennzeichnendes Merkmal ist die von Teilnehmer zu Teilnehmer durchgehende digitale Verbindung. An einen Basisanschluss können bis zu acht verschiedene Endgeräte angeschlossen und über eine einzige Rufnummer angewählt werden. Mithilfe der Dienstekennung (D-Kanal) wird die Verbindung zum richtigen Endgerät gesteuert.
- **Breitbandkabelnetz:** Basis für interaktive Multimediadienste und Pay-TV
- **Glasfasernetze** verbinden die großen Wirtschaftszentren Deutschlands (Super-Information-Highways).
- **digitales Mobilfunknetz**

Seit dem 1. Januar 1998 ist die Monopolstellung der Deutschen Telekom auf dem Telefonsektor beendet. Auch andere Anbieter dürfen nun Netze aufbauen und betreiben, Serviceleistungen anbieten und um Privat- und Geschäftskunden werben. Die beteiligten finanzstarken Konzerne setzen dabei auf Kooperation und Joint Ventures: Ein Partner bringt die Infrastruktur mit, etwa bestehende Netze, die sich zu einem flächendeckenden Telefonnetz ausbauen lassen; der andere Partner das Know-how in Telefondiensten und Elektronik.
Die Fülle der Angebote ist fast unüberschaubar. Im Prinzip hat der Kunde drei Möglichkeiten:

- das **Call-by-Call-Verfahren** (Einzelwahlverfahren für Nah- und Ferngespräche):
  Der Kunde nutzt die Dienste mehrerer Telefongesellschaften und sucht sich die Gesellschaft mit dem jeweils günstigsten Tarif aus.
- das **Vorwahlverfahren:**
  Der Kunde wählt die 5-stellige Netzkennzahl (010..) und dann die komplette Rufnummer einschließlich Vorwahl.
- den **Direktanschluss:**
  Der Kunde schließt einen festen Vertrag mit einer einzigen Telefongesellschaft und führt sämtliche Telefonate über deren Netz.

Im Endeinrichtungsbereich steht die Telekom in direktem Wettbewerb mit privaten in- und ausländischen Wettbewerbern.

Unter dem Begriff **Endeinrichtungen** sind sowohl die Telekommunikationsanlagen (Nebenstellenanlagen) als auch die Endgeräte zusammengefasst. Dem Sektor Endgeräte sind zuzuordnen:

- Telefone in einfachen Endstellen,
- Telefonvermittlungseinrichtungen,
- multifunktionale Telefone,
- Telefonzusatzgeräte (z. B. Anrufbeantworter),
- schnurlose Telefone,
- Telefax-Endgeräte,
- Mobilfunk-Einrichtungen (z. B. Handy, Autotelefon, Cityrufempfänger u. a.).

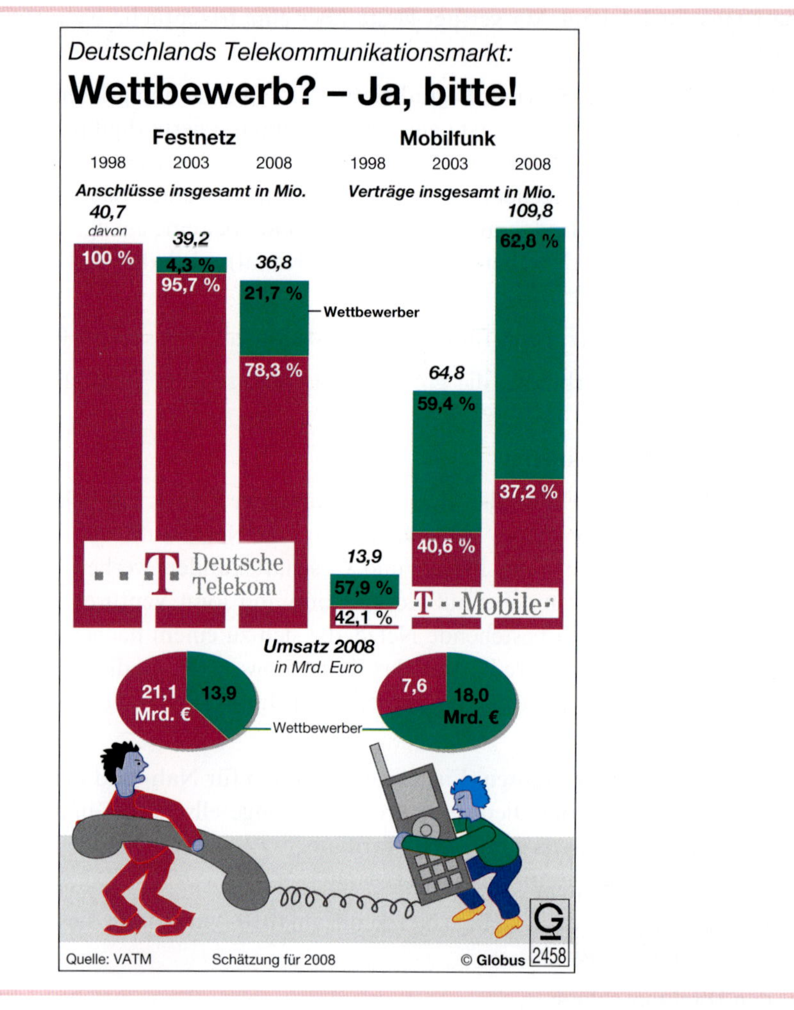

Einige Grundkenntnisse zur **Technik** der Kommunikation sind erforderlich, weil diese

- zum Verständnis der rasanten Entwicklung,
- der Fachterminologie,
- beim Erwerb und der Installation neuer Systeme

vorausgesetzt werden müssen.

Die Kommunikationstechnik überträgt Informationen in Form von elektrischen Signalen: analog als Schwingungen, digital als Impulse. Die Anzahl der Schwingungen in der Zeiteinheit wird als Frequenz bezeichnet und in der Maßeinheit „Hertz“ (Hz) angegeben (1 Hz = 1 Schwingung/Sekunde, 1 kHz = 1 000 Schwingungen/Sekunde, 1 MHz = 1 000 000 Schwingungen/Sekunde). Die Differenz zwischen der höchsten und niedrigsten Frequenz wird als Bandbreite der Übertragung bezeichnet. Je nachdem, ob viele oder wenige Schwingungen bzw. Zeichen in der Sekunde zu übertragen sind, spricht man von Schmalband- oder Breitbanddiensten.

Übertragung von	Bandbreite	Schmalband	Breitband
menschliche Sprache 150 Hz bis 8 Hz; um diese verständlich zu übertragen: 300 bis 3400 Hz	rund 3 kHz	Telefonieren Fernschreiben Hörfunk	
Musikübertragung hoher Qualität	15 kHz		
Fernsehbild	5 MHz		Fernsehen

Durch elektrische Impulse können Texte in digitaler Form übermittelt werden, d. h., die digitalen Signale nehmen nur ganz bestimmte, vorher festgelegte Zustände bzw. Werte an. So gibt es bei den häufig verwendeten Binärzeichen mit der Maßeinheit „bit" genau zwei Zustände (z. B. ja – nein; 1 – 0; Strom – kein Strom). Mit digitalen Signalen lassen sich nicht nur codierte Ziffern- und Zeichenfolgen übertragen, sondern – nach einer Analog-Digital-Umwandlung – auch Sprache und Bilder. Analog bedeutet die Erzeugung und Übertragung elektrischer Signale, die den Sprachschwingungen direkt entsprechen.

Es ist zweckmäßig, alle Kommunikationsformen – Sprache, Text, Bilder oder Daten – als digitale Signale zu übertragen.

Die Kommunikationsdienste lassen sich in drei **Nutzungsgruppen** einteilen. Die Nutzung kann erfolgen

- als **Dialog von Informationen:**
  - Telefonieren,
  - Datenkommunikation (Internet),
  - Bildfernsprechen und Bildschirmkonferenz,
- durch **Verteilen von Informationen:**
  - Hörfunk,
  - Fernsehen,
  - Fernkopieren,
- durch den **Abruf von Informationen:**
  - Onlinedienste, Internet,
  - Videotext und Kabeltext,
  - Breitband-Informationsabruf.

Im „Dienste integrierenden digitalen Netz" (ISDN) werden die Kommunikationsdienste wirtschaftlich zusammengefasst: Dialog, Verteilen und Abruf in Form von Sprache, Text, Bildern oder Daten lassen sich kombiniert nutzen.
Eine besondere Form der technischen Kommunikation ist die Internet-Telefonie bzw. IP-Telefonie (Internet-Protokoll-Telefonie; auch Voice over IP [Vo IP]). Darunter versteht man das Telefonieren über Computernetzwerke, die nach Internet-Standards aufgebaut sind (vgl. S. 436).

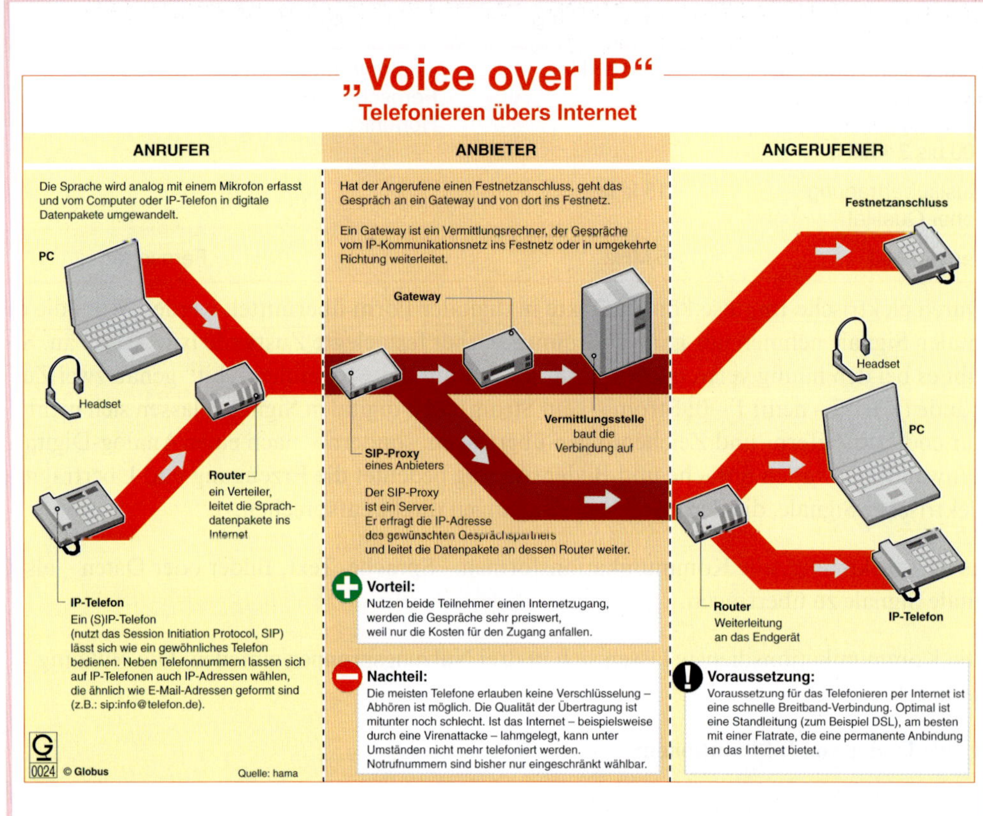

Kernwissen

- **Digitale Übertragung:** Modernste Elektronik tastet die analogen, kontinuierlich verlaufenden Signale (z. B. die gesprochene Sprache) ab und codiert sie zu einer Folge von Schaltzuständen. Im Netz wird dieses digitale Signal, eine Folge von Null und Eins, praktisch fehlerfrei transportiert. Am Ende der Übertragungsstrecke wird der Digitalisierungsvorgang umgekehrt. Im Endgerät beim Teilnehmer wird der Bitstrom wieder in das Ausgangssignal zurückverwandelt.
- **Konsequenzen der Digitalisierung:** Die Kapazität der Netze wird vervielfacht, neue Arten von Informationen wie Daten, Bilder oder Video können transportiert werden. Die bislang üblichen Spezialnetze und -anschlüsse entfallen.
- In den Unternehmen ist ISDN inzwischen die Standardtechnik für die gesamte Telekommunikation.
- Internet und Intranet beeinflussen unsere Gesellschaft sowohl im Privatleben als auch in der Wirtschaftswelt. Die wirkliche Umstrukturierung, die die elektronische Revolution mit sich bringt, steht aber erst noch bevor: das E-Business. Die elektronische Geschäftsabwicklung bietet eine Vielfalt neuer Möglichkeiten, gerade auch kleinen und mittelständischen Unternehmen.

10.3.2 Kommunikationseinrichtungen für den mündlichen Informationsaustausch

Situation

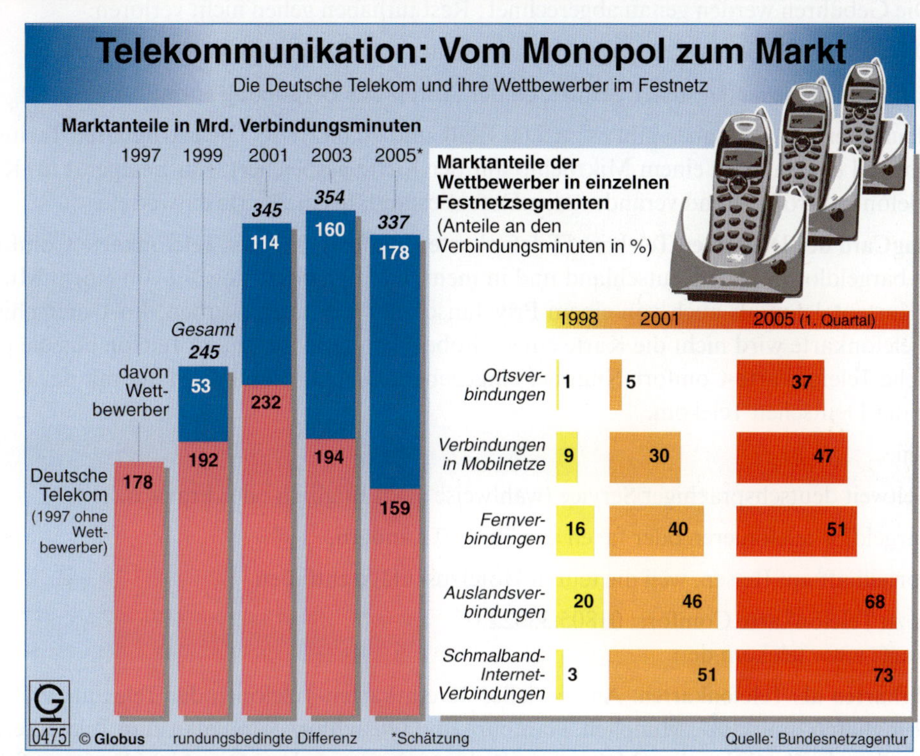

Telekommunikation: Vom Monopol zum Markt

Vor zehn Jahren war die Telekommunikationswelt einfach. Ob Anschluss, Verbindungen oder Endgeräte, zuständig war immer die Deutsche Telekom. Noch 1998 gingen nur 16 Prozent der Fernverbindungen über andere Anbieter. Im Ortsbereich war das Monopol damals noch perfekt mit 99 Prozent Telekom-Verbindungen. Inzwischen muß sich die Telekom in allen Bereichen dem Wettbewerb stellen. Wer ins Ausland telefoniert, verlässt sich hauptsächlich auf andere Anbieter als die Telekom: 68 Prozent der Verbindungsminuten gehen auf das Konto der Mitbewerber. Der Wettbewerb (und der Preiswettlauf, der unter den Anbietern entstand) ließ die Gesamtzahl der Verbindungsminuten zunächst kräftig anwachsen. Von 1997 bis 2001 haben sich die Verbindungsminuten fast verdoppelt. Die Telekom konnte ihre Verbindungsminuten in diesem Zeitraum ebenfalls ausdehnen. Seitdem verliert sie allerdings an Terrain, die Wettbewerber haben sich fest am Markt etabliert. *Globus*

Die folgenden Ausführungen beziehen sich im Wesentlichen auf die Leistungen der Deutschen Telekom AG.

Öffentliche Telefoneinrichtungen. Da viele Menschen heute über ein Handy verfügen, hat die Deutsche Telekom damit begonnen, die öffentlichen Telefoneinrichtungen einzuschränken. Die Münzfernsprecher werden immer mehr von **Kartentelefonen** abgelöst. In vielen öffentlichen Telefoneinrichtungen kann auch ein Anruf entgegengenommen werden. Der Anrufer wählt hierfür die Rufnummer des Telefons, die dort angegeben ist.

Vorteile der Kartentelefone:

- Der Telefonierende kann bargeldlos telefonieren.
- Er kann sich besser auf das Gespräch konzentrieren, weil er keine Geldstücke nachwerfen muss.
- Die Gebühren werden genau abgerechnet; Restguthaben gehen nicht verloren.
- Die Gebühren können z. B. gegenüber dem Unternehmen nachgewiesen werden.
- Kartentelefone sind seltener gestört, da der Anreiz zur Beraubung entfällt.

Telefonkarten mit Guthaben gibt es zu 5,00 EUR und 10,00 EUR. Die verfügbaren Tarifeinheiten sind als Daten in einem Mikrochip auf der Karte gespeichert. Ein Lesegerät im Kartentelefon kontrolliert und verändert den Datenbestand, bis die Karte entwertet ist.

CallingCard der Deutschen Telekom (Telefonkarte Comfort). Mit der Telefonkarte Comfort kann bargeldlos in ganz Deutschland und in mehr als 65 Ländern sowohl von einem Münz- und Kartentelefon als auch von einem Privatanschluss telefoniert werden. Im Unterschied zur Telefonkarte wird nicht die Karte eingeschoben, sondern von einem Telefon aus die persönliche Telefonkarte-Comfort-Nummer eingegeben. Die Abrechnung erfolgt mit der Rechnung der Deutschen Telekom.

Vorteile:

- weltweit deutschsprachiger Service (wahlweise auch Englisch oder Französisch),
- bargeldlos telefonieren oder faxen aus über 80 Ländern,
- vorteilhaft auf Reisen, weil die teuren Hotelzuschläge entfallen.

Infos zu Telefonkarte Comfort: 01805 330223
Internet: www.telekom.de

Kreditkarten als Telefonkarten: An speziellen Kreditkarten-Telefonen der Telekom, z. B. in den Flughäfen Frankfurt, München, Hamburg und Düsseldorf, kann man zum Telefonieren internationale Kreditkarten (Magnetstreifenkarten) verwenden. Die Abrechnung erfolgt über die Kreditkartengesellschaften.

Telefonbücher: Jeder Telefonkunde erhält einmal im Jahr das Telefonbuch und die „Gelben Seiten" des zuständigen Anschlussbereiches. Die Telefonbücher sind nummeriert.

Ein Telefonbuch enthält u. a.:

- Angaben zu Sonderdiensten, Telefonansagen,
- Informationen zum Telefonbuch,
- Zeichenerklärung,
- Hinweise zum Telefonieren,
- Hinweise zum Datenschutz,
- Telekommunikationstarife,
- Hinweise in anderen Sprachen,
- Ortsverzeichnis, Kundenverzeichnis:

Branchentelefonbücher („Gelbe Seiten") enthalten nach Branchen geordnet auf gelben Seiten die Teilnehmer aus Industrie, Handel, Gewerbe, Handwerk und aus den freien Berufen. Diese werden mit einem Standardeintrag unter der Grundbranche kostenfrei in Grundschrift aufgenommen. Zusatzeinträge sind kostenpflichtig.

Verzeichnis der Vorwahlen und Tarifbereiche. Inhalt:

- Vorwahlnummern und Tarifbereiche Inland – alphabetisch
- Vorwahlnummern Inland – numerisch
- Vorwahlnummern Ausland
- Grenzbereiche

Neben der Deutschen Telekom gibt es eine Vielzahl von Anbietern. Ein Vergleich der Tarife ist daher empfehlenswert (Taktung beachten).

- **Ferngespräche ins Ausland** (Europa) sind zu jeder Tages- und Nachtzeit möglich. Die Vorwahlnummern der bedeutendsten Orte vieler Länder sind im Verzeichnis der Vorwahlen und Tarifbereiche aufgelistet. Hier wird auch auf Besonderheiten hingewiesen.

  Eine Auslandsverbindung beginnt mit zwei Nullen – Ausscheidungskennzeichen für eine grenzüberschreitende Verbindung –, dann folgen die Landeskennzahl, die Ortskennzahl, die Teilnehmerrufnummer.

  Beispiel:

00	1	212	xxxxxxx
Ausscheidungskennziffer	USA	New York	Teilnehmerrufnummer

  Auslandskontakte werden immer wichtiger. Geschäftsfreunde sollen natürlich zu Zeiten angerufen werden, die dem Arbeitstag des jeweiligen Landes entsprechen (siehe Abb. S. 412).

- **Ferngespräche aus dem Ausland:** Voraussetzung ist die Kenntnis der Vorwahlnummer.

  Die Vorwahlnummer aus dem Ausland besteht meistens aus vier bis fünf Ziffern. Die letzten zwei Ziffern „49“ kennzeichnen das Zielland Bundesrepublik Deutschland. Nach der Vorwahlnummer ist im Allgemeinen die 0 der deutschen Ortskennzahl wegzulassen.

Beispiel: Sie befinden sich in Großbritannien und wollen eine Verbindung mit der Bundesrepublik Deutschland.

0049	2541	xxxx
Vorwahlnummer	Coesfeld	Teilnehmerrufnummer

▶ *Besondere Gesprächsarten*

- **P-Gespräch:** Handvermittelte Auslandsverbindung mit einer bestimmten Person.
- **PB-Gespräch:** Ist der gewünschte Partner nicht über einen privaten Telefonanschluss zu erreichen, kann er durch einen Boten zu einer öffentlichen Kommunikationsstelle gerufen werden. Auskunft: Fernamt 0010.
- **R-Gespräch:** Die Verbindungskosten werden dem angewählten Teilnehmer berechnet, sofern dieser zustimmt. Auskunft: Fernamt 0010.

▶ *Service- und Mehrwertdienste*

Mit dem „Intelligenten Netz" hat die Deutsche Telekom AG die softwaretechnischen Voraussetzungen geschaffen, eingespeiste Informationen zu einem höherwertigen Ergebnis weiterzuverarbeiten.

Dienstleistungen der Telekom AG im „Intelligenten Netz":

- Service 0800
- Service 0180
- Service 0900
- GEDAN
- T-Net-Box
- Konferenzschaltung

Service 0800: Serviceorientierte Unternehmen (z. B. viele Banken, Versicherungen, Hotels, die Deutsche Telekom und andere Unternehmen) nutzen diesen Dienst und übernehmen die Gesprächskosten. Für den Anrufer ist das Gespräch kostenlos. Die bekannten 0130-Nummern sind auf die neuen 0800-Nummern umgestellt worden.

Anwendungsbeispiel: Ein Unternehmen ist unabhängig von seinem Standort mit diesen Servicenummern zum Nulltarif für die Kunden erreichbar. Es besteht auch die Möglichkeit, eine Fax-Hotline zum Nulltarif zu schalten. (Unternehmen nutzen diese Möglichkeit, um Werbung zu verbreiten und Adressen potenzieller Neukunden zu gewinnen.)

Service 0180: Unter der 0180-Nummer sind Teilnehmer, meist Unternehmen, bundesweit unter einer einheitlichen Telefonnummer zu erreichen. Die Empfänger bestimmen selbst, wann welche Anrufe welchen Zielanschluss erreichen sollen. Vorteil für den Anrufer: Ohne lästiges Durchfragen erreicht er sofort die zuständige Abteilung, Geschäftsstelle oder Filiale. Über die Verbindungskosten informiert der jeweilige Anbieter.

Service 0900: Anrufe unter einer bundeseinheitlichen 0900-Nummer verbinden den Anrufer mit einer Vielzahl privater Informationsanbieter – vom Wetterbericht bis zum Kochrezept, vom Börsenverlauf bis zur Last-Minute-Flugreise. Ende 2005 sind die bisherigen 0190er-Nummern abgeschaltet und auf 0900er-Nummern umgeschaltet worden.

Die entscheidende Ziffer: Was Anrufe bei Servicenummern kosten (Stand: März 2004; aktuelle Informationen: www.t-com.de/tarife oder 0800 33 01000).

freecall 0800	sind für den Anrufer kostenfrei		
Service 0180		Kosten pro Minute aus dem Festnetz	Kosten pro Anruf aus dem Festnetz
	0180-1	3,9 Cent	–
	0180-2	–	6 Cent
	0180-3	9,0 Cent	–
	0180-4	–	20,0 Cent
	0180-5	14,0 Cent	–

Service 0900 Premium Rate Service	Informationsdienste privater Anbieter. Im Juni 2003 hat der Bundestag ein Gesetz beschlossen, mit dem Verbraucher vor dem Missbrauch von 0900er-Nummern geschützt werden sollen. Bei den neuen 0900er-Nummern wird ab einem Tarif von 2,00 EUR pro Minute per Ansage über die Kosten informiert. Die Preisobergrenze für **zeitabhängig** abgerechnete Dienste beträgt 3,00 EUR pro Minute, für **zeitunabhängig** abgerechnete Dienste maximal 30,00 EUR pro Verbindung. Die Endziffer der Servicenummer bestimmt das Angebot.
0900 1	Information
0900 3	Unterhaltung
0900 5	Sonstiges

GEDAN (**Ge**rät zur **d**ezentralen **An**rufweiterschaltung): Dieser Service veranlasst, dass Anrufe dahin umgeschaltet werden, wo der Angerufene erreichbar ist, auch zu einem Funktelefon oder in das Ausland. Die Anrufe können zeitweise oder ständig weitergeschaltet werden. Der Anrufer zahlt lediglich die Tarifeinheiten bis zum gewählten Telefonanschluss. Die Kosten der weitergeschalteten Anrufe übernimmt der Anschlussinhaber. Die Anrufweiterschaltung leitet auch Telefax-Verbindungen weiter. Es gibt vier Betriebsweisen:

1. Alle ankommenden Anrufe werden **ständig** zu dem vorab bestimmten Zielanschluss weitergeschaltet. Sinnvoll für Betriebe, die in fremden Ortsnetzen ohne Niederlassung erreichbar sein wollen.
2. Ankommende Gespräche werden **bei Bedarf** zu einem festen Zielanschluss weitergeschaltet.
3. Anrufe können – zeitlich flexibel – zu unterschiedlichen Zielorten weitergeleitet werden.
4. Die Weiterschaltung kann von jedem beliebigen Telefon – auch von einem Funktelefon – ferngesteuert veranlasst werden.

T-Net-Box: Diese Sprachbox ist ein elektronischer Anrufmanager. Voraussetzung: Für Kunden mit einem ISDN-Komfortanschluss ist die T-Net-Box für eine Rufnummer enthalten. Beim ISDN-Standard ist die Aktivierung der Anrufweiterschaltung Voraussetzung für die Nutzung der T-Net-Box. Auskunft über die Einrichtung der T-Net-Box: freecall 0800 3301000.

Telefonkonferenz:

- Verbindungen zwischen mindestens 3 Teilnehmern.
- Verbindungen können in Deutschland oder mit Teilnehmern in mehr als 200 Ländern geschaltet werden.

Möglichkeiten:

1. Anmeldung beim Fernamt in Frankfurt/Main spätestens eine halbe Stunde vor Beginn der Telefonkonferenz unter der Telefonnummer: 01802 001033 (Handvermittlung)
2. Telefonkonferenzen im Büro, unterwegs per Handy oder zu Hause mit bis zu 20 Teilnehmern über die Deutsche Telekom:
   Anmeldung online unter www.t-home.de/conferencing

   Die Fernvermittlung der Deutschen Telekom

   - überprüft, ob der geplante Termin frei ist,
   - reseviert die gewünschte Gesprächsdauer.

   (Gesprächsteilnehmer rechtzeitig benachrichtigen!)

Teilnehmer im ISDN können ohne Anmeldung drei Teilnehmer von ihrem Anschluss aus selbst zu einer Telefonkonferenz schalten. Weitere Informationen im Internet unter www.t-home.de oder unter freecall 0800 3301000.

Telekommunikationsanlagen

Synonym für Telefonanlage werden auch folgende Begriffe verwendet: Telekommunikationsanlage, Nebenstellenanlage, Telefonsystem, Private Branch Exchange (PBX).

Telekommunikationanlagen dienen zwar überwiegend der Sprachübermittlung, eignen sich aber auch für die Bild-, Text- und Datenkommunikation. Die richtige Anlage kann Arbeitsabläufe in immer wiederkehrenden Situationen (Routineaufgaben) entlasten, manchmal sogar Wettbewerbsvorteile bringen. Voraussetzung dafür ist die Auswahl der richtigen, auf spezielle betriebliche Anforderungen abgestimmten **Telefonanlage**.

Nebenstellenanlagen bieten den angeschlossenen Teilnehmern als Basisleistung einerseits Zugang zum öffentlichen Nachrichtennetz und andererseits die Möglichkeit, unabhängig vom öffentlichen Netz untereinander Nachrichten und Informationen auszutauschen.

Vorteile:

- Sie entlasten die Ortsnetze vom geschäftsinternen Nachrichtenverkehr.
- Sie optimieren den Nutzen der Teilnehmeranschlussleitungen.
- Sie minimieren den Aufwand für Teilnehmereinrichtungen, denn die Vermittlungseinrichtung des Kommunikationssystems fungiert zugleich als Konzentrator, der für **viele** Nebenanschlüsse nur verhältnismäßig **wenige** Amtsleitungen benötigt.

Telefonanlagen kann man kaufen, mieten oder leasen, sowohl von der Deutschen Telekom AG als auch von privaten Anbietern. Ein Systemvergleich ist zu empfehlen. Es gibt zurzeit Anlagen mit und ohne ISDN-Anschluss.

Durch die Integration aller Telekommunikationsdienste in **einem** Netz (ISDN) ergeben sich viele *Vorteile:*

- erhöhter Telefonkomfort durch neue Dienstleistungen
- verbesserte Sprachübertragung (Rundfunkqualität)
- schneller Verbindungsaufbau
- hohe Übertragungsgeschwindigkeiten.

Schnurlose Telefonanlagen (Cordless-Kommunikation). Auf dem Markt sind Telefonanlagen, an die mehrere schnurlose und „normale“ Telefone anzuschließen sind, natürlich auch Fernkopierer und Anrufbeantworter. Als führender Standard hat sich DECT (Digital Enhanced Cordless Telecommunications) durchgesetzt. Die Reichweite der Funkverbindung zwischen Telefon und Zentraleinheit beträgt im freien Gelände bis zu 300 m, im Gebäude bis zu 50 m. An einer Basisstation können mehrere Schnurlostelefone gleichzeitig benutzt werden und auch untereinander in Verbindung treten.

Einige Vorteile:

- Mobilität,
- Einsatz als Personensuchanlage,
- bei Neuinstallationen oder Ummöblierung eines Büros entfällt der Aufwand für das Verlegen von Leitungen.

Mobilfunknetze (Handys): siehe Abschnitt 10.3.5.

Ratschläge zur Nutzung von Telefonsystemen

Allgemeine Leistungsmerkmale

Mikroprozessorgesteuerte und speicherprogrammierte Vermittlungssysteme bieten eine Fülle von Dienstleistungen.

Vorteile:

- Einsparung von Fernsprechgebühren und Arbeitszeit der Mitarbeiter,
- Entlastung der Vermittlungskräfte,
- Entlastung der Amtsleitungen.

Bei der **Durchwahl bis zur Nebenstelle** entsteht die Verbindung ohne Mitwirken der Vermittlung. Anstelle der Rufnummer der Vermittlung (z. B. die Ziffer 1) tritt die Nebenstellenrufnummer.

Vorteile:

- Durchwahl entlastet die Abfragestelle,
- Personalersparnis,
- Gebührenersparnis,
- weniger Amtsleitungen sind nötig, weil man heute im Durchschnitt 70 %, in besonderen Fällen sogar 90 % Durchwahlgespräche erreicht.

Nebenstellen können mit unterschiedlichen **Wählberechtigungen** ausgestattet werden:

- amtsberechtigte Nebenstellen,
- halbamtsberechtigte Nebenstellen (Amtsleitungen werden vermittelt),
- nicht amtsberechtigte Nebenstellen (es besteht keinerlei Zugang zu den Amtsleitungen).

Querverbindungsleitungen können Kommunikationssysteme mit anderen Systemen zu einem eigenen Nachrichtennetz zusammenschalten. Derartige private Netze ersparen Gebühren, Amtsleitungen und Vermittlungspersonal; allerdings werden von der Telekom Mietgebühren für die Leitungen erhoben.

Einrichtungen zur **Gebührenerfassung** führen zu kostenbewussterem Telefonieren (Erfahrungswert: 30 % Einsparung an Fernsprechgebühren). Es gibt folgende Auswertungsmöglichkeiten:

- Gebührenerfassung für einen Teil oder alle Amtsleitungen an der Abfragestelle mit Teilnehmeridentifizierung,
- Gebührenerfassung pro Nebenstelle an zentraler Stelle oder beim Teilnehmer,
- zentrale Gebührenerfassung als vollautomatische Erfassung und Auswertung, z. B. Gebührencomputer oder online/offline auf DVA.

▶ *Spezielle Leistungsmerkmale*

Diese Funktionen stehen nur bei entsprechender Berechtigung der Nebenstelle und entsprechender Ausstattung des Telefons zur Verfügung.

- **Anklopfen:** Entsprechend berechtigte Teilnehmer können bei einer besetzten Nebenstelle während des Gesprächs durch akustische und optische Zeichen auf einen dringenden Anruf aufmerksam machen.
- **Anrufübernahme:** Wenn das Telefon an einem nicht besetzten Arbeitsplatz läutet, kann jeder Kollege diesen Anruf am eigenen Arbeitsplatz per Tastendruck übernehmen.
- **Anrufumleitung** fest oder variabel: Ankommende Anrufe können trotz der Abwesenheit des Teilnehmers entgegengenommen werden.

  Vor Verlassen des Arbeitsplatzes aktiviert der Teilnehmer die Anrufumleitung und stellt damit sicher, dass alle danach eintreffenden Anrufe sofort entweder zu einem festen Vertreter oder zu einer anderen – frei wählbaren – Nebenstelle gelangen.
- **Aufschalten:** Bestimmte Teilnehmer können sich bei einer besetzten Nebenstelle in das Gespräch einschalten. Dabei wird ein entsprechender Hinweiston gesendet und alle drei Partner in einer Konferenzschaltung verbunden. Das Aufschalten oder Anklopfen ist bei „geschützter" Nebenstelle nur der Vermittlungsperson oder speziell berechtigten Teilnehmern möglich.
- **Automatischer Rückruf:** Wenn der gewünschte **interne** Teilnehmer nicht erreichbar ist, stellt das System nach Aktivieren des selbsttätigen Rückrufs durch Tastenwahl die Verbindung zum frühestmöglichen Zeitpunkt her, d. h. sobald beide Teilnehmer frei sind.
- **Freisprechen/Lauthören, Wahl bei aufliegendem Hörer:** Mikrofon und Lautsprecher sind in das Gehäuse von Komforttelefonen integriert und gestatten das Wählen und Telefonieren ohne Hörerbenutzung. Die Hände bleiben frei; man kann sich während des Telefonierens frei im Raum bewegen und auch andere Personen können sich am Gespräch beteiligen.
- **Konferenzschaltung:** Während eines externen Telefongesprächs kann ein oder können mehrere weitere Teilnehmer beteiligt werden. Sie können mithören und mitsprechen.
- **Kurzwahl:** Bis zu 16-stellige Rufnummern lassen sich durch jeweils zwei- bzw. dreistellige Kurzrufnummern aussenden.
- **Makeln:** Ein Teilnehmer kann zwischen zwei oder mehreren gleichzeitig bestehenden Telefonverbindungen hin und her wechseln, ohne jedes Mal neu wählen zu müssen. Eine Sprechverbindung besteht dabei immer nur zu einem Teilnehmer.
- **Mitteilungen über Display:** Über Komforttelefone mit Display lassen sich im internen Telefonverkehr Informationen austauschen.
- **Rückfrage:** Während eines Amtsgesprächs kann von derselben Sprechstelle aus gleichzeitig eine weitere interne Verbindung hergestellt werden. Der wartende Amtsteilnehmer

hört während der Rückfrage nicht mit. Wird der Hörer versehentlich nach Rückfrageende aufgelegt, wird die Amtsverbindung nicht aufgelöst, sondern zur Vermittlung gelegt.

- **Wahlwiederholung:** Wenn der gewünschte **externe** Teilnehmer nicht erreichbar ist, kann nach dem Aktivieren der Wahlwiederholung der Wählversuch beliebig oft wiederholt werden. Die Nummer wird so lange gespeichert, bis sie durch eine andere ersetzt oder aber gelöscht wird.

Beispiele:

- Einem Kollegen kann während eines Telefongesprächs signalisiert werden, dass man ihn dringend zu sprechen wünscht.
- Wer seinen Arbeitsplatz für längere Zeit verlässt, aktiviert den elektronischen „Anrufbeantworter". Anrufer erfahren dann durch die Meldung am Telefondisplay Näheres: „Zurück um: 10:00 Uhr" oder „Ganztags nicht erreichbar".
- Der „Briefkasten" speichert Rückrufwünsche interner Teilnehmer und erinnert durch Leuchtsignal und Displayanzeige an die Erledigung.

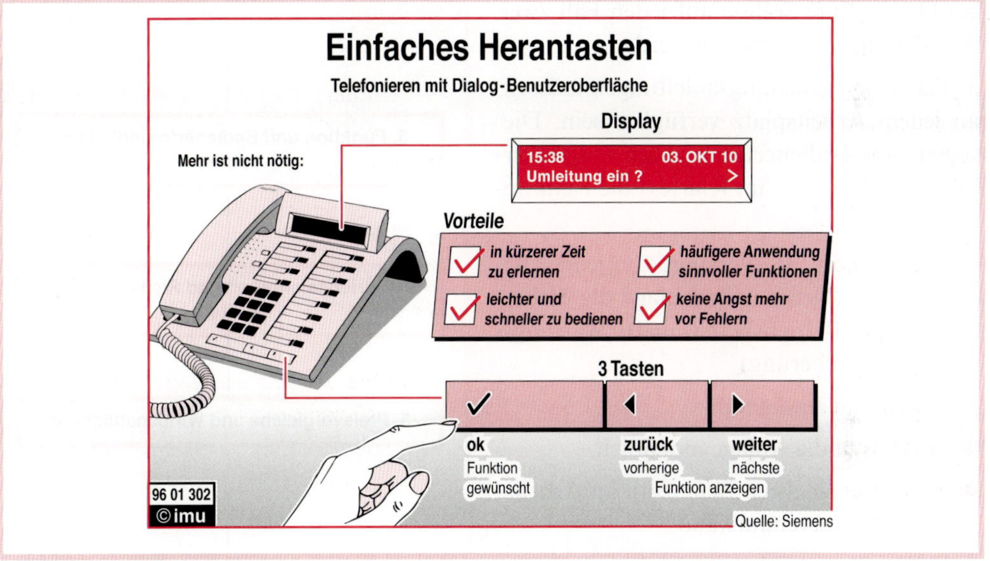

Moderne Telefonanlagen bieten neben ausgereifter Technik eine Fülle sinnvoller Funktionen, deren Bedienung jedoch oft kompliziert ist. Verstärkte Aufmerksamkeit richten die Hersteller daher auf die Benutzerfreundlichkeit ihrer Geräte. Statt vieler Funktionstasten etwa für Rückruf, Konferenz oder Gesprächsweitergabe haben Telefone mit einer „Dialog-Oberfläche" nur zwei spezielle Dialogtasten, mit denen die Systemfunktionen auf dem Telefondisplay ausgewählt werden können. Mit den beiden Tasten für „Ja" oder „Weiter" bestätigt der Telefonierende eine der im Display angebotenen Funktionen oder „blättert" einfach weiter.

Ratgeber zur Anschaffung von Telefonsystemen

Das Angebot ist kaum überschaubar; die Leistungsfähigkeit der verschiedenen Systeme und der von den einzelnen Herstellern gebotene Services sind bei Weitem nicht gleich. Umso wichtiger ist es, rechtzeitig **vor** der Anschaffung einen Kriterienrahmen abzustecken.

Die Vorteile der ISDN-Telefonsysteme kann nur ausschöpfen, wer z. B. sehr viele externe Text- und Datenübertragungen vornimmt und dabei auch noch gleichzeitig mit dem Partner telefonieren will. Nützlich ist es auf jeden Fall, wenn die Anlage über einen sogenannten S_0-Anschluss für das öffentliche ISDN-Netz verfügt.

Das System muss ausgereift sein und in etlichen Installationen seine Funktionstüchtigkeit bewiesen haben, und zwar im Zuständigkeitsbereich des ZZF (Zentralamt für Zulassungen im Fernmeldewesen).

1. Informationsstellen: Telefonläden der Telekom, Anmeldestellen für Fernmeldeeinrichtungen; Herstellerunterlagen (Branchenfernsprechbuch); Messebesuche.

2. Grundlage: Eine Amtsleitung verkraftet pro Tag etwa 60 ein- und ausgehende Gespräche; dazu kommen in der Regel noch ein Fernkopierer und ein PC für Datenbankabfragen. Als Mindestausstattung selbst für ein kleines Büro sollten auf jeden Fall zwei Amtsleitungen vorgesehen werden.

3. Plausible Bedienungsanleitungen müssen an jedem Arbeitsplatz verfügbar sein. Die sogenannte Bedienerführung am Display erklärt dem Benutzer im Klartext die Funktionen.

4. Die Telekom AG verlangt von jedem Betreiber einer Nebenstellenanlage die Sicherstellung der Betriebsbereitschaft (Wartungsvertrag, Versicherung).

5. Prüfen und abwägen,

- was kostet die Anlage monatlich,
- was spart sie ihren Benutzern an Arbeitszeit und Nervenaufwand?

6. Bei der Entscheidung spielen auch steuerliche Gesichtspunkte eine wichtige Rolle. Bei Mieten geht der Trend zu kürzeren Fristen (fünf Jahre).

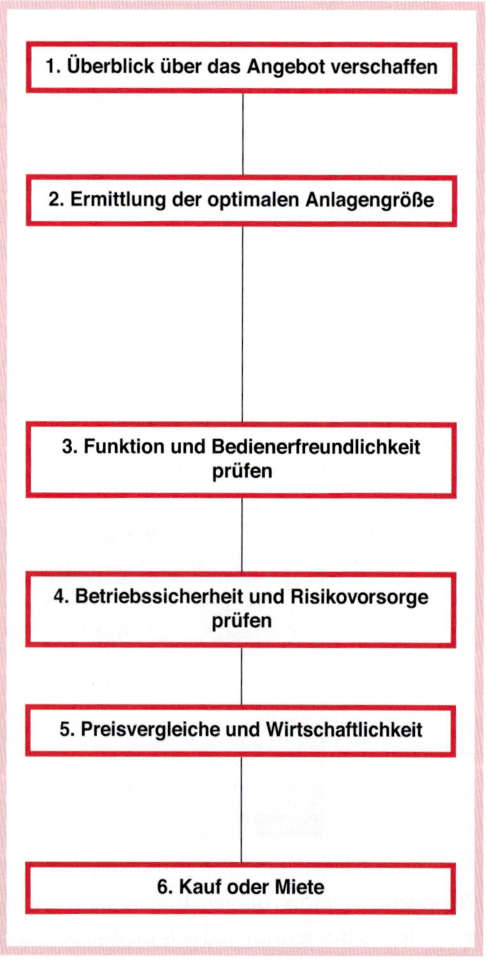

Checklisten

► Ausstattungsmerkmale kleiner Telefonsysteme

Nach diesen Ausstattungsmerkmalen sollten potenzielle Lieferanten gefragt werden; in der Liste lässt sich markieren, welche Funktionen sofort notwendig sind und welche später ergänzt werden können.

- **Typische Ausbaugrößen:**
  - bis 24 Telefone (stufenlos / in Stufen),
  - bis 8 Amtsleitungen (stufenlos / in Stufen).

- **Grundausstattung der Anlage:**
  - Musikeinspielung bei Gesprächsunterbrechung, z. B. in Rückfrage,
  - Rufweiterschaltung,
  - Lautsprecherdurchsage,
  - Anrufumleitung, auch nachziehbar,
  - Wahlwiederholung,
  - Anklopfen,
  - Telefonkonferenzen,
  - wahlweise gemischter Betrieb von Standard- und Komforttelefonen,
  - Ruhe vor dem Telefon,
  - Nachtschaltung.
- **Anschaltung von Zusatzeinrichtungen:**
  - Türsprechstelle,
  - Anrufbeantworter,
  - Fernkopierer,
  - Internetzugang.
- **Zusatzausstattung der Anlage:**
  - 80 bis 100 gemeinsame Kurzwahlziele,
  - 10 individuelle Kurzwahlziele je Telefon,
  - Einschränkung der Wahlberechtigung (zentral/individuell),
  - Telefonverriegelung per Codeschloss,
  - V.24-Schnittstelle zur Anschaltung von Gebührencomputer, PC, Drucker, Zeiterfassungseinrichtungen,
  - S_0-Schnittstelle für Durchwahl.

► *Ausstattungsmerkmale von Komforttelefonen*

Ein so häufig benutztes Werkzeug wie das Telefon muss komfortabel und einfach zu bedienen sein. Die Checkliste dient zum Ankreuzen, welche Leistungsmerkmale Standardausstattung sind oder einen Aufpreis kosten und welche Funktionen womöglich gar nicht geboten werden.

- **Grundausstattung von Komforttelefonen:**
  - unterschiedliches Klingeln bei internen oder externen Anrufen,
  - Namenstasten für interne Teilnehmer mit Besetztanzeige (LED),
  - Belegungstasten für Amtsleitungen mit Zustandsanzeige (LED) (freie oder besetzte Leitung, gehaltenes oder ankommendes Gespräch),
  - namentliche Anzeige interner Anrufer im Display,
  - Freisprechen und Lauthören,
  - Wahl bei aufliegendem Hörer,
  - integrierte Gegensprechanlage,
  - Einzel- und Sammeldurchsagen,
  - 24-stelliges alphanumerisches Display,
  - Kurzmitteilungen und Anrufbeantwortung über Display,
  - Uhrzeit- und Datumanzeige im Display,
  - Terminerinnerung akustisch und im Display,
  - Briefkasten für Rückrufwunsch,
  - Makeln zwischen Leitungen,
  - freie Tasten programmierbar für Kurzwahl, Leistungsmerkmale usw.

- **Ausstattungsvarianten für Vieltelefonierer:**
  - Erweiterungsterminal mit zusätzlichen programmierbaren Tasten,
  - integrierte Datenbank für 500 bis 800 Namen, Telefonnummern, Termine und Zusatzinformationen,
  - Wahl auf Knopfdruck anhand der Datenbank,
  - großes Informationsdisplay,
  - Dateneingabe über Schreibtastatur.
- **Ein Telefon für „Vieltelefonierer" (Kauf oder Miete möglich)**

  Seine Leistungsmerkmale:
  - Notizbuch für Adressen und Telefonnummern,
  - Textübermittlung, Anrufhinweise, Geburtstagskalender,
  - Terminkalender für bis zu sechs Tagestermine, Sperrfunktion,
  - Display bis zu 120 Zeichen – Direktruf – Notruf,
  - Lautsprecher – Wahl bei aufliegendem Hörer – Stummschaltung,
  - umschaltbares Wahlverfahren – Wahlwiederholung – Tonruf,
  - Datum- und Uhrzeitanzeige – Gebührenanzeige.

Kleines Telefonpraktikum

Deutsche Unternehmen am Telefon: von frech bis freundlich

Ergebnis einer Studie, die in 20 westdeutschen Unternehmen durchgeführt wurde, wobei 1 089 Kontaktanrufe simuliert wurden:

Die besten Ergebnisse	Die schlechtesten Ergebnisse
Mitarbeiter der Telefonzentrale	**Mitarbeiter der Telefonzentrale**
● 53 Prozent begrüßen den Anrufer freundlich	● Fast 7 Minuten Wartezeit von der Zentrale zum Ansprechpartner
● 43 Prozent sprechen deutlich	● 18-mal weiterverbunden
● 43 Prozent wissen noch über den Anrufer Bescheid, wenn das Gespräch nicht vermittelt wurde	● 72 Prozent wissen nicht, wer für das Problem des Anrufers zuständig ist
Ansprechpartner	**Ansprechpartner**
● 46 Prozent geben sofort eine zufrieden stellende Auskunft	● 85 Prozent sprechen den Anrufer nicht/nicht richtig mit Namen an
● 45 Prozent sind hilfsbereit	● 42 Prozent haben kein Verständnis für Beschwerden des Anrufers

Quelle: Forschungsgruppe Management und Marketing, Universität Kassel

Häufig vorkommende, aber vermeidbare Telefonsünden der Sekretariatsmitarbeiter oder der Person, die einen Anruf übernimmt:

- Bei eigenem Anruf wird das Gespräch nicht ordentlich vorbereitet.
- Schlechte Aussprache: Der Name des Unternehmens und der eigene Name werden so undeutlich oder unverständlich gesprochen, dass eine Rückfrage des Anrufers erforderlich ist.
- Der Name des Gesprächspartners wird vergessen oder falsch ausgesprochen.
- Die Stimme klingt unfreundlich und unpersönlich.
- Der Anrufer muss lange warten, bis abgenommen wird. Die Regel, nach dem zweiten Rufton abzunehmen, wird oft ignoriert.
- Es wird zu schnell, zu leise, zu laut, zu vertraulich, zu knapp, zu umständlich, zu undeutlich, oft sogar unhöflich gesprochen.
- Der Gesprächspartner kann nicht ausreden. Er wird unterbrochen.
- Versprochene Rückrufe werden verspätet oder gar nicht ausgeführt.
- Die zentrale Vermittlungsstelle ist nicht genau über die Zuständigkeiten informiert und stellt falsche, zeitraubende Verbindungen her.
- Die Weiterverbindung durch die Telefonzentrale wird nicht angekündigt.
- Die Telefonzentrale überprüft nicht, ob eine Verbindung zustande gekommen ist.
- Es wird keine Hilfe angeboten, wenn der gewünschte Gesprächspartner nicht erreichbar ist.
- Es werden keine oder nur unvollständige Gesprächsnotizen gemacht.
- Die Funktionen der Telefonanlage werden nicht voll ausgenutzt, z. B. die Kollegen müssen zum Telefon eines abwesenden Kollegen hasten, weil dieser seine „Anrufumleitung" nicht eingeschaltet hat.

Wichtig ist, sich der Telefonunarten bewusst zu werden und das eigene Verhalten am Telefon zu überprüfen.

Telefonmarketing. Sprachliche Sicherheit, fremdsprachliche Grundkenntnisse, eine angenehme Stimme (trainierbar) erleichtern die Telefonarbeit.

Ist es erforderlich, Gesprächspartner privat anzurufen, sollten die üblichen korrekten Sprechzeiten eingehalten werden, d.h., nie vor 08:00 Uhr, nie nach 20:00 Uhr, nicht zwischen 13:00 und 15:00 Uhr anrufen.

Es gibt verschiedene Möglichkeiten der Direktwerbung:

- **Servicenummern** (s. S. 400f. Service- und Mehrwertdienste)

  Beispiel:

  - **freecall 0800:** Mit dieser Nummer signalisiert ein Unternehmen, dass es die Anrufkosten übernimmt.
  - **Service 0180:** Partnerschaftliche Beteiligung an den Gesprächskosten
  - **Service 0900:** Über diesen Service können den Kunden Unterhaltungs- und Informationsdienste angeboten werden. Die genutzten Serviceleistungen werden dem Anbieter über die Verbindungsentgelte direkt vergütet. (Service 0190 wurde ab Ende 2005 auf Service 0900 umgestellt.)

- **Dialog-Marketing-Services der Telekom:**

Beispiele:

- **Callcenter:** Geschulte Mitarbeiter nehmen die Anrufe entgegen, beraten und versorgen Interessenten auf Wunsch mit Informationsmaterial, analysieren die Kontakte.
- **Audiotex:** Kombination aus Telefon und Sprachcomputer; Kunden und Interessenten können rund um die Uhr Informationen abrufen oder hinterlassen, Bestellungen aufgeben.
- **Faxabrufservice:** Der Anbieter legt seine Angebote auf einen Faxserver; die Kunden können interaktiv die gewünschten Informationen abrufen.

Die Werbung per Telefon ist nicht immer zulässig. Dazu einige aktuelle Urteile:

- **Beratung am Telefon:** Banken dürfen in Kontoeröffnungsanträgen nicht die Klausel verwenden, wonach die potenziellen Kunden ihr „Einverständnis zu telefonischer Beratung" geben, da sich Angerufene dieser „massiven Einflussnahme und Beeinträchtigung ihrer Privatsphäre zu Tageszeiten, die nur der Werbende bestimmt" nur schwer entziehen können (BGH, Az.: XI ZR 76/98).
- **Persönliche Daten:** Banken dürfen von ihren Kunden nicht die Zustimmung zur Weitergabe ihrer persönlichen Daten für die Telefonwerbung einer Firma für Finanzdienstleistungen verlangen, auch wenn dies in den Allgemeinen Geschäftsbedingungen so vorgesehen ist (OLG Frankfurt/M., 1 U 271/96).
- **Autoverkauf:** Geben Privatpersonen Anzeigen zum Verkauf ihres Autos auf, so ist es Gebrauchtwagenvermittlern nicht erlaubt, sie anzurufen und ihnen die zu bezahlende Aufnahme des Angebots in einen Computerdienst anzubieten (OLG Stuttgart, 2 U 67/94).
- **Gewerblich Tätige:** Auch gegenüber gewerblich tätigen Personen, zu denen noch kein Kontakt besteht, ist Telefonwerbung nur zulässig, wenn der Angerufene sein Einverständnis erklärt hat oder von dem Anrufer ein sachliches Interesse an dem Gespräch vermutet werden kann (OLG Köln, 6 U 21/98).

▶ Regeln für wirtschaftliches Telefonieren

- Papier und Schreibgerät stets neben dem Telefon bereithalten,
- Telefonregister mit internen und externen Anschlüssen bereithalten bzw. programmierbare Telefonapparate auf dem neuesten Stand halten,
- Gesprächsvorbereitung: Formblatt (s. Abb. S. 411) verwenden, vor dem Telefonat Kompetenzen klären, Unterlagen bereithalten,
- Buchstabieralphabet verwenden,
- deutlich sprechen,
- sich diszipliniert und höflich verhalten,
- falls eine Weiterverbindung oder Aktensuche erforderlich ist, den Gesprächspartner darauf hinweisen und ggf. Anruf zu einem späteren Zeitpunkt vereinbaren,
- falls nötig, höflich unterbrechen, z. B. bei Falschverbindungen, falscher Zuständigkeit, Störung durch andere wichtige Angelegenheiten,
- bei Auslandsgesprächen auf mögliche Zeitverschiebungen achten (siehe S. 412).

Gesprächsvorbereitung

Datum: 20.03.

Uhrzeit: X (11)

Firma: Westerberg, 59065 Hanau

Abteilung / Name: Geschäftsleitung, Klaus Müller

Vorwahl-Nr.	Telefon-Nr.	Hausapparat (Durchwahl)
06 81	242017-1	

Zu behandelnde Punkte
(Welche Unterlagen sind für das Gespräch erforderlich?)

- CD-ROM. Genaue Bedürfnisse erfragen, da Anbietermarkt und Technik unübersichtlich.
- Windows-Textverarbeitungsprogramme; Angebote sind am 10.03. gemacht worden.
- Wann kann mit einem Auftrag gerechnet werden?

Was ist aufgrund des Gespräches zu veranlassen?

Berger

Buchstabiertafel

Inland

A	= Anton	O	= Otto
Ä	= Ärger	Ö	= Ökonom
B	= Berta	P	= Paula
C	= Cäsar	Q	= Quelle
Ch	= Charlotte	R	= Richard
D	= Dora	S	= Samuel
E	= Emil	Sch	= Schule
F	= Friedrich	ß	= Eszett
G	= Gustav	T	= Theodor
H	= Heinrich	U	= Ulrich
I	= Ida	Ü	= Übermut
J	= Julius	V	= Viktor
K	= Kaufmann	W	= Wilhelm
L	= Ludwig	X	= Xanthippe
M	= Martha	Y	= Ypsilon
N	= Nordpol	Z	= Zacharias

Ausland

A	= Amsterdam	Q	= Quebec
B	= Baltimore	R	= Roma
C	= Casablanca	S	= Santiago
D	= Danemark	T	= Tripoli
E	= Edison	U	= Uppsala
F	= Florida	V	= Valencia
G	= Gallipoli	W	= Washington
H	= Havana	X	= Xanthippe
I	= Italia	Y	= Yokohama
J	= Jerusalem	Z	= Zürich
K	= Kilogramm		
L	= Liverpool		
M	= Madagaskar		
N	= New York		
O	= Oslo		
P	= Paris		

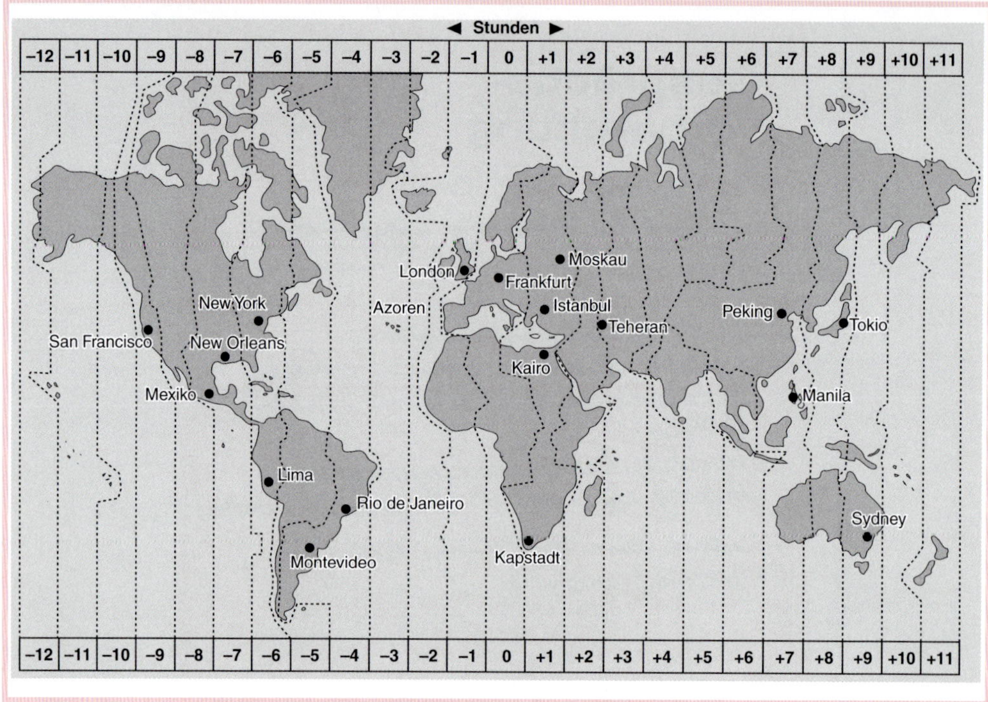

- Rangfolge bei Gesprächen beachten; dazu gehören Fingerspitzengefühl und Erfahrung. Im Zweifelsfalle sollten Sie ein Gespräch (höflich) unterbrechen und Ihren Chef fragen.

  Allgemein gilt:

  - Auslandsgespräche haben Vorrang vor Ferngesprächen.
  - Ferngespräche haben Vorrang vor Ortsgesprächen.
  - Ortsgespräche haben Vorrang vor Hausgesprächen.

  Diese Einteilung ist jedoch einseitig und allgemein, denn ein Hausgespräch kann manchmal wichtiger und eiliger sein als ein Auslandsgespräch.

- Kann eine Angelegenheit nicht selbstständig geklärt werden, sollte zur Information des Chefs und zur Terminkontrolle eine Telefonnotiz angefertigt werden. Wenn Kollegen für die Erledigung zuständig sind, sollte die Notiz sofort weitergeleitet werden.

  Eine Telefonnotiz sollte folgende Daten enthalten:

  - Datum,
  - Uhrzeit,
  - Name des Anrufers, Firma, Vorwahl und Telefonnummer (Durchwahl),
  - Inhalt des Gesprächs,
  - was ist zu veranlassen,
  - wer hat etwas zu veranlassen,
  - Termin,
  - Handzeichen.

  Es gibt Vordrucke, die diese Arbeit systematisieren und erleichtern.

Datum 19.11.

Aufgenommen von Frau Schön

Telefon-notiz

Anruf von Herrn Müller i. Fa. Farbenwerke Hamburg, Tel.: ...

[x] ruft wieder an — am/um 20.11.

[ ] bittet um Anruf — 11 Uhr

Unsere Bestellung vom 18.11. kann nicht in der gewünschten Weise ausgeführt werden. Wird eine Ersatzlieferung (Artikel Nr. 1280) gewünscht?

Telefon-notiz

▶ Vor- und Nachteile der telefonischen Informationsweitergabe

Vorteile:

- Kurze Telefongespräche sind billiger als Briefe.
- Ein Telefongespräch ist „schneller“ als die Briefpost.
- Sachverhalte lassen sich am Telefon leichter klären als im Schriftverkehr.
- Viele Teilnehmer schätzen den direkten Dialog.
- Kostenersparnis durch besondere Wählverbindungen, z. B. „Anrufweiterschaltung“, s. S. 401 f.
- Verständigung zwischen mehreren Gesprächspartnern durch Konferenzschaltung

Nachteile:

- Verzicht auf schriftliche, beweisfähige Unterlagen
- Missverständnisse sind möglich.
- Lange Telefongespräche können teuer werden.

▶ Schreibweisen der Telefonnummern

Beim Druck von Geschäftsvordrucken sollte die richtige Schreibweise der Telefonnummern nach DIN 5008 beachtet werden.

Telefonnummern werden funktionsbezogen durch je ein Leerzeichen gegliedert (Anbieter, Landesvorwahl, Ortskennzahl, Einzelanschluss bzw. Durchwahlnummer). Einzelne Elemente können zum besseren Verständnis fett oder farbig gedruckt werden.

Schreibweise	DIN 5008
Einzelanschluss ohne Durchwahl	23056 06172 1804 02541 33489
Durchwahlanlage • Zentrale Abfragestelle • Durchwahlanschluss	 06172 1804-0 06251 545-1 01234 811-01 01234 123-6698 06172 1804-131
International (Die länderbezogene Zusatznummer kann durch das Zeichen + vor der Landeskennzahl dargestellt werden)	+49 6251 89-0

■ Sprechanlagen, Anrufbeantworter

Sprechanlagen dienen der Entlastung der innerbetrieblichen Kommunikation. Es gibt verschiedene Formen von Sprechanlagen, d. h. verschiedene Kombinationsmöglichkeiten von Haupt- und Nebenstellen. Welche Form gewählt wird, hängt von der Struktur und Organisation eines Unternehmens ab.

▶ Sprechanlagen

Sprechanlagen sind vom Fernsprechnetz unabhängige innerbetriebliche Anlagen, deren Hauptvorteil darin liegt, dass die Fernsprechanlage von internen Gesprächen freigehalten wird.

Man unterscheidet

- Wechselsprechanlagen,
- Gegensprechanlagen.

Wechselsprechanlagen. Die Anzahl der Sprechstellen ist begrenzt. Der Übertragungskanal ist ein Halbduplexkabel, d. h., dass die Gesprächspartner nur abwechselnd miteinander sprechen können. Der Anrufende steuert die Sprechrichtung durch Tastendruck.

Drücken der Sprechtaste = Mikrofonfunktion
Loslassen der Sprechtaste = Lautsprecherfunktion

Der angerufene Partner kann von jeder Stelle des Raumes aus antworten, ohne sein Gerät zu bedienen.

Beispiel: Der Einkaufsleiter erkundigt sich über die Wechselsprechanlage beim Lagerverwalter nach dem Bestand eines bestimmten Artikels. Dieser kann die Auskunft geben, ohne seinen Arbeitsplatz verlassen zu müssen und ohne ein Gerät zu bedienen.

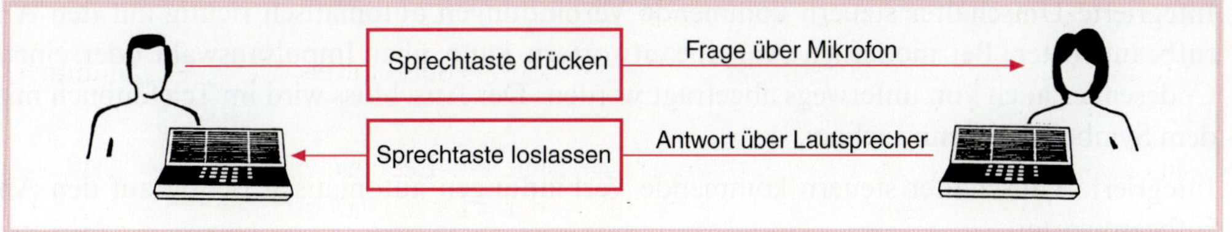

Gegensprechanlagen. Die Anzahl der Sprechstellen ist unbegrenzt. Der Übertragungskanal ist ein Duplexkabel, d. h., beide Gesprächspartner können gleichzeitig sprechen und hören. Das Bedienen der Sprechtaste entfällt. Die Verbindung wird durch Wahl von Zifferntasten hergestellt und durch eine Trenntaste aufgehoben. Durch Druck von Zusatztasten

- kann das Mithören von Gesprächen beim angewählten Partner verhindert werden,
- können Durchsagen an alle Sprechstellen ausgelöst werden,
- kann die Lautstärke erhöht werden.

Es gibt verschiedene Verbindungsmöglichkeiten (Verkabelung) von Sprechanlagen. Je nach Umfang und Art der zu führenden internen Gespräche werden den Sprechstellen verschiedene Berechtigungsgrade zugewiesen.

Man unterscheidet Hauptstellen, aktive und passive Nebenstellen. Hauptstellen können untereinander und mit jeder Nebenstelle Verbindung aufnehmen. Aktive Nebenstellen können mit einer oder zwei Hauptstellen Kontakt aufnehmen, während passive Nebenstellen nur von Hauptstellen aus angerufen werden können. Nebenstellen können untereinander keine Verbindung aufnehmen. Welche Netzart (Verbindungsart) gewählt wird, hängt von den organisatorischen Voraussetzungen eines Betriebes ab. Es empfiehlt sich, vor Einrichtung von Sprechstellen eine Kommunikationsanalyse durchzuführen oder sich generell nur für Hauptstellen zu entscheiden, da Nebenstellen erhebliche Einschränkungen mit sich bringen.

Vorteile von Sprechanlagen:

- Die Fernsprechanlage wird freigehalten.
- Die Gesprächsabwicklung erfolgt schneller als über Telefon.
- Mehrere Mitarbeiter können gleichzeitig informiert werden.
- Die Sprechanlage kann während eines Telefongesprächs für interne Rückfragen benutzt werden.
- Es entstehen keine Gesprächgebühren.

Automatische Anrufbeantworter

In vielen Betrieben sind automatische Anrufbeantworter unentbehrlich geworden, denn sie ermöglichen es, auch bei Abwesenheit Nachrichten zu übermitteln und entgegenzunehmen. Es handelt sich um private Zusatzeinrichtungen, die im Prinzip wie ein Tonbandgerät arbeiten.

Integrierte Umschalter steuern kommende Verbindungen automatisch richtig auf den Anrufbeantworter. Bei modernen Anrufbeantwortern kann über Impulsauswahl oder einen Codesender auch von unterwegs abgefragt werden. Der Anschluss wird im Telefonbuch mit dem Symbol ⌀ gekennzeichnet.

Integrierte Umschalter steuern kommende Verbindungen automatisch richtig auf den Anrufbeantworter.

Bei modernen Anrufbeantwortern kann über einen Codesender auch von unterwegs abgefragt werden. Es gibt:

- Anrufbeantworter ohne Sprachaufzeichnung (Nur-Beantworter),
- Anrufbeantworter mit begrenzbarer oder sprachgesteuerter Sprechzeit für die Anrufer.

► *Anrufbeantworter ohne Sprachaufzeichnung*

Nur-Beantworter	Einsatz bei Routineauskünften
Meldetext	auswechselbar
Dauer des Meldetextes	30 oder 60 Sekunden
Kapazität	unbegrenzt

Textbeispiel:	**Ablauf** **Klingelzeichen**
Hier automatischer Anrufbeantworter Dr. Ulrike Schön … Meine Praxis ist zurzeit nicht besetzt. Sie erreichen mich wieder ab … Uhr. In dringenden Fällen vertritt mich … Ende der Mitteilung. Vielen Dank für Ihren Anruf.	Meldetext: 30 oder 60 Sekunden oder 180 Sekunden
	Das Gerät schaltet ab und ist bereit für den nächsten Anruf.

► *Anrufbeantworter mit begrenzbarer oder sprachgesteuerter Aufzeichnungszeit*

Einsatz, wenn häufig wichtige Anrufe ankommen, aber das Telefon nicht ständig besetzt sein kann.

Melde- und Aufzeichnungstext	auf Kassette oder digital
Dauer	begrenzbar
Meldetext je nach Kassette	bis zu 30 Sekunden
Aufzeichnungszeit je nach Kassette	begrenzbar oder sprachgesteuert
Endabsage	bis zu 4 Sekunden
Kapazität je nach Kassette	55 Gespräche je 30 Sekunden 35 Gespräche je 40 Sekunden

Textbeispiel:	**Ablauf** **Klingelzeichen**
Hier automatischer Anrufbeantworter Modehaus Chic. Unser Büro ist zurzeit nicht besetzt. Sie können jedoch anschließend einen Text von … Sekunden Dauer auf Band sprechen. Beginnen Sie mit Ihrem Namen, Ihrer Anschrift und Ihrer Kundennummer. Bitte sprechen Sie nach dem Signalton.	Meldetext: bis zu 30 Sekunden

Anrufer:	Umschaltung auf Aufzeichnung:
Hier ist Ulrike Schön, Waldenburger Weg 3, 30519 Hannover, Kundennummer 37828. Ich bitte um umgehende Lieferung folgender Artikel 334455 1 Seidenbluse 55,00 EUR 224433 1 Flanellrock 120,00 EUR	Aufzeichnungszeit je nach Gerät 30 oder 40 Sekunden je Anrufer; 1, 2, 3, ∞ Aufzeichnungszeiten Minuten wählbar
Vielen Dank für Ihren Anruf.	Umschaltung auf Schlusstext
	Das Gerät schaltet ab und ist bereit für den nächsten Anruf.

Es gibt Geräte, die alle drei Funktionen der Anrufbeantworter in **einem** Gerät vereinen. Der Benutzer kann sich flexibel den organisatorischen Erfordernissen anpassen. Er kann das Gerät einsetzen entweder:

- als „Nur-Beantworter" (z. B. während der Urlaubszeit),
- als Anrufbeantworter mit begrenzbarer Aufzeichnungszeit,
- als Anrufer mit sprachgesteuerter Aufzeichnung.

Vorteile des Anrufbeantworters:

- Der Anschluss ist immer erreichbar.
- Die gespeicherte Mitteilung eines Anrufers kann jederzeit abgehört und gelöscht werden.
- Fernabfrage aus der ganzen Welt ist möglich.
- Selektionsmöglichkeit: Nur wichtige Anrufe werden entgegengenommen, die anderen werden gespeichert.

Eine komfortable Erweiterung des Anrufbeantworters ist die T-Net-Box (s. S. 400f.).

Die Auswahl an Anrufbeantwortern ist groß. Es gibt auch Geräte (ISDN), die Anrufbeantworter, Telefon und Fax in sich vereinen und einen parallelen Einsatz der verschiedenen Module erlauben.

Digitaler Anrufbeantworter.

Vorteile der Digitalisierung:

- Wegfall mechanischer Verschleißteile,
- die Tonbandkassette entfällt,
- sekundenschneller Zugriff auf aufgezeichnete Gespräche,
- Abruf von Nachrichten, Status- und Funktionsansagen wie bei einem CD-Player,
- der Wochentag und die Uhrzeit der eingehenden Nachricht werden automatisch registriert.

Die Deutsche Telekom bietet mit der **T-Net-Box** eine Einrichtung an, die über alle Funktionen eines Anrufbeantworters verfügt. Voraussetzung für die Installation ist ein mehrfrequenzwahlfähiges Telefon oder ein ISDN-Anschluss mit dem Leistungsmerkmal „Anrufweiterschaltung".

Vorteile (Auswahl): Kein Extragerät, Bedienung über die Tasten des Telefons, Aufnahme von Telefongesprächen auch während eines laufenden Telefonats, Abfrage der T-Net-Box von jedem Apparat aus möglich; sobald eine Nachricht eingegangen ist, kann die T-Net-Box den Nutzer weltweit über Telefon, Handy oder Pager anrufen.

▶ *Kleiner Ratgeber zur Anschaffung von Anrufbeantwortern*

Welche Anforderungen werden an das Gerät gestellt?

- Werden verschiedene Ansagetexte benötigt?
- Über welche Aufnahmekapazität soll das Gerät verfügen?
- Wird eine Fernabfrage und Fernbedienung (mit einem speziellen Sender) benötigt?

Fernabfrage	Von jedem Telefon aus möglich.
Fernbedienung	– Änderung von Ansagetexten von unterwegs aus – Hinterlegung von gezielten Nachrichten für einen Anrufer – Fernein- und -ausschaltung – Löschen von Nachrichten

- Wird eine Rufweiterleitung benötigt?
- Soll das Gerät die Möglichkeit bieten, Gespräche mitzuschneiden? (Um Einverständnis des Gesprächspartners bitten!)
- Soll der Anrufbeantworter Uhrzeit und Datum registrieren?
- Soll der Anrufbeantworter Anrufe und/oder Gespräche zählen? Ein Anrufzähler registriert jeden Anruf, auch wenn der Anrufer sofort auflegt. Ein Gesprächszähler zeichnet die Anrufe „mit Inhalt“ auf.

Hinweise zum Umgang mit Anrufbeantwortern

Ansagetext	• Namen der Firma, die gewählte Telefonnummer nennen • den Ansagetext kurzhalten (die Kosten gehen zu Lasten des Anrufers) • ist das Unternehmen international tätig, deutsche/englische Ansage • auf eine sympathische Telefonstimme achten
Handhabung	• Anrufbeantworter so oft wie möglich abhören • versprochene Rückrufe möglichst umgehend tätigen

▶ *Sprachspeicher (Voicemail)*

Der Einsatz eines Sprachspeichersystems ist sinnvoll, wenn

- häufig mehreren leitenden Mitarbeitern dieselbe Information zugestellt werden soll,
- die Telefonzentrale entlastet werden soll,
- Telefonanrufe an eine bestimmte, aber nicht immer erreichbare Person gerichtet sind.

Pro Mitarbeiter wird eine individuelle Sprachbox mit Fernabfrage und Rufnachsendung eingerichtet mit der Möglichkeit, Nachrichten von Sprachbox zu Sprachbox weiterzuleiten.

- Die Sprachbox ist das **elektronische** Postfach per Telefon, mit „Eingangskorb“ und „Abgangskorb“ für **gesprochene** Nachrichten.
- Voraussetzung: Telefon mit Mehrfrequenzwahlverfahren (MFV).
- Abgehende Mitteilungen werden telefonisch in die Sprachbox gesprochen und dort gespeichert. Sie können dann an andere Sprachbox-Teilnehmer oder auch Nicht-Sprachbox-Teilnehmer sofort oder zu einem bestimmten Zeitpunkt übermittelt werden.
- Zusätzlich können Telefaxe zwischengespeichert und weitergeleitet werden.
- Eingehende Mitteilungen werden in der Box gespeichert und können jederzeit abgerufen werden.

- *Vorteile:* Ständige Erreichbarkeit; nützlich, wenn internationale Zeitzonen zu überbrücken sind. Auf Wunsch benachrichtigt das Sprachspeichersystem den Anwender über neu ankommende Nachrichten telefonisch oder über Cityruf. Koppelung mit der Anrufweiterschaltung perfektioniert die Erreichbarkeit.

- Nutzung: Außendienstmitarbeiter, international tätige Führungskräfte.

Kernwissen

- Private Zusatzeinrichtungen wie
  - Sprechanlagen,
  - Automatischer Anrufbeantworter,
  - Sprachspeicher (Voicemail)

  erleichtern wesentlich die Arbeit und ersparen Arbeitszeit und unnötige Rückfragen.

- Hausgespräche haben den größten Anteil an Telefongesprächen. Wichtig ist daher die Installation von richtig dimensionierten Sprechanlagen.

- Automatische Anrufbeantworter gibt es als
  - Nur-Beantworter,
  - als Beantworter mit begrenzbarer oder sprachgesteuerter Aufzeichnungszeit.

  Das Gerät muss den Erfordernissen des Unternehmens entsprechen.

- Bevor private Zusatzeinrichtungen installiert werden, sollte mithilfe der bereits bekannten Vier-Stufen-Methode der tatsächliche Bedarf ermittelt werden.

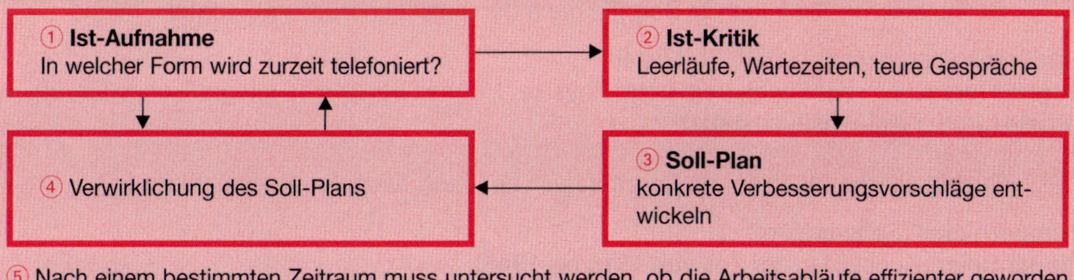

⑤ Nach einem bestimmten Zeitraum muss untersucht werden, ob die Arbeitsabläufe effizienter geworden sind (Kostenüberprüfung).

Zur Vertiefung

1 Das Unternehmen X ist ein regionaler Dienstleister im Einzelhandel und möchte für Kunden in seinem Einzugsbereich die Anrufkosten übernehmen. Welche Möglichkeit gibt es?

2 Ist dieser Service auch bundesweit möglich?

3 Was versteht man unter „Makeln“?

4 Wodurch lässt sich die Wahl von häufig benötigten Telefonnummern erleichtern?

5 Wie kommt eine externe Telefonkonferenz zustande?

6 Nennen Sie fünf **technische** Möglichkeiten, um Telefonkosten zu reduzieren!

7 Bei Fernsprechebenstellenanlagen kann man anhand der Sprachberechtigung folgende Arten unterscheiden:

① vollamtsberechtigte Nebenstellen
② halbamtsberechtigte Nebenstellen
③ nicht amtsberechtigte Nebenstellen.

Stellen Sie fest, welche Nebenstellenart zu den nachfolgenden Beschreibungen passt, und ordnen Sie die Ziffern ① bis ③ den entsprechenden Buchstaben a) bis d) zu!

a) Für Ortsgespräche können Verbindungen selbst hergestellt werden. Alle anderen Fern- und Selbstwählferngespräche sind gesperrt.

b) Keinerlei Amtsgespräche können geführt werden. Nur der interne Sprechverkehr über die Innenverbindungswege ist möglich.

c) Alle ankommenden und abgehenden Gespräche müssen über die Zentrale weitervermittelt werden.

d) Alle Verbindungen für Gespräche, auch für Auslandsgespräche, können selbst hergestellt werden.

8 Welche Kosten entstehen durch eine Telefonanlage?

9 Wie können mit dem Telefon Kosten gespart werden?

10 Zu Ihren Aufgaben gehört es, Anrufe weiterzuverbinden. Was tun Sie, wenn ein gewünschter Teilnehmer nicht erreichbar ist?

11 Was tun Sie, wenn der Teilnehmeranschluss belegt ist?

12 Was tun Sie, wenn der Anrufer nicht weiß, wer für sein Anliegen zuständig ist?

13 Buchstabieren Sie folgende Begriffe nach der amtlichen Buchstabiertafel – Inland!

Feuilleton (literarischer Unterhaltungsteil)
Hughes (sprachlich hjuß nach dem engl. Physiker Hughes benanntes telegrafisches Gerät)
Initiale (großer Anfangsbuchstabe)

14 Buchstabieren Sie folgende Begriffe nach der internationalen Buchstabiertafel!

Pumpernickel (Schwarzbrot)
Biedermeier (Kunststil in der Zeit von 1815 bis 1848)

15 Fertigen Sie von folgenden Sachverhalten eine Telefonnotiz!

Dr. Richter, Einkaufsleiter der Firma XY in Münster, Tel.-Nr. 0251xxx-xxx ruft um 10:02 Uhr an. Er möchte von dem Artikel 2348 unserer Kollektion 10000 Stück bestellen, allerdings nur dann, wenn ein Preisnachlass gewährt wird. Er möchte so schnell wie möglich über die Höhe des Rabattes informiert werden.

16 Erläutern Sie den Unterschied zwischen Wechselsprechanlagen und Gegensprechanlagen.

17 Nennen Sie die Vorteile von automatischen Anrufbeantwortern.

18 Welchen Anrufbeantworter empfehlen Sie

a) einem Großversandhaus,
b) einem Immobilienmakler,
c) einem Tierarzt?

19 Welche Vorteile hat die Durchwahlmöglichkeit zum Arbeitsplatz?
Woher erfährt der Anrufer die richtige Nummer?

10.3.3 Kommunikationseinrichtungen für den Austausch von Texten

Situation

Ein Arbeitstag im Hause COMPUTEACH; drei Probleme von vielen, die mithilfe der Telekommunikationseinrichtungen gelöst werden.

1. Ein wichtiger Kunde wird morgen im Hause COMPUTEACH erwartet. Damit er problemlos den Weg findet, übermittelt ihm Frau Kluge per Fax eine genaue Wegbeschreibung.
2. Frau Kluge bemerkt kurz vor einer Besprechung mit Dr. Höflich, dass sie das Protokoll der letzten Sitzung nicht findet. Sie weiß, dass ihr Kollege, Herr Heming, das Protokoll auf seinem PC gespeichert hat. Sie ruft ihn an und erhält über E-Mail in kürzester Zeit das Protokoll.
3. Dr. Höflich möchte einem guten Kunden zum Geburtstag gratulieren. Er entscheidet sich für ein Telegramm.

Telefaxdienst – Fernkopieren

Telefax ergänzt Telefon und Telex, weil neben Schriftzeichen auch Zeichnungen, Grafiken, Dokumente, Listen, Pläne, Skizzen und Unterschriften usw. originalgetreu (fac simile, lat. = „mache ähnlich“) auf einen anderen Fernkopierer über das öffentliche Fernsprechnetz übertragen werden können. Telefaxendgeräte werden gemäß CCITT (Comité Consultatif International Télégraphie) in Gruppen eingeteilt, die sich in ihren Standardmerkmalen unterscheiden. Je nach Gerätetyp wird der Inhalt einer A 4-Seite in drei, einer bzw. einer halben Minute(n) übertragen. Die Geräte sind „abwärtskompatibel“, d. h., das leistungsstärkere Gerät stellt sich beim Senden automatisch auf das langsamere Gerät ein. Die heute überwiegend genutzten Geräte gehören der Gruppe 3 an. Sie übermitteln eine A 4-Seite in weniger als einer Minute und werden durchweg zum Betrieb an analogen Telefonanschlüssen eingesetzt.

Speziell für das ISDN wurden die Geräte der Gruppe 4 entwickelt. Sie sind bedeutend schneller als herkömmliche Geräte und bieten eine nochmals deutlich gesteigerte Übertragungsqualität. Durch die höhere Übertragungsgeschwindigkeit kann ein Dokument bis zu sechsmal schneller übertragen werden als im herkömmlichen Telefonnetz; die Übermittlung ist fehlerfrei. Die genannten Vorteile lassen sich nur nutzen, wenn von beiden Kommunikationspartnern Fernkopierer der Gruppe 4 eingesetzt werden.

Alternativ zu den Fernkopierern der Gruppe 4 können entsprechend ausgestattete PCs genutzt werden werden. Sie bieten sogar die Möglichkeit, aus der Anwendung heraus, z. B. einer gewohnten Textverarbeitung, ein Dokument zu versenden.

Zulassung: Telekommunikationseinrichtungen dürfen nur dann an öffentlichen Netzen betrieben werden, wenn sie dafür zugelassen sind. Seit dem 8. April 2001 muss jedes Gerät, das in Verkehr gebracht wird, die Anforderungen des FTEG (Gesetz über Funkanlagen und Telekommunikationsendeinrichtungen) und damit der RTTE-RL (Regioequipment and Telecommunications Terminalequipment-Richtlinie) erfüllen. Weitere Informationen unter: **www.bundesnetzagenur.de** oder auf der Internetseite des BMWi unter **www.bmwi.de**

Angaben über Telefax: Im Telefonbuch sind die Faxanschlüsse mit „Fax“ vor der Rufnummer gekennzeichnet. Über die Telefonauskunft erhält man ebenfalls Auskünfte über Telefaxteilnehmernummern.

Angaben über Telefax auf Briefköpfen, Visitenkarten usw.: Die Kennzeichnung „Telefax“ sollte in unmittelbarem Zusammenhang mit der Rufnummer stehen.

Beispiel:

- Korrespondenz im Inland: Telefax 06151 884433
- Korrespondenz mit Partnern im Ausland: Telefax +4961 51884433

Die DIN 5008: 2005 sieht vor, dass Telefaxnummern nach Funktionen (Landesvorwahl, Ortsnetzkennzahl, zentrale Durchwahl ...) durch je ein Leerzeichen gegliedert werden.

Einzelanschluss	030 987785
Durchwahlanschluss	03984 47-1153
International	+49 30 230121342

► *Wie wird gefaxt?*

Nachdem der Absender

- die Vorlage in sein Telefaxgerät eingelegt,
- den Empfänger angewählt und
- die Starttaste betätigt hat,
- wird die Vorlage in das Telefaxgerät eingezogen,
- zeilenweise abgetastet,
- in Form von elektrischen Signalen zum Telefaxgerät des Empfängers übertragen und
- erscheint dort gleichzeitig als originalgetreue Kopie.

Nach der Übertragung wird die Verbindung automatisch getrennt.

Solche Vorlagen können übertragen werden:

Handschrift, die mit „deutlichem“ Strich geschrieben ist

Schreibmaschinenschrift, die mit gut „schwärzendem“ Farbband geschrieben ist

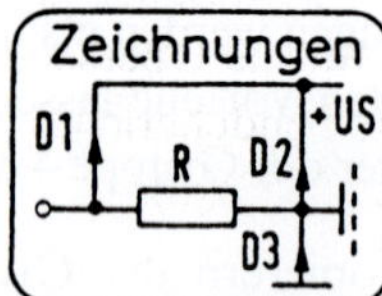

Gedrucktes in 10-Punkt-Schrift und größer

Diese wenigen Regeln sollten beim Fernkopieren beachtet werden:

- Das Papier soll beschaffen sein wie das Papier, das Sie auch im Schriftverkehr verwenden (Gewicht 50 bis 120 g/m^2).
- Das Format kann bis zu A4 betragen. Die weiße Fläche dieses Blattes ist bei diesem Format dann für Nachrichten nutzbar, die Sie übertragen wollen.
- Die Nachricht, die Sie übertragen wollen, kann in Handschrift, in Schreibmaschinenschrift, in gedruckter Form oder als technische Zeichnung u. Ä. dargestellt sein. Beachten Sie bitte folgende „Faustregeln“:
  - Die Mindeststrichstärke soll 0,2 mm,
  - die Mindestschrifthöhe 4 mm und
  - der Mindestabstand zwischen zwei Strichen 0,5 mm betragen.

  Bei Schreibmaschinenschrift sollte mindestens die im Geschäftsverkehr übliche Schriftgröße und bei Gedrucktem mindestens 10-Punkt-Schrift (3,75 mm Höhe) verwendet werden.

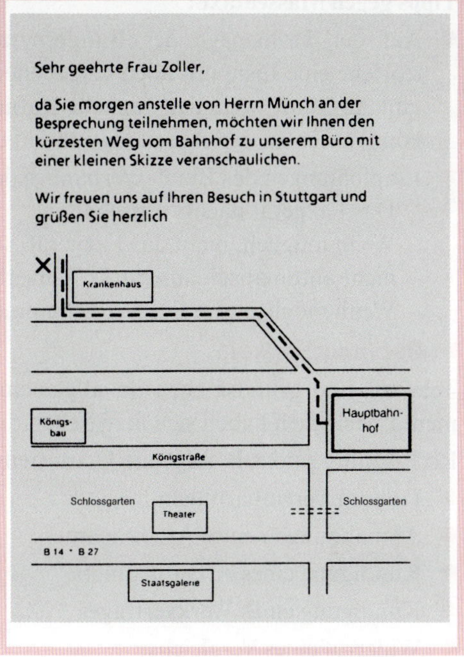
Sehr geehrte Frau Zoller,

da Sie morgen anstelle von Herrn Münch an der Besprechung teilnehmen, möchten wir Ihnen den kürzesten Weg vom Bahnhof zu unserem Büro mit einer kleinen Skizze veranschaulichen.

Wir freuen uns auf Ihren Besuch in Stuttgart und grüßen Sie herzlich

- Die Farben (außer Schwarz) können, ähnlich wie beim Fotokopieren, nur in Schwarz oder Weiß wiedergegeben werden.

▶ *Sicherheit*

Durch Benutzung von Abteilungs- und Benutzercodes lässt sich jederzeit genau aufschlüsseln wer, wann, wie lange, wohin gefaxt hat. Sämtliche Übertragungsvorgänge werden komplett oder nach einzelnen Codes in einem Journal ausgedruckt. Jeder Benutzer kann seine Faxvorgänge protokollieren lassen, jedoch nicht automatisch für andere oder sogar für den ganzen Betrieb. Das können nur dazu autorisierte Personen. Mit Codes wird auch das Polling, der Fernabruf von anderen Faxgeräten aus, abgesichert.

Das Sendeprotokoll einer Telefaxübermittlung ist nach einem Urteil des Oberlandesgerichts in München kein Beweis für die Übersendung einer Nachricht. Faxgeräte können aufgrund eines technischen Defekts Sendeberichte auswerfen, ohne Faxe übermittelt zu haben, heißt es in dem Urteil (Az.: 7 U 5553/92).

▶ *Telefaxwerbung*

Das Oberlandesgericht Hamm hat in seiner Entscheidung vom 17. Mai 1990 festgestellt, dass per Telefax eingehende Werbung als Verstoß gegen Paragraf 1 des UWG anzusehen ist. Sie stellt eine Belästigung des Empfängers dar, weil sie die bestimmungsmäßige Benutzung der Telefaxanlage beeinträchtigt.

Beispiel: **Werbung per Fax:** Gewerbetreibenden ist es nicht erlaubt, unaufgefordert und ohne berechtigten Grund zu der Annahme, die Empfänger wären auch ohne Aufforderung damit einverstanden, Werbebriefe zu faxen, weil solche Sendungen die Anlagen und das Telefaxnetz der Empfänger blockieren, den Arbeitsablauf beeinträchtigen und „eine nicht zumutbare Kostenbelastung“ zur Folge haben (OLG Oldenburg, 1 U 101/97); (OLG Hamm AZ: 4 U 126/04).

Wie kann man sich gegen unerwünschte Werbung wehren?

Tipps gegen Massenfaxe:

- Auf der Homepage der Bundesnetzagenur (www.bundesnetzagentur.de) finden Betroffene eine Liste mit allen vergebenen 0190er/0900er-Rufnummern. Eine weitere Liste gibt Auskunft, wem der fragliche Rufnummernblock zugeteilt wurde. Die Faxempfänger können sich an den Absender wenden und verlangen, künftig auf Post zu verzichten.
- Empfehlungen des Bundesverbandes der Verbraucherzentralen, Berlin:
  - Das Faxgerät nachts ausschalten.
  - Wenn möglich, nicht das Faxgerät, sondern den Computer nutzen, weil dieser die Post nicht automatisch ausdruckt. Unverlangte Werbung kann sofort gelöscht werden.
  - Wenn möglich, die eigene Faxnummer nicht in öffentliche Verzeichnisse eintragen.

▶ *Rechtsgültigkeit*

Telefaxe sind grundsätzlich im allgemeinen Geschäfts- und Rechtsverkehr gültige Dokumente. Mehrfach haben sich inzwischen die Gerichte damit befasst:

Rechtsgültig sind z. B. folgende Faxmitteilungen:

- Honorarvereinbarungen
- Abmahnungen eines Arbeitnehmers
- Kündigung eines Arbeitnehmers
- Kündigung eines Werkvertrages
- Widerruf eines Vergleichs
- Berufung gegen ein Gerichtsurteil nach Dienstschluss
- Übermittlung einer Klageschrift oder Berufungsbegründung von Privatfax (nicht von Anwaltskanzlei aus)
- Sämtliche Steuererklärungen, die nicht eigenhändig unterschrieben werden müssen, können per Telefax an das Finanzamt gesendet werden. Im Wesentlichen handelt es sich dabei um Umsatzsteuervoranmeldungen sowie um Lohnsteuer- und Kapitalertragssteueranmeldungen. Umsatzsteuer- und Einkommensteuererklärungen müssen weiterhin eigenhändig unterschrieben werden (Az.: IV D 2 – S 03 21 – 4/03).

Rechtsungültig sind z. B. folgende Faxmitteilungen:

- Bürgschaftsverpflichtungen
- Vollmachtsurkunden
- Mahnbescheide
- **Wahrung einer Frist:** Experten raten, bei Faxschreiben zur Wahrung einer Frist den Zugang immer sofort telefonisch bestätigen zu lassen, und zwar sollte das eine als Zeuge vor Gericht geeignete Person übernehmen, etwa ein Mitarbeiter. Über den Inhalt des Gesprächs sollte eine Notiz mit Datum, Uhrzeit und Gesprächsinhalt angefertigt werden. Im konkreten Fall hatte ein Anwalt die Lohnansprüche eines Arbeitnehmers per Fax geltend gemacht; der Arbeitgeber behauptet jedoch, dieses Fax nicht erhalten zu haben. Somit seien die Lohnansprüche nicht innerhalb der geregelten Fristen gestellt worden (Az.: 5 AZR 169/01).

▶ *Funktionen*

Je nach Preis und Ausstattung gibt es eine Reihe von **Funktionen**, die das Faxen erleichtern:

- Rufnummern- und Namenspeicher für über 200 Telefaxnummern, die auf Tastendruck oder per Kurzwahl abrufbar sind und automatisch angewählt werden.

- Wahlwiederholung: Wenn der angewählte Anschluss besetzt ist, wählt das Telefaxgerät entweder automatisch neu oder auf Tastendruck.
- Senderidentifikation, d. h., dass das Gerät automatisch die Telefaxnummer des Absenders erkennt.
- Vorwahl des Sendezeitpunkts: Das Telefaxgerät kann darauf programmiert werden, zu Zeiten des Billigtarifs zu senden.
- Automatischer Vorlageneinzug bis zu 50 Seiten.
- Abruffunktion für eine Sendung, die woanders bereitliegt.
- Rundsenden: Auf Knopfdruck sendet das Telefaxgerät einen Brief an mehrere Kunden.
- Auf jede ankommende Seite werden automatisch Datum, Uhrzeit und Telefaxnummer des Absenders sowie die laufende Seitenzahl und Vorgangsnummer gedruckt (wichtig z. B. bei Streitigkeiten!). Unterschriften auf Telefaxnachrichten werden gerichtlich anerkannt.

Trends:

- Die Anzahl der Telefaxanschlüsse steigt an.
- Die Geräte werden billiger.
- Fernkopierer halten auf dem Lasermarkt Einzug.

Vorteile:

Diese Geräte benötigen billiges Normalpapier und sind deshalb auch – im Gegensatz zu einem herkömmlichen Fax mit Thermopapier – relativ dokumentenecht.

Deshalb wird heute von jedem Telefaxbrief, der archiviert werden soll, eine Kopie angefertigt. Werden die Materialkosten und vor allem der Arbeitsaufwand berücksichtigt, so lohnen sich bereits heute die teuren Faxgeräte mit Laserschreibeinheit.

- Automatische Fehlerkorrektur: Das Gerät prüft jede Übertragung automatisch im Sende- und Empfangsbereich auf Fehlerfreiheit. Bei festgestellten Fehlern werden die Informationen nicht ausgegeben (Reduzierung der Übertragungszeit).

Eine Vielzahl von Programmanbietern ermöglicht im Rahmen ihrer Textverarbeitungs- und Kommunikationssoftware die Einbindung der öffentlichen Telekommunikationsdienste in die firmeneigene EDV-Anlage und dadurch den Versand und Empfang von Faxen direkt vom/am PC. Eingehende Faxe werden vom Faxverteiler an den Empfänger weitergeleitet, der das Fax am Bildschirm lesen oder es sich ausdrucken lassen kann. (Ersparnismöglichkeit: Serienfaxe lassen sich nachts oder am Wochenende zum Billigtarif versenden.)

Multifunktionssysteme drucken, farbscannen, kopieren oder optional faxen (Fax, PC-Fax, Internet-Fax) in großer Geschwindigkeit und brillanter Qualität. Dadurch wird Platz, Zeit und Geld gespart. Besonders für Unternehmen mit erhöhtem Sicherheitsbedarf, wie z. B. Banken, Anwaltskanzleien oder Behörden, gewährleisten die multifunktionalen Systeme durch zusätzliche Sicherheitsfunktionen besonders zuverlässigen Schutz.

► *Kleiner Ratgeber zur Anschaffung von Telefaxgeräten*

- Welche Vorlagen sollen übertragen werden (Text oder Bild)?
- Wie viel Korrespondenz soll in Zukunft per Telefax erledigt werden?

- Ist es notwendig, dass das Gerät auch Vorlagen in A3 versenden und verkleinern kann?
- Wird die Funktion „Rundschreiben“ benötigt?
- Wie teuer ist das Verbrauchsmaterial? Das teilweise notwendige Thermopapier wird in Rollen auf 30, 50 oder 100 m angeboten. (Wichtig: Das vom Hersteller vorgeschriebene und auf das Gerät abgestimmte Thermopapier benutzen!)
- Es dürfen nur Geräte angeschlossen werden, die mit einer BZT-Nummer versehen sind.
- Geräte können gekauft, gemietet oder geleast werden. Anbieter: Telekom und über 30 Hersteller (siehe Rubrik „Fernmeldetechnik“ in den Branchenfernsprechbüchern).

■ *Electronic Mail (E-Mail)* – siehe auch Abschnitt 10.3.4

Per E-Mail werden Nachrichten, Texte und Dateien versendet und empfangen. Meistens erfolgt die Verbindung der PCs und deren Peripheriegeräten innerhalb eines Unternehmens über interne Netze, die Local Area Networks (LAN). Die Local Area Networks sind speziell für den Datentransport konzipiert. Um die Computerkommunikation auch über größere Entfernungen zu ermöglichen, erhalten die Local Area Networks Übergänge zu Telekommunikationsanlagen und somit u. a. den Zugang ins ISDN.

Mit der E-Mail-Funktion kann der Anwender Online-Teilnehmer und Internetnutzer weltweit erreichen und ihnen Nachrichten senden. Der Teilnehmer erhält (z. B. von der Telekom) eine eigene weltweit gültige E-Mail-Adresse, die im Allgemeinen aus Zahlen und Zahlenkombinationen besteht. Es besteht aber auch die Möglichkeit, eine sogenannte Alias-E-Mail-Adresse einzurichten, die aus Buchstaben bestehen kann. Das Zeichen @ („at“ = engl. „bei“) trennt in der Regel den Namen des E-Mail-Adressaten von der Internetadresse des Mailservers.

Beispielsweise setzt sich bei T-Online eine E-Mail-Adresse aus der Teilnehmernummer plus Bindestrich und Mitbenutzernummer zuzüglich des Zusatzes @t-online.de zusammen.

Beispiel: E-Mail-Adresse der Primus GmbH in Duisburg

02034453690	-0001	@t-online.de = 02034453690-0001@t-online.de
Teilnehmernummer	Mitbenutzernummer	Zusatz

oder

Primus.Buerobedarf@t-online.de

Kommunikationsbeispiel: Der Absender gibt eine Mitteilung in das System ein, versieht sie mit einer oder mehreren Zieladressen und „sendet“ sie ab.

Der Empfänger kann die Mitteilung lesen oder sie ausdrucken lassen, wenn er sich unter eigener Adresse und mit seinem persönlichen Passwort mit dem System in Verbindung setzt.

Vorteile:

- Mobilität bei ständiger Erreichbarkeit. Der Benutzer kann sich von jedem Ort an das System anschalten.
- Einfaches Abspeichern und schnelles Wiederfinden von Mitteilungen („elektronischer Aktenschrank“).
- Editieren und Formatieren von Texten mithilfe eines umfangreichen Vorrates an Befehlen.

- Erleichterungen beim Absenden und Lesen von Mitteilungen.

- „Schwarzes Brett". Das System hält Informationen bereit, auf die entweder alle Benutzer oder bestimmte Benutzergruppen zurückgreifen können.

- Verzeichnisse erleichtern das Herausfinden von Adressen der Partner.

Nachteile:
Laut einer Umfrage des Meinungsforschungsinstituts TNS Emnid erklärten

- fast 60 Prozent der Befragten, dass in E-Mails oft überflüssige und sinnlose Dinge ausgetauscht werden;
- 34 Prozent hatten den Eindruck, dass die berufliche Belastung durch E-Mails zugenommen habe;
- 20,9 Prozent fühlten sich von der Arbeit abgehalten.
- Weiterer Zeitkiller: Viele E-Mails sind missverständlich abgefasst.

Empfehlung eines Psychologen von der Universität Erlangen: Termine nicht umständlich über E-Mail verabreden, sondern öfter mal wieder zum Telefon greifen.

Spammails. Als Spam wird elektronische Post bezeichnet, die massenweise versendet wird und die der Empfänger unaufgefordert und gegen seinen Willen erhält. Der Begriff geht auf billiges Dosenfleisch gleichen Namens zurück, das im Zweiten Weltkrieg beliebt war. Es wird geschätzt, dass fast die Hälfte aller weltweit versendeten E-Mails Spams sind, die den Unternehmen Schäden in Milliardenhöhe verursachen. Große Internetanbieter haben sich zu einer gemeinsamen Anti-Spam-Initiative entschlossen; die rechtlichen Grundlagen dafür sind jedoch weltweit unterschiedlich. In Deutschland ist das Versenden von Spammails erst strafbar, wenn die Post gegen den ausdrücklichen Willen des Empfängers geschickt wird.

Tipps gegen die Flut unerwünschter E-Mails.

- E-Mail-Adresse verschweigen; sie bleibt nur Vertrauten vorbehalten.
- Kostenlos zweite Adresse für zweifelhafte Gelegenheiten einrichten lassen, z. B. bei einem Freemail-Anbieter wie Web.de, Freenet oder Yahoo.
- Niemals auf Spam antworten (auch nicht um sich zu beschweren).
- Keinem Link folgen.
- Nicht auf Kettenbriefe reagieren.

Informationen:
- Anti-Spam-Seite: www.antispam.de
- Verbraucherzentrale: www.vzbv.de
- Verband der deutschen Internetwirtschaft: www.eco.de

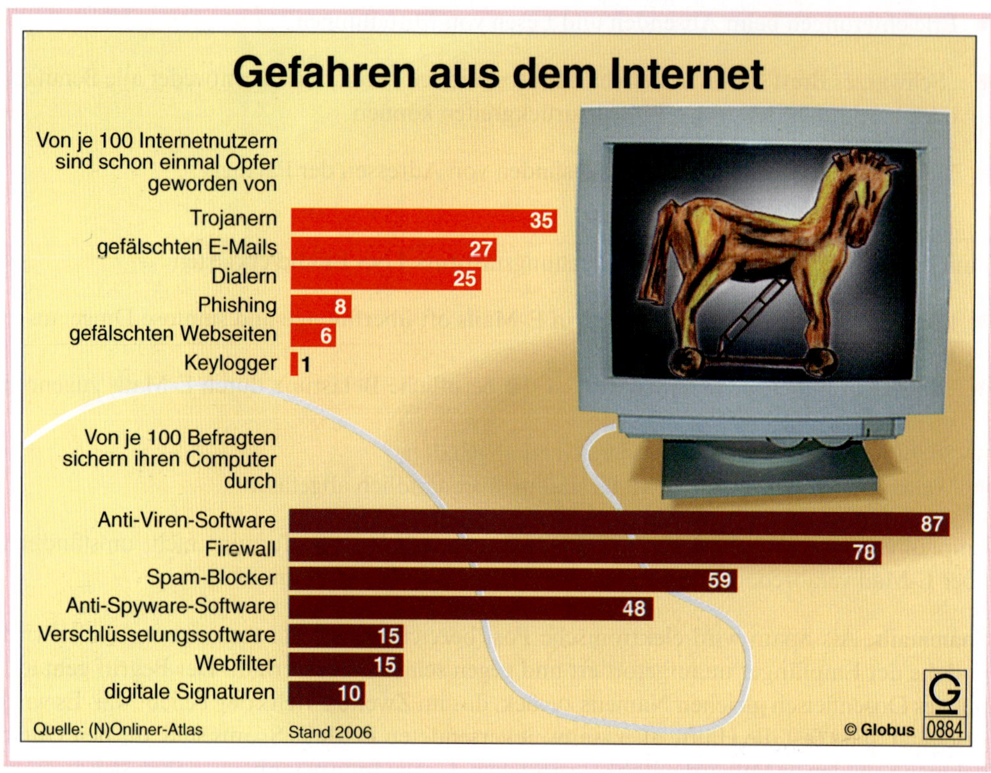

Datenschutz. Die Landesbeauftragte für Datenschutz in Nordrhein-Westfalen hat im Februar 2000 in Düsseldorf darauf hingewiesen, dass E-Mails zu den unsichersten Mitteln der elektronischen Kommunikation gehören, die problemlos von Dritten mitgelesen und verändert werden können. Aus diesem Grund hat die Landesbeauftragte einen Leitfaden herausgegeben, der Internetnutzern einfache Verschlüsselungstechniken für ihre E-Mails erklären soll.

Emoticons. Es handelt sich um Zeichen, mit denen die Verfasser von elektronischer Post ihre Nachrichten anreichern. Oftmals werden diese Tastaturzeichen auch einfach „Smileys“ genannt, denn sie sollen in erster Linie Spaß machen. Aber sie können auch Zeit sparen und helfen, eine Nachricht richtig einzuordnen, denn beim Austausch von schriftlichen Nachrichten im Cyberspace muss man auf den Tonfall des Kommunikationspartners oder dessen Mimik verzichten. Mit dem Smiley ;-) kann man beispielsweise andeuten, dass die Bemerkung nicht ganz ernst zu nehmen ist, sondern augenzwinkernd gemeint war. Wenn Smileys um 90 Grad nach rechts geneigt werden, erkennt man die Grundform eines Gesichts. Da man den Computerbildschirm aber nur schlecht hochkant stellen kann, muss der Betrachter normalerweise den Kopf nach links neigen, um das Emoticon richtig zu sehen.

Telegrammdienst

Als Telegramm können formgerechte Mitteilungen über Telekommunikationsanschlüsse oder über Annahmestellen der Deutschen Post aufgegeben werden. Die Mitteilungen werden auf elektronischem Weg an eine besondere Empfangsstelle der Deutschen Post übermittelt und danach durch besondere Kuriere zugestellt.

Ist ein Telegramm unzustellbar, wird der Absender benachrichtigt, soweit die Telefonnummer und/oder die Anschrift bekannt sind. Der Auslandstelegrammdienst ist eingestellt worden.

Aufgabe per Telefon: 0180 5121210
per Telefax: 0180 5121211

Bei der Aufgabe von Telegrammen über Telefon oder Fax erfolgt die Bezahlung per Lastschrift.

Telegramme werden heute überwiegend zur Übermittlung von Glückwünschen eingesetzt. (Im Geschäftsleben sinnvoll bei unverbindlichen Gratulationen.)

Informationen zum Telegramm:

Servicenummer: 01805 121210
Internet: www.telegramm.de

Es gibt das

- Minitelegramm (bis 10 Wörter) mit und ohne Schmuckblatt,
- Maxitelegramm (bis 30 Wörter) mit und ohne Schmuckblatt.

Telegramme werden mit der normalen Post zugestellt. Damit reagiert die Post auf die veränderten Gewohnheiten der Kunden, die für die schnelle Übermittlung von Informationen und Nachrichten inzwischen Fax und E-Mail bevorzugen.

Kernwissen

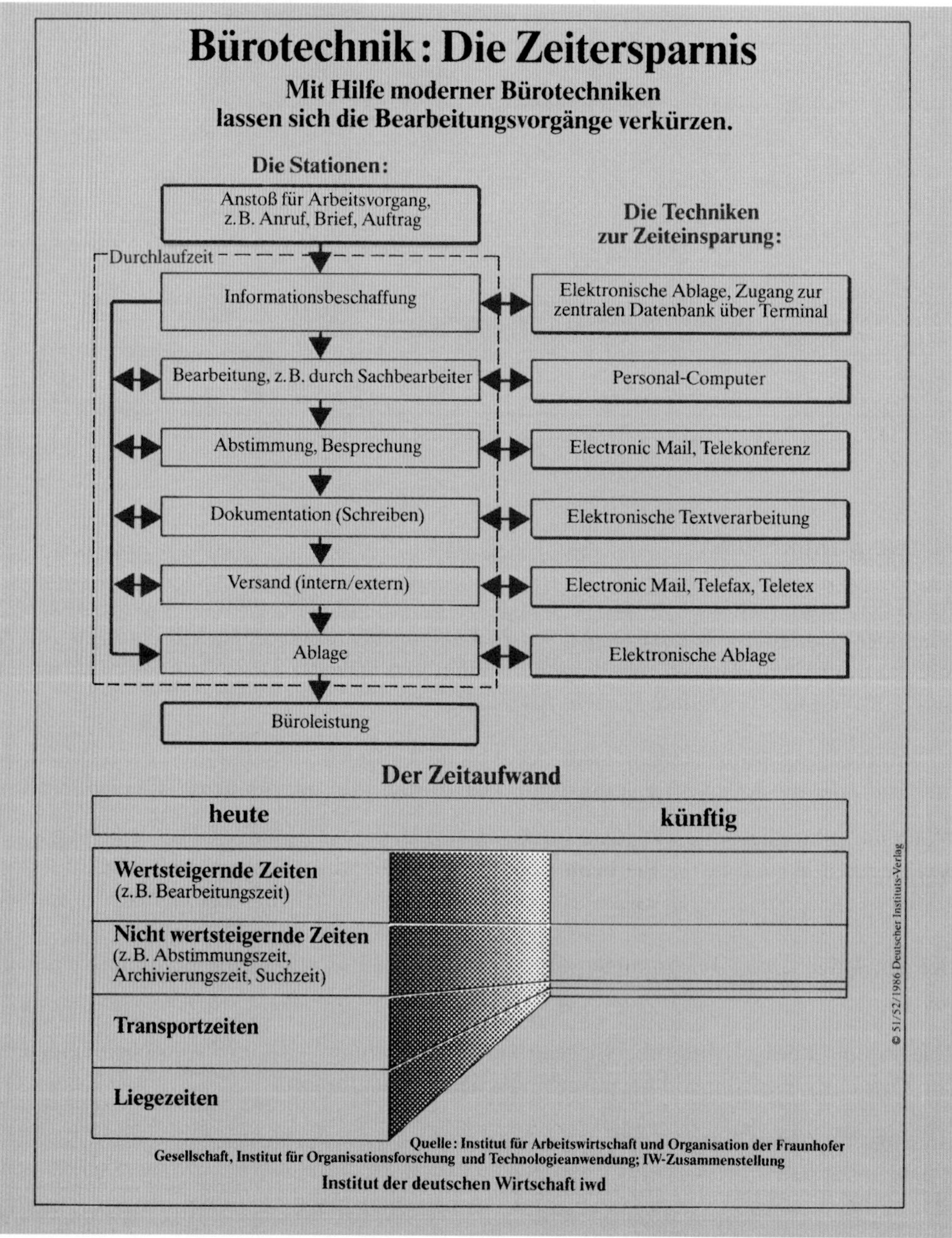

Zur Vertiefung

1 Welche Vorlagen können fernkopiert werden?

2 Wie hoch sind die Telefaxverbindungsgebühren?

3 Sie sind Mitarbeiter/-in des Technischen Leiters in einem Dienstleistungsunternehmen mit ca. 100 Mitarbeitern. Davon sind 20 Techniker tagsüber innerhalb des Stadtgebietes Düsseldorf im Kundenservice eingesetzt. Die Telefongespräche müssen über die Telefonzentrale vermittelt werden. Dringend benötigte Ersatzteile werden bei den Lieferanten telefonisch bestellt. Es gibt jedoch folgende Probleme:

a) Die Kunden beschweren sich immer häufiger über die lange Vermittlungszeit der Telefonzentrale zum Kundendienst.

b) Die Techniker sind tagsüber nicht erreichbar.

c) Bei den Ersatzteilbestellungen erfolgen ständig Falschlieferungen aufgrund falscher Ersatzteilnummern (Hörfehler).

Ihr Chef bittet Sie, ihm technische Möglichkeiten aufzuzeigen, mit denen die aufgezeigten Probleme gelöst werden können.

10.3.4 Netzwerke für den Austausch von Daten

Situation

Im Hause COMPUTEACH stellt sich die Frage, wie der zukünftige Kommunikationsbedarf richtig eingeschätzt werden kann und welche Lösungen sich anbieten.

Aus diesem Grunde beruft die Geschäftsführung eine Konferenz der leitenden Mitarbeiter ein. Einziger Punkt der Tagesordnung: „Wie können wir im Informationsdschungel den Überblick behalten und die für die COMPUTEACH richtigen und wichtigen Problemlösungen erkennen und gewinnbringend einsetzen?“

Ergebnis: Medienkompetenz ist angesagt! Drei Mitarbeiter sollen Seminare besuchen, in denen anhand von Fallbeispielen aus Industrie, Handel, Dienstleistungen und Verwaltung Probleme analysiert und Lösungen erarbeitet werden. Es gibt etliche Institute, die geeignete Beratungsseminare anbieten.

Informations- und Kommunikationstechniken wachsen weiter zusammen. Über ISDN-Kommunikationssysteme werden Telefone, Faxgeräte, PCs usw. sowohl intern als auch global vernetzt. Zur Wiederholung: ISDN = Integrated Services Digital Network ermöglicht die Übertragung von Sprache, Texten, Daten, Bildern über ein Netz.

Noch mehr Möglichkeiten werden durch die Nutzung des Glasfaserkabels erschlossen; damit lassen sich nicht nur – wie beim ISDN – schmalbandige, sondern zusätzlich auch alle breitbandigen Dienste, wie Fernsehen, Fernsehkonferenz oder Bildtelefon, übertragen. Das Ziel dieser Entwicklung soll die Integration **aller** Telekommunikationsformen in **einem** Netz sein. Die neuen Techniken werden sowohl im privaten als auch im geschäftlichen Kommunikationsbereich Auswirkungen haben; die Entwicklung verläuft rasant. Jeder, der in diesem Bereich tätig ist, muss die Bereitschaft haben, sich immer wieder zu informieren, dazuzulernen, umzulernen und die neuen Medien in seinen Alltag zu integrieren.

Das Leitthema der Cebit 2010 lautet „Connected Worlds – Vernetzte Welten“. Vorgestellt wurden u.a. zum Thema „Connected Home“ eine auf Vernetzung setzende Steuerung für Haushaltstechnik. In die Vernetzung werden auch Handys immer stärker einbezogen. Beispiel: Regulierung der Heizung per Handy von unterwegs oder Abhören des integrierten Anrufbeantworters.

Telecomputing: Datenfernübertragung

Die Telekom stellt für die Übertragung von Daten und codierten Nachrichten Verbindungen in ihren Wählnetzen oder festgeschalteten Leitungen zur Verfügung. Welcher Dienst im Einzelfall vorteilhaft ist, hängt von der Nachrichtenmenge und der gewünschten Übertragungsgeschwindigkeit ab.

Datenfernübertragung, also der Transport von Daten über Fernmeldewege, findet dann statt, wenn die Daten nicht dort „weiterverarbeitet" oder gespeichert werden, wo sie anfallen, sondern „transportiert" werden.

Datenkommunikationseinrichtungen gibt es z. B. im Postgirodienst, in Kreditinstituten, bei Rentenversicherungsanstalten und in Reisebüros.

Beispiel: Eines der modernsten Verbundsysteme ist „START" (abgeleitet von „Studiengesellschaft zur Automatisierung für Reise und Touristik"), ein elektronisches Informations-, Reservierungs- und Abrechnungssystem für Reisebüros. START bietet Zugriff auf die Leistungen der Auskunfts- und Buchungssysteme der Deutschen Bahn AG, der Lufthansa, der Touristik Union International und der Deutschen Reisebüro GmbH. Bei diesen Partnern sind Rechnersysteme verschiedener Hersteller mit eigenen Netzstrukturen installiert. START verbindet die Einzelsysteme so miteinander, dass über dasselbe Terminal Auskünfte erteilt, Reservierungen vorgenommen, Bahnfahrkarten, Flugtickets und Pauschalreisen gebucht werden können. Hierbei werden auch Rechnungen und Lieferscheine erstellt und die Buchungs- und Abrechnungsdaten erzeugt.

LAN-to-LAN

Darunter versteht man die Verbindung von zwei oder mehreren Computernetzwerken zu einem Computernetzwerk über Telekommunikationsverbindungen. LAN-to-LAN ist interessant für Unternehmen, die intensiv zwischen mehreren Standorten (auch international) kommunizieren.

Beispiel: Vor zwei Jahren gründeten die ABC-Werke, Coesfeld, eine Niederlassung im französischen Lille. Die Voraussetzung für eine erfolgreiche Entwicklung – das war allen Verantwortlichen klar – war der permanente Austausch aller Vertriebs- und Produktionsdaten. Die ABC-Werke ließen sich von der Telekom eine länderübergreifende LAN-to-LAN-Verbindung beider lokalen Netzwerke einrichten. Seitdem wird von beiden Standorten auf die gleichen Daten des Produktionsplanungssystems zurückgegriffen.

Datex-Netz mit Paketvermittlung (Datex-P)

Dieses Netz ermöglicht die Abwicklung von niedrigvolumigen Datentransfers, das leitungsvermittelnde ISDN übernimmt dabei Zubringeraufgaben. Daten werden von der DEE „gebündelt" als „Datenpakete" übertragen. Da zur Übertragung der D-Kanal des ISDN-Anschlusses benutzt wird, bleiben die beiden ISDN-Leitungen für weitere Anwendungen wie Telefonieren, Faxen und E-Mail-Versand frei. Verbindungen mit Teilnehmern in fast allen Ländern sind möglich.

Multimedia

Darunter versteht man computergesteuerte Anwendungen, in die digitalisierte Bilder, Daten und Töne integriert werden. Durch die Kombination von Text, Bild, Ton und Video wird ein interaktiver Dialog zwischen den Nutzern ermöglicht.

Das Bundeskabinett hat im Dezember 1996 das Multimedia-Gesetz für Informations- und Kommunikationsdienste beschlossen. Dieses Gesetz soll u.a. die Gewerbefreiheit bei den neuen IuK-Diensten sichern, Verbraucher- und Datenschutz garantieren und die Verbreitung von Pornografie und gewaltverherrlichenden Texten und Bildern erschweren. Bedeutsam und weltweit einmalig ist der Schutz der digitalen Signatur. Die elektronische Unterschrift kann zusätzlich mit einem verschlüsselten Siegel versehen werden, um bei Telebanking, Teleshopping sowie im Amtsverkehr per Computer die Echtheit von Nachrichten nachzuweisen. Private Zertifizierungsstellen sollen eingerichtet werden.

Die Vernetzung per multimedialer Telekommunikation, wobei der Personal Computer zu einer umfassenden Arbeits-, Informations- und Aktionsplattform wird, verändert die Büroarbeit weitgehend. Hier sind Begriffe wie Multimedia-Mail und Multimedia-Collaboration richtungsweisend in der Entwickung neuer Multimediadienste:

- Multimedia-Mail ist das reine Versenden einer multimedialen Nachricht.

  Beispiel: Eine grafische Konstruktionszeichnung wird zusammen mit einem beschreibenden Dokument und einer gesprochenen Anmerkung in eine elektronische Mailbox eingespielt und kann von dort abgerufen werden.

- Multimedia-Collaboration ist das gemeinsame interaktive Arbeiten mit einer digitalisiert vorliegenden Information.

  Beispiel: „Joint Editing“ ermöglicht mehreren Personen das gemeinsame Erstellen und Bearbeiten von Dokumenten. Alle Teilnehmer sehen den gleichen Dokumentenausschnitt vor sich. Jede Aktion innerhalb eines Dokuments oder im Verwaltungsrahmen wird allen Teilnehmern gleichzeitig dargestellt.

Das Vokabular des modernen Office:

Joint Editing: das gemeinsame Arbeiten am Bildschirm per Konferenzschaltung. Die Partner können Texte, Grafiken oder Tabellen zusammen an ihren Bildschirmen bearbeiten und sich gleichzeitig über ein Bildschirmfenster sehen.

Application Sharing: überbrückt zusätzlich die Hürde unterschiedlicher Softwarelösungen und -versionen. Beim Application Sharing genügt es, wenn einer der Partner über die Software verfügt. Für die Dauer der Datenkonferenz spielt das System die Programme auf beide Bildschirme.

Telepointer: eine Art elektronischer Stift, mit dem man den Partnern auf dem Bildschirm etwas zeigen kann. Dazu wird die Bewegung des eigenen Mauszeigers den Konferenzpartnern sichtbar gemacht.

Konferenz: eine gemeinsame Telesitzung. Wie in einer echten Konferenz ist die Zuweisung von Rollen möglich, etwa Vorsitzender, Referent, Zuschauer. Der „Vorsitzende“ kontrolliert z.B., wer was wann beiträgt, während ein „Zuschauer“ nur die Möglichkeit der passiven Teilnahme hat.

Durch die multimedialen Kommunikationsmöglichkeiten öffnen sich neue Perspektiven sowohl für die Kooperation zwischen räumlich getrennten Arbeitsplätzen als auch für die Flexibilisierung der Arbeit. Untersuchungen des Berliner Instituts für Zukunftsforschung zeigen, dass bereits 70 Prozent aller Tätigkeiten mit heutiger Technik als **Telearbeit** erledigt werden können.

Internet, Intranet, Extranet – siehe auch Seite 393

Internet heißt **Inter**mediate **Net**work (also „Zwischennetz"), das auf einem ursprünglich militärischen Netzwerk der USA, dem ARPAnet, basiert. Das Internet ist ein dezentraler, weltweiter Verbund von Abertausenden von Rechnernetzen verschiedenster Institutionen und Unternehmen. Es bietet eine Vielzahl von Diensten, wobei der bekannteste Dienst das World Wide Web (WWW) ist. Weitere Dienste sind zum Beispiel FTP (Datenarchive), Usenet (Diskussionsforen), Telnet usw.

Anschluss an die Zukunft. Im Internet rund um die Welt „surfen", online Bücher kaufen und Reisen buchen, E-Mails verschicken und in Diskussionsforen „chatten" – das ist mit dem Personal Computer und Internetzugang problemlos möglich. Nach statistischen Angaben der Bitkom, Regulierungsbehörde, besteht in Deutschland vor allem ein Boom bei DSL-Anschlüssen.

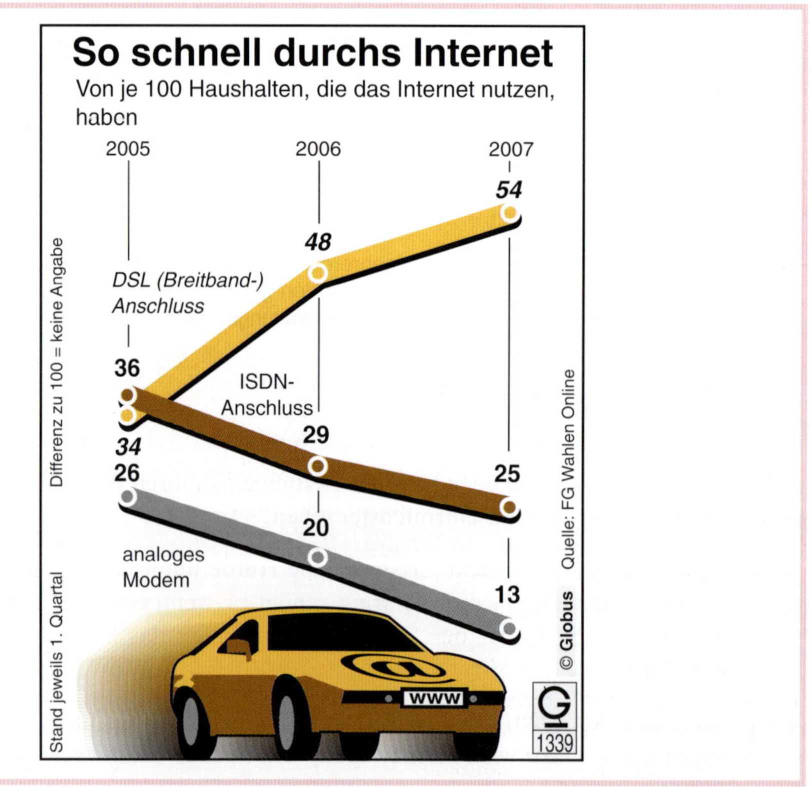

Internetzugang. Es gibt mehrere Zugangsmöglichkeiten, wobei das wichtigste Unterscheidungsmerkmal die Übertragungsgeschwindigkeit ist. Die wesentlichen Zugangsmöglichkeiten sind:

- ein Analog-Modem (veraltet) oder
- ein ISDN-Anschluss oder
- DSL-Verbindungen.

Mit einem **Analog-Modem** werden Daten über die **Telefonleitung** verschickt und empfangen. Das Modem wandelt die digitalen Signale des Computers in analoge Signale der Telefonleitung um, um sie zu versenden. Wer mit einem analogen Modem im Internet surft, ist telefonisch über den dadurch belegten Anschluss nicht erreichbar. Die derzeit schnellsten analogen Modems übertragen maximal 57 KB pro Sekunde. Neben der Installation ergeben sich folgende laufende Kosten: Grundgebühr Telefonanschluss + Gebühren für die Internetnutzung.

Zur **ISDN**-Grundausstattung – inzwischen allgemeiner Standard – gehören zwei Leitungen, die gleichzeitig genutzt werden können. Analoge Sprachdaten werden mit digitalen Daten jeglicher Art in einem Netz integriert; d. h., die Umwandlung der analogen Signale in digitale Signale entfällt. Gleichzeitiges Telefonieren und Surfen ist möglich. Der Anschluss ist doppelt so teuer wie ein analoger Telefonanschluss. Hohe Geschwindigkeiten (128 KB pro Sekunde) sind möglich. Neben der Installation fallen folgende laufende Kosten an: (doppelte) Grundgebühr Telefonanschluss + Gebühren für die Internetnutzung.

Der Breitbandzugang **DSL** (**D**igital **S**ubscriber **L**ine = digitale Teilnehmer-Anschlussleitung) funktioniert mit analogen und mit ISDN-Telefonanlagen. Weil die Übersetzung von digitalen in analoge Daten entfällt, wird die Geschwindigkeit enorm erhöht. Es gibt verschiedene DSL-Formen. Für den Endanwender ist ADSL (Asymmetric DSL) die wichtigste Variante. Es handelt sich um einen asymmetrisch aufgeteilten Datenstrom. Der Großteil des Datenstroms wird für den Downstream von Daten verwendet und nur ein kleiner Teil zum Upstream (Übertragung von Daten durch das Internet an den anderen Rechner). Durchgesetzt haben sich Modelle mit einem Downstream von 768 KB pro Sekunde und einem Upstream von 128 KB pro Sekunde.

Neben der Installation fallen folgende laufende Kosten an: Grundgebühr Telefonanschluss + DSL-Anschluss-Grundgebühr + Gebühren für die Internetnutzung. (Gebührenvergleich der einzelnen Anbieter sehr empfehlenswert!)

Der Zugang zum Internet wird von einem Dienstleister (dem sogenannten Provider) zur Verfügung gestellt. Dieser verkauft den Internetzugang und stellt den Speicher für die Internetseiten (Homepage) zur Verfügung. Für das Navigieren im globalen Netz wird ein Browser (Programm zur Darstellung von Inhalten) benötigt (engl. „to browse" = stöbern). Suchmaschinen, sogenannte Search Engines, helfen dem Anwender, die ihn interessierenden Inhalte zu finden. Der Anwender hat die Möglichkeit, seine eigene Homepage im World Wide Web zu veröffentlichen und damit selber Anbieter im weltweiten Internet zu werden.

Provider am Beispiel T-Online. Bei T-Online, dem Online- und Internetdienst der Deutschen Telekom, handelt es sich um einen seitenorientierten Informations- und Kommunikationsdienst; gespeicherte Informationen von privaten und öffentlichen Anbietern können abgerufen werden. Die Benutzerführung ist einfach. Jede Seite kann direkt angewählt oder schrittweise über Auswahlziffern aufgerufen werden. Informationen können über die entsprechende Seitennummer direkt angewählt werden.

Der Onlinedienst der Deutschen Telekom bietet eine Vielzahl unterschiedlicher Services an. Der Teilnehmer kann z. B.

- Kontostände ermitteln und Überweisungen online erledigen,
- Aktienkurse abfragen,
- Versicherungsvergleiche anstellen und Schäden melden,
- mit Onlineshopping einen virtuellen Einkaufsbummel machen,
- Zugverbindungen suchen, Fahrkarten kaufen, Sitzplätze reservieren,

- telefonieren,
- Zeitungen lesen, Bücher bestellen,
- Telefon-, Telefax- und Mobilrufnummern suchen,
- in Datenbanken recherchieren,
- E-Mails weltweit versenden und empfangen,
- online weltweit diskutieren,
- im Internet surfen

usw.

Die Zahl der Internetnutzer und Onlinekäufer nimmt immer mehr zu. Die Onlinenutzer können – teilweise sogar in Echtzeit z. B. beim Börsengeschehen – Wirtschaftsinformationen, Marktdaten, Unternehmenreports usw. abrufen. Da immer mehr Firmen ganze Abteilungen ins Web verlegen, können Nutzer Geschäfte über das Internet abschließen. Für die Anbieter ergibt sich durch die Verlagerung eine Verschlankung z. B. des Vertriebs.

Telefonieren. Das Telefonieren übers Internet gilt als attraktiver Zukunftsmarkt und ist für den Kunden vor allem unschlagbar günstig. Es gibt mehrere Internetanbieter von sogenannten Messagediensten, mit denen man seinen Gesprächspartner weltweit anwählen kann, leider mit völlig verschiedenen Standards. Auch DSL-Anbieter integrieren heute oftmals die Internettelefonie in ihre Pakete.

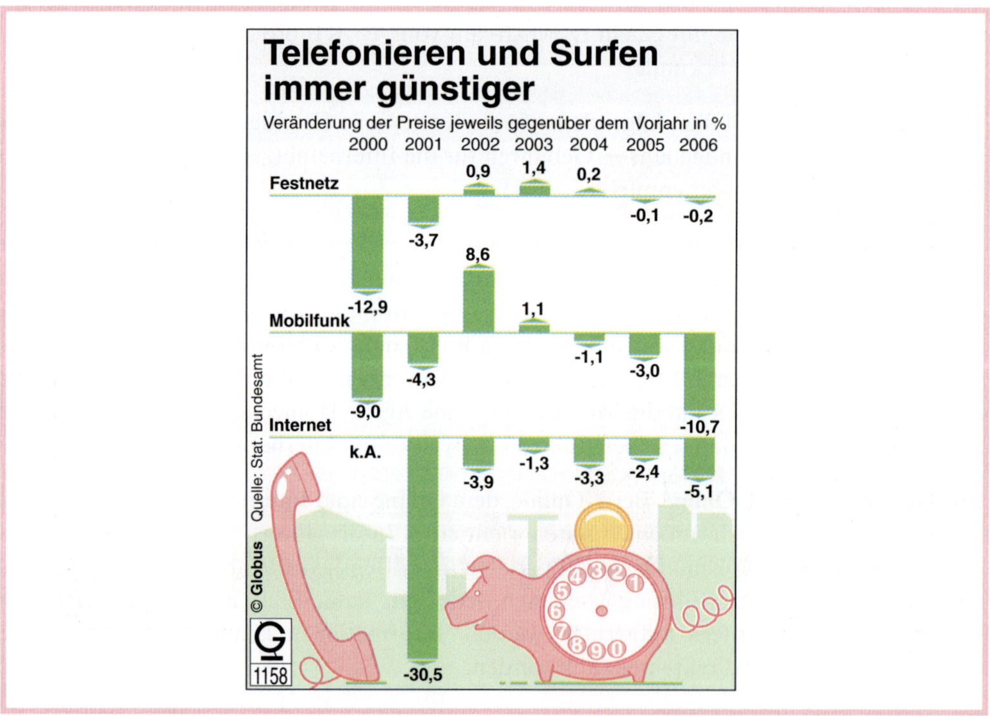

Electronic Commerce (E-Commerce). Der Handel im Internet legt in Deutschland weiter zu. E-Commerce bedeutet nicht nur Kaufen und Verkaufen von Waren und Dienstleistungen. Wie die Abläufe im eigenen Unternehmen kann der Geschäftsverkehr genauso elektronisch erfolgen

- im Endkundenbereich (Business-to-Consumer, B2C) sowie
- im Geschäftskundenbereich (Business-to-Business, auch B2B genannt).

Im Mittelpunkt des inner- und überbetrieblichen elektronischen Geschäftsverkehrs stehen die Produktdaten. Um sicherzustellen, dass weltweit vom selben Produkt bzw. von der gleichen Dienstleistung gesprochen wird, müssen alle beteiligten Unternehmen eine „gemeinsame Sprache", also eine eindeutige Klassifikationsnummer verwenden. Zur Steigerung nationaler und internationaler Marktchancen hat das Bundesministerium für Wirtschaft und Technologie (BMWi) das Projekt „eCl@ss für den Mittelstand" unter Einbeziehung medienneutraler und normenkonformer (DIN/ISO/IEC) Produktbeschreibungen initiiert. Eine normenkonforme, standardisierte Klassifikation ist besonders dann notwendig, wenn Produktdaten mit Kunden, Lieferanten oder Partnern ausgetauscht werden.

Beispiel: Erhält die Firma A. von allen Lieferanten Produktinformationen nach einer festen Klassifikation, kann sie alle Produkte dieser einheitlichen Kataloghierarchie verwalten oder darin suchen. (Informationen im Internet unter www.eclass.de, E-Mail: info@eclass.de)

Der Umsatz des Onlineverkaufs von Dienstleistungen und Waren stieg im Jahre 2009 auf 700 Milliarden EUR, wovon der Großteil zwischen Unternehmen lief. Im europäischen Vergleich nimmt der deutsche Onlinehandel einen Spitzenplatz ein. Sein Marktanteil liegt bei fast einem Drittel des gesamten westeuropäischen E-Commerce.

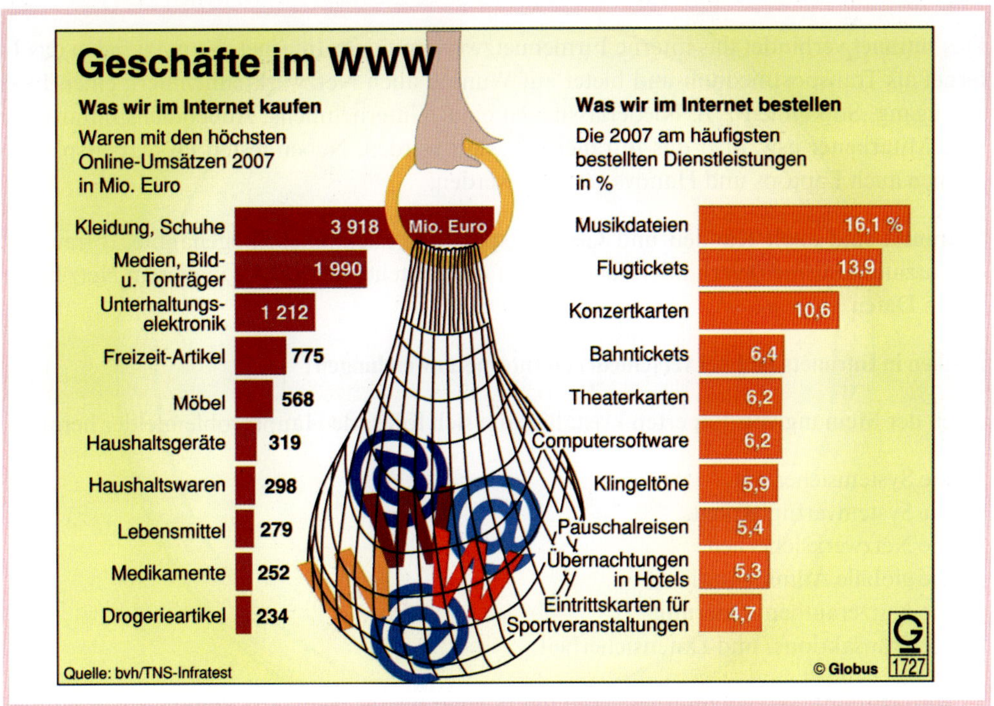

Neue EU-Richtlinie für E-Mails. Der Onlinehandel nimmt weiter zu. Zum Schutz der Verbraucher und Mitbewerber hat die EU eine neue Richtlinie herausgegeben, die sicherstellt, dass der Geschäftspartner eindeutig identifizierbar ist. Danach werden seit Anfang 2007 E-Mails wie Geschäftsbriefe aus Papier behandelt, d. h., es gelten die gleichen Vorschriften wie für Firmenbriefbögen. Im Handelsregister eingetragene Unternehmen müssen auf dem Briefkopf die Rechtsform, den Sitz der Gesellschaft, Vorstandsmitglieder, Geschäftsführer und den Aufsichtsratvorsitzenden nennen.

Onlinebanking spart Zeit und Geld, denn Bankgeschäfte können von zu Hause oder vom Büro aus zu jeder Zeit erledigt werden. Viele Banken richten ihren Kunden besonders günstige Konditionen ein. Der Teilnehmer erhält eine persönliche Identifikationsnummer (PIN). Zusätzlich wird bei jedem Vorgang eine zufallsgenerierte Transaktionsnummer (TAN) vergeben. Beide Schutzmechanismen können außerdem noch durch ein Passwort abgesichert werden.

In einer Zeit, in der Information und Kommunikation wichtige Faktoren des Unternehmenserfolgs darstellen, ist der Aufbau einer Onlinekompetenz für viele Unternehmen unverzichtbar. Dazu muss die Vertraulichkeit, Verbindlichkeit und ständige Verfügbarkeit integerer Datenbestände sichergestellt sein.

Rechtsprechung. Reklamationen werden in der Regel zivilrechtliche, Aufforderungen zu Straftaten strafrechtliche Konsequenzen haben. Von Bedeutung für jeden Online-Dienst, für jeden Provider in der Bundesrepublik sind folgende Gesetze: das Telekommunikationsgesetz (TKG), das Informations- und Kommunikationsdienstegesetz (IuKDG) und der Mediendienstestaatsvertrag (MDStV). Jeder, der eine Homepage beim Provider oder Onlinedienst ablegt, ist für den Text zivil- wie strafrechtlich verantwortlich. – siehe auch S. 441 –

Das **Intranet** verbindet das interne Firmennetzwerk mit dem Internet. Es nutzt dabei das Internet als Transportmedium und bietet auf Wunsch allen Netzwerkteilnehmern einen Internetzugang. So können z. B. Niederlassungen eines Unternehmens, Außendienstmitarbeiter, freie Mitarbeiter usw. über das Intranet integriert werden. Neben festen PC-Arbeitsplätzen können auch Laptops und Handys vernetzt werden.

Extranets sind auch Kunden und Geschäftspartnern zugänglich. Sogenannte „Firewalls" (Schutzmechanismen) verhindern den Zugriff Außenstehender auf die in diesem Netz hinterlegten Daten.

Risiken in Intranets und bei verschiedenen Internetanwendungen:

Nach der Meinung von Experten kristallisieren sich folgende Hauptproblemfelder heraus:

- die Systemsicherheit,
- die Systemverfügbarkeit,
- die Netzwerksicherheit,
- die globale Administration,
- die Nutzerauthentifizierung,
- die Transaktions- und Datensicherheit.

Es wird betont, dass das Internet erst dann sicherer werde, wenn alle Punkte gleichzeitig angegangen werden; ein schwaches Glied könne die gesamte Kette sprengen.

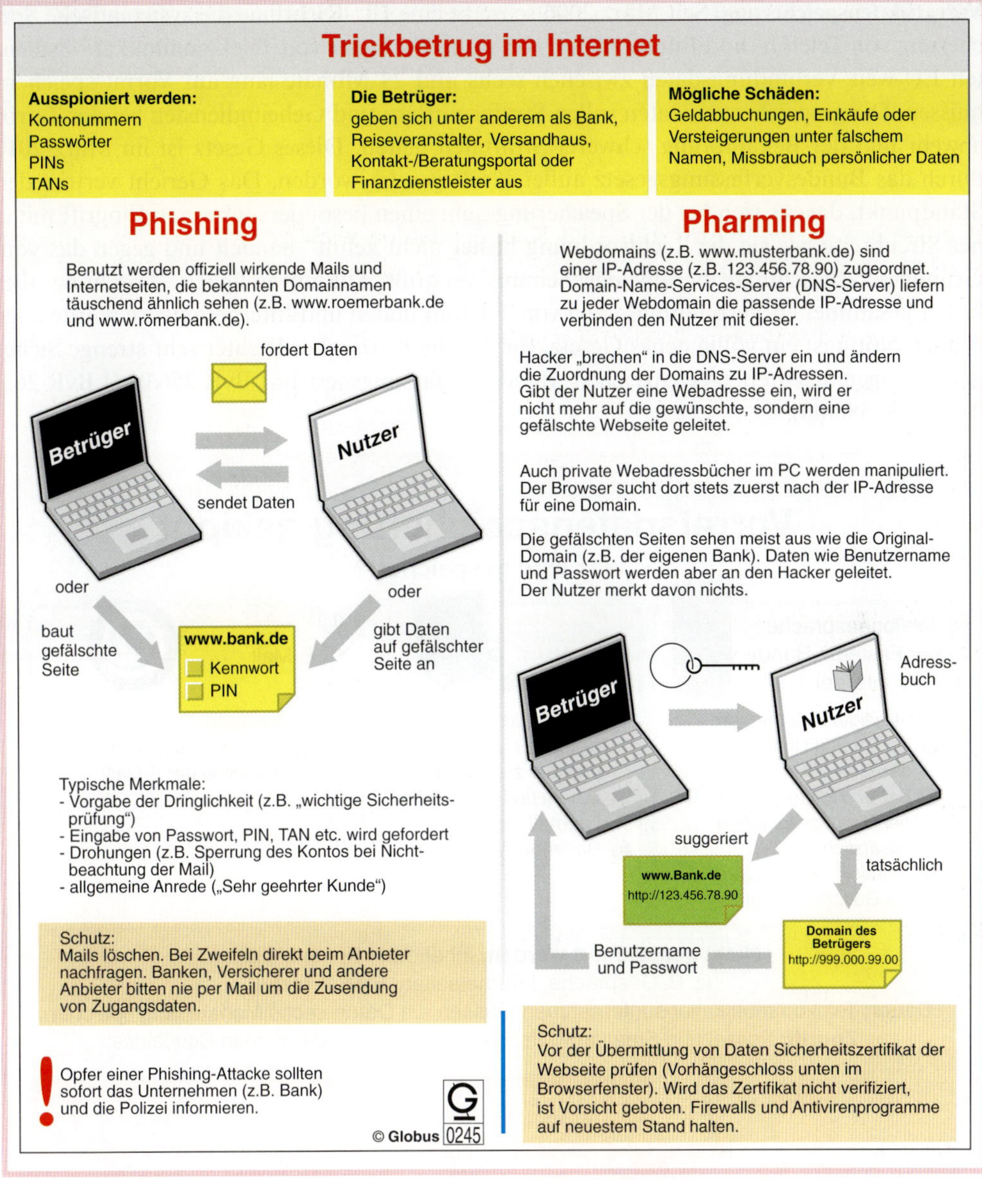

Ferner wird darauf hingewiesen, dass bei der Übermittlung von sensiblen Daten – z. B. bei Finanztransaktionen – weitere Schutzmaßnahmen erforderlich seien. Besonders sensible Informationen wie Kreditkartennummern oder persönliche Daten sollten nur verschlüsselt übermittelt werden, wobei beim grenzüberschreitenden Datenverkehr Probleme auftreten können, denn teilweise verhindern nationale Sicherheitsinteressen in einzelnen Ländern den Export oder den Einsatz der Verschlüsselungssysteme.

Zusätzlich zur Technologie der Verschlüsselung gibt es die „digitale Signatur", deren Einsatz zertifiziert sein muss. Außerdem muss ein einheitlicher Rechtsstandard geschaffen werden, der zumindest innerhalb der EU gewährleistet, dass sich Verbraucher für Bezahlvorgänge und Finanztransaktionen eindeutig und sicher identifizieren lassen.

Vorratsdatenspeicherung. Seit März 2006 schreibt eine EU-Richtlinie die systematische Speicherung von Telefon- und Internetdaten vor, wobei Anbieter von Telekommunikationsdiensten EU-weit Verbindungsdaten zwischen sechs und 24 Monate lang auf Vorrat speichern müssen. Die gespeicherten Daten sollen Strafermittlern und Geheimdiensten bei der Terrorabwehr und der Bekämpfung schwerer Straftaten helfen. Dieses Gesetz ist im März 2010 durch das Bundesverfassungsgesetz außer Kraft gesetzt worden. Das Gericht vertritt den Standpunkt, dass es sich bei der Speicherung „um einen besonders schweren Eingriff mit einer Streubreite wie sie die Rechtsordnung bisher nicht kennt" handelt und gegen das vom Grundgesetz geschützte Fernmeldegeheimnis verstößt. Die unverzügliche Löschung aller bisher gesammelten Verbindungsdaten von Telefonkunden und Internetnutzern wurde angeordnet. Nötig ist ein völlig neues Gesetz, für das die Karlsruher Richter sehr strenge Sicherheitsauflagen machten. (Aktenzeichen: Bundesverfassungsgericht 1 BvR 256/08, 1 BvR 263/08, 1 BvR 586/08).

Phishing und Pharming. Die Kriminalität in Deutschland geht zurück, aber sie verändert sich auch. Einen starken Anstieg machte die Polizei bei Internet- und Computerkriminalität aus. Nach Angaben des Bundeskriminalamtes (BKA) ist vor allem das „Phishing" – das Auskundschaften von Daten, um damit Gelder von Konten abzuzweigen – durch die starke Zunahme des Onlinebankings zu einem gefährlichen Kriminalitätsphänomen geworden.

Noch einen Schritt weiter gehen die Kriminellen beim Pharming. Dabei wird der Nutzer auf Internetseiten umgeleitet, die den echten täuschend ähnlich sehen – eingegebene Daten landen aber beim Betrüger.

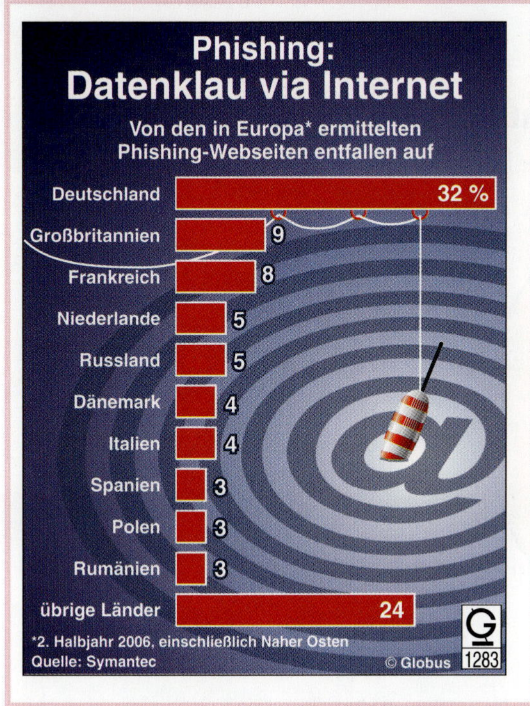

Schutzprogramme. Das Stöbern im World Wide Web birgt Gefahren. Mit Downloads aus dem Internet kann man sich neben den gewünschten Daten auch Spionageprogramme herunterladen, wobei im schlimmsten Falle persönliche Daten und Kennwörter in die falschen Hände geraten können. Sogenannte Keylogger spionieren die Tastatureingaben etwa von Passwörtern aus, die dann missbräuchlich genutzt werden. Spezielle Programme helfen, die unerwünschte Spyware zu erkennen und zu entfernen. Die Schutzprogramme müssen allerdings immer auf dem aktuellen Stand gehalten werden.

Aus- und Weiterbildung. Die Informations- und Telekombranche hat sich zu einem bedeutenden Wirtschaftsfaktor in Deutschland entwickelt. Abgesehen von den technischen Innovationen und deren Auswirkung im wirtschaftlichen Bereich entstehen in der Telekommunikation und im weiten Umfeld des Internets immer mehr neue Jobs, für die ein breit angelegtes Qualifikationsprofil nötig ist. Wachstumsbremsend wirkt sich nach Meinung von Experten vor allem der Fachkräftemangel aus, da es vor allem an Nachwuchs im Bereich Informatik und benachbarter Studiengänge mangelt. Forscher der Industrieländerorganisation OCED kommen nach einer Auswertung der neuesten PISA-Studie von 2003 zu dem Ergebnis, dass Deutschland das Potenzial des elektronischen Mediums in den Schulen noch immer nicht ausschöpft. Bessere Erfolge lassen sich erzielen, wenn der Computer nicht nur im Informatikunterricht zum Einsatz kommt, sondern auch in anderen Fächern. In den Schulen der erfolgreichen PISA-Länder steht meist eine ausreichende Zahl von Computern zur Verfügung. Beispiel: In amerikanischen Schulen teilen sich die Jugendlichen zu dritt einen PC, in Deutschland – statistisch gesehen – 11 Schüler. Außerdem fehlt es an geschulten Lehrern, die fächerübergreifend den PC einsetzen können. Schritt für Schritt sollen in **allen** Schulen Onlinezugänge eingerichtet werden, die Schüler und Lehrer ohne Folgekosten nutzen dürfen. Das könnte bedeuten, dass EDV und Netze auch in der Schule als Werkzeuge verstanden werden, die den Umgang mit allen Wissensbereichen erleichtern.

Eine Umfrage vom Bundesverband deutscher Banken e.V. im April 2009 unter 14- bis 24-Jährigen ergab, dass 77 Prozent der Jugendlichen ein eigenständiges Schulfach „Wirtschaft" fordern. Das ist auch notwendig, denn die Wissenslücken der Jugendlichen sind groß. So verbinden z.B. vier von zehn Befragten nichts Bestimmtes mit den Begriffen „Soziale Marktwirtschaft" und „Globalisierung".

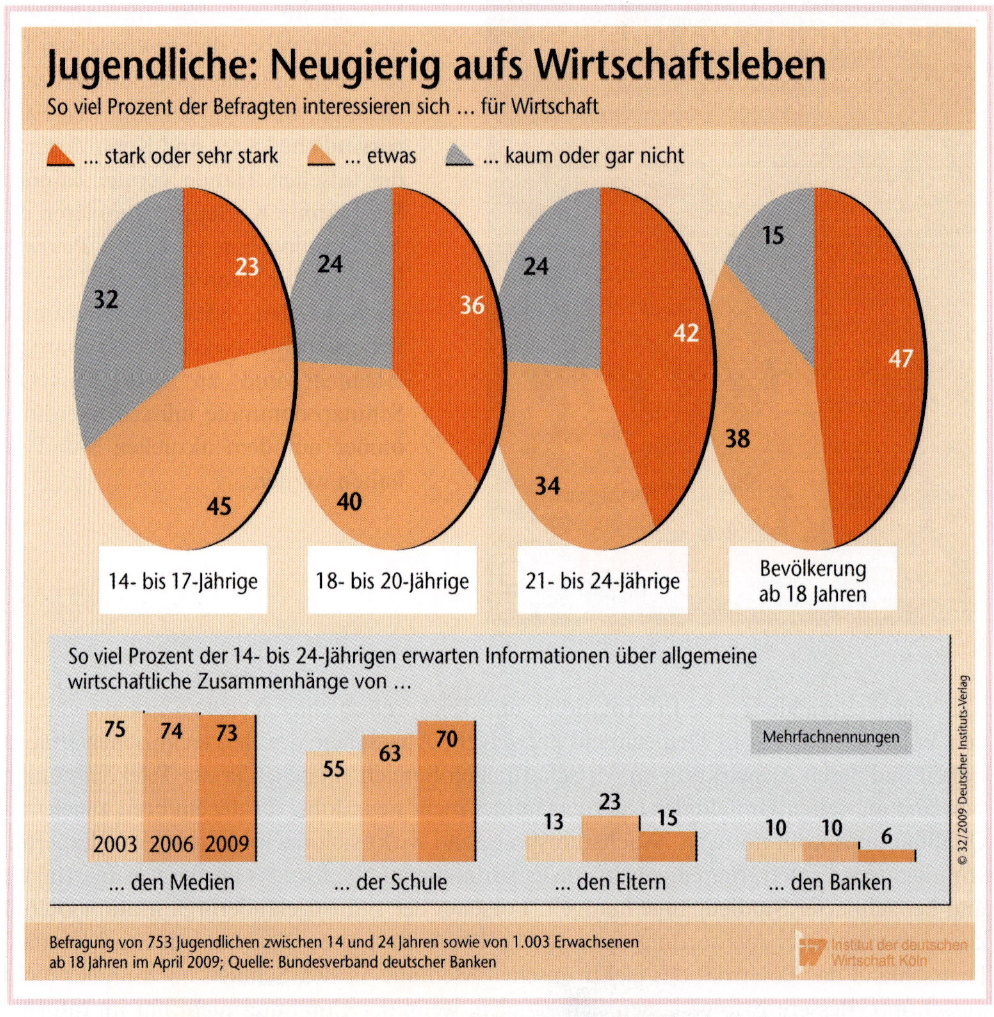

(Quelle: iwd-Informationsdienst des Instituts der deutschen Wirtschaft Köln, Nr. 32/2009, S. 1, © Deutscher Instituts-Verlag, Köln.)

Kernwissen

- Wir stehen vor einer neuen technologischen Revolution, die nach Ansicht von Fachleuten das Kommunikationsverhalten der Menschen in aller Welt verändern wird. Heute arbeiten wir noch mit einer Vielzahl unterschiedlicher Medien, die mehr oder weniger „Stand-alone-Produkte“ sind. In Zukunft – so die Experten – wachsen die PC-Technologie, Television und Telekommunikation in der Form zusammen, dass es keinen Unterschied mehr geben wird zwischen den verschiedenen Audio- und Videodaten.
- Die räumliche Trennung zwischen Beruf und Privatleben wird mehr und mehr aufgehoben werden.
- Für welchen Weg der Datenübertragung sich ein Unternehmen entscheidet, hängt unter anderem davon ab,
  - wie groß die anfallenden Datenmengen sind,
  - wie schnell die Daten übertragen werden sollen,
  - wie vielfältig die Geschäftsbeziehungen sind.
- Das Internet wird in den kommenden Jahren große Wachstumspotenziale haben. Das Datenvolumen verdoppelt sich etwa alle 100 Tage.

Zur Vertiefung

1 Erläutern Sie, was man bei der Bezeichnung „DATEX-P“ unter dem Begriff „**Paket**vermittlung“ versteht!

2 Welche Gründe bewegen Unternehmen und Verwaltungen, sich im Internet zu betätigen?

3 Warum können durch die Kooperation in Extranets Kosten gespart werden?

4 Analysieren Sie das Schaubild unten hinsichtlich der Nutzung eines PCs. Kann man wirklich von einer @-Generation der Kinder und Jugendlichen sprechen?

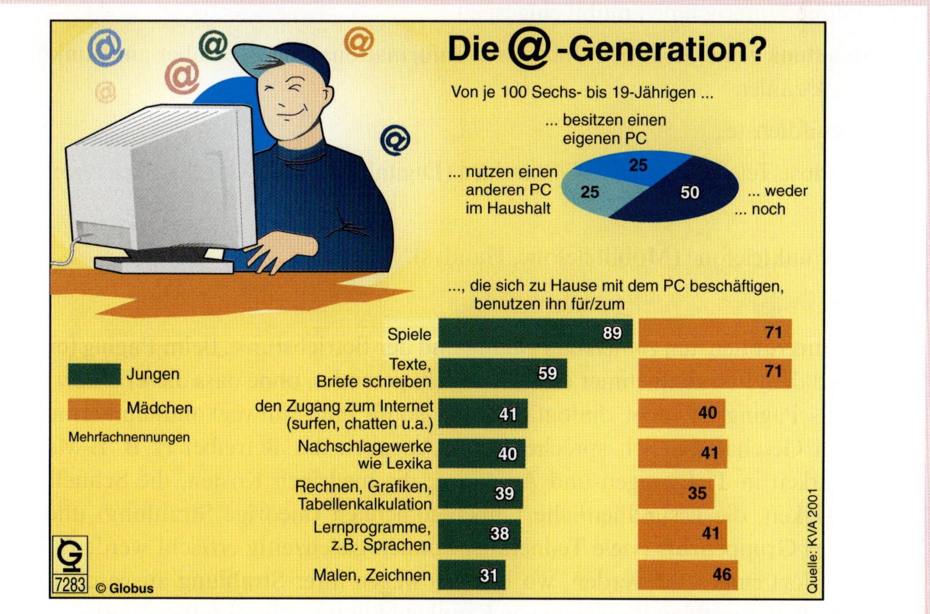

5 Dies ist keine Aufgabe, sondern eine Anregung zur Gruppenarbeit oder einem Unterrichtsgespräch. Zitat aus einem Aufsatz, der am 31.03.2001 in der FAZ unter der Überschrift „Was lernen sie eigentlich? Schüler im Netz: Das Internet als pädagogische Falle" von Wolfgang Krischke erschien: „Immer häufiger wird Geld, das früher für Lehrer oder die Anschaffung von Büchern aufgewendet wurde, in Computer und Internetanschlüsse, in Software und Wartungsarbeiten und Gehälter für Systemexperten gesteckt. ... Das gedanklich durchgearbeitete Referat weicht flotten Montagen von oberflächlichen Informationen aus dem Internet und die lebendige Kommunikation mit dem Lehrer und den Mitschülern den multimedialen ‚Interaktionen' vorgestanzter Lernprogramme. ... Wenn Online-Pädagogen die ohnehin schon computerbegeisterten Schüler an den Computer ‚heranführen' wollen, stellen sie die eigentliche Aufgabe der Schule auf den Kopf: Nötig wäre es vielmehr, Kinder davor zu bewahren, sich von der bunten Welt des Cyberspace völlig vereinnahmen zu lassen. Ginge es nur um die viel beschworene ‚Computeralphabetisierung' – die Einübung von Textverarbeitung, E-Mail und Internetfunktionen –, sie ließe sich in wenigen Tagen beibringen. ..." Nehmen Sie kritisch Stellung!

6 Machen Sie Vorschläge, wie – außer im Informatikunterricht – der PC auch in anderen Fächern eingesetzt werden könnte.

10.3.5 Kommunikationseinrichtungen für den Austausch von Sprache, Ton und Bild

Situation

Nach einem langen Arbeitstag mit einer harten Kundenverhandlung freut sich Dr. Höflich auf einen Waldlauf. Doch schon bald stört ihn ein Piepston seines Handys. Auf dem Display erscheint die Mitteilung seiner Sekretärin „Absage Müller droht". Dr. Höflich ruft den Kunden an, kann ihn umstimmen und von seinen Konditionen überzeugen.

Mobilfunknetze

Mitarbeiter müssen heute überall erreichbar sein und jederzeit, ortsunabhängig auf notwendige Informationen zugreifen können. Rund 11 Mio. von den rund 38 Mio. Beschäftigten sind in ihren Unternehmen mobil eingesetzt.

Der **Mobilfunk** ermöglicht den drahtlosen Informationsaustausch über ein Funknetz. Zum Mobilfunk zählen

- Funkrufdienste,
- schnurlose Telefone im DECT-Standard (Digital European Cordless Telephony) und
- echte Funktelefone (Mobiltelefone, Handys).

▶ Funkrufdienste – nicht dialogfähig

Zu den Funkrufdiensten zählen das Paging und der Betriebsfunk. Beim **Paging** (engl. page = Seite) wird dem Funkteilnehmer eine Nachricht gesendet, ohne dass dieser sofort antworten kann. Das Paging ist nicht dialogfähig und somit eine Einwegkommunikation. Für das Paging im Geschäftsbereich sprechen nach Angaben der Betreiber (z. B. E-Message) die Erreichbarkeit in Tiefgaragen und Aufzügen, die niedrigen Kosten, die Schnelligkeit und Zuverlässigkeit, die gesundheitliche Unbedenklichkeit (niedrige Strahlung) und die Möglichkeit des Gruppenrufs (viele Teilnehmer können gleichzeitig erreicht werden). Pager können auch dort eingesetzt werden, wo Handys wegen ihrer Strahlung ausgeschaltet werden müssen (z. B. in sensiblen Bereichen wie Krankenhäusern, Atomkraftwerken).

Der **Betriebsfunk** findet seine Anwender im professionellen Bereich wie bei der Polizei, Sicherheitsdiensten, Taxiunternehmen und der Feuerwehr. Der Betriebsfunk wendet die *Bündelfunktechnik* an, die dem Nutzer ein festes Bündel von Funkkanälen zur Verfügung stellt. Während des Funkkontakts belegt der Anwender einen dieser Kanäle. Ist das Gespräch beendet, dann wird dieser Kanal wieder frei und kann neu belegt werden. Die Sprechverbindung wird auf Knopfdruck hergestellt („push and talk"). Der Profistandard *Tetra* (Dolphin Telecom) ermöglicht den Gruppenruf und den Direktmodus. Im *Direktmodus* sind zwei Funkgeräte ohne Funknetz und ohne Leitstelle direkt miteinander verbunden, wobei die Nachrichten verschlüsselt werden können. Für eine festgelegte Monatspauschale können Teilnehmer auch auf Datenbanken im Internet zugreifen.

▶ Schnurloses Telefon – kurze Funkstrecke

Schnurlose Funktelefone im DECT-Standard ermöglichen Gespräche von Mobilteil zu Mobilteil (ähnlich einer Nebenstellenanlage) und sind durch die Sprachverschleierung relativ abhörsicher. Die Basisstation des schnurlosen Telefons befindet sich im Gebäude und ist über ein Kabel ans Telefonnetz angeschlossen. Der Hörer mit Tastatur (bis zu vier Mobilteile sind anschließbar) ist abnehmbar und kann überallhin mitgenommen werden. Die Verbindungsleitung („Schnur") zwischen Basisstation und Handgerät wird durch eine Funkstrecke ersetzt. Diese kann, wenn keine Hindernisse im Weg sind, mehrere Hundert Meter überbrücken.

▶ Funktelefon – dialogfähig und europaweit

Mithilfe des Funktelefons (Mobiltelefon, Handy) können die Mitarbeiter ortsunabhängig (mobil) und europaweit miteinander kommunizieren. **GSM** (Global System for Mobile Communication) ist der weltweit meistgenutzte Übertragungsstandard für die digitale Mobiltelefonie. GSM wird je nach Land bzw. Anbieter mit unterschiedlichen Megahertz-Bandbreiten – von 900 MHz (D-Netze) über 1 800 MHz (E-Netze) bis zu 1 900 MHz (Voicestream, USA) genutzt. Wer mit einem D-Netz-Handy in einem E-Netz telefonieren möchte, etwa im europäischen Ausland, benötigt ein sogenanntes **Dual-Band-Handy**, das zwischen D- und E-Netz wechseln kann. **Triband-Handys** decken alle GSM-Frequenzen ab und sind damit weltweit einsetzbar.

Zu den wichtigsten Funktelefonnetzbetreibern (Anbietern) gehören

- T-Mobile (Tochtergesellschaft der Deutschen Telekom AG) mit dem sogenannten **D1-Netz** (mit rund 24 Mio. Kunden Marktführer in Deutschland).
- **Vodafone** (Großbritannien) mit dem sogenannten **D2-Netz** und rund 22 Mio. Kunden in Deutschland (Vodafone ist Weltmarktführer).
- **E-Plus** (Tochtergesellschaft der holländischen KPN) mit dem sogenannten **E-Netz** (mit rund 7 Mio. Kunden Nummer drei in Deutschland).
- **O2** (MMO2 Tochtergesellschaft der British Telecom) mit dem sogenannten **O2-Netz** und rund 4,3 Mio. Kunden in Deutschland.

Wie funktioniert das Funktelefon?

Der Schlüssel zum Funktelefonnetz ist die SIM-Netzkarte (**Berechtigungskarte**, SIM = Subscriber Identity Module), die der Teilnehmer bei den Netzbetreibern oder sogenannten **Providern** erhält und mit der er identifiziert werden kann. Auf dieser Karte befindet sich ein Mikrochip, auf dem die Daten (z. B. Funkrufnummer, Adresse für die Telefonrechnung) des

Eigentümers gespeichert sind. Bevor eine Verbindung hergestellt werden kann, muss sich der Teilnehmer im Netz **anmelden**. Das geschieht durch Einschieben der Netzkarte in das Mobiltelefon. Die gespeicherten Informationen werden zur nächsten Basisstation gesendet; diese überprüft die Zugangsberechtigung.

Nach Eingabe einer **PIN** (persönliche Identifikationsnummer) wird der Teilnehmer eingebucht; d.h., er wird in einem elektronischen Register erfasst und ist dadurch für die Mobilfunkvermittlungsstation bei Anrufen jederzeit auffindbar.

Der Teilnehmer kann nach Einschieben seiner Netzkarte und Eingabe seiner PIN jedes GSM-Telefon benutzen; heute in Hamburg im Leihwagen, morgen in Düsseldorf am Flughafen. Die Verbindungsgebühren werden der Kundennummer zugeordnet und in codierter Form an den Betreiber zur Rechnungserstellung übergeben. Auf diese Weise ist der Besitzer einer Netzkarte europaweit über jedes GSM-Telefon erreichbar.

Alle Funktelefonteilnehmer sind untereinander erreichbar, können Teilnehmer des normalen (festen) Telefonnetzes erreichen und auch von diesen angerufen werden. Bei einem Anbieterwechsel können Funktelefonteilnehmer ihre alte Handynummer mitnehmen. Diese sogenannte **Rufnummernübertragung** (**MNP** = Mobile Number Portability) erleichtert den Wechsel, da die neue Handynummer nicht mehr allen Bekannten und Geschäftspartnern mitgeteilt werden muss. Die Regulierungsbehörde für Telekommunikation und Post (**RegTP** mit Sitz in Bonn) verspricht sich davon mehr Wettbewerb durch die höhere Wechselbereitschaft der Mobiltelefonkunden, Preissenkungen sowie eine Verbesserung der Verfügbarkeit und Qualität durch die Anbieter.

Welche Zusatzleistungen bietet das Funktelefon?

Funktelefongeräte bieten **alle Komfortleistungen** digitaler Telefonanlagen (z.B. Wahlwiederholung, Direktruf, Kurzwahl, Rufumleitung, Makeln, Anklopfen). Mit der **Konferenzschaltung** (kostenpflichtig) lassen sich bis zu fünf weitere Gesprächspartner zusammenführen.

Mit dem Short Message Service – kurz **SMS** – können Mobilfunknutzer Daten anstelle von Sprache über die Mobilfunknetze übermitteln. Über die Tastatur des Mobiltelefons lassen sich damit Textkurzmitteilungen mit bis zu 160 Zeichen versenden. Solche Funkbriefe sind schnell, funktionieren über verschiedene Netze hinweg und sind kostengünstig. Neuere Mobilfunkgeräte haben ein Farbdisplay, verfügen über einen Organizer, sind mit einem Joystick leicht zu bedienen und lassen sich mit einer aufsteckbaren Digitalkamera zum mobilen Fotoapparat aufrüsten. Sie unterstützen den Multimedia Messaging Service – kurz **MMS** –, der das Versenden und Empfangen von Texten in beliebiger Länge, Fotos, Videos, Spielen und Tönen erlaubt – unabhängig vom Hersteller. Sowohl SMS als auch MMS lassen sich auch an eine E-Mail-Adresse verschicken.

Mit dem neuen Mobilfunkstandard Universal Mobile Telecommunication System – kurz **UMTS** – wird der schnelle Internetzugang via Mobiltelefon ebenso möglich wie multimediale Anwendungen: Bilder, Grafiken und sogar ganze Videoclips können dann mit Geschwindigkeiten von bis zu 2 Megabit pro Sekunde über das Handy hin- und hergeschickt werden – das ist bis zu 200-mal schneller als bei GSM bzw. **WAP** (Wireless Application Protocol, überträgt nur ausgewählte und unvollständige Internetseiten), die es lediglich auf bis zu 9,6 Kbit pro Sekunde bringen. Abgerechnet wird dabei nach dem Volumen der empfangenen oder versendeten Daten. Auf der Cebit 2006 haben T-Mobile und Vodafone die Breitbandtechnik **HSDPA** (High Speed Downlink Packet Access) als neues Leistungsmerkmal von UMTS gestartet. Damit wird eine mobile Datenübertragung von 1,8 Megabit pro Sekunde möglich, fast fünfmal so schnell wie UMTS. Der Upload, also das Hochladen von Daten zu einem entfernten Server, ist, wie bei UMTS, auch bei HSDPA deutlich langsamer als der Download. Abhilfe schafft die Mobilfunktechnik HSUPA (High Speed Uplink Packet Access), die 2007 eingeführt wurde.

Was kostet das Funktelefon?

Der **Anschaffungspreis** für ein Handy der neuesten Generation beträgt mit Akku und ohne Mobilfunkvertrag, je nach Ausstattung, bis zu 500,00 EUR. Wer einen **Mobilfunkvertrag** mit einer Laufzeit von mindestens einem Jahr abschließt, muss entweder gar nichts oder nur einen erheblich geringeren Anschaffungspreis bezahlen. Mit einem Mobilfunkvertrag können mehrere Handys genutzt werden. Da die Mobilfunkanbieter daran kein Interesse haben, gehen viele Gerätehersteller (z. B. Nokia, Siemens), die bisher nur über Mobilfunkanbieter bzw. Provider (z. B. Debitel, Mobilcom) verkauft haben, dazu über, ihre Geräte selbst zu vermarkten.

Bei der Nutzung des Mobiltelefons entstehen folgende Kosten:

- **Einmaliger Anschlusspreis** für den Funktelefonanschluss (dieser entfällt bei den meisten Providern, wenn die Vertragsdauer 12 Monate überschreitet)
- **monatlicher Grundpreis** für den Funktelefonanschluss
- **Verbindungskosten** für das eigentliche Gespräch (als Minutenpreis, z. B. 0,30 EUR) bzw. die SMS oder MMS (je nach Anbieter und Größe der versandten Dateien, z. B. bis 30 KB 0,39 EUR, bis 100 KB 0,59 EUR)

Viele Provider locken Kunden mit großzügigen Startguthaben (z. B. 50,00 EUR), Freiminuten (z. B. 250 Minuten frei), kostenlosen SMS (z. B. 250 SMS frei) oder indem sie für die ersten sechs Monate den Grundpreis erlassen.

Für Wenigtelefonierer empfiehlt sich eine vorausbezahlte Netzkarte (**Prepaidkarte**), bei der der Grundpreis entfällt. Die Prepaidkarte lässt sich an Tankstellen oder über das Internet (Seite des Providers aufrufen) jederzeit nachladen.

Wer den **Tarifdschungel** der unterschiedlichen Netzbetreiber und Provider durchschauen will, der sollte sein künftiges *Gesprächsverhalten* hinsichtlich Gesprächszeitpunkt und -dauer möglichst genau *analysieren* und dann einen **Tarifrechner** aus dem Internet herunterladen. Der günstigste Tarif kann jedoch mit ungünstigen Kündigungs- und Vertragslaufzeiten verbunden sein. Auch die jeweilige Taktzeit ist zu beachten, denn je kürzer der Zeittakt, umso gerechter ist die in Rechnung gestellte Leistung. Am besten ist eine *sekundengenaue Abrechnung*.

Bei **Verlust des Handys** sofort die Karte sperren lassen durch Anruf bei der Hotline:

T-Mobile	0180 3302202	E-Plus	0177 1150
Vodafone	0172 1212	O_2	0180 5624357

■ *Wachstumsmarkt Mobilfunk*

Das weltweite Kommunikationsnetz wird immer dichter geknüpft. Heute gibt es fast 2,5 Milliarden Mobiltelefone, über eine Milliarde Menschen nutzen das Internet. In Deutschland ist die Mehrheit der Bevölkerung „online“; es gibt inzwischen mehr Handys als Festnetzanschlüsse. Vieles hängt in Zukunft von neuen Diensten und den UMTS-Mobilfunknetzen ab. Folgt man den Visionen der Industrie, dann gibt es in Zukunft neue Anwenderprogramme, die das Handy zum allgegenwärtigen Informationsterminal und digitalen Marktplatz werden lassen.

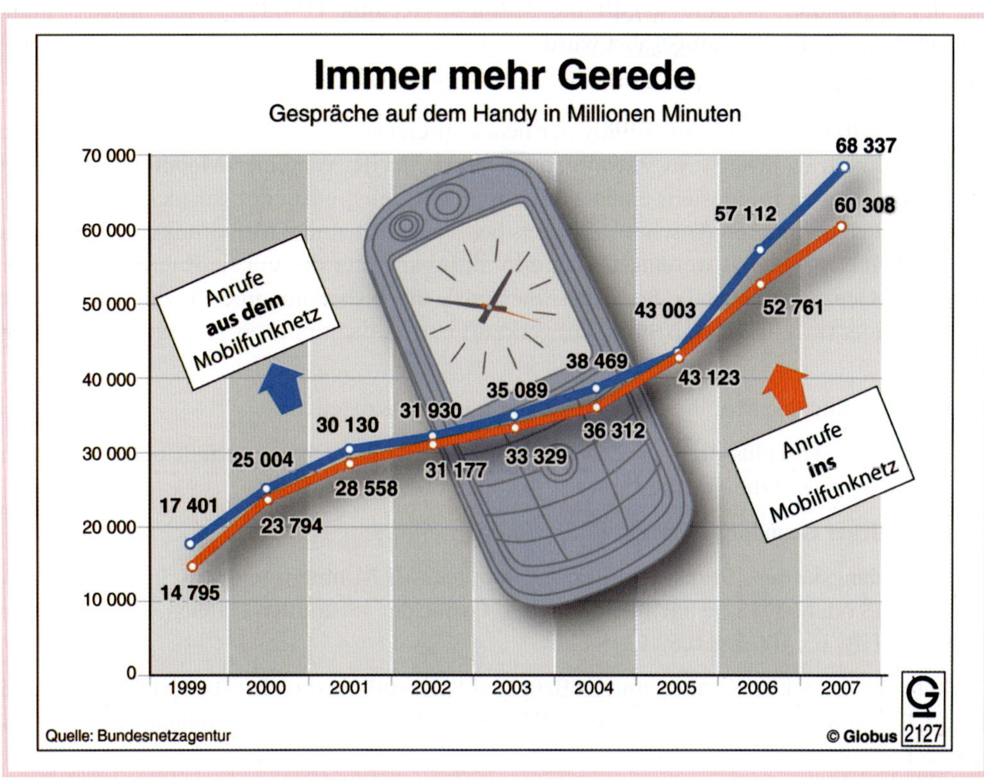

Drei große Trends zeichnen sich dabei ab: Entertainment, Musik und Foto. Stichworte beim **Entertainment:** mobiles Fernsehen und Spiele für das Handy; **Musik:** MP3-Player könnten durch das Handy überflüssig werden; **Foto:** Im Fotobereich machen die Handys den Digitalkameras große Konkurrenz.

Mobiltelefonierer können eine Art **Call-by-Call** für Handygespräche nutzen (z. B. bei Tele-Discount). Über die Nummer des Call-by-Call-Anbieters (z. B. 035549490196) gelangt der Anrufer zu einer Ansage, in der er aufgefordert wird, die jeweilige Zielrufnummer (inkl. Länderkennung) einzugeben. Der Dienst umgeht die teilweise sehr teuren Tarife für Auslandsgespräche. Durch die hohen Preise für 01805-Nummern lohnt sich das Ganze jedoch nur für Prepaidhandys bei Gesprächen ins Ausland.

SMS (Short Message Service) ist ein Kurznachrichtendienst per Handy, der seit Jahren einen Boom erlebt. Im Jahr 2008 haben die Bundesbürger 29,1 Milliarden SMS verschickt. Der Dienst ermöglicht das Absenden und Empfangen von alphanumerischen Nachrichten mit bis zu 160 Zeichen von einem Handy auf ein anderes Mobiltelefon. Inzwischen können per SMS sogar Bahnfahrkarten erworben werden, oder der Nutzer kann von zu Hause aus für den nächsten Flug einchecken. Eine SMS-Flatrate – mit ihr kann man zum Festpreis beliebig viele Nachrichten versenden – gehört bei zahlreichen Anbietern mittlerweile zum Standardangebot.

Twitter (zu Deutsch: zwitschern, Gezwitscher) ist eine Internetanwendung, mit der kurze Texte an Nutzer versendet werden, die den Dienst abonniert haben. Allerdings können die in Deutschland rund 35 000 Nutzer dieses öffentlichen Tagebuchdienstes im Internet ihre Nachrichten noch nicht über das Handy verschicken, es sei denn, dieses verfügt über einen Webzugang.
Aber das Twittern wird auch kritisch gesehen. In bestimmten Kreisen in den USA werden Einladungen nur unter der Bedingung ausgesprochen, dass nichts davon im Cyberspace landet. Bloggen oder Twittern oder Fotos auf soziale Netzwerke wie Facebook zu laden, ist zum Schutz der Gäste strengstens untersagt.
Kann ein Arbeitnehmer eine entsprechende berufliche Veranlassung nachweisen, können die Kosten für ein Handy zumindest teilweise als Werbungskosten steuerlich geltend gemacht werden (Urteil des Finanzgerichtes Rheinland-Pfalz vom 28. November 1997 – 4 K 1694/96).

Professioneller Mobilfunk

Das Angebot ist vielfältig und entwickelt sich rasch. Verwirrend ist, dass die verschiedenen Anbieter für gleiche Produkte und Funktionen unterschiedliche Bezeichnungen haben.

► Einsatzbereiche (Auswahl)

des Bündelfunks Chekker	**Beispiele:**
• Flottenmanagement	Disposition von Fahrzeugtouren
• Lichtsignalüberwachung	Überwachung von Ampelanlagen
• Überwachung von Parkschein-/Fahrkartenautomaten	Statusmeldungen, Kurzdatenübertragung, Übermittlung von Betriebszuständen
• Objektschutz	Sendung von Alarmmeldungen zu einer Zentrale
• Verkehrstelematik	Steuerung von Parkleitsystemen
• Pipelineüberwachung	Überwachung von unterirdischen Rohrleitungen und Tanks
• Glatteismeldeanlagen	Übermittlung gemessener Werte an eine Zentrale
• Containerfüllstandsüberwachung	Meldung des Füllstands von Altglas- oder Altpapiercontainern an einen zentralen PC
• Überwachung von Trink- und Abwassernetzen	Fernwartung der zahlreichen und weit verstreuten Anlagen der Versorgungsnetze wie Hochbehälter, Tiefbrunnen usw.
• Zählerfernauslesung	Fernwartung/Umprogrammierung von Strom- und Wasserzählern von einer Zentrale aus
• Personalkoordination	organisationsgerechter und effizienter Einsatz von Politessen

Dolphin Telecom (Deutschland) GmbH, Köln
Telefon: 0221 4900-0
Fax: 0221 4900-149
E-Mail: info@dolphin-telecom.de
Internet: www.dolphin-telecom.de

▶ *Funketiketten*

RFID (Radio Frequency Identification) ist eine fast überall einsetzbare Schlüsseltechnologie, die auf kurze Entfernung die automatische Erkennung einzelner, mit einem Chip versehener Objekte per Funk ermöglicht. Die Industrie erhofft sich von der RFID-Technik Milliarden an Einsparungen, denn die Einsatzmöglichkeiten dieser Schlüsseltechnologie sind nahezu unbegrenzt.

Einsatzbeispiele: Am Flughafen gehen keine Gepäckstücke mehr verloren. Ein Kühlschrank meldet, wenn die Sahne sauer wird oder der Käse zur Neige geht. Die Müllabfuhr erkennt, ob der Müll richtig getrennt ist, – wenn nicht, wird die Tonne stehen gelassen. Der Kunde schickt dem Supermarkt über das Internet vorab eine Einkaufsliste; der Einkaufswagen lotst ihn dann zu den entsprechenden Produkten. Die Kasse rechnet die Waren schon im Einkaufskorb ab. Der Chip unter der Haut informiert den Notarzt sofort über die Blutgruppe und Allergien. Die Monatsfahrkarten der Londoner U-Bahnen, das Mautsystem in Singapur, zahlreiche Skilifte in den Wintersportgebieten der Alpen, das alles wird durch die RFID-Technik ermöglicht.

Der Erfolg des Systems beruht unter anderem auf den Vorteilen gegenüber den herkömmlichen Barcodes. RFID-Systeme können Daten lesen, ohne sie zu berühren; sie reagieren auf ein Funksignal und senden erst dann ihre Daten an das entsprechende Lesegerät. Ein weiterer Vorteil gegenüber dem Barcode ist, dass die Chips nicht nur lesbar, sondern auch beschreibbar sind.

Das Institut der deutschen Wirtschaft stellt in seinen Informationen unter der Rubrik „Wirtschaft und Unterricht" in Ausgabe Nr. 6/2009 die Vor- und Nachteile der RFID-Technik einander gegenüber:

Vorteile	Nachteile
– Hohe Speicherkapazität – Keine Sicht- oder Kontaktverbindung zum Lesen der Information notwendig – Unbefugtes Ändern oder Kopieren nicht möglich – Verringerung menschlicher Fehler – Mehrfach verwendbar und überschreibbar – Erkennung von zahlreichen Etiketten in einem einzigen Arbeitsgang (Zeitersparnis) – Automatisierte Dokumentation (Wartungsmechaniker werden von Verwaltungsaufgaben entlastet)	– Hohe Einführungskosten – Datenschutzbedenken – Kritiker bemängeln, dass die Entsorgung als Elektronikschrott nicht immer zufriedenstellend gelöst ist.

Zur Weiterentwicklung der RFID-Technologie prognostiziert das Institut der deutschen Wirtschaft in den genannten Informationen, dass schon im Jahre 2010 jedes siebte RFID-Etikett chiplos sein wird und stattdessen aus gedruckten Dünnfilmtransistor-Schaltkreisen und Oberflächenwellen-Bauelementen bestehen wird. Im Jahr 2013 wird der Anteil der chiplosen Etiketten auf 55 Prozent gestiegen sein. Sie werden dann kleine als eine Cent-Münze sein.

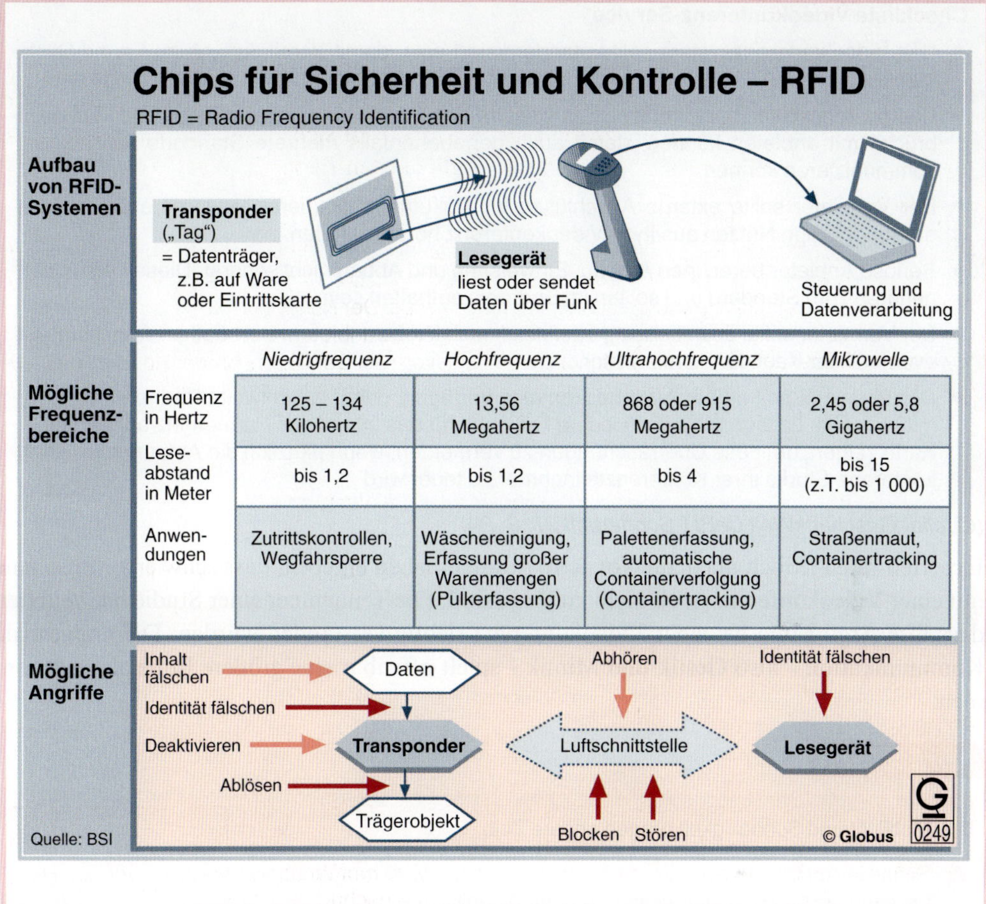

VIDEO-Kommunikation

► SPRACH-Kommunikation mit BEWEGTBILD-Übermittlung

- **Bildtelefon.** Diese Dienstleistung ist möglich an einem ISDN-Anschluss. Eine Unterhaltung ist lebendiger, wenn sich die Gesprächspartner sehen und gegenseitig Bilder oder Gegenstände zeigen können. Neben der eingebauten Kamera können auch externe Video- und Audioquellen angeschlossen werden. Im eingebauten Telefonbuch können Telefonnummern mit Namen gespeichert werden.

- **Video-PC.** Für die Aufrüstung eines PCs zum Video-PC sind preiswerte Ergänzungen auf dem Markt. Außerdem kann die Videokommunikation unterstützt werden durch Datenkommunikation, E-Mail, Voicemail, Mailbox, Faxübertragung usw. Am Video-PC lassen sich Bildtelefonate führen und zeitgleich Dokumente bearbeiten. Technik: ISDN-PC-Karte, Videokamera, Telefon mit Freisprecheinrichtung.

- **Videokonferenz.** Verschiedene Anbieter – u. a. die Telekom – bieten Kommunikationsserver an, mit denen sich Videoschaltungen mit mehreren Teilnehmern realisieren lassen.

Checkliste Videokonferenz-Service

- Das Videokonferenzsystem sollte standardisiert sein, damit Verbindungen zu Fremd-Systemen möglich sind. Fragen Sie nach Standard H.320. Ihr System sollte hierzu konform sein.
- Das System sollte zudem multipointfähig sein. Das heißt, der Vermieter sollte eine Multipointbrücke mit anbieten können, damit auch gegebenenfalls mehrere Standorte miteinander kommunizieren können.
- Der Vermieter sollte externe Anschlüsse für Dokumentenkameras usw. mit anbieten, um größtmöglichen Nutzen aus Ihrer Videokonferenz herauszuholen.
- Seriöse Anbieter berechnen Aufbau, Einweisung und Abbau nicht separat. Diese Leistungen gehören zum Standard und sollten im Endpreis enthalten sein.
- Der Vermieter sollte auch Leasing oder Kauf nach Probe anbieten. Bei häufiger Anmietung ist eventuell der Kauf dann preiswerter.
- Der Vermieter sollte über Auslandskontakte verfügen, damit er weltweite Partnerstudios vermitteln kann. Lassen Sie sich in jedem Fall auch für das Inland das Partnernetz anhand einer Karte zeigen, um böse Überraschungen zu vermeiden, wenn plötzlich die Anfahrt zum Videokonferenz-Studio Ihrer Konferenzteilnehmer zu teuer wird.

(Quelle: GeschäftsWelt CeBIT-Sonderheft 97, S. 34)

Experten raten jedoch auch zur Vorsicht. Studien haben ergeben, dass schwierige Probleme mit einer Videokonferenz noch nicht zu lösen sind. Die Teilnehmer einer Studie bezweifelten, dass ihre Argumente bei einer Videokonferenz richtig verstanden wurden. Die nonverbale Kommunikation – also Gestik und Mimik – spielt offenbar eine größere Rolle als angenommen.

Kernwissen

- Mobilität und Schnelligkeit prägen unsere Zeit.
- Schnelle Abstimmungsprozesse können zu einem wichtigen Wettbewerbsvorteil werden. Hierbei kann der Mobilruf in all seinen Varianten behilflich sein.
- Die Videokommunikation eröffnet neue Möglichkeiten eines bildbegleitenden Informationsaustauschs.
- RFID: Viele Großunternehmen arbeiten bereits mit RFID. Aber auch der Mittelstand sollte den Anschluss an die technologische Entwicklung nicht verpassen. Der Einsatz der Schlüsseltechnologie RFID erweitert die Rationalisierungs- und Kosteneinsparungspotenziale sowohl in der Logistik (z. B. Warenverfolgungssysteme) als auch in der Verwaltung, Wartung und im Service.

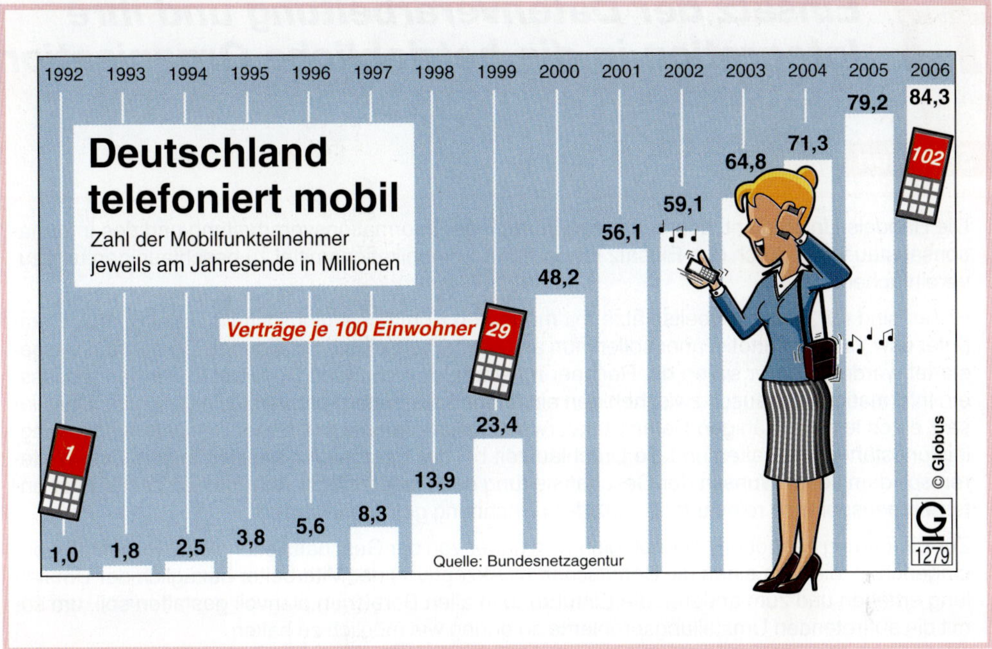

Zur Vertiefung

1 **Problem:** Dr. Ernst ist aus beruflichen Gründen häufig mit seinem Dienstwagen unterwegs. Es ist ihm nicht möglich, in seinem Büro seinen ungefähren Aufenthaltsort zu hinterlassen. Dennoch möchte er durch seine Sekretärin über wichtige Angelegenheiten auf dem Laufenden gehalten werden.

Machen Sie einen Lösungsvorschlag! Wie kann seine Sekretärin ihn dauernd erreichen?

2 Anwalt Liebling, Berlin, kooperiert in vielen Fällen mit einem Anwaltsbüro in Köln. Die zahlreichen Treffen, die bislang erforderlich waren, sind zu kostenaufwendig.

Zu welcher Anschaffung raten Sie den Anwälten?

3 Was versteht man unter einer Flatrate?

4 Nehmen Sie in einem Gruppengespräch zu folgender dpa-Meldung vom 14. 8. 2009 (Allgemeine Zeitung Coesfeld) Stellung:

„Knigge-Regel: Twittern verboten"
New York (dpa). Die Gegenbewegung zum allgegenwärtigen Internet ist in New York bereits in vollem Gange. Manche Partyeinladungen werden nur unter der Bedingung ausgesprochen, dass nichts davon im Cyberspace landet. Bloggen oder Twittern ist strengstens untersagt, Fotos auf soziale Netzwerke wie Facebook zu laden, gilt als tabu. Gäste sollen keine Angst haben müssen, dass jede Äußerung sofort im Internet landet.

11 Einsatz der Datenverarbeitung und ihre Integration in die betriebliche Organisation

Situation

Die Handels-Union plant, den gesamten Bereich der Informationsverarbeitung und des Informationsaustausches durch den Einsatz moderner Kommunikationsmittel zu beschleunigen und zu vereinfachen.

Bisher sind nur wenige Arbeitsplätze mit modernen Kommunikationsmitteln (Telefax, Btx, Computer usw.) ausgestattet. Daher sollen nun alle Büroarbeitsplätze mit eigenen Computern ausgestattet werden. Ferner sollen die Rechner miteinander verbunden (= vernetzt) werden, sodass ein Informationsaustausch zwischen den einzelnen Mitarbeitern problemlos möglich ist. Der Einsatz eines leistungsfähigen Datenbankverwaltungsprogramms soll ferner die Datenverwaltung leistungsfähiger gestalten und die Durchlaufzeit bei der Bearbeitung beschleunigen. Des Weiteren soll damit dem Wunsch der Geschäftsleitung nach jederzeitiger Abrufbarkeit bestimmter unternehmenspolitisch relevanter Kennziffern Rechnung getragen werden.

Zur Einführung der neuen Technologien wird daher von der Geschäftsleitung eine Projektgruppe eingerichtet, die zum einen die Bereitschaft (= Akzeptanz) der Mitarbeiter bezüglich der Umstellung erhöhen und zum anderen die Einführung in allen Bereichen planvoll gestalten soll, um somit die auftretenden Umstellungsprobleme so gering wie möglich zu halten.

Der Einsatz der Datenverarbeitung bzw. die Umstellung auf EDV erfordert umfangreiche Planungs- und Organisationsarbeiten, um einen möglichst reibungslosen Übergang zu schaffen.

Wichtige Grundlage für eine leistungsfähige Projektarbeit ist das Festlegen eindeutiger Zielvorgaben. Für die Umstellung der Arbeit auf EDV kommen dabei folgende Zielaspekte in Betracht:

- Verringerung der Personalkosten,
- Minimierung der Durchlaufzeit,
- Verbesserung der Kostensituation,
- Beschleunigung des Informationsflusses,
- Verringerung des Formularbedarfs,
- erhöhte Akzeptanz durch die Mitarbeiter,
- Motivationssteigerung durch Arbeitserleichterung.

11.1 Planung der Umstellung der Organisation auf EDV

Vorteile durch eine Umgestaltung der Arbeitsabläufe sind jedoch nur zu erwarten, wenn die Rahmenbedingungen bei der Planung in ausreichendem Maße berücksichtigt werden. Als Rahmenbedingungen kommen dabei insbesondere die folgenden Punkte in Betracht:

- die zeitliche Reihenfolge der Umstellung,
- die rechtzeitige Information der Mitarbeiter,
- Durchführung frühzeitiger Schulungsmaßnahmen,

- Maßnahmen des Datenschutzes und der Datensicherung,
- Einrichtung eines Datenschutzbeauftragten,
- Ausreichende Testphasen für Geräte, Programme und Arbeitsabläufe,
- Maßnahmen zur Überbrückung von Anlaufschwierigkeiten.

Terminplanung

Als Hilfsmittel für die Terminplanung kommt insbesondere die Netzplantechnik (vgl. Abschnitt 6.2.3) in Betracht. Dabei können die frühesten und spätesten Endtermine wesentliche Hilfestellungen für die zeitliche Planung der einzelnen Aktivitäten bieten; die Pufferzeiten zeigen an, bei welchen Vorgängen Reservezeiten zur Überbrückung auftretender Schwierigkeiten vorhanden sind, und der kritische Weg informiert darüber, bei welchen Aufgaben Verzögerungen zu vermeiden sind.

Wichtig ist bei der Planung der zeitlichen Reihenfolge auch die Abstimmung zwischen den verschiedenen Planungselementen. So bedingt z. B. die verwendete Software ganz wesentlich die zugrunde liegende Hardware, und auch die Einrichtung von Kommunikationsnetzen ist dabei nicht außer Acht zu lassen. Des Weiteren ist der Bereich der Kommunikationsmittel durch einen enorm schnellen technischen Wandel gekennzeichnet, was bei der Planung der Beschaffungstermine ebenfalls eine ganz wesentliche Bestimmungsgröße darstellt. Insofern muss auch bei der zeitlichen Planung der einzelnen Aktivitäten auf die Abhängigkeiten zwischen diesen Faktoren in ganz besonderem Maße geachtet werden.

Informations- und Schulungsmaßnahmen

Die meisten Arbeitnehmer erkennen heute die Notwendigkeit eines Computers am Arbeitsplatz an. Häufig erwarten Mitarbeiter sogar, dass ihre Arbeitsplätze mit modernen Kommunikationsmitteln ausgestattet sind, da damit ein bestimmtes Prestige (= Ansehen) verbunden wird.

Um den Mitarbeitern die Bereitschaft zur Umstellung von Arbeitsabläufen zu erleichtern, ist es dennoch unabdingbar notwendig, sie in jedem Falle rechtzeitig über solche Maßnahmen zu informieren und auch bei der Gestaltung des neuen Arbeitsplatzes zu beteiligen. Dadurch wird die Akzeptanz solcher Maßnahmen ganz wesentlich erhöht.

Daneben ist auch eine umfangreiche Schulung der Mitarbeiter erforderlich. Ziel ist zum einen der Abbau von Ängsten im Umgang mit den neuen Kommunikationstechniken, zum anderen sollen dadurch Einarbeitungszeiten verkürzt werden. Letztendlich sollen die Mitarbeiter befähigt werden, nach den Schulungsmaßnahmen und einer intensiven Trainingszeit selbstständig mithilfe dieser Medien ihre Aufgaben erfüllen zu können.

Die eigentliche Mitarbeiterschulung ist dabei in unterschiedlicher Weise möglich. Verfügt das Unternehmen über eigene kompetente Mitarbeiter, so können diese die Schulung anderer Mitarbeiter übernehmen. Häufig schulen auch die Soft- und Hardwareanbieter. Solche Kurse können entweder im Unternehmen selbst oder in den Räumen dieser Anbieter stattfinden. Des Weiteren bietet sich an, entsprechende kommerzielle Schulungsunternehmen, die sich auf die Aus- und Weiterbildung im Bereich der neuen Medien spezialisiert haben, in Anspruch zu nehmen.

Weiterhin ist noch zu überlegen, zu welchen Zeitpunkten die Schulungen durchzuführen sind. In aller Regel dürfte es nicht möglich sein, alle Mitarbeiter des Unternehmens gleichzeitig zu schulen, da es sonst zu erheblichen Problemen in der täglichen Aufgabenabwicklung kommen dürfte. Allerdings wäre unter Kostengesichtspunkten eine gleichzeitige Schulung aller Mitarbeiter, insbesondere bei Durchführung der Schulungsmaßnahmen durch Fremdfirmen, wahrscheinlich vorteilhafter.

Ferner ist zu überlegen, ob für alle zu schulenden Mitarbeiter das gleiche Schulungsprogramm angeboten werden soll. Die Aufgabenbereiche und damit die zu schulenden Programme unterscheiden sich zwischen den verschiedenen Mitarbeitern, z. B. Sekretärinnen, Sachbearbeiter/-innen, Manager/-innen, doch unter Umständen erheblich. Daher wäre es angebracht, neben einer intensiven Grundschulung individuelle Schulungsprogramme für bestimmte Mitarbeitergruppen zu planen, wobei auch hier wieder die zeitliche Planung dieser Maßnahmen aufeinander abzustimmen ist.

■ *Einstellungsbedarf*

Die Umstellung auf EDV verursacht nicht nur Kosten durch die Anschaffung entsprechender Geräte und Programme, sondern erfordert auch im Personalbereich Umstellungen. Neben einer stetigen Weiterbildung der bisherigen Fachkräfte werden zusätzlich qualifizierte Mitarbeiter in stärkerem Umfang als bisher benötigt.

Dabei ist zu beachten, dass sich der Ausbildungs- und Weiterbildungsbedarf in den letzten Jahrzehnten sehr stark verändert hat. Während früher Erfahrungen, Geschicklichkeit und körperliche Kraft häufig das Berufsleben bestimmten, erfolgt heute zunehmend eine Verlagerung auf den Bereich intellektueller Qualifikationen. Die Zahl un- und angelernter Arbeitskräfte nimmt immer stärker ab, die Anforderungen an die Befähigung der Mitarbeiter nimmt ständig zu. EDV-Kenntnisse sind heute weitestgehend in allen kaufmännischen Berufen erforderlich und auch Teil der schulischen und der beruflichen Ausbildung.

■ *Datensicherung und Datenschutz*

Traditionell wurden Daten in Listen, Akten oder Karteien gesammelt und aufbewahrt. Diese konnten sicher in Schreibtischen oder Aktenschränken eingeschlossen und vor unberechtigtem Zugriff geschützt werden.

Der Einsatz der EDV bringt nun allerdings Gefahren mit sich:

- Daten können fehlerhaft erfasst werden.
- Unberechtigte Personen können sich Zugriff auf die Daten verschaffen.
- Daten können unabsichtlich, aber auch bewusst leicht zerstört oder verändert werden (z. B. durch Überschreiben).
- Die Privatsphäre jedes Bürgers kann durch Datensammlungen beeinträchtigt werden.

Diese wenigen Beispiele zeigen, dass Maßnahmen zur Datensicherung und zum Datenschutz besonders wichtig sind.

Als Datensicherung bezeichnet man alle Maßnahmen zum Schutz von Daten und Programmen vor unberechtigtem Zugriff, vor Verlust, Beschädigung und vor absichtlicher oder unabsichtlicher Verfälschung.

Um diese Ziele zu erreichen, bedarf es verschiedener Methoden der Datensicherung. Dabei kommen technische oder bauliche Maßnahmen (= hardwaremäßige Datensicherung), organisatorische Maßnahmen (= organisatorische Datensicherung) oder programmtechnische Maßnahmen (= softwaremäßige Datensicherung) infrage.

Als **technische oder bauliche Maßnahmen** kommen insbesondere infrage:

- Notstromaggregate gegen Stromausfälle,
- Parallelrechner (gleichzeitiges Betreiben einer zweiten, unabhängigen DV-Anlage),
- feuerhemmende Barrieren.

Diese Maßnahmen dienen in erster Linie dem Schutz von Daten vor Vernichtung oder Zerstörung.

Organisatorische Maßnahmen dienen zur Verhinderung unerlaubten Zugriffs und sollen Manipulationen an den Daten verhindern. Als Maßnahmen sind hier insbesondere zu nennen:

- Zutrittskontrollen zum Rechenzentrum (sog. **Closed-Shop-Betrieb**),
- Abschließen von Rechnern (bei PCs),
- Passwortschutz, d. h. Eingabe einer individuellen Kennung des Benutzers,
- automatische Protokollierung aller Aktivitäten,
- Erstellung von Sicherungskopien.
- Einsatz von Firewall und Virenschutz

Programmtechnische Maßnahmen sind Datensicherungsmaßnahmen, die von den verwendeten Anwendungsprogrammen oder durch das Betriebssystem automatisch gesteuert werden. Mögliche Maßnahmen sind u. a.:

- Fixpunkttechnik, d. h. automatische Datenspeicherung nach gewissen Zeitabständen,
- Prüfziffernverfahren, d. h. Verhinderung von Fehleingaben, z. B. durch Zahlendreher (Eingabe der Ziffer 351 statt 531),
- Plausibilitätskontrollen, d. h. logische Überprüfung der Richtigkeit von Daten, z. B. bei Eingabe eines nicht möglichen Tagesdatums.

Unter Datenschutz versteht man den Schutz personenbezogener Daten vor missbräuchlicher Verwendung und unbefugtem Zugriff.

Als personenbezogene Daten gelten alle Einzelangaben über persönliche oder sachliche Verhältnisse einer bestimmten oder bestimmbaren natürlichen Person (z. B. Familienstand, Geburtsdaten, Einkünfte, Hobbys, Religionszugehörigkeit usw.).

Um den Bürger vor einer missbräuchlichen Verwendung seiner personenbezogenen Daten durch Speicherung, Übermittlung, Veränderung oder Löschung (= Datenverarbeitung) zu schützen, wurde das Bundesdatenschutzgesetz (BDSG) erlassen. Es betrifft sowohl die Datenverarbeitung durch Behörden und sonstige öffentliche Stellen als auch den Bereich der Privatwirtschaft.

Um die schutzwürdigen Belange der Betroffenen zu sichern, sind die Unternehmen verpflichtet, geeignete technische und organisatorische Maßnahmen zu treffen. Die zehn in der Anlage zu § 9, Satz 1 genannten Kontrollmaßnahmen (**„Die zehn Gebote des Datenschutzes“**) sehen im Einzelnen die folgenden Regelungen vor:

1.**Zugangskontrolle:** Unbefugten ist der Zugang zur Datenverarbeitungsanlage zu verwehren.

2.**Datenträgerkontrolle:** Das unbefugte Lesen, Kopieren, Verändern oder Entfernen von Datenträgern ist zu verhindern.

3. **Speicherkontrolle:** Die unbefugte Kenntnisnahme, Eingabe und Veränderung oder Löschung ist zu verhindern.

4. **Benutzerkontrolle:** Das Abrufen von Daten durch Unbefugte ist zu verhindern.

5. **Zugriffskontrolle:** Befugte dürfen nur auf die Daten ihres Zugriffsbereichs zugreifen.

6. **Übermittlungskontrolle:** Es muss überprüft werden können, an welchen Stellen Daten übermittelt werden.

7. **Eingabekontrolle:** Es muss nachträglich überprüft und nachgewiesen werden können, welche Daten zu welcher Zeit von wem eingegeben worden sind.

8. **Auftragskontrolle:** Daten dürfen nur den Weisungen des Auftraggebers entsprechend verarbeitet werden.

9. **Transportkontrolle:** Bei der Übermittlung von Daten und beim Transport entsprechender Datenträger dürfen diese nicht unbefugt gelesen, verändert oder gelöscht werden können.

10. **Organisationskontrolle:** Die innerbetriebliche Organisation muss den besonderen Anforderungen des Datenschutzes entsprechen.

Für die Einhaltung dieser organisatorischen Regelungen sind in den nicht öffentlichen Unternehmen, in denen mindestens zehn Arbeitnehmer ständig mit der automatisierten Verarbeitung personenbezogener Daten beschäftigt sind, Datenschutzbeauftragte zu bestellen (§ 34 f. BDSG).

Ferner ist allen bei der Datenverarbeitung beschäftigten Personen verboten, die personenbezogenen Daten unbefugt zu verarbeiten oder zu nutzen. Daher sind sie vor Aufnahme ihrer Tätigkeit zur Wahrung des Datengeheimnisses zu verpflichten (§ 5 BDSG).

Um dem Bürger eine Kontrolle über die von ihm gespeicherten Daten zu ermöglichen, hat der Gesetzgeber ihm folgende Rechte eingeräumt:

- **Benachrichtigung:** Bei erstmaliger Speicherung von Daten durch nicht öffentliche Stellen zu seiner Person ist der Betroffene zu benachrichtigen, es sei denn, er erlangt auf andere Weise Kenntnis von der Speicherung (z. B. bei Abschluss eines Kaufvertrages) oder die Angaben sind allgemein zugänglichen Quellen (wie z. B. Zeitungen) entnommen (§ 33 BDSG).
- **Auskunft:** Der Betroffene kann Auskunft über die zu seiner Person gespeicherten Daten sowie den Zweck der Speicherung verlangen. Die Auskunft ist i. d. R. sowohl bei öffentlichen Stellen (§ 19 BDSG) als auch bei nicht öffentlichen Stellen unentgeltlich (§ 34 BDSG).
- **Berichtigung:** Der Betroffene kann die Berichtigung nachweislich falscher Daten verlangen.
- **Sperrung:** Ein Betroffener kann Daten sperren lassen, wenn er ihre Richtigkeit bestreitet und sich weder die Richtigkeit noch die Unrichtigkeit feststellen lässt oder die Kenntnis der Daten für die Erfüllung der Zwecke der Speicherung nicht mehr erforderlich ist.
- **Löschung:** Sind Daten unzulässigerweise gespeichert, kann der Betroffene die Löschung der Daten verlangen. Des Weiteren besteht Löschungspflicht, wenn es sich um Daten über gesundheitliche Verhältnisse, strafbare Handlungen sowie religiöse oder politische Anschauungen handelt, deren Richtigkeit von der speichernden Stelle nicht bewiesen werden kann.

Die ordnungsgemäße Verwendung von Daten wird durch das Bundesdatenschutzgesetz in keiner Weise eingeschränkt. So kann z. B. ein Arbeitgeber Daten seiner Arbeitnehmer für eigene Zwecke dann verarbeiten, wenn dies im Rahmen der Zweckbestimmung z. B. eines Arbeitsverhältnisses geschieht.

Der Datenschutzbeauftragte

In den Behörden des Bundes, der Länder und Gemeinden regelt das Datenschutzgesetz die Einsetzung von Datenschutzbeauftragten.

Der Deutsche Bundestag hat alle fünf Jahre den Bundesbeauftragten für den Datenschutz mit der Mehrheit seiner Mitglieder zu wählen. Ebenso werden laut entsprechenden Landesdatenschutzgesetzen die Landesdatenschutzbeauftragten durch die Landesparlamente und die kommunalen Datenschutzbeauftragten durch Stadt- oder Kreisparlamente gewählt.

Ihre Aufgabe ist die Überwachung der staatlichen Stellen auf Missbrauch personenbezogener Daten. Bei Verstößen gegen das Datenschutzgesetz sind sie verpflichtet, einzuschreiten.

Nicht öffentliche Unternehmen mit mindestens fünf Personen, die ständig mit der automatischen Verarbeitung personenbezogener Daten beauftragt sind, sind ebenfalls verpflichtet, einen eigenen Datenschutzbeauftragten zu bestellen. Seine Aufgaben bestehen u. a. darin,

- die ordnungsgemäße Anwendung von Datenverarbeitungsprogrammen, mit deren Hilfe personenbezogene Daten verarbeitet werden, zu überwachen,
- die bei der Verarbeitung personenbezogener Daten tätigen Personen mit den Vorschriften und geeigneten Maßnahmen zum Datenschutz vertraut zu machen,
- bei Auswahl der bei der Verarbeitung personenbezogener Daten beschäftigten Personen mitzuwirken.

Die Datenschutzbeauftragten in Unternehmen und Behörden sind den jeweiligen Unternehmensleitungen bzw. den Behördenleitungen gegenüber nicht weisungsgebunden.

Testen der Hard- und Software sowie der Arbeitsabläufe

In einem Probelauf vor der endgültigen Einführung der neuen Datenverarbeitungsanlage müssen die verwendete Hardwareausstattung, die einzusetzende Software und die sich daraus ergebenden organisatorischen Regelungen ausführlich getestet werden, um möglichst zu verhindern, dass es nach der Einführung zu größeren Störungen kommt. Insbesondere Fragen der Betriebssicherheit der neuen Anlage sind zu klären, um später Probleme bei der Abwicklung der täglichen Arbeit, die auf technische oder Bedienungsfehler zurückzuführen sind und unter Umständen sogar zu Zusammenbrüchen des Systems führen können, unbedingt zu vermeiden. In der Testphase können solche Fehler meist noch problemlos behoben werden, in der endgültigen Einsatzphase führen solche Störungen jedoch zu erheblicher Mehrarbeit und zu Verlusten.

Ein weiterer Aspekt ist die Bedienungsfreundlichkeit der eingesetzten Software. In Testläufen können aufgrund des praktischen Einsatzes Schwierigkeiten bei der Bedienung festgestellt und möglicherweise noch beseitigt werden.

Überbrückungsmaßnahmen für Anlaufschwierigkeiten

Bei der Einführung einer neuen Datenverarbeitungsanlage sollen zwar alle Fehler möglichst beseitigt sein, allerdings ist es unwahrscheinlich, dass es nicht dennoch zu Anlaufproblemen kommen wird. Dabei ist es ganz besonders wichtig, dass entsprechende Hilfen zur Verfügung stehen, um die auftretenden Probleme möglichst schnell zu beheben. Die meisten Hardware- und Softwareanbieter stellen häufig dadurch eine entsprechende Unterstützung zur Verfügung, dass bei auftretenden Problemen geschultes Hilfspersonal schnellstmöglich zur Stelle ist (sog. Hotlines). Damit soll den Mitarbeitern insbesondere das Gefühl gegeben werden, dass sie bei der Lösung von Problemen, die sie häufig ja auch gar nicht überschauen können, nicht allein gelassen werden.

Mögliche Probleme während der Anlaufphasen können sich u.a. durch folgende Situationen ergeben:

- Bisher nicht entdeckte Fehler in der verwendeten Software treten unvermittelt auf.
- Die Hardwarekonfiguration ist zu klein (z.B. zu wenig Drucker, zu langsamer Rechner, zu kleiner Speicher usw.).
- Die Antwortzeiten der Rechner im Netz sind zu lang.
- Die Schulungen der Mitarbeiter reichen für die tägliche Arbeit nicht aus.

- Die verwendete Software ist zu kompliziert.
- Die verwendete Software reicht für die betrieblichen Belange nicht aus.

Die Arbeit einer Projektgruppe muss sich nun darauf richten, diese aufgetretenen Fehler zu analysieren und zu beseitigen.

Bei besonders wichtigen Aufgaben, die auf keinen Fall gestört werden dürfen, bietet sich in der Anlaufphase der Einsatz von **Parallelrechnern** an, d. h., verschiedene Anlagen bearbeiten gleichzeitig dasselbe Programm mit denselben Daten, sodass bei Ausfall eines Rechners der andere immer noch weiter betrieben werden bzw. eine Datensicherung vorgenommen werden kann. Allerdings sind die dabei entstehenden Kosten sehr hoch, sodass eine solche Vorgehensweise sich nur bei den Projekten verwirklichen lässt, bei denen unbedingt das System lauffähig bleiben muss.

Kernwissen

- Bei der Planung und Umstellung der Organisation auf EDV sind folgende Rahmenbedingungen zu beachten:
  - Terminplanung,
  - Informations- und Schulungsmaßnahmen,
  - Planung des Einstellungsbedarfs,
  - Datensicherung und Datenschutz,
  - Bestellung eines Datenschutzbeauftragten,
  - Testen der Hard- und Software sowie der geplanten Arbeitsabläufe,
  - Überbrückungsmaßnahmen für Anlaufschwierigkeiten.

Zur Vertiefung

1 Nennen Sie mögliche Ziele bei der Umstellung auf EDV!

2 Welche Aufgaben erfüllt die Terminplanung bei der Umstellung der Organisation?

3 Warum ist die frühzeitige Information der Mitarbeiter bei Umstrukturierungsmaßnahmen erforderlich?

4 Welche Aufgabe erfüllen Schulungsmaßnahmen und wie können sie durchgeführt werden?

5 Unterscheiden Sie Datensicherung und Datenschutz!

6 Nennen Sie mindestens drei Maßnahmen zur Datensicherung!

7 Welche der folgenden Daten fallen unter das Datenschutzgesetz?

a) Personalnummer
b) Telefonnummer
c) Umsatzzahlen
d) Familienstand
e) Wohnort
f) Verdienstabrechnungen
g) Ergebnisse eines Warentests
h) Vermögensverhältnisse

8 Erläutern Sie die Aufgaben eines Datenschutzbeauftragten!

9 Warum ist ein umfangreiches Testprogramm vor der endgültigen Einführung neuer Kommunikationstechniken unbedingt notwendig?

10 Wie können Störungen während der Anlaufphase der Umstellung überbrückt werden?

11.2 Einsatz der Datenverarbeitung

Situation

Die Projektgruppe zur Umstellung der Arbeit auf EDV trifft sich und entwickelt zunächst einmal einen Fragenkatalog der zu lösenden Probleme. Dabei stehen die folgenden Fragen im Vordergrund:

- Anhand welcher Merkmale lässt sich festlegen, welche Aufgaben sich überhaupt für eine Umstellung auf EDV eignen?
- Welchen Umfang soll der Datenverarbeitungseinsatz annehmen, welche Kosten fallen dabei an und welche Ziele sollen im Einzelnen damit erreicht werden?
- Sollen alle anfallenden Daten zentral oder dezentral verwaltet werden?
- Welche Anforderungen müssen Hardware und Software erfüllen, um den gestellten Aufgaben gerecht zu werden?
- Welche Software gibt es überhaupt?
- Anhand welcher Merkmale soll die Softwareauswahl erfolgen?

11.2.1 Überprüfung der Eignung von Arbeitsvorgängen zur Automatisierung

Um festzustellen, ob sich Arbeitsvorgänge durch die EDV beschleunigen lassen, müssen zunächst Merkmale (= Überprüfungskriterien) gesucht werden, anhand derer die Eignung von Aufgaben zur Automatisierung festgestellt werden kann. Dabei kommen insbesondere die folgenden Gesichtspunkte zum Tragen:

- **Wie häufig wiederholen sich die Vorgänge?**
  Aufgaben, die nur selten vorkommen, entziehen sich einer Automatisierung weitestgehend. Nur Aufgaben, die relativ häufig vorkommen, lassen sich sinnvoll automatisieren. Beispiele dafür sind Aufgaben wie Lieferschein- oder Rechnungsschreibung, Lohn- und Gehaltsabrechnungen oder Verbuchen von Belegen.
- **Inwieweit ist die Arbeit bei der Erledigung der Aufgaben schematisierbar**, d. h., verläuft sie nach immer gleichen Bearbeitungsmustern?
  Bestimmte Aufgaben lassen sich so weit standardisieren, dass nur noch wenige, veränderliche Informationen eingegeben werden müssen, um eine automatische Abwicklung zu ermöglichen. Beispiele dafür sind Angebote, Anfragen oder auch Werbebriefe, die als Serientexte verschickt werden.
- **Werden immer gleichartige Formulare benutzt?**
  Für viele betriebliche Aufgaben werden standardisierte Vordrucke verwendet, so z. B. für Lieferscheine und Rechnungen oder Überweisungsträger für Zahlungen. Das Ausfüllen dieser Formulare lässt sich sehr leicht automatisch abwickeln, da sie feste Schreib- oder Markierungsfelder haben.
- **Wie groß sind die anfallenden Datenmengen?**
  Je größer die Datenmenge ist, umso besser lässt sie sich automatisieren. Hier kommt insbesondere die Verwaltung von Kunden-, Lieferanten-, Artikel- und Personaldateien infrage, bei denen immer gleichartige Daten in großer Zahl miteinander zu verknüpfen sind.
- **Wie lange dauern die einzelnen Bearbeitungsschritte?**
  Durch Automatisierung ist unter Umständen eine wesentliche Beschleunigung der Bear-

beitungsvorgänge möglich, da durch den Rechnerverbund verschiedene Aufgaben gleichzeitig abgewickelt werden können. So kann z. B. ein Verkäufer bei der Abwicklung einer Bestellung per EDV automatisch den Lagerbestand abfragen und bei ausreichendem Bestand die Bearbeitung unmittelbar fortsetzen. Die Automatisierung führt daher zu einer Verringerung der Durchlaufzeit.

- **Wie dringend sind schnelle Informationen erforderlich?**
  Je dringender Informationen benötigt werden, umso wichtiger wird die Automatisierung, da nur durch sie die schnelle Informationsbearbeitung und -weiterleitung sichergestellt werden kann.

  Für jede Abteilung müssen die anfallenden Arbeiten nach diesen Gesichtspunkten geprüft werden, um zu entscheiden, inwieweit eine Automatisierung sinnvoll ist.

  Ziel einer Automatisierung muss in jedem Fall die schnellere Bearbeitung von Vorgängen, die Erhöhung der Informations- und Auskunftsbereitschaft, die Verringerung von Kosten, z. B. durch Verringerung von Lagerbeständen bei automatischer Lagerüberwachung und Nachbestellung, und die Entlastung der Mitarbeiter von Routinetätigkeiten sein.

11.2.2 Umfang des Datenverarbeitungseinsatzes

Um den Gesamtumfang des Projekts „Installation einer EDV-Anlage“ zu ermitteln, empfiehlt es sich, zunächst abteilungsweise die einzelnen Aufgabenbereiche zu analysieren. Neben den bereits dargestellten Überprüfungskriterien der Eignung zur Automatisierung müssen jetzt noch die Ziele und die Kosten der gesamten Maßnahmen berücksichtigt werden.

Aus den Einzelplänen der Abteilungen muss dann ein Gesamtplan für das Projekt entwickelt werden. Dabei muss auch festgelegt werden, welche Dringlichkeit die einzelnen Projektphasen haben und ob die Einführung für das ganze Unternehmen komplett oder in verschiedenen Phasen erfolgen soll.

Aus den Einzelplänen für die Abteilungen muss die Projektgruppe auch die Gesamtziele des Projekts entwickeln. Mögliche Ziele des Projekts sind u. a. Kosteneinsparung, Personaleinsparung, Verringerung von Durchlaufzeiten, Verbesserung der betrieblichen Produktivität, Vermeidung von Fehlern und Verbesserung der Arbeitsbedingungen.

Des Weiteren ist zu klären, welche Kosten überhaupt anfallen. Dabei sind neben den Anschaffungskosten für die Hard- und Software insbesondere die Aufwendungen für Schulungen, Ausfall von Arbeitszeiten sowie Umbau- und Installationskosten zu berücksichtigen. Nicht zu unterschätzen sind auch die laufenden Wartungs- und Reparaturkosten für die Anlagen sowie mögliche Folgekosten für die Aktualisierung von Programmen („Updates“).

Daneben ist auch noch zu klären, wie die Mittel zur Finanzierung dieser Umstellung aufgebracht werden. Dabei kommen je nach Finanzausstattung des Unternehmens als Möglichkeiten Eigen- und Fremdfinanzierung in Betracht.

Ein weiterer zu klärender Aspekt ist die Frage, ob die Datenverarbeitung intern oder über ein externes Rechenzentrum abgewickelt werden soll.

Eine interne Datenverarbeitung hat für das Unternehmen den Vorteil, dass es unabhängig von anderen Unternehmen seine Daten verarbeiten kann. Individuelle, auf das jeweilige Unternehmen speziell abgestimmte Programme können verwendet werden, die betrieblichen Daten können besser geschützt werden.

Dem stehen aber auch höhere Kosten und die Notwendigkeit gegenüber, entsprechend ausgebildetes Personal zur Pflege und Wartung zur Verfügung zu haben.

Bei der Datenverarbeitung außer Haus bieten die Rechenzentren neben der reinen Rechnerleistung häufig auch weitere Serviceleistungen an, was insbesondere in der Anlaufphase vorteilhaft ist. Daneben sind die fixen Kosten geringer, geschultes Personal steht zur Verfügung und auch die Aktualität der verwendeten Software ist gewährleistet, da dies zu den Serviceleistungen des Rechenzentrums gehört. Dem stehen jedoch die Nachteile der Abhängigkeit vom Rechenzentrum, der u. U. geringeren Aktualität der Daten, der höheren laufenden Kosten und der Problematik der Geheimhaltung gegenüber. Darüber hinaus besteht häufig das Problem, dass die betriebsintern verwendeten Programme nicht ohne Weiteres mit den Programmen im Rechenzentrum zusammenarbeiten können, d. h. nicht kompatibel sind.

11.2.3 Verarbeitungsverfahren

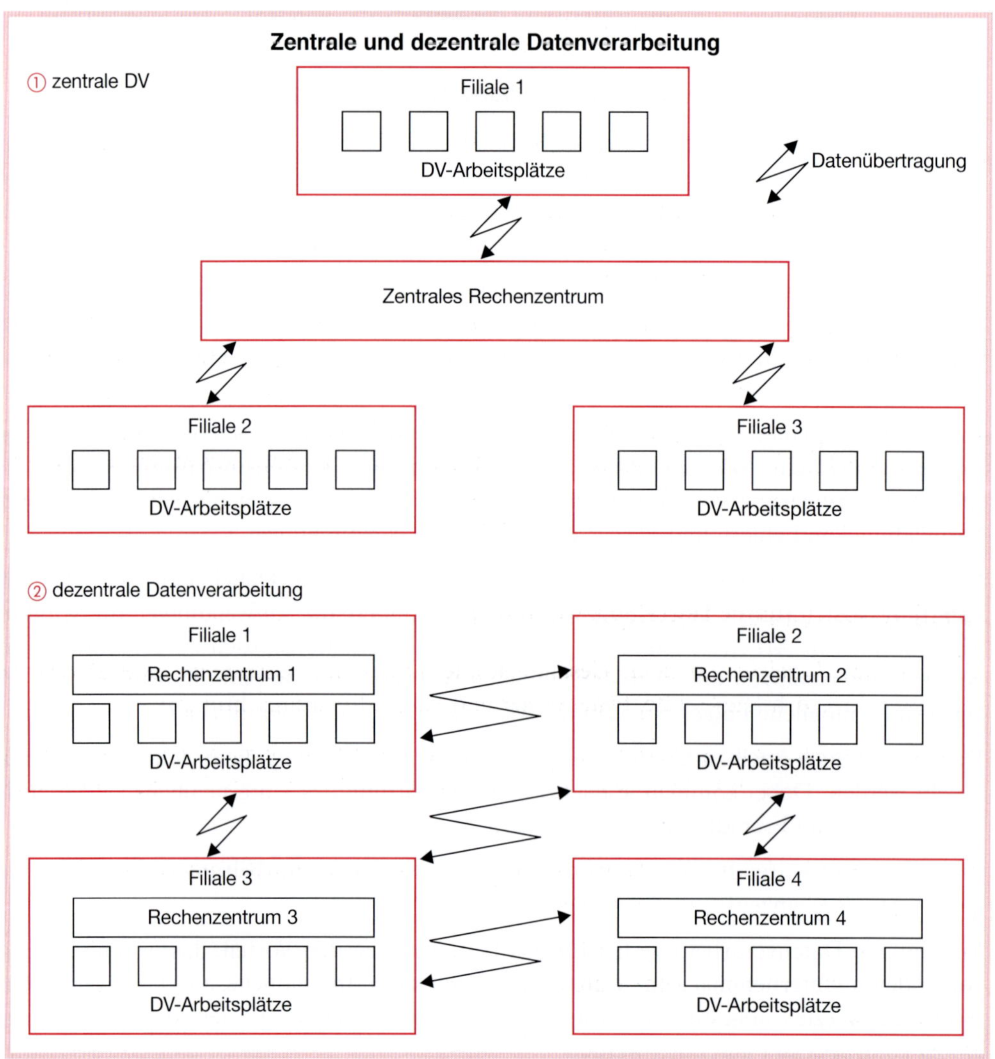

Bei den Verarbeitungsverfahren besteht insbesondere für Unternehmen mit mehreren Filialen die Möglichkeit, zwischen einer zentralisierten Datenverarbeitung und dezentraler Datenverarbeitung zu wählen.

Bei der zentralisierten Datenverarbeitung steht dem Unternehmen ein Zentralrechner in einem Rechenzentrum zur Verfügung. Die Daten werden zwar dezentral in den einzelnen Abteilungen oder Filialen an Terminals erfasst, die eigentliche Verarbeitung und Speicherung der Daten findet jedoch im Rechenzentrum statt.

Bei dezentralisierter Verarbeitung besitzt jede Filiale des Unternehmens ein eigenes Rechenzentrum. Die Verarbeitung der Daten erfolgt jeweils vor Ort, die Verarbeitung und Speicherung der Daten vollzieht sich jeweils im Rechenzentrum des jeweiligen Filialbetriebes. Über spezielle Datenkommunikationsleitungen kann eine Datenfernübertragung zwischen den einzelnen Filialen erfolgen, dennoch bleibt die Verarbeitung dezentral.

Die Datenerfassung ist ebenfalls zentralisiert oder dezentralisiert möglich. Die zentralisierte Datenerfassung hat den Nachteil, dass sie Probleme bei der Aktualität der Daten verursacht, da diese zunächst gesammelt werden, bis sie in einem Schub eingegeben oder erfasst werden. Die Gefahr von Fehleingaben steigt, da die Erfassung durch Personen erfolgt, die den Inhalt dieser Daten nicht überprüfen können.

Bei der dezentralen Datenerfassung werden die Daten jeweils dezentral vor Ort direkt erfasst und über entsprechende Leitungen an das Rechenzentrum weitergeleitet. Die Vielzahl auch mobiler Datenerfassungsgeräte ermöglicht heute meist eine sehr einfache Datenerfassung vor Ort, sodass sie im Regelfall der zentralen Datenerfassung vorzuziehen ist. Eine Ausnahme bilden hier sicherlich besonders zu schützende Daten.

Der Datenfernverarbeitung über die öffentlichen Telekommunikationsnetze (vgl. dazu Kapitel 5) kommt heute eine immer größer werdende Bedeutung zu. Über entsprechende Anschlüsse kann eine Vielzahl von Informationen zwischen den verschiedenen Arbeitsplätzen einer Unternehmung, aber auch zwischen den verschiedenen Filialen und sogar zwischen verschiedenen Unternehmen ausgetauscht werden. Dabei spielen moderne Bürocomputer eine immer größere Rolle, da sie durch ihre immense Leistungsfähigkeit heute für eine Vielzahl unterschiedlicher Funktionen eingesetzt werden können.

11.2.4 Hardwarekonfigurationen

Als Hardware bezeichnet man die Gesamtheit aller physischen Bestandteile einer Datenverarbeitungsanlage, d. h. die Geräte, Datenträger und Verbindungseinrichtungen.

Als Konfiguration wird die konkrete Zusammenstellung einer Rechenanlage aus den Elementen Zentraleinheit, Peripheriegeräte sowie der zugrunde liegenden Vernetzungsstruktur bezeichnet.

Bei der Beschaffung von Hardware sind daher die folgenden Gesichtspunkte zu beachten:

- zu erfüllende Aufgaben,
- Software,
- Erweiterungsfähigkeit, Kompatibilität,
- Ergonomie,
- Kosten.

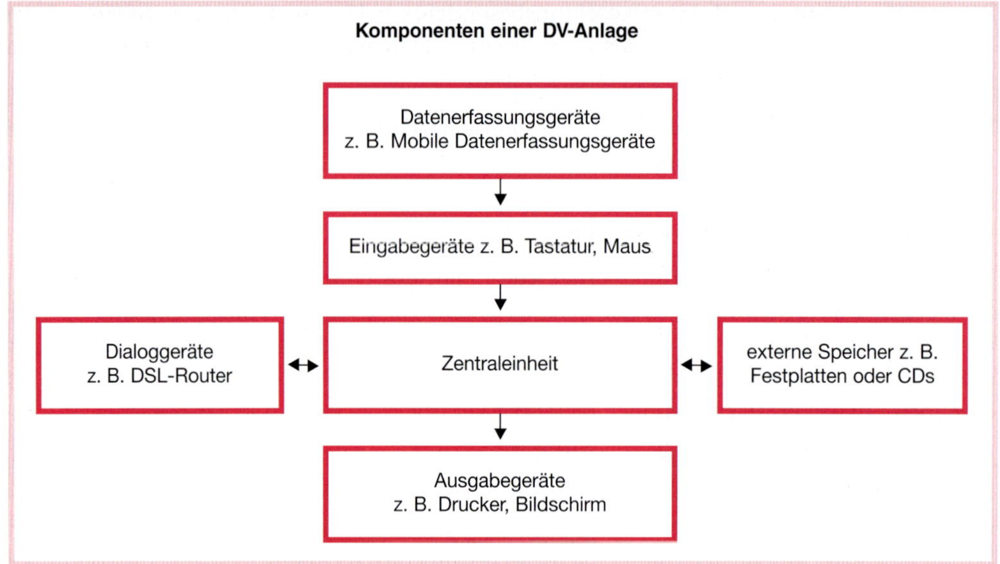

Zunächst einmal wird die Konfiguration durch die zu erfüllenden Aufgaben bestimmt. Dabei besteht die Möglichkeit, für alle Aufgaben individuelle Geräte zur Verfügung zu haben, z. B. Telefon, Telefax, Computer usw. Die Tendenz geht jedoch mehr und mehr zu sogenannten multifunktionellen Büromaschinen.

Dies hat zum einen den Vorteil, dass nicht mehr so viele verschiedene Geräte benötigt werden, zum anderen besteht aber auch die Möglichkeit, besser Informationen untereinander auszutauschen, sodass Texte, feste und bewegliche Bilder, Tabellen usw. in einem Gerät integriert verarbeitet werden können.

Die Leistung der Hardware wird ganz wesentlich durch die eingesetzte Software, d. h. die jeweiligen Programme, bestimmt. Vor der Anschaffung von Hardware ist in jedem Fall zu klären, welche Software eingesetzt werden soll, d. h., die Auswahl der Software bestimmt auch die Anforderungen an die jeweilige Hardware.

Ein weiterer wichtiger Gesichtspunkt bei der Festlegung der Konfiguration ist die Möglichkeit der Erweiterung von Rechnerkapazitäten. Die schnelle Entwicklung insbesondere im Mikrocomputerbereich erfordert eine nachträgliche Anpassung der Konfiguration an veränderte Situationen.

Bei der Beschaffung der Hardware ist darauf zu achten, dass die Rechner auch in einigen Jahren noch nutzbar sind. Dazu müssen Erweiterungen z. B. des Arbeitsspeichers oder der peripheren Speicher, z. B. Festplatten, auch nachträglich noch möglich sein, um z. B. auch neuere Programmversionen mit größerem Speicherbedarf noch betreiben zu können.

Auch der Ergonomie ist bei der Anschaffung von Hardware Rechnung zu tragen. Dabei ist insbesondere bei der Einrichtung von Bildschirmarbeitsplätzen auf die Einhaltung bestimmter Richtlinien zu achten (vgl. auch Abschnitt 1.3.1.3). Vor allem sollte auf flimmerfreie und strahlungsarme Monitore, auf ergonomisch sinnvolle Tastaturen und auf leise Drucker geachtet werden. Auch die Benutzeroberfläche der verwendeten Programme sollte ergonomischen Anforderungen entsprechen (siehe dazu Abschnitt 11.2.6).

Wesentlichen Einfluss auf die Beschaffungsentscheidungen haben auch die Kosten. Allerdings ist dabei festzustellen, dass der Anteil der Hardwarekosten an den Gesamtkosten sehr stark sinkt. Er macht in aller Regel nur noch etwa 10 bis 20 % der Gesamtkosten aus, während die Softwarekosten ständig steigen.

Ferner ist zu überlegen, ob sich der Kauf einer eigenen DV-Anlage lohnt oder ob auf Angebote zum Computerleasing eingegangen werden soll. Der Kauf verursacht einmalig hohe Investitionskosten, die zu finanzieren sind, während beim Leasing monatliche Mietraten fällig werden. Außerdem bietet ein Leasingvertrag im Hinblick auf das schnelle Veralten von Computersystemen den Vorteil, dass nach Ablauf der Mietdauer ein altes Computersystem ohne Aufwand durch ein neues System ersetzt werden kann, während beim Kauf wiederum eine neue Anlage zu finanzieren wäre.

Hinzu tritt beim Kauf das Problem der Entsorgung des sog. „Computerschrotts", d. h. der Verwertung der alten Hardware. Dieses Problem taucht für den Nutzer beim Leasing nicht auf, da die Anlage an den Vermieter zurückgegeben wird.

11.2.5 Software

Software ist die zusammenfassende Bezeichnung für die Programme einer Datenverarbeitungsanlage.

Zur Lösung von Aufgaben mithilfe der EDV benötigt man entsprechende Programme. Für fast jede zu lösende Aufgabe gibt es eine große Zahl von sofort einsetzbaren Anwendungsprogrammen, die sich relativ kostengünstig erwerben lassen. Auf der anderen Seite besteht jedoch auch die Möglichkeit, sich eine eigene, betriebsindividuell zugeschnittene Softwarelösung erstellen zu lassen. Allerdings verursacht diese Art der Problemlösung vergleichsweise hohe Kosten, hat aber den Vorteil, dass sich das Programm genau an den betrieblichen Bedingungen ausrichtet.

Grundsätzlich lassen sich im Bereich der Software die folgenden Formen unterscheiden:

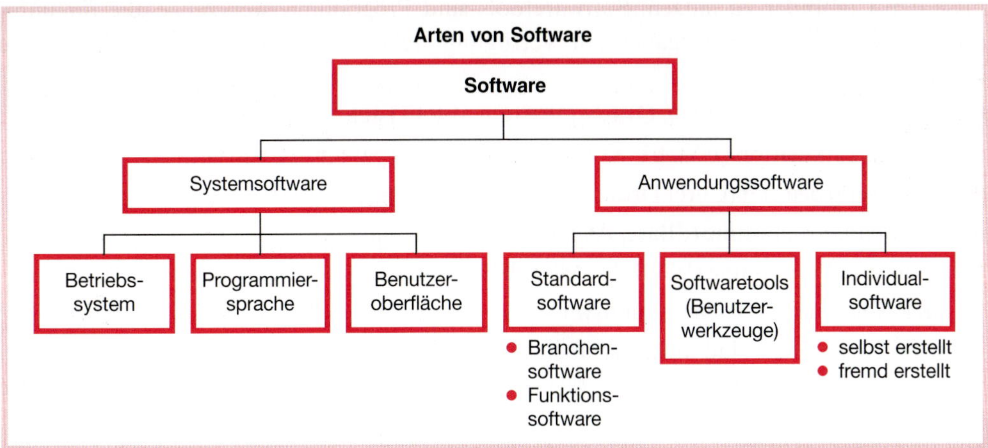

Die **Systemsoftware** umfasst im weiteren Sinne die Programme zur Systemsteuerung, Programmierung und Systemverwaltung. Im engeren Sinne versteht man darunter das Betriebssystem.

Das **Betriebssystem** umfasst Programme zur Steuerung des Computers. Es überwacht das Computersystem und koordiniert das Zusammenwirken zwischen Hardware und Anwendungssoftware. Es versorgt den Computer mit den Informationen, die ihn erst funktionstüchtig machen.

Neben dem Betriebssystem umfasst die Systemsoftware auch noch Programmiersprachen und Benutzeroberflächen, die eine einfachere Handhabung der Systembefehle, häufig durch grafische Symbole und Maussteuerung, ermöglichen sollen (z. B. Windows).

Unter **Anwendungssoftware** versteht man die Programme, die zur Lösung einer bestimmten Aufgabe oder eines ganzen Bündels gleichartiger Aufgaben gedacht sind.

Die Anwendungssoftware untergliedert sich in die Bereiche Standardsoftware, Individualsoftware und Softwaretools.

Unter **Standardsoftware** versteht man Programme für solche Aufgabenstellungen, die sich von Betrieb zu Betrieb wiederholen. Die Standardprogramme bieten eine allgemein gültige Lösung für ein spezielles Problem. Sie können ohne großen Aufwand an betriebliche Gegebenheiten angepasst werden.

Die Standardsoftware kann noch in die beiden Bereiche Funktions- und Branchensoftware unterschieden werden.

Dienen Programme zur Lösung spezieller betrieblicher Funktionen, z. B. Finanzbuchhaltung, Lohn- und Gehaltsabrechnung usw., so nennt man allgemeine Lösungen für diese Bereiche **Funktionssoftware**. Diese Programme sind unabhängig von der Art des Unternehmens einsetzbar, da für ihren Anwendungsbereich z. B. vom Gesetzgeber weitestgehende Verfahrensvorschriften erlassen wurden.

Daneben gibt es noch Standardprogramme für bestimmte Branchen oder Berufsgruppen. Um den dort erforderlichen Besonderheiten gerecht zu werden, sind diese Programme genau auf die jeweilige Branche zugeschnitten. Beispiele dafür sind u. a. Abrechnungssysteme für Arzt- und Zahnarztpraxen, für Steuerberater oder Anwälte sowie Ersatzteilverwaltungen in Kfz-Werkstätten. Man spricht daher in diesen Fällen auch von **Branchensoftware**.

Softwaretools bieten dem Anwender die Möglichkeit, schnell und ohne Programmierkenntnisse den Computer zu nutzen. Softwaretools sind Programmierwerkzeuge, die für unterschiedliche betriebliche Aufgaben zur Verfügung stehen. Als Beispiele seien hier nur genannt:

- Textverarbeitung (WORD, OPEN OFFICE WRITER),
- Tabellenkalkulation (EXCEL, CALC u. a.),
- Grafikverarbeitung (Corel Draw, Paint Shop Pro u. a.),
- Datenbankprogramme (dBase, ACCESS, Claris u. a.),
- integrierte Programme (WORKS, MS OFFICE u. a.).
- ERP-Software (SAP, Navision usw.)

Diese Software-Tools sind mit einer übersichtlichen Benutzeroberfläche ausgestattet, bieten vorbereitete Befehlsmenüs an und verarbeiten die Anweisungen des Benutzers im Direktbetrieb.

Die integrierten Softwarewerkzeuge bieten des Weiteren auch noch den Vorteil, unter einer einheitlichen Benutzerführung einen problemlosen Datenaustausch zwischen den verschiedenen Teilprogrammen, i. d. R. Textverarbeitung, Tabellenkalkulation, Geschäftsgrafik und Datenbank, zu ermöglichen.

Während die Standardanwendungssoftware auf die allgemeine Lösung von betrieblichen Problemen zugeschnitten ist, dient die betriebsindividuelle Software (= **Individualsoftware**) der spezifischen Lösung eines bestimmten Problems. Sie kann nicht sofort käuflich am Markt erworben werden, sondern muss individuell für das jeweilige Unternehmen hergestellt werden. Dies verursacht natürlich hohe Kosten, auf der anderen Seite erreicht diese Software ein sehr hohes Maß an Flexibilität und Anpassungsfähigkeit, da der Entwickler mit allen Einzelheiten des Programms bestens vertraut ist und somit die Programmpflege, z. B. durch Änderungen oder Erweiterungen, wesentlich erleichtert wird. Diese Programme sind für das jeweilige Unternehmen maßgeschneidert.

11.2.6 Kriterien für die Auswahl von Software

Wenn ein Anwendungsprogramm erworben werden soll, sieht sich das Unternehmen einem kaum überschaubaren Markt gegenüber. Die Angebote an Softwarepaketen der verschiedenen Anbieter sind oft nur schwer vergleichbar, da die Qualität eines Programms anhand der Beschreibung der angebotenen Software nur sehr schwer möglich ist.

Zudem treten viele Schwierigkeiten erst auf, wenn das Programm im Betrieb eingesetzt wird. Noch problematischer wird die Angelegenheit, wenn unterschiedliche Programme verschiedener Hersteller miteinander im Einsatz kombiniert werden sollen.

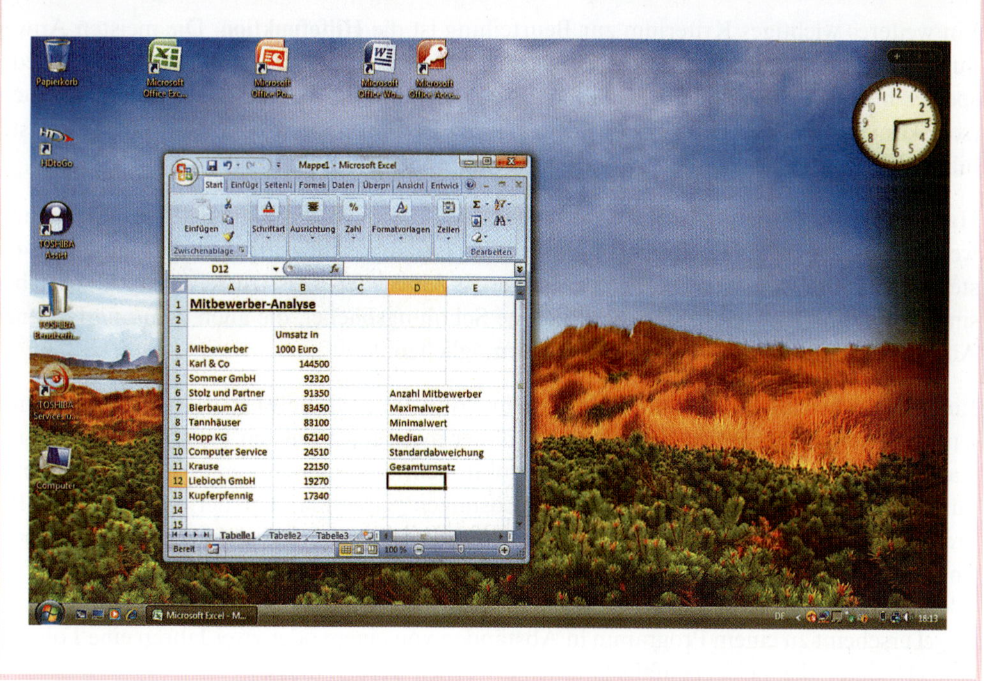

Daher erscheint es sinnvoll, die Auswahl der Software an bestimmten, für besonders wichtig erachteten Kriterien, d.h. Anforderungsmerkmalen, auszurichten. Dabei kommen neben der Prüfung der funktionsbezogenen Eignung der Software für die Problemlösung insbesondere die folgenden benutzerbezogenen Gesichtspunkte in Betracht:

- Bedienerführung,
- Hilfefunktion,

- Handbuch,
- Kosten,
- Pflege.

Unter **Bedienerführung** versteht man die Art und Weise, wie der Anwender vom Programm durch die einzelnen Funktionen gelenkt wird.

Dabei wäre es sinnvoll, wenn für alle Programme die sog. Benutzeroberfläche einheitlich gestaltet wäre, d. h., dass die einzelnen Funktionen immer nach den gleichen Prinzipien aufgerufen werden können.

Dazu legen heute immer mehr Programme den sog. SAA-Standard (Systems Application Architecture = Systemanwendungsarchitektur) der Firma IBM zugrunde, der z. B. einheitliche Regeln zur Benutzerführung regelt. Befehlsaufrufe, Menüs, Tastenschlüssel usw. sind dabei stets gleich festgelegt. Funktionen, wie Abspeichern, Abbrechen, Kopieren, Löschen oder auch die Benutzung von Eingabegeräten wie einer Maus, sind standardisiert.

Durch den Versuch einer solchen Vereinheitlichung wird die Bedienung des Programms wesentlich erleichtert und das Erlernen neuer Programme ganz entschieden vereinfacht. Die Grundstrukturen können bei jedem neuen Programm übernommen werden, und die Einarbeitungszeit reduziert sich erheblich.

Ein weiteres wichtiges Kriterium zur Beurteilung ist die **Hilfefunktion**. Die meisten Anwendungsprogramme bieten heute bei Drücken der Taste F1 eine Hilfefunktion, die entweder speziell bei der Lösung eines spezifischen Problems hilft, das bei der Bearbeitung auftaucht (sog. kontextbezogene Hilfe), oder allgemein als Lernprogramm oder Nachschlageregister hilfreiche Dienste leistet.

Handbücher sollen in aller Regel dem Anwender die Einarbeitung in das Programm schrittweise ermöglichen. Leider ist insbesondere bei umfangreichen Programmen häufig festzustellen, dass die Handbücher für den normalen Anwender meist zu schwierig geschrieben sind. Allerdings gibt es für viele Programme Schulungsbücher, die auch dem unerfahrenen Anwender eine schrittweise Einarbeitung ermöglichen.

Ein weiteres wichtiges Auswahlkriterium für Software sind die **Kosten**. Zu fast allen Problembereichen gibt es neben einfachen und daher meist auch billigen Programmen leistungsstarke Universalwerkzeuge, die für alle Funktionen, die innerhalb eines Problembereiches auftreten können, schon entsprechende Lösungen enthalten. Bei der Auswahl der Programme ist darauf zu achten, dass alle diese Funktionen auch wirklich benötigt werden, oder ob es nicht wesentlich günstigere Programme gibt, die alle notwendigen Aufgaben ebenfalls erledigen. Nicht zu unterschätzen sind auch die Folgekosten von Programmen, denn in aller Regel erscheint zu einem Programm in Abständen von einem oder zwei Jahren eine Folgeversion (Update), die meist ebenfalls käuflich erworben werden muss.

Programme und Daten müssen ferner auch gepflegt werden, d. h., Fehler, die erst später auftreten, müssen beseitigt werden, Änderungen, die sich z. B. durch gesetzliche Veränderungen ergeben, müssen aufgenommen werden, usw. Bei Standardsoftware wird die **Programmpflege** nur durch den Hersteller geleistet und ist vom Unternehmen nicht zu beeinflussen. Bei Individualsoftware hingegen übernimmt der Entwickler des Programms alle Pflegearbeiten und führt sie jederzeit auf Wunsch des Anwenders aus.

Innerhalb des Unternehmens sollte grundsätzlich auch ein Fachmann vorhanden sein, der sich z. B. um die Übernahme von Datenbeständen aus anderen Programmen oder die Verknüpfung zwischen verschiedenen Programmen kümmert. Außerdem sind häufig z. B. Formulare oder sonstige Ausgabebelege durch diese Person neu zu gestalten.

Kernwissen

- Der Einsatz der Datenverarbeitung erfordert folgende Maßnahmen:
  - Festlegung von Überprüfungskriterien (z. B. häufige Wiederholung, schematisierbares Arbeiten, große Datenmengen, Notwendigkeit schneller Information) zur Feststellung der Eignung von Arbeitsvorgängen zur Automatisierung,
  - Ermittlung des Umfangs des Datenverarbeitungseinsatzes,
  - Festlegung der Verarbeitungsverfahren,
  - Auswahl der Hardwarekonfiguration,
  - Softwareauswahl:
    - System- und Anwendungssoftware,
    - Individual-, Standardsoftware oder Softwaretools,
  - Festlegung von Auswahlkriterien für die Softwareauswahl:
    - Bedienerführung,
    - Hilfefunktion,
    - Handbuch,
    - Kosten und Pflege.

Zur Vertiefung

1 Nennen Sie mindestens drei Merkmale, die für die Möglichkeit einer automatisierten Datenverarbeitung sprechen!

2 Welche Größen beeinflussen die Festlegung des Umfangs der Datenverarbeitung?

3 Erläutern Sie interne und externe Datenverarbeitung, und zeigen Sie Vor- und Nachteile auf!

4 Unterscheiden Sie zentrale und dezentrale Datenverarbeitung!

5 Erläutern Sie die Kriterien, die bei der Beschaffung von Hardware zu berücksichtigen sind!

6 Kommt der Hardware oder der Software bei der Beschaffung größere Bedeutung zu? Begründen Sie Ihre Meinung!

7 Unterscheiden Sie Anwender- und Systemsoftware!

8 Warum ist es nicht immer sinnvoll, betriebsindividuelle Software anzuschaffen?

9 Erläutern Sie die verschiedenen Arten von Anwendersoftware, und nennen Sie typische Anwendungsbereiche!

10 Welche Vorteile bietet der Einsatz von Softwaretools?

11 Erläutern Sie mindestens drei Kriterien, die bei der Auswahl von Software berücksichtigt werden sollten!

11.3 Wechselwirkungen zwischen Datenverarbeitungseinsatz und betrieblicher Organisation

Situation

Durch die Umstellung auf EDV ergeben sich in der Handels-Union einige Änderungen bezüglich der vorhandenen Organisationsstruktur:

- Neue Stellen im Bereich der EDV sind geschaffen worden, andere Stellen sind durch die Automatisierung weggefallen.
- Arbeitsabläufe müssen verändert werden.
- Die bisher verwendeten Formulare müssen EDV-gerecht umgestaltet werden.
- Die Ausstattung der Arbeitsplätze hat sich verändert, da wesentlich mehr Büroarbeitsplätze als bisher mit Computern ausgestattet werden.

Der Organisationsleiter der Handels-Union geht mit seinen Mitarbeitern die einzelnen Bereiche durch und legt neue Regelungen für die einzelnen Bereiche fest.

Durch die Umstellung der gesamten Büroarbeit auf EDV ergeben sich zwangsläufig auch Veränderungen in der Aufbau- und Ablauforganisation des Unternehmens, da sich viele Arbeiten billiger, schneller und mit weniger Fehlern erledigen lassen.

Wechselwirkungen ergeben sich insbesondere mit den folgenden Bereichen:

- Veränderung der Aufbauorganisation im Hinblick auf Stellen- und Abteilungsbildung,
- Veränderung von Arbeitsabläufen (= Ablauforganisation), z. B. durch Änderung der Bereitstellung von Daten und die Veränderung von Datenflüssen,
- neue oder veränderte EDV-gerechte Formulargestaltung zur Datenerfassung und Datenausgabe,
- Veränderungen der Raum- und Arbeitsplatzgestaltung durch veränderte Arbeitsplatzbedingungen (Luft, Licht, Lärm usw.) sowie durch veränderte Anforderungen an die Mitarbeiter (Ergonomie).

11.3.1 Auswirkungen auf die vorhandene Aufbauorganisation

Die Einrichtung einer EDV-Abteilung wird die Organisationsstruktur des Unternehmens merklich beeinflussen, indem z. B. neue Abteilungen mit neuen Stellen entstehen. Dabei ist zunächst einmal die Eingliederung der Abteilung Datenverarbeitung in den organisatorischen Gesamtaufbau zu klären.

Da die Datenverarbeitungsabteilung die Aufgabe hat, auftragsgebundene Dienstleistungen für alle anderen Bereiche zu erbringen, gestaltet sich ihre Einordnung in den betrieblichen Aufbau je nach verwendetem Weisungssystem unterschiedlich. Generell ist jedoch zu sagen, dass aufgrund der Bedeutung dieser Abteilung eine Zuordnung unmittelbar unterhalb der Geschäftsleitung als sinnvoll zu erachten ist.

Abhängig ist ihre Einordnung im Wesentlichen von den Aufgaben und dem Umfang der neuen Abteilung. Dabei kommen in der Regel zwei Eingliederungsmöglichkeiten infrage. Bei Liniensystemen empfiehlt es sich, die Datenverarbeitung als Stabsabteilung in den Linienaufbau einzubeziehen und der Geschäftsleitung oder der kaufmännischen Leitung zuzuordnen. Allerdings taucht das Problem auf, dass die Datenverarbeitungsabteilung als Stab lediglich beratende und planende Funktion hat, während ihr keine Entscheidungsbefugnisse zustehen.

Soll dieser Nachteil vermieden werden, so kann die Datenverarbeitung auch als Zentralbereich für alle anderen Abteilungen mit eigener Entscheidungsbefugnis in die Hierarchie eingegliedert werden. Eine solche Einordnung ist insbesondere in Spartenorganisationen empfehlenswert.

Außerdem ist zu überlegen, inwieweit die Datenverarbeitung mit dem Bereich Organisation verbunden werden soll. Die Umstellungen, die durch die Datenverarbeitung hervorgerufen werden, betreffen in erster Linie den Aufgabenbereich der Organisation. Daher ist die Möglichkeit zu überlegen, inwieweit die beiden Bereiche in einer Abteilung mit einem gemeinsamen Leiter zusammengefasst werden.

Allerdings ist in diesem Zusammenhang anzumerken, dass eine solche Zentralabteilung für Organisation und Datenverarbeitung ein sehr einflussreicher Betriebsbereich werden kann, der sich jeglicher Kontrolle entzieht, sodass dieser Bereich in allzu starkem Maße aufgebläht wird.

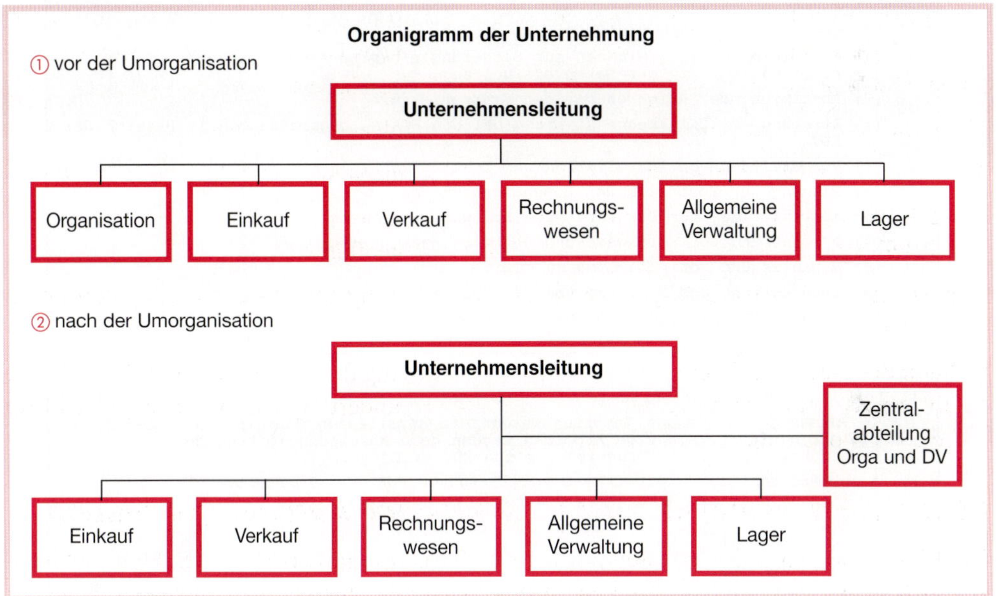

Auch im Bereich der Stellenbildung werden sich durch die Umstellung auf EDV Veränderungen ergeben, da sich zusätzliche Stellen im Bereich der DV ergeben, wie etwa Anwendungsprogrammierer, Systemanalytiker, Organisationsprogrammierer, DV-Leiter usw. Außerdem fallen einige Stellen aus den bisherigen Abteilungen weg bzw. verändern sich inhaltlich durch die Umstellung auf EDV, da Routinearbeiten in stärkerem Maße als bisher automatisiert werden. Die Zahl der Mitarbeiter auf der Ausführungsebene verringert sich, neue Stellen für Fachkräfte, die das Zahlenmaterial der Computer auswerten und verarbeiten können, werden verstärkt benötigt.

Daher ist es auch notwendig, die Stellenbeschreibungen des Unternehmens im Hinblick auf veränderte Aufgaben und Anforderungen zu überarbeiten bzw. für die neu geschaffenen Stellen auch neu zu erstellen. Als Beispiel soll dazu die Stellenbeschreibung eines Leiters der DV-Abteilung hier aufgeführt werden:

Stellenbeschreibung für Angestellte in der Verwaltung

1. Inhaber der Stelle:	Herr Hansen
2. Bezeichnung der Stelle:	Leiter der Abteilung Datenverarbeitung
3. Dienstrang:	Abteilungsleiter
4. Abteilung:	Organisation und EDV
5. unmittelbarer Vorgesetzter:	Hauptabteilungsleiter Organisation und Datenverarbeitung
6. unmittelbar untergeordnete Stelle:	Gruppenleiter Datenerfassung, Datenverarbeitung, Systembetreuung, Softwarepflege
7. wird vertreten von:	Abteilungsleiter Organisation
8. vertritt:	Hauptabteilungsleiter Organisation und Datenverarbeitung, Abteilungsleiter Organisation

9. Kurzbeschreibung der Aufgabe:
Übernahme der vom Hauptabteilungsleiter Organisation und Datenverarbeitung übertragenen DV-Aufgaben, eigenständige Planung und Entwicklung von betrieblichen DV-Aufgaben nach Absprache mit dem Hauptabteilungsleiter.

10. Einzelaufgaben und Arbeitsabläufe:
(1) Koordinierung von Terminen zur Sicherung eines kontinuierlichen Arbeitsablaufs in der Datenverarbeitung
(2) Abstimmung der Aufgaben mit den Gruppenleitern
(3) Beratung der Unternehmensleitung bei den Umstellungsmaßnahmen im Bereich der EDV
(4) Vorbereitung von Installation und Testläufen
(5) Planung und Kontrolle der Datenorganisation
(6) Kontaktpflege zur Hardware- und Softwarelieferanten
(7) Beschaffung von Hardeware und Software nach vorgegebenem Budget
(8) Veranlassung von Programmänderungen
(9) EDV-Beratung und Schulung von Mitarbeitern
(10) Planung von externen Schulungsmaßnahmen

11. Befugnisse und Verantwortung:
Im Rahmen der laufenden Arbeiten werden die anfallenden Tätigkeiten selbstständig durchgeführt. Sonstige Arbeiten werden nach Anweisung seitens des Hauptabteilungsleiters Organisation und EDV erledigt.
Anschaffungen bis zu einem Wert von 25 000,00 EUR/Jahr können vom Abteilungsleiter selbstständig durchgeführt werden.

12. Anforderungen an den Stelleninhaber:
Der Stelleninhaber sollte Grundkenntnisse der Bereiche BWL und Organisation besitzen.
Ferner sollte er vertiefte Kenntnisse in folgenden Bereichen der EDV haben: Betriebssysteme, Programmierung, Datenorganisation, Datenbankverwaltung, Systemplanung.
Weitere Anforderungen: Verhandlungsgeschick, Durchsetzungsvermögen, Führungsqualitäten, Kontaktfreudigkeit.

13. Vorbildung: Kaufmännische Lehre als Datenverarbeitungskaufmann oder Fachhochschulstudium in Betriebswirtschaft mit Schwerpunkt EDV

11.3.2 Auswirkungen auf die Arbeitsabläufe

Auch die Ablauforganisation des Unternehmens wird von der Umstellung auf EDV betroffen. Bisherige Arbeitsabläufe sind meist dadurch gekennzeichnet, dass der Belegfluss zwischen den Arbeitsplätzen und Abteilungen durch Warte- und Liegezeiten erheblich verzögert wird. Die Datenverarbeitung setzt hingegen einen kontinuierlichen Belegfluss voraus. Dabei wird erwartet, dass die Erfassung und Verarbeitung der Daten möglichst noch am selben Tag vonstatten geht.

Insbesondere der Bereich der Datenerfassung spielt daher eine wichtige Rolle bei der Beschleunigung des Belegflusses.

Traditionell werden Daten in Unternehmen auf nicht maschinell lesbaren Belegen, wie Schriftstücken, Karteikarten oder Formularen, erfasst. Im Zuge der automatisierten Datenverarbeitung ist es jedoch erforderlich, die anfallenden Daten möglichst EDV-gerecht zu erfassen und zur Weiterverarbeitung bereitzustellen.

Dabei kommen die folgenden Möglichkeiten in Betracht:

- Die Daten werden auf Originalbelegen erfasst, die maschinell lesbar sind, z. B. Markierungsbelege, Klarschriftbelege.
- Die Daten werden von Hand über die Tastatur oder mithilfe bestimmter Lesegeräte, wie Scanner, Lichtgriffel usw., in das System eingegeben.
- Die Daten liegen bereits auf externen Speichern in maschinenlesbarer Form vor und können bei Bedarf abgerufen werden.

Innerhalb von Datenflussplänen werden die folgenden Symbole verwendet:

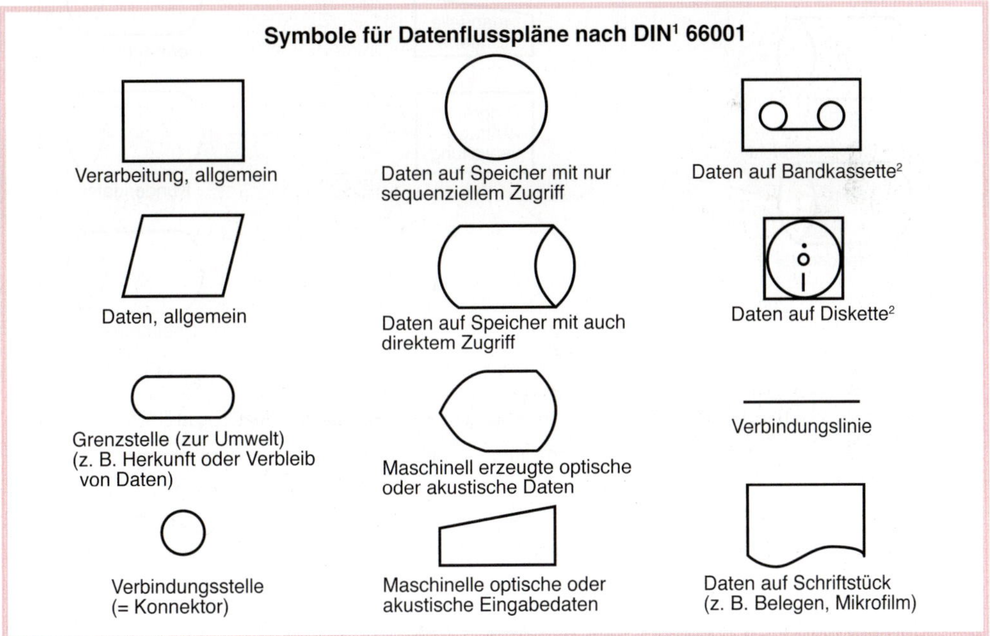

[1] Abkürzung für *D*eutsches *I*nstitut für *N*ormung e. V.

[2] Für Magnetbandkassette und Diskette sind keine besonderen Symbole festgelegt worden. Ihrer besonderen Bedeutung für Personal Computer wegen werden diese beiden Datenträger hier durch ein eigenes Symbol gekennzeichnet.

Der Bereich der Datenerfassung bildet meist einen Engpass in der Datenverarbeitung. Zum einen ist der Zeitaufwand für die Erfassung der Daten relativ hoch, zum anderen verursacht dieser Bereich häufig bis zu 70 % der gesamten Kosten, die im Bereich der Datenverarbeitung anfallen. Daher ist es besonders wichtig, die Datenerfassung so rationell wie möglich zu gestalten.

Neben der Datenerfassung ist die optimale Planung des Daten- und Informationsflusses eine zweite wichtige Aufgabe der Ablauforganisation. Der Datenflussplan ist ein wichtiges Hilfsmittel bei der Lösung dieser Aufgabe.

Der Datenflussplan zeigt den organisatorischen und logischen Arbeitsablauf und Informationsfluss in grafischer Form auf.

Das folgende Beispiel soll den Datenfluss bei der Bearbeitung von Kundenaufträgen darstellen:

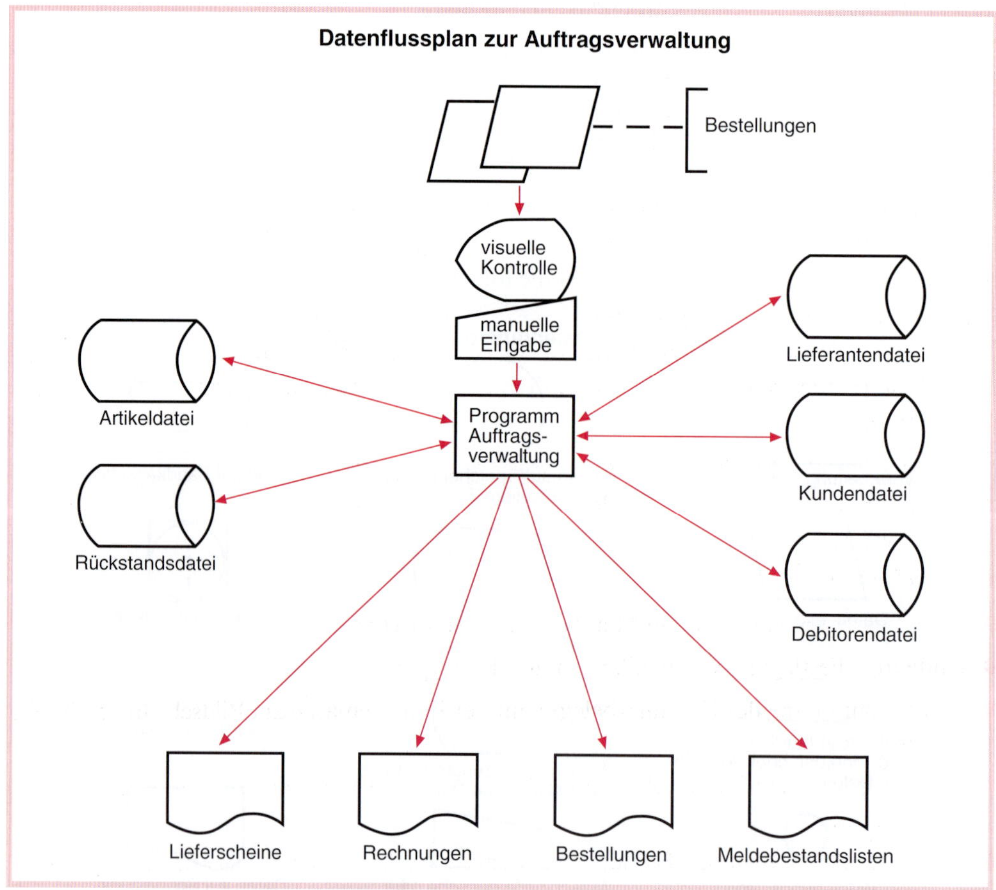

Bestellungen gehen im Unternehmen telefonisch, schriftlich oder per Telefax ein. Die eingehenden Bestellungen müssen nun per Hand über ein Bildschirmterminal eingegeben werden. Über ein Auftragsverwaltungsprogramm kann nun auf die Artikeldatei zugegriffen werden. Reicht der vorhandene Lagerbestand aus, wird die Bestellung über Datenleitung an das Lager zur Ausführung weitergeleitet. Bei nicht ausreichender Menge wird über Datenleitung eine Meldung an den Einkauf übermittelt, der sofort eine Bestellung an den Lieferanten schickt. Der noch nicht erledigte Auftrag wird in einer Rückstandsdatei bis zum Eintreffen der Ware abgelegt. Für Bestellungen, bei denen der Lagerbestand ausreicht, wird automatisch ein Lieferschein erstellt und an das Lager weitergeleitet.

Nach Zusammenstellung der Lieferung werden die Lagerbestände automatisch fortgeschrieben. Im Verkauf wird die Rechnung erstellt und die Kunden- und Debitorendateien werden ebenfalls fortgeschrieben. Sollte bei einem Artikel der Meldebestand erreicht werden, erfolgt ebenfalls eine Meldung an den Einkauf. Nach Eintreffen der nachbestellten Ware werden rückständige Lieferungen unmittelbar ausgeführt.

11.3.3 Formularwesen

Eine weitere Auswirkung ergibt sich auf das betriebliche Formularwesen. Die Formulare sind so zu gestalten, dass sie eine EDV-gerechte Datenerfassung ermöglichen. Eine Umstellung auf automatisierte Datenverarbeitung erfordert gleichzeitig auch eine Neugestaltung des betrieblichen Formularwesens.

Dazu ist eine genaue Abstimmung zwischen den betroffenen Abteilungen, der Organisationsabteilung, die die Formulare entwirft, und der Datenverarbeitungsabteilung notwendig, da diese bei der Erstellung von Programmen bzw. der Pflege der vorhandenen Software u. a. direkt betroffen sind. Probleme, die zu lösen sind, sind etwa der Aufbau der Felder auf dem Beleg und die Festlegung der Länge für die einzelnen Felder, da diese von den Programmierern in die Programme einzubauen sind und nachträglich meist nur schwierig zu verändern sind.

Ferner ist sicherzustellen, dass die Formulare von allen betroffenen Abteilungen einheitlich verwendet werden und dass immer eine ausreichende Anzahl von Formularen vorhanden ist, um nicht unnötigerweise den Arbeitsfluss durch das Fehlen von entsprechenden Vordrucken zu stören.

Wesentliche Anforderungen an EDV-gerechte Formulare sind:

- Maschinengerechte Gestaltung des Formularaufbaus, um maschinelle Beschriftung zu ermöglichen,
- logischer Aufbau,
- klare Feldbezeichnungen, um Missverständnisse zu vermeiden,
- eindeutige Festlegung von Feldlängen und Feldtypen,
- Übereinstimmung des Formularbeleges mit der Eingabemaske am Bildschirm bei Direkteingabe,
- sensible, geschützte Daten sollten beim Ausdruck für Dritte nicht lesbar sein, z. B. bei Gehaltsstreifen,
- die Formulare sollten mit Formularnummern versehen sein, um Nachbestellungen und Zuordnungen zu erleichtern.

11.3.4 Raum- und Arbeitsplatzgestaltung

Durch die Umstellung auf elektronische Datenverarbeitung ergeben sich Anforderungen an die Arbeitsplatzgestaltung. Dabei sind alle Faktoren, die bereits in Abschnitt 1 Gegenstand der Betrachtung waren, mit in die Überlegungen einzubeziehen.

Zunächst einmal muss am Arbeitsplatz ausreichend Platz für die EDV-Anlage vorhanden sein. Dazu sind entsprechende Schreibtische anzuschaffen. Das Problem der Geräuschentwicklung lässt sich insbesondere beim Drucken durch den Einsatz von leisen Tintenstrahl- oder Laserdruckern lösen. Allerdings ist bei Laserdruckern auf ausreichende Lüftungsmöglichkeiten zu achten, da diese Geräte teilweise relativ hohe Ozonwerte abgeben.

Datenschutzprobleme treten ebenfalls im verstärkten Maße auf, da der Zugang der Mitarbeiter zu personenbezogenen Daten nur für Berechtigte möglich sein darf. Hier müssen entsprechende Maßnahmen getroffen werden, z. B. durch Abschließen der PCs, wenn der Mitarbeiter nicht an seinem Arbeitsplatz ist, oder durch Closed-Shop-Betrieb im Rechenzentrum, sofern ein solches existiert.

Vonseiten der Mitarbeiter werden ebenfalls Anforderungen an die Raum- und Arbeitsplatzgestaltung gestellt. So sind insbesondere die Grundsätze der Hard- und Softwareergonomie durch den Arbeitgeber einzuhalten.

Unter Hardwareergonomie versteht man, dass der Arbeitsplatz ein menschengerechtes und erfolgreiches Arbeiten ermöglicht. Faktoren, die hierbei zu beachten sind, sind u. a. die Bestuhlung, der Schreibtisch und möglichst günstige Umweltfaktoren, d. h. blendfreie Beleuchtung, insbesondere bei Monitorarbeit, keine ablenkende Geräuschkulisse, z. B. durch „nadelnde“ Matrixdrucker, oder Geruchsbelästigungen durch Kunststoffmöbel, Teppichböden o. Ä.

Insbesondere bei Monitoren ist auf die Möglichkeit einer blendfreien Arbeit zu achten. Sonnenlicht oder künstliche Lichtquellen dürfen nicht auf den Bildschirm einwirken, da durch die störenden Reflexionen der Benutzer gesundheitliche Schäden, z. B. durch Kopfschmerzen oder Rückenbeschwerden durch falsche Sitzhaltung, davontragen kann.

Außerdem ist darauf zu achten, dass die Monitore strahlungsarm sind, da die Auswirkungen der von den Bildschirmen ausgehenden Röntgenstrahlen bezüglich ihrer gesundheitlichen Auswirkungen bis heute noch nicht vollständig erforscht sind.

Als Softwareergonomie wird die leistungsfähige Gestaltung der Benutzeroberfläche der verwendeten Software bezeichnet (vgl. Abschnitt 11.2.6). Moderne Computerprogramme gehen heute mehr und mehr von einer einheitlichen Gestaltung der Benutzeroberfläche nach dem SAA-Standard aus, um so dem Mitarbeiter das Erlernen neuer und die Anwendung bekannter Programme ganz wesentlich zu erleichtern. Einheitliche Programmfunktionen, wie der Einsatz der Funktionstasten, Mausbenutzung oder Speicher- und Löschfunktionen mittels bestimmter Tastenkombinationen, werden durch ihre einheitliche Gestaltung vereinfacht.

Des Weiteren unterstützen grafische Benutzeroberflächen, wie etwa WINDOWS, die schnelle Erlernbarkeit, da der Arbeitsbereich wie ein Schreibtisch aufgebaut werden kann, wobei die einzelnen Aktionen einfach durch Anklicken von grafischen Symbolen ausgelöst werden.

Der Einsatz des Computers kann auch Auswirkungen auf das Sozialverhalten der Mitarbeiter haben. Durch die verstärkte Bildschirmkommunikation ist ein Zurückgehen der persönlichen Kommunikation zu vermuten. Die zwischenmenschlichen Beziehungen innerhalb des Unternehmens leiden. Spontaneität, Kreativität und Unmittelbarkeit bei der persönlichen Kommunikation gehen durch die EDV teilweise verloren.

Kernwissen

- Zwischen dem Einsatz der Datenverarbeitung und der betrieblichen Organisation entstehen Wechselbeziehungen im Hinblick auf
  - die Aufbauorganisation,
  - die Arbeitsabläufe,
  - das Formularwesen,
  - die Raum- und Arbeitsplatzgestaltung.

Zur Vertiefung

1 Inwieweit beeinflusst die Einführung der Datenverarbeitung die Aufbauorganisation eines Unternehmens?

2 Nennen Sie Beispiele für neu zu schaffende Stellen!

3 Erstellen Sie einen Datenflussplan für die automatische Zahlungsüberwachung!

4 Welche Anforderungen werden vonseiten der EDV an Formulare gestellt?

5 Zeigen Sie mögliche Auswirkungen der EDV auf die Arbeitsplatz- und Raumgestaltung auf!

6 Erläutern Sie die Begriffe Hardware- und Softwareergonomie!

Sachwortverzeichnis

G

H

I

J

K

L

M

N

O

P

R

S

T

U

V

W

Z